日本語 笑いの技法辞典

中村明 著

岩波書店

はじめに

幼少のみぎり映画館に連れて行くとおとなしかったらしい。銀幕に見とれていたのか熟睡していたのかは知らない。そんな子供がいつか、笑うのも笑わせるのも心地よい少年となり、やがて夏目漱石の型破りの正義感と少々ひねくれた人間性にあこがれて文学青年となる。学部で文章心理学の波多野完治、大学院で言語過程説の時枝誠記の指導を仰ぎ、社会に出ては国立国語研究所の研究員や早稲田大学の教授として過ごした人間だから、『比喩表現の理論と分類』(国立国語研究所報告　秀英出版)、『日本語レトリックの体系』『日本語文体論』(ともに岩波書店)『文体論の展開』(明治書院)といった文体論・表現論関係の学術書を刊行したのは、そういう背景からも自然で、こちらは何の不思議もない。

一方、まことに不思議なことに出版社に恵まれて、一般向けの本も数多く著すことができた。それを分野別に見ると、大きく三つの系統に分かれる。ことばと文学との境界をまたぐ文体論という研究分野を専攻した関係で、おのずから一つは〈言語〉、一つは〈文学〉の系統となる。『角川新国語辞典』の編集委員を務め、『集英社国語辞典』の編者の一翼を担ったこと、『日本語　文章・文体・表現事典』(朝倉書店)の編集主幹を務め、『新明解類語辞典』(三省堂)を著したのは、まさしく〈言語〉分野の仕事であり、『たのしい日本語学入門』(ちくま学芸文庫)や『分類たとえことば表現辞典』(東京堂出版)もその普及活動だ。『文章をみがく』(ＮＨＫブックス)『悪文』(ちくま学芸文庫)『センスをみがく文章上達事典』(東京堂出版)など文章作法書類を執筆したのも、この〈言語〉分野の延長線上にある。

第二の〈文学〉分野展開のきっかけとなったのは、雑誌『言語生活』の作家訪問企画だろう。武者小路実篤・井伏鱒二・尾崎一雄・小林秀雄・永井龍男・円地文子・大岡昇平・吉行淳之介・庄野潤三ほか錚々たる顔ぶれと直接お話しするという得がたい経験だった。そのインタビューをまとめ、いわば創作の密室の声を明るみに出したのが『作家の文体』(ちくま学芸文庫)である。そこから『名文』(ちくま学芸文庫)をはじめとする一連の文章・文体の分析・鑑賞の著書へと展開した。『比喩表現辞典』（角川書店）『感情表現辞典』（東京堂出版）『人物表現辞典』（筑摩書房）ほかさまざまな表現辞典類の開発も、この〈文学〉分野の範囲に属する。『文の彩り』（岩波書店）『美しい日本語』（青土社）『日本の一文30選』（岩波新書）『小津映画粋な日本語』（ちくま文庫）など、言語と文学の両分野の境界をまたぐ著作も少なくない。

そして、もう一つの系統が第三の〈笑い〉の分野である。生真面目な人には、何のつながりもない意外な方面と思われようが、早く『名文』の中で大胆にも「上質のユーモアは文学最高の理念である」と言ってのけた著者にとって、それは体質的にも理論的にも密接につながっている。作品における言語的なふるまい、それぞれの場でのことばの在り方ひとつで感動が生まれ、増幅し、あるいは消えてしまう。それは文学もまた言語そのものにほかならないからである。深くしみる心地よい上質のユーモアは、その文学的感動の重要な位置を占めているはずなのだ。これは笑いごとではない。

どこまでも正面切って論じたてるのが気恥ずかしく、硬軟いずれの著書でもあちこちにユーモラスな筆致を見え隠れさせる悪い癖は性格的なものかもしれない。どこか冷めていて熱っぽく語るのを照れる著者が、はじめて〈笑い〉を正面に据えて考察したのが『文章読本　笑いのセンス』（岩波書店）で、今は単に『笑いのセンス』と題して岩波現代文庫に入り、この世界の概論書という位置にある。その後、『笑いの日本語事典』（筑摩書房）『日本語のおかしみ』（青土社）『吾輩はユーモアである』（岩波書店）と書き継いできた。

主としてことばの意味を記述する国語辞典に対し、ことばのもうひとつの側面である〝語感〟を中心に解説した本邦初の『日本語　語感の辞典』（岩波書店）が第一の〈言語〉分野の研究の集大成であるとすれば、九八作家の二一二作品を対象に文章の表現分析をほどこした文体論実践の書である『日本の作家　名表現辞典』（岩波書店）は、第二の〈文学〉分野の研究の集大成にあたるだろう。日本語の笑いの全貌を俯瞰するこの『日本語　笑いの技法辞典』は第三の〈笑い〉分野の研究の集大成に相当し、集大成の辞典三部作がそろった。

今回もまた、『日本語　語感の辞典』以来の知友であり恩人でもある岩波書店の田中正明さんのお力をお借りした。すでに辞典編集部の部長職を退かれているため、いわば仕込みを終えた段階で、現役の遣い手、辞典編集部の赤峯裕子さんに存分に調理の腕をふるって仕上げていただいた。各章の末尾に「日常の笑い」を扱う裏とびらエッセイを挿入して生活場面とのつながりをつけるように提案されたのも赤峯さん。身辺雑記風のコントじみた私的コラムがもしもうまく機能していれば、本文にあるプロの芸が浮き上がることなく、しっくりと身近に感じられて、よけい楽しめるかもしれない。入念に校閲された大西寿男さん、奥田泰正さんを含め、お世話になった四人のお名前を記し、心から厚く深い感謝の気持ちを申しあげる。

本書は、笑いを誘発する日本語の発想と表現の全体像をとらえ、それを一二類二八七種に分類整理した笑辞典で、最後に「ヒューマー」で終わっている。人間の弱さや愚かさに共感し、人生の不思議を味わう、そんな人間らしさに対する抜きがたい親近感を伴う複雑なおかしみ、なつかしさにちょっぴり恥じらいのこもる、そんなしみじみとした深い笑い、それがこの「ヒューマー」である。もしもいつか機会に恵まれれば、その〝ヒューマー〟だけに焦点をしぼり、暢びのびと『極上のユーモア』とでも題する小さな本を書いてみたい。それが今の夢である。この辞典で日本語の笑いの技法的ひろがりの全貌をとらえたとするならば、夢のそのささやかな本は、若き日に「文学最高の理念である」などと公然とつぶやいた、あの「上質のユーモア」、いわば笑いの最高到達点〝極上のユーモア〟を満喫する、得も言われぬ時間となるはずだ。そういう至福の時を読者と共有できる幸いを祈ろう。

二〇一七年 重陽　東京小金井市の自宅にて

中村　明

凡例

(1) 本書は、笑いを誘発する日本語の発想と表現を一二類二八七種に分類し、その技法的ひろがりの全貌をとらえるものである。

(2) 分類の概要は、序章にあたる「ことばの笑い博物館へようこそ」に全体像を示し、各章の冒頭に概説を置く。

(3) 本文中のゴシック体について。

① 本文中に、《 》でくくりゴシック体にした語は、分類のキーワードである。

② 笑いの表現の作者と作品名も、ゴシック体で示す。

(4) 引用について。

① 引用文は「 」、作品名は『 』でくくる。

② 詩歌を除き、現代仮名遣いに統一する。

③ 用字および送り仮名は原文どおりとする。

④ 漢字の字体は、常用漢字表・人名用漢字別表に含まれる漢字はその字体を、それ以外は正字体を採用する。

⑤ 現代人にとっての読みやすさに配慮し、特殊な読み以外にも、原文にない振り仮名を補う。

(5) 各章末にコラムを付し、日常生活の中での笑いの表現とつながる一助とする。

(6) 巻末に横組で総合索引を付し、検索の便を図る。

〔**編集付記**〕

引用文中、今日の人権意識に鑑みて不適切な表現・語句が見られるが、作品の歴史性を重んじ、原則として原文のまま収録した。

目次

目次

8 人物——人もいろいろ……375

⑫ 機微――人の世の味わい

装丁　森　裕昌

日本語　笑いの技法辞典

ことばの笑い博物館へようこそ

笑いの効用

笑いは、オランウータンにも、ワライカワセミにも、笑い茸にも真似のできない、人間の特技とされます。誰かが笑っているのを眺めていると、いかにも人間的な感じがして、何だかおかしくなり、こちらまで笑いたくなるから不思議です。にこやかな笑顔に接すると、おのずと心がほぐれ、広がり、気分もなごんで、いつかほほえましい気持ちになっているのでしょう。

この笑いを物理的に観察すれば、急激な呼吸障害に始まり、短い痙攣《けいれん》的な運動として実現します。瞬間的に肺に空気が充満してふくれあがり、その直後に勢いよく吐き出される、そんな現象です。これが連続する結果、血のめぐりがよくなり、全身の機能が活発になるため、腹を抱えて笑いころげるのは、生理的にそれだけ健康増進に役立つわけです。自然な笑いは、心理的にも快感をともない、リラックス効果を高めて、意図せずにストレス解消に貢献しているようです。

不安も悩みも吹き飛ばす笑いの効果はそれだけではありません。まず、笑うことで右脳が活性化し、エンドルフィンという脳内麻薬を分泌して痛みをやわらげると言われます。それを利用して、リウマチの患者に落語を聴かせる療法も実際に行われているそうです。また、癌患者が笑って暮らしているうちに、癌細胞を攻撃する細胞が増加して、いつか快方に向かっていたという話も聞きます。

こんなふうに難病を克服するのに役立ったという例以外にも、さまざまな効果が話題になります。笑いは、NK細胞を活性化して、免疫力を高めるともいわれます。また、笑うことをとおして、思考や判断などの高等な精神作用を司る前頭前野が活発になり、結果としてボケ防止に役立つともいわれます。認知障害など思ってもみない世代でも、日常生活でよく笑うと、脳波にアルファ波が多く現れて記憶力や集中力が高まるそうですから、笑ってしまいます。

笑いをめぐる理屈

笑いはこんなふうに体にいいとされますが、それも笑いの種類によって異なり、一律には規定できません。他人の欠点や失敗を笑う時は少し複雑です。滑稽に思いながらも、愉快な気分の裏に気の毒な思いが同居するため、苦みの交じった笑いになるからです。そこに喜びと苦しみという相反する感情が同時に起こる事実を、はるかな昔にプラトンが指摘しているそうです。アリストテレスも、並の人間より劣った人物を真似ると喜劇になると述べています。ただし、笑いの対象となるその汚点は、うぬぼれが強すぎるとか、不注意からとんだ失敗をしでかすとか、うっかりすると誰でもやりかねない軽い欠陥だからおかしいのであって、命にかかわるような重大な失態だったら、笑っている場合ではなく、滑稽な感じは実際に出てきません。

笑いが本格的に論じられ出すのは近世に入ってからで、なぜ笑うのかという原因について、十七世紀の英国の哲学者ホッブスはこう主張します。相手の劣等あるいは醜悪な点を発見し、自分ならあんなことはないと優越感にひたる、その突然発生するうぬぼれによって笑うのだというのです。

「ガンダーラ」と聞いて「寒鱈」と思い込んだり、着飾った紳士の社会の窓が全開なのを目撃したりした場合の滑稽感はこれで納得できますが、「大林」が「小林」より貧弱な体格だったり、生徒が先生の誤字を発見して丁寧に指導したりする矛盾感が引き起こす笑いなどは、これでは説明がつきません。相手を軽蔑する種類の笑いにだけ通用する理論なのです。

十八世紀のカントは、期待による緊張から突然解放される瞬間に笑いが生ずるとする、いわゆる期待はずれの理論を唱えたそうです。

気に入った自動車を見つけて永年の夢をかなえようと決心した瞬間、先月の引越し騒ぎで貯金を使い果たしていたことを思い出すような場合の笑いは、これできれいに説明ができますが、「アホ」「ビリ」「ガンバリ」「ニランデル」といった外国の人名を日本語で考えておかしくなるような笑いはこれでは説明できません。

時代が下って、創造的進化を説いたフランスのベルクソンは、進化してやまない社会でひとり停滞または逆行する行為は柔軟性を失い、滑稽な存在と映ると考えたようです。

馬鹿の一つ覚えはまさにそういう例で、教師が先生口調で、政治家が演説口調で引越しの挨拶にまわるような融通の利かない行動は、たしかに笑いの対象になります。でも、「餅はなぜカビるか」と問われ、先代の林家正蔵が「早く食わないからだ」と答えたような、凝固とはむしろ反対の精神から笑いが生まれる場合もあり、この説も万能とは行きません。

笑いにはいろいろな種類があり、どんな理論もそのすべてを説明するのは無理なのでしょう。二十世紀フランスの諷刺喜劇の作者パニョルは、どんな事実でも人を笑わせる可能性があるという立場から、自分の優越を意識して笑う積極的な笑いと、相手の劣等を意識して笑う消極的な笑いとに二分しますが、相対的な優越感という点では共通しています。

人は優越感でだけ笑うわけではありません。実にさまざまな感情が笑いを引き起こし、それに応じて違った種類の笑いになります。大笑い、高笑い、思い出し笑い、微笑、爆笑・哄笑などはいかにも健康によさそうですが、薄ら笑い、つくり笑い、失笑、憫笑などは愉快な笑いではないし、苦笑い、ほくそ笑み、せせら笑い、あざ笑い、嘲笑、冷笑などはあまり健康的とは言えないでしょう。そのほか、恥ずかしさ、驚きや感動などから来る笑いもあるし、まれには、恐怖や絶望のどん底で笑い出す場面さえありそうです。

笑いの体系

若気の至りで『名文』(一九七九年、筑摩書房。現行版は、ちくま学芸文庫)中に「上質のユーモアは文学最高の理念である」などと、小生意気な一文を掲げて、笑いの重要性を逸早く訴えたものの、ことばの笑いを正面にすえた著書としては『笑いのセンス』(二〇〇二年、岩波書店。現行版は、岩波現代文庫)が最初です。日本語の笑いの全体像をとらえようとしたその研究入門書に、自己流の「笑い体系表」を載せています。

駅の階段を急いで駆け上がり、電車に飛び乗ろうとした瞬間にドアが閉まりかけるという光景をよく見かけます。間一髪で間に合った人が笑うのはごく自然で、わかりやすい笑いですが、惜しいところで乗り損ねても、日本人は悔しそうな表情より笑顔を浮かべることが多いように思います。このような民族的な不思議な笑いをも含めた多種多様な笑いを整理し、そこではこんなふうな体系化を試みて発表しました。

まず、ものごとを概念的に認識するプロセスを経ずに起こる「直接的な笑い」と、頭で何らかの解釈をほどこした結果生ずる「間接的な笑い」に大きく二分することができます。

「直接的な笑い」は、何も考えることなくおのずと湧き出る「自然発生的な笑い」と、意図や機能が慣用化して瞬間的に浮かぶようになった「反射的な体裁の笑い」とに分けられます。

前者はさらに、感覚的・生理的な心地よさから起こる「快感の笑い」と、感動や満足感や安堵といった「感情的な快さの笑い」とに分けられます。

後者もさらに、歓迎の笑いや愛想笑いといった「友好の笑い」と、困惑・落胆・余裕といった、心を隠す「自衛的な笑い」とに分けることができるでしょう。

一方、「間接的な笑い」のほうは、広い意味での発見の驚きをともなう、広い意味での「おかしみの笑い」と考えることができます。それはさらに、常識や予測と大きく違った結果や現実といった、何とも信じがたい現象に対するとまどいから生じる呆れ笑いや、絶望や恐怖の笑いといった「驚きの笑い」、揶揄・嘲笑・自嘲の笑いなどの「攻撃的な働きかけの笑い」、それに、関係の矛盾や違和感の発見といったジョークやエスプリ・アイロニー、あるいは人間的な共感にもとづくヒューマーを含む「滑稽の笑い」の三つに分けることができるでしょう。

このうち、本書で対象とするのは「間接的な笑い」であり、そのうちでも特に、おかしみを感じさせる「滑稽の笑い」が中心となります。

〈おかしみ〉の背景

「笑い」は「文化」と、「ユーモア」は「人柄」と、それぞれ深い関係があるように思います。となると、それぞれの国民性の違いも大きく、また、個人個人の差もけっして小さくはないから、厳密な形で〈笑いのルール〉を樹立するのは至難の業ですが、おおまかな傾向のようなものはつかめるような気がします。

この本では、ことばがからんで生じる〈おかしみ〉のしくみを考え、そういう滑稽な感じを誘い出す日本語の発想や表現という、笑いをめぐる言語的な在り方の条件を探り出して、おかしみをかもしだす言語的な技法の数々を体系的に位置づけ、笑いの世界の全景を照らし出すという壮大な夢を追いたいと思います。

当たり籤《くじ》の番号が４３７１０９であっても３８２１０８であっても誰も不思議に感じませんが、１２３４５６だったり５５５５５５だったりすると、おやっと思うでしょう。笑うかもしれません。嘘っぽく見えるので小説では避けるでしょう。しかし、考えてみると、そんな規則的な番号が当たったのをこれまで見た記憶がないから珍しい感じがするだけであって、どの番号も現れる確率は同じはずです。だから、これは偶然であって奇跡ではありません。

さいころを振って二回とも同じ三が出たぐらいでは笑いませんが、そのあとも三が何回も続けて出たら、たいていの人は笑い出すことでしょう。だが、これも確率の問題であって、あり得ないことではありません。

このように、きわめて確率の低いことが自分の目の前で現実に起こると、不思議な感じがして「変だな」「おかしいなあ」と思います。滑稽なことを「おかしい」というのも、その延長上にあります。落語の与太郎が馬鹿なことを口走ったり、とんでもないことをしでかしたりして客が笑うのも、そんなことがあるのか、そんな人間がいるのかと驚き呆れる反応なのでしょう。

魚の「鰆《さわら》」「鱈《たら》」「沙魚《はぜ》」と木の「椹《さわら》」「楤《たら》」「櫨《はぜ》」など、まったく別の物の名がなぜ同じ音のことばなのか、「癒し」と「卑しい」、「さみしい」と「さもしい」といった意味のまるで違うことばがどうしてこんなに似た音なのか、考えてみると不思議に思え、なんだかおかしくなるでしょう。

笑いの奥には、おかしいなという心理的な感情がうごめいています。ひょっとすると、とっさに納得できないこと、理屈で説明しにくいことに出遭った緊張感を、笑いでほぐそうとする自衛本能なのかもしれません。

ともあれ、〈おかしみ〉の底には、信じがたい現象に直面した瞬間のとまどいがあるように思います。

笑いの技法一覧――表現と発想の全景

この辞典は、小説などの文学作品から〈おかしみ〉を感じる表現を採集し、それに笑いやユーモアを含む各種の読み物、落語や漫才などから拾い上げた例、笑話集から借用した例を補った資料を分析して、言語表現における〈おかしみ〉のありかを探り、その結果を表現や発想の方法に応じて分類・整理したものです。

個々の技法に入る前に、分類基準や排列などについて説明し、その全体像がつかみやすくなるよう、ここにラフな見取り図を描いておきましょう。

日本語の笑いをその誘因の違いによって体系立てた辞典ですから、本の構成が十二章で、合わせて二八七の節があるということは、ここに立項した笑いの技法の数は、全部で一二類二八七種にのぼるということを意味します。

排列の全体の流れは、ちょっとした言語操作をほどこし、小手先のテクニックでつくりだす浅い笑いから、奇妙な発想、一風変わった人柄、人間という存在や人生の不可思議を味わう深い笑いへと向かいます。きっと、げらげら笑う滑稽さから、哀しみを秘めたしみじみと嚙みしめるユーモアへと、笑いが次第に深まり、奥行を広げることでしょう。

昔、岩波書店から『日本語レトリックの体系』(一九九一年)という学術書を刊行しました。伝統的なレトリックを組み直し、そこに各種の表現技法を補充して体系化する際に、全体を大きく【展開】と【伝達】に二分し、前者に〔配列〕〔反復〕〔付加〕〔省略〕、後者に〔間接〕〔置換〕〔多重〕〔摩擦〕のそれぞれ四つの原理が働いていることに注目して、それを大分類の基準としました。その後に東京堂出版から刊行した『日本語の文体・レトリック辞典』(二〇〇七年)でも、基本的にその考えを継承しました。

この『日本語 笑いの技法辞典』でも、そこから〈おかしみ〉を喚起する技法を抽出して、言語技術面が大きくかかわる第一章から第七章までの分類基準に役立てています。

第一章【展開】では、「流れの操作」として、最初に「殿様のご褒美とかけて春の日と解く」といった奇言を発して注意を引き、あとで「く(呉／暮)れそうでなかなかくれない」と説明して納得させる〔奇先法〕、「這えば立て、立てば歩め」のように次第に盛り上げる〔漸層法〕、「つぶら瞳の君ゆえに」といった七五調などの〔リズム〕などを扱います。〔配列〕の原理と〔反復〕の原理を含む内容です。

第二章【間接】では、「さりげなく遠まわり」として、「便所」を「レストルーム」とぼかすなど、あたりさわりのない表現でそれとなく伝える〔婉曲語法〕、ごみの埋め立て地を「夢の島」と名づけるような〔語意反用〕、野球で四球を与えることを「歩かせる」と言うように、対象の全体ではなくその一側面をとらえて表現する〔側写法〕などを扱います。

第三章【転換】では、「他のイメージに置き換えて」として、「うどんのような縒《よ》れた顔」のように、喩えるものと喩えられるものとを明示し、「ような」「みたいに」など、喩えであることを示すことばを添える〔直喩〕、「女郎花《おみなえし》が咲いた」というように喩えだけを示し、文脈からそれが藤尾という女性であることをほのめかす〔諷《ふう》喩《ゆ》〕、「眼、口、其《そ》の他の諸先生となんらの相談もなく出来上がった鼻」のように、動植物や物体などを人間めかして扱う〔擬人法〕などを扱います。

第四章【多重】では、「ことばの二重写し」として、「コミュニティー銭湯」という公衆浴場の宣伝のように、一つのことばに複数の意味を重ねて伝達を複雑にする〔駄洒落〕、「都の真南　伏見の杜《もり》に」とまったく別のことを述べながら、ことばの形から、都の西北に位置するどこかの大学の校歌の一節を連想させるような〔模作〕、八七八という数字に、音の似た別語「花屋」や「やな奴」をあてはめて意味をこじつける〔語呂合わせ〕などを扱います。

第五章【拡大】では、「極端に誇張」として、幅のある顔を「横長の顔」というように、事実や認識や感情を実際より大きく表現する〔誇張〕、小林秀雄が「川端康成は小説なんか書いていない」と述べたように、強調のために細かいニュアンスを捨てて極端に表現する〔極論〕、逆に、「松茸と伊勢海老でもあれば質素な料理で我慢する」

など常識的な期待より度を超して小さく表現する〔過小言辞〕などを扱います。

第六章【逸脱】では、「意表をつくズレ」として、「完全にシャッポを脱いで白髪頭を下げる」というふうに、もともとの意味をことさら意識させる〔慣用句の活性化〕、木扁に「紫」と書いて「ぶどう」と読ませるように、意味をこじつけて、存在しない漢字をつくり出す〔造字遊び〕、犬と一緒に撮った写真を「首輪をつけていない方が僕」と説明するように、わかりきったことをあえて表現する〔無駄言及〕などを扱います。

第七章【摩擦】では、「矛盾感で刺激」として、「文学というものは君が考えるほど文学ではない」のように、表現の内部に意図的に自己矛盾を設定する〔矛盾語法〕、「もがもがした」や「猛烈な」と修飾した「沈黙」という名詞のように、カテゴリー間の交錯や感覚系統のズレを引き起こす〔異例結合〕、「女は女であるとき最も女性である」というふうに、同じ意味の表現を意図的に重ねる〔同義循環〕などを扱います。

ここまでは、日本語の運用技術として、笑いの生成過程を論理的に解説しやすい例を扱っています。ここからの終盤は、言語操作という技術面では説明がつかない、ものの考え方、感じ方といった発想の面や、不思議な人物の異様な行動、相手を操る奇妙な術策、いかにも人間らしい失敗談、並の人間には想像もできない珍妙な思考法に酔いながら、じっくりと考察を進めましょう。

第八章【人物】では、「人もいろいろ」として、〔ばか正直〕〔強情〕〔負け惜しみ〕〔被害妄想〕〔大言壮語〕や、彼女は私の品性でなくルックスに惹かれたとはと気どって嘆いてみせる〔うぬ惚れ〕、それに〔見栄〕〔気障〕〔奇癖〕などを扱います。

第九章【対人】では、「相手を意のままに」として、〔予測外し〕〔引っかけ〕〔機転〕〔揶揄〕や、「千《ち》早振《はやぶ》る神代も聞かず龍田川」という名歌を、相撲取りと花魁《おいらん》との因縁話にしてしまう〔こじつけ〕、〔おとぼけ〕〔照れ隠し〕〔あてつけ〕〔暴露話〕などを扱います。

第十章【失態】では、「失敗談に花が咲く」として、〔理屈の通る誤解〕〔早とちり〕〔曲解〕や、「ゆで卵」を「ゆでた孫」と解するような〔異分析〕、それに〔本末転倒〕〔愚問〕〔やぶへび〕、樋口一葉をオケグチイッパ、井伏鱒二をイブクタルゾウと読むような〔無知〕、お辞儀してから帽子を取るような〔非常識〕や、〔当て外れ〕などを扱います。

第十一章【妙想】では、「ものは考えよう」として、排泄作用を「深山幽谷」という大自然の趣に昇華させる〔下ねた〕や、〔偏見〕〔独断暴論〕〔勝手な想像〕〔おかしな偶然〕〔考えにくい現実〕〔屁理屈〕〔穿った解釈〕〔うやむや〕など、不思議な考え方を扱います。

そうして、最後に、人間という存在や人生そのものに潜む不思議の発見へと、〈おかしみ〉を掘り下げ、じっくりと味わいましょう。

最後の**第十二章【機微】**では、「人の世の味わい」として、〔ことばの奥の気持ち〕〔ありがた迷惑〕〔複雑な心理〕や、貧乏時代を懐かしむ〔微妙な心理〕、それに、〔観察〕〔発見〕〔道理〕〔卓見〕を存分に鑑賞し、〔風情〕を満喫し、〔ヒューマー〕にひたりながら、生きているよろこびを嚙みしめたいと思います。

ことばの笑い博物館、ぼつぼつ開館の時刻でございます。どうぞ、こちらへ――。

1

展　開

——流れの操作

美術すなわち絵画や彫刻や書などの空間芸術では、人びとの前に作品が一度にその姿をあらわす。むろん、一瞬にして完成するわけではなく、そこに至る作者の制作過程はもちろん時間的に経過するが、いかなる場合においても、鑑賞する人間にとって対象となる作品が同時に全体像として示される。

一方、音楽や演劇・映画、それに舞踊といった時間芸術では、一つの作品全体の姿を人間が同時に五感におさめる瞬間というものは存在せず、刻々にくりひろげられる展開に沿って、次第に全体像に接近する。

文学もまた、そういう時間芸術の一つとして、読み進む経過とともに読者の心にさまざまに訴える。文芸作品のみならず、一般に言語表現そのものが同時的把握になじまず、時間的・線条的に流れる性格をもつからである。

ことばのこういう自然な流れになんらかの操作を加えるユーモア作法を、ここに【展開】として一括して扱うことにしたい。

いきなり「人生は一箱のマッチに似ている」と始めて読者に考えさせ、おもむろにその理由を説明する展開もあれば、そ知らぬ顔で「役者がきょろきょろしたり尻を搔いたり」と書き、それが猿だという情報をしばらく伏せておく入り方もある。

次第に盛り上がるように展開するか、逆に尻すぼまりになるように進めるかも、情報をどう排列するかによる。いささか品のない話題から突然高尚な話題に飛ぶこともあり、逆に、いきなり落とすこともある。

ビタミンAやBの話から、何の関係もないオロナミンCやリポビタンDの話に脱線することもあれば、らちもない反復が心理描写として絶妙な働きをする例もある。

先行文の文末のことばを承けて尻取りのように展開することもあり、「夢と詩の人生」に「詩と夢の文学」と続ける倒置反復の芸もある。

「信州信濃の新蕎麦」と頭韻をふむかと思えば、「狸にブリキに蓄音機」のように脚韻をふむ流れもある。「芝で生まれて神田で育ち」と七五調で歌うように進むこともあり、「唐突な欲望を理解しない」と断定しながら、「或《あるい》はしたくない」とためらってみせることもある。

1 読んでから封を——手順前後

半分に分けると変色する飲み物は何かなどと、苦しい謎をかける閑な人がある。答えは「ミルク」。「チチ」(乳)は白いが、半分ずつに切り離すと「チ」(血)になって赤い色に変わるからだという(**『日本語と笑い』**)。

こんな程度の謎かけでも、生真面目な人に真顔で切り出されると案外おかしいが、いくら言語学上の新しい発見でも、説明のほうを先に言ってしまっては面白くも何ともない。論理的には同じ情報でも、**《手順前後》**で笑いは消える。

階段から落ちた怪我人を運び込んだときに、医者が、なぜ落ちる前に連れて来ないのかと無理を言うと、とたんに落語じみてくる。**夢乃タンゴ**と**西川ひかる**の漫才に、「婚約者とお食事をして、それから見合いにいきます」と言って、「ええかげんなこというな」とたしなめられる場面がある(**『笑話の時代』**)。たしかに、まず見合いをして、後日二人で食事をするという順序が、世間の常識だから、その手順を逆にする違和感が笑いを誘う。

しかし、漫才では、当人が「いいお嫁さんをもらおうと思ったら、やっぱりそれだけの努力をせなあきませんよ」と言い張る。食事を共にして互いの気心がある程度知れてから見合いをすれば、さらに深く知り合えるという実質的な効果がありそうな気もして、また笑う。

子供のズボンを洗ったら、縮んでしまってはけなくなったと嘆く母親に、今度は子供を洗えば、と一見もっともな解決策を提言する無謀な隣人が登場する洋ものの笑い話がある(**『ジョーク・ユーモア・エスプリ大辞典』**)。

使用説明書に「この洗濯機で子供は洗えません」といった注意書きがないとメーカーの責任を問われそうなこの世相では、子供も縮むから名案だと早速実行に移しかねないと、いささか心配になる。これは**《手順前後》**だけの笑いではないが、その隣にこんな話が並んでいる。

往来の真ん中で男が突然ぴょんぴょん跳ねだしたのを見て、周りの連中がびっくりし、どこか具合でも悪いのかと尋ねると、当の男はいたって冷静に、今朝、水薬を飲むときによくかき混ぜなかったのを思い出したのだと事情を説明したという。よく振って混ぜてから飲むのを忘れ、時間が経ってから激しく体を動かしてみてももう遅いと読者は笑う。だが、そんなばかな、と思いながら、体全体を一本の瓶と考えれば、なんとなくいくらか効果がありそうな気もして、またおかしい。完全には否定できない、そのもっともらしさが笑いを誘うのだろう。

『国富論』を著して経済学を体系づけた英国の哲学者**アダム・スミス**の大学者らしからぬ逸話を一つ(『**ゆうもあ物語**』)紹介しよう。ある婦人に手紙を送ってから、封筒に入れ忘れたことに気づき、その無礼を詫びるためにその自宅を訪ねた。失礼をお宥《ゆる》し下さいと言ったあと、ここに封筒と糊を持参したゆえ、お読みのうえはよろしくお封じを願いますと言い添えたという。何のための封かはともかく、大学者にしてこうかとつい嬉しくなる。

2 二階だけの家——奇先法

「殿様の御褒美」とかけて「春の日」と解くなどと、いきなりまったく縁のなさそうな題を並べ、両者にどういう関係があるかを考えさせる、あの昔からある謎かけは、わけのわからない提題で相手に考えさせる、その間《ま》が大事なのだ。そのこころは「くれそうでなかなかくれない」。

殿様が「その方に褒美を取らせる」ということばを口にしても、もったいぶってすぐには実行しない傾向があるのを、日の永い春は、日が西に傾いてもとっぷりと暮れるまでにはかなりの時間がかかるという自然現象に通わせる趣向だ。この場合は「呉れる」と「暮れる」という同音語を利用した伝統的なことば遊びになっている。

ぐっと新しくなって、「技巧派の投手」とかけて「品数の少ない果物屋」と解く、などというのもある。以前、講義中に披露した即興の新作で、そのこころは「キューイが足りない」。むろん、「球威」と「キウイ」という類音語を利用した趣向である。なにも鼻をうごめかすほどの出来ではないが、両者の思いがけない結びつきが学生の居眠りをいくぶんか妨げたかもしれない。

ここでもしも「そのこころは」という説明の部分を先に切り出せば、表現効果がどう違ってくるだろう。どちらの例でも、もともと伝達内容自体がまったく無意味なので、情報提供の順序を間違えれば、効果が薄れるどころか、謎かけそのものが成り立たなくなる。かけるものと解くものとの非連続性、まったく無縁なはずの両者が思ってもみない類似点で結びつく意外性、それこそが唯

1 展 開——流れの操作

一の内容ともいうべき作品の命なのだから。

まず謎めいたことを言って相手の興味をひきつけ、しばらくその間を楽しんでからおもむろにその訳を明かしてひとりほくそえむ、このような謎かけは、情報提供の順序を操作するレトリック、最初に奇言を発して相手を刺激し、のちに説明をほどこして納得させる**《奇先法》**の原理に立つ典型的な技法といえるだろう。

芥川龍之介の**『侏儒の言葉』**に、「人生は一箱のマッチに似ている」という一文で始まる短章がある。「人生」というテーマを掲げ、何の説明もなしに、いきなりまるでつながりのなさそうな「マッチ」のイメージをよびよせ、実はその二つは似ているのだと切り出すのだ。

狐につままれた面持ちで、これはいったいどういうことかと読者は思わず身を乗り出す。そのタイミングを待って、作者は「重大に扱うのはばかばかしい。重大に扱わなければ危険である」と、「人生」と「マッチ」との共通点を指摘する。げらげら笑うような話ではないが、思いもかけない類似にはっと気づき、読者の頬はほころびるだろう。

その二つの類似点はどちらが先でも大差ないが、最初に謎めいた言を弄するのがポイントだ。今仮にこの情報を出す順番を変えて、「人生は、重大に扱うのはばかばかしく、重大に扱わなければ危険である、という点でマッチに似ている」などと表現してみたら、効果はまるで違ってしまう。こんなふうに言い換えても、それなりに意味が通るという点で、謎かけの場合とは基本的に異なるとはいえ、表現が切れ味を失う。冒頭で無関係なトピックを並べて読者に疑問を投げかけ、考えさせたあとで鮮やかにその論理の空白を埋める、あの原文の颯爽とした表現の感触はすっかり影をひそめるだろう。これでは、読者はにこりともしない。最初の強烈なパンチが効いてこそ、知的な笑いがこみあげるのである。

少年少女向けの小説、**サトウハチロー**の**『おさらい横町』**の冒頭場面をあげよう。作品はいきなり「えーと、象が十匹」というせりふで始まる。読者は巨大な動物園かなにかの話を連想する。ところが、「待って下さいよ。熊と象とをいまザルに入れてしまいますから」というせりふが続き、首をかしげる。そのあとなおも、「そのお猿が、尾長猿が、十ダースの、豚の子供が百匹」とか、「蛙が、青いのが五十に赤いのが三十、金魚を三十五入れ、亀の子が二十」だとかと続き、「ライオンと虎とまぜて三十頭、河馬にワニ公で十五、キリンが二十の水牛が一ダース」などという話のやりとりが展開して、読者はいったい何の話かと思ってしまう。

幼い読者たちのそういう不思議そうな顔のそろったあたりで、「房子さんのお家は、大きなオモチャ問屋なのである」という一文を記し、ようやくそこが玩具の問屋の仕事場であることを明かす。こんなふうに物語を読者がびっくりするような書き方で始めて興味をそそる手法が意図的であったことは、「なアんだ。わかってしまえば、何でもないでしょう。けれど始は象や熊で、びっくりしたでしょう」という、それに続く作者のことばからも明らかだ。

同じ作者の諷刺ユーモア小説集『**貧乏行進曲**』所収の最後の一編『**海苔トースト**』にもこんな場面がある。「どんさんが家へかえッて二階へ上がると」と書いたあと、「二階家かとおどろき給うな二階だけの住居《すまい》なのだ」と作者が割って入る。読者は二階だけの家というのはいったいどういう構造なのだろうと考える。二階が宙ぶらりんになって浮かんでいるはずはないし、柱にくくりつけてあるはずもないから、現実には一階部分が車庫にでもなっているのだろうかなどと想像していると、作者は「下には別な人がいる、その人が即ち家主」と説明を始め、「まわりくどく申せば、一軒を分割して住んでいる二世帯。カンタンに言えば、間借りである」と、それこそまわりくどい解説を続ける。最初から「間借り」と書いてしまえば、それ以上何も説明する必要はなく、情報伝達はいたって簡単になる。が、その代わり、読者が無駄な想像であれこれ頭を悩ます楽しみも消えてしまう。

3 役者が尻を掻く——情報待機

太宰治の『**葉**』は、いきなり「死のうと思っていた」という衝撃的な一文で作品が始まる。この冒頭にどきりとした読者が恐る恐る次をのぞいてみると、「ことしの正月、よそから着物を一反もらった」などというまことに平和な文があり、きょとんとして次を読むと、「お年玉としてである」と、その贈り物の説明があり、さらに、その布地が麻であるとか、鼠色の細かい縞模様があるとかと、冒頭の一文を宙吊りにしたまま、貰い物の解説が続く。読者は落ち着かない気分で次々と読まされる。しばらく進んだあたりに、それは夏物だから「夏まで生きていようと思った」とあり、死と布地とがようやくつながる。

そこまで強引に引っぱって読者を手玉に取るこの文展開は、太宰の業ともいうべき、読者への奉仕の精神、当人の主張する「薄氷を踏む思い」での冗談だったかもしれない。これなど、健全な読者にはせいぜい呆れ笑いを誘うだけだろうが、このように意図的にある情報をしばらく伏せて読者の興味をつなぎとめる**《情報待機》**の手法が、時としてユーモラスな展開となるケースもある。

映画監督の**小津安二郎**は、一流の俳優たちにも演技を何回もやりなおさせるというきびしい演出ぶりで知られる。冷房もままならなかった昔、蒸し風呂のような当時のスタジオで、何度やってもＯＫの出ない名優連中を前に、「君たちいいよな、大根だから」と言い放ったという逸話が残っている。演技の下手な「大根役者」という意味だから、普通ならこんな失礼な言い方はない。ところが、ここの相手はみんな大人、小津のおっちゃんのことだからこれは何かあるなと、次の一言を注目する。と、「芋なら、とうにふけてるよ」と来た。どっと笑ったことだろう。この笑いは芋云々の情報を待機させて一瞬の間を置いたことで生じた。全体の意味情報は同じでも、もしも真っ正直に「なにしろこの暑さだから、芋ならとうにふけるところだが」というところから始めたのでは、こういうなごやかな雰囲気にはならない。それどころか、「その点、君たちは大根だから、ふける心配がなくていいよな」とサワリを言うところには殺伐とした空気が流れたかもしれない。

『猿』と題する**小沼《おぬま》丹**の初期の随筆は、「いつだったか、吉祥寺駅近くの空地にちっぽけな芝居小屋が掛った」という一文で始まる。そして、たまたまそこを通りかかった折、立ち止まって眺めたことが書いてあり、ここまではまったく引っかかることなく読める。

ところが、次に「役者が小屋の前の台の上に並んで、きょろきょろしたり、尻を掻いたりしている」と続き、読者はちょっと立ち止まる。何人も並んだ役者がみな落ち着きがなく同時にきょろきょろすることもないではないが、一人だけでなくそろいもそろって「尻を掻く」となると、いささか尋常でないからだ。こんな疑問を抱くのは、「役者」ということばから当然のごとく人間のイメージを頭に描くせいである。

作者はすぐ「役者と云っても五、六匹の猿と二、三頭の犬しかいない」と続け、そういう誤解を解く。それが猿であれば、不思議でも何でもない。だが、猿は猿でも、猿まわしの芸達者の猿なら「役者」と呼べないこともないから、この場合は、作者はまんざら嘘をついたわけではない。

とはいえ、人間でないという情報を伏せて、素知らぬ顔で「役者」とだけ記した作者のいたずら心が、何人もの人間がそろって尻を掻くという誤った想像を誘い出したことは確かだろう。これもまた、情報を待機させた表現の効果であり、この例では作者の手にはまって、まんまと思い違いをしてしまった自分がおかしくなる。ほのぼのとした笑いをかもしだすような気がする。

4 脳の襞——未決法

ある情報を自然なタイミングで明かさずに先送りし、しばらく文意を宙吊り状態に置く表現上の工夫がある。これも《**情報待機**》の一種だが、必要な情報を与えられないために読者はその場面や状況がよくのみこめない。そういう未解決の感じを意図的に引き起こす目的でおこなう情報の操作も、時に笑いと直結する。

1 展開——流れの操作

北杜夫の作品『**船乗りクプクプの冒険**』に、しばしばそういう例が見られる。魔術師エイヒム・ピイバブ・グラグラアが「ふりかざした太刀をエイとふりおろした」という場面で、一行空け、「キタ・モリオ氏の首はコロリところがりおちた」とある。ああ、殺されたかと読者を一瞬どきっとさせ、「とだれもがそう思った」と続ける。文中の「だれもが」の位置が曲者なのだ。

もしも一文を通常どおりこの「だれもが」から始めていれば、読者は「だれもが……と思った。が、実は……」という流れを予測しやすい。首云々の一件はそこに組み込まれるため、実際には殺されなかったのだろうと読者は感づき、原文のようなサスペンスは生じにくい。「だれもが」という部分の位置を後にずらすという、ちょっとした語順変更で読者を一瞬どきっとさせ、心理的にふりまわすのだ。やられた、という読者の思いがおかしみを生み出し、退屈防止の効果をあげるのだろう。

同じ作品に、「きょとんとしていたクプクプたちも、いつか彼らといっしょに笑いだしていた」という一文が出て、次で改行し、「ただひとり、笑わなかったのはキタ・モリオ氏である」と続く箇所もある。そこまで読んだ読者は、みんなが笑うのにどうして一人だけ笑わなかったのだろうと不審に思い、一瞬緊張が走るが、そういう絶妙のタイミングで作者は「彼はまだ気ぜつしたままだったからだ」と続け、その謎を解く。気絶していれば笑おうにも笑えないから、読者はそれで納得する。

しかし、この謎は初めから存在したわけではない。もしも作者がちゃめっけを出さずに、「気絶していたキタ・モリオ氏以外みな笑いだした」などと普通に書いていれば、誰も不思議に思わず、その代わりそこに笑いが生ずることもなかったはずだ。つまり、気絶したままであるという情報を待機させることで謎をつくりだし、未解決の感じを漂わせて読者を不安にし、次いで当然の事実を伝えてその不安を解消する、という表現技術によって笑いが生まれるのである。情報の操作で意図的に未解決感を捻出し、読者を手玉にとるこういう表現の工夫を、レトリックでは一つの技法と見て《**未決法**》と呼ぶことがある。

山口瞳の『**吉野秀雄先生**』にこんな話が出てくる。戦後間もない昭和二十一年に鎌倉アカデミアで歌人の吉野秀雄が講座を担当しており、山口がそれを受講していたらしい。容貌魁偉《かいい》の吉野先生、「脳の襞次第に伸びゆく心地すと友の言ふ煙草吾《わ》が止めんとぞ思ふ」という受講生の一首を板書し、「脳の襞ってんですからねえ」と笑う。花鳥風月を愛でる伝統的な和歌の世界からひどくはずれた作品を紹介しながら、いかにも呆れはてたという声をもらしたらしい。とたんに、「ベニヤ板で仕切った隣の教室から、うるさいっという声が飛ぶほど」、教室中が爆笑の渦に巻き込まれたという。その「笑いの伝染病はなかなか止まら」ず、ある娘など、「わたし、もう苦しくて、などと言って、うつ伏せてしまう」始末。

そう書いたあと、作者は「しかし、一人だけ笑わぬ者がいた」と展開する。読者がいったいどういう人かと注目するタイミングを見はからって、作者は「真っ赤になって額を垂れ、動悸のやまぬ者、それが私だった」と続ける。つまり、その破天荒な一首は、受講生の一人山口瞳が宿題として提出した作品だったのだ。

それが作者自身の作であること、少なくとも、異能の詠み手に関する情報があらかじめ読者に伝えられていたら、この箇所の面白みは半減していたにちがいない。そこを伏せることによって、「一人だけ笑わぬ者」とはいったいどのような人物だろうかと読者に考えさせる。そういうある種のサスペンス効果がばねになって、おかしみがはじける表現構造だったことに気づく。

5 思いつめた目をした中年男——誤解誘導

《情報待機》が極端になると、未決感を通り越し、そこからまったく別の情報を読み取りやすくなる。意図的にそういう誤った思い込みに誘う引っかけの技法を**《誤解誘導》**として独立させよう。「最初はグー」と言って、相手をジャンケンだと思いこませ、すかさず「お前はパー」とからかうのは、そのもっとも単純な例だろう。

「先生方がみんな僕のことがきらいだから学校へ行きたくない」ということばを聞くと、子供が学校へ行くのを嫌がって駄々をこねている場面を想像する。とたんに「だめよ、あんたは校長なんだから」と続く笑い話(**『アメリカン・ユーモア』**)もその典型だ。「僕」という用語が事実を巧みにカモフラージュし、そういう思い込みを誘い出すのに有効に働いている。

「金をよこせ、でなければ、タダはおかない」とうるさく言ってくる奴がいるので何とかしてくれと、「顔蒼ざめた男」が郵便局の局長に訴えてきた。当然そこに脅迫めいた犯罪性を察知して、差出人に心あたりがあるかと尋ねると、その男は「税務署なんです」と答える。納税の督促をするのも要するに「金をよこせ」という意味の一部だし、延滞利子がつくのも、タダではすまないわけだから、まったくの嘘を言わずに、相手が別の場面を想像するように誘導している。こういう笑い話(**『ユーモア辞典』**)も構造的に、この原理に立つ典型的な例であるといえる。

三升家小勝の落語**『犬ひろい』**(**『新作落語集』**)に、「大丈夫だよ、吠える犬は咬まないっていうから」という会話が出てくる。相手は当然、よく吠える犬ほどやたらに人を咬んだりしないという意味の発言だと思い、安心して近づこうとすると、「吠えたり咬んだり両方一遍にできないだろう」と、意表をついた根拠を示す。つまり、同時にしないというだけのことで、吠えてから咬むことは否定していない。こうなると、何が「大丈夫」なんだ

1 展　開——流れの操作

かわからなくなるから、全体として何のための発言なのか不明だが、最初の発言が相手の誤解を誘導する働きとして機能していることはまちがいない。

横山やすしと西川きよしのコンビ、やす・きよ漫才に、こんなやりとりがある(『**漫才・まんざい・MANZAI**』)。きよしが「弟さん、元気ですか」と問いかけ、やすしが「弟、元気や。徳島にいてるわ」と答え、きよしが「ほな、もう出てきた」と応じると、やすしが「どっからや。なにか、今のいい方、つかまったみたいな感じやないか」とつっかかり、きよしが「いや、故郷から出てきたか」と言いなおす。そこで、やすしが「それを先にいえ」と注文をつけ、「出てきたか」という言い方をされると、「五年半はいってたみたいやないか」とつっかかる。当然ここの「はいってた」は刑務所に入っていたという意味だから、そこできよしは「別に私、刑期まではきいてないよ」と弁解する。言われてみれば、たしかに、「出て来る」という言い方はそういう意味にもなるので、二人の間に暗黙の了解があるようにも聞こえておかしい。

牧逸馬の小説集『**紅茶と葉巻**』の中の一編『**白日**』に、「重い音を立てて鉄の扉《ドア》が開いた」という一文が出てきて、「私は解放されたのである。再び世の中へ出るという悦び、私は元気よく建物の外へ出た」と続く。読者はこの一節からどんな状況を目に浮かべるだろう。重い音を立てる扉が開き、解放されて再び世の中に出る。通常そこから想像されるのは、幽閉されていた人間がようやく解き放される感動的なシーン、あるいは、刑期を終えて刑務所から出所する場面だろう。ところが、この小説では、次に「午後四時昇降機は再び上層へあがって行く」と続き、ある人物がエレベーターから降りたところであることが判明する。

たしかに昔のエレベーターは「昇降機」と呼ばれたし、事実、重い鉄の扉の内側に折りたたみ式の鉄製のアームのついたいかめしい造りだった。東京日本橋の高島屋本店などではかなり長い間、そういう雰囲気を残していたような記憶がある。だから、この場面の表現は事実としてまったくの嘘はない。また、**夏目漱石**の『**吾輩は猫である**』にたばこの煙を「世の中へ」吐き出すと表現する例があるように、薄暗い狭い場所から広いフロアに出て照明を浴びる気分を描くここの「世の中へ出る」という表現も、おおげさではあるが、虚言を弄しているわけではない。しかし、エレベーターを連想させる描写を控えて、そういう紛らわしい表現を重ねることで、読者をあたかも久しぶりに娑婆の空気を吸うような雰囲気に誘いこむこのもったいぶった運びは、誤解誘導の功を奏したといえるだろう。

土屋賢二の『**われ大いに笑う、ゆえにわれ笑う**』に、「中年になると、若い時よりも暑さ寒さに弱くなるものだ」が、それは一時的な現象にすぎず、その段階を通り越すと、逆にだんだん強くなって、「ついには夏か冬かもわからなくなるまでに抵抗力がつく」という箇所が出てくる。「最後には焼かれても何も感じ」なくなるという人を食った種明かしを披露する。手っ取り早く自然な表現をすれば、要するに、ぼけて死んでしまうことにすぎない。それを世間では「抵抗力がつく」とか、「暑さ寒さに強い」とかとはふつういわないから、いくぶん嘘に近い無理な表現も見られるものの、巧みにそれらしい思い込みを誘うあたり、憎いばかりの運びが読者を楽しませる。

1 展開——流れの操作

井上ひさしの『**犯罪調書**』に、「白い下半身を剥き出しにした娘が横たわっている」という場面が出てきて、「麻酔薬を嗅がせられているらしく身動きひとつしない」と続く。作品名の影響もあって、読者はそこに犯罪めいた空気を感じとる。すると、その女の呼吸にともなう規則正しい胸の動きを記したあと、案の定、「と、思いつめた目をした中年男が冷たく光る鋭利な刃物を握りしめ、娘の下腹部へ顔を近づけて行き、ぐさりとその刃物を突き立てた」という描写が現れる。読者は当然、殺人事件と見て、はっとする。ところが、その先に帝王切開の手術が始まることが明かされ、お産の場面であることが判明する。

ほとんどの読者がだまされるのは、作者の表現上のわなにはまるからである。出産の場面であるという情報をひた隠しにして話を運ぶのが最大のたくらみだが、ほかにも殺人事件と思わせる仕掛けがいろいろ張りめぐらされている。まず、お産の場面なら、「白い下半身」といったなまめかしい描写は控えるだろう。手術であれば当然だから、「剥き出し」などとわざわざ書かない。出産なのに「主婦」とも「女」とも書かず、あえて「娘」とごまかしたあたりは嘘に近いかもしれない。麻酔をかけるのを「嗅がせられ」と受身表現にしたのも、いかにも被害者という雰囲気をかもしだすためだろう。下腹部の手術に胸の動きを描写する必然性も疑わしい。執刀医の描写で「緊張した面持ち」とも「真剣な表情」とも記さず、「思いつめた目」としたあたりも反則すれすれだし、その人物を「中年の医者」はおろか「中年男性」という表現さえ避けて、とかくいやらしい連想を誘う「中年男」と記したのも、事件性を感じさせる効果があっただろう。手術に用いる道具は通常「メス」と呼ぶが、そういう的確な用語を回避して「刃物」と記している。それはメスの上位概念に相当するので誤用とはいえないが、手術場面と察知されないためのぼかしだろう。

正確な伝達を妨げ、誤った理解へと導くために、このように数々の手の込んだ表現のたくらみをこらし、巧みに読者の頭を殺人現場へと追い込む。「ぐさりと」などとよけいな擬態語までくりだして決定的な瞬間に誘い、読者が思わず息をのむ、そのタイミングを見はからって作者は種明かしをする。とたんに緊張が無に転じ、読者は張り合いを失って力が抜ける。そして、それまで作者にまんまとだまされていたことに気づき、笑い出す。帝王切開という事実があらかじめ明かされていたら、こういう思い違いは起こりえなかったし、その代わり笑う楽しみもありえなかった。その意味で、これは素材そのものの滑稽さではない。まさしく文学という言語表現の在り方がつくりだしたおかしみである。

6　もう一息でのっぺらぼう――漸層法

「這えば立て立てば歩めの親心」という川柳は、わが子の成長を願う気持ちが次第にエスカレートするようすを、「這え」「立て」「歩め」という三段階の動作に切り取って象徴的に描いた作品だ。こんなふうに表現を次第に強めて盛り上がるように展開して最高潮に達するように導く修辞的な技法を《**漸層法**》と呼ぶ。この例はほのぼのとした作品だが、使い方によってユーモラスな度合いが強まる。

サトウハチローの『**ジロリンタン物語**』に、「おばさんは、小学校の時、立たされたこと、あるでしょう」と尋ねる場面がある。これだけでも少々失礼な質問だが、その「あるでしょう」のあと、「ありますね」と念を押し、「あるにきまってらア」と独り決めしてしまう。その事柄に対する当人の思い込みが強いと、こんなふうに推量から念押しへ、さらに勝手な断定へといった、いささか乱暴とも見える強引な展開になる傾向がある。相手の返事も待たずに、勝手にどんどん進めてきめつける強引さが笑いを招く。

井上ひさしの戯曲『**小林一茶**』には、「この意味《こころ》がわかるかい」という疑問の形から「わかるだろう」という推量表現に転じ、そこから「わかるべきだ」という義務の表現へと競り上がる展開が見られる。そして、さらに、「わからなければおよねさんは人間《ひと》じゃない」とし、「鬼か蛇《じゃ》だ」という極論へと盛り上がり、最後は有無をいわせぬ「わかれ」という命令形へと達する。これもいかにも強引な運びが読者にユーモラスに響くだろう。

内田百閒の『**山高帽子**』では、顔の形をめぐる激しい論戦がくりひろげられる。百閒が同僚に向かって一言「貴方の顔は長い」と言ったばかりに、猛烈な反撃をくらう。相手はまず、「貴方の顔は広い」と言い返す。写真で見る百閒の平べったい顔を想像すると、この寸評は誤りとはいえない。ところが相手はさらに、「一月ぐらい前から見ると、倍ですよ」と、その著しい変化を突いてくる。そこで、「寝てばかりいるから太るんですよ」と弁明したところ、先方は「それは太ったという顔ではありません。ふくれ上っているのです。はれてるんです。むくんでるんです」と畳みかける。そう言われて百閒が「思わず自分の顔を撫でた」ところ、相手は容赦なく、「そう。もう一息で、のっぺらぼうになる顔です」と、とどめを刺したという。

その場で相手の言いたい放題になった百閒、どうにも腹に据えかねて、相手の顔の長さを印象づける手紙を半日かけて書いたらしい。「申したいところ長ら」、「窓の外を長めていると」というふうに、わざと「長」という漢字を宛て字に使い、「へん長らの」着物だとか、「まっくら長ラス戸の外」だとかと、無理やり「ナガ」という音の連続をつくりだしては、そこにことごとく「長」の字をあてはめて、文面全体の奥に「長」という漢字の散らばる透かし模様を実現する。極端になると、「生憎《あいにく》何にも用事がないのです」という文には「ナガ」という音連続はないが、「ガナ」という音連続が含まれることに目をつけ、その箇所に「長」の字を上下ひっくり返してはめこむという徹底ぶりで、稚気あふれる一通である。

ともあれ、そのきっかけになった相手の弁舌は、「太った」などというなまやさしいものではなく、「ふくれる」「はれる」「むくむ」と病的な方面にひっぱり、果ては「のっぺらぼう」と化物あつかいする迫り上げだ。まさに《**漸層法**》によって笑いをかきたてる例である。

7 二十秒、十秒、カーン——漸降法

「十で神童、十五で才子、二十歳過ぎればただの人」という展開には、どことなくおかしみが感じられる。人間が成長するにしたがって「神童」から「才子」へ、そして「ただの人」へと下降線をたどることで、次第に力が抜けるからだろう。このように、叙述がだんだん尻すぼまりになるように展開する《**漸降法**》と呼ばれる修辞技法は、しばしば自嘲的あるいは揶揄的な響きと連動する例が見られ、滑稽な感じと結びつきやすい。

さだまさしの『**関白宣言**』という曲の歌詞に、「俺は浮気はしない」ときっぱり言いきることばが現れ、そのあと、「たぶん、しないと思う」と慎重な言い方に転じ、さらに「しないんじゃないかな」とトーンダウンして、ついには「ま、ちょっと覚悟はしとけ」と前言をひるがえしてしまう。歌うときも、だんだん歯切れが悪くなり、最後はむにゃむにゃと口ごもるように消えてゆく。自信が次第にぐらついてゆく過程が、漸降調でみごとに再現される展開が笑いを誘う。

落語『**つるつる**』の中に、たとい三日でもいいから、どこか静かな所へ行って一緒に食事をしたいと、幇間《ほうかん》の一八《いっぱち》が芸者のお梅をくどいててこずる場面が出てくる。八代目の**桂文楽**はこんなふうに演じたらしい。なかなか首を縦に振らないお梅に、「三日がいけなけりゃ二日でよござんすよ」と譲歩し、さらに一日、半日、三時間と要求を下げて、とうとう「三分、二分、一分、なし」と言い、弱々しく「なしはいけない」とつぶやく展開で聞かせた(『**落語の話術**』)という。

古今亭志ん生はこの部分を『**円タクの恋**』という新作落語に転用している(同書)という。「どこかへ一日ドライヴしましょう、箱根がいいでしょう」と提案しても相手が話に乗ってこないので、「じゃア、二時間、どこかをぶらつきましょう」と要求を下げ、さらに「三十分、二十分」と次第に譲って、しまいには「二十秒、十秒、カーン」と言う始末で、「何をいっているんですよ」と相手に呆れられる。どちらも直接には、今で言うデートが分単位、秒単位まで短縮する極端さが笑いを呼ぶが、

同時に、このような尻すぼまりの展開が笑いにつながることも否定できない。

井上ひさしの**自筆年譜**に、「はじめは投手で四番だったが、部員が殖えるにつれ、三塁手で五番、二塁手で二番、しまいには右翼で七番と、中心選手の座から滑り落ち、結局はスコアラーに落ち着いた」とある。三塁への進塁を阻止するためには右翼手の肩が鍵を握るし、併殺の鍵を握る二塁手や、機に応じて幅広い対応のできる二番打者の重要性が飛躍的に増した現代野球では、必ずしもこのように単純ではない。が、大半が右打者だった関係で、男女合同のチームではきまって女性を二塁と右翼に配していた一昔前の単純な感覚としては、チーム内での井上選手への期待が年を追うごとに低下していった事実は明白だ。当人の自虐的な記述とともに、こういう漸降調の流れが、脱力感の笑いを誘発する働きを分担する。

8 思ひそめしか――昇移法

[1] 展開――流れの操作

昔は横町の路地などでよく「立小便お断り」といった貼り紙を見かけたという。こんなふうに尾籠な情報を露骨に表現しては身も蓋もない。「このところ小便無用」と用件を記したあとに、「花の山」という季語を添えてあたりをやわらげる風流な試みは、同じ内容でも少しは粋な対応ができないかと腐心した成果なのだろう。

ひところ門先に異物を放置する礼儀知らずの犬に宛てて、「犬の糞おゆるしあれや花ふぶき」と一筆認めたことがある。が、いずれにせよ季節限定なので四季折々の文面を考えなくてはと思っていたら、先方に通じたのか、いつのまにか必要がなくなった。

展開が次第に推移せず、叙述内容や文調などが途中で急に変化する技法のうち、このように途中で突然レベルを上方に引き上げる表現の工夫を《**昇移法**》と呼ぶ。中西昇は上向きの変化と下向きの変化と両方の作例を披露する(『**ことば・文章とその芸**』)が、途中で落として期待を外す技法より珍しいからか、この《**昇移法**》の例におかしみの大きな例が多いようだ。

例えば、上の句で「減量のおなかの中に鳴く虫の」と、痩せるための空腹の苦しみを述べ、卑近なその「腹の虫」の縁で実際の秋の虫のイメージをちらつかせ、「声きく時ぞ秋は悲しき」と情緒ゆたかな下の句に転ずる。また、上の句で口汚く人をののしり、そこから突然「人知れずこそ思ひそめしか」と雅やかな格調高い下の句へと転ずる。

前の一首は減量にともなう悲哀を描き、後の一首は他人の悪口を述べたものだ。ともに全体としてそういう意味内容そのものは捻じ曲げられることなく通るものの、途中で表現の格調が一変するおかしみ。どちらも「ぞ……悲しき」あるいは「こそ……思ひそめしか」と係り結びの法則まで駆使して古典的風合いを保つ、そういう演出によってもっともらしく仕立てたことで、より滑稽さを増した。

9 高嶺の糞――**頓降法**

文意が次第に高まってゆく途中で急に低落するような展開を**《頓降法》**と呼び、最後のステップを踏み外したように転落する流れが特に効果的だ。古い修辞学書などには、「大不幸、大不忠、大罪悪」とつりあげたところで、「そのうえ、あまりにみっともない」などと急に程度を下げる例が載っている。縁談を進める仲人が「家柄がよく、学問があって、貞淑で」というふうに相手の女性の高尚な美点を並べ上げた直後に、「そのうえ小食だから経済的」などと、まったくレベルの違う利点を持ち出したりすると、縁談そのものが全体として〝お得感〟の取引に堕し、聞いている側はずっこけてしまう。

やはり**中西昇**の同じ本に、このたぐいの例もいくつか出てくる。「田子の浦にうち出でて見れば白妙の富士の高嶺《たかね》に」と、山部赤人の名歌そっくりの調べが流れ、美の絶頂に達しそうな瞬間、下七が「犬が糞する」と続く一首が現れる。これはクライマックスを迎えるはずの最後の最後に落とす例だが、一般には、上の句を高尚に運び、下の句で俗世間に引きずり落とすケースが多いようだ。「大江山いく野の道の遠ければ」から「デパートまかせ歳暮配達」へと展開するとは、小式部内侍《ないし》も予想だにしなかっただろう。「あらざらんこの世のほかの思ひ出に」という和泉式部の名歌も、「食っておきたいものがいろいろ」と続いたのでは後世に残りにくい。これらはいずれも、雅の世界から俗世間へと一挙に転落する、その変身の妙であり、読者もそういう趣向を楽しむのである。

10 家賃と恋愛――異質混入

1 展開――流れの操作

「象」を英語で何というかを尋ね、次に「熊は?」「狐は?」などと並べると、何も説明しなくても相手はそこに自然に文脈を感じとって、次も動物の種類が現れるものと予測する。そこで「蛙は?」などと水に縁のあるものを加えたあとに「カッパは?」と続けると、たいていの人は「河童」は英語で何だったかと思い出そうとする。しばらく考えて、苦しまぎれに「リバー・モンスター」などと答えるタイミングを見はからって、澄ました顔で「レインコート」と正解を示す。これは「河童」ではなく「合羽」の英訳だが、もともと「カッパ」と発音しただけだから、嘘をついたことにはならない。こういうたずらが成功するのは、相手が自分で勝手に想像した文脈に乗って、水に棲む動物だと思い込むからである。

音ではなく字で引っかける遊びもある。木扁に「赤」と書いて「りんご」、「紫」と書いて「ぶどう」、それでは「黄」と書いたら何と読む? という調子に畳みかける謎かけはその一つ。相手が「レモン」か「バナナ」かと迷っていると、「よこ」と言って涼しい顔をする、あのとぼけたやりとりはその一例だ。たしかに「横」という漢字は木扁に「黄」と書くから、引っかかった側はグーの音も出ず、笑い出す。これが成功するのも、「林檎」と「葡萄」からすぐに果物という文脈を想像してしまうからである。

並んでいることばに何らかの共通性があると、何となくもっともらしく聞こえ、一瞬つられてしまうこともある。漫才で**上方柳太**が「長男、次男、三男、四男」と並べたあと、「それから親父が呼吸困難」と続けるのは、単語の末尾がすべて「ナン」の音で統一して引っかける例だが、相方の柳次は即座に見破って、「何の話や」と一蹴する。

同じ漫才の**夢路いとし・喜味こいし**では、子供が五十円玉を飲み込み、それを取り出す手術の場面で、医者役のこいしが「メス、ナイフや」と助手に指示すると、いとしが「ああ、鉛筆けずり」とトンチンカンな受け答えをする場面がある。この応対は手術という場面にには合わないが、刃物という文脈には添っている。そのあと、「ハサミ、ガーゼ、ピンセット」と次々に指示を出した次に「ハンコ」を追加する。これも場面には合わない注文だが、金を出すという目的には関連する。「手術になんでハンコいるねん」と疑問を呈し、「金出すのに、ハンコが要る」という落ちになる。これは音ではなく意味の文脈が働いた例だ。

一般にはこんなふうに、何らかのもっともらしさが、自然な笑いを招くのだが、そこを極端に外す例もある。**土屋賢二**の**『汝みずからを笑え』**には、「中年女にならないと、おおらかさも、図太さも」と精神的な特徴を並べたあと、「図太さ」の「太さ」だけを受けて、意味の上では何の関係もない「腰の太さも」と展開し、ついには女性と無縁の「男らしさも」と転ずる例も出る。

おやじのどこがそんなに嫌いかと聞かれた大学院の女子学生が、「イヤラシイし、クサイし、アブラぎってるし」と欠点を列挙したついでに、「存在しているし」と、それまでの形容とはまったく異質の「存在」自体まで否定するのも類例だ。

同じ著者の**『妻と罰』**にも、「脳腫瘍、心臓マヒ、子宮筋腫、ジフテリア」と病名を列挙したあと、「テリア」という音が共通するだけで、それまでの病名の流れとはまったく無関係な「ヨークシャテリア」を挿入する例がある。一つ外すことにより、何の列挙なのかわからなくなってしまうこの滑稽さも同類である。

横山エンタツと花菱アチャコの漫才で、エンタツの「日頃から心身を練ると言う事が第一です」という発言に応じて、アチャコが「泥棒がヌーッと這入て来た時、日本人としてオメオメと泣き寝入りができるか。かなわぬまでも、日頃鍛えた剣道でゆくとか……柔道で向うとか」と武道を並べ立てると、すかさずエンタツが「水泳で行くとか」とことばをはさむ。スポーツという観点に立てば水泳も同列に並ぶが、ここは泥棒に立ち向かう話だから、「水泳」では筋が通らない。

同じく漫才で、**喜味こいし**が自分が昔やっていた運動競技を自慢げに並べ立てる際に、「野球に柔道、剣道、水泳、拳闘」と列挙したあと、「陸上競技では長距離、短距離、幅跳び、高跳から」と言ったあと、「紙芝居」を追加する。どう考えても「紙芝居」はスポーツに含まれないから、**《異質混入》**による笑いが生まれる。

サトウハチローの小説**『露地裏の告知板』**はこんな場面から始まる。長さんが告知板に「好いた同志を一緒にしてやらないということがあるか」と書くと、長屋の持ち主である植木屋の為爺《ため》さんが「よけいなお世話だ」と返事をする。それを見た長さんが「人の恋路をじゃまする奴は、犬にくわれて死んじまえ」と書くと、為爺さんは「俺のムスメは俺の勝手だ、俺のムスメの世話をやくより家賃を払え」と応じ、それに対して長さんが「家賃は家賃、恋愛は恋愛だ」と書きつける。たがいに腹立ち紛れの論戦だから、こんなふうに恋愛と家賃というもともと何の関係もないものが引き合いに出される。本来まったく無縁なものが絡み合うこのやりとりは読者の笑いを誘う。このおかしみも、恋愛の話に家賃という異質のものがまぎれこんだところから発しているといえるだろう。

夏目漱石が『**坊っちゃん**』で、赤シャツのことを「やさしいのと親切なのと、高尚なのと、琥珀のパイプとを自慢そうに見せびらかす」と表現している。自慢の対象として抽象的な点を三つ並べたあとに、まったく異質な「琥珀のパイプ」という具体物を持ち込んでアンバランスにし、全体としてちぐはぐな流れに仕立てた例だ。列挙されるもののイメージの落差を利用して、相手をからかうような空気を漂わせ、読者の笑いを誘い出す。

11　不可解で不潔で不動産――脱線・乗換え

列挙の途中で異質なものが挿入され、時にはそこから話題の変わるケースもある。それがきっかけで《**乗換え**》が起こるのである。**土屋賢二**の『**妻と罰**』にはそういう例も出てくる。「ビタミンA」から「ビタミンB」と続くまではごく素直な流れだが、そんなふうにビタミンの種類を並べたあと、突然「オロナミンC」と外す。「A」「B」と続くアルファベットの流れを受けてA、B、Cと連続する点でいかにももっともらしいが、これは栄養剤の名称であって、ビタミンの種類ではないから、読者は《**脱線**》に気づき、おやっと思う。

そこに、やはりビタミンとは何の関係もない「リポビタンD」が続く。これでA、B、C、Dと連続して、その点だけでは一見もっともらしい流れになっているが、意味の面では、ビタミンの種類から商品名へと別の流れに転じ、全体として無意味な列挙になってしまう。

しかし、見方を変えれば、途中でポイントを切り換えて、別方向へと進み出したように見える。読者は労せずして思わぬ《**乗換え**》の実現したことに気づき、啞然として思わず笑い出すだろう。同じ本にこんな流れも登場する。女性に比べ、男性は簡単に人に道を聞くことをせず、自分で探し出そうとする傾向があるという。「女から見ると、男が道を聞かないのは不可解」で、「不合理」でもあり、「不愉快」になると畳みかけ、勢い余って「不潔で不況で」と関連不明の展開に走り、果ては何の関係もない「不動産」にまで発展する。「不」のつくことばが並んでいる点は一貫しているが、意味の流れが途中からそれて《脱線》してゆく過程が読者には楽しい。

森乃福郎の新作落語『**啄木鑑賞**』に、短歌の正しい鑑賞には、その一首を詠じたときのさまざまな事情を勘案して総合的に考察することが求められると述べるくだりがある。それ自体はまさにそのとおりだが、それを具体的に例示するあたりから怪しくなってくる。「心境、心持ち、気分」は当然だし、そこから「生活状態」に及ぶところまではまずまず理解できないわけではない。だが、さらに具体化して「収入、税金、酒屋の払い」となってくると読者も首をかしげずにいられなくなる。この《**脱線**》は徐々に起こり、いつのまにかとんでもない路線を走っていることに気づく。

小津安二郎監督の映画『**秋日和**』(脚本は野田高梧との共同執筆)にこんなやりとりが出てくる。最初の場面で、田口(中村伸郎)や平山(北龍二)が、上野の本牧亭の横丁にあるビフテキのうまい店や、金を工面しては通った松坂屋裏のとんかつ屋の話題で盛り上がる。その後、三輪秋子(原節子)の亡夫の七回忌の場面で、挨拶に出て来た亡夫の兄の周吉(笠智衆)に、平山が前に土産にもらったからびの塩漬けのお礼を言うと、横から田口が「ありゃアうまかった。しかし、どういうんでしょうな、年取ると、だんだんああいうものがうまくなってくる」と口を出す。そして、年齢とともに嗜好が変わると言って、「ヒジキにニンジンね、シイタケ、キリボシ、トーフにアブラゲ」と渋好みの食品の具体例を列挙すると、すかさずその脇から平山が「それからビフテキ、とんかつ?」とちゃちゃを入れてまぜかえす。

ヒジキやキリボシのような渋い系統と、ビフテキやとんかつのような脂っこい料理とは系統が違いすぎ、両方を続けて並べたのでは嗜好の傾向という点で筋が通らない。いっぱしの年寄りじみた口を利く昔の同級生を、嘘つけという調子で婉曲にたしなめ、もっともらしい話の流れをぶちこわすのである。

12 お言葉返すな――飛び火

土屋賢二の『**妻と罰**』には、単語単位だけでなく、文意の流れが捻じ曲がる例もある。自分のピアノ演奏がうまくできない理由を推測する過程で、肝腎の技術不足という可能性にはいっさいふれず、「ピアノの構造に問題があるのか、バンドのメンバーに問題があるのか」と責任を転嫁したあと、どうつながるか皆目見当もつかない「地球の温暖化のせい」という選択肢まで登場する。この著者は『**汝みずからを笑え**』の奥付に載っている著者紹介で「在庫を増やす手腕には定評がある」とか「土屋賢二著作集全八十巻の執筆を断念中」とかという逆宣伝の文句を並べて読者をあっけにとらせ、『**哲学者かく笑えり**』の奥付にある著者紹介では、なんと途中に、「なお、著者は違うが」と前置きし、「『ソフィーの世界』は世界的ベストセラーになった」などと、他人の著書にまで言及する。こうなると、ほとんど《**飛び火**》に近いめちゃくちゃな脱線ぶりだ。

秋田実の『**笑いの創造**』にこんな小咄が載っている。

支配人が「社長、あなたの秘書は一時間に三十六回もコンパクトを覗くという、もっぱらの社員の評判です」と、秘書の怠慢ぶりを伝えて忠告すると、社長は「それは怪しからん」と憤慨し、「すぐ免職だ」と言いだす。支配人も読者も、その秘書の首を切るものと思い込む。ところが、社長は「そんな勘定をした奴を探し出してくれ」と続ける。よく考えてみれば、「ひっきりなしに」とか「いつ見ても」とかというなら主観的な印象でものを言っているにすぎないが、「三十六回」という厳密な数字を出すということは、仕事もせずに秘書のようすばかりうかがっていなければ、そんな正確な回数がわかるはずがないから、社長の判断は理論的にもっともな面もあるのだが、当然それは秘書に対する解雇宣言だと、とっさに思う大部分の読者には思いがけない展開で、話がとんでもない方向へ《**飛び火**》したことに唖然とし、きっと笑い出すことだろう。

漫才で**上方柳次**が「ええ加減にせえよ、なめるなよ、人おちょくるなよ」と言った直後、突然「五百円貸せ」と言い出すのも、とんだ飛び火で、相方の柳太が「なんでこんなとこで、あんたに五百円貸さんなんねん」と面くらう(『**笑話の時代**』)。同じく漫才で、**パンチ**が「お言

1 展開――流れの操作

葉返すようだけどね、とうさん」と言うと、その父さん役の**ラッキー**が「お言葉は返すな、金返せ」と応じるやりとりもある。どちらの例も、とっさに《**脱線**》し、思いがけないところに《**飛び火**》する、そのタイミングがいかにもおかしい。

漱石の『**坊っちゃん**』で、信心の対象としての「お天《てん》道《と》様」をさす「今日《こんにち》様」から「今日様所《どころ》か明日様にも明後日様にも」済まないなどと横道にそれるのも類例だ。「今日」「明日」「明後日」と一見もっともらしく展開しているが、そのうち、日にちをさす「明日」と「明後日」とはここの話題にまったく無関係で、調子に乗ることの無駄が読みどころである。

13 年を取った女の——重複

誰でも無意識のうちに「手で投げる」「足で蹴る」などという言い方をするが、考えてみると表現に《**重複**》の無駄がある。「投げる」のは「手」、「蹴る」のは「足」にきまっているからだ。「被害をこうむる」や「あらかじめ予約しておく」、あるいは「一番最初」といった言いまわしにも意味の《**重複**》がある。しかし、この段階あたりまでは慣用的な表現となっており、指摘されない限りそういう重複感が意識にのぼらない。したがって、ふつうは特に滑稽な感じもしない。

ただし、「いの一番に何よりも先に最も一番最初」などと極端にくどくなると、いくらかおかしみが出てくる。「人っ子一人居ない無人の島」とか、「一つ残らず何もかも全部」とかと現実に言ってしまうこともありそうだが、そういう重複感を意図的に笑いにつなげようとする試みもある。「いにしえの昔の武士のもののふ」だとか、「腹を切って切腹する」だとか、「馬から落ちて落馬して」だとかという古典的な例はそういうたぐいだろう。このように文字で書いたのを見れば、意味の《**重複**》が一目瞭然で、いかにもわざとらしいが、耳で発音を聞いているだけだと、「セップク」や「ラクバ」という音と、「腹」「切」や「馬」「落」という意味との間に、一瞬の間があるため、何となく聞き過ごしてしまうこともありそうだ。

「頭痛が痛い」といったもう少し新しい例も、「ズツー」という音と「痛」という意味とが必ずしも直結するわけではないが、現象が日常茶飯事であるだけに、その重複感がすぐに笑いにつながりやすい。「両親のいないみなしごの孤児」とか、「年を取った女のお婆さん」とかといった、ばかばかしいものほど滑稽感が増すようである。

14 雨がしとしと——反 復

前項は同じような意味のことばが無駄に重なる滑稽感であったが、まさに同じことばを何度もくり返すことでおかしみが生ずる例もある。**サトウハチロー**の**『あべこべ物語』**に、「英語をちっとも知りません」のあと、「ちっとも知らないものが、ちっとも知らない学校へきて、ちっとも知らない先生に、ちっとも知らない英語をおそわるのですから、めんくらいもめんくらい、大めんくらいです」と続く箇所がある。最後の「めんくらい」の連続は強調のためだが、「ちっとも知らない」というまったく同じ表現をこれでもかと言わんばかりに計五回もくり返したのは明らかに意図的で、その執拗さがユーモラスに響く。

『しの字ぎらい』という噺《はなし》がある。店の主人が「死」を連想させる「シ」という音の使用を禁じ、奉公人を困らせる話だ。ほかに言い換えが利かず、どうしてもシと言わなければならない場合はどうするかと尋ねると、「四」を「よ」と言うように、ョで代用すると解決策を示すと、六代目三遊亭円生の高座では、強情な奉公人が「芝《しば》の神明前《しんめえめえ》の親類が親類じゅうで芝居《しべえ》みにいった」は「ョばのョんめえめえのョんるいが、ョんるいじゅうで、ョべえをみに」となり、最後は「夜這い」みたいだと、極端な例をあげて主人をやりこめる（**『落語の話術』**）。これもシ音のことばをふんだんに並べ、ョ音のしつこいまでの**《反復》**が、客の笑いを増幅したことだろう。

五代目**柳家小さん**の**『提灯屋』**では、「そうだな、提灯屋。ちげえねえな、提灯屋。まちげえねえな提灯屋」と「提灯屋」という呼びかけをうるさいほどくり返すし、六代目**三遊亭可楽**の**『子別れ』**でも、「おれが紙屑屋ってよんだのがいけねえってえのか、紙屑屋。はっきり返事をしろよ、紙屑屋」とさんざん連呼してみせる（同書）。同じ単語の反復使用も程度を超すと笑いにつながるようだ。

単語の《反復》以上に滑稽な雰囲気を出すのが、同じ話の繰り返しである。やはり六代目**円生**の高座で『**お藤松五郎**』の中に、「雨がしとしととふります。えー、おもいあったどうしがふたアりだけでお酒をのんで、だんだん酔いもでる。雨はしとしととふり、世間がしいんとして、へっ、ふたアりきりなん……。いイ女といイ男と……。雨がしとしと……。」と、同じようなせりふを何度も繰り返し、「そんなことといつまでいったって、おんなしですが」(同書)と自分で解説して、また笑わせる。

戦前の『**落語全集**』下巻に載っている**春風亭柳橋**の『**子は鎹**《かすがい》』にも、そんな繰り返しがさらにしんみりとした調子で出てくる。「かすがい」というのは材木をつなぎとめるために打ち込むコの字型の釘。子供が夫婦の間をつなぎとめる話で、夫婦の折り合いが悪くて一旦は別れても、子供の可愛さに引かれてまた元通りにまとまる、そんな人情を語るしっとりとした一席だ。

別れて家を出て行った熊さんが、久しぶりで子供の亀太郎に会う。別れた妻が当然再婚したと思い込み、新しい父親はお前を、というつもりで、亀に「可愛がってくれるか」と訊く。子供だけに、新しい父親というところまで気がまわらず、「お母《つか》さんかい」と念を押す。父親は「イヤ、お父《とっ》さんだ、お父さん可愛がってくれるかってんだ」と、あくまで再婚したことを前提に話を進める。すると、そんなことを考えてみたこともない亀は、怪訝《けげん》な顔で「お父さんはお前じゃないか」と反論する。そこで、「後からお父さんが出来たろう」と言うと、子供は正直、「いくら世の中が進んだって、子供が先に出来て、親が後から出来る奴があるもんか」とまったく取り合わない。

母ちゃんは近所からいろんな話が舞い込んでも耳を貸さず、先の亭主は飲んだくれでさんざん手こずったが、あれでも根はいい人なんだと父ちゃんを褒めている、「まだなかなか未練があらア」などと、せがれの亀はませたことを言い、「ちょいと家へ寄って行かねえか」と無邪気に誘う。が、さすがに元の家には立ち寄りにくく、そうもいかないとその場は断り、父ちゃんに逢ったことは誰にも言うなと口止めし、そっと小遣いを握らせる。そして、今度うなぎを食わせてやると約束してその日は別れる。

亀は家に帰って、その金を母親に見つかってしまう。この金はどうしたのだいと聞かれて「貰ったんだ」と答えるが、当然、誰に貰ったのかと問い詰められる。が、口止めされているから亀は正直に答えられない。答えないと母親は悪い事をして手に入れたのではないかと心配になり、追及がきびしくなる。やむなく白状に及ぶのだが、「今、表でもってね、お母《っか》さんのいい人に逢ったんだよ」と、からかうような亀の言いぐさがふるっている。

　そんなこととは知らない熊さん、せがれの亀を呼び出して、約束どおり鰻屋に連れて行く。二階で二人が差し向かいに食事を始めると、階下で「坊ちゃん」と呼ぶ声がする。日頃そんな呼び方をされたことのない亀太郎も何回目かで自分のことだと気がついて階段を降りて行ったが、すぐ戻って来て、母親がやって来たことを告げる。熊はびっくりして「知ってる訳がねえじゃねえか。お前喋ったな」と、ようやく気がつくが、母親はばれているのも知らずに、「何だねえ、見ず知らずの方に御馳走になって」ととぼけたことを言う。

　それから、互いに照れくさい夫婦の久しぶりの対話が始まる。熊のなんとも要領を得ないしどろもどろの釈明がおかしい。「何だ、昨日表で亀に逢ったんだ、それでまア久しぶりでな、鰻でも食わしてやろうと思って、それからまア何だ、へッへ、その何したわけだ、何で、まア……畜生、黙ってろと、そういったのに喋っちまいやがって、どうも子供なんてえものは、しようがねえものだな、昨日何だ亀に逢ったんだ……」という調子で、いつまでも先に進まない。亀が横から「同じような事ばかり言ってる」と口をはさむ始末。

　情報伝達としてはほとんどが無駄なことばの繰り返しだが、らちもないその《**反復**》が心理描写として絶妙の働きをしていることに気づく。まさに子が「かすがい」となって夫婦がよりを戻すこの噺をしっとりと仕上げ、しみじみとおかしい味わいをつくりだすのは、ことばの伝える情報というより、子供にまで指摘されるほどの、こんな情報量の極度にとぼしい《**反復**》を利かせた、そういう語り口そのものにあったように思われてならない。

15 勧まないのを無理に勧めて——異義復言

同じことばを同じ意味でくり返す《**反復**》とは別に、同じ単語を違った意味でくり返す技法もあり、特に《**異義復言**》と呼んで区別することもある。「月月に月見る月は多けれど月見る月はこの月の月」はその極端な例といえる。短歌一首のうちに、時間の「月」を五回、天体の「月」を三回さりげなく交ぜ合わせ、筋の通る作品に仕上げた労作だ。

「酒は飲むべし、飲まるるべからず」というのも、二回出る「飲む」とい動詞が違った意味で使われている。「飲みすぎました／飲んでください」という製薬会社の広告でも、最初の「飲む」は酒を摂取する意味であり、二度目の「飲む」は薬を服用する意味であって、それぞれ意味にずれがある。

「過度の飲酒の際にはわが社の薬品をお試しください」といったストレートな文句よりも宣伝効果が高いのは、何を「飲む」のかという情報を明示せず、読み手に同語の**《反復》**と思わせつつ、文脈をとおして「飲酒」と「服用」という別々の意味を探りとらせる趣向、すなわち表現技術が利いているせいだろう。前半の「飲みすぎました」と後半の「飲んでください」との表面上の矛盾感が働いて、一瞬、「おいおい、飲みすぎたのに、まだ飲むのかい」という不可解な思いが読者の脳裏をよぎる。

「落とせスピード　落とすな命」という交通標語でも、「速度を下げる」と「命を失う」というまったく別の意味を表すのに、あえて「落とす」という同じ動詞を用いる仕掛けが功を奏しており、もしも生真面目な言いまわしを使っていたら、人々の記憶に残ることもなかっただろう。

井上ひさしは『**ブンとフン**』に、歌詞の形式でその極端な見本をあげている。「注射器さすのは　お医者さん／水をさすのは　傍観者／天をさすのは　お釈迦さま／花をさすのは　女の子／傘をさすのは　雨の日だ」と並べ立てる一節がそれだ。ここは「さす」という同音語を列挙したというよりも、「さす」という一つの動詞のさまざまな用法を展示した例である。同じ単語だとはいえ、それぞれ「注射器」とくれば「刺す」、「水を」とくれば「差す」、「天を」となれば「指す」、「花を」なら「挿す」、「傘を」なら「翳《さ》す」と、それぞれ別々の漢字で書き分けたいほど、たがいに微妙な意味の違いが感じとれる。そこをあえて「さす」という同じ表記にして面白みを出した表現術で、読者の頬は思わずほころびる。

漱石の『**坊っちゃん**』に、うらなり先生こと古賀という英語教師の送別会で宴席が乱れ、坊っちゃんがそのお座敷から出ようと古賀を急きたてる場面がある。そこで漱石は「さあ行きましょうと、勧まないのを無理に勧めて」と書いた。もともと「進める」と「勧める」は、同音の類義語というよりも、一語の若干異なる用法に相当し、「進める」という語の広い意味範囲のうちの特定の部分を、習慣的に「勧める」とか「奨める」とか「薦める」とかと表記してきたという関係にある。主賓なので同僚に気兼ねしてじっと坐っている姿が気の毒で見ていられず、坊っちゃんは古賀の「気が進まないのを無理に追い立てて」などと書いたほうが穏やかだったかもしれないが、作者の漱石の意識としては、同じことばを使用しながら、芸のない単なる**《反復》**を回避し、あえて用字の形を変えずに別のニュアンスを伝えようとしたような気がする。結果として**《異義復言》**の面白みが出たのだろう。

16　はなのののはな——畳音法

別の意味で同じ語を**《反復》**する例として前項に紹介した「月見る月」の作品は、結果として初めから終わりまで八回も「ツキ」という音がくり返されている。その点に注目すれば、立て続けに同じ音を用いて同音連続を楽しむ**《畳音法》**の例にもなる。

ことば遊びの「すもももももももものうち」という有名な例はその典型で、同じ意味でも「李《すもも》も桃も桃のうち」と表記したのでは、ことばの面白みがほとんど消える。たしかに「李」も「桃」もともにバラ科の小高木でたがいに親戚関係にあるから、そのほうが文意は明瞭だが、ここではそんな植物学の知識を伝える目的よりも、「モ」という音がいくつも続く現象を楽しむのが主眼だからだ。

短歌形式の「瓜売りが瓜売りに来て売り残し売り売り帰る瓜売りの声」という作品も広く知られている。「瓜」と「売り」、「瓜売り」と「売り売り」は、どちらもそれぞれ別々の意味のことばであり、一首全体がある日の市井のひとこまを写生した一景として、それなりに意味が通るから、さらに傑作だ。が、これもまた、別々のことばがたまたま同じ音になるという偶然の現象を巧みに利用した点が趣意であることは共通している。

谷川俊太郎に『**ののはな**』という詩があり、それは「はなのののはな」という一行で始まる。ここをもし漢字を使って書けば、「花野の野の花」となる。そのほうが意味はわかりやすくなるが、その代わり、「ののののの」という同音連続が目立たなくなってしまう。

はるかな昔、雑誌**『言語生活』**で「語感とイメージ」をテーマにした座談会の司会をおおせつかったことがある。辻邦生・大岡信とともに出席していたこの詩人谷川俊太郎は、学校の国語の時間で詩をとりあげる際に、先生はきまって、この作品で作者は何が言いたかったのでしょうと生徒に問いかける。あげくのはてては、当の作者にまでそんな質問が来る、あれが一番困ると笑いながら、今はことばのよろこびということがまったく通じなくなったと嘆いた。ひたすら実利的な情報価値にばかり目をとらわれる世知辛い世の中を嘆いてみせたのかもしれない。

漢字交じりに「花野の野の花」と表記したとしても、「花・野＝野・花」というふうに**《倒置反復》**の構造が前面に浮き出て、視覚的にシンメトリックな図柄ができあがるから、それはそれで味わい深く、ことばのよろこびといえないこともない。あとでそんなことを考えたが、あの作品の作者は詩のもつ聴覚的な響きに作品意図を描いていたのだろう。

17 また落ちる――畳点法

「人民の人民による人民のための政治」という颯爽としたモットーを掲げて、**リンカーン**は人びとの心を引きつけた。似たような意味合いでも、もしも「人民の民衆によるみんなのための政治」などという言い方をしていれば、きっと盛り上がりに欠けていたことだろう。この程度であれば、力強さとハーモニーの違いで、特におかしみは湧かないが、もっと執拗になると、そんなに恰好をつけなくてもいいのにと、いくらか滑稽な感じが出る。

二葉亭四迷の**『平凡』**に出てくる、その題名をめぐる言及はそれに近い。「さて、題だが」と話を持ち出し、「題は何としよう？」と思案した末に、はたと膝をたたいて、「平凡！　平凡に、限る。平凡な者が平凡な筆で平凡な半生を叙するに、平凡という題は動かぬ所だ」と「平凡」という語を連呼して畳みかけるあたりは、いささか興奮の度が過ぎて、冷静な読者にはほほえましい。同じような意味でも、これが「普通の者がごくありふれた筆であたりまえの半生を……」などとしたのでは、しつこく感じるだけで頰は緩まない。

同じ音の**《反復》**とは別に、こんなふうに文章中の特定箇所に同一の語句を集中させて畳みかける表現技法を**《畳点法》**と呼ぶ。**里見弴**《とん》の短編**『椿』**の末尾などはその圧巻だ。「大笑いに笑いぬく」という言いまわしが先導し、「笑いだした。笑う、笑う、なんにも言わずに、ただもうくッくと笑い転げる」から、「可笑しかった。可笑しくって、可笑しくって、思えば思えば可笑しくって、どうにもならなく可笑しかった」と展開する表現の形によって、日常の情報が文芸へと仕立てられ、読者も文学的なおかしみへと駆り立てられる。

これほどの派手さはないが、**漱石**の**『草枕』**でも、椿の散るシーンに、目立たない**《畳点法》**を利かせて大人の味わいを見せる。「見ていると、ぽたり赤い奴が水の上に落ちた」と、「深山椿《みやまつばき》」の散る描写が始まり、若干の説明をはさんで、「しばらくすると又ぽたり落ちた」とある。この程度では気づかないが、そこからその花に関する説明や感想をはさんで「又ぽたり落ちる」とあり、それを見ながらあれこれ想像している思考の流れを縫うように、「また落ちた」、「また落ちる」といった短い描写の一文が、思い思いの間隔で、まさにぽとりと散るように落ちてくる。

そうして、その場面のフィナーレのように、「又一つ大きいのが血を塗った、人魂の様に落ちる。又落ちる。ぽたり〳〵と落ちる。際限なく落ちる」というクライマックスへと流れ込む。「落ちる」という動詞のこういう不規則な反復使用が、もの想う人間の目の前で椿の花の散る自然の姿をあたかも模写するように、絶妙のタイミングでくり返されるのである。そのことに気づいた読者は、いくぶんくすぐったい気分で思わず相好を崩すような気がする。

18 どこへ越しても――尻取り文

「狸—狐—猫—子豚」などと漢字で書くと気がつきにくいが、「タヌキ—キツネ」というふうに、順々に前の単語の末尾の音で始まる単語を次々に続けて展開する遊びを伝統的に「尻取り」と呼んできた。文章の中でそれに似たつながりを意図的につくりだして調子をなめらかにし、展開にはずみをつける表現技法を**《前辞反復》**と名づけ、俗に《**尻取り文**》ともいう。
永井荷風の『**雨瀟瀟**《しょうしょう》』の中にある「其《その》頃のことを思出すのである」という文の次を「といっても」などと受けず、「其頃のことと云ったとて」と前を反復する例や、**志賀直哉**『**和解**』で、「多少の時が要った」という先行文を、「時間が経っても」などと受けず、そのまま律儀に「多少の時を経ても」とくり返す例などがそれだ。一般的におかしみとは縁がないが、そういう調子が何度も続くと、ユーモラスな響きに感じられることもある。

漱石の『**草枕**』は、「山路を登りながら、こう考えた」と始まり、「智に働けば角が立つ。情に棹させば流される。意地を通せば窮屈だ。兎《と》角《かく》に人の世は住みにくい」とリズミカルに流れる。その次に、先行文の末尾「住みにくい」の意味を受けて、後続文を「住みにくさが高じると、安い所へ引き越したくなる」と展開させる。そうして、さらに、前文末尾のその「引き越す」を、意味はそのまま、形を単に「越す」として受け、次の文を「どこへ越しても」と始める。
　こんなふうに念入りにくりひろげると、各文がそれぞれ鎖の環のようにつながりながら、次々に調子よく進行する。時に《**連鎖法**》とも呼ばれるのはそのためである。そういうなめらかな展開に乗って、読者は心地よく揺られながら、笑みをたたえる。

19 アパートを改造した刑務所——倒置反復

ソクラテスの言とされる「人間は生きるために食うべきであり、食うために生きるべきではない」ということばは、記憶に残りやすい。それは主張の意味の説得力のせいばかりではない。「生きる」と「食う」という二つの動詞を前半と後半で逆の順序にしてくり返したという表現構造の力も働いているだろう。このように、先行する句や節の順序を逆転させてくり返す表現技法を《**倒置反復**》と呼んでいる。
　古くからある「伊勢は津でもつ、津は伊勢でもつ」という日本のことばも同様だ。以前、自分の書いた文章のタイトルを、「美の文章と文章の美」だとか、「辞書の夢、夢の辞書」だとかと気どってみたこともある。このように、対称形をなす場合は《**交差配語**》と呼ぶ場合もある。**村上春樹**の長編小説『**ノルウェイの森**』に出てくる「アパートを改造した刑務所かあるいは刑務所を改造したアパートみたいな印象」という箇所も、表現の構造はそれに似ている。

作家の**宇野浩二**は、「夢と詩があっての人生であり、詩と夢があっての文学である」と、色紙に揮毫したことがあるらしい。これも「夢と詩」が「詩と夢」としてくり返すあたりはまさにそういう例だが、それを受けるのが一方は「人生」、他方は「文学」と別々の名詞になっている点、もう少し複雑で、両者が対句の構造に仕上がって、さらに魅力的な作品となっている。そういう構造に注目して《**交差対句法**》の例とされることもある。

同じく対句の形になりながら語の排列が反対になっている表現は、《**逆対句**》と呼ぶこともある。「数学は理性の音楽、音楽は感性の数学」という魅惑的な名言があるという。前半と後半が交錯的な配語になっており、「理性」と「感性」という対義的な語句を配して、「数学」と「音楽」というものの本質を直観的にとらえて、見事である。この表現技法は、対称的な外形のうちに、意義の融合を企てるのが特徴で、《**倒置反復**》のうちでもかなり複雑になった姿を呈している。この作品にしろ、宇野浩二の名せりふにしろ、眺めているうちに読者の口元がおのずとほころびてくる感じがする。

20 いい人はいい――首尾同語

日本語では通常一つの文を述語で結ぶという文構造の性格上、文頭と文末に同じ単語が位置するケースはめったに現れない。せいぜい「安いことは安い」とか、「子供は所詮子供だ」とか、「ないものは、いくら金を積まれても、ない」とかといった慣用的な表現が思い浮かぶ程度である。したがって、一つの文の冒頭と文末とに同じ語を配する《**首尾同語**》と呼ばれる表現技法の例はめったに見られない。

典型的とはいえないが、**川端康成**の『**伊豆の踊子**』に現れる次の例は、いくらかそれに近いかもしれない。「性質が孤児根性に歪んでいると厳しい反省を重ね」る主人公「私」の耳に、踊子一行が自分の噂をしている声が聞えてきた。「いい人ね。」「それはそう、いい人らしい。」というやりとりに続いて、「ほんとにいい人ね。いい人はいいね。」という「単純で明けっ放しな響き」が届く。「感情の傾きをぽいと幼く投げ出して見せた」踊子のその素直なことばが、主人公の心をとかすようにしみいる場面である。

「いい人はいい」という単純な《首尾同語》の幼い言い方が、ひねくれた性格に悩んできた「私」にとって、「瞼《まぶた》の裏が微かに痛」むまでにありがたく感じられる。前の「いい」は性質・人柄、後の「いい」は印象・評価をさすだろうから、まったく同じ意味ではないが、同語である。ともあれ、そういう感動の場面だから、読者も笑っている場合ではないが、「いい人はいい」という、同語を配しただけでほとんど新しい情報を運びようもないこの言い方は、あまりに単純なそういう構造自体が、どこかおかしみをたたえているようにも思われる。

21 倅が倅を打つ——類形異義近接

昔の電車内の広告に「至るところで至れり尽くせり」というのがあった。最初の「至る」はその場所に達するという意味の動詞から出て、「すべての」というニュアンスを帯びる表現だが、二番目のは「至れり尽くせり」という慣用表現の一部として使われたものであり、接待などの際に配慮が行き届くことを意味するから、最初の「至る」と直接つながらない。前半を「どこへ行っても」とか「全国どこでも」とかとしたほうが、広告全体の意味は素直に通る。そこをあえて「至る」としたのはむろん意図的だ。「至る」の意味が抽象化した「至れり尽くせり」という慣用的な言いまわしをすぐ下に配することで、あたかも部分的に重複したかのような印象をつくりだそうという狙いである。外形が類似しているのに意味が違うという違和感で読み手を刺激し、関心をひきつけようとしたのだろう。

芦《あし》の家《や》雁玉《がんぎょく》と**林田十郎**の漫才『**食道楽**』(『**漫才選集**』所収)に鮨《すし》屋の話題が出る。「あなご、こら、僕の好物や」と言うので、相方が「はあん、君、あなご好きか?」と調子を合わせると、「あなごにおなごは大好物や」と応じる。鮨のネタには無関係ながら、「あなご」とよく似た発音の「おなご」を持ち出して組み合わせ、本来は異質なものを「大好物」でくくって洒落てみせた試みだ。「女好き」などとも言うから、意味の上でまったくの的外れともいえないが、「いやらしい男やなあ」と一蹴される。こんなふうに一見まぎらわしいことばをすぐ近くに配すると、笑いのタネにはなりやすい。

横山エンタツと**杉浦エノスケ**の漫才『**猛獣狩**』(同前)にも、この種の笑いが出てくる。射撃の話題で、「いつでも大当りだよ」と自慢した後、「あたらん時には家に帰ってから女房に八ツ当たり」と続けるのがそれである。やはり漫才で、**いとし・こいし**の『**交通巡査**』(『**いとしこいし漫才の世界**』)に、たばこの話でピースを一箱という意味で「ワンピース」という言い方をする例がある。相手が一瞬、女性の衣類を連想するように仕向けた会話だから、笑いを誘う手つづきとして共通するところがある。

柳家金語楼は『**あまたれ人生**』に『**もしもお金が**』と題した短文を載せている。千円札が口が利けたら、こんなことを言うかもしれない、と勝手に想像する話だ。美しい姿で日本銀行から出て来ても、われわれの手もとに回って来る頃には「大年増《おおどしま》」になっているから、アイロンをかけて「小じわを伸ばして」やる。そんなふうに札を擬人化して面白おかしく語りだす。そして、最後に、「ある放送局の楽屋で金語楼さんが〝髪の毛〟と同じような薄っぺらな財布から」千円札を取り出して、「これで下痢止めを買ってきて」と言ったときの、その千円札の感想が出てくる。「金語楼さんって全く、人間はくだらないのに、よくお腹のくだる人」というのが一編の落ちだ。価値がとぼしい意の「くだらない」の近くに、下痢をする意の「くだる」を配し、関係のありそうな語形でありながら全然意味の違うことばを接近させる芸当である。

サトウハチローの随筆集『**昨日も今日も明日も**』に『**グランドの話**』と題する一編がある。ハチロー少年は、当時の府立一中の入試に合格したのに、少年小説の人気作家だった父親の佐藤紅緑《こうろく》が、野球部のないような学校なんか駄目だと反対し、早稲田中学を受け直したらしい。ハチロー率いる少年チームと、それほどまでに野球の好きな「おやじを金主と仰ぐ」チームとが、早稲田の戸塚のグランドで試合をしたときの、とっておきのエピソードを、作者はもったいをつけながら披露する。

その試合中、ハチロー選手の「打ったゴロが、おやじのグローブの下をくぐって、足と足との間のテッペンに突進してしまった」ので、紅緑先生、あまりの痛さに飛び上がった。それを見ていた「敵方」の「野次将軍」がここぞとばかり、「倅《せがれ》が倅を打ったわい」と大声を出したので、「見物がカッサイした」と記している。形が同じで意味の違う二つのことばが近接する表現が〝ヒット〟したのである。

22 信州信濃の新蕎麦——頭韻

語の選択や配列の妙だけでなく、韻律の際立つ鮮やかさが人びとのほほえみを誘う場合もある。広く知られる「飲んだら乗るな　乗るなら飲むな」という飲酒運転禁止の交通標語には、さまざまな表現の工夫がこらされているが、延べ四つの動詞の頭の音がすべてノ音でそろえてあり、各文節がことごとくノ音で始まるように仕立てた**《頭韻》**もその一つである。

「なせば　なる　なさねば　ならぬ　なにごとも　ならぬは人の　なさぬ　なりけり」という教訓も、ほとんどの文節の頭をナ音にそろえた労作だ。どちらも耳に心地よく、よくぞここまでと、口元がほころびる。

「信州信濃の新蕎麦よりも」で始まる都々逸は、後半に「わたしゃあなたのソバがいい」というふうに、「蕎麦」と「傍」という同音語で入れ替わる落ちが鮮やかだが、前半のシ音を利かせた頭韻が調子のよさを際立たせ、印象に刻まれる。

このようなまったく同一の音とは限らない。**野口雨情**の作詞になる童謡**『七つの子』**は、「烏　なぜ　啼《な》くの　烏は　山に　可愛い　七つの」まで、すべての文節がア段の音で始まる語にそろえてある。次の「子があるからよ」をはさみ、また「可愛　可愛と　烏は　啼くの　可愛　可愛と　啼くんだよ」というふうに、すべて語頭にア段の音を響かせる。「可愛　可愛」の箇所など、「カアカア」という烏の鳴き声を模写したようにも聞こえる。こういう徹底した擬音の効果が、それと気づく人にはユーモラスに感じられるだろう。

23 龍馬も頓馬も——脚韻

語頭の音をそろえる**《頭韻》**に対し、語末の音をそろえるのが**《脚韻》**である。何十年も前のマンションの広告にあった「リブ　ラブ　遊ぶ」は終わりをブ音でそろえる面白みを狙った試みだし、ヨー音を並べた「実用　教養　ご愛用」も同様だ。今は昔の新聞のスポーツ面にあった「楽天　仰天　一八点」という見出しも、テンで終わることばを連続させたもので、同じ趣向である。

古い価値観にもとづく「男は度胸、女は愛嬌」という売り文句もその典型で、これをもし「男は肝っ玉、女はにこやかさ」などとしたのでは、そういう効果が激減する。

情報伝達という観点からは「驚き」一語で済むのに、そのあと何の関係もない「桃の木、山椒の木、狸にブリキに蓄音機」を添えるのはなぜだろう。四音・四音・五音という組み合わせを二度くり返す形でリズミカルにした点も一つの趣向だが、意味的にはまったく無意味なそういう列挙によって、語末をキ音でそろえた趣向が眼目で、つい笑ってしまう。

ことばの響きに敏感だった**漱石**は、**『吾輩は猫である』**で「紛然雑然糅然《じゅうぜん》」というふうに「然」で終わる漢語を並べる。「日雇婆《ひやといばばあ》、産婆、妖婆」と「婆」で終わることばを並べ、次にその両唇の破裂音であるバ音と共通点のある、やはり両唇の鼻音であるマ音で終わる「按摩」「頓馬」を続けるあたり、ことばの音を楽しんでいるように見える。

小津安二郎監督の映画**『早春』**にも、この脚韻を利用した笑いどころがある。通勤仲間たちが、それぞれの生まれ故郷について雑談する場面で、「お前、どこだい」と聞かれた男が、「おれア、土佐だ」と答えたあと、よせばいいのに、「坂本龍馬の生れたとこだ」と自慢げに解説したばっかりに、相手は「そうか、土佐か」と応じ、すかさず「龍馬も生れりゃ、頓馬も生れるな」とからかう。意味だけなら「馬鹿」でも「阿呆」でも「たわけ」でも大差がないが、それでは表現のパンチが利かない。「龍馬」と脚韻を踏んで漫才じみたテンポを演出する関係上、ここはどうしても「頓馬」という語が必要なのだ。「龍馬」と「頓馬」、どちらも「馬」で終わる類音の二語が似ても似つかぬ意味だけに、表現に切れがある。

24　芝で生れて神田で育ち――リズム

佐藤春夫の**『少年の日』**は「野ゆき山ゆき海辺ゆき／真ひるの丘べ花を藉《し》き／つぶら瞳の君ゆゑに／うれひは

青し空よりも」と始まる。つぶらな瞳の女性が「野」「山」「海辺」「丘」「空」という順に点描される自然を背景に描き出され、清新な印象を与える一編だ。「野を」とせずに「野ゆき」とし、「つぶらな」とせずに「つぶら瞳」と縮約しながら、「海」とせずに「海辺」と伸ばし、「空よりも青し」を「青し空よりも」と倒置したのはなぜだろう。それらはすべて、七五調のリズムを実現するための表現の工夫だったのだろう。

このように一定の拍数になるようにことばを組み合わせ、それを規則的にくり返す表現技法を《**リズム**》と呼んでいる。単に口調をととのえるだけではなく、それによって作品の世界を明快に区切って、詩の印象を鮮明にする働きをする。

浜田広介の童話『**さむい子守唄**』に、「いたちの穴はあたたかい。行ってもいいが、でも、せまい。せまくて、かえりはかえれまい。ここで、もうすこし我まんして、待っていましょう、待ちましょう、およびのおこえがかかるまで」という一節がある。散文とは思えないまでにリズミカルで、「もうすこし」を「もすこし」、「およびのおこえ」を「およびのこえ」と読みたくなるほどだ。ここまで歌うような調子で流れると、どこかユーモラスに響く。

昔の相撲放送で、「安芸《あき》の海には照国」という横綱同士の対戦があった。この順に紹介するとなめらかに聞こえるが、同じ取り組みでも順序を逆にして、「照国には安芸の海」とするとリズムが変わり、どうも口調がしっくりこない。**湯山清**『**国語リズムの研究**』でそんな指摘を目にし、なるほどと思った記憶がある。

日常の会話でも、語呂に気を遣うことはよくある。**サトウハチロー**の『**僕の東京地図**』にもこんなくだりが出てくる。「芝で生れて神田で育ち」と言うと語呂がいいが、「小石川で生れて麹町《こうじまち》で育ちなんて言ッたんじゃどうにもならない」。口調につられて生育地を勝手に選んだりしたのでは洒落にもならないが、とかく語呂にこだわりすぎると笑いにつながる。

25 糸瓜と南瓜――虚 辞

「夕焼け小焼け」の「夕焼け」はわかるが、「小焼け」って何だろう。「小手をかざす」「小腰をかがめる」のように、「小」には「ちょっと」という意味を添える用法もあるが、ここは空がちょっと焼ける、生焼けでかすかに赤くなるといった意味ではなく、特に意味のないことばを添えて、口調をよくする働きをしているのだろう。このように、音声的な印象をよくするために添える、特に意味のないことばを**《虚辞》**と呼ぶこともある。

「仲良し小よし」の「小よし」や、「あいそもこそも尽き果てる」の「こそも」なども、調子を整えるために軽く添えただけのことだろう。

「根」は掘ることができるが、「葉」を掘るとはいわないので、「根掘り葉掘り」の「葉掘り」も類例かもしれない。「奇妙奇天烈《きてれつ》」の「奇天烈」には、きわめて風変わりな、という意味があるらしいが、日本語ではそれ単独ではほとんど使わないので、「奇妙」を強調する役割がいくらか認められるにしても、音調に弾みをつける働きが中心だろう。

近松門左衛門の『**心中天網島**』に「名残りもへちまも何ともない」という文句があるが、特に意味もなく「へちま」を添える用法は古くからあったようだ。現代でも、「嘘もへちまもあるものか」などと使い、「大臣もへちまも」などと言うこともありそうだ。こういう用法は化粧水とも垢すりとも無関係で、「へちま」に論理的情報はほとんどない。また、時には「へちま」の代わりに「かぼちゃ」が入ることもあり、「こうなったら上司もかぼちゃもあってたまるか」などと啖呵を切る場面も想像できる。これも冬至とは限らないし、「パンプキン」で代用もできない。

どの例でも、「嘘」「大臣」「上司」という部分だけに意味があり、「へちま」や「かぼちゃ」は相手に伝達すべき情報はほとんどゼロで、単に口調をよくしているにすぎない。だが、それを加えることで発言に迫力を増す現象は否定できない。これらは、「小やけ」や「葉掘り」などと違って先行することばとの発音上の類似もないし、そろいもそろってウリ科の蔓ものの一年草が使われるのも不思議だが、ユーモラスに響くことはたしかだろう。

26 奴豆腐に玉あられ——列挙法

夏目漱石の『**坊っちゃん**』に、教頭の赤シャツの悪口を、主人公である坊っちゃんがまくしたてる場面がある。意味としては一つか二つもあれば察しがつくのに、「ハイカラ野郎の、ペテン師の、イカサマ師の、猫被《ねこっかぶ》りの、香具師《やし》の、モモンガーの、岡っ引きの、わんわん鳴けば犬も同然な奴」と八つも並べ立てる。この例や「馬鹿で、間抜けで、おたんこなす」のように、同格のことばを次から次へと並べ立てる表現技法を《**列挙法**》と呼ぶ。

こういう芸は落語の世界によく見られるようで、**野村雅昭**は『**落語の話術**』に、「ちんけいとう、アンモニア、鱈《たら》の頭、スッパラベッチョ、空気、ラッパ、アセチリンガス、糸っくず」という**九代目桂文治**の『**小言幸兵衛**』の例をあげている。口やかましい大家に向かって悪態をつく場面だが、これなど『坊っちゃん』の例を思い出させる雰囲気がある。というよりも、もともと落語好きだったいかにも漱石らしい例だったのかもしれない。

同書ではまた、**三代目三遊亭金馬**を「イイタテの達人」としてとりあげ、「ちりめんばばあの、しわくちゃばばあの、じゅうたんばばあの、梅干しばばあの、唐傘ばばあの、提灯ばばあ」(『**二十四孝**』)だの、若大将が刀で斬りつけるさまを「縦割り、ほろ突き、車切り。真っ向梨割り、唐竹割り。あるいは、胴切り、袈裟《けさ》切り。や、切ったは、切ったは、賽の目に、千六本、奴豆腐に玉あられ、羊羹屑に、切り山椒」(『**やかん**』)だの、長々と列挙する例をあげている。

野坂昭如の『**火垂《ほた》るの墓**』に、「蒸し芋芋の子団子握り飯大福ぜんざい饅頭うどん天どんライスカレーから、ケーキ米麦砂糖てんぷら牛肉ミルク缶詰魚焼酎ウイスキー梨夏みかん、ゴム長自転車チューブマッチ煙草地下足袋おしめカバー軍隊毛布軍靴軍服半長靴……」というふうに、ほとんど句読点もなしに物の名が並ぶ極端な列挙の例が出てくる。

やたらに並んでいるようだが、まったくのでたらめでないことは、「うどん天どんライスカレー」とか、「焼酎ウイスキー」とか、「梨夏みかん」とか、「ゴム長自転車チューブ」とか、「マッチ煙草」とか、「軍靴軍服」とかと、同類の物資がある程度まとまっていることからもわかる。

意味を伝えることばというより全体がまるで模様のように見えるこの一節をじっと眺めていると、そういった最小限の区分けも、乱雑な散らばりぐあいも、品物の並んでいる現実の状態を模写したように思われてくる。ほとんど読点もなしにべた書きすることで、多様な品が隙間なく所狭しと並んでいる戦後の闇市のスケッチに見えてきて、「夏みかん」と「ゴム長」との間に打たれた読点が、あたかもわずかな隙間のように感じられる。

ここを「雑多なものが隙間なく並べてある」などと概念的な記述をした場合と比べ、ごちゃごちゃといろんな物資の並んだ猥雑な雰囲気をなまなましく伝えてくるように思われる。時間的に展開する言語が、このように空間的な映像を再現している不思議を味わいながら、読者は思いがけないおかしみに襲われるだろう。

井上ひさしの長編小説『**吉里吉里人**《きりきりじん》』に、「額《おでこ》のいやにだだっ広い、目頭に米粒大の目糞をこびりつかせた、そしてその目と目の間がばかに離れていて間の抜けた、大きく下品な団子ッ鼻の、薄汚れた中年男の顔」というふうに、長々と続く描写が現れる。このように単語の列挙ではなく、それぞれの形容部分を同等の力点で次から次へとしつこいばかりに積み重ねて盛り上げる表現法を、特に《**列叙法**》と呼んで区別することもある。この例では、マイナスイメージの形容がこれでもかこれでもかと続き、顔の醜さを強調して、おかしみを増幅している。

27 だが……また……一方……——詳悉法

三島由紀夫は『**文章読本**』の中で、バルザックの小説の文章の一節を寺田透の訳で紹介している。「艶消しの金色の髪」、「繻子《しゅす》のような肌」、「コンパスで線をひいたかと思われる」額、「灰色がかった青の、子供の眼のように澄んだ両の眼」、「透きとおった瞼《まぶた》」、「少々人をばかにしているみたいで、才気走ってもいればあつぼったくもあ」る唇、「ばら色の鼻孔のあいた、小鼻の輪郭のしっかりしたギリシア型の鼻」、「あらゆる物音にめざめさせられる油断のない敏感な耳」という調子で執拗に続く、原稿用紙四枚近くにも及ぶ一人物の顔の描写を読まされると、もう何のことやらわからなくなってしまうと三島は呆れている。こんなふうに必要な情報の量のわりに極端に言語量の多い表現は、それが過度になればなるほど笑いにつながりやすい。

井上ひさしは、こういう《**詳悉**《しょうしつ》**法**》を駆使して読者を呆れさせる。前掲『**吉里吉里人**《きりきりじん》』の特に書き出しなど、ことばの圧倒的な洪水で読者をあっけにとらせ、まさに作者の仕掛けたいたずらのように見える。それはまず、「この、奇妙な、しかし考えようによってはこの上もなく真面目な」と始まり、「だが照明の当て具合ひとつでは信じられないほど滑稽な」と続く。このあたりまでは読者もさほど警戒心を抱かないだろう。しかし、「奇妙」とも「真面目」とも「滑稽」ともいえる多面的な評価がどういう対象に向けられているのか、まったく言及がないので、読んでいていささか落ち着かない。

そういう宙吊り状態はまだまだ続く。原文は「また見方を変えれば」、「それでいて」、「その半面」、「一方」、「したがって」、「にもかかわらず」と次々に角度を変えて蜿蜒《えんえん》と流れていくが、それでも読者には依然として何の話かわからない。その間、「他愛のない」「含蓄に富んだ」「腹立たしい」「お誂《あつら》え向きの」「はらはらどきどきわくわくの」といったさまざまな形容を含む長々とした説明を読まされる。あらゆる角度から隙間なく述べ尽くす勢いで広がる、恐るべき長大な連体修飾のあとに、ようやくそれらを受ける被修飾語として「この事件」という名詞が姿を現し、肝腎の話題にたどり着く。作品冒頭のこの一文はそこまで実に三百数十字に達する。人を食った入り方だ。

次から次へと長々と紡ぎだされることばのうち、どれが必要でどれが不要かと穿鑿《せんさく》してみても始まらない。情報伝達という効率面だけでいえば、ほとんどのことばがなくても間に合うし、作品の仕掛けという点から見れば、どのことばもそれなりの働きをしているからだ。一見、無駄に見えながら、ことばが溢れているという感じを醸し出すのに、どれもそれなりの役割を果たしているのである。ことばの洪水という印象は、それに見合うこのような物理的な量感に支えられ、ついには一大長編となって読者を煙に巻く。

28 悔恨でもない、恥かしさでもない——ためらい

文章の執筆中に、あることを述べようとして、そう言ってしまっていいのか、もっと適切な表現があるのかと迷うことは誰でもよくある。会話であれば、そんなふうに迷っている過程がことばとして声になることも珍しくない。だが、文章であれば、通常、読者が目の前で待っているケースはめったになく、時間的な余裕があるため、訂正や書き換えが可能だから、そういうためらいが

文面に残らない。

小林秀雄は**『Xへの手紙』**で、まず「女は男の唐突な欲望を理解しない」と書き、すぐに「或は理解したくない」と続け、さらにその直後に丸括弧に包んで「尤もこれは同じ事だが」とそれに註釈を添えた。そのあとも、「で例えば「どうしたの、一体」などと半分本気でとぼけてみせる」と書き、「当然この時の女の表情が先《ま》ず男の気に食わないから、男は女のとぼけ方を理解しない」と続けるが、ここでもやはり「或はしたくない」と添えてみせる。

「理解しない」という目に見える事実と、「理解したくない」という心理的な背景。そこには、両者は一つのものの別の側面にすぎないという、この批評家の認識が働いたのかもしれない。時間的・線条的に展開する言語というものの性質上、同時にとらえたものも同時に表現することはできず、おのずと先後関係が生ずる。小林が「或は」として表現時間を一時停止させるのは、もしかすると、言語側の一元的な流れを一瞬せきとめる認識側の抵抗であったかもしれない。

1 展　開――流れの操作

文章の場合、執筆過程における躊躇の跡を消さず、このように「あるいは」とか「というよりも」とかといった形で文面に残すのは、明らかに意図的である。それを一つの表現技法と考え、レトリックでは**《ためらい》**と呼ぶことがある。

一往《いちおう》そう書いてはみたものの、そのように断定してしまうことは憚《はばか》られ、直後にあたかも訂正するように別の表現を添える、この種の技法は、その対立する両者の関係次第で読者の微笑を誘うこともある。同じく小林が**『アシルと亀の子』**の中で、「両方とも同じように仰々しく」と書いた直後に、括弧入りで「颯爽としているという人もあるかもしれない」と注記し、「同じ様に粗雑な論理で」と書いては、すぐにまた「簡潔だという人もあるかもしれない」と、やはり丸括弧に包んで別の見方を添えるあたりは、「仰々しい」と「颯爽」、「粗雑」と「簡潔」という、あまりにも評価の違う判断が並立するだけに、滑稽な感じがぬぐえない。

太宰治は**『狂言の神』**で、ためらっては換言する執筆過程を極限まで拡大して見せた。鎌倉の山中で縊死《いし》する決意をして電車に乗った「私」が、ごっとん、ごっとんと、のろのろ走る電車に揺られながら、その折の自分の気持ちを丁寧になぞってみる場面だ。「暗鬱でもない、荒涼でもない、孤独の極でもない」と振り返り、突き止めようとしながら、以下「智慧の果」「狂乱」「阿呆感」「号泣」「悶悶」「厳粛」「恐怖」「刑罰」「憤怒」「諦観」「秋涼」「平和」「後悔」「沈思」「打算」「愛」「救い」と、次々と浮んでくる計二〇種もの観念を、ことごとく「でもない」の連続で打ち消す。

まるで発作が起こったかのようだ。そうすることでいわば近似値的にその正体に迫ろうとするそぶりを見せながら、挙げ句の果ては「言葉でもってそんなに派手に誇示できる感情の看板は、ひとつも持ち合わせていなかった」と投げ出してしまうのだ。

表現の《**ためらい**》をむしろ誇示するかに見え、ほとんど暴力的とさえ言えるような、こういう否定連続の姿は、もしもこれが真剣に書かれていなかったら、読者はもはや言語遊戯かと笑ってしまうだろう。

サトウハチローは『**浅草悲歌**《エレジー》』所収の『**長篇浅草**』の中で、「やわらかい南の髪の毛が夢子の小さい手にまつわりついた」という一文のあと、こんなふうに展開する。「悔恨でもない。恥かしさでもない。浅ましさでもない。いらだたしさでもない。くすぐったさでもない」と、続けて五種類の心情を一つ一つ否定しながら、「何とも言いあらわせないものが、南の胸にこみあげた」と展開する。太宰ほど極端ではないが、それを連想させる一節だ。

しかし、この本は昭和六年七月一日に発行されており、昭和十一年十月に発表された太宰の『狂言の神』からヒントを得たという事実は年代的にありえない。かといって、逆に麻酔薬の中毒で入院騒ぎのさなかにあった太宰がそれをまねたとも考えにくい。おそらく偶然の類似なのだろう。いずれにしろ、このようなためらいが長く続くと、読者は何もそこまでしなくてもと、おかしくなってくる。

29 彼女はどうも最低である――抹消表示

書類などで、そこに書いたもとの文字が読める形で消すのを「見せ消ち」と称するが、文章においてそういう形式を利用する修辞的な訂正模写の表現技法を《**抹消表**

示》と呼ぼう。そこにわざわざ施した修辞的な抹消・削除を意味する記号が、本来の省略という意味合いで機能せず、逆に情報を豊かにする方向で働くという、人を食った文章テクニックである。

丸谷才一の『**年の残り**』の末尾に、そういう人を食った日記が出ている。「四時帰宅。妹とケンカをする。彼女はどうも程度が低い。最低である。特に記すべきことなし。後藤正也氏はユーウツであった」と書き、そのうち、「妹とケンカをする。彼女はどうも程度が低い。最低である」の部分と、「後藤正也氏はユーウツであった」の部分とを一本線で消した形になって記載されている。「形」というのは、消した部分もはっきりと読めるように残っているからだ。したがって、正式に記載されたこととして残されたのは、「四時帰宅。特に記すべきことなし」だけである。

このような抹消表示の箇所はほかにもいくつかある。大伯母について「若く見える」と書き、その直後に括弧入りで「よほどくたびれているときは別」と注記した部分や、「六十くらいなわけだが、今日なんかは四十代に見えた」と書き、すぐ「四十代というのは少し大げさで」と修正した箇所なども、同様に線を引いて消した形にしてある。

たしかに消した形にはなっているが、完全には消さずに十分に読めるようにしてあるところが、一つの表現技法なのだ。もしもそこが最初から存在しなければ、読者にとって例えば「四時帰宅。特に記すべきことなし。」というのが全文であり、それ以外の情報は伝わらない。また、そこが読めないように消してあっても、それによって書き手の迷いやためらいは伝わるものの、読みとれる情報は増えない。ところが、原文の場合は、作者がその部分を消したという事実が伝わるものの、伝達情報は消さなかった場合とまったく同じになる。

たしかに、日記の公的な部分と私的な部分とを描き分ける形で、表の時間と裏の時間とを読者に伝え、そこから書き手の屈折した心理を読みとらせるという作者の企みは見事だが、こういう人を食った、ある種、反則技に近いテクニックが、同時に滑稽感を伴って読者の気持ちを刺激することも否定できない。

30 おふとやじ――略語

夢路いとし・喜味こいしの漫才コンビを「いと・こい」、同じく横山やすし・西川きよしのコンビを「やす・きよ」などと略して短く呼ぶ。高貴な好齢者なら、時代劇俳優の坂東妻三郎を「バンツマ」、同じく嵐寛寿郎を「アラカン」、喜劇俳優の榎本健一を「エノケン」と呼んだ記憶があるはずだ。近年の歌手では木村拓哉の「キムタク」がよく知られる。このあたりはよく話題に出る名だから、短縮して言いやすくしたのだろう。同時に、愛称として親しみのこもった呼び名にもなっている。四拍になる例が圧倒的に多いのは、和語が「山・川・海・空・人・草・花」など、二拍の名詞が大部分を占め、それが二つ組み合わさってできる複合名詞が耳になじんでいるせいかもしれない。

　だが、省略することによって、いくぶん軽い感じになる。ひところ丸谷才一の『文章読本』がベストセラーになった。戦前に出た谷崎潤一郎の『文章読本』を元祖として、戦後にも三島由紀夫ら作家の手になる『文章読本』がいくつもある関係で、書名だけではどれをさすのか紛らわしい。かといって何度も著者名と書名をくりかえすには長過ぎる。そこで「マルサイのブンドク」と略したという。こうなると、聞くからに重みにかける。

　某一流出版社の編集者に聞いた話だが、ユーモア作家の玉川一郎に電話で執筆依頼をして断られた際、その電話を切る前に、うっかり同僚に「タマイチ駄目だって」と結果を伝えたのが当人に聞こえてしまい、とたんに相手が電話の向こうで怒り出したらしい。こんなふうに、自分の名前を略されると軽く扱われた感じがするのだろう。

　漫才の**上方柳太・柳次**のコンビで、パン屋の店の名が「アカン・ベーカリー」と知り、「けったいな名前やな」と言うと、相方は「略してアカンベー」と応じる場面がある。むろん、子供がよく、指で下まぶたを下げて赤いところを見せながら、相手を軽蔑したように言う、あの「アッカンベー」を連想させて笑いを誘う趣向だ。

　こういう苦しい例ばかりでなく、短縮形がその対象を軽く扱っている雰囲気を出す例は珍しくない。**サトウハチロー**はこういう省略形やそれをあだ名にする技に長《た》けている。『**ぼくは野球部一年生**』に「ととママ」という正体不明の《略語》が出てくる。西山藤三という名のちっちゃい子供が、自分の氏名を「ニチヤマトウトウ」と発音するところから、通称「とと坊」となったので、その母親を「ととママ」と略称したものである。

同じ小説に、一見どこの国の子供かと思うような「イングちゃん」という主人公が登場する。これは、その子の名前が長谷川英一で、「英国」が「イングランド」だから「英」は「イング」に相当するという単純計算に由来するらしい。その同学年の男の子の名前は「三戸一」で、「さんのえ・はじめ」と読むのだが、主任の先生は最初の時間に「サンドイッチ」と読んだという。その子のあだ名が「ネムベブ」だ。とても日本語とは思えない響きで、由来など見当もつかない。なんとそれは、あの愛嬌のある長距離打者ベーブ・ルースが眠たがっているような顔をしているところに発しているそうだ。そのネムベブの肩をたたこうとしたら、「ウエップ」と言った。これも読者にはさっぱりだが、英語の「ウェイト」と「ストップ」のにわか合成語だというから、英米人も面くらうだろう。

①展開――流れの操作

こんなふうに、無理な《略語》は軽～い感じになり、時にユーモラスに響く。日常の会話でも、例えば、贅沢な朝食を「ゼイチョウ」と略すと「税金徴収」の意味合いが漂うし、豊かな朝食を「ユタチョー」と縮めても「板長」という板前の頭を連想させ、響き自体もどこか滑稽だ。

「期待希望」を「待望」、「公明正大」を「公正」と略してても別におかしくはないから、《略語》がすべてユーモラスになるわけではないが、無理をしたものほど相手には思いがけなく、通じればおかしい。ひところ、「キョブタ」ってどんな豚？　という雑誌の記事を見かけた。「清水の舞台から飛び降りる」という慣用的なたとえを、それでは長すぎるというのか、面白くしようというサービス精神か、ともかくそんなふうに極端に短縮した若年層の野心作らしい。効率上こういう緊縮語形が普及すれば、「待てば海路の日和あり」は「マテカイ」、「あわてる乞食はもらいが少ない」は「アワコジ」、「捕らぬ狸の皮算用」は「トラタヌ」となり、人生に余暇が生まれる。

なんだか記号じみていて、落語のマクラを思い出す。それぞれの噺に番号を振っておけば、通ともなると、その番号を聞いただけで笑い出すという小咄で、ひときわ笑いの多い作品は初めて聞いたからだというのが落ちである。そこで笑えずに、それまで聞いたこともないのに、どうして番号だけで笑いどころがわかるんだと理屈をこねたりすると、それこそ落語の登場人物になってしまう。

その点、《**略語**》も落語に似て、無理にでも思いがけない形に縮める、その強引さが笑いをよぶ。**サトウハチロー**の小説『**青春列車**』に、「あたし、弥一さんのおふはきらいだ」という会話が出てきて、少し後に「おふというのが、おふくろの簡略法なのだから驚ろく」という作者の説明が付いている。同じ年に出た小説『**若者行進曲**』にも、「おふも、やじもそんなことは言わないが」というせりふが現れ、やはり「おふとやじとは何だと聞いたらおふくろとおやじの略号だとすましていた」という解説が続く。「おふ」は「おふくろ」の後半を略した形、「やじ」は「おやじ」の頭を削った形で、ともに読者にはなじみのない語形だから、意表をつかれる。

今この目の前にある二冊はともに春陽堂書店の刊本、前書は昭和十七年四月刊行の初版本、後書はその十月刊行の二版だが、その紙質に大きな差がある。いやでもその間の戦況の推移が思い合わされ、こういう悠長な略語のやりとりが複雑な笑いを誘うかもしれない。

31 恋人は水を好む――警句法

一般真理を、短い表現で、その部分だけが独立性が高くなるように、あたかも諺のように颯爽と据える修辞を《**警句法**》と呼ぶことがある。世の中によく知られた名言が引用される場合は、文脈とのはなはだしい違和感でもなければ笑いの対象にはなりにくい。

芥川龍之介の『**侏儒の言葉**』の中に「道徳は便宜の異名である」という痛烈な一文が出てくる。道徳などというものが人間に与える恩恵は、所詮、時間と労力の節約ぐらいのものであって、一方、それが良心の麻痺をもたらすという悪影響もある、そんな考えを圧縮した一文だ。正義などというとみんなが立派なものと思いやすいが、そんなものは金を出せば手に入る、そんな思想を「正義は武器に似たものである」と言い捨てた一文もある。

どちらも痛快で、目の覚めたように会心の笑みをもらす読者もありそうだ。

大岡昇平の小説『**武蔵野夫人**』に、「困難な情事においては、女の恋は、過度には到らないものである」という一文が出てくる。人妻が恋をする場合、相手が一歩出ると自分は一歩退き、相手が離れると自分がそれだけ近づく、そんなふうにして一定の距離を保とうとする傾向が強い、というような意味合いらしいが、それをあたかもルールのように法則化してみせた表現だ。こんなふうに、本来は私的なはずの心理を、一つの箴言《しんげん》のように言い放つ強引な行為に、読者はいくぶん呆れぎみに口元を緩ませるかもしれない。

同じ作品に、「恋人達は水を好むものである」と言い放った一文も颯爽と現れる。ここだけ一読すると、恋に燃えてひどく胸を焦がすと人間は脱水症状を起こす危険があるといった意味にも解せないことはない。しかし、ここは、恋人どうしがデートをする際、海なり湖なり池なり、あるいは噴水なり、ともかく水辺に行きたがる傾向が強いという意味。一つの発見はあるが、それをまるで法則のように一行に圧縮し、強引に断定してみせたこの表現行為は、さらに読者のほほえみを深めることだろう。

32 描写するにしのびない——思わせぶり

サトウハチローの『**夢多き街**』所収の随筆に、こんな話がある。女と二人連れで街を歩いている時、友達とばったり遭ったら、相手は何を思ったか、「僕の手の平に、ドロップを二個渡してくれた」という。ありがたく受け取ってから、相手の意図をあれこれ臆測するくだりがおかしい。黙ってそんな甘いものを差し出したのは、「貴様は女なんかつれて甘いぞという謎」を託したのでは、と勘ぐってみるが、これは当人がそれを気にしているからかもしれない。素直に、「一つずつ仲よくしゃぶれ」という本音を想像するのが常識だろう。

だが、そこに作者はもう一つの解釈を追加する。「女に二つくわせろ、女はものを食っている間はおとなしいぞ」と、助け舟を出したと想定してみるのである。多分これは当たっていないだろうが、考えてみるとなかなか穿《うが》った解釈だ。おしゃべりの女性を相手に、当人が好んでしばらく自発的に黙るように誘い込むにはたしかに画期的な手段で、こうなるとドロップも随分と奥が深い。読者も思いがけない発見をした気分になるかもしれない。何でもないように見える一つの行為から、当初は思ってもみない、このような多様な推測が可能になる事実はまことに興味深い。

作者がはっきりと書かずに、読者をある方向の思索へと誘い込むのが、**《思わせぶり》**な書き方で、この技法は笑いにつながりやすい。同じ作者の『**浅草悲歌《エレジー》**』では、「民子は帯をしずかに解きはじめた」と書いて改行し、「読者諸君！　私はこれ以上、この場面を描写するにしのびない」と書き、さらに「彼女のためにわれわれは目をつぶろうではないか」ともっともらしい提案までする念の入れようだ。しのびなかったら、黙って書かないでおけば済むのだが、それでは面白くも何ともない。ここは作者の心の葛藤を描いているのではなく、そういう書き方で逆に読者によけいな期待をあおり、はぐらかす。巧みに操られた読者は、いやいや作者とともに目をつぶらされる。

別の箇所に出てくるこんな例は、さらに思わせぶりだ。相手から金を借りた女が返そうともせず、「ふふんと鼻で笑って」、一言「お払いいたします」と言う場面なのだが、作者はその発言の続きを記さず、直後に「（削除）」と注記して終わりにしてしまう。こうして読者の心はいいように操られ、自分でも完敗を認めて笑わざるをえない。

ここまでは、以下をことばで記さずに、読者に丸投げするだけだが、**《情報待機》**で誤った思い込みを誘い、読者の心をずうっと引きずるのも、そこに記されることばのあり方としては、まさに思わせぶりな表現である。ただし、誤解がすでに起こっているため、読者はそれを**《思わせぶり》**と感じないままに展開する。

牧逸馬の小説**『処刑』**に、「今しも弾丸を込め終ったところで、黒い銃身を撫でている男の顔には残忍なほほえみが浮んだ」とあり、「裸体《はだか》に近い若い女の群が一方の入口から引き出されて来た」と続く。そして、「強烈な白日のもとに女性《にょしょう》の膚が青く光って、つと息苦しい沈黙《しじま》があたりを圧した」と展開する。タイトルに『処刑』とあることもあり、読者は当然そんな情景を想像するだろう。ところが、読者のそんな想像を嘲笑《あざわら》うかのように、突然、「女子陸上競技大会の百米《メーター》開始！」と事実を明かすのだ。

もしもほんとうの陸上競技の放送であれば、「銃身」などとせず通常は「ピストル」と書く。それを撫でるような動作を実際にすることがあっても、「男」などとは言わず「スターター」と言う。また、その類に「残忍なほほえみ」などは浮かばない。

短距離選手の競技用の衣装はほぼ一定だから、ある選手が綿入れでもはおるようなよほど特別のことでもないかぎり、わざわざ話題として取り上げない。「裸体に近い」という形容はたしかに嘘ではないが、それはあたりまえであり誰でも同じだから、そんな点には通常ふれない。ここはいかにも粗末に扱われているように読者に思わせるための引っかけだ。

また、そういう大会に選手として出場するのはほとんどが若い女性だから、単に「女子」と称することはあっても、「若い女」などと説明するのはわざとらしい。選手は入口から入場するのであり、それを「引き出されて来た」と表現するあたりは、いくぶん嘘に近いだろう。女子選手をことさら「にょしょう」などと呼ぶのも策略である。さらにいえば、「息苦しい沈黙」などと表現するのも、スタート直前の静まり返った緊張の時間を、いかにも意味ありげに思わせる策略に相違ない。

種明かしをされた後で読み返してみると、ここで指摘した、そういう数々の作意に満ち満ちた表現が、読者にはいかにも**《思わせぶり》**に感じられ、つい笑ってしまう。

33 …………――沈黙表示

室生犀星の小説『**愛猫抄**』のラストシーン。死んだはずの猫の幻影がしばしば現れるので、埋めた場所にほんとに猫がいるかどうか、掘ってみようと言い出した女の顔を、男はまじまじと見つめる。すると、「女が硫黄のように蒼く烟《けむり》があがっているように見えた」として最後の一文を記し、それに句点を付したその後に、作者は「……。」というふうに、ことばのないリーダーだけの一文を添えて作品を閉じた。
リーダーという記号は、まれに、以下省略という意味合いで使うこともあるが、通常は、そこにことばが現れなかったという事実を伝える目的で利用することが多い。そういうことをあえて伝える必要があるのは、そこに何らかのことばが現れそうな状況や雰囲気を感じるからだろう。

情報の面では、読者が次のページをめくりそうになるほど、一編は唐突な幕切れを迎える。最後に置き去りにされたこのリーダーは、書こうとすれば書くことができたかもしれないいくつかの事柄をばっさりと切り落とした、いわばその切り株に似ている。紙面に記されなかったものの存在を暗示し、それへの思いをこめた、まさに紅茶を注ぐ最後の濃い一滴、ゴールデンドロップとも言えば言えるだろう。

この表現技法は通常、読者をむしろ黙らせる情緒的機能を果たすのだが、それが必要以上に長々とくり返されると、読み手をいいように操るようなたくらみが目立ち、手玉に取られた読者は思わず、くすりとすることも起こる。

丸谷才一の小説『**川のない街で**』の三章は、「雅子は歩きつづけながら、これからあたしはどうなるのだろうと考えてみるが、彼女の想像力はどんな未来も描いてくれない。」として終わる。そうして、次の四章がリーダーで始まる。さて、どう展開するかと読者は思う。ところが、そのリーダーだけが果てしなく続き、ついに一つの文字も記されないまま、作品が終わってしまう。

これとて、笑うような場面ではないし、そもそも文字が現れないのだから、当然のこと、論理的には何の情報も伝達されてこない。しかし、未来を想像できない雅子の茫漠とした不安など、そこに記されなかった多くのことがあるというけはいを届け、読者を情緒的に揺さぶる。あえて《**沈黙表示**》することにより、むしろ雄弁に語るとさえ言えないこともない。それでもやはり、ここまでやられたら読者も笑ってしまう。

34 そして、否、それだけ——省略暗示

一見、前項の《**沈黙表示**》と紛らわしいが、それとは別に、《**省略暗示**》という言語操作を一つの表現技法として立てよう。沈黙表示は文字どおり、そこにことばがないという事実をあえて明記する手法だったが、この省略暗示は、書こうとして結局やめたという語り手や作者のためらいを伝えるために、それを暗示することばの形として残す手法である。

子供の頃、タンクタンクローの漫画だったかに、「この中に隠れていません」という貼り紙がしてある一コマを見て笑った記憶がある。通常、隠れている所にも、隠れていない所にも、こんな断り書きを掲げることは考えられない。もし隠れていれば嘘になるし、隠れていなければ当然だからだ。つまり、論理的には情報がゼロに近い。しかし、心理的には微妙だろう。地球上のほとんどの土地が「隠れていない」場所であるはずなのに、なぜそこを選んで貼り紙を出したかを勘ぐり、どうも怪しいとにらむような気がするのだ。

太宰治の『**道化の華**』という小説の末尾に、そんなたくらみが見え隠れする。これはカフェーの女給と海で心中を図り、自分だけ助かったために警察沙汰になった、という体験を小説化した作品だという。小説では、主人公の葉蔵が付き添いの看護婦と二人、裏山に登って、はるかに海を見おろす場面で、「すぐ足もとから、三十丈もの断崖になっていて、江の島が真下に見え」る。

作者はそこで、「ふかい朝霧の奥底に、海水がゆらゆらうごいていた」という一文を書き、句点で結んで、一編を閉じかける。が、思い直したように、そこで改行し、「そして」という接続詞を投げ込み、次に何かを書きかける姿勢をとるが、それはポーズだけで、結局、「否、それだけのことである。」と、みずから中止してしまう。

直後に訂正される「そして」という一語が、実に巧妙に読者の心をそそり、その想像力を刺激する。誤った言い方でも、時に正しく伝わったりするのは、相手がことばの形が伝える意味よりも、発言の意図を読み取ろうとするからである。まして、文章であれば、読者の目に届くまでに時間的な余裕があり、たやすく訂正ができる。だから、ほんとうにそれだけのことなら、この「そして」という接続詞は削除されていたはずであり、こんなところに残っているはずはない。「それだけのことである」と作者がいくら抗弁しても、けっしてそれだけのことではないことを読者は読みとってしまう。

つまり、情報量ゼロだと作者が言い張るこの言語形式は、削除されずに残されたという事実によって、けっしてそれだけではなく何かがある、という読者の確信を、逆に引き出す修辞的効果をそなえているのだ。このような、もってまわった表現に、自分が振りまわされたことを自覚する読者は、作者のたくらみにおかしみを覚えるはずである。

コラム❶

年賀状

——干支セトラ

【問】手紙を書く機会は減りましたが、笑う門には福来る、年賀状ぐらいはユーモアをこめて幸せな時間をプレゼントしたいので、発想と表現のこつをご教示下さい。

【答】元旦も刻々とめぐる時の一点ながら、どこか気分が違います。年始の挨拶に親類の家を訪ねる慣習が廃れて、郵便局が代行①してくれる時代です。年の瀬は慌しくて祝う気分にならないと、年が明けてから書く人もいます。お屠蘇《とそ》機嫌で書く方がめでたい気分が横溢《おういつ》して当人は申し分ないのですが、それでは元日に届かないので、先方はめでたい気分が薄れてから読むことになります。②

年賀状の祝詞は「謹賀新年」や「賀正」といった漢語が多かったのですが、現代では「あけましておめでとうございます」と和語でやわらかい感じに仕立てる例が増えて、それに「今年もよろしく」と添えるのが主流になりました。年始状だから伝えたい情報はこれで尽きるのですが、無駄がないだけ趣もありません。近年はこの定番をメール用に短縮して「アケオメ　コトヨロ」と記号化する社会現象が話題になっています。機能的すぎて味わいに欠け、まるで食事を楽しむ代わりに、アルコールを注射して薬で栄養を摂取するような味気なさですね。③

型どおりの挨拶だけが何十枚も続くと、読む側は「以下同文④」として投げ出したくなります。年賀状も生きた人間どうしの交流だから、その人らしさが感じられると、読んでいてほほえましくなります。歯医者に行くと誰でも無口になる、「歯科医みな静か」といって、などととぼけても、「四海波静か」を知らないと通じないのに、時勢に疎い自分は時代の変化にも気づかず、飄々《ひょうひょう》と生きてきた人間らしく、その年の干支《えと》にちなんだ笑いを届けようと、「干支《エト》セトラ⑤」と題する駄洒落シリーズを実演して、真面目一方の人にうるさがられています。

寅年に瘋癲《フーテン》の寅⑥、虎馬《トラウマ》、虎ブル、虎ファルガー、ツァラツス虎、クレオパ虎が登場するの⑦を筆頭に、卯年には「兎の種類はアンゴラ兎、因幡の白兎、占め子の兎⑧、ウサ子ちゃんと海が知られる⑨」が、「国勢ちょウサの結果、新発見の品種の情報が続々寄せられ、確認を急いでいる」と、もっともらしく新聞記事風の前置きをし、「ウサ晴らし（酒場）、きょウサい家（拙宅）、渋江ちゅウサい（観潮楼）、りゅウサんバリウム（X線検査室）、山田こウサく（この道）と、ウサんくさい学名[10]と棲息地を列挙します。

巳年には、「放言学の権威として知られる戸黒博士が微醺《びくん》を帯びてうっかり公表した説によると」と前置きして、「広義のヘビは東南アジア原産の外来種ミ類のほか、在来種に関東地方のダ類（長蛇、蛇行、蛇足）、中国地方のジャ類（大蛇、蛇口、蛇腹）がある」と、助動詞の「だ」の方言形をもじり、「近畿地方のヤ類は白亜紀に絶滅したとも、最初から存在しなかったとも諸説あって謎の多いところから、疑問のヤと呼ばれる」と展開しました。[11]

未年には、チャールズ・ラム編としてモートン社から刊行された辞典の震撼案内と称し、「羊雲」の項目を「丸みのある雲が帯状に規則正しく並んで羊の群に見える高積雲」というまっとうな語釈から、「未婚」は雌雄の羊が未必の恋を経て結ばれる意、「執事」は江戸っ子の羊[12]などと飛躍し、大胆にして斬新な解釈で、笑い好きの読者を唸らせます。

申年では、ましら書房から出るフッサール編のさる辞典の内容見本として、「えてかって」は自己チューの猿のように気ままに振舞うさま、「ゲエテ」は代表作「一塁」などドイツ古典主義を代表する文学猿、「サルトル」は実存主義を唱えた哲学猿、「サルコー」はフィギュアスケートのジャンプの一種で別名「エテコー」[13]などと生真面目に記述しました。

酉年には、山梨鳥類研究所の余裕派ユトリロの調べで、トリ類は、本トリ科（左利きのさんずいの酉、左右対称のシンメ酉）、チョー科（愚の骨鳥、大井雲代の夫山村暮鳥）、キン科（愚弄バル化を図る国際交流基禽、飛行儘《まま》ならぬ不随意禽）、ケイ科（判断中止の希臘《ギリシャ》産のエポ鶏、趣のない殺風鶏[14]）に分類されることが判明と学術的に論述しました。

戌年には、ロールス抜きのロイス、文豪D犬、現役アーサー王と当家に君臨せし三代の犬の逸話を題材に「吾輩は犬である」と書き出し、「バウワウ泣いて居た事丈《だけ》は記憶して居る」と続け、習い姓となり欠伸《あくび》と名乗る主人は「書斎で涎《よだれ》を垂らすに余念がない、これで大学教授なら吾輩なんぞ総長が勤まる」などと、漱石文体を模写して怪気炎をあげます。頭の芯からくたびれると迷惑がられても、一握りの愛読者に唆され、三木卓にこれぞ一編の詩と揶揄され、図書新聞の特集〝中村明の仕事〟でも紹介されたのを励みに、性懲りもなく創作に没頭する姿はあまりに大人げなく、気の毒で目を覆います。[15]

【表現の仕掛け】

①年始の挨拶まわりを年賀状に切り替えるのを「郵便局が代行」と皮肉。

②年が明けてから年賀状を書くことの身勝手さを指摘。

③笑うほど機能的な「アケオメ　コトヨロ」を、注射と栄養剤に喩えて、その味気なさを感覚的に誇張。

④きまり文句だから、まさに「以下同文」という気分。

⑤「干支セトラ」は「エトセトラ」にテーマの「干支」をダブらせた造語。

⑥「瘋癲の寅」は映画「寅さん」シリーズ中の文句。

⑦「虎馬、虎ブル、虎ファルガー、ツァラツス虎、クレオパ虎」はいずれも「トラ」の部分に同音ながら意味無関係の「虎」を当てた駄洒落。

⑧「占め子の兎」は「兎を絞める」に掛けて、思いどおりになる「しめた」という意味を表すことば遊び。

⑨「ウサ子ちゃんと海」はディック・ブルーナーの作品。それを品種並みに扱う。

⑩「国勢調査」「憂さ晴らし」「恐妻家」「渋江抽斎」「硫酸」「山田耕筰」「胡散臭い」に含まれる「ウサ」の音を兎と結びつける強引なこじつけ。

⑪「方言学」を「放言」とちゃかす。「戸黒」は蛇がとぐろを巻くところから。近畿地方で「だ」の意で「や」と言うが、蛇関連の語に「ヤ」がないので「絶滅」説を仮定し、「疑問のヤ」を導く。

⑫「ラム」「モートン」（ひつじ書房命名のヒントという噂も）は羊の縁で。「震撼」は「新刊」のもじり。「未必の故意」から「未」を羊、「故意」を「恋」に転じる。「執事」は江戸っ子のヒとシの混同から。

⑬「ましら」は猿の古語。「フッサール」「サルトル」「サルコー」は猿という音を含む語。「ゲエテ」は「えて公」を含み、「一塁」は「ファウスト」のもじり。

⑭「山梨」は「山階」のもじり。「ユトリロ」は「ゆとり」と酉。「さんずいの酉」は酒。「おおい雲よ」「グローバル」「基金」「不随意筋」「エポケー」「殺風景」が下敷きに。

⑮「欠伸」は「苦沙弥」の替え玉。「気の毒で目を覆う」とひとごとめかす。

2

間接

――さりげなく遠まわり

とかく日本の社会では、ものごとをあまりはっきり言うと、角が立つ。必ずしも上層階級の体裁を格別気にする人びとの間だけではなく、概して遠まわしな言い方のほうが穏やかで、露骨な言い方はたしなみがないとされてきた。今後は、西欧風に相手の目を見て話すのが礼儀だと思う日本人が増えるにつれて、ストレートな言い方を好む傾向も増すだろう。

そういう時代の変化にさらされながら、世間では「そうあからさまに言っては身も蓋もない」としてきたし、「それを言っちゃ、おしめえよ」というのが、山田洋次監督の映画『男はつらいよ』シリーズの主人公、寅さんの口癖でもあったから、庶民の間でも、それが常識だったし、現代社会でもまだそういう風潮は残っているようだ。

ものごとをあまり露骨に言わず、間接的に伝える表現法といっても、むろん一様ではない。ストレートな言い方を避けて、「月のもの」などとあたりさわりのない表現で婉曲に伝えたり、「ある」と言わず「まったくないと言っては正確でない」などと、曲がりくねった言い方で相手の遠まわりな理解を誘ったりすることもある。

「痛いめにあわせる」ことを「かわいがってやる」などと、伝えたいことのむしろ反対の内容を口にして、場面や文脈との違和感から、送り手の真意を感じとらせたり、「すり」と言わずに「闇に目を慣らして稼ぐ」などと、わざと曖昧な言い方をしたり、ものごとの一部分だけ取り上げて全体の輪郭を予測させたり、鼻の穴が「大きい」と書かず、角度を変えて「立派だ」と書いたり、実にさまざまな表現のくふうが見られる。

ともかく、露骨な感じを避けてさりげなく遠まわりに述べるさまざまな技法を、ここに**【間接】**として一括しておこう。

老廃物を排泄するための個室をさす日本語が「雪隠《せっちん》」「厠《かわや》」「後架《こうか》」「御不浄」以下何十もあるのに、そういう臭いのついたことばを避けて、幸田文は「山」とか「高野山」とかという判じ物めいた言い方を試み、品位を保とうとした。男性が小用を足す際に便利な衣服の切れめを「社会の窓」とぼかす民衆の発想など感動的である。たしかに、そう言って言えないこともないから、まったくの嘘ではないし、さりげなく気品を保ちつつ、奥にユーモアを湛えた、センスの走る逸品かもしれない。

1 エッグのまんなか——婉曲語法

人前で言いにくいことばは自然に間接的な表現となりやすい。それを「化粧室」とぼかし、それにあたる英語の「トイレットルーム」から「ルーム」を省いてますますたどりにくくした「トイレット」を、さらに「トイレ」と縮めた日本語独特の符牒は、「便所」という意味から次第に遠ざかる。そのため、その語のいわば臭い消しともなり、世間で日常よく使われる。一般に、意味との関係がたどりにくくなれば、それだけ消臭効果が高まる。

幸田文は「山」とか「高野山」とかという独創的な呼称を考案してたしなみを示した。「山」には草や木がたくさん生えているところから、その草木を「臭き」に通わせた趣向、「高野山」に剃髪して籠るところから、「髪を落とす」を「紙を落とす」に通わせた趣向と、それぞれ思いがけない類音連想を働かせた品のいい洒落になっている。水洗トイレの普及した現在なら、さしずめ、入れた物を流す「質屋」とでも呼ぶところだろうが、あいにく今では肝腎の質屋のほうがむしろ通じにくくなっているかもしれない。

サトウハチローの長編『**エンコの六**』では、主人公が年季の入ったプライドの高いスリだから、当然のことながら、他人のものをスル行為が何度も描かれる。「スリのものをスル奴があるもんか」などと、その行為をストレートに「スル」と表現することももちろんあるが、もってまわった言い方をする例が多い。階段の途中ですれ違いざまに相手の財布と擦りかえる場面では、「あっちのものは、こっちへ、こっちのものは、あっちへ」と比較的わかりやすい表現になっているが、「人のふところから自分のふところへ蟇口《がまぐち》の存在を移動させる」などと、「存在を移動させる」という抽象化で重みをつける。また、「中身だけ、いただいて、死骸は、溝と共同便所に投げこんだ」というふうに、札をごっそり抜かれて空っぽになった財布を「死骸」に見立てる比喩表現もある。間接化の程度は違うが、それぞれに遠まわしに伝える表現を楽しんでいるように思われる。

『**センチメンタル・キッス**』に、倅《せがれ》のハチローがおやじ紅緑《こうろく》の「倅」に打球を当てたあの事件の折、「困りますな先生」という声を聞いて駆けつけると、それも道理、「あまりの痛さにおやじは、ツルベのなかにチャブンとつけて冷していた」と書いている。井戸水は飲料水だから、「困る」という苦情が来るのも無理はない。紅緑先生がその水につけて何を冷やしているのか、ハチローは一言もふれていない。このたしなみも見事だが、ことばで遠まわしにヒントを与えるケースもある。わかりにくいほど滑稽さが増すようだが、チクワを食っている男を「察するところ貴公はアナアキストだな」と無政府主義者呼ばわりする**『貧乏行進曲』**のシーンなどは、いささか無理があってナンセンスに近い。

同じ作者の長編**『青春五人男』**にはこうある。まず、相撲を取る段になって、必要なものがないことに気づく。F、U、Nなどとヒントを出して、当人にようやく通じるが、「君も野育ちか」と応じる。どこにもそれをさす名詞を用いず、「裸」という単語さえそのかけらも見せずに、きちんとコミュニケーションが成立するのがおかしい。

そのあとでも、「下から風邪をひきそうだから、布《きれ》を一本いただきたい」というふうに、何の下かにふれず、

その「布」を何に使うのかも明らかにせずに会話が通じる。

さらに、「生れた時のままだ、おふくろに見せたら、なつかしがるだろう」というふうに、どこが「生れた時のまま」なのか限定もなしに展開する。それは露骨に言及しにくい対象だから、読者も間接表現に慣れていて、かなり勘が働く。状態が「生れた時のまま」といっても、実態はそれから成長しているので、おふくろがなつかしがるかどうかはわからないが、ここも読者は容易に察しがつくだろう。

いくらなんでも、人が来るとそのままの姿で対面というわけにもいかず、手近にあった新聞紙で覆う。この作者は、それを「小生の操の露出をふせぐ」と書いている。この「操」という**《婉曲表現》**はなかなか秀逸で、読者は笑って感心する。

対象は違うが、同じ作品に、大佐がすこぶる上機嫌で手製のきゅうりを口に入れる場面で、それを眺めている人があれこれ考えをめぐらす。「あのきゅうりが又、あれとなって、あれにかけられて、そうして又きゅうりが出来る。すると又それを大佐が食う。又あれになる、あれにかけて又きゅうりが出来る」と、その過程を何度も

繰り返し、「考えるとキリがないきゅうりだ」という感想を述べるのだ。有機栽培の話で、大佐が自分のを肥料にして自家栽培していることを考えすぎて、手を出しかねているようすが滑稽である。

『ぼくは野球部一年生』という少年小説にも、「一日に自分の部屋からもっとも遠い九十センチ四方ばかりの板ばりの部屋にまで、十五、六回もしゃがみに行かなければならないジョウタイ」と病状を報告する一節があり、読者はやはりそういう関連の連想を強いられる。

『占いの名人モコちゃん』という子供向けの物語にも、「エッグのまんなかの、オフのクロ」といった妙な言い方が出てくる。一語の「おふくろ」を「オフのクロ」などと二語の名詞を助詞でつないだように見せるからかいは、子供にも簡単に見破られるが、「エッグ」などと英語まで持ち込んで、卵のまんなかにある「黄身」から、同音の「君」を連想させるほうの謎は、相当に手が込んでいる。もともとこの詩人は**《婉曲表現》**を好む照れ屋だったような気がしてならない。

同じく**『僕の東京地図』**には、「御婦人の方が月に一回の色盲のグリーンの場合」という判じ物めいた表現があり、その直後に括弧入りで「おわかりにならない方は、お友達と協議して下さい」という注がついている。多くは赤と緑の識別に難のある色覚異常をヒントにして、月のものを色で婉曲に表現した例だが、多分に男の照れが映っているようにも思える。

『新生活行進曲』に、七、八年前のさらし餡を鍋で煮て砂糖なしの汁粉を作った話で、相手が「中には何を入れた。餅か、白玉か」と尋ねると、「いいや、餅の前身を入れた」と答える場面が出る。むすびを二つ入れたことなのだが、「餅の前身」と見なせないこともない。これなどは露骨に表現しても尾籠な話にならないが、**『若者行進曲』**で「叔母さんもなかなか乙なことを知っている、米を八十八とは、一寸見上げたものだ」と、「米寿」の発想をやたらに褒めるこの作者だから、ここも遠まわしの言い方でもたせたかったのだろう。

『落第坊主』に載っている随筆**『あっぱれなるおやじ』**に、音楽家志望だった姉がそばについて、七歳の時からピアノを弾かされた話が出てくる。「一日に二時間ぐらい、指をあちこちへ移動させていた」とあるのは、婉曲表現というよりも、「弾く」という動詞を使うのがためらわれるほど、気乗りのしない練習だったことを暗示するのだろう。夭折した姉に対して済まなかったという今の気持ちが働いたのかもしれない。また、『**母ありてわれあり**』中の『**おふくろのウタ**』と題する別の随筆で、「ものさしに追いかけられるユウギの経験もない」と、叱られることを「遊戯」とおどけてみせた心の奥には、そういう形ででも、もっと母親と接したかったという気持ちが見え隠れする。どちらも、心情表現が結果として間接的な形になったのであり、ここには《**婉曲表現**》を楽しむ意図は感じられない。

同じ作者の自伝と称する『**青春風物詩**』中の一編『**しなびた糸切歯**』にこんな一節がある。「誰がきめたのか知らないが」と前置きし、「二人の若い男女が、昼もうすぐらい倉の中にいて、一つふとんに寝ているのだ。これで何にもおこらなかったら、どうにかしている」と、肝腎なことはおくびにも出さず、ただ一言、「神様だって、我慢などはなさらなかったろう」と罰当たりなことを言う。神業ということもあり、神ならぬ身、真偽のほどは知る由もないが、よくもそんな想像ができたものだと感心する。まさに典型的な《**婉曲表現**》の一例であり、読者としても忍び笑いをもらさずにはいられない。

2 推して知るべし——曲言法

間接的な表現のうち、特に婉曲な形での伝達によって相手の遠まわりな理解を誘う目的で、必要以上に言をくねらせる修辞を《**曲言法**》と呼ぶことがある。冬の間に死ぬという意味をストレートに表現せず、「春まではもつまい」とやわらげたり、「花見はちょっと無理だろう」などとさらにぼかしたりするように、日常さほど意識せずに使っている。事件での死者をさすのに、そのものずばりの用語を避けて、「犠牲者」などと角度を変えて報道するのも、その一例と言えるだろう。このような例ではまったくおかしみなど感じないが、間接化が極端になり、そこに作者の作意が見え見えになると、とかく笑いにつながりやすい。

夏目漱石の『**吾輩は猫である**』に、主人公の苦沙弥《くしゃみ》先生に関する人物評がよく出てくる。細君が声をかけてもろくに返事もしないほどの無精者だと述べた後、「人間も返事がうるさくなる位無精になると、どことなく趣がある」ものだが、この男は女に好かれたためしがない、と辛辣だ。早い話が、一緒に暮らしている細君でさえ愛想を尽かしているほどだから、まして世間一般の淑女に気に入られるはずもなく、どうやっても女にもてないというだけのことなのだが、語り手の猫は、そこをひどくもってまわった言い方で皮肉っぽく弁ずる。

まず、「現在連れ添う細君ですら、あまり珍重して居らん」と、家族にさえもてないという現実を述べる。そのぐらいだから「其他《その》は推して知るべし」と記して、ましてや赤の他人にもてるはずはない、という意味を感じとらせる。

細部まで明確に言語化せずに読者が想像で補う余地を残しているから、仮にここで文を切ったとしても、すでにかなり間接的な表現となっている。ところが、この小説のナレーターを務めるいささか老成した猫は、この程度の婉曲さでは満足せず、そのあとにさらに「と云っても大した間違はなかろう」と付け加え、表現をもうひとまわりくねらせずにはいられない。

くねくねともってまわったこういう語り口が、いかにも尊大な態度を印象づける。しかも、語る主体がなんと人間ならぬ「猫」なのだ。ことばと存在とのそういう大きな落差が、皮肉なおかしみとなって、読む側の人間を楽しませるのだろう。

3 冷淡な方ではない——緩叙法

ものごとを誇張して述べるのと逆に、あえて控えめに述べて、あたらずさわらずにしておく表現法を《**緩叙法**》と呼ぶ。「ひどく悪い出来だ」と言ったのでは身も蓋もない場合、「出来ばえは今ひとつだ」という程度の表現にとどめることがある。「抜け目がない」意で「まんざら馬鹿ではない」、「見るべきものがない」意で「必ずしも優れているとは言いがたい」とかと、いくぶん角度を変えてあたりをやわらかくするのも同様だ。

「大変な騒ぎだった」とストレートに言う代わりに、「ちょっとした騒ぎどころでは済まなかった」などというふうに、伝えたい意味の反対を打ち消して間接的にそれを察してもらう《**反対否定**》の方法も、これと同類だ。

小沼《おぬま》丹の随筆『珈琲の木』に、「遅い朝食の後、ひととき、珈琲を喫《の》みながらぼんやりしていると、いろいろのことを想い出す。この気分は悪くない」という一節が出てくる。ここも、「まことに申し分のない気分」というところまではいかないにしろ、「いい気分」であることはまちがいないから、やはり「いい」の反対である「悪い」を打ち消す形で、ゆったりと語る間接表現の例と見ることができるだろう。それが極端になると、やはり笑いにつながる。

漱石の『吾輩は猫である』に、やはり苦沙弥《くしゃみ》先生の人間性に関する語り手猫の批評で、「元来主人は平常枯木《こぼく》寒巌《かんがん》の様な顔付はして居るものゝ実の所は決して婦人に冷淡な方ではない」という一文が出てくる。論理的に解釈すれば、「婦人に冷淡な方ではない」という表現で、否定されるのは形式的に「冷淡な方」だけであり、その残り、すなわち、女に対して格別「親切だ」「やさしい」あるいは「甘い」といった逆方向と、その「冷淡な方」との間の部分の意味は打ち消されることなくそっくり残っていることになる。

そのため、どちらの方向でもない普通程度のあたりもそこに含まれるはずだが、この猫の表現意図はそんな中途半端な広がりにあるのではなく、「冷淡」から最も遠い、むしろ対極にある「ひどく甘い」という部分にその重点があるのは明白だ。読者がそういう意味に受け取るのは、言語表現の論理というより、猫の弁舌の勢いに圧倒されるからである。

「ひどく甘い」という点に猫の真意があると、ここで自信をもって言えるのは、この文の直後に、「嘗《かつ》て西洋の或《あ》る小説を読んだら、其中《そのなか》にある一人物が出て来て、其が大抵の婦人には必ずちょっと惚れる。勘定をして見ると往来を通る婦人の七割弱には恋着するという事が諷刺的に書いてあったのを見て、これは真理だと感心した位な男である」と続くからである。どんな男でも、これを自分のこととして想像してみると、「七割」という比率は相当に高いハードルで、よほどの色好みでもそこまで達するとは考えにくい。

漱石がそこに「弱」を添えたのは、ちょっとした隠し味だろう。極端に誇張したものを若干控えめに言うことで、そこにいくらか現実味を添えようとした心にくい技だからだ。

② 間　接――さりげなく遠まわり

4 立派な顔に泥――反語法

ものごとを遠まわしに言うどころか、表面上はむしろ反対の意味になる表現をつきつけ、場面・状況や文脈などとの違和感から、その真意を探りとらせる刺激的な表現技法を《反語法》と呼ぶ。

漱石の『**吾輩は猫である**』にこんな場面がある。水島寒月が結婚したという話を聞いた八木独仙が、以前、娘の相手として狙いをつけ、それとなく縁談をにおわせていた金田家に「謝罪する了見ですか」と尋ねる。すると、寒月はとんでもないという顔で、「謝罪は御容赦にあずかりたいですね」と即座に拒否した後、「向うがあやまるなら特別、私の方ではそんな慾はありません」と続ける。

一度は話を持ち込んだ金田側が、無断で勝手に結婚してしまった相手に「あやまる」というのは、世間的には話が逆だし、また、謝罪するという誰でも気の進まない行為に対して、寒月が「慾」などという語を用いた点をも含め、この発言は多分に反語的に響く。

また、**井伏鱒二**の『**朽助のいる谷間**』にはこんな場面が出てくる。朽助の娘がアメリカ人と結婚し、ハワイで生まれた「異人娘」タエトが、祖父の家にやって来た。その娘が杏の実を拾い集める際、「上着の前をまくり上げて、それをエプロンの代用にして」、「そういう姿体のままで私のところへやって来」る。それに対する「私」の反応を井伏はこう書く。

「若《も》し私が好色家であるならば、彼女のまくれた上着のところに興味を持ったであろうが、私は元来そういうものではなかったので」と、あたかも何の関心もないように書いた後、「杏を食べることに熱中」と続ける。ところが、そこから、「している様子を装った」と展開するのだ。「私」という人物はいったい好色家なのか、違うのか、読者は首をかしげる。

「元来そういうものではなかった」という言を信ずるならば、好色家ではないはずだが、「熱中している」の後に「様子を装った」と続く箇所で、うやむやになってしまう。つまり、「杏を食べることに熱中している」のはうわべだけで、実際にはほかのことに気をとられていることになるからだ。それが「彼女のまくれた上着のところ」であることは疑いなく、読者は、時折それとなくちらりと覗いては、あわてて目をそらす、そんな「私」の落ち着かない挙動を脳裏に浮かべるだろう。

このように、文面とはむしろ正反対の情報、つまり、そこに興味を持ったという事実が、読者に伝わる仕掛けになっている。「装った」という一語のいたずらによって、わざとばれるように仕組んだ嘘が、とぼけた味わいを演じ、滑稽感をかきたてる。

この手法は、相手に無言の圧力をかけ、じわじわと隠微な力を加えて、脅しつけるような場合にも現れる。**野坂昭如**の『**殺さないで**』に出てくる「顔に泥ぬられたやて、えらいすまなんだな、立派な顔に泥塗って。洗《あろ》うたるわな」という言い方は、まさにそういう例だろう。人間関係からも場面からも、謝るはずのない場面で「えらいすまなんだな」と言い、褒めるはずなどありえないところで「立派な顔」と言う、そういう場や文脈との違和感から、脅しという真意が伝わる仕組みになっている。

当然、「泥塗って」の部分も、「顔に泥を塗る」という慣用句の意味を、具体的な動作に曲解した脅し文句だ。次の「洗うたるわな」という表現も同様であって、けっして丁寧に洗面してくれるわけではない。このことばを聞いた相手が逃げ腰になるのは、親切そうな表面上の意味とは似ても似つかぬ意味、例えば「痛い目にあわせてやる」といった情報を感じとるからである。

言われた当人は笑ってなどいる場合ではないが、真意とまったく縁のなさそうな表現で意図が通じてしまうやりとりに、読み手という傍観者は思わず笑みがこぼれるだろう。

5　欠点が魅力――偽悪的讃辞

《反語法》の変種として、表面的には非難する形をとりながら、実は褒めていることを感じとらせる屈折した表現法を**《偽悪的讃辞》**と呼ぶことがある。伝えたい真意とはむしろ逆の意味のことばで述べる表現であるため、一般にあたりはやわらかい。が、ことばの形式的な意味と実質的な意味との食い違う極度の間接性によって、相手の神経をほぐしたり逆撫でしたりすることになり、そこで取り上げる話題や対象によっては、かなり皮肉な感じで伝わりやすい。

肯定を強めるためにあえて否定したり、希望を述べる形で逆に絶望を暗示したり、褒めているように見えて、その実、貶《けな》していたり、表面の意味と本音との食い違いは実にさまざまな姿で現れる。そのうち、褒める目的であえて悪口を言う形をとる修辞をここで取り上げよう。

例えば、「あの欠点だらけの人柄は、だからこそ捨てがたい味がある」とか、「他人の言に一切耳を貸さないあの態度は、何とも名状しがたい頼もしさを感じさせる」とかというように、非難めいた言辞を目立たせながら、そういう表現の奥に、今話題にしているその人物に対する話し手自身のやさしい視線を感じさせることにより、あたかも褒めたかのごとき印象を与える結果になる。

時には、そういうやさしい視線を感じさせることばをまったく発せずに、同様の効果をあげる場合もある。人物評などで、朝寝坊だとか、よく忘れ物をするとか、時々遅刻するとか、すき焼きで肉ばかり食うとか、その欠点ばかりを並べ立て、長所にはまったくふれないにもかかわらず、その人を賞讃したかのような読後感を得ることがあるのは、そういう一例だろう。この不思議は、人間の目に見えない洞察力の働きによって起こる。

人は言語表現からその意味だけを理解するわけではなく、そこから相手の発言意図を探り、思いを広げるからである。この例でいえば、そこに列挙された多くの欠点がいずれも致命的なものではなく、全体として愛嬌で済むような場合、その人物にはさほど重要な欠点がないという類推が成り立つ。

これを一般化すれば、貶すことによって逆に褒めたような印象を与えうるのは、数多くの欠点を並べ立てるという表現の在り方が、もしも重大な欠点があるのなら必ずそこに含まれるはずだという思い込みを誘い、表現する側の意図の底にひそむ、その人物に対する好意を読みとる結果をもたらす、と言えるだろう。

6 どこかの国の——反語的讃辞

その逆に、表面的には褒めているように見せかけながら、実はその底で貶《けな》していることを相手に感じとらせる皮肉な技法もある。**《反語法》**の一種で、**《反語的讃辞》**と呼んで独立させることもある。

「たまにしか間違えたことを教えないなんて、あの先生は実に大したものだ」などと、ませた生徒が、黒板に誤字を書いた教師を皮肉るような場合はその一例だろう。誤字の発見が発言のきっかけになっているし、そんなに褒め讃えるようなことでもないのに「実に大したものだ」などと大げさに激賞していることからも、本音でないことがわかる。

また、「国民の声も、憲法違反だといった批判をものともせず、まっしぐらに突き進む、どこかの国の内閣の勇気は、まさに絶讃ものだ」などというのも、それに近い例と言える。この表現は、それが発せられた場面・状況・情勢・文脈といった現実との違和感から、「絶讃もの」という評価はとうてい文字どおりには受け取れないし、もし心から褒め讃えるつもりであれば、「どこかの国」などとぼかすはずがない、という判断からも、強烈な皮肉と解するのが自然である。

7 最大の教訓――嘲笑的あてこすり

これも皮肉法の一種だが、相手を愚弄したり嘲笑したりする目的で、ものごとを露骨に述べず、わざと微妙な言い方で間接的に述べる修辞的な技法で、**《嘲笑的あてこすり》**とか**《愚弄的皮肉》**とかと呼ぶこともある。

②間　接――さりげなく遠まわり

第二次世界大戦時の英国の首相**ウィンストン・チャーチル**は、歴史上の教訓について問われ、「歴史上の最大の教訓は、人類が教訓を学ばないことである」と答えたという。教訓について尋ねられ、それを学ばないことだとしたこの発言は、相手の問いかけにまともに答えていない。チャーチルらしい捻りが利いていて、何とも人を食った応じ方だ。皮肉屋の面目躍如というところだろう。

このことばは、「歴史上の教訓」というテーマの「教訓」という部分だけを取り上げ、それに引っかけて、それとなく人間というものの愚かさを暴いてみせたもので、いささか格言じみた風格を感じさせる。痛烈な皮肉ではあるが、その嘲笑すべき愚かな「人間」という中に、自分自身も含まれることによって、この皮肉はユーモアのぬくもりを帯びていると言えるだろう。大戦の回顧録でノーベル文学賞を受けたのもわかるような気がする。

8 二十世紀で棚曝し――冷嘲法

対象の弱点を鋭く突いて、相手にショックを与える攻撃的な皮肉を広く《冷嘲法》と一括することがある。**漱石**『**吾輩は猫である**』に登場する陽気な美学者迷亭は、他の部分はさておき、鼻だけは偉大な金田夫人の顔を評して「十九世紀で売れ残って、二十世紀で店曝《たなざら》しに逢うと云う相だ」と、誇張交じりに酷評する。

同じ**漱石**の『**坊っちゃん**』にこんな場面がある。「赤い模様のある瀬戸物の瓶《かめ》を据えて、其中《そのなか》に松の大きな枝が挿してある」のを見た坊っちゃんが「何にする気か知らないが、何ヶ月立っても散る気遣がないから、銭が懸らなくって、よかろう」と見当違いのことを言い出す。

9　一つの肩に頭が二つ――皮肉法

飯沢匡の『**ジョークの鼓吹**』と題するエッセイによると、アイゼンハウアーと大統領を争ったデューイは、弁護士の出身で頭が固く、ジョークが苦手だったため、十年間みっちりその修業を積んでから立候補したらしい。日本人には信じがたい話で、いかにもお国柄がしのばれる。日本とはまるで違うと思っていたら、そこに昔の白足袋宰相こと**吉田茂**のこぼれ話も出てきた。ヴァイオリンの名手メニューインが来日した折、さすがの神童も中年になっては「ただの人」に近かったらしく、吉田は休憩時間に帰ってしまった。

翌日の記者会見でその感想を聞かれ、吉田が「昨夜はメニューインのピアノを聞いて来ましたよ」と答えたところ、頭の固い記者たちはそれを真に受けて、「首相はモーロクして、ついにヴァイオリンとピアノの区別もつかない」と一斉に書きたてたそうだ。伴奏したバラーのピアノを褒める形で、婉曲にメニューインのヴァイオリンをけなした吉田の高級なジョークが、あいにくこの国では通じなかったという逸話である。

ある富豪の夫人が、ピアノの天才ともてはやされた娘の演奏を、著名な劇作家**バーナード・ショウ**に聞かせて、その讃辞を期待したところ、なんとショウは、お嬢さんにバイオリンを習わせるように勧めたという。飯沢はこの話を紹介し、吉田のジョークはそれを自己流にアレンジしたものではないかと見当をつける。

金子登の『**ユーモア辞典**』にこんな笑い話が載っている。女性ドライバーの車が、赤信号で停車したまではいいが、信号の色が変わっても一向に動こうとしない。青に変わり、黄色に変わり、また赤に変わり、そして再び青に変わっても停車したままなので、後ろに車の長い列ができた。そんなとき、日本の警官ならどんな注意をするだろう。早く動かすように大声を出すか、あるいは、車に近づいて、「どうしました、故障ですか」と問いかけるところだろう。ところが、どこかの国の交通巡査は、「お気に入りのがないかもしれませんが、あれだけの色しかありませんので」と促したという。この余裕たっぷりの言動を見ていると、長生きできそうな気がする。が、長寿国ニッポンで実際にこんな対応をしたら、辛辣な皮肉と受け取られかねない。構造はたしかに皮肉な表現であり、問題はそこに悪意を感じるか否かという微妙な点で効果が違ってくる。

同じ本に、小さな町の町長選挙の話題で、候補者連中を一人も知らないから棄権すると言う人と、候補者連中をみな知り尽くしているから棄権すると言う人とが登場する。どちらも有権者で「棄権する」という同じ判断が、正反対の理由を根拠にしているという矛盾感がおかしい。が、ろくな人間がいないという情報を伏せているだけに、いくぶん意地悪さが感じられる例かもしれない。

河盛好蔵の訳編になる『**ふらんす小咄大全**』にも、こんな皮肉な笑い話が出てくる。「アルセーヌが戦死したのが不幸のはじまりだったんだわ。さもなければ、あんたとなんか結婚するんじゃなかったのに」と愚痴を言う妻に、夫は「戦争ってのは、まったく残酷なもんだなあ」と同感しながら溜息をつく。妻の言う「不幸」も、夫の言う「残酷」も、どちらもその両者の結婚をさしているから、どちらも論理的な矛盾はない。その結婚について悔やんでいる者どうしで、こんなふうにぴたりと意見が合うのが皮肉だ。意気投合して離婚という運びになれば、皮肉は完成の域に達するだろう。

一般に、伝達したい情報を、むしろ逆の意味になるような表現をとおして、相手に遠まわしに感じさせる、この種の間接的な修辞技法を広く《**皮肉法**》と呼び、その一部は《**アイロニー**》と称する場合もある。受け手の側から見れば、そこに示された表現のことばどおりの意味を無視し、常識や文脈に照らしてむしろ反対の意味を理解することになる。送り手側では、そのような場面・状況・文脈のもとでは通常現れるはずのない表現をあえて選択し、その違和感を手がかりに真意を探らせる、そういう刺激的な技法である。

佐々木味津三の『**釣鐘がなくなった話**』にこんな話が出ている。アメリカ帰りの歴史の先生が教壇で、せめて一度位は洋行しないと一人前になれないという話をして、アメリカへ行くといいと勧めると、アメリカ嫌いの生徒が「憚《はばか》り乍《なが》ら僕は天下の土百姓です。先生のようにアメリカくんだり迄《まで》行って来ないと、ろくずっぽ日本歴史講義のやれないようなお方なら、アメリカ行きも大いにけっこうでしょうが、然《しか》し頭からかさにかかった物の言い方は、僕大不賛成です。真平です」と食ってかかる場面だ。「くんだり」をつけて見下しながら、「大いにけっこう」と持ち上げるあたり、皮肉たっぷりだが、その洋行帰りの先生の専門が日本史だというのが、効果を倍増しているだろう。

『**100万人の映画館**』に載っている速記録によれば、**牧野周一**は『**とかくこの世は無責任**』という漫談で、授業料の値上げに反対して騒いでいる学生を「親孝行な子」と皮肉っている。「授業料払うのは親なんですからね」というのが「親孝行」とする論拠なのだが、その奥に、生活費や学費を自分で稼いで払っている勤労学生は忙しくてデモどころではないという気持ちも働いたかもしれない。

生方《うぶかた》敏郎の『**福太郎と幸兵衛との対話**』に、こんな顔面批評が出てくる。「同じバカげた顔付でも、役者のようにのっぺりしてでもいると、或はまた近頃流行の三角関係が成立せんとも限らぬから、細君としても油断もなるまいが」と前置きし、その点、貴公の顔というものは「幸いにして男子にも安心させまた不幸にして婦人にも安心させる顔付だ」と展開する皮肉な論調がおかしい。なるほど、それなら平和な顔であるにはちがいない。

頭が二つで足が四本ある鳥は何かと問いかけ、相手にさんざん考えさせた末に、「二羽の鳥」という答えを披露する、人を食った謎かけがある。「鶏」ではない。二羽などとは誰も思わないから、これはよくひっかかる。二羽なら頭が二つあっても不思議はない。

秋田実の『**笑いの創造**』に、これとよく似たネタが出てくる。妻が夫に、今日、珍しいものを見たと話しかけ、「二つの肩にね、頭が二つもある人なの」と、意味ありげな顔をする。夫は当然、そんな妖怪じみた人間がいるはずはないと取り合わない。すかさず妻は、「貴方《あなた》の肩に綺麗な女の方の頭が乗っかってたわよ」と問いつめる。痛烈な皮肉だ。そのあとどうなったかは知らない。

サトウハチローの長編小説『**エンコの六**』の終わり近くに、こんな一節がある。「雷おこしの前に社会鍋が、くさいもののように置かれている。人はなるべくよけて通ろうとしている」というくだりだ。「社会鍋」とあるから、救世軍が歳末に生活困窮者の救済活動として街頭で行う慈善鍋をさす。「くさいもののように」とあるのは、それに蓋を載せてあったからだろう。むろん強制的に取り立てるわけではないが、何となく素通りしにくい心理が働いて、気の弱い人は寄附する意志の有無を他人に知られる心配のない場所を選んで歩く。君子危うきに近寄らずとでもいった世相を皮肉ってみせたような書き方だ。

② 間　接——さりげなく遠まわり

漱石の『**吾輩は猫である**』はこの手の笑いに事欠かない。まず、金田夫人の並外れて大きな鼻を、「巨大な鼻」とも「大きくて立派な鼻」とも形容せず、貶《けな》す気はあっても賞め讃える気などさらさらないのに「偉大なる鼻」と崇めるのは、明らかに揶揄するための皮肉表現である。苦沙弥《くしゃみ》先生についても、「苟《いやしく》も書斎と号する一室を控えて、居眠りしながらも、六《む》ずかしい書物の上へ顔を翳《かざ》す以上は、学者作家の同類と見傚《みな》さなければならん」という大仰な調子で揶揄する。また、細君の掃除が、清潔にするという本来の目的を果たさないことを、「細君と掃除とは多年の習慣で、器械的の連想をかたちづくって頑として結びつけられて居る」という調子で、ことさら難解な表現による間接化を図るのも同様だ。

人間が薬を飲むのを、「飲むから癒《なお》るのか、癒るのに飲むのか」と、飲まなくても癒るのに無駄に飲むことを指摘するのも皮肉な見方だろう。そう言われて、なるほどそういうこともありそうだと、読者は不明を恥じる。その最たるものは、創造主たる神に対する皮肉な見方だろう。誰一人として全く同じ顔の人間がいないという事実を、どの顔も同じ部品でできているのにすべて違う結果になっているあたり、「人間の製造を一手に受負った神の手際は格別なものだと驚嘆せざるを得ない」と認めつつ、すべて同じに作ろうとしたが、どれ一つ同じに出来なかった結果、こういう「乱雑な状態に陥った」とも考えることもできるというのである。いかに不遜な冒瀆だとしても、一つの皮肉な論理として認めないわけには行かない。

10 ガキの使いではない——含意法

昔の大家《おおや》の中には、店賃《たなちん》の催促に来ても金銭の話は一切口にせず、季節の話題にさらりとふれただけで帰って行く人もいたのだろう。暮れも押し詰まったとか、花が咲いたとか、暑くなってきたとか、夕方になるといくらか涼しいとか、そんな話を聞いて、店子《たなこ》は、そういえば、まだ家賃を払っていないと気がつき、あたかも自発的に持って来たかのように、今月分を届ける。

日本では昔からそういう風通しのいいコミュニケーションを粋だと考えてきたようだ。いくら当然のことではあっても、あまりにずけずけと要求すると相手の立場がなくなるので、責めずに相手が気がつくように仕向けるのが、他者への配慮であり、それができるのが大人のたしなみとされてきたのだろう。

金銭のことに限らない。いつかの会の折に友人に貸した本をそろそろ返してもらいたいと思って書く催促の手紙でも、教養ある日本人はいきなり本を返せと切り出すような野暮な真似はしなかった。せいぜいあの本は面白かったかと尋ねる形で刺激するぐらいで、中にはいつかのあの会は楽しかったという話題から入る人も少なくないほどだ。

そんなふうに、相手の立場も考えながら、自分の伝えたい内容をそのまま露骨に表現せず、それに関連する事柄を述べることで、先方がそこからこちらの意図を汲み取ってくれるように導く表現技法を、一つの修辞と見て**《含意法》**と呼ぶこともある。

これも相手や場面や状況などによってはかえって厭味《いやみ》になるし、場合によっては発言にすごみが感じられることも起こる。そのため、脅し文句としても利用される。例えば、「なめるんじゃねえ」というのは、舌で味わう行為を禁止しているわけではないし、「覚えてろよ」という捨て台詞も、必ずしも再会の折まで相手の記憶が持続するように指示するのがほんとの目的ではない。

「月夜の晩ばかりはないぞ」というのも、今後の夜の晴雨を予言しているわけではないし、「ガキの使いじゃないんだから」と言いさすのも、童顔のメッセンジャーがこう見えても成人に達しているという事実を伝えるのが目的ではない。

それらの表現が結果として脅しの役を果たすのは、そのことば自体に含まれる情報が怖いからではなく、そう言われた相手が、その表現を手がかりとして、その先をあれこれ推測して恐怖感を覚えるからである。

サトウハチローの**『エンコの六』**にこんな場面がある。昔の東京の人間は、「大川」と言って特に隅田川をさし、単に「公園」と言うだけで浅草公園を意味していたらしい。題名の「エンコ」というのは、その公園をさすその道の隠語。主人公の「六さん」はそのあたりを仕事場にしている腕利きのスリである。

浅草の夜の街でその六さんが、預言者と称する占い師に呼びかけられ、あなたはこの頃迷っているとか、正しくない職業をしているとかと、ずばりと言われてどきりとし、どうして知っているのかと問いつめる。相手はさらに「指さきの仕事じゃ」と続けるので、「しッ」と制すると、「この頃商売の方が思わしくないじゃろう」とそれもお見通し。つい六さんも「どうも、ハンチクで、人のふところが……」と口を滑らしそうになるが、通行人の気配を察し、すぐに「どうも取引きがうまく行きませんよ」と言い換える。

作者はそこに「なる程、取引きに違いない。六さんなかなか言葉が豊富である」と書いている。つまり、「取引」という語はその上位概念に相当し、スリの仕事もその一部であると言えないこともないから、六さんは嘘にはならないぎりぎりの形で間接的な伝達に成功したことになる。「取引」という思いがけない語が現れ、読者の口元が緩むことだろう。

11 もっと早く知り合いたかった——曖昧語法

ことばがいくつかの意味になりうるためにきちんと情報が伝わらないというケースは、日常生活にいくらでもある。「ガイトーの光」と言うと「街灯」か「外灯」か区別がつきにくいし、「潜血」と「鮮血」、「医療」と「衣料」なども会話中でけっこう紛らわしい。文字に書き表しても、「人気のない店」は「ニンキ」とも「ひとけ」とも解釈できる。「漱石の本」という言い方も漱石

2 間　接——さりげなく遠まわり

所有の本、漱石の著書、漱石に関する著書など、三つぐらいの意味になりうるし、「再婚した弁護士の妻」にいたっては、再婚したのが弁護士自身なのか、それともその元妻なのか、あるいは、弁護士の新しい妻なのか、いくつもの事実関係に対応しうる。

しかし、日常のコミュニケーションを混乱させるこのような例は、曖昧にしようという意図が働いているわけではなく、結果として曖昧になってしまうケースである。

選挙運動で「来るべき投票日には」のあと、はっきりと自分に投票するように頼む候補者はほとんどない。たいていは、皆様のお力をもちまして議会へお送りくださいとワンクッション置くか、温かいご支援をたまわりますようというふうにさらに間接的に言うかする。日本の社会では、あまりに露骨な表現では逆効果になるという判断なのだろう。

意図的ではなくても、受け取るほうが気をまわしすぎて、その表現にひそむ曖昧さを掘り起こすこともありそうだ。**玉川一郎**の『**恋のトルコ風呂**』に、「従業員に高額にわたるお心づけをお渡しにならないようお願いいたします」という貼り紙が出てきて、それを見た客が、チップは受け取らないという店の方針とも解釈できるが、わざわざ「高額の」と書いたところからは、少しは渡してくれという意味にもとれる、と悩むのがおかしい。**益田喜頓**《キートン》の『**キートンの笑智大学**』に出てくる製薬会社の広告に「主人はこの薬を離したことがありません」というのがある。いい薬だからいつも携帯しているという意味に解するのは、それが宣伝だからであって、文面だけからは、あまり効かないのでいつまでも全快しないという意味にもとれると、キートンは笑い話にする。

サトウハチローの『**若者行進曲**』中の一編『**発明一家**』では、「うん」という老人の声について、「返事だと思えば返事だし、思わなければ、一人うなずく時にもれる声だとも聞きとれる」と作者が註釈をつけているが、これは別にたしなみを見せているわけではないし、そもそもその老人はわざと曖昧になるように企んでそういう返事をしているのではない。

入院中の患者に医者が、もうすぐ退院だからという意味で、長いことはないと言ったために、相手がもう臨終が近いのかと勘違いする、そんな笑い話もある。これは相手を引っかけて患者をからかう話では(多分)なく、配慮を欠いた医者の発言が、患者をどきりとさせる結果を引き起こしたという偶然の笑いなのだろう。

『オチの表情』で**秋田実**はこんな一口咄《ひとくちばなし》を紹介している。囲碁を横で観戦している男が「そちらの端の黒が危ない」と言うので、黒を持っていた先手の男が、自分の大石が殺されそうなのかと驚くと、端っこの黒石が盤から落ちそうになっている。また、さすがの先生も新入生には泣かされると聞いて、ずいぶん弱い先生だと勘違いする話もある。さらに、かかあ天下の亭主が「うちの女房はふくれてばかりいる」とこぼすのに、「それは、お盛んなことで」と応じる早飲み込みの仲間も登場する。どの話もいささか常識に欠けているだけで、たしかにそういう意味にもなりうる。発言が意図的でなくとも、そういう表現の曖昧性に気づくことで笑いが生まれる。

小泉保は**『ジョークとレトリックの語用論』**で、こんな西洋の笑い話を引用している。医者が、ご主人は安静が必要だと言って睡眠薬を渡すと、細君はいつ飲ませるのかと訊く。するとすかさず、奥さんが飲むのだと医者が答える。これも似た話だが、状況的にいささか無理があって、このほうが作為が目立つかもしれない。

② 間 接——さりげなく遠まわり

一方、必要があって意図的に曖昧になるような表現を選ぶケースもある。**横山エンタツ**の**『漫才読本』**に載っている**『僕は探偵』**にこんなやりとりが出る。探偵の苦心談で、「或《あ》る時には自動車の助手になり」と変装の話に入る。「或る時には紙屑買になり」と続け、「又、ある時は大将になり」と展開するので、相方が「ホー、大将、陸軍の」と確かめると、「いや、八百屋の大将」と訂正する。たしかに「八百屋の大将」という言い方もあるが、単に「大将」と言って八百屋を連想する人はめったにいないから、ここはいささか不自然だ。相手に勘違いさせて笑いをとるためのきっかけをつくるせりふだろう。

表現の多義性を意地悪く利用する例もある。男が付き合っている女に(その逆でもいいが)、「もっと早く知り合いたかった」と言って期待させ、「そうすればもう今ごろは別れられたのに」と残念がる手もある。「もっと早くこの店に来ればよかった」と言って店員を喜ばせ、「あの料理は一週間前に食べればうまかったかもしれない」と続けて怒らせるのもそれと同工異曲だろう。

ハチローの**『エンコの六』**に出てくる次の例はごく自然だが、それでも笑いにつながる。スリと目星をつけて六さんの動きに眼を光らせている大野木刑事が、活動写真の弁士になった六さんに、当人が正業についたと言っているのに、「弁士になって、目を闇にならして、かせごうと言うんじゃないかい」と、まだ足を洗っていないものときめつけて問いつめる。「闇に目を慣らす」は暗い場所でも視力が利くように目を慣れさせるという意味だし、「稼ぐ」も働いて収入を得るという意味だから、どちらにも特に犯罪の感じはないが、どうやって収入を得るか、暗い場所のほうがやりやすい仕事は何か、というふうに具体化して想像するうちに、何やら犯罪のにおいがたちこめる。どこにも「スリ」ということばを使わずに、「闇に目をならしてかせぐ」という曖昧な表現でその正体を暗示する言い方を選ぶのは、いかにも刑事らしい。

こんなふうに、ある必要からわざと広い意味の語を用いて焦点をぼかしたり、さまざまな意味に解釈できる表現を使ったりすることで、明瞭な情報伝達を避ける場合、それを一つの修辞的な技法と見て、**《曖昧語法》**と呼ぶことがある。あたりをやわらげたり、品位を保ったりすることもあり、すべてが笑いに直結するわけではないが、意外な言い方に感心しておかしくなることもある。

右の例はそういう感じに近い傑作の部類だろう。

12 朝顔——美化法

古くは、人が毛嫌いする「しらみ」を、その形態からの連想で「千手観音」と隠喩的に名づけたらしい。同様にマイナスイメージの強い「鼠」や「盗人」を、その居場所からの連想で、換喩的に「梁上《りょうじょう》の君子」と称したともいう。「男性小便器」などと露骨に呼んでは身も蓋もないので、その実用的な器の当時の形態からの連想で、隠喩的に「朝顔」と呼んで美化したこともある。これなどはなかなか粋な名づけで、心理的な臭い消しにもなる。

このように、醜いとか汚いとかといったマイナスイメージを払拭し、むしろ美的なプラスイメージにとらえ直す表現技法を、一つの修辞と見て、**《美化法》**と呼ぶことがある。人の嫌うものや、露骨に表現したくない対象を、比喩的にとらえなおす表現技法である。

村上春樹の**『風の歌を聴け』**の中に、「叔父は三年後に腸の癌を患い、体中をずたずたに切り裂かれ、体の入口と出口にプラスチックのパイプを詰め込まれたまま苦しみ抜いて死んだ」という箇所が出てくる。現実は悲惨だが、人間の「口」と「尻」を「体の入口と出口」ととらえ直して、現象のマイナスイメージをぼかした例である。

13 父の女房殿——代称法

古くは英文学などで、「太陽」のことを「旅ゆく明かり」、「星」を「夜のともし火」、「海」を「鷗と鯨の道」などと呼ぶ詩的な表現が慣用化していたらしい。「地球」と言えば一語で済むのに、わざわざ「銀河系の青い星」などと気どってみるのも同類だ。こんなふうに、人間や事物を一語で表さず、複合語や名詞句などを用い、隠喩的・換喩的に遠まわしに表現するのを、一つの修辞と見て、**《代称法》**と呼ぶことがある。

それのすべてが滑稽になるわけではないが、異例の遠まわしになり、その背後に表現主体の魂胆が透けて見えてくると、読者にはそういう手の込んだ間接化を試みる作者の企みが感じられ、読んでいて時におかしく感じられる。

井上ひさしの戯曲『**小林一茶**』に、「義母」を「父の女房殿」と遠まわしに呼ぶ例が出てくる。そのとおりの関係だから、別に嘘をついているわけではないが、その人間をいかにも突き放した感じに聞こえる。「義母」と呼べば自分との直接の関係を認めたことになるが、父親を起点にするこういう言い方をすれば、単に自分の実の母親ではないことをはっきりさせるだけではなく、自分とは縁のない女と見ているような冷たい視線が感じられ、あえて自分との関係を断ち切る意志のようなものが伝わってきて、きつい感じになる。

中沢けいの『**海を感じる時**』では、単に「海」と呼ばずに、「黒々とした液体をたたえ、波立たせている」という形容を先行させたり、ねばり気のあるタールのようなといった比喩を添えたりする。そして、「ひとつまちがえば、呑みこまれるかもしれない」そういう「怖しい海」を、「この地球上で最大の容器」ととらえるのである。

② 間　接——さりげなく遠まわり

14 いいえ、何でも——逆力説

何かをためらいつつ言いかけながら、すぐ「いいえ、何でもありません」と自分で引っ込める話し方がある。相手はほんとに何もなければ、そんなふうに言いかけるはずはないし、また、その話題が取るに足らないものであれば、慌てて引っ込める必要もないわけだから、これはきっと今は言いたくない何か重要なことがあるのだろうと勘ぐりたくなる。そのため、否定することで逆にそこに注意を向け、かえってその点を力説するような効果をあげることになる。

「毎朝誰よりも早起きをして道路を掃き清めたり、困っている人を見かけるとすぐに手を差し伸べたり」というふうに、その人物の善行をいろいろ並べ立てた後で、「そのような些細な行為についてここで仰々しく褒めたてるつもりなどさらさらない」というふうに、その数々の善行を大したことはないとして、ことさら軽く扱ってみせることがある。そうすることによって、逆にその点に相手の注意を引き、印象を強める結果になる。そういう効果を狙って意図的に行う場合、それが見え見えだと笑いを誘発することもある。

「弁護するつもりはないが」と切り出して、いろいろとその人をかばいたてるとか、「文句を言うわけではないが」と前置きして、長々と苦情を申し立てるとか、看板に偽りのある言動が笑いのたねになることもある。いずれも、慣用化した形で日常生活にしばしば見られる光景である。

このように、強調する意図で、故意にさりげなく述べるふりをするなど、主題に関する重要な事実を外見上は軽視するように装いながら、結果としてそこに注意を向けさせようとする表現技法を**《逆力説》**と呼ぶ。ほんとに伝えたいことの逆の言い方をすることになるため、**《逆言法》**と呼ぶこともある。

なお、「こういうことがあるが、今は述べないでおく」とあえて省略する事実をわざわざ断るのも、そこに重要な意味が隠されていることを強調することになり、表現機構としては共通するものがある。

15 夢の島――語意反用

「グリーンランド」という名から、草木の生い茂る緑の島を連想しやすいが、実際には大西洋の北部と北極海との間に位置するデンマーク領の世界最大の島をさす。一面に氷で覆われた島を、それと正反対の好感度の高いイメージで呼ぶようになったものらしい。

こんなふうに、語句のレベルで意識的に逆の意味を表すことばで表現する技法を**《語意反用》**と呼ぶ。**《逆語法》**と言うこともある。

日本でも、ごみの埋め立て地を、その反対の理想の地に見立てて「夢の島」と命名した例がある。「夢の欧州旅行」や「夢の舞台」などを連想し、慌て者は移住したい気分になるかもしれない。

「面白い」ことを「面黒い」と言ったりするのは罪のない単純な例だが、相手の態度や行為に呆れ果てたときに「いや、ご立派」とか「お見事」とかと言ったり、あるいは、「何しろ頭がいいものだから、いくら聞いてもすぐ忘れてしまう」とかと言ったりする例など、**《反語法》**に近い面もある。いずれにしても、笑いにつながりやすい。

② 間接――さりげなく遠まわり

16 お前の義妹――持ってまわった表現

秋田実の『**笑いの創造**』にこんな例が出てくる。「僕の女房と結婚した馬鹿者」を殺すと言って自殺する。その女房と結婚したのはたしかに自分自身だから、この言い方に嘘はない。だが、こんな人間がもしほんとにいたら、自分を突き放したようなこんな言い方をするほど、自分というものにつくづく愛想を尽かしたのだろう。

こんな話も載っている。機嫌が悪くなると自分の女房のことを、「あれは僕とは全然縁もゆかりもない奴だ」と言いだす夫がいて、夫婦間の子供のことも「お前の息子」「お前の娘」と言ったり、共通の友人のことを「お前の友人」と言ったりする。その夫が実の妹と電話で話して腹を立て、妻に「お前の義妹は」と苦情を言った。

クイズは相手の頭をこんがらせるのが目的だから、さらにわかりにくい言い方が出てくる。ある女性があの男性を知っているかと尋ねられ、「よく知っているとも、あれの母親が自分の母親の一人娘なんだから」とまわりくどく答えた。クイズになるくらいだから、二人はどういう関係か簡単にはわからない。よく考えてみると、その男の母親が自分の母親の一人娘なのだから、つまり自分の息子だという結論になる。こんなふうに、わかりきったことを、持って回った言い方でわかりにくくすると、そこに笑いが生まれる、と秋田は解説している。

玉川一郎の『**アルバイト日記**』は、夜は飲み屋でアルバイトをしているある女子医大生が書いたという想定になっている。内容は、「男性の生態」を「ツブサに見聞」し、「女性の弱点なるものについても臨床的？ なタイケン」をした結果、男というものは「手を握らせたらさらにほかのモノを握りたがり、更に究極まで果しなくのぞむドーブツである」ことを確認した、ということらしいが、記述の表面だけ理解したのでは何のことやらさっぱり要領を得ない。「生態」「見聞」「臨床的」「究極」といった漢語で武装する一方、時折カタカナを交ぜてことさらふざけた筆致に仕立て、肝腎なところは何一つ語らないまま、ほとんどを読者の想像に任せる。はっきりと書いてしまっては、おそらく身も蓋もない話なのだろう。読者は内容よりも、まことにまわりくどいそういう書き方を楽しむのだ。

17 服装の調節——判じ物

戸川秋骨の『**先輩**』という随筆に、ある日、たまたま、島村抱月と松井須磨子の二人連れと同じ電車に乗り合わせた。男どうしは互いに挨拶を交わしたが、世間体を気にしてか、抱月は恋人であるその名女優を最後まで紹介しなかったらしい。秋骨はそこに一言、「須磨子さんの舞台顔と素顔との著しい相違に感心するの光栄を得た」と書き添えた。つまり、日常生活で偶然見かけた須磨子の顔が、看板女優として芸術座の舞台に立って演じる時の顔とまるで違って見えたということは、この一文から明瞭に読みとれる。

だが、どちらが美しくてどちらが醜かったか、というた具体的なことには一切ふれていない。そのあたりは、すべて読者の想像に委ねられている。車中で見かけた清楚な素顔が、もしも舞台で眺めた美貌以上に美しかったのなら、秋骨はきっとそう書いただろう。また、もしもその両者がまったく違った感じで、それぞれに美しかったのだとしても同様だ。はっきり書かなくても、読者はいずれ、舞台の美しい顔とはまるで違う素顔を見て驚いたという理解にたどりつく。そこまでの時間が楽しいのだ。

その時間が長いと、ちょっとやそっとではたどりつけない《**判じ物**》に近くなる。**江戸小咄《こばなし》**に、ひもじそうな顔をしている男に、空腹なのかと尋ねると、相手が「腹は「太鼓だ」と答えるところがある。もちろん比喩だが、「太鼓腹」という形容もあり、太鼓の形を連想して満腹なのだと解釈するのが自然だろう。ところが、相手は「胴に皮を張ったようなもので、中はからっぽだ」という喩《たと》えだという。たしかにそういう点でも太鼓との共通点があるから、もっともな面もある。だが、ここまで行くと、ほとんど判じ物だろう。

　時代は下って、**横山エンタツ**の『**僕は探偵**』に載っている『**恋の学問**』という漫才に、こんなくだりがある。夜店で買った本に、女をくどくには「貴女《あなた》は僕の妹にそっくりや、他人とは思へん、何んとはなしに懐しい」と言うと効果的だと書いてあったので、早速実行すると、「彼女はつんと怒って、行ってしまった」という。そこで相方が「そら何ぼ書いてあっても、言う人に依るがな。君の妹さんやったら、どうせ、夏の火鉢みたいな顔の女やろう」と言う。「夏の火鉢とは何のことや？」と問うと、「誰も手を出さんやろう」と言われて、開いた口がふさがらない。この「夏の火鉢」などはもう完全な判じ物だ。

②間　接――さりげなく遠まわり

　露骨に言えば、大小便を排出するための設備を備えた場所ということになろうが、それを「手洗い」とか「化粧室」とかとぼかして間接的に表現することばが相当の数に上る。すべて婉曲な言い方だが、その中でも、「厠《かわや》」などは漢字を見ていてもどうしてそういう意味になるのか、見当がつかない。しかし、それを「川屋」と書けば、いくらかたどりやすくなる。昔は流れの上にそういう場所をしつらえて、生《なま》放流したのだろうという推測がしやすくなる。ところが、「雪隠《せっちん》」となると、ほとんど見当もつかない。便所掃除を司った禅宗の僧の名の一字「雪」とその寺の名の一字「隠」を組み合わせたものかという説があるが、これなどはまさに判じ物に近いだろう。

　この生理的に必須の場所について婉曲表現をするのは洋の東西を問わないと見えて、**高田義一郎**は『**欧米便所指針**』で、その場所を表す各国での呼び名を紹介している。「クローク」とか「喫煙室」とかいうあたりまではまだ何とか結びつくものの、「寺院乃至《ないし》ジョンソン女史が、便所の代名詞になるに至っては、全く雲をつかむが如き観がある」と寸感を述べているとおり、もはや《**判じ物**》と言っていい。こんなふうに、極度に婉曲な表現は、なかなかわからないところがおかしい。

昔、ベルリンやロンドンの共同便所には、「立ち去る前にどうか服装の調節を」と書いてあったという。場所が違えば、そういう表現からあの行為を連想することはほとんどないが、幅広く考えれば、たしかにあれも「服装の調節」と言って言えないことはない。その点、服装に関することばさえおくびにも出さず、雄大なスケールで《**飛び火**》した日本語の「社会の窓」という源氏名は、なかなかの傑作で、捨てがたい味がある。

18 般若湯——隠語

人に知られると都合の悪い話題などで、仲間うちでだけ通じるような特殊なことばを使うことがある。そのように特定の社会集団の間でだけ通用することばを《**隠語**》と呼ぶ。「やばい」も、もとは「不都合」とか「危険」とかといった意味の隠語「やば」から出た語と言われるが、今では誰でも知っているので隠語の機能が果たせない。それどころか、近年は、意外にいいといったプラス評価でも使われるようになり、「ヤバうま」というところまで発展している。「婦女子」を意味する「ナゴスケ」は単に「スケ」として今に残り、やくざ映画などで使われている。「女番長」を意味する「スケ番」もそれである。

《**隠語**》に仕立てる変形の手続きはかなり規則的で、まず、「新宿」を「ジュク」、「新橋」を「バシ」、「警察」を「サツ」と言うように、単語の前の部分を略してわかりにくくする型が多い。「新聞記者」を「ブンヤ」と言うのも、「新聞屋」の「新」を省略してできた形である。また、「宿」を「ドヤ」、「場所」を「ショバ」、「女」を「ナオン」と言うように、ことばの音を逆転させる型も例が多い。「ネタ」も「種」をひっくり返したものだが、今では広く使われるようになって、隠語というより俗語というレベルに近い。「ガサ入れ」の「がさ」の部分は「捜す」の「サガ」を逆転させたものという。「トンズラ」は「遁走」と「ずらかる」を組み合わせたもので、「カツアゲ」の「かつ」の部分は「恐喝」の「喝」である。

解読の難しい例ほど、わかってみると面白く感じる。香具師《やし》や泥棒など、仲間うちでは、その世界でしか通じない符牒を使って打ち合わせたようだ。「女の子」のことを「ミョウ」と呼ぶのは、「少女」の「少」と「女」を組み合わせると「妙」という漢字になるからだという。また、「土蔵破り」のことを「ムスメシ」と言ったらしい。「娘師」という意味で、土蔵の白壁を、白粉を塗りたくった娘に見立てた比喩的な発想である。

僧の間では、あまりおおっぴらに酒を飲むわけにいかず、人前で「酒」ということばを口に出すことを控え、仲間うちでは「般若湯《はんにゃとう》」と言ったという。仏教らしく「般若経」「般若心経」の「般若」を用いていかにも寺に縁のあるように見せた苦心の造語だが、それに「湯」の字を添えたのは、煎じ薬めかした隠し味なのだろう。百薬の長をそこまで苦労して口にするお坊さんの姿は、いかにも人間じみて見え、何かほほえましい。

2 間接——さりげなく遠まわり

19 席順は下から勘定する方が便利——側写法

表現しようとする対象を真正面から描かずに、その側面を描くことで相手に気づかせる、そういう間接的な表現の技法を**《側写法》**と呼ぶ。当人にいくらか修辞意識はあるのだろうが、日常あまり意図せずに使っている。野球で、「捕手を務める」ことを「マスクをかぶる」というふうに、その選手の一側面をことばにして代用するのは、その一例だ。相手の打者に四球を出すことを「歩かせる」と言うのも、四球であれば急ぐ必要がないため通常その打者は走らずに歩いて一塁に達するからである。「本塁打」のことを「ホームラン」とも言わず「アーチ」ということばで表現することもある。まれには弾丸ライナーでスタンドまで飛ぶ強烈な当たりもあるが、打球が四五度の角度で上がると飛距離が出やすい関係で、多くはアーチを描いて観覧席に入るからである。

また、推理小説などで、「時計の針は八時二五分を指していた」と書いてあって、事件の瞬間そこで止まっていることを意味するとすれば、その場合はこの**《側写法》**の例になる。ここまでの例は、いずれもさほど意識せずに受けとるため、いくらか気どった表現と思うかもしれないが、特に滑稽な感じはない。

井上ひさしの『**四十一番の少年**』に出てくる「腕の上で孝の頭が重くなった」という文も、急に成長して頭の重量が増したわけではなく、その子が眠ったという事実を、抱いている人間の感覚の変化として間接的に描いた例で、単に「眠った」と書くより垢抜けてはいるが、読者が笑い出すということはなさそうだ。

サトウハチローの『**トコちゃん・モコちゃん**』に、小学校六年生の女の子が、ある男性の容姿を観察して報告書にまとめる場面がある。「目……大きいほう鼻……高く」と書いた後、その鼻の穴をどう書くか、ちょっと迷う。見たままを正直に「大きいなんて書くとおかしいから」と、結局「鼻のあなりっぱ」と記録する。いくら鼻ではなく穴だとはいえ、「大きい」のは「りっぱ」と言えないことはないから、ここも「大きい」という事実の代わりにその一つの側面をとりあげた無難な評価ということになる。こういう巧みなすり替えに気がつくと、読者の口元が緩む。

夏目漱石の『**坊っちゃん**』に、「三年間まあ人並に勉強はしたが別段たちのいい方でもないから、席順はいつでも下から勘定する方が便利であった」というくだりが出てくる。ここの「席順」という語は、教室での並び方ではなく、もちろん成績の順番を意味する。こういう表現によって作者の伝えたい情報は、坊っちゃんの成績の位置が、トップから数えるのとビリから数えるのとどちらが早いかという所要時間のことではない。主たる情報はどちらが便利かということではなく、むろん成績がかなり悪いほうだということである。

そのことをストレートに伝える表現を避けて、成績が悪いという事実の結果として生じる現象というその一側面を伝え、そこから真意を推測させる表現を採用したわけだ。こういう持ってまわったやり方で、読者にわざわざまわりくどく伝える作者の企みは、おそらく漱石のサービス精神であり、ユーモラスな効果をあげている。

これがいささか極端になったのが、次の**井伏鱒二**『**本日休診**』の例だろう。この作品は、戦後間もない荒廃した世相の中で、蒲田駅前の三雲医院に松木ポリスが、暴漢に襲われた娘を連れて来る場面から始まる。その警官が手帳を見ながら事件の経過を八春先生に説明するくだりで、「物すごい馬鹿ぢからで娘をねじ伏せると、彼女に対して全く画期的な行為を敢《あえ》てした」という箇所がある。地の文になっているから、手帳の中の文句というよりも、その説明を聞いて理解した主人公、八春先生という医者のことばと見られ、その奥に作者が位置するという関係になる。

問題の中心は「画期的な行為」という表現だろう。「凌辱」「強姦」から「婦女暴行」、そして単なる「暴行」へ、さらには「乱暴」へと、時代とともに次第に意味範囲の広い用語に切り換えて焦点をぼかしてきた。それを一気にそこまで進めたとも言えるが、あまりに予想外の桂馬《けいま》跳びで、読者はあっけにとられるだろう。そういう行為などありえないと思っていた被害者にとって、それはたしかに「画期的」という側面が一切存在しないわけではない。その意味で、まったくの誤りとも、根も葉もない嘘とも言えない。しかし、それにしても、まことに奇妙な一角を照らした側写表現だ。涙を笑いにすり替える井伏一流の、核心をぼかす含羞の筆致であったことに気づく。

20 あの時分から知らない——陽否陰述

井上ひさしは**『自家製文章読本』**の中で、自分の見たままに描写する飾らない名文として定評のあった作家**志賀直哉**を、逆に「レトリックの名人」「修辞法の大親玉」と評し、その証拠として**『小僧の神様』**の末尾に加えた作者の断り書きの部分に食らいつく。

この短編小説の最後で、自分に親切にしてくれる「あの客」の正体を知りたくて、小僧が前に教えてもらった住まいを訪ねてみたら、その所番地には稲荷の祠《ほこら》があったと、「こう云う風に書こうと思った。然《しか》しそう書く事は小僧に対し少し惨酷《ざんこく》な気がして来た。それ故作者は前の所で擱筆《かくひつ》する事にした」という箇所が問題なのだという。創作の裏事情を暴露する形で志賀自身の書き添えた作品に対する自註の部分を、井上はそれも小説の一部であると解釈し、こういう主張を展開する。

「前の所で擱筆する事にした」などと作者はもっともらしい顔で書いているが、実際には擱筆などしていないし、「主題の重要事実を省略または看過するように見せかけておいて、じつはそれについてたっぷり喋ってしまっている」。ほんとに擱筆していればその点にふれないから本来は読者の知るはずのない内容を、作者がわざわざ読者の目にふれるようにそこに書き残したのであり、これは志賀が奇策を弄したのであって、りっぱなレトリックなのだという論旨である。

志賀直哉自身にはたしてどれほどの修辞意識があったかについては、今や知る由もないが、形式的には表現しないとしながら、そのメッセージが実質的に相手に伝わってしまうような述べ方を採用した場合、それを一つの修辞技法と見て《**暗示的看過法**》と呼ぶことがある。述べないという形で伝えるという、表と裏の違うこの表現構造を、端的に《**陽否陰述**》という名称で呼ぶ場合もあり、そのほうがわかりやすいかもしれない。井上が槍玉にあげた志賀のこの例には、読者をからかう意図がなく、特におかしみを感じさせないが、表と裏の矛盾するこの機構は、一般に人を食った感じになりやすいため、滑稽感をかもしだす表現効果が生じる傾向が強い。

井上の前掲書は文章表現の技術について論じている関係もあり、志賀に食いついた井上自身もみずからその技法を連発してみせる。まず、いかなる文章にもレトリックの力が働いていることを力説し、いやしくも文章を書こうと思い立つ者は、「レトリックのレ字ぐらいは承知しておく必要がある」と展開しかかった直後、「もはや紙数が尽きたので、筆者は此処《ここ》で筆を擱くことにする」と宣言しながら、「実は云々」と楽屋をさらけだす。

そのあと、さらに、比喩の重要性を説き、世界的にレトリックが見直されている現状を論じる姿勢を見せた瞬間、「なにせこれは重大な主題であるから軽々しく扱うわけにはいかぬ」とし、「それ故筆者は前の所で擱筆することにしたのである」ととぼける。こんなふうに「擱筆」して言及しないはずの内容をすっかり明かしてしまう。その上、当人が「これは志賀直哉にならった暗示的看過法である」と断るのだから、書いてあることのどこまでがほんとうなのか読者にはうやむやになってしまう。こういうふうに、この技法の内蔵する形式と実質との意図的な矛盾が、読者の笑いを誘うことはわかりやすい。

同書の最終章では、自身の体験を例にしてこの技法を駆使する。肝炎の症状を風邪と勘違いして芝居の台本を書き続けたため、「箸にも棒にもかからない駄作」となり、こんなものに「俳優や観客をつきあわせるのはほとんど犯罪にひとしい」と考えて、その「戯曲を破棄処分にした」という。その結果、劇団や劇場に迷惑がかかったので「損害賠償のために現金で二千万円支払った」と書いてある。そのように明記しておきながら、そんなのは「当然のむくいだからそれは云わないとしても」と続ける。いくら「云わない」として引っ込めても、「云わない」はずの情報はすでに読者に届いている。そこで、さすがに気が引けたのか、「と云いながらちゃんと云っているところはわれながらシッカリしているが」と括弧内に注記している。こういう照れ隠しもおかしい。

　以上は表現技法の説明として模範演技を見せたともとれるが、同じ作家が長編小説『**腹鼓記**《ふっこき》』の中でも使用しているところを見ると、当人も気に入っているのだろう。ある朧月夜の晩、染め物屋の大和屋茂右衛門が、使用人の吾助を供に連れて、藍方奉行の浜島庄兵衛のもとを訪ねた帰り路、主人は「今日の話は決して口外してはなりませんよ」と供の者の口を封じた。その日から茂右衛門は「片頬も笑わぬ男」になったため、その娘のお美代はこれは何かあったにちがいないと、吾助から話を聞き出そうとする。吾助は「これには深いわけが……」と言って口をつぐむ。「どういうわけなの。教えて」と言っても、吾助は「いや、申しあげられません」の一点張りで、口を割らない。お美代がそれなら死んで母のところへ行くと、簪《かんざし》を頸《くび》にあてがうと、吾助は、それじゃ、浜島様と同じで「立派な脅迫」だと口を滑らしかける。そこで、お美代が、父に浜島様が何か脅迫じみたことを言ったのねと問いつめる。吾助は「ここから先はどうしても申しあげられません」と拒否する。ここまではよかったが、吾助はつい「お嬢様を妾《めかけ》に出せなどという馬鹿げた話をどうして口にできましょうか」と強調したばかりに、秘密の情報が相手に知られてしまう。

②間　接——さりげなく遠まわり

寺尾幸夫の『**鯛ちり**』は、「貴郎何所《あなたどこ》かでお目に掛りましたわね」という芸者の決まり文句に、「うんにゃ、掛らねえ」と頭から否定する奇妙なやりとりから始まる。「此《こ》の女を知っているのか？」と言われ、「うんにゃ知らねえ」と首を振ると、その女が「知らないも知らないも妾《あたし》が新橋に居た時分から知らないわねえ、田《たア》さん」と逆説的にバラしてしまう。

「知らない」とくり返して強調しながら、「新橋に居た時分」と時期を明示し、しかも「田さん」などと、愛称まで知っている仲だと暴露する皮肉な応対に、読者は笑い出す。

コラム❷
手紙のセンス
——たった二文字の往復書簡

【問】手紙には作法があって書くのが億劫ですが、何かコツがあったら教えて下さい。

【答】「サクラサク」と打つ予定が狂って「イロハニホヘトチリヌ」と不本意な電報を打った昔を思い出します。①電話を引く家の珍しかった頃は、呼び出し音が聞こえると、漱石でさえ得意そうな顔をしたそうです。②

内田百閒は随筆で割り込み電話の暴力に腹を立て、電話が鳴ると来客中でも受話器を取るのは本末転倒だと書いています。わざわざ足を運んで来た客を待たせて、労を惜しんで電話で済ませる横柄な相手を優先するのは筋が通らないというのです。電話線という針金を通しただけで有難がるのは機械を恐れる未開人だと手厳しいが、③これは正論でしょう。

気軽で気楽な電話は発信専用、書くのは面倒で読む楽しみのある手紙は受信専用が理想的ですが、相手も同じ理想を掲げているので、これではコミュニケーションが成り立ちません。④そのため、気の進まない受話器や箸より重いペン⑤も時には握るはめになります。

電話は相手の時間を奪い手紙は自分の時間を贈るという気の利いた寸言があります。書くのが煩わしい手紙には、電話とは違うよさもあります。面と向かっては言いにくい厳しい批判や忠告も、真っ向から対立する意見も、手紙なら途中で遮られることもなく自分の思いどおりに展開できます。相手を褒めたり慰めたり励ましたりするにも、電話ほど気障《きざ》に響きません。面と向かうといつも言えなくなる愛のことばなどはなおさらでしょう。

伝統的な書簡は、「拝啓」に代表される頭語に始まり、時候の挨拶をして相手の安否を問う「前文」に続き、「さて」といった起辞から用件を述べる「主文」、結びの挨拶に「敬具」に代表される結語を加えた「末文」という構成になっています。訪問時に、挨拶をして上がり込み、対話の後、会釈をして辞去する流れに相当します。

「前略」と書いて前文を省略するのは、堅苦しい挨拶抜きに「やあ」と手を挙げて通るようなものでしょう。

手紙も人と人とのふれあいの場だから、その形は時代や相手との関係に応じて変わります。時には深ぶかと頭を下げ、時には軽い会釈で済ませ、にこやかな笑顔を見せて立ち去ることもあります。礼に始まって礼に終わる丁重な書状もあれば、ざっくばらんに語りかける手紙もあります。親しさが増せば挨拶は簡略になり、型はおのずと崩れます。非礼にならない範囲で、水くさくならないよう調節するのがコツです。大切なのは、相手を思いやる心と、そのバランス感覚なのだと思います。

ヴィクトル・ユーゴーが「?」という記号一つだけの手紙を出したら、編集者から同じく「!」という一字だけの返事が届いた⑥という信じがたい話が伝わっています。出版した著書の反響を問い合わせ、上々だと知らせて来たのでしょう。阿吽《あうん》の呼吸が合えば状況次第でたった二文字の往復書簡が通じるのですから、真似のできない名人芸です。恋文に応用しようと思案しているうち、一度も果たせないままむなしく歳月が流れました。愛をこめて「!」と書いて送り、相手から「?」という返事が届いた日には目も当てられません。⑦

なぜか長い手紙を認《したた》めたくなる人恋しい夕べもあります。文面に人柄がにじみ出るとなると緊張するものの、ほのぼのとした感じのいい手紙を届けたいと考えている自分の実態を内省してみましょう。

「謹啓」のような頭語の類をきまって省くのは、無礼にあたらなければネクタイなしに自然体で付き合いたいと思っている日頃の生活態度の反映でしょう。それでも無機的な交信ではなく今ここに生きている人間の心の交流でありたいと思うから、自然に時候の挨拶は入れているようです。それも「秋冷の候」といった記号化した万能の漢語ではなく、「心なしか犬の声がくぐもって聞こえます」というふうに自分の眼で見、耳で聞いた生活のひとこまを送り届けます。こんな文通が続くうちに、今はもう見られない、杏《あんず》や李《すもも》や桃の花の咲いた懐かしい昔の庭の風景が、ひょっとすると、思いもかけない知人の状差しにひっそりと生き続けるかもしれません。

用件が終わって手紙を結ぶ前に、「先日X君の姿を見かけたが、連れの女性の真っ赤なベレーがまぶしくて声をかけそびれた」とか、「落語を聴いている主人の膝で犬が欠伸《あくび》をした」とか、ちょっとした無駄話をはさむと心が解き放たれます。⑧

臨場感と言うと大げさですが、そんなたわいもない人のけはいが相手の心をなごませる気がするのです。何も特別なものは要りません。手紙のセンスとは、そんなささやかな心くばりなのではないでしょうか。

【表現の仕掛け】

①「サクラサク」で成功を、「チリヌ」で失敗を暗示。多くを語りたくない省略表現。

②まだ珍しかった電話を引いた時の優越感を隠せない夏目漱石の人間味溢れる逸話。

③世間の常識が実は筋が通らないことの論証と、「未開人」扱いする百閒の勇み足。

④電話は発信専用、手紙は受信専用という画期的な発想、そのせっかくの名案も、相手も同じことを考えるから実現しないという論証。

⑤「箸より重いペン」という表現は「箸より重い物を持たない」を下敷きに。

⑥ユーゴーの逸話は、一文字ずつの往復でも通信が成り立つ極端な例。

⑦愛をこめた「!」と返信の「?」の例は、ユーゴーの場合と同じ文字を用い、順序を換えただけで効果がまるで違う、奇妙な現象を明るみに。

⑧話しかけるのをためらう「真っ赤なベレー」や、落語に退屈したような「犬の欠伸」の話題は、無駄話の好例。

3

転　換

——他のイメージに置き換えて

人間は実に頼りない存在だという見方を、フランスの哲学者であり科学者でもあったパスカルは主著『パンセ』の中で、「人間は葦である」と言い、自然の営みの中では水辺に生える葦のように弱いことを認めた上で、それでもそれはただの葦ではなく「考える葦である」と、思考能力の偉大さを強調した。これは「人間」という対象を、「葦」という植物のイメージに置き換えて、わかりやすく表現した名言としてよく知られている。

「猿も木から落ちる」「馬の耳に念仏」「井の中の蛙《かわず》大海を知らず」「腐っても鯛」といった諺の類いには、このようなカテゴリー転換によってインパクトを与え、記憶に残りやすくした例が多い。そのすべてが滑稽なわけではないが、思いもかけない奇抜なイメージを導入することで興味をそそり、それが笑いにつながる場合も少なくない。

このように何らかのカテゴリー転換をして他のイメージに置き換える手法は、広い意味での**《比喩表現》**であり、その中心は、椎名麟三の『永遠なる序章』に出てくる「顔は黒くまるで燻製である」という形容のような**《直喩》**と呼ばれる技法であり、きわめて例が多い。「あたかも」「まるで」や「ような」「みたいな」といった比喩の指標を用いず、単に「顔は燻製だ」と強調すれば**《隠喩》**になる。また、そのような結合の違和感を残さず、「窓が開いて燻製が現れた」とでもすれば**《諷喩《ふうゆ》》**に認定される。

喩《たと》えになるのは単語だけではない。堺利彦は『ハガキ運動』で、「洒落、皮肉、諷刺の類を説明して何になる」と書いたあと、そんなことをすれば「刺身にワサビを附けて煮て食う様なもんじゃないか」と長い喩えを添えている。

そのほか、「頭に白いものがまじる」というふうに、上位概念の「白いもの」という表現にぼかして「白髪」を目立たなくする《**提喩**》もあり、家制度下での姑と嫁の立場を、それぞれの笑い声に象徴させた「アハハアが連れてオホホオ礼に来る」という川柳のように、伝達対象をそれに関連した何かに置換して表現する《**換喩**》も含まれる。

また、「花笑い鳥歌う」というふうに、動植物などを人間並みに扱う《**擬人法**》や、逆に、老齢となってみずみずしさがすっかり失われた人間を「枯れる」「涸《か》れる」などと表現するように、人間を物のように扱う《**擬物法**》なども、類似の性格を帯びている。

1　顔がポッカリ——カテゴリー転換

サトウハチローの『**青春列車**』に、ビルの中で一番使われない場所は階段だとある。「たいていエレベーター君が用を足すから、階段の方は、妙にしとやかに、しめッぽくひかえている」と、「エレベーター」を「君」呼ばわりし、「階段」も「しとやかに、しめッぽくひかえる」と擬人的な表現を用いるなど、場所を人間世界にイメージ転換する。

この作者は自分が野球をやっていたせいもあり、作品中に野球を連想させる比喩的思考の例が実に豊富だ。戦前の作品『**貧乏行進曲**』の『**海苔トースト**』に「かんじより」すなわち観世縒りの話題で、「鼻の穴をくすぐッて、クシャミ君の出塁を待つ時にのみ用いるものと思っていたら」というくだりが出てくる。この「出塁」という用語は打者が安打か四球などで一塁の走者になることをさすので、野球の世界に《**カテゴリー転換**》した例である。『**若者行進曲**』には、戦時中の作品という影もあり、防空壕を掘る場面が出てきて、「見せたいよ。そのコンビというか、バッテリーというか、こちらさんの若い衆二人の土掘りをさ」という会話が現れる。穴を掘る二人の若者の息がぴたりと合うことを、「バッテリー」すなわち野球の投手と捕手との呼吸がみごとに合うというふうに、穴掘りを野球の話題にひきつけて褒めた例だ。

戦後すぐの随筆集『**昨日も今日も明日も**』に「野球さまざま譚《たん》」が載っており、ハチローの父親佐藤紅緑《こうろく》ひきいる茗荷谷《みょうがだに》クラブと対戦した思い出話も入っている。おやじのチームには、少年小説で人気のあった当の紅緑だけでなく、由緒ある人物が含まれていたらしく、日銀本店や東京駅などを設計した辰野金吾の長男、仏文学者辰野隆《ゆたか》の弟にあたる辰野保が投手、俳人の水原秋桜子《しゅうおうし》が捕手を務めていたそうだ。なにしろ砲丸投げの記録保持者だから辰野投手はめっぽう球が速い。その剛速球を「どてッ腹にガーンとくらって、身体が一回転して、もんどり打って土の上へころがった」ハチローは、「気がついたら、空が青く上にひろがっていて、おやじの長い顔が、空の途中に見え」たという。

主人がその調子だから、女中の花まで野球用語を覚えてしまい、かすり傷のことは「チップ」と言い、ハチローがユニフォームと叫んだら、物干し場から「ユニはかわきましたが、ホームがまだしめっています」と声がしたという。「ユニ」が上着で、「ホーム」がズボンだと思っていたらしい。

エンタツ・アチャコの漫才**『早慶戦』**にこんなやりとりがある。「八回まで早稲田が押していたが、九回の裏で這入《はい》った」と言うと、相方が「総体にね、君、裏の方が這入り易い」と応じ、「泥棒やがな」と展開する。つまり、「九回の裏に点が入る」という野球の話の「裏」を「家屋の裏のほうが泥棒が入り易い」というふうに盗難の話題に脱線させている。

織田正吉の**『笑話の時代』**所収の**ダイマル・ラケット**の漫才にも類例がある。家の設計図の話で、ダイマルが「九階まで考えてる」と言うので、ラケットが「そんな高い所は何にするんや？」と聞くと、「九階の表の方へ展望台をつくる」と答える。そこで「九階の裏は？」と水を向けると、「九回の裏」と勘違いして「ワセダの攻撃」と脱線する。この流れは逆に、建築の話から野球の話へと話題が転換する例である。

③ 転　換――他のイメージに置き換えて

この本から今度は野球以外の**《カテゴリー転換》**の例を紹介しよう。やはり漫才で、**島田洋介**と**今喜多代**のコンビから。ちなみに、「喜多代」は「今来たよ」という音を連想させるための宛て字だろう。赤ん坊の話題で洋介が、体が大きくて「生まれたときに、四キロもあった」と言うと、喜多代は「約一里ですわね」と的外れの相槌を打つ。長さも重さも両方ともキロという単位で計るとはいえ、ここは常識外れの勘違いだから、洋介も「身長が一里もあってたまるかいな」と呆れるが、喜多代はまだ「鉄道線路みたいな細長い赤ちゃんができたんかと思いましたわ」と続ける。

そこで洋介が「四キロというのは目方やがな」と説明すると、今度は「目方が四キロ、百グラム四十五円としても相当になりますわね」と、今度は喜多代が量り売りみたいなことを言い出すから、洋介も聞き捨てならず「牛肉みたいに言いな」とたしなめる。どちらの的外れも、とんでもないカテゴリーの転換が笑いのポイントとなっている。

海原お浜・小浜の姉妹コンビの漫才では、こんな展開がある。最近の日本人は服装も派手になったし、いろいろと生活に色彩を取り入れる時代だから、うちでもそうしていると姉が言うと、妹は「色彩をとり入れるいうのはね、もっと若い、スマートな人のいうこっちゃ」と反対し、「あんたもっと他のもんとり入れたらどうや」と言う。そこで、それなら「私なんかは何とり入れるの？」と姉がまじめに尋ねると、すかさず妹は「洗濯もんでも」とそらす。たしかに「洗濯物をとり入れる」という言い方をよくするが、この文脈での方向違いの**《カテゴリー転換》**により、何の話かわからなくなってしまう。

『漫才・マンザイ・MANZAI』から、もう少し新しい漫才を紹介しよう。**ザ・ぼんち**が、山で遭難した人を捜索する話題で、おさむが、値段によって上・中・並の三段階に分けるという案を出すと、まさとが「なんや、うなぎどんぶりみたいやな」と言う。また、飛行機の話で、「こちら管制塔」と言いながら、四条河原町周辺が渋滞などとくすぐりを入れながら、「明朝には室戸岬から紀伊半島を通って、日本海地方に上陸する模様」と飛行経路を予告するが、内容は台風の進路予想になり、カテゴリーの転換が笑いどころだ。

野内良三の**『ユーモア大百科』**に、学校で先生が「歯のない哺乳動物」の例を質問すると、生徒が自分の家のおばあちゃんと答えるという笑い話が載っている。人類も哺乳類だから一見もっともらしいが、動物と人間とのイメージ転換がおかしい。

木山捷平のユーモア小説**『冬晴』**に出てくる、「それにしても、この万年筆、少し形がへんだなあ。なんだか包茎みたいだなあ」という例では、物品と身体部位との間で**《カテゴリー転換》**を図った比喩的発想がうかがわれる。

サトウハチローの**『露地裏善根帳』**に、「大きいイボみたいなのが五つも顔にあるんだそうだ」と聞いて、「顔にまで利子をつけてやがる」と応じる例がある。人体の皮膚の表にある角質層の突起を「利子」というイメージに転換した意外性が笑いとつながる。同じ作品に、居酒屋のひとこまがある。酒を注文した男が「腹の中は煮えくりかえっている」と言うと、客の一人が「冷酒《ひや》でもいいから寄越せか、中でいい具合におかんが出来るってね」とまぜっかえす。腹の中の怒りを表す慣用句を活性化させ、やかんの湯のイメージで**《カテゴリー転換》**を試みた言語遊戯である。また、「借家探しのコンナンはいま世の中のトップを切って断然、他を引き離している」というくだりも出てくる。これなどは、「困難」という抽象体を競技のカテゴリーでとらえたイメージ転換が笑いにつながる。

戦中の明朗小説『**俺の仲間**』には、泣き顔について「涙はとめどなく、コメカミ線を、耳裏駅急行通過で、毛のトンネルへとはいって行く」と、鉄道のイメージを借りた《**カテゴリー転換**》のふざけた例が出てくる。『**人情四十八手**』にも男の泣く場面が出るが、こちらはまさに人情ものだ。庖丁を使うとチャンコの味が落ちると、「ネギをギュッとしごいて、ポキポキと手で千切り出した」長さんは、「いやに、目にしみやがる。ネギはこれだから、いやだッていうんだ」と言いながら、「横を向いて、唇を嚙《か》んで、太い指で涙をつまむように、ぬぐった」とある。涙が出るのは葱《ねぎ》のせいだと思わせながら、ひそかにぬぐうのだが、「つまむように」と雫《しずく》を固体のイメージに転換するのがおかしい。

同じ作者の『**新生活行進曲**』に、老人が庭木の剪定をしている場面が出てくる。「チョキチョキとはさみの音が」するので、振り返って上を見たら、「玄関の右横の松の木の上に、老人がとまっている」。問題は「とまる」という動詞だ。地面から幹につかまって樹皮に沿って体を連続的に移動させた結果、今その位置にいるのだから、通常は木に「登っている」と表現するところだろう。「とまる」という語を使うと、空中を飛行して木のその枝に降りたような感じになる。老人という人間のカテゴリーが、あたかも「鳥」に転換したようなイメージとなり、何とも滑稽な雰囲気が漂う。

サトウハチローの戦前の長編小説『**青春五人男**』に、男が懐から大量のタバコを取り出す場面がある。箱入りの巻きタバコではなく、「バラだ。そろッちゃいない。短いのもあれば、長いのもある」。シガレットの吸い殻を拾い集めたものだからである。作者はそれを「ぬッと出した掌《て》に、吸いさしの煙草が、ルーズスクラムだ」と表現する。ばらばらのかたまりをラグビーに喩《たと》えたのだろう。「アルの方ばかりにお鳥目《ちょうもく》をつぎこむので、ニコの方までは手が廻りかねる」のだという。「鳥目」は銭を意味する古めかしいことば。硬貨の穴が鳥の目に似ているところからという。「アル」は「アルコール」、「ニコ」は「ニコチン」の略で、要するに、酒代だけで手いっぱいでタバコ賃に窮し、恥ずかしながら他人の吸い殻を拾い歩く「もくひろい」のまねごとで溜めたものだ。

③ 転　換――他のイメージに置き換えて

ちなみに、俗語の「もく」は、タバコの煙を「雲」に見立て、それをひっくり返した倒語だという。

「ニコ先生」と、タバコを人間並みに扱い、そいつが切れると我慢ができないニコチン中毒のその男、柔道部の道場へ乗り込んで火鉢の中を探したら、一本ばかに長いのが見つかった。もったいない吸い方をすると腹が立つが、これは拾いがいがある。ここでハチローはその男に、「こんなすごい長篇もあるぜ、島崎藤村の夜明け前そこのけという長篇だね」と言わせる。「吸い殻」を「小説」に**《カテゴリー転換》**させ、さらに「あとは大てい短篇だね」と続けさせる。たしかに人によっては、紫煙たなびく煙草は文学の世界なのかもしれない。

同じ作品に、文学的な感性をのぞかせるこんなシーンもある。「どんな暗闇で呼んだッて、亭主や女房の声はおたがいにすぐわかる。恋人や友人また然りである」と前置きし、自動車の「助手台があいて、ドガさんの顔がポッカリと出た」と書いたハチローは、「空にはお月さん、下にはドガさん。きれいなのとよごれているのと差はあれど、丸いことにおいては、変りのない二つだ」と両者の形態の類似を強調する。そして、その連用修飾に用いた擬態語の背景を、「ヌッとか、ヒョッコリとかいう形容詞は、ドガさんの顔が出たのにはふさわしくない。どうしてもポッカリだ。それほど丸い面《つら》だ」と解説する。こうして、読者の目に人間の丸顔の背後に真ん丸い満月のイメージが、同心円の二重写しとして映じてくるのである。

小沼《おぬま》丹の随筆『**トト**』に、五匹の猫にそれぞれ酒場の女性の名前をつけ、ずらりと酒の席にはべらせて、いい気分に盃を運ぶ飲み友達が登場する。話題のこの主は東京は国立に住む大学教授らしく、そういえば遠い昔に自分もフランス語の講義にはべったことを思い出した。そのうちのマリと呼ばれる一匹のことを、作者自身も興に乗って「これも新宿かい」と聞くと、その主は「いや、前は新宿にいたけど、いま銀座らしいよ」と答えたあと、「此奴《こいつ》は頭が悪くてね」と言いながら、そのマリの頭をぴしゃりと叩いたらしい。猫のマリはとんだ災難だ。新宿から銀座に移ったのは猫でなく人間のほうだろうが、「頭が悪い」のはどっちだろう。銀座のホステスが知ったら、どんな気分がするものか知らん？

猫にしてはべらせるのはお気に入りの証拠だが、頭の批評は迷惑だろう。それにしても、宴席に美女をはべらせたつもりで悦に入っているこの幸せな仏文学者の並はずれた想像力には恐れ入る。もう笑わずにはいられない。

2 犬ならすげえ——連　想

人間は気ままだから、時には意味という論理的情報とは別に、何らかの縁があれば突飛な《連想》が働く。新生児の名づけの際にも、できるだけイメージをよくするために、親は連想に気を配る。

キラキラネームと総称される近年のやたらに美々しい名づけには笑える突飛な作品がごろごろ転がっている。男では「誕生《バース》」「美俺《びおれ》」、女では「碧《アクアマリン》」「理想女《リソナ》」などに驚いていると、「手洗」というのが出てきた。てっきりトイレかと思ったら「ティアラ」と読むらしい。

同じ「ふみ」でも、「不味」ではまずそうだし、「富美」とすれば、金持ちかつ美人を願う親の夢が感じられよう。最近は「沙良《さら》」という名をよく見るが、漢字の説明に「沙悟浄《しゃごじょう》」や「不良品」などを出すとイメージダウンだろう。「明」という男の名でも、「頭脳明晰」のメイと言うのと、「行方不明」のメイと言うのとでは、同じ漢字でも印象がまるで違う。**土屋賢二**の『**哲学者かく笑えり**』によれば、お前の「ケンジ」は「ズル賢い」の「賢」に「二流」の「二」と言えばすぐわかると知人が手紙で知らせてきたという。

もちろん、何かを連想すればすべて滑稽な雰囲気が漂うわけではない。山羊から羊を連想してもおかしくも何ともないし、キリギリスからバッタを連想しても同様だ。大臣や社長や校長の顔を見た瞬間に狸やカマキリやカボチャやフライパンなどを思い浮かべれば多少にやりとするかもしれない。

あるものを基準にして、連想がそこからどこへ飛ぶかが問題なのであり、笑いを誘うには、人を驚かせる方向の意外性と、その際の飛距離、それに斬新さが必要なのである。

小佐田定雄の『**噺《はなし》の肴**』に紹介されている上方落語の『口入屋』にこんな例が出てくる。「女子《おなご》衆《しゅ》だてらに紅やお白粉ベタベタぬりたくって、あんな粉のふいたんがええやったら、つるし柿でもしときなはれ」というのだ。白く塗りたくった女を「つるし柿」といっしょにする発想が勝負どころで、「女」と「柿」との落差が成否を分けるのである。

サトウハチローの『**貧乏行進曲**』に「どう見ても福丸という顔である」とあり、「幸福の福ではなく、たべる大福の福である」という但し書きがついている。同じ漢字だが、たしかにこの名からは、丸々とした印象を受けるから、大福の連想が自然なのだろう。

人の名前に限らず、何かからそれに似たものを《**連想**》するのはごく自然だ。同じ作者の『**愉快な溜息**』には、「あんたはラグビーの選手でしょう、だんだらのユニホームでしょう」と言った後、「アメリカあたりの囚人のによく似ていますね」と飛び火して相手を嫌がらせる場面が出てくる。

同じ作者の長編エッセイ『**僕の東京地図**』には、「粉《こな》白粉《おしろい》をはたいたことかと思われるドウナツ」が登場し、「亭主が心配するほど粉をはたいている女房」を連想する。おまけに、そのドーナツをちらりと眺めていた娘が二人、「ハンドバッグから、パフを出して御自分の顔を、ドウナツにするべく努力しはじめた」と続けているが、それを関連づけるのは作者の思い過ごしではないかしらん？ 同じく随筆の『**指に匂う秋**』には、梨の皮を剝きながら、「おとなりのおばさんは、ソバカスが多かったな」とつぶやく場面がある。何の関係もないこのおばさん、えらい迷惑だろうと、何だかおかしくなる。

戸田学の『**夢路いとし・喜味こいしの時代**』(『**いとしこいし漫才の世界**』所収)によれば、いとし・こいしという漫才コンビの芸名は兄のいとしが考えたらしい。並木一路と内海突破のコンビ名が「一路・突破」で一つの意味になるのをヒントに考案したという。夢路いとしの「夢路」は当時の人気女優、月丘夢路から拝借し、喜味こいしは当時のヒット曲「君恋し」を宛てたもので、どちらを選ぶかは兄弟でジャンケンをしてきめたそうだ。当初は「いと志・こい志」と名乗ったようだが、「志るこ屋の看板か」と言われて、仮名書きにした由。こういう表記からの連想もある。

いとしがこいしの妻をぼろくそに言う笑いどころでも、この《**連想**》がきっかけになる場合が多い。「鬼瓦で思い出したけど嫁はンどないしてる?」だとか、「肉がブランブランで思い出したけど、あんたとこの嫁はン元気か?」だとか、突然そこへ話が飛ぶ。どちらの例でも、その点が相手の嫁はんと似ていると口に出して言っているわけではないが、何らかの関連があるから思い出すのだと解釈し、観客は当然そういうイメージでこいしの嫁を想像する。

サトウハチローの『**露地裏善根帳**』に、「二人とも東京ッ子。江戸ッ子と言いたいが、伝さんには秋田県の血がまじっているし、助さんには、土佐の血がまじっている」というくだりが出てくる。その直後に、「誰だ、犬なら凄《すげ》えだなんていうのは」と飛び火する。当然、秋田犬と土佐犬の連想が働いて読者は笑う。同じ場所でも「高知県」と言ったのではこういう連想は起こりにくいから、意味のつながりというよりもことばからの連想なのだろう。

前にも言及した『**僕の東京地図**』では、「若き日の」と書いた直後、括弧に包んで「とくると、ハイネとかゲーテとか書きたいが、残念なことに保ッちゃんだ」と註釈が入る。かつての名エッセイスト高田保のことだから別に残念がることはないのだが、歯が欠けていて、「若き日の」という表現から連想される感傷的な甘い雰囲気とはかけ離れた面相なのかもしれない。

3 転 換——他のイメージに置き換えて

同書に、「僕はアセチリンガスの匂いを嗅ぐとおふくろを思い出す」とあるのは、郷愁を感じさせる匂いなのだろう。また、佃島《つくだじま》の磯くさい匂いについては、「おばさん位は思い出す匂いだ」とある。同じく懐かしい匂いといっても、両者の間には一親等と三親等ほどの差があるということなのだろうか。

近藤浩一路の『**異国膝栗毛**』に、「巴里《パリ》の浅草。モンマルトルの踊場あたりへ押しかけよう」というくだりがあって、読者はおやっと思う。モンマルトルが浅草に似ているというよりも、パリが日本の東京にあたるとすれば、モンマルトルはその中心街との相対的な関係や雰囲気として、下町のさしずめ浅草あたりの歓楽街にあたるということなのだろう。

時代の下った**小沼《おぬま》丹**の長編エッセイ『**椋鳥日記**』にも、こんな一節がある。「巴里には瑞西《スイス》から汽車で東駅に着いたが(略)、初めて巴里を見る感動は全然無かった」として、「何だか東京の赤羽辺に来たと思っていたら東駅」だったという。事実、同行の友人に「赤羽に着いたようだぜ」と口に出して言うのだ。おそらく戦後すぐの頃の赤羽のイメージなのだろう。理屈できちんと説明できないが、これで何となく通じてしまうのが妙におかしい。

3　達磨を草書に崩す——直　喩

あだ名をつける名人だったらしい詩人**サトウハチロー**は、作品の中にもその片鱗がうかがわれる。『**俺の仲間**』では、「ばアや」の肖像画をちらりと見ては「あめ細工の布袋《ほてい》の雌みたい」と思う。並の人間に「布袋の雌」などというイメージは浮かばない。「火喰鳥《ひくいどり》は乾物屋のおやじにそっくり」だとか、「ペリカンはパン屋のばアさんに生き写し」だとかと《**連想**》が飛ぶ。表向きは鳥を人間のイメージでとらえた例だが、読者にとっては、それらの人物が鳥に喩《たと》えられたような感じがある。同じ作品に「先代の大倉喜八郎翁などは、食用蛙を思わせる顔」、「野間清治氏などは、オットセイの親方みたいな顔」、「直木三十五先生なども、ラクダの秀才みたいな風格」、「井伏鱒二氏などは絵本のオムスビを持っている蟹君そのもの」というふうに集中的に現れる箇所もある。それらの人物の風貌を知っている読者には特に楽しい。「ラクダの秀才」という思ってもみないイメージには笑ってしまう。また、『**落第坊主**』所収の『**プペ・ダンサント**』では、詩人の西條八十を「くたびれたきりんみたいな顔」と評し、「うどん粉の多い肉まんじゅうに目鏡をかけさせたような古川ロッパ氏」とも書いている。「肉まんじゅうに目鏡」というイメージも意表をつく。

別に有名人ではないが、『**若者行進曲**』所収の『**人情四十八手**』には、「他の女中というのが皆十五六の、シモヤケやアカギレの姉妹分《きょうだいぶん》みたいのばかりだから、唐マンジュウに目鼻と言ったお辰さんでも、二十一という年がものを言って女中頭だ」とある。「姉妹分」と擬人化されては皮膚科の医者もとまどう。『**センチメンタル・キッス**』には「シャナリシャナリと溶けかかったアイスクリームのように店内を遊歩していればよい役目だ」だとか、「和製メンチボールという面」すなわち「翻訳するとガンモドキである。ニキビの問屋である」とあり、人間を食品のイメージでとらえている。『**占いの名人モコちゃん**』にも「くやしさとざんねんのまぜごはんみたいな気持」、「あんこ玉と、ドロップと、あんみつをいっしょにたべたような顔」といった食品イメージの例が続出し、『**トコちゃん・モコちゃん**』にも「あごが三重にも四重にもなっている。首がまたものすごい。大きなソーセージかハムみたいに、いくつもくくれている」といった《**直喩**》表現が現れる。同じ作品の「あたしをだいて、『ふうむ、めかたはなかなかある。』よしてよ、ほんとに、かぼちゃかなにかじゃあるまいし」という例や、『**僕の東京地図**』に出てくる「アンパンが食パンから、借着をしたように、だぶついた服を着ている」という例も同様だ。パンが借着をするというイメージにも読者はあっけにとられる。

『**おさらい横町**』には、「西洋人は大股に行く、二人はチョコチョコと小走りに走って行く。何のことはないキリンの後を二十日鼠が追いかけているようなものである」とあり、『**占いの名人モコちゃん**』にも「先生は小がらだから、モコにもそんなにダブダブではない。モルモットが、ウサギから、オべべを拝借したくらい」、「父親が、オットセイのようなヒゲをはやしていたり」、『**子守唄クラブ**』に「くちばしみたいな鼻をしてやがる」といった例が出るが、これらは人間を動物のイメージでとらえている。『**貧乏行進曲**』に出てくる「叔父さんは、アザラシが、髭をすりおとしたような顔をしている」という例も同様だ。

③転　換——他のイメージに置き換えて

『**夢多き街**』所収の『**遠眼鏡病**』には、「ふとりすぎて、フトンのように寝ている小母さん」とあるが、布団に寝ている人間の姿を「フトン」そのものというイメージでとらえる発想もおかしい。『**青春相撲日記**』にも「空気枕の看板みたいにふくれて眠っていた」とある。

『**浅草悲歌**《エレジー》』には「恋をしている男でも女でも、たましいが宙に浮いているというが、全くそうである。フワリフワリと風に押されて急いでいる南の姿はまるで、紙袋のようであった」とあり、心ここにあらずで、地に足がついていないような姿がよくとらえられている。

『**長屋大福帳**』には「一昨年《おととし》のあかぎれみたいな顔をした奴だ」、「鼻がやけに低くて分譲地みたいにならした顔」とある。「一昨年のあかぎれ」というイメージはぴんと来ないが、「一昨年の」という限定が滑稽に響く。削って均す「分譲地」のイメージはわかりやすい。『**青春街道**』の『**金網模様の青空**』には、「羽目板に背なかをタニシのようにくっつけた。あかり窓からくる陽の縞のなかに、かわうその干物みたいに坐った」とある。牧爺さんが浮浪罪で七日間の拘留がきまって力を落としているシーンで、滑稽なかにも哀れさがしみてくる。

「金網模様の青空」という題はその留置場からの一景である。

顔や姿ばかりではない。こんな声もあり、髪型もあり、動きがあり、印象がある。『**青春五人男**』には「コンクリートにぶつかる日和下駄みたいな、時代ばなれのした声」という渋い例が出る。このイメージも今や通じにくくなっているだろう。『**青春風物詩**』の「ういろう売り」には「ガマ蛙が、タバコのヤニをはき出すような声。ゼンソク持ちの狸が、松いぶしにあったような声」とあり、人間じみた動物のイメージが笑いを誘うが、具体的にはかすれた悪声ということしか伝わってこない。『**エンコの六**』には逆に、「黄色いラムネのような女給の声」という例がある。

『**貧乏行進曲**』には、「おつゆのしみたサツマあげの如く胸をよじらせた……チクワの穴の如く悲しく呼吸づき、ガンモドキの如くいっぱい泪《なみだ》をためた」といった三拍子そろったイメージも登場する。同じ作品に「前髪を前にバラリと、氷屋のノレンみたいに下げている断髪」という髪が現れ、『**あべこべ物語**』には「頭のかりかたが運動会のまくのようにだんだらになっていると思ったら、頭のなかまでおかしい」のように頭の内外が連携する例もある。『**エンコの六**』では、「秋刀魚の干物のような梅園龍子が舞台でわり箸みたいな足をあげて踊っている」といった統一感のあるイメージが出現し、『**新生活行進曲**』には「おこるのも早いがわかりも早い。夕立みたいな老人だ」といったイメージ寸評が出る。

さらに、人間以外のさまざまなものにもハチローの奔放な連想力が飛び跳ねる。「懐ろはカイロのようだぜ。いや、湯タンポかな。ひょっとするとスチーム位いの温たかさかも知れないよ」という『**浅草悲歌**《エレジー》』の例は、財布の中身を温度で想像させる。「ああ洋の東西を問わず、古来より、何故に愛しあっている二人というものは、かかるジュンカン小数みたいな文句をくりかえし、くりかえししているのでありましょうか」という『**長屋大福帳**』の例は、きまりきったことばかりをくり返す恋人たちのことばを、「循環小数」という数学用語のイメージに置き換えた、飛距離の長い喩えである。

『**夢多き街**』所収の『**落第中学生**』に、「梨の花が真白に咲いたのに／今日も又ふる雪まじりの雨」というくだりについて、「この寝言みたいなのが詩だと聞いて、僕は、びっくりしてしまった」と書いてある。季節がちぐはぐだということもあるが、そもそも詩というものは頭の固い人間にとってほとんど「寝言」のようなものだろうと考えると、一つの発見をしたようでおかしくなる。だが、ここは頭のしなやかな詩人のハチローの感覚だから、「詩」というものに対するイメージが違っていたのだろう。**『青春風物詩』**所収の**『モデルのお尻をみる係』**に「青春は、／貸したＹ本のごとくかえらない」（亡友小杉謙の詩）とあるのは、青春を振り返るのに何もそんなイメージを呼び起こさなくてもと思いながら、意外な対比がやはりおかしい。

この詩人・ユーモア小説家の滑稽な比喩を追っているときりがないから、このへんで他の作家の例に移ろう。まずは**徳川夢声**、その**『碁盤貞操帯』**に、「歌麿の美人に、三度三度麦飯と沢庵《たくあん》ばかり喰わして、釘抜きで所々ネジった様な女性」というのが出てくる。そんなふうに加工されたら、もはや美人では通らない。**『インチキ審査員』**では、駐在所に現れた人々はとして、「三遊亭金馬師匠に卵巣を移植したるが如き」、「キリギリスが胡瓜に喰いついたるが如き」、「大辻司郎がカルメンに扮したるが如き」、「狐がチンドン屋を開業したるが如き」人間が列挙される。「金馬」に「卵巣」といった破天荒なイメージがおかしい。

北村小松『街頭連絡』には、「馬の面に南南西の微風が吹いた様なスットボケた顔」とあり、**奥野他見男『女軍軽騎兵』**には、「重いったら、お飯櫃《ひつ》を頭に載せている様なものよ。鏡を見て、オイ君と、思わず額を叩いちゃったわ。そしたら、何してんのと、媒酌人に笑われた」という例が出る。昔の花嫁姿を見て、さぞや大変だっただろうとは思うが、鏡に映った自分の顔に呼びかけるこのシーンは、経験者には身にしみておかしいことだろう。同じ作品に「この帯を締める時に、二人がかりで、ヨイショヨイショと綱引見たいに掛け声よ。ワカサギの昆布巻の様に、確《し》っかと締めくくられる」という例もある。**寺尾幸夫『無産結婚』**に出てくる「お寺の木魚じゃないけれど、座蒲団の五六枚も敷いて坐らして置いて上げます」という例では、そういえば木魚はそんな待遇を受けていたかと気づき、読者は納得して笑うだろう。

木山捷平のユーモア小説にも滑稽な比喩がよく出る。**『三等賞』**には、女学校時代から皮膚の肌理《きめ》のこまやかさにかけては、学校一だと評判だった女性が、「それは遠くすぎ去ったレントゲン写真のようなものよ」と言う例がある。一般に写真は古くなると色がセピア色に変色するということもあるが、ここでの笑いのポイントは、レントゲン写真には骨しか写らないという矛盾感にあるだろう。「魚を焼く時のようなあんばいで、五十平の体は百八十度回転した」という例でも、魚を焼く時のイメージが蘇って、おかしい。**『負傷』**では、全身麻酔で手術を受ける患者の心理がよくとらえられている例がおかしい。顔さえ知らない執刀医がいつ「どこから出て来てどこへ消えて行ったのか、まるで魔法つかいの手品でもかかったような気持だった」とあり、まさにそんな気分だろうとつい笑ってしまう。

次に落語の例をのぞいてみよう。**『ポン引』**に「御婦人の方のは又同じ出奔病でもあこがれとか云ってネ、夕焼みたいな気分になるんでげしょう。話に聞く都の空に憧憬《あこがれ》やしてネ」という箇所がある。「都の空に憧れる」という慣用表現にヒントを得たのか、「夕焼け」のイメージが意表をつくし、「地獄のお節句みたいに、怖い顔したお巡りさんがズラリと並んでいる」という例でも、地獄の節句などといった突拍子もない発想が笑いを誘う。

野村雅昭『落語のレトリック』によれば、**古今亭志ん生**の噺《はなし》では時折、創作的な比喩が飛び出すという。**『風呂敷』**では「おめえなんぞ女房ッてほどのもんじゃあねえや。シャツの四つ目のボタンみてえなもんだ、あってもなくてもいいんだい」というせりふが飛び出し、聴衆は目から鱗が落ちる。そんなイメージをどこから思いつくのか、まことに不思議だが、「三つ目のボタン」となるときもあるらしい。同じ噺に出る「百万年前のとかげみてえなつらアしやがって」という発想も特異だし、**『付き馬』**に出てくる「またぐらから手エつっこんで背中かくようなことというなあ」という喩えも突飛でおかしい。

落語好きの**夏目漱石**にも、突飛な比喩表現が見られる。**『坊っちゃん』**に出てくる「空の底が突き抜けた様な天気」、「美人に相違ない。何だか水晶の珠《たま》を香水で暖《あっ》ためて、掌《てのひら》へ握って見た様な心持ち」、「厭味《いやみ》で練りかためた様な赤シャツ」、「歌は頗《すこぶ》る悠長なもので、夏分《なつぶん》の水飴の様に、だらしがない」などはその一例だ。

『吾輩は猫である』にも例は豊富だ。金田夫人の偉大な鼻について、「人の鼻を盗んで来て顔の真中へ据え付けた様に見える」、「三坪程の小庭へ招魂社の石燈籠を移した時の如く、独りで幅を利かして居る」、「喩えにも猫の額と云う位な地面へ、英雄の鼻柱が突兀《とっこつ》として聳《そび》えたら、碁盤の上へ奈良の大仏を据え付けた様なもので」などとくり返すのもおかしい。

白眉は『**草枕**』で大徹和尚の印象をスケッチした「此《この》僧は六十近い、丸顔の、達磨を草書に崩した様な容貌」だろう。ここはダルマ落としの戯画化された風貌ではない。あの目のぎょろりとした達磨禅師のいかめしい風貌を、繊細優美な「草書」に崩すなどという突飛な喩えには感銘を受ける。

伝統的に、真ん丸い満月をお盆に喩え、紅みを帯びた艶のある頬を林檎に喩えているように、あるもの(月／頬)をそれに似た他のもの(お盆／林檎)に喩えるのが**《比喩表現》**だと言われてきた。が、文学作品などの個性的な用例を幅広く眺めていると、喩えられる対象と喩える対象とが必ずしも似ているとは言えない場合があることに気づく。むしろ喩えた瞬間に似始めるのではないか。

志賀直哉の『**暗夜行路**』に「痩せた婆さんで、引込んだ眼や、こけた頬や、それが謙作に目刺を想わせた」とあり、**室生犀星**の『**愛猫抄**』には「なまじろく、うどんのような縒《よ》れたかおをしながら、しずかに、ふふ……と微笑《わら》った」とあり、**川端康成**の『**雪国**』には「小さくつぼんだ唇は美しい蛭の輪のように伸び縮みがなめらかで」とあり、**三島由紀夫**の『**金閣寺**』には「美というものは、そうだ、何と云ったらいいか、虫歯のようなものなんだ」とある。

こういう独創的な比喩表現では、もともとまったく似ていないもの、少なくともそれまでその両者が似ているなどと誰も思ってこなかった二つのイメージが、唐突に結びつけられて読者ははっとする。そういう見方ができることに驚き、以後の人生でものの見方が広がる。これは作者の発見的な認識であり、優れた比喩表現の誕生によって両者ははじめて似て感じられるのだ。比喩表現が笑いを誘うのも、日頃思ってもみない類似に驚くからだろう。

井伏鱒二の『**埋憂記**』という作品に「私の目つきは正午時刻の泥棒みたい」という比喩表現の例が出てくる。自分を「泥棒」に喩えるという発想自体も一風変わっているが、要は細いというのだろう。他人の懐中物をねらう「すり」や、留守の家に忍び込む「空き巣ねらい」などは、むしろ昼間のほうがチャンスがありそうな感じがするが、基本的に「泥棒」は夜の商売という刷り込みがある。この例でもそういう典型的な盗人を頭に描き、夜分に一仕事こなして夜が明けてから床に入るため、昼になってもまだ睡眠が足りない。ここもまだまだ眠そうなしょぼしょぼした目を思わせる。「正午時刻」と限定して笑いを増幅させている。はたしてこれが正確な描写なのか、経験がないので断言できない。

特異な感覚から思いがけない類似点・共通点を発見し、文脈的な違和感のあるそのイメージを借りて読者の想像力を刺激し、間接的に伝えるというのが比喩表現の機構である。その機構は共通ながら、表現を実現する要素をどこまで言語的に明示するかによって、類似にもとづく比喩は三種類に分かれる。喩えるもの、喩えられるもの、喩えであることを示すめじるしとなることばの三者のうち、比喩である以上、喩えは必ず言語化されるので、他の二つの要素が文面に示されるか否かで類別される。

「三日月のような眉」のように、喩えの「三日月」と比喩意識を示す「のような」の両方をことばで明示するのを**《直喩》**、「ような」と緩めずに「眉は三日月」と断定するのを**《隠喩》**、眉という対象を表に出さず、「三日月が曇る」のようにそれとなくヒントを示し、文脈などから相手に真意を想像させるのを**《諷喩》**《ふうゆ》と呼び分けている。

そのため、比喩の指標となる言語形式の有無によって**《直喩》**と**《隠喩》**を区別するのだが、両者の境界線には幅があり、その認定が一刀両断とはいかない。修辞学書では「あたかも……如し」と「まるで……ようだ」を典型とし、最近はそれに「ちょうど……みたいだ」などをあげるのみで、あとは「など」とある。問題は、その「など」の中にいくつ含まれるのか、二つか三つなのか、三十も五十もあるのか、それとも二百も三百もあるのか、という点が何も説明されていないところにある。

あの脚は「大根だ」とまでは言わず「大根みたいだ」という段階に表現を控えるのは明らかに**《直喩》**だが、「大根に近い」「大根と似ている」「大根そっくりだ」「大根も同様だ」「大根も変わらない」「大根を思わせる」「大根を連想させる」「大根を髣髴《ほうふつ》とさせる」あるいは「まるで大根だ」「まさに大根だ」「もう大根としか言いようがない」「いわば大根である」など、言い方はいろいろある。

ほとんど連続的に存在するそれらの言語形式のうち、どこまでを作者の比喩意識を反映する指標と考えるかは微妙で、ボーダーライン自体も曖昧だ。はっきりと断定するのはためらわれるとして添える比喩指標を広く認めれば、圧倒的に多くの例がこの《**直喩**》に該当する。そういう立場から暫定的に《**直喩**》と考えられる例を選び出し、そこから滑稽な比喩の実例を拾い上げてみたのが以上である。

4　胸に空をのせて――隠　喩

今度は、作者の比喩意識を反映する指標となる言語形式がさだかでない例を、暫定的に《**隠喩**》として列挙してみたい。これもまずはサトウハチローの作品から始めよう。『**俺の仲間**』に「俺は小さい時、ばアやのことを豆大福と呼んだらしい。豆がはいっている大福だ。ばアやの顔には、あの大福よろしく、ホクロが点々としている」という例が出てくる。ここの「よろしく」の部分を比喩指標と認めれば《**直喩**》表現の例になるが、婆やを「豆大福」と呼ぶのだから、《**隠喩**》的な発想と見ておこう。

『**トコちゃん・モコちゃん**』に出てくる「おかしなおじさんでしょう。しょうきのひものというあだ名と、黒やぎという名と、とうもろこし先生という名とあるんですよ。どれもふさわしいでしょう」という例も、「ふさわしい」という部分に若干の比喩意識は感じられるものの、これも同様にそういうあだ名で呼ぶのだから、類似の例である。

『**あべこべ物語**』には、ふとったおばさんを見て、「この間に、ほていさまのかけものがかかっているので、みくらべてみるのに好つごうです」という箇所がある。よく見比べてみないと違いがわからないというほどだから、これも同一視に近い。『**ぼくは野球部一年生**』には、「じつに正直だ、一点くもりなき心じゃ。晴天青空日本晴れ、雲がないね、うそがないね、かくさないね」という一節が出てくる。「一点の曇りもない心」という慣用的な言いまわしはよく使われるが、それを「晴天青空日本晴れ、雲がない」と空模様の表現を重ねて強調すると、ほとんど隠喩的な発想が感じられる。同じ作品に「青空へ、のどちんこをみせて、うがい式笑いの、二重

3　転　換――他のイメージに置き換えて

奏をここでやらかした」という例も出てくる。「みせる」という動詞で「青空」を擬人化し、「式」を比喩指標と見れば「わらい」を「うがい」というイメージに置換した直喩的な思考もあるが、それを「二重奏」ととらえた部分は隠喩に近い。『**若者行進曲**』に「黙れッ、言いぬけは無用」という言い方について、「若者将軍の言葉は立札的だ」と評するのも、「的」を比喩指標と認めるかどうかで、直喩にも隠喩にもなる。同じ作品に「その話しを合せて綴ると、こういう浮彫《レリーフ》が出来る」とある例もあり、人の話を美術的にとらえた例になる。

『**愉快な溜息**』に、「糸子の顔なんてものは渋くしようと思ったって出来る顔じゃない」と評したあと、「大福餅科に属する顔」と認定する例が出る。この「科」という語によって、人間の顔を生物扱いにした《**カテゴリー転換**》を果たしているが、同時に「糸子」を「大福餅」のイメージでとらえた隠喩的な思考とも見られる。その後に出た『**貧乏行進曲**』には、「かのことというより、やき大福的存在だ」という顔の批評が登場するが、「的存在」を比喩指標と認定しなければ隠喩に近い発想と言える。『**僕の東京地図**』で、「高さが九寸」「長さが一間半」のショウウインドウを「うなぎの寝床という言葉があるが、ガラスばりになっているから、クリスチャンのうなぎのお棺だ」と称した例も、隠喩的な発想である。『**新婚遁走曲**』に出てくる「あたしのね、ガマ口ね流産しちゃったのよ」という例は、所持金があまりにも呆気なく消えてしまった驚きの実感なのだろう。

『**夢多き街**』に載っている「タルカムパウダーと氷」という文章に、「女は、バックを泳がせたら、一寸真似手のない位きれいなフォームなのである。高すぎる鼻を心もち左りへ左りへとふりながら、胸に空をのせて泳いで行く形はほれぼれするほどである」というくだりが出てくる。背泳だから仰向けになって泳ぐため、胸が上を向き、その上に空が広がっているように見える。それを「空をのせて」ととらえた比喩的思考に、読者ははっとする。同じ本の『**弱《じゃく》だらけ**』には、「女の人は、マヨネーズをかけた嘘がお好きである」とある。「嘘」という抽象的な存在にほんものの「マヨネーズ」はかけようがないから、明らかに《**隠喩**》で、おそらく、露骨な嘘ではなく、相手が受け入れやすいようにソフトな感じに仕立てた嘘を意味するのだろう。このマヨネーズという意外な発想にも口元が緩む。

宮尾しげをの『**風流旅日記**』に「あだ名」という短い文章があって、浅草区役所の裏手にあたるタヌキというあだ名の本屋が出てくる。「店の奥に狸が店番をしているから、すぐわかるよ」と聞いてやって来た客、「このへんに狸が店番をしている本屋はありませんか」と主人に尋ねたらしい。本屋はうちだけだと言われて帰りかけ、ふと振り返ると狸が坐っている。店に戻ると狸の置物ではなくその主人の顔だ。「そっくりですね」と言うと、相手は「私は狸じゃなくムジナです」と吐き出すように応じたという。**《隠喩》**を真に受けた失敗談である。

夏目漱石の『**吾輩は猫である**』にも例が多い。「金田邸は吾輩の烟草《たばこ》である」というのは、気晴らしの習慣化したものといった意味だろう。銭湯で人間が裸になっているのを見て、猫の吾輩は「二十世紀のアダムである」と驚く。「鏡は己惚《うぬぼれ》の醸造器」であり、「自慢の消毒器」だとするのも、同様に隠喩的な発想だ。

佐々木邦の『**人生の年輪**』に、「一時中止していた大工事を又お始めになったようよ」と言うので相手が「何だい？　工事って」と聞くと、「架橋工事よ、お頭《つむり》ですわ」と答える場面がある。残り少ない髪の毛を最大限に活用する涙ぐましい努力を、橋を渡すイメージでとらえた例である。

中野実の『**パパの青春**』に、「家中の者を叱り飛ばしているのだよ。あたしにまで、当り散らしているから、お前さんも、黙って寝てしまった方がいいよ」と言われて、娘がパパが不機嫌だとさとり、「低気圧襲来ね。予報の通りだわ」と答える場面も**《隠喩》**の面白みだ。

長谷川如是閑は『**玄関**』という文章で、「軍人は人にて作り、クンショウをブラ下げて置く所なり」と書いた児童作文を紹介する。人間を場所というイメージでとらえた**《隠喩》**だが、当時の軍人に勲章を見せびらかす傾向があるのを皮肉った例で、異例のカタカナ表記に揶揄する意図が映っている。**芥川龍之介**も『**侏儒の言葉**』で、その「小児に近い」態度に呆れ、「なぜ軍人は酒にも酔わずに、勲章を下げて歩かれる」のか不思議だと述べている。

井伏鱒二の『**青木南八**』には「恋愛というものは、誤って胸の中に生えた一種の鼻茸《はなたけ》である」という奇抜な発想の例が現れる。実感できる読者はにやりとするかもしれない。

3 転　換——他のイメージに置き換えて

5 ダブルプレー──諷《ふう》喩《ゆ》

「猿も木から落ちる」という諺を猿についてはは用いず、「馬の耳に念仏」という諺を馬についてはは使わない。「弘法筆を選ばず」や「腐っても鯛」や「井の中の蛙《かわず》大海を知らず」も同様だ。一般に諺は、教訓をこめて全然別の事態を暗示して使われる。何に対しての喩《たと》えかは明示せず、その喩えだけを示して、何に対する喩えであるかは文脈などから推測させる、そのような修辞技法を《諷喩》と呼び、類似にもとづく比喩の一種とする。

村上春樹の『**風の歌を聴け**』に、「ワン・アウト一塁ダブルプレー、何も残りゃしない」とある。これが伝統の早慶戦の話であれば、一塁に走者のいる局面で内野ゴロを打ち、例えばショートが捕って二塁にトスし、セカンドが一塁に送球して併殺が成立した、そんな現実の場面を意味するから、この表現は比喩でも何でもない。

ところが、ここは野球には関係のない場面だ。「スポーツ新聞とダイレクト・メール以外の活字を読んでいるところにお目にかかったこと」のない、とびきり活字離れした男が、主人公の暇つぶしに読んでいる本を「まるで蠅が蠅叩きを眺めるように物珍しそうにのぞきこん」で、「何故本なんて読む?」と尋ねたのに、主人公がとっさに「何故ビールなんて飲む?」と問い返す。するとその男は五分ばかり考えていたが、やがて口を開き、「ビールの良いところはね、全部小便になって出ちまうことだね」と言って、その説明としてわかりやすい野球の例を持ち込んだのだ。

つまり、ビールはさっぱりとして後に残らないということを、塁上に走者の残らない野球のダブルプレーに喩えているのである。こんなふうに、その部分だけでは比喩性が感じられず、場面の状況や前後の文脈との違和感をヒントにして喩えだとわかる。こういうとぼけた伝え方に《諷喩》の味がある。

6 小間物屋──換　喩

「ペンは剣より強し」という格言がある。むろん、物質の強度を比較しているわけではない。「ペン」で〈文筆活動〉を、「剣」で〈武力〉を代表させ、それぞれ象徴として対比させているのである。昔は「角帽」で〈大学生〉を表したが、今では通用しない。「永田町」で〈政界〉を、「霞ヶ関」で〈中央官庁〉を指したり、「兜町《かぶとちょう》」で〈株式市場〉を指したりするように、何らかの関係の深いものでそのものを暗示する修辞技法を**《換喩》**と呼ぶ。**《直喩》**や**《隠喩》**の場合と違って、類似性ではなく隣接性という何らかのつながりによってイメージの置換がおこなわれる比喩である。

人にあだ名を付ける場合、「布袋《ほてい》」とか「猿」とか「鼠」とか「白豚」とか「出目金」とか、当人と似た部分に着目するのは隠喩的な命名だし、**『坊っちゃん』**の「狸」「山嵐」「うらなり」なども何らかの共通点をもとにしたイメージ転換である点、やはり同様だ。が、「赤シャツ」は赤いシャツ自体があの教頭と似ているわけではないから、関連をもとに置換する換喩的発想である。「禿げ」というあだ名も、その人間の特徴的な一部ではあっても、その当人と似ているわけではないから類例と言える。こういう婉曲さでよけい滑稽に感じられる命名だ。

③転 換――他のイメージに置き換えて

永井荷風の**『濹東綺譚《ぼくとうきだん》』**には「禿頭は風呂敷包を解き」という箇所が出るし、**太宰治**の**『道化の華』**には「髭は、声を低くして」とある。「禿頭」そのものが風呂敷包みをほどくはずはなく、また、「髭」自体に発声器官はそなわっていないから、どちらも比喩的な表現であることはすぐわかる。どちらも、禿頭の目立つ老人、髭の目につく巡査という人間を、それぞれの特徴で代表させた**《換喩》**の例と考えられ、ストレートに「老人」や「巡査」と表現するよりユーモラスに響くだろう。

井伏鱒二の**『多甚古村』**には、「隣村がカイゼル髭をひねりながら云った」という例が出てくる。ここも、「村」などというものが髭をひねったり、ことばをしゃべったりするはずはないから、読者はすぐ人間の行動だと予測する。事実、文脈から、多甚古村の隣村に駐在している巡査の行動であることが知れる。「駐在さん」と呼ぶのも類例と見られる。

与謝蕪村に「春雨やものがたり行く蓑と傘」という俳句がある。ここも、二人連れを「蓑」と「傘」に象徴させた例だ。「蓑」を着ているのは漁師か樵《きこり》か農夫か、「傘」をさしているのは村人か町人か、それとも世捨て人か、あるいは女の人かもしれない。どういう間柄かはわからないが、身分の違うらしい二人連れが、何か語らいながら、春雨の中を遠ざかって行く、ちょっと気になる光景を詠んだものだろう。南画風の一景と評されるしっとりとした句で、格別おかしいわけではないが、《**換喩**》が味わいを添えていると言えるだろう。

「みづからを捨ててわちきを御寵愛」という川柳はもっと滑稽な感じがわかりやすい。自称の代名詞でそれぞれの階層の人物を象徴させた例だ。自身を「みづから」と呼ぶ武家階級の女、あるいはそんなふうに上層階級めかして上品ぶる女と縁を切って、自分のことを「わちき」と呼ぶ町家の娘、あるいは芸妓か娼妓かとねんごろになった、そんな意味だろう。それぞれの人間を、その人の発する「ことば」で代表させるという、思いがけない換喩的な発想に、この一句の趣向があったものと思われる。

川柳からもう一例、「アハハアが連れてオホホオ礼に来る」という句をとりあげよう。これは、笑い声の違いでそれぞれ立場の違う人間を代表させたものらしく、姑が嫁を連れて近所に挨拶まわりをする一景という。「アハハア」が家庭の中で自由にふるまえる姑の立場を、「オホホオ」で慎ましくふるまうことの期待される来たばかりの嫁の立場を象徴させたという解釈が有力のようだ。

何らかの縁となると、単に発音が似ているというだけで置き換わる駄洒落系統の例も含まれる。『**坊っちゃん**』で、赤シャツが、「又一所に露西亜《ロシア》文学を釣りに行こうじゃないか」と誘う例がそれにあたる。前に釣りに行った折、「ゴルキ」という名の役に立たない小魚ばかり釣れたので、その音の連想から、戯曲『どん底』の作者「ゴーリキー」を思い出し、「今日は露西亜文学の大当りだ」と洒落を言った一件をふまえた発言である。

井上ひさしの『**ドン松五郎の生活**』には、「農林大臣賞や水産庁長官賞がぞろぞろ泳いでいる」という例が現れる。「賞」などというものは「泳ぐ」はずはないから、ここももちろん《**換喩**》で、池にそういう賞を受けた錦鯉が何匹もいて泳ぎまわっているのである。

サトウハチローの『**エンコの六**』に、こんな場面がある。本職がスリの主人公の六さん、おでん屋で酒を二、三合ひっかけていると、近くで「顔が苦難色に焼けている」売れない羽子板売りの老人が、たった一人の息子が自動車にひかれて片脚を駄目にした話をしている。聞いていて涙が出かかり、照れ隠しに豆腐をほおばって、「えらくよく利く辛子だな」とごまかしていると、「油ぎった顔」の金持ちらしい男が入って来て、「嫌味たっぷりな態度で」飲み始め、羽子板屋のほうを見ながら、「店の感じを悪くする奴はどんどん追い出すようにしたらどうなんだい」と言ったとたん、六さんはいきなり立ち上がって、ゲッゲッゲッと「こんもりとタタキの上に小間物屋を開いた」。その嫌味な客が眉をしかめて出て行ったあとで、六さんが「虫のすかねえ油狸《あぶらだぬき》の撃退法さ」と言うと、老人連中は「わざと店をひろげたのですかい？」と呆れる。

その後、六さんはその気の毒な老人の家を訪ね、「昼間のうちにどこで仕事をしたのか、四十円ばかり這入《はい》っている蟇口《がまぐち》を投げ出して」、これで羽子板を仕入れるようにと言うのだが、玄関で六さんを見て、老人は名前を知らないので、とっさに「あんたはさっきの小間物屋さん」と出てしまい、これには六さんも「いささか参った」とある。この「小間物屋」は商売ではなく、もちろん「嘔吐」を意味する俗語で、「店を開く」とも言う。「油狸」は《隠喩》だが、この「小間物屋さん」は人を指すから《換喩》的な用法である。

7 濡れた下駄——象徴

木山捷平の『**下駄の腰掛**』の最後はこんな場面だ。三時に風呂屋が開いて、湯銭を払い、「着物をぬいで、まる裸になってから」、「洗面器のなかに石けんを入れ忘れて来ている」ことに気づく。湯銭だけ持ってやって来たので、番台で売っている二、三円の小さな石鹸さえ手に入れることができない。それでも「手拭を忘れたのより、百倍もまし」だと、「流し場に出て、石けんのつかないたわしみたいな手拭でごしごし体を」こすっていると、「何となくこの自分の有様が、私の過去五十年を象徴しているかのように思えた」らしい。そして、「あと何年生きたところで、おそらくはこの調子で過ぎて行く」ように思われたという。

また、同じ作者の『**下駄に降る雨**』にはこうある。「正月に買ったばかりの自分の下駄が、雨にぬれているのをみていると、私は鼻緒がびしょ濡れになった下駄をはいた時の気味悪さが五感によみがえって、自分の身がすくみ込むような気持を覚えた」。そして、ここでもやはり、「その下駄が自分の一生を象徴しているのではないか」という気がする。

どちらの《**象徴**》も何だかひどくみじめだ。もしもそうなら、読んでいて気が滅入るような情けない人生だが、自分の一生をそんなふうに感じている作者の気分が、読者の心にもしみ込んで、やりきれない思いになる。そのくせ、やはりどこかおかしいのである。

8 眼、口、其他の諸先生 ―― 擬人化

井上ひさしは『**私家版日本語文法**』に「敬語はまだまだ御壮健であらせらるる」と書いた。ことばの使い方を意味する「敬語」という単語に「壮健」という人間用の形容動詞を用い、さらに、「御」とか「あらせらるる」とかという尊敬の待遇を与えて、人間並みに扱ってみせた例である。『**自家製文章読本**』では、母音の多い日本語にローマ字書きの普及しない一因として、アルファベットのa、i、u、e、oという文字が「まるで申し合せでもしたように「中肉中背」である」ことをあげた。「申し合せ」も「中肉中背」もともに人間専用の言いまわしだ。このように、人間でない対象を人間めかして表現する技法を、レトリックでは《**擬人法**》と呼んでいる。文学作品にもこのような《**擬人化**》した表現がしばしば現れ、滑稽な感じをかもしだしている。

詩人でもある**サトウハチロー**の小説には、至るところにこういう表現が出てくる。『**おさらい横町**』には、「お釜のふたを開けたときには、哀《あわれ》にも御飯は身も心も焼きこがしていた」とあり、おこげのご飯を「身も心も焼きこがし」と形容する。『**占いの名人モコちゃん**』では、「前奏四小節。――窓のカーテンが、それにあわせてゆれる」と、風に揺れるカーテンを曲に合わせた動きと見る。『**子守唄クラブ**』に出てくる「ビスケットだって、落ちついたクリーム色のワンピースという感じだ。キャラメルは小型アパートに住んでいるという感じだし、チョコレートはギリシア時代のナイト帽子だ」といった一節では、菓子類を人間やその衣装として表現し、「ブルは二言目をうなった」というふうに、犬が唸るのを「二言目」と人間扱いしている。『**ジロリンタンと忍術使い**』にも、「猫は、夜、目がひかるのでね。あれに色メガネ

か何かかけてもらうわけにはいかないかね」とある。

こういう傾向は子供向けの作品には限らない。**『俺の仲間』**では、「詩と一緒にいたって、おまんまもたかないし、洗濯もしない」とか、「詩がほころびがぬえるか」とか、「詩」というジャンルを「妻」と対比するし、「この身体じゃ、病気の方で逃げ出すだろう」とか、「このあまのじゃくに、体内の一部屋を貸している人」とかと、「病気」や「あまのじゃく」という抽象体を人格化した表現例が現れる。**『センチメンタル・キッス』**では、「蚤」の動きを「犬猫の身体から毛皮へうつってしまうのである。おそろしく早い引越しだ。勿論《もちろん》敷金も権利もないから楽だ」というふうに、借家か間借りの人物として扱うし、**『浅草悲歌《エレジー》』**でも「風に――バットの銀紙がアスファルトの上を小走りに走って行く」と、風に吹かれるたばこの紙に「小走り」という人間用のことばを使っている。**『僕の東京地図』**でも、「早中の方では僕にすげないそぶりをみせたが僕は早中を愛し、早中と同棲していたかったのだ」というふうに、早稲田中学という学校を同棲相手に見なして、その愛着ぶりを示した。

③ 転換――他のイメージに置き換えて

随筆集**『落第坊主』**には、早世したピアニスト志望の姉を偲び、お菓子に釣られて半ば強制的にピアノの練習をさせられた昔を懐かしむ文章が出てくる。ピアノの「お稽古が、終わると、そのシュークリームをちょうだい出来るのだ」が、「つかえたり、まちがえたりすると、シュークリーム入手の時間がのびる」。それが欲しさに練習に打ち込んだのだと茶化し、「ボクに楽譜を教えたその師匠は、ミスターシュークリームだということになるのかも知れない」と、「シュークリーム」を「師匠」並に祭り上げている。**『若者行進曲』**では、犬の頭を撫でて「かまうんじゃない、お前の顔にかかわるぞ」と言う例は、犬を人間並みに待遇したことになる。同じ作品に、「半月も前の人参が、しなび切ったほうれん草と、一緒に、己が身の不幸を嘆いている」というふうに、野菜を人間扱いした例も出るし、「サツマ芋の姐御《あねご》」という言いまわしも同様だ。**『青春列車』**には、「窓は口がきけないから、ごじょう談でしょうとも何とも言わない」とある。「言わない」という打消しの形で出ても、読者には窓が「ご冗談でしょう」ということばを発しているイメージが一瞬浮かぶ。「?」が頭の中へ、次から次へと、出て来て、渦をまいて取組みあっている日である」という例では、「?」という疑問詞が渦を巻いたり取っ組み合ったりするイメージだ。また、「メガネのひかえはよかッたね、補欠はポケットにちゃんとござる」という箇所は、ハチローの大好きな野球に置き換え、予備の眼鏡を控えの選手として扱っている。

『**貧乏行進曲**』にも、「お豆腐の白い肉体が、友子さんの笑うのと一緒に、ブルブルンとふるえて笑った」という例が出てくる。「豆腐」という食品を、「肉体」とか「笑う」とかと人間扱いしている。同じ作品の「バタの上には、焼海苔が、すましてねころんでいる」という例では、同じく「焼海苔」という食品に「澄ます」「寝ころぶ」という人間の動作を表す動詞を用いている。長編『**エンコの六**』では、「時計台の後姿が見えたり」と「後姿」という語で「時計台」を《**擬人化**》し、「ネオンサインのむらさきが、たそがれの空に、うつろな目を開いている」という例では、「うつろな目」という表現で「ネオンサイン」を人間めかしている。『**弾ずむ歌**』に出てくる「細い踵《かかと》の高い靴がおもいおもいに身体をくねらせて四足ならんでいた。その後に、護衛のように、つま革のかかった男の足駄が、ひかえていた」という箇所は、「靴」や「下駄」という履き物を人間並みに描写している。『**露地裏の告知板**』の「タンスの中にはいつも四合瓶が枕をならべて討死をしている」という例では、酒の瓶を武士に見立てている。

『**青春五人男**』でも、オレンジを拾って「いつのまにか、ふところへはいるなんて、いやに慣れ慣れしい奴だ」ととぼけるのも、「オレンジ」を人間扱いした例だし、ふとんを売ったことを「とっくの昔に、彼女とは別れた」と表現するのは、「布団」を「彼女」として扱っているし、「味噌汁なんてものには、絶えて久しく面会しない身の上」という例でも、「味噌汁」を「対面」する相手として人間扱いしているし、「ガスストーブの鼻唄」という例では「鼻唄」で「ストーブ」を《**擬人化**》している。また、「僕の直感が許さん」「直感によく言いきかせなよ。ここにはいねえんだとよ、だから帰ろうとな」というやりとりは、「直感」という抽象的な存在を「言いきかせる」相手として扱っている。さらに、「ある髭は右へ、ある髭は左へ、お前がそッちへ行くなら、わしゃこっちだという図」という一節も、「髭」に「お前」「わし」という人称代名詞での対話を想定した例である。『**センチメンタル・キッス**』所収の『**怪談**』で、「気味が悪いのは「スーッとはいッて、何も言わずにスーッと出て行ってしまう」とか、「かげみたいに、ふところを通りぬける」ところで、「素通りする時のこわさ」は格別だなどと、影の薄い五百円札を幽霊扱いするのも原理は似ている。

気がつくといつの間にか消えている紙幣の実感のなさを「幽霊」のイメージでとらえたこの例は落語じみているが、ほんものの落語にももちろん例が豊富だ。**『嘘つき弥次郎』**には「高野山が貴下に宜しくと斯《こ》ういって…白骨だけは引取るって」とある。「山」か「寺」かを**《擬人化》**し、あなたによろしくという挨拶をしたことにしてある。**『火事の引越し』**では、「東京じゃ此《こ》んなに火の用心が行届いちまって到底飯が食えねえから、残らず田舎へでも行こうというんだ」と、火事の一家が都落ちの相談をする。**『お猿旦那』**には「御酒が良いからグーッと胃腑《いのふ》の野郎が感泣します」とあり、内臓を「野郎」呼ばわりし、芳醇な酒の味に感極まって泣き出すところまで**《擬人化》**している。同じく落語の**『伊勢詣』**では、生きのいい鯛《たい》について、「今朝がた五時半に息を引取ったんや」「左様か、それはどうもえらい御愁傷様で」と、喪に服しそうな会話が交わされる。

3 転換――他のイメージに置き換えて

『俳句問答』という漫才の台本には、「古池や蛙《かわず》とびこむ水の音」という芭蕉の名句をめぐって、にわか雨に驚いて急いで店先に飛び込むという人間のイメージでとらえる珍妙な解釈が出てくる。相方が「池の中へ飛び込んだら雨以上に濡れるじゃないか」とその不合理をつくと、「其処《そこ》らが、やはり蛙に教養が無いからだよ」と、ますます人間並みに扱い、「教養のある蛙ってあるかい？」「専門学校を出た蛙ってまだ聞かんからね」と、今度は蛙の「教養」と「学歴」をめぐってやりとりが続く。

芦《あし》の家《や》雁玉《がんぎょく》・林田十郎コンビの漫才**『お笑い骨董品』**には、「奈良の大仏さんが感冒で寝た時、汗とりをした大蒲団」などと、大仏の像を生きた人間の風邪引きにイメージ転換する例が出る。**夢路いとし・喜味こいし**の漫才**『ジンギスカン料理』**では、「生きてる間の名前がニワトリ、死んだら戒名がカシワ」「生きてる間がイノシシ、死んだら戒名がボタン」というふうに、鳥獣に戒名をつけて食肉の成仏を祈るという徹底ぶりだ。関連のたどりにくい別名を戒名に見立てた思いつきがおかしい。

佐々木邦の小説『**珍太郎日記**』では、蝿取り蜘蛛を念入りに人間めかして描く。「蝿を取って食うのを商売としている。元来蜘蛛には正業に就いているのは一疋《びき》もないが、蝿取蜘蛛は店舗を構えず行き当りばったりで仕事をするから蜘蛛の社会での追剝といっても宜《よ》かろう。ツラツラ眺めるに、其《そ》の灰色の装束といい、ズングリとした体軀といい、凄味のある面相といい、如何にも不逞漢らしく出来上っている。其《それ》に歩き方が飽くまで盗人式だ」と展開するあたり、「商売」「正業に就く」「店舗を構える」「装束」「体軀」「面相」という語句や「追剝」「不逞《ふてい》漢」「盗人」というイメージを駆使し、まさに圧巻である。

寺尾幸夫の『**鯛ちり**』でも、「暮のボーナスが蟇口《がまぐち》の中で遊べ遊べと号令を掛けている」と、「ボーナス」を「号令を掛ける」人間並みの存在として扱っている。**徳川夢声**の『**アル中二人組**』には、「がんもと焼豆腐の上に、先刻から真黒な秋の蝿が、物憂げに散歩し、且つ試食し」と、「蝿」を「物憂げに散歩」させ、「試食」までさせる例が出るし、「ビフテキで強飯《こわめし》を喰ったりすると、俄然《がぜん》胃袋は憤慨して直ぐ当方の申出を突っ返すか、そのまま知らん顔して腸の方へ廻すと、腸も同情ストライキで、大変な事になる」というふうに、「胃」や「腸」という内臓に対して、「憤慨」「申出を突っ返す」「知らん顔」「同情」「ストライキ」という人間用の語句を転用している箇所もある。同じく『**インチキ審査員**』でも、「大小二個の椅子が、モチツモタレツで助け合っている」というふうに、「椅子」という家具に「モチツモタレツ」という言いまわしを使っている。

木山捷平は『**帽子と足袋**』で、「茶碗の後家は、人間の後家とひとしく、つかいようによっては却《かえ》って珍愛されもするものだが、足袋の後家だけは、始末に窮する」というふうに、「茶碗」と「足袋」を「後家」という用語を適用して、未亡人扱いしてみせた。夫婦《めおと》茶碗の片割れは「珍愛」されるかどうかはともかく、まだ使いようもありそうだが、片方だけの足袋となるとたしかに使いみちに困るだろう。

また、「帽子の方で、私の頭にあゆみよりを見せたもののようであった」という例もあり、最初は自分の頭に合わなかった帽子が次第にしっくりなじんでくるのを、帽子が「歩み寄りを見せる」と人間の行為のように表現し、それをさらに、「そら人間でも女の後家が再婚すると、せんの男のことはすっかり忘れて、新夫にしなだれかかるのに似ていた」と「後家」に喩《たと》えるのだが、それが当たっているのかどうか、そういう方面に疎い読者には隔靴掻痒《かっかそうよう》の思いが残るかもしれない。

また、**大泉黒石『俺の自叙伝』**には、「俺の家見たいな気がしなくて、家賃侯爵の別荘番のようだ」とある。見分不相応な家賃の高い家に住んだ時の、何とも落着かない気持ちを、自分の家にいるようなくつろいだ気分になれないと表現したものだろうが、「家賃」に「侯爵」という爵位を授けて貴族並みの身分とし、自身をその「別荘番」に見立てた発想が滑稽だ。**高田義一郎**の**『謎の飛行』**に、飛行機が地球の引力の届かないところまで上昇し、地球の回転と逆の方向に一昼夜飛び続けると、「地球の方が気をきかしてぐるっと一廻転して、飛行機の下へ離陸の時と同じ場所を持って来てくれた」とある。ここでは「地球」という天体を、人間並みに「気を利かす」存在として扱い、そのうえ「……してくれる」とそのことに恩恵を感じる相手として遇している。

③ 転　換——他のイメージに置き換えて

滑稽な《**擬人化**》となれば、何と言っても**夏目漱石**の**『吾輩は猫である』**が横綱だろう。題名に明らかなように、猫を人間並みに語らせ、そこから人間社会の批評を企てたもので、そういう作品の構造自体が《**擬人化**》の実践である。金田夫人の偉大な鼻について、「鼻が顔の中央に陣取って乙に構えて居る」と評するのも、顔の部品である「鼻」そのものに「陣取る」とか「乙に構える」とかという人間じみた行動をとらせた表現だ。「猫脊《ねこぜ》の鼻」というふうに「猫脊」ととらえたのも、「独りで幅を利かして居る」と、「独り」と扱い、「幅を利かす」と認定するのも同じだし、「横風に顔一面を占領して居る」の「占領する」も同様だ。「ひと度は精一杯高くなって見たが、是《これ》では余りだと中途から謙遜して、先の方へ行くと、初めの勢に似ず垂れかゝって、下にある唇を覗き込んで居る」ともある。「是では余りだ」と反省するとか、「謙遜する」とか、「覗き込む」とかと人間そっくりの行為をこなす。

その鼻が、金田夫人の顔面の中で他の部品とあまりにも釣り合いが取れなくてみっともないことを、「悲しいかなあれ(鼻)は眼、口、其他《その》の諸先生と何等の相談もなく出来上った鼻であります」と表現したのは圧巻だ。眼や耳や口を「先生」呼ばわりし、「何等の相談もなく」とまさに人間そのものとして遇して爆笑に導く。

人格化されるのは、むろん「鼻」だけではない。「髯に向って鞭撻を加える」とか、「髯も嘸《さぞ》かし難儀であろう」とかと、髯の顔も立てて、「鏡の手前もある事だから、大人しく」だとか、「整列した」とか、「髯」をも一人前の人間として処遇している。そのほか、「迷惑なのは臭い所(便所)へ随行を命ぜられた名刺君である」と、「名刺」に「君」づけし、「随行を命ぜられる」だけでなく、「臭い所へ無期徒刑に処せられた」と刑の執行に及ぶのだ。

「米粒」についても、「鼻のあたまと頬っぺたと顋《あご》とへ、やっと掛声をして飛び付いた」というふうに、「掛声を発して飛び付く」人間並みの存在として描く。その飯粒が「鼻のあたま」にくっつくことを「寄寓」ととらえるのも、そういう一連の**《擬人化》**の流れである。「松脂《やに》」についても、「目糞と択《えら》ぶ所なき身分を以て」というふうに「身分」を与え、「桶」に対しても、「小桶諸君」と呼びかけ、「丸いものが三角に積まれるのは不本意千万だろう」と、その気持ちを思いやる。「ペスト、肺病、神経衰弱の一族」と、「病気」にまで血筋を認める。「勇気、胆力、分別、沈着抔《など》と号する御客様」というのも、抽象的な存在を「客」として丁重に扱う擬人法である。

「蕎麦」についても、「箸を上げると、長い奴が勢揃《せいぞろい》をして」というふうに、「奴」と呼び、「勢揃」ととらえるし、「濁った汁の中に焦げ爛《ただ》れた餅の死骸」とか、「巻《まき》烟草《たばこ》の死骸」とかと、「餅」や「タバコ」といった食品や嗜好品の残り物を、「残骸」どころか「死骸」と認識する例もあり、懇《ねんご》ろに葬られる雰囲気が漂う。

「医者の薬でも飲んで肝癪《かんしゃく》の源に賄賂でも使って慰撫《いぶ》するより外に道はない」という例では、自分の内臓を「賄賂を使って慰撫する」相手として扱う。何やら取引先じみた雰囲気に変ずる。それにしても、「春風もあゝ云う滑かな顔許《ばか》り吹いて居たら定めて楽だろう」と、金田氏の平べったい顔を眺めては「春風」の心を思いやる独特のヒューマーが、読者の奥深くしみわたる宵もある。

小沼《おぬま》丹の小説**『黒と白の猫』**は唐突に、「妙な猫がいて、無断で大寺さんの家へ上り込むようになった」という一文で始まる。よその猫だが、大寺さんの顔を見ても逃げずに、「涼しい顔をして化粧なんかしているから、大寺さんは面白くない」。時には「甘ったれた声」で鳴く。主人公はそれを「猫としては挨拶の心算《つもり》だったのかもしれぬ」と考える。猫嫌いの細君もそれほど嫌がらないから、「その猫の出入を大目に見ることにした」ら、「別に、その旨を猫に伝えた訳でも無いのに、猫の方は何やら心得顔に大寺さんの家に出入」するようになった。細君がこらと叱っても、「猫は落着き払って、細君なぞ歯牙にも掛けぬ風情を示」し、「素知らぬ顔でお化粧に余念が無い」。

　その雌猫を作者は「彼女は」と人間扱いにし、「さしずめ巴里《パリ》の御婦人ぐらいに見えぬことも無い」と品定めする。行儀がよく、食べ物を見ても「澄して通り過ぎて、横眼も使わない」。飼い主の奥さんが「あの猫はもう勘当しましたの」と言っても、「猫自身は勘当されたとは思っていない」から、「大寺さんの家を別荘ぐらいに心得ている」らしい。同僚にそんな話をすると、相手は「それ、ほんとに猫なのかい？」と疑うほどだ。こんなふうにほとんど全編に及んで擬人的な文脈が張りめぐらされている。

9 沈澱党 —— 擬物化

③ 転換——他のイメージに置き換えて

二葉亭四迷の『**平凡**』に、「狭い口から物の真黒な塊がドッと廊下へ吐き出され、崩れてばらばらの子供になり」という《**隠喩**》めいた例が出てくる。ここでの発想は、「子供たち」を「真黒な塊」という物体として認識したものだ。人間以外のものを人間めかして扱う《**擬人化**》と逆に、このように人間を動物や物体並みに扱う表現を《**擬物化**》と呼ぶことにする。時代は下って、**高橋三千綱**は『**天使を誘惑**』で、入院中の母を見舞った印象を「お茶も入れられないほど、枯れ落ちてしまっているはずがない」と書いた。否定表現としてではあるが、ここでは「枯れ落ちる」という動詞を使うことにより、「母」という人間を植物並に扱う発想に立っている。こんな悲痛な例に限らず、一般に《**擬物法**》は《**擬人法**》に比べて滑稽な例は少ないようだ。

　しかし、こんな例もある。**横山エンタツ**編の『**笑いのプレゼント**』に載っている「吾《われ》は海の子」で、身長を「距離」と言い、体重を「風袋」を別にしてと断る例は、人間を場所や物として扱った雰囲気になって、おかしい。

　いとし・こいしの漫才『**つかみ集**』では、いとしが赤ん坊のことを「出たての子はね、やわらかい」という言い方をして、こいしに「なんの子？」と訊かれ、「生みたての子」と言い換えるが、今度は「玉子じゃ、それでは」と呆れられる。つまり、人間の子供が「物」として理解される言い方なのだ。

大空ヒットの**『笑いの話術』**の中にこんな例がある。さんざん迷子にてこずった係が、その親を探し出そうと「皆さんの中にこの子の生産責任者がいると思うのですが、至急お引取りの上、厳重な管理をお願い致します」とアナウンスをする。親が自分の子供に責任を持つのは当然だが、ここでは「生産」という語を用いることによって、人間の子供を野菜のように扱った感じになって笑いを誘う。

サトウハチローが**『おさらい横町』**で「ラクダ科に属する」とし、**『愉快な溜息』**で糸子を「大福餅科に属する顔」とした例も、「科」と認定することで人間を動植物として扱った滑稽感が生ずる。同じ作者の**『子守唄クラブ』**に出てくる「小僧の展覧会」という表現も、「小僧」という紛れもない人間をあたかも作品のように「出品」したイメージだ。

《擬人法》の宝庫だった**漱石**の**『吾輩は猫である』**には、その反動として、この**《擬物法》**の例も現れる。居候している語り手の猫「吾輩」の主人である苦沙弥《くしゃみ》先生は「ぶっ切ら棒の、頑固光沢消《つやけ》しを旨として製造された男」だ。「艶消し」の部分は不粋という意味の慣用表現としてあえて取り上げないまでも、「製造された」という表現から「物」扱いされていることがわかる。そのあと、「冷酷不人情な文明の産物とは自から其撰《そのせん》を異《こと》にして居る」と続き、他の「産物」と対比されることからも明白だ。

銭湯の場面でも、「主人の一軒置いて隣りに浮いてる男」とある。「一人置いて隣り」とせずに「一軒」としたのは、人を「家」のイメージでとらえた表現だ。主人の珍野家の庭に打ち込んだ野球のボールを拾うために押しかけた落雲館の生徒の数を「約一ダース許《ばか》り」と称するのも、人間たる生徒を鉛筆やビールのような品物扱いにして揶揄した表現である。この主人、どうかすると、「女と云うものは始末におえない物件だからなあ」と溜息をつくこともある。「女」を「売買物件」などの「物件」の枠でとらえるこの発言は、人間を土地・家屋や物品並に扱っており、現代では袋叩きに遭いかねない。

「迷亭先生例の如く勝手口から飄然《ひょうぜん》と春風に乗じて舞

い込んで来る」とあり、ここでも迷亭という人間を桜の花びらのようなイメージでとらえた感がある。その迷亭が「人間の古物でも金田某の如きものは今だに流行している位だから、ヴイオリンに至っては古い程がいゝのさ」と言う時も、人間も楽器も「古物」として一括しており、《**擬物化**》に近い。

同じ作品に、こんな名称も出現する。水島寒月の学校に「沈澱党抔《など》と号して、いつ迄《まで》もクラスの底に溜まって喜んで」いる連中がいたという。世間の常識で、沈殿物の中に人間は含まれない。「沈澱」も「溜まる」も物質的な連想が強く、学生という人間を「物」的な存在ととらえた発想の表現で、何やら葡萄酒の澱《おり》のようなイメージが漂う。ひょっとすると、「クラス」と書きながら「グラス」を連想していたかもしれない。「底に溜まる」というイメージがより鮮明になるのだが、ちと考えすぎか知らん?

10 良心の所在――具象化

③ 転 換――他のイメージに置き換えて

人間がらみの《**擬人化**》や《**擬物化**》とは別に、抽象的な存在を、目に見え、手で触れることのできる具体物として扱う表現法を取り上げ、《**具象化**》と呼ぶことにする。こういう技法も詩人の常套手段であるせいか、やはり**サトウハチロー**の作品に例が頻出する。

まず、『**子守唄クラブ**』に「八つのえッが、かたまりとなって、お店の天井にのぼった」という例が出てくる。「えッ」というのは驚きの声。耳に聞こえるが、目には見えない。八人のその声が「かたまり」となって、店の天井まで「昇った」というふうに、まるで目に見える具体物のように扱った《**具象化**》の例である。

『**青春相撲日記**』所収の『**婿選び水府流**』では、叔父さんが若い友子に結婚相手の好みを尋ね、そんなこと考えていないと応じると、「考えていないと言いながら考えているんだろう」とからかい、友子が「あらッ」と言うと、今度は「そのあらッは、ほんとうはそうよ、よくあたったわの、あらッだね」と、心理分析に入る。そこで友子が「あらッ、ひどいわ」と言うと、叔父さんは「今度はひどいわだけが景品として増えましたな」と無駄口を叩く。そんなやりとりだが、ここでは「ひどいわ」という友子のことばを「景品」という目に見える存在として扱っている。

『俺の仲間』には、「あまのじゃくは消えてなくなった筈なのになアと、俺が言ったら、未だ根が残っているのでしょうよとばアやは答えた」というやりとりが出てくる。「あまのじゃく」という性格がまだ残っているという意味で、「根が残っている」という言い方をしており、おできのような**《連想》**が働く。**『青春列車』**には、「名前がわかったからもう紳士なんて言葉はこの待合室の椅子の上へ、置いてきぼりにしよう」という例がある。それまで「紳士」と呼んできたが、今度は名前で呼ぶことにする、そんな意味合いだろう。「椅子の上に置いてきぼりにする」というのだから、「ことば」という姿の見えない存在を、まるで荷物のように扱う表現である。

『貧乏行進曲』には、「目の色に不安とラクタンのカクテルが浮かんだ」とあり、目に見えない「不安」や「落胆」といった気持ちの状態を、「カクテル」というアルコール飲料ととらえた**《隠喩》**的な発想だが、それが「目の色」として感覚的にとらえうる存在として扱っている点、これも類例と判断できよう。同じ作品に、「僕はその笑い声を胸にしまった。今夜はしずかに出して、聞こう」という表現もある。「笑い声」という聴覚的な現象を、「しまう」とか「出す」とか、レコードかCDのような具体物として扱った例である。そのほか、「うれしさが、公衆電話の箱にあふれて、外へどんどんともれて行くように感じた」という例も出てくる。音が漏れるという言い方をすることもあるが、ここは「うれしさ」という気持ちだから、「箱にあふれる」「外にもれる」という表現は、やはり具体物というイメージでとらえたことになる。**『若者行進曲』**所収の**『ゆれる青春』**には、「草よりゆれているのは二人のよろこび。バックミラーに笑顔がうつる、青草がうつる」という一節が見られる。ここも「よろこび」という心情を「草」という具体物と対比してあり、両者が同類として扱われた例だ。

『エンコの六』には、「暑さが浅草に落ちて、はねかえってむれている」という例が出てくる。「暑さ」という感覚でとらえた自然現象を、「落ちる」「はねかえる」「むれる」と表現してあり、これも目に見える存在に**《具象化》**してある。同じ作品に出てくる「ウインクとウインクが、ぶつかりあってスパークした」という例では、「ウインク」という瞼《まぶた》の開閉を、「ぶつかる」という動詞で具体物としてとらえ、さらに「スパーク」という語で火花のイメージを追加している。また、浅草を愛するスリ、主人公の六さんは、銀座を縄張りとする腕自慢のスリが浅草まで遠征し、六さんと親しい刑事から財布をスッたといばりちらすのが腹に据えかね、拳を固めてその相手に一発見舞った。その場面で、退散した相手の捨て台詞「暴力は野蛮だよ、ゲイジュツ的な腕で来たまえ」をふまえ、「その言葉を、髪の毛の後にとまらせて六さんは、オリエントの扉を押して出た」と展開する。ここで「ゲイジュツ」というのは、もちろんスリの指先の技術を意味する。

さらに、**『人間同志』**には、「お金は出すから、あんたのその喧嘩を、質草にするなら、わたしはすぐお望み通り出しますがね」というせりふが出てくる。ここは、「喧嘩」という人間行為を「質草」という品物扱いした表現だ。やはりハチローの**『僕の東京地図』**に、おそろしく古い車が登場し、その感じを「古色ソウゼントという言葉があるが、その上に、渋さと、さびと、こけをおまけとして添えなくてはならないような車だ」と説明する。「古色蒼然」という形容だけでは不十分だとして、目に見えないその言語表現に、ことばならぬ「錆」や「苔」という現実の物質を付着させる、そんな次元を超えた離れ業を演じてみせる。

中村正常の小説**『虹の下の街』**に現れる「良心ってものは、一体どのへんにあるもんかなア、どうも、所在がはっきりわからない」というくだりもおかしい。日頃、「良心」というものの存在を盲信し、一向に疑ったことのない読者でも、それが具体的に人間のどの位置にひそんでいるかと尋問されると、はたと困る。頭か、胸か、腹かとさわってみても、まるっきり手がかりはない。だいたい、「心」と「心臓」とは違うから、「良心」の「所在」などという、そういう発想に面食らう。考えると、笑いが止まらない。

井上ひさしは、**『私家版日本語文法』**の中で、「そんなに格調とやらが欲しいのなら自由にお持ち帰りくださいと言えるぐらい、この作品は格調だらけなのである」と書いている。「もう少し格調が欲しい」と批評する時に、そんな抽象体の所在を頭に浮かべる人はいない。しかし、この作家は、「持ち帰る」などと、土産物かテークアウトのように手で持てる品物並みに扱う。まさに抽象体の《**具象化**》だ。「格調だらけ」の部分にもそういうけはいが漂っているように感じられる。「だらけ」は、まれに「借金だらけ」などとも言うが、多くは「傷だらけ」「血だらけ」「泥だらけ」のように物質に使う造語成分だから、ここも具象化という印象が強いだろう。それに、いい意味では「いいことずくめ」のように「ずくめ」を用いる傾向があり、「格調」という対象にマイナスイメージが漂うあたりも、作者らしい隠し味だろう。

11 わやわやと不安――声喩

松尾芭蕉の「梅が香やのつと日の出る山路かな」や、**与謝蕪村**の「春の海ひねもすのたりのたりかな」といった俳句では、「のつと」や「のたり」というオノマトペがいい働きをしている。前の句では、山路は見晴らしが利かないため、木々の途切れたあたりで突然、光が差し込み、日の出に気づく。その折の、だしぬけにという感じを「のつと」という擬態語が感覚的に伝える。後の句では、穏やかな波が一日中同じ動きをくり返す、のどかな春の海の季節感を、「のたりのたり」というこれも擬態語が、読者に意味というよりも気分で伝えてくるような気がする。このように、オノマトペを効果的に用いて感覚的に伝達する修辞技法を《**声喩**》と呼んでいる。

感覚的な伝達だけに、頭で理解するというよりも、読者が感覚的に納得するかどうかが成否の鍵を握る。この場合、オノマトペを生かした表現それ自体に滑稽な響きがなくても、それまで経験のない斬新な《**声喩**》に驚き、深く同感する読者の唇はおのずと緩む。

「幾時代かがありまして／茶色い戦争ありました」と始まる**中原中也**の詩『**サーカス**』は広く知られている。「サーカス小屋は高い梁《はり》／そこに一つのブランコだ／見えるともないブランコだ」という一連が先導するから、「ゆあーん　ゆよーん　ゆやゆよん」というオノマトペで終わる結びが、サーカスの大きく揺れるブランコの感触を伝えていることはわかる。この擬態語が作中に三度使われ、印象的な一編に仕上がっている。

中勘助の『**銀の匙**』に現れる「円くあいた唇のおくからぴやぴやした声がまろびでる」という例では、「ぴやぴや」という艶のある擬声語が「まろびでる」というなめらかな動詞と共演する。同じ作品に出てくる、女の子の顎が「ふくふくとうごく」といった擬態語も印象的だ。「ふくふく」という創作的な擬態語の働きによって、美しい顎のなめらかな動きが豊かな感じをともなって読者に伝わり、それが眺める側のしあわせな気分を誘う。どちらも感覚的・心理的に絶妙の働きをしている。

プロレタリア文学には概して比喩表現が多用される傾向があるが、**小林多喜二**の『**蟹工船**』にも、「赤黒くプクンとしている女の頬べた」という例の「プクン」や、同じ作品に出てくる「湯桶《ゆとう》のような煙突がユキユキと揺れていた」の「ユキユキ」という擬態語などは、そういう語形自体が創作的であり、感覚もいたって新鮮だ。

柴田翔の『**立ち尽くす明日**』には、「シャベルが勢いよく土中へ潜って行くにつれ、雑草の根の切れて行く感触が、シャベルを握りしめる孝策の掌《てのひら》に、ぷつぷつと伝わってきた」という一節がある。「ぷつぷつ」というのはもともと、シャベルが雑草の根を切る音であったと思われるが、それを「感触」と記すことによって、そういう擬音の生々しい感覚が後退し、読者の心に伝わる時には擬態的な感じさえ通り越して、すでに心理的な領域にまで深まってくるような気がする。

3 転　換――他のイメージに置き換えて

こういう独創的なオノマトペという点では、**幸田文**の文章が際立っている。小説『**流れる**』では、置屋から往来に筒抜けて来る音を「ざわざわきんきん」と写生する。前半は「ざわつく」の「ざわ」を重ね、後半は「きんきん声」の「きんきん」で、既成のオノマトペを組み合わせた創作的な擬音語。屋内の騒音と芸者たちの甲高い話し声との交じり合った音響を一語で象徴的に描き取った印象的な一例である。「暗い小路のさきからとどろとどろと大きな響が伝わってきて、眼のまえのガードの上を国電が通る」という描写もある。「とどろとどろ」という創作的なオノマトペには「轟く」という動詞の連想も働いたかもしれない。

『**みそっかす**』には「くりっともとの姿勢にかえって」とあり、『**糞土の墻**《かき》』には「わらわらさあっと、お祭の若い衆が乗りこんで来た」とあり、『**受賞者の言葉**』には「わやわやと不安でもあるし」とあり、『**雨**』には「浮くようにふわふわと睡《ねむ》くなった」とある。いずれも創作的な独自のオノマトペだ。生き生きとした描写は、この作家の独特のしなやかな感性のとらえた一瞬の実感に裏づけられているにちがいない。読者もやや間を置いて感覚的に納得し、発見の喜びを共有する。口元に静かな笑みが湛えられていることだろう。

コラム❸

用事のない手紙
——酒に一晩や二晩は

【問】特に用事のない近況報告の場合、それでもユーモラスに書きたい人のためにヒントをぜひ。

【答】なぜか近所に、①ロックフェラーに教えたと、カミさんが誇らしげに言う大学があり、昨今やたらと皇室の話題で賑わっています。②日本語文体論を講じていた昔、教員懇談会と称する酒宴で、はやりだした電子メールの話題から、Eメールをやるか問われました。今は単に「メール」と呼びますが、当時は「イーメール」と言い、中高のアクセントで発音するのが標準的でした。むやみに国際的な大学の先生らしく、③最初のイの高い頭高のアクセントで英語風に尋ねられたせいか、とっさに「いいメールも悪いメールもやりません」と無駄口をたたいてしまい、④以来国際的に孤立を深めています。

　手紙は用事があるから書くというものではありません。気にかけてくれている人に自分の近況を知らせるのも、その厚意に報いる人の道でしょう。映画『男はつらいよ』の主人公、おっちょこちょいながら義理人情に厚い車寅次郎《くるまとらじろう》を演じ続けた渥美清は、旅先から母親の許《もと》にただ「俺、元気」と書いただけの手紙を連日のように送ったそうです。端《はた》の人には馬鹿げて見えても、子に関して親が何より知りたいのはまさにその一事だから、その意味で、この一見素っ気ない文面は、簡にして要を得た名書簡であり、しかも心がこもっています。⑤

　作家の手紙を集めた本をぼんやり眺めていると、かつてこの世にあった人たちの小さなドラマが目の前に展開し、しばし時を忘れます。漱石の小説『彼岸過迄』に出てくる手紙には、「銅壺《どうこ》の中に酒を一杯入れて、其《その》酒で徳利の燗をした後を悉《ことごと》く棄てさした程の豪奢な人」だの、「立派な着物を着た儘《まま》湯に這入《はい》って、あとは三助に呉《く》れる」乱行だのが登場します。⑥作者の夏目金之助も弟子の鈴木三重吉に宛てて、「肝癪《かんしゃく》が起ると妻君と下女の頭を正宗の名刀でズバリと斬ってやり度《た》い」と腹立ち紛れに書いては、「然《しか》し僕が切腹をしなければならないからまず我慢する」と自重するのですが、そうすると「胃がわるくなって便秘して不愉快でたまらな」くなり、そんな目で見ると「妻は何だか人間の様な心持ちがしない」とまで書いているあたり、漱石もやはり人間であったことが痛々しいほどわかります。⑦

その漱石に芥川龍之介は、「嘸《さぞ》、この頃の暑さに、我々の長い手紙をお読《よみ》になるのは、御迷惑だろうと思いますが、これも我々のような弟子を持った因果と御あきらめ下さい」と前置きして、文字どおり長文の手紙を送りつけます。近況報告のつもりかもしれませんが、「甚《はなはだ》、尾籠ですが、我々はめったに後架へははいりません。大抵は前の庭のような所へ、してしまうのです。砂地で、すぐしみこんでしまいますから、宿の者に発見される惧《おそれ》などは、万万ありません」といった内容だから、情報伝達というより心の交流なのでしょう。⑧

川端康成がのちに『伊豆の踊子』を書くもととなった旅の途中、湯ヶ野から「当もない呑気極まる旅を続けていると身も心も清々と洗われるよう」で「東京へ帰るのが厭《いや》にな」ると記して投函した川端松太郎宛のこの絵はがき、切手を貼り忘れて不足料金を取られたらしく、眼のぎょろりと光るこの作家にしてそうだったかと、何かほっとします。⑨

室生犀星は萩原朔太郎に、詩人の生田春月が投身自殺した事件について「細君が別れてやればああは早く死ななかったと思う」と感想を書き送った書簡の末尾に、こんな近況報告を添えています。「僕は遂に大酒をあおるようになった。ぎん座で僕はさけをのんで夜ふけにかえり、門を飛び越えてはいることもある」と、自身の生活のひとこまを披露し、「僕はさけに一生を托する気にはならないが、一晩や二晩は托する気持になる」と率直な心境を述べるのです。「一生を托する気にはならない」と否定する決意表明から、読み手の予測をくつがえして、「一晩や二晩は托する気持ちにな」ると肯定論に転ずるあたり、滑稽な中にも人間味が溢れています。その気持ちが実によくわかるだけに、しみじみとおかしいのです。⑩

二月二十日の早朝、門から玄関への煉瓦のアプローチに、紅白の鯉が横たわっていて仰天。入水《じゅすい》ならぬ出水⑪で四十年の生涯を閉じたものと懇ろに葬ったところ、今度は白い鯉の姿が見えず、家族総出の捜索の結果、庭の東端の池から遠く離れた西側のテラスの中央で巨大な遺体を発見しました。小動物が持ち運べる重量でなく、事故と事件の両面で捜査を続けています。⑫手帖に「仇《かたき》をとってやる」と記すも、いまだ手がかりなし。とんだ〝コイわずらい〟です。⑬やむなく夜間は閉館とし、今朝、少子化対策に池を仕切り稚魚を放ちました。⑭

【表現の仕掛け】

①「なぜか近所に」で、妻の勤務校に便利な地に住むことになった経緯を仄《ほの》めかす。

②真子様・佳子様という情報を伏せて「皇室」とぼかす。しかもその話題をちらつかせるだけで、略称が「集中治療室」と紛らわしいその大学名を伏せ、読者に想像する余地と楽しみを残す。

③既出の「やたらと」と同様にこの「むやみに」という形容でも、必要以上と感じている迷惑感をにじませる。

④「いいメール」は「Eメール」から同音の別語を連想。「悪いメール」はその対義語。

⑤手抜きに見える「俺、元気」という簡略通信を、見方を変えて「名書簡」と評価。

⑥酒や着物の究極の無駄遣いの例を掲げ、人間の愚かさを考えさせる。

⑦打ち首、切腹といった妄想から、妻を人間でないとする極言まで、文豪漱石といえども畢竟《ひっきょう》、凡人と変わらない人間の愚かさを有していたことを例示。

⑧芥川も、何の用事もないのに、くだらない下品な内容をわざわざ師の漱石に書き送ったという逸話から、心の交流という通信の神髄を考えさせる。

⑨鋭い眼差しの川端にも、切手を貼り忘れるという凡人並みの失敗談があったことを知り、そこに人間味を感じて、ほっとする。

⑩酒に一生は托す気はないが、一晩や二晩なら、と心の揺れる犀星の人間くささに共感。

⑪鯉だけに、人間の身投げを意味する「入水」とは逆の「出水」という語を創作。

⑫自決を意味する「入水」、あるいは「遺体」という語を用いて鯉を擬人化。「捜索」「捜査」と大仰に表現。

⑬「コイわずらい」は、鯉に関する悩みを、同音の「恋煩い」に通わせた駄洒落。「鯉煩い」とせず片仮名表記にしたのは、読者に考える楽しみを与えるヒント。

⑭池を大仰に「閉館」と称し、「少子化対策」と鯉を擬人化。

4 多重

——ことばの二重写し

小沼《おぬま》丹の随筆『百人一首』に、「「百敷《ももしき》や古き軒端の」は、順徳院には申訳無いが勝手に古い股《もも》引《ひき》と解釈して、結構な歌とは思わなかった」という一節が出てくる。小学生の頃に、ヒとシの混同か、「モモシキ」を「モモヒキ」と混同した失敗談だ。子供には意味がわからないから、「立別れ因幡《いなば》の山の」から「白兎」と脱線し、「松竹立てて目出度《めでた》けれ」と流れを変える替え歌も得意だったという。

同じく『片片草《ぺんぺんぐさ》』という随筆は、褒美にもらったメダルの肖像を、これセルバンテスだと得意になって友達に説明しているところに通りかかった米人教師に「ノー、ノー、シェイクスピア」とたしなめられ、面目がまるつぶれになった話で始まる。その失地回復を図って調査を始め、どちらも一六一六年四月二十三日に死んでいることをつきとめて、シェイクスピアの実在を疑問視する説のあることを利用し、「シェイクスピアはセルバンテスである」という新説を唱えたら、担任教師に「莫迦《ばか》も休み休み云え」と一蹴されたという話が続く。そして、一編は「始め悪ければすべて悪しであって、最初の心掛が悪かったから、いまに至るもシェイクスピアについて語る資格は何一つ無い」として閉じられる。もちろん、「終り良ければすべて良し」という格言じみた名文句を下敷きにした結びである。

以前、集英社から『文体とパスの精度』と題する村上龍と中田英寿との共著が出たことがある。これはひょっとすると「作家」と「サッカー」という類音を利かせたのかもしれない。また、いつか新宿髙島屋のエレベーターで「幽玄の形　無限の美」という漆器か何かの工芸品の展示に関するポスターを見たことがある。意味はすんなり通るから、これで完結しているのだが、言語感覚の鋭い人は、「幽玄」の奥に同音の「有限」を透かし見るかもしれない。

比喩的なイメージとは別に、これらの例に共通するように、ある表現の背後に連想によってうっすらと他の表現を感じとることによって、瞬間的に《**多重**》の映像が意識されることがある。そのすべてが滑稽なわけではないが、駄洒落を筆頭とする類音の連想はきわめて例が多く、笑いと直結しやすい。

「迷亭」の背後に「酩酊」が、「三人酔えば文句の声」の背後に「三人寄れば文殊の知恵」が、「雨ニモ負ケテ　風ニモ負ケテ」の背後に「雨ニモ負ケズ　風ニモ負ケズ」が、「ビン類はみなチョーダイ」の背後に「人類はみな兄弟」が、「老婆は一日にして成らず」の背後に「ローマは一日にして成らず」が、「お爺さんは庭に芝刈りに、お婆さんは代わりに洗濯に」の背後に昔話の桃太郎の冒頭が、うっすらと浮かぶ。その二重の映像こそ表現のねらいであり、ことばの悦《よろこ》びなのである。

1 マダムけいざい学――類音連想

　昔、信濃追分の蕎麦の名店ささくらでこんな光景を目撃した。一列に並んだ二組の夫婦がオリンピックと新幹線との密接な関係について論じ出したが、「冬季オリンピック」を話題に持ち出した側の「冬季」のアクセントが平板化したせいか、相手は「東京オリンピック」と聞き違えたらしく、時代がずれていて話が何となく嚙みあわない。「新幹線」ということばが長野新幹線をさすのか東海道新幹線をさすのかという問題もからんで、話が通じるまでに数分を要した。当人どうしはいたって真面目だが、小耳に挟んでいる側は笑いをこらえるのに苦労する。

　いつだったか、正月も五日になって雑煮を食っていたら、鰤《ぶり》や鶏はまだ残っていてもさすがにこの時期になると椎茸の姿は見えない。夫婦でそんなことを話し合っていた時に、テレビから「シイタケも入っています」という声が聞こえてきた。タイミングがよすぎて二人とも思わず顔を見合わせて画面を見たら、某保険会社のCMで、地井武男の顔が映っている。「チイタケオ」という音を夫婦そろって「シイタケ」と聞いたわけだ。出来すぎているようだが、正真正銘の実話である。

　これも昔、早稲田大学の全学的な会議で、ある資料が配られた。一つはイタリアのピッツァ大学と交流協定を締結した件、もう一つは新しい時間割の案を各学部に持ち帰って審議した結果を持ち寄る件で、レイアウトの関係からたまたま「ピッツァ」と「持ち帰り」とが並んだ。イタリアの大学名の発音から、昭和三十年近くにその国から伝わり、当時は「ピッツァパイ」とも呼んだあの料理を連想したのだろう、頭の柔軟な心ある教授連中の間で忍び笑いが広がった。

　「ガザ地区」ということばがまだ耳慣れない頃、ビートたけしは一瞬「足立区」かと思ったらしい。「ケンタッキー」が「洗濯機」に聞こえ、「軽ワゴン車」が「平和論者」に聞こえるという話も耳にする。「パラグアイ」が「腹具合」に、「讃岐《さぬき》」が「狸」に、「根室」が「目黒」に、「除菌」が「叙勲」に聞こえることもありそうだ。「社長」と「車掌」、「課長」と「鵞鳥《がちょう》」、「元気」と「便器」、「出勤」と「失禁」、「おつむ」と「おむつ」だって紛らわしいし、「主婦」と「シェフ」など、どちらも料理をするだけに危ない。
外国語でも「ヘンデル」と「メンデル」、「ゲリラ」と「ゴリラ」、「テロ」と「エロ」、「ベニス」と「ペニス」を間違えたらとんだことになる。「薬剤師」を「やくざ医師」、「茹で卵」を「茹でた孫」、「ボードレール」を「ガードレール」と勘違いする人間はまさかいないだろうが、「ハンドブック」と「ハンドバッグ」、「トラベル」と「トラブル」、「シューベルト」と「シーボルト」と「シーベルト」なども文脈によっては紛れるかもしれない。

「新成人」と「新生児」、「セルビヤ」と「セヴィリア」も一瞬混同しそうだし、観光旅行の話の中のイタリアの「ポンペイ」とインドの「ボンベイ」などは特に注意が必要だ。「悪漢《あっかん》」と「熱燗《あつかん》」、「本降り」と「丼」、「イージス艦」と「成吉思汗《ジンギスカン》」、「小六法」と「小籠包《しょうろんぽう》」、「不倫」と「プリン」、「チンピラ」と「きんぴら」、「マチス」と「ナチス」、「片栗」と「肩こり」、「付け麺」と「イケメン」、「豆乳」と「糖尿」、「翻訳者」と「婚約者」なども油断ができない。「リサイタル」と「リサイクル」などは発音が似ているだけでなく、文字に書いてもややこしい。

芸能人がチンパンジーと結婚したかのように聞こえて驚くと、「チンパンジー」でなく「一般人」の聞き違いだったりする。三色菫《すみれ》の珍しい品種を「珍パンジー」と呼んだりすれば、動植物の区別がつきにくい。**中村六三郎**の『**親・親・親**』に、「今のはショパンのノクターンです」と言ったら、箏曲の六段ならぬ「食パンの六段」と聞いてチンプンカンプンの男が登場する。作曲者も曲の種類も両方音が似通っていておかしい。そういえば作品名も「おや、おや、おや」という感動詞の強調形を下敷きにしたものらしい。

『**天災**』という落語に、「あなたは、大変に短気とみえるなあ」と言われ、早とちりして「なにをッ、タヌキだッ？」と怒り出す男が登場する。同じく落語の『**粗忽《そこつ》の使者**』には、田中三太夫に「貴様の姓名は何という」と尋ねられ、町人が「惜しいことに去年の暮に死んでしまった」と見当違いの返答をする場面がある。「姓名」などという自分たちの暮らしでは日頃聞き慣れない用語を使われ、類音の「清兵衛」と勘違いしたのだ。同じく落語の『**女房孝行**』で、女の「雁額《かりがねびたい》」はとかく険があっていけないとされるが、この「婦人は剣もなければなければ鉄砲もない、至って天下泰平の額でございます」と展開するのは、「険」から同音の「剣」を連想しての流れである。

ミス・ワカナと**玉松一郎**の漫才で、「余寒が残っているんですね」に「私もそんな予感がします」と応じるのも、同音の別語の連想だ。その少し後で、「チャッカリしていますね」に「人間は勘定の動物と云いますもの」と応じるのも、同音の「感情」からの連想だ。同じコンビの別の漫才では、人間の男女間の交渉にどうして「鮎」とか「鯉」とか「鱚《きす》」とか、魚の名称ばかり使うのかと、それぞれ「愛」「恋」「キス」という類音の別語を連想させて笑わせる。

ポルトガルの航海者「バスコ・ダ・ガマ」という人名から、日本人がすぐ蝦蟇蛙《がまがえる》を連想するのはもはや古典的な例となっている。そんなふうに耳慣れない外国語の発音を勝手に日本語風に解釈しておかしくなることもある。「アホ」というフィンランドの作家名を聞くと、あまり利口そうに思わない。「ビリ」というニュージーランドの砲丸投げの選手は好成績を期待できない感じで、金メダリストと知って驚く。「ガンバリ」という国連事務総長の名前なども、歯を食いしばって努力するイメージが湧きやすい。

「アイルランド」という名のスケート選手がカナダ代表と聞くと、一瞬おやっと思う。頭の中で地名と人名が交錯し、何となく違和感があるからだ。クメールの「アンコールワット」という寺院遺跡の名を見ると、また訪問したい気分になったり、「ユトリロ」という名前を聞くと、画風に何となく余裕が感じられ、「太刀魚」も耳で聞いただけだと、立ち泳ぎしそうな気がするかもしれない。これだけ贋ブランド商品が横行すると、表側の「セイコー」という文字を見て時計を買った客が、裏側を見たら「シッパイ」と書いてあったというような笑い話ができても不思議はない。

落語などで、「追っかけって顔か、突っかけみたいな面《つら》しやがって」とからかうのも、「追っかけ」ということばから類音のサンダルなどの「突っかけ」を連想してセットにしたものだ。やはり落語の『**子別れ**』にも、「離縁状ってほど、はっきりしたつらかい。不人情みてえなつらしやがって」とある。同じく『**ろくろ首**』には、「寝てると損しちゃうかなあ。ああ、そいで、イギリスにネルソンてえ人がいらあ」という例が出る。

秋田実の『**笑いの創造**』には、「これでも僕は一家の主や」ということばに「何が、あるじじゃ、わらじみたいな顔をして」と類音連想でとんだ飛び火をする例があるし、**島田洋介**と**今喜多代**のコンビの漫才では、「常任幹事？　午前三時みたいな顔して」というふうに、かなり違う発音まで連想が広がる。

野内良三『**ユーモア大百科**』には、機内でトランプをするのはかまわないが、「はい、ジャック」とおっしゃるのは困ります、というスチュアデスの注意が載っている。キングやクイーンは何の問題もないが、「ハイジャック」を連想させる発音は禁止というのである。**高田保**は『**河童評論**』で、「エチケットはチケットと違うから、ぜひとも無ければというものではないが、ある方が正式である。ネクタイみたいなものか？」と述べている。全体としては比喩表現の例だが、「エチケット」の話題に何のつながりもない「チケット」が登場する部分は、発音の類似がきっかけになっている。

たしか**川上弘美**の作品に、「コペン」というあだ名の高校時代の先生の話が出てきたような記憶がある。一見何のことやら見当もつかないが、こちらはデンマークの首都「コペンハーゲン」の略で、「禿げ」を連想しやすい部分を省いた優雅な命名だ。たしかに、気にする人は、「特等席」から「禿頭《とくとう》」を連想しかねないから、そういう配慮も必要なのだろう。

牧野周一の漫談『**とかくこの世は無責任**』によると、昔、映画の『ローマの休日』が人気を博し、主演女優のオードリー・ヘップバーンが一世を風靡した頃、不美人をひそかに「裏通り」と呼んだらしい。「オードリー」から類音の「大通り」を連想し、その美貌の逆だから「裏通り」なのだという。気の弱い男が及び腰で示したたしなみなのかもしれない。

サトウハチローは『**トコちゃん・モコちゃん**』で、大人は「水」のことを「おひや」などとわかりにくいことばで呼ぶとした次に、「お湯で通ずるのを、おさゆなんて、女の子の名まえみたいな名で呼ぶ」と続ける。昔、女性の名に「お」をつけて「お清」「お登勢《とせ》」などと呼んだのをふまえ、「小百合」などを連想したのだろう。

同じく『**ジロリンタンと忍術使い**』という作品には、「ＯＫ」といって次が「バケツだ」という流れがある。これは「ＯＫ」から類音の「桶」を連想した例だ。

「殺チュウザイ、おっと失礼、殺鼠剤《さっそざい》だったね」という流れでは、うっかり鼠の鳴き声を連想したことにしてあるが、その背景として同音の「殺虫剤」の存在があることは疑えない。

この詩人はこういう音にはきわめて敏感で、**『あべこべ物語』**では、「ジャンパースカート」から「ジャムパン」を連想し、**『貧乏行進曲』**では、「チクワなど穴のあいたものを食ってはいかん」とし、「察するところ貴公は、アナアキストだな」と、おでんと無政府主義者とを結びつける。**『格さん仁侠伝』**でも、「アイスちゃんと言ったって、クリームじゃないよ、高利貸だよ」と、暴利をむさぼる業者から類音の「氷菓子」を連想する。**『おさらい横町』**でも、「この肉が転がったのよ」と言ったあと、「ほんとに、にくらしい」と続ける。**『青春五人男』**でも、女の名前を尋ね、「ヒトミさんです」と答えると、とっさに「目玉か」と応じる。「瞳」はたしかに「黒眼」をさすが、世間によくある名だから、今更ドーコー言われる筋合いはない。**『露地裏善根帳』**では、頭を刈っていたのを途中でやめ、「去年の暮から日本と仲よくなった国の刈り方なんだ」と謎をかけ、「半刈り」から「ハンガリー」を連想する例が出る。**『僕の東京地図』**でも、ジュネーブから帰って来た鐘のある品川寺だが、その「洋行がえりの鐘先生ちッともバタ臭くならず、やッぱりつけばゴーンだ」と書いた後、「アイアムゴーンなんていわないところがよろしい」と続ける。否定表現ではあるが、洋行帰りだけに鐘の音から一瞬「行く」という意味の英語の動詞の過去分詞を連想した国際的な例である。

『長屋大福帳』に、「立って歩いてハイキングとはこれ如何《いか》に」とあるのも、「ハイキング」の「ハイ」から「這う」を連想したもの。「平山善助氏」と呼ばれた男が、「氏なんて言葉を使われたのは活動写真の中でイビキをかいた時に、つづけ様に、シシシと言われたきりだ」とよけいな口をたたくのも、「氏」の「シ」という音から「シーッ」という静止の声を連想した無駄口だ。**『新婚遁走曲』**で、「あてつけたおつもりなんでしょう」と言われ、「お酒がおつもりかと思ってヒヤリとする」と応じるのも同様である。

夏目漱石の**『坊っちゃん』**で、赴任先の生徒が「そりゃ、イナゴぞな、もし」と方言を使うと、坊っちゃんが

「なもした何だ」と応じた後、「菜飯《なめし》は田楽の時より外に食うもんじゃない」と見当違いの方向に話題をそらす。これも「な、もし」と「菜飯」との類音に反応した無駄口ということになる。「マドンナだろうが、小旦那《こだんな》だろうが」とか、「バッタだろうが足踏《せった》だろうが」とかといった流れも、同様に《**類音連想**》による展開である。

『**吾輩は猫である**』には、「ずうずうしい」と言われ、英語で「Do you see」と応じる日英語間の《**類音連想**》の例さえ出てくる。ここまで行くと、「余程《よほど》閑なアダムと見える」という箇所でも、読者は「有閑マダム」という隠し絵を連想してしまう。ちなみに、**サトウハチロー**の『**新婚遁走曲**』に、経済観念の発達した凄腕のワイフが登場し、この夫人のやりくりを「マダムけいざい学」と名づける。これも、「国富論」を著して古典経済学を確立した英国の哲学者アダム・スミスからの《**類音連想**》にちがいない。

2 パンダよりパンだ——駄洒落

④ 多重——ことばの二重写し

毎年、せっせと、干支《えと》にちなんだ駄洒落を連発する年賀状シリーズを発行して四半世紀を超えた。寅年には「憂さ晴らし」や「トラファルガー」や「クレオパトラ」、卯年には「静脈瘤」、巳年には「小錦蛇」や「胡散《うさん》臭い」、辰年には「俵屋宗達」や「ゲエテ」や「四回転サルコー」や「ガリガリ亡蛇」、申年には「チャールズ・ラム」の本が「モートン社」から出るような難解な例まで加わって、読者は頭の芯から疲れるらしい。が、思いもかけず、「寅語辞典、げらげら笑いました。これを一篇の詩といってもいいと思います」と揶揄し、放言学の「戸黒《とぐろ》先生によろしく」と書き添えた詩人・小説家の読後感が届いたりしてついその気になり、今でも病み付きになっている。

あるテレビ番組で、患者役の竹下景子が、脳梗塞から運動障害を起こすケースはよくあるのかと尋ねると、医者に扮したいかりや長介が「ノー、しょっちゅう」と答える。そういつも起こるというものではないという意味だから、情報の点でも問いに対応しているが、眼目はそのような医学的な知識ではなく、もちろん「脳卒中」という類音の連想を誘うおかしみにある。このように意図的に類音の連想を誘う笑いの技法を「洒落」と呼び、掛けことばの使用そのことを目的として発する場合を特に**《駄洒落》**と呼ぶこともある。

中国からパンダがやって来た時、すごい人気で、上野の動物園に長蛇の列ができた。食うこともままならない連中は、それを見て、「パンダよりパンだ」と思ったかもしれない。

昔々亭桃太郎の新作落語『**カチューシャ物語**』には、豚が逃げるのを「トン走」、お尻の大きいのを「豪ケツ」、臀部の冷たい女性を「冷ケツ動物」と呼ぶような単純な**《駄洒落》**が続出する。落語の『**しわい屋**』に、火事場で「灰になるものを持って行って利用すれば、これ即ちハイ物利用」という苦しい例が出るのも、ごく初歩的な駄洒落だ。落語の『**近藤勇**』には、「正宗の銘刀で斬られちゃ大変だッ、今年の花見の時に、裏の勝公は正宗の瓶で殴られてさえ、三日も寝込んで了《しま》った位だから」とあるのは、もう少し複雑で、刀鍛冶の名人の銘と日本酒の銘柄とがともに「正宗」であることを利用した洒落である。

漫才師**横山エンタツ**の『**僕は探偵**』では、「享楽」というのは無責任なことばだとし、「今日楽で、明日は苦しい」と、それこそ苦しいこじつけを試みている。「教育大学」だから明日は行かなくてもいいという屁理屈に似ている。同じ**横山エンタツ**の『**漫才読本**』にも、「働かずに喰《た》べると言うのは、遺産をたよりに暮してるのや」「そりゃ、そうやろ、働かずに喰べるから胃散が必要や」というやりとりが出てくる。「遺産」と「胃散」という同音語を利用した**《駄洒落》**である。「物盗りではないです、懐中物が全部あったから。怨恨と言う説も、可成《かな》りあったが僕は周囲の事情から考えて痴情関係と断定を下した」という例も出てくる。これも、「道の上にころがってるから」という論拠だから、「痴情」と「地上」という同音を使ったもの。**ザ・ぼんち**の漫才に出てくる「遭難したんです」「そうなんですか」というやりとりなどは、さらに初歩的な駄洒落だろう。

井上ひさしは『**喜劇による喜劇的自己矯正法**』で、「ギャグ(笑わせる工夫)は逆」と類音を用いて自己の喜劇執筆のこつを語ってみせた。**花田清輝**は『**諷刺とナンセンス**』で、「新聞記者のなかで、大臣をさんづけするようなやつは、キシャじゃなくて、トロッコだ」という**小汀《おばま》利得《としえ》**のことばを紹介している。独り立ちできず、「トロッコのように後押しがつかなければ、うごけない手合いだ」という意味らしい。

漫才の台本作者の**織田正吉**は、その著書**『笑いのこころ ユーモアのセンス』**の中で、「馬鹿につける薬はない」というそれまでの定説を覆し、「ばかに付ける薬はある。リコウランという。どこで売っている？ 蘇州《そしゅう》薬局」という画期的な自説を発表している。山口淑子の中国名「李香蘭」の「リコウ」を「利口」に通わせ、その持ち歌「蘇州夜曲」の「ヤキョク」を類音の「薬局」に通わせた労作だ。

『いとしこいし漫才の世界』には、こんなやりとりが出てくる。赤ん坊を風呂に入れるこつという話題で、「君とこのおじいちゃんのおコツというのは」と、「こつ」に不要な「お」を付けたばっかりに変な連想を誘い、「なんで、うちのおじんがお骨になんねや」と苦情が来る。

秋田実の**『名作漫才選集』**には、「河豚《ふぐ》は僕には親の敵や、フグ（不倶）戴天の仇です」といった古典的な例や、好物を尋ねられて「あなごにおなごは大好物や」と**《類音連想》**で洒落る例がある。また、「勤皇の志士じゃ」という芝居がかったせりふに、「そっちが昨日の獅子なら、こっちは今日のライオンでいくわ」と、「勤皇」と「昨日」、「志士」と「獅子」というやはり類音の連想で話題が飛び跳ねる例もある。同じ作者の**『日本語と笑い』**には、商人は霊柩車に出合うと縁起がいいという眉唾の説が登場し、霊柩車は墓場行きだから、「今日の商談はハカユク」という落ちがつく。同じ本に、「桂角《けいかく》（計画）はずれて歩角（不覚）のもと」といった古い洒落の紹介もある。

そういえば、将棋で角《かく》行が敵陣深く攻め込んで駒を裏返しながら「かくなるうえは」と減らず口をたたくこともある。碁ばかり打っていて注意され、「以後（囲碁）気をつけます」と答えるのもすでに古典だろう。医者から酒を少し控えるように言われた患者が「ノム注意報ですか」と応じる作例は、もちろん「濃霧注意報」を下敷きにしたものだ。同じく作例だが、まだ推敲していない書きかけの原稿を編集者に期限切れでむりやり持って行かれそうになると、作者は「ゲンコー強盗」と叫びたくなる。期日を守らないそんな作家を編集者は「ゲンコー犯」で逮捕したくなる気分だろう。それぞれ、「原稿」

を類音の「銀行」や「現行」にひっかけた洒落だなどと解説するのは野暮の骨頂、ここではそんなことをおくびにも出さずにおこう。**徳川夢声**のナンセンスをもじった**『喃扇楽屋譚《なんせんがくやばなし》』**に、豪遊はないだろう、その反対だと言われて、「ゴーユーのアベコベなら、ユーゴーですかな」ととたんに文学づく例がある。とんだとばっちりで、ビクトル・ユーゴーも「ああ、ミゼラブル」と嘆くことだろう。

野村雅昭の**『落語のレトリック』**に、落語のこんなくだりが紹介される。古く、国語またはその一環としての習字をさして「書き方」という用語が使われた。「このごろの学校じゃいろんなことオおしえんだなア。かきかたまでおしえんのか、背中の」と、「掻き方」と誤解する場面だ。同じ著者の**『落語の話術』**には、柳亭痴楽の「痴楽綴方《つづりかた》教室」が紹介される。山の手線を駄洒落で一周するナンセンスで、「原(腹)宿へったと渋谷(渋茶)顔」、「大崎(お先)まっくら恋の鳥」、「だれに悩みを有楽町」、「なんだ神田のいきちがい。彼女はとうに秋(飽き)葉原」などと展開し、「山手(やがて)はきえゆく恋でした」としておしまいになる。

サトウハチローの**『ぼくは野球部一年生』**に、二階に厄介になっているから二と八でしめて「十戒の身の上」というくだりがある。同じ作者の**『青春五人男』**には、「木扁に有だよ、惚《ほ》れてるッていう字さ」と、「気がある」を漢字仕立てしたくだりや、「傘冠に並ぶという字が、相惚れだよ」と、「相合傘」を漢字に見立てた例が目につく。

夏目漱石の**『吾輩は猫である』**の登場人物の名は、こんなふうに漢字を宛てた洒落がほとんどだ。英語教師の「珍野《ちんの》苦沙弥《くしゃみ》」は「狆《ちん》のクシャミ」の宛て字。不美人を、狆がクシャミをしたような顔に喩えて「チンクシャ」と呼んだことにちなむ命名だろう。「迷亭」は「酩酊」のもじり。「立町老梅」は「忽《たちま》ち狼狽」、髯の「八木」はもちろん「山羊」を下敷きにしている。「理野陶然」はむろん「理の当然」を人格化した人名だ。「越智《おち》東風」はちょっと手が込んでいる。「東風」は「こち」と言い、「遠近」を「おちこち」と言ったことをふまえた名称である。

人名以外にも《駄洒落》がふんだんに利かされている。「貴様はオタンチン、パレオロガスだ」というせりふは、のろま、間抜けという意味の江戸時代の俗語「おたんちん」に似た音として、東ローマ帝国最後の皇帝コンスタンチン・パレオロガスを連想し、その両者を組み合わせたものという。金田夫人の大きな鼻にひっかけて、本格的でない恋愛を「鼻恋」と呼ぶのも、ちょっとした風邪の症状である「鼻声」との《**類音連想**》がヒントになっているはずだ。「右眼は白内障、左眼は緑内障」と言ったあと、「頭はよくない症」と続けて顰蹙《ひんしゅく》を買う自前の駄洒落も、「ショウ」の連続でもっともらしく病名めかした同様の趣向である。

3 くそ！——重義法

一つの表現から複数の意味が読みとれるような表現形態を工夫する修辞技法を《**重義法**》と呼ぶ。太田道灌《どうかん》が狩りに出かけた折に雨に遭い、近くの民家に立ち寄って傘を所望したところ、身なりのいやしい女が出て来て、黙って山吹を差し出した。謎のようなこの挙動、実は、「七重八重花は咲けども山吹のみの一つだになきぞ悲しき」という古歌をふまえ、「実の」に同音の「蓑」を通わせ、あいにくお貸しできる雨具がございません、お役に立てずまことに申しわけありません、という意味の丁重な挨拶だったらしい。兼明親王が隠棲した嵯峨《さが》山荘で詠み、のちに『後拾遺和歌集』に収められたこの一首に思い至らなかった道灌は、後に気づいて自らの不明を深く恥じたという。このようにとっさの思いつきで気の利いた詩文に仕立てる技を一つの修辞ととらえ、特に《**秀句法**》と呼ぶことがある。それも広義の《**重義法**》の一種である。

「ゴチョーナイの皆様」という声が響いてくれれば、たいていの人はよく聞く「ご町内」のことだと思う。ところが、電車の中吊り広告には「ご腸内のみなさま」とある。胃腸薬の宣伝だ。「未来への勇気がダイヤを磨きます」といった鉄道会社の広告を見かけることもある。この「ダイヤ」は「ダイヤグラム」の省略形だが、そこにあえて「磨く」という動詞を選んだのは、奥に「ダイヤモンド」をはめこんで、宣伝効果を光らせる意図だろう。

井上ひさしの長編小説『**吉里吉里人**《きりきりじん》』に、吉里吉里国最初の国賓で二代目の大統領になる日本国の三文小説家が、思いもかけない「黄褐色の可塑性固体」に遭遇して憤慨し、「くそ。絵具かなんか絞り出して行ったのかと思ったら、何のことはない人糞ではないか」と声を荒らげる場面がある。この発言の冒頭の単語は、「くそ、いまいましい」と言う時のあの感動詞で、これだけでは副作用はない。ところが、その前に「微かに湯気を立ちのぼらせていた。特有の臭気もあった」という描写が先行する文脈もあり、その感動詞の背後に、排泄物をさす名詞の意味が潜在し、後続する「人糞」という語が起爆剤となって活性化し、読者の鼻先で異臭を放つ。ことさら「人糞」などという語を選んだのも、露骨さを回避するたしなみだったかもしれない。

4 末期の酒——俳句もどき

横山エンタツの『**笑いのプレゼント**』に『**俳句問答**』という漫才が載っていて、一人が自作を披露する。「春の雨」という席題で、「春雨だ」と初五を言いかける。相方が俳句なら「春雨や」ではないかと確認すると、「何々や」という句はもう古い、と応じない。最初は「春雨さ」で次が「春雨だわよ」としてみたが、この際ひとつ男らしく「春雨だ」として「濡れて行こう」と続けたら、月形半平太のせりふになって失敗。次は夏の句で、「夕立や蛙《かわず》飛び込む水の音」。蛙が濡れちゃ大変だとあわてて池に飛び込んだという句意だと聞いた相方が、よけい濡れるじゃないかと抗議を申し込むと、蛙に教養がないからだという。

次の秋の句は、自ら「傑作中の傑作」で「句界に、一大センセーションを捲《ま》き起こした」という能書きを並べるが、「秋や」と始まり、「お茶持っておいで」と何の変哲もない家庭生活のひとこまを描く自由律の作品である。徹底したリアリズムにはちがいないが、雅味も俳味も皆無、軽みどころか軽々しさのみ目立つ。

落語の『**雑俳**』に出てくる「くちなしや鼻から下はすぐに顎」という迷句は、席題の「梔子《くちなし》」を勝手に同音の「口無し」と解釈して詠んだことになっている。趣などまるでないが、とっさにこういうことをイメージできる発想の瞬発力がすごい。風流のフの字もない題材を五七五の形式にはめようとする無駄な抵抗がおかしいのだろう。

その点、**サトウハチロー**の『**青春音頭**』に出る「晴れ晴れと小便をする五月晴れ」という句などは、花鳥風月の世界とは縁遠いが、俗っぽい素材のわりに俳句の気分が感じられる。同じ作者の『**エンコの六**』では、コップ酒をあおって「朝酒に　ふと生きかえる　二日酔」と本音を吐露すると、「腹の虫　もっともっとと　ねだりけり」と茶化される。

和多田勝の『**オチの周辺**』によれば、奇人と言われた噺家《はなしか》の**桂文屋**は「夢さめて酒まださめず春の旅」という辞世の句を残したらしい。同じく酒好きで、末期の水にまで酒を用いたという酒仙の**笑福亭松鶴**の辞世は「煩悩を振り分けにして初の旅」だったという。酒に酔って紛れることもなくなれば、あまりに煩悩が多く、前後に分けて肩で担ぐほどに重かったのだろう。

5 ビン類はみな頂戴――もじり

洒落の一種ではあるが、「猫に小判」をもじって「下《げ》戸《こ》に御飯」というような《**もじり口**》を特に《**地口**》と呼んで区別することもある。「巧言令色鮮《すくな》きかな仁」と調子

④ 多重――ことばの二重写し

だけ似せて、何の関係もない「そうめん冷食涼しいかな縁」と作り変えてみせるような例もそれに近い。

ある日、**藤山寛美**が杏をかじりながら黒柳徹子に「杏より梅が安い」と言ったらしい。もちろん果物の値段の話ではなく、「案ずるより生むが易し」という諺をもじったことば遊びである。わが道を行くとばかり、相手の思惑も考えず、何でも自分の流儀を通そうとするやり方を「強引にマイウェー」と称して、英語のゴーイングを響かせる作例も同様だ。定年退職後の時間の有り余る生活を「サンデー毎日」と週刊誌めかして自嘲ぎみに呼ぶ世人の試みも、表現機構はよく似ている。

ダムを造らないという主張をわざわざ「脱ダム」などという奇妙な造語に仕立て、それを「宣言」と結びつけたのも、第二次世界大戦の終結を告げたあの「ポツダム宣言」の響きを連想させる趣向だったかもしれない。

以前、小津安二郎監督の映画のせりふを分析して日本語表現におけることばの粋を探った著作に『小津の魔法つかい』という題をつけたことがある。もちろん、アメリカのボームの児童文学『オズの魔法使い』をもじった書名である。京都大学で博士号を取って大学で教えている昔の教え子の発案に出版社が乗ってきたのだ。

井上ひさしの『**国語事件殺人辞典**』に登場する廃品回収業の青年が、大声で「ビン類はみなチョーダイ」と町内を触れまわるのも、「ビン類」が「人類」、「頂戴」が「兄弟」と類音関係にあって、全体として「人類はみな兄弟」というモットーを連想させるおかしみを狙った試みだ。この種の技法は、もとになった表現が読者の記憶から遠ざかるにつれて効果が薄れてゆく運命にある。

夏目漱石の『**吾輩は猫である**』の中で、越智東風が「私の友人で送籍と云う男が一夜という短篇をかきました」と言う場面がある。この「送籍」は同音の「漱石」の宛て字で、事実、この長編の連載中に漱石は雑誌『中央公論』に「一夜」と題する作品を発表している。また、「送籍」という漢語も実際に存在し、戸籍を他家に移すという意味だが、漱石すなわち金之助自身も、夏目家と塩原家ほかとの間に実際にそういう事実関係が存在したから、作者としても複雑な思いをこめたせりふだったのだろう。入念な《**もじり**》のようではあるが、そういう事実を知ると、読者も笑いの奥に苦い味がこみあげてくる。

清水義範の『**バラバラの名前**』では、「アリスとテレス」という男女一組のお笑い芸人」がギリシャにいたことにしてあるが、これは言うまでもなく古代ギリシアの哲学者「アリストテレス」をもじったもので、一人の名を分割して二人分にした命名だ。真ん中の「ト」を格助詞の「と」に見立てた趣向が秀逸である。どうでもいいことだが、この漫才コンビ、「テレス」のほうが男の芸名だろうか。

6　あたしの物はあたしの物――格言崩し

《**もじり**》のうち、諺や格言のたぐいをもじる例をまとめておこう。コップ一杯のビールで真っ赤な恵比須顔になる男(女でもいいが)を見るとほほえましく、つい「酒に交われば赤くなる」などと軽口をたたきたくなる。むろん、「朱に交われば赤くなる」の「朱」を同音の「酒」に入れ換えた即興の作である。

「老婆は一日にして成らず」というのは、女性が年寄りになるまでには二日以上の時間を要するという当然すぎる意味ではなく、「ローマは一日にして成らず」という格言の「ローマ」を音の似た「老婆」に置き換えた面白さが狙いだ。いつだったか自分の目で発見した「中年老い易くガクガク成り易し」という定期健診案内の車内広告も、朱子の「少年老い易く学成り難し」の「少年」を「中年」に置き換え、年を取って体がガクガクになることを「学」と結びつけた労作だ。

『身投げ屋』という落語にこんなやりとりが出てくる。金を拾って遊んで暮らしたいと思っている怠け者に、「働きな働きな、昔の人は旨い事をいったもんだ、稼ぐに追着く貧乏なしといってな」と意見すると、その男も負けていない。「処《ところ》がそれが直ぐに追着きやがるんだ、俺より貧乏神の方が足が早《はえ》え」と茶化し、「働こうとすると、貧乏が先へ行って待って居やがる、だからいっそ働かねえで居たら、貧乏神が先へ行き過ぎちまうだろうと思って」と先回りして、格言を作り変えてしまいかねない勢いだ。

また、**『転宅』**という落語には、「世帯が可愛いからいうんだよ、斯《こ》うなって見ると妾《あたし》とお前さんとは夫婦だろう、めおとは夫婦だよ、夫婦はめおとだよ、お前さんの物は妾の物で、妾の物は妾の物だよ」「じゃあ俺の物はねえ、皆んなお前のだ」というやりとりが出てくる。もちろん、もとは「お前の物は俺の物、俺の物はお前の物」という公平なせりふなのだが、エゴ剝きだしの世相を映してか、近頃はこの落語のような言い方を実際よく耳にする。

漱石の**『吾輩は猫である』**に、「餅屋は餅屋、猫は猫で、猫の事なら矢張り猫でなくては分らぬ」と、さらりと言ってのけるくだりがある。その道のことはやはりそれ専門の者がよくわかっているという意味の「餅は餅屋」という諺はあるが、ここではあたかも「猫は猫」までが諺かと思ってしまうような語り口だ。

同じ作品に、多多良《たたら》三平が猫を食ったという話を小耳に挟んだ猫の「吾輩」がすっかり驚愕し、「人を見たら猫食いと思え」と警戒する箇所が出るが、ここはもちろん「人を見たら泥棒と思え」という格言をもじったものである。

同じく、金田夫人の偉大な鼻をさかなに、迷亭が「鼻高きが故に貴からず」と評するのは「山高きが故に貴からず」の「山」を「鼻」に置き換えた**《もじり》**であり、そのすぐ後に出てくる「下世話にも鼻より団子と申しますれば」というせりふも、「花より団子」の「花」に同音の「鼻」をあてはめた揶揄である。

この作品からもう一例とりあげよう。迷亭が「そんな暇はありませんよ」と伯父からの誘いをにべもなく断り、「自分が楽なからだだもんだから、人も遊んでると思って」と言い返すと、「実際遊んでるじゃないかの」と追及される。苦境に立たされた迷亭、とっさに「所が閑中自《おのず》から忙ありで」と、もっともらしい顔で応じるが、「忙中自ら閑ありと云う成句はあるが、閑中自ら忙ありと云うのは聞いた事がない」とすぐに見破られる。

迷亭の言を読者は一瞬どこかで聞いたことがあるような、ないようなことばだと首をひねるが、伯父さんのこの一言で改作と判明する。たしかにこれは迷亭が苦しまぎれにひねり出した成句まがいの表現なのだが、あらためて眺めてみると、どんなに閑な時期でも、あるいはいかなる閑人にも、たまには忙しい折がないとも言えないような気もしてきて、もっともらしい顔をした「閑中忙あり」という表現も案外捨てきれないような気分になるかもしれない。

7 細く短く——成句変形

サトウハチローの『**青春五人男**』にこんなやりとりがある。うまく話を進めて相手を承諾させる場面で、精一杯説得するという意味合いだが、口で交渉するのに「腕によりをかけて」というのは変だと、「わが輩が舌によりをかけて」と変形した。ことばだから腕より口のほうが近いと思ったのだろう。一見もっともだが、「舌によりをかけたら、もつれて何も言えなくなるだろう」と仲間はまぜっかえす。

同じ作者の『**ジロリンタンと忍術使い**』には、「ママの犬、猫、ニワトリぎらいは、ちっとやそっとのものじゃない。骨のズイまでとはいわないが、骨のまわりまで、そのきらいさは、びっちりとついている」という箇所が出てくる。これも「骨の髄まで」という言い方は少々大げさかと思い、控えめに「骨のまわりまで」としたのだが、慣用的な言いまわしだけに、そんなふうに成句を変形するとかえって奇妙な表現になる。

また、『**親父の手帳**』には、スプリングセールならぬ売春について、こんな会話が交わされる。「飲食店なんて、気取って品よくおっしゃらないで下さい、春を売る家ですわ」と言うあたりまでは、昔から「春をひさぐ」という言いまわしがあるから、別に変わった表現ではない。ところが、自分の年齢を気にするその女、「あたしなんか春なんか持ってませんわ」と、その語源にこだわり、さらに、「夏もすぎて秋ばかり」と展開する。

落語の『**五月幟**《さつきのぼり》』には、こんなやりとりが交わされる。大勢入っている湯の中で口論となった二人は洗い場に出て取っ組み合ったが、そのうち金太の野郎が足を滑らし、「太の字になってブッ倒れるという大騒ぎよ」と目撃情報を伝えると、話を聞いていた相手が、「大の字形《なり》と云うのは聞いたことがあるが、太の字形と云うのは聞いたことはねえな」と、疑問を投げかける。「それが着物を着て居れば大の字形だが、裸体で倒れたんで股《もも》の間に点《ぼっち》が一つあるからこれ即ち太の字形」と説明する。きっと芸の細かさに呆れながらも、形状的に納得したことだろう。

同じく落語の『**芝浜**』には、「畳の新しいのは何時《いつ》も気持が好《い》いもんだ、畳の新しいのと女房《かかあ》……」と、畳と女房は新しいほど気分がいいと言いかけた亭主、目の前に世話女房がいるのに気がつき、あわてて「イヤ、ナニ女房は古くなくっちゃ」とごまかす有名な場面である。

落語からもう一つ例をあげよう。『**大工調べ**』と題する、三方一両損の大岡裁きの一場面。家賃の取りたてに厳しい大家に向かって、昔の恩を忘れたかと攻め立てる長屋の連中のせりふだ。「町内の人達の情で細く短く生きて居た事を忘れやしめえ」と言うと、大家は「太く短くというなア聞いたことがあるが、細く短くなんてのは聞いたことがねえ」と慣用句の誤用を突こうとするが、「太く短くと云うなア世間に幾らもあるが、手前なア細く短く暮してやがったんだ」と、成句を変形されて遣り込められる胸のすくシーンである。

8　今日この辺――パロディー

《パロディー》に相当するギリシャ語の語源は「替え歌」を意味したと言われる。レトリック用語としてのこの語は、厳密には、テキスト中の技法や文体的特徴、それに特定の作家の個性的な表現を模倣するというあたりをさしているようだが、ここでは意味範囲をもう少し広げて、一般語としての用法に近づけよう。

秋田実の『**笑いの創造**』に、「三人寄れば文殊の知恵」という諺をもじった「三人酔えば文句の声」という例があがっている。意味はまるで違うが、耳で聞いた印象はよく似ている。そういう面白さを狙ってさまざまな試みがなされてきた。

サトウハチローの随筆集『**落第坊主**』に、「犬もあるけばくたびれる」という新作のいろはカルタが紹介されている。本家の「棒に当たる」は、とんだ災難に遭遇する意で用いられることが多いが、思いがけない幸運すなわち僥倖《ぎょうこう》に恵まれることをさすとする説もある。こちらの新作のほうは、「くたびれる」だから疑問の余地はなく、あまりに当たり前な内容がかえって意表をついておかしい。

同じ作者の『**玩具《おもちゃ》へのノスタルジア**』に出てくる替え歌も楽しい。「君よ知るや、南の国」の《**パロディー**》。同じく「窓をあければ」のあと、「ひさしが見える」とか、あるいは「おしめがみえる」とかと続くのは、もちろん、「港が見える」の《**パロディー**》だ。

『**玉葱の調べ**』には、「せまいながらも」のあと、「たのしいわが家」と続かず、「きたないわが家」と続く例が出る。「ながらも」は「にもかかわらず」というニュアンスで逆接的に展開する予告のはずだが、ここでは「狭い」と「汚い」というマイナスイメージの形容が連続し、読者の予測を裏切る点でも滑稽だ。

小説『**エンコの六**』では、「マケタ、ヤセタ、マケタ、ヤセタ」と挑戦的に連呼し、言われたほうが「陸の亡者」と一発KOを狙う、そんな応援合戦がくりひろげられる。「負ける」も「痩せる」も「亡者」も、意味は無関係で、音の響きだけが重要なのだ。「バカだ大学」対「低能未熟」の伝統の一戦を連想させるやりとりだからである。

同じ作者の『**変な同級生**』には、「古池や蛙《かわず》とびこむ水音の」と始まり、「声聞くときぞ秋は悲しき」と展開する俳諧歌が登場し、読者の頭を混乱させる。まさか「河鹿蛙《かじかがえる》」の取り持つ縁ではあるまいが、春の句と秋の歌との合併統合によって、「奥山に紅葉ふみわけ」るのが人か鹿かという疑問は解消される。パロディーとしては手抜きだが、意外性は高く、また、これでも何となく意味が通りそうなのもおかしい。

金子登の**『ユーモア辞典』**にも、「顔みれば千々《ちぢ》に物こそ悲しけれ、わが身ひとつのニキビならねど」という替え歌が出ている。大江千里の本歌に「月」とあるのを「顔」に入れ換えたのは、もちろん下の句で「秋」の代わりに「ニキビ」を出す準備なのだ。これでも一首の意味は通るものの、花鳥風月から程遠い皮膚科の話題に落ちている。

『お猿旦那』と題する落語には、「いにし屁のおならの都、八重ざくら、けふここの屁に匂ひぬるかな」という有名な替え歌が出てくる。歴史的仮名遣いで「いにしへ」と書くその「へ」から「屁」を連想し、「鳴らす」と意味を遠ざけた女房詞《にょうぼうことば》「おなら」とたまたま同音であるところからむりやり「奈良」と関連づけたもので、いたって不粋な作品だ。皇居や都を意味する「九重」が気化してしまうこの解釈はいかにもクサい。

花菱アチャコ・千歳家今男の漫才**『奈良見物』**にも、「古《いにしえ》の奈良の都の八重桜」「今日、この辺がよろしおましゃろ」という掛け合いが登場する。伊勢大輔《いせのたゆう》の本歌は下の句が「今日《けふ》九重《ここのへ》ににほひぬるかな」となっていて、上の句の「八重」を承けて、宮中をさす「九重」としたのだが、漫才では単に「ここのへ」という音の連想から「この辺」と転じ、以下それに合わせて大阪弁でしゃべくった一種の乗り換えである。

ハチローの**『ぼくは野球部一年生』**に、「くそじじい、とと坊庭に、ぼくここに」という言語作品が出てくる。五七五になってはいるが、およそ俳句らしい趣など皆無。しかし、文の構造が与謝蕪村の「菜の花や月は東に日は西に」という名句とどこか似ているような気もする。それもそのはず、入口に「蕪村研究会」と書いてあるのを見て、胸の中でつぶやいたことばなのである。

同じく**『青春音頭』**には、「街《ちまた》の雨のふるごとく、わが背中にも雨がふる」というくだりが出てくる。これはあまりに有名な詩を下敷きにしたものだから、読者にもすぐ通じるだろう。ヴェルレーヌの詩の「わが心にも」を「背中」に置き換えた実生活のひとこまだ。

9 更科日記――模擬

《もじり》や**《パロディー》**の類で、世間によく知られた表現を、その意味は無視し、形態だけをあまり忠実すぎない程度に似せる修辞技法を、特に《**模擬**》と呼ぶことがある。「白い椿赤い椿と落ちにけり」「赤い椿白い椿と咲きにけり」「赤い牡丹白い牡丹と落ちにけり」「赤い唾白《つばき》い唾と吐きにけり」などと変形させた模倣句は、もとになっている河東碧梧桐《かわひがしへきごどう》の「赤い椿白い椿と落ちにけり」が連想されるかぎり、どれも滑稽な感じを伴う。

「ふるさとの地酒なつかし居酒屋の人ごみの中にそを利きに行く」という腰折れも、石川啄木の「ふるさとのなまりなつかし停車場の人ごみの中にそを聞きに行く」という一首を髣髴《ほうふつ》とさせることができれば、読者の笑いを誘うかもしれない。「聞く」と置換した、味や香りを試し楽しむ意の同音の「利く」がポイントとして働く。

《**連想**》のおかしみは、むろん、文学作品とは限らない。発泡酒やタバコの増税に反発して「飲むなら吸うな吸うなら飲むな」と言えば、多くの読者はその背後に「飲んだら乗るな　乗るなら飲むな」という交通標語の映像を透かし見ることだろう。

『ローマの休日』という映画が世間で話題になった頃、たしか某化粧品会社の「アロマの休日」という入浴剤のキャッチコピーを見た記憶がある。「芳香」を意味する「アロマ」という語が「ローマ」と音の類似点が多いのを利用したものだ。「老婆の休日」としたのでは売れるものも売れなくなる。

何年か前、プロ野球の読売ジャイアンツの負けが込んでいた時期に、朝日新聞のスポーツ面に「巨人軍は永遠に不振です」という見出しが載ったことがある。長嶋茂雄が選手引退の挨拶で「わたくし長嶋茂雄は今日引退をいたしますが、わが巨人軍は永久に不滅です」と発言したのをもじり、プラスイメージの「不滅」をマイナスイメージの「不振」に入れ換えた皮肉な見出しだ。なお、時を超越した栄光を讃えるには「永久」より「永遠」のほうが適切だという日本語の語感もからんで、長嶋発言がいつか「永遠」という形で人びとの記憶に残ることになり、朝日の記者もその不思議な現象に従っている。

東日本大震災の折、同じく朝日新聞の投書欄に、「「安全?」と言うと「安全。」と言う。こだまでしょうか。いいえ、官房長官です」とかといった時事戯評が載った。これは金子みすゞの詩の模写らしい。

北村小松の『**街頭連絡**』には「有名な怪奇小説の作家で、利根川散歩」とあるが、これも容易に見当がつくように、『怪人二十面相』の作者「江戸川乱歩」の《**もじり**》である。そもそものペンネーム自体が、『黒猫』の作者、アメリカ人の「エドガー・アラン・ポー」の宛て字から来ているのだが、もじりのもじりともなるとかなり縁遠くなって、そこまでさかのぼるのは大変だ。

清水義範の『**大江戸花見侍**』に「旗本偏屈男」という人物が登場する。もちろんこれは佐々木味津三の『旗本退屈男』のもじりだが、「偏屈」もあるだけにおかしい。

井上ひさしの作品には、この種の例が多い。『花よりタンゴ』という題名は、もちろん美よりも利を求める「花より団子」という喩《たと》えを連想させる。以前、文体論・表現論の立場から漱石の『吾輩は猫である』のユーモアを分析し、『吾輩はユーモアである』と題する著書を出したことがあるが、それより前に井上ひさしは『吾輩は漱石である』と題する戯曲を発表している。作中の主人公が漱石なので、『吾輩は猫である』という漱石の作品名の語り手「猫」の代わりに書き手の「漱石」をはめこんだ書名だ。類音の「事件」と「辞典」を入れ換えたような『国語事件殺人辞典』という書名も人を食った感じでおかしい。

作品の中にもこの種のいたずらが多い。「吉里吉里《きりきり》語四時間」という語学参考書は、知る人ぞ知る現実の「〇〇語四週間」という語学書のシリーズを連想させる。

『**小林一茶**』に出てくる「知名度も中位なりおらが名は」というせりふは、一茶自身の「めでたさも中位なりおらが春」という句にひっかけたものだと気づくときに滑稽な感じになる。「うなぎおいしかばやき」という高級料理から、ふるさとの「うさぎ追いし彼の山」を思うのも楽しい。

が、何といっても傑作は、蕎麦屋の出前持ちが付け売り用の帳面を「更科《さらしな》日記」と命名する『**国語事件殺人辞典**』の例だろう。読者はすぐに菅原孝標女《たかすえのむすめ》の筆になる平安後期の女流日記『更級《さらしな》日記』を連想する。中には「科」は「級」の誤記かと疑う向きもあるかもしれないが、この古典も藤原定家の筆本に従って今では「更級」と書くが、大正の末頃までは「更科日記」と書くのが一般的だったらしい。芭蕉に『更科紀行』があることもあって、何となくもっともらしい用字に見える。信州のそのあたりは蕎麦の産地であったこともあり、特にここは蕎麦屋だけにその名店の名に合わせた表記にしてある。そこまで気がつくと、よけいおかしみが増す。

10 雨ニモ負ケテ――模　作

パロディー系統のうち、ある作品の特定の箇所をそっくり思い起こさせるように、意味を変えてその表現の形式的な特徴を模写する技法を、特に《**模作**》と呼ぶこともある。

やはり**井上ひさし**の『**おれたちの大砲**』に、こんな一節が出てくる。「薩長の反逆を思えば腹が立つ。君家の窮状を思えば涙が流れる。腹立ちと涙を押えて暮すのは窮屈だ。とにかく人の世はお先まっくらだ。お先のくらいのが高じると、明るいところへひっ越したくなる」といったあたりを声に出して読むと、何か他の作品の調子を感じるのだ。表面上の意味はそれなりに通るから、作品の筋を追うにはそんな連想など必要がないが、面白さを味わうためにはそこが肝腎なのだ。

「……ば……が立つ……ば……流れる……窮屈だ……とにかく人の世は……が高じると……ところへひっ越したくなる」というふうに展開する文調、それは意味はまったく違うが、前に《**尻取り文**》の箇所で言及した**夏目漱石**の『**草枕**』の有名な書き出しの調子だ。「智に働けば角が立つ。情に棹させば流される。意地を通せば窮屈だ。兎《と》角《かく》に人の世は住みにくい」として改行し、「住みにくさが高じると、安い所へ引き越したくなる」と続く、あのリズミカルに畳みかける流れが底流をなしているのである。

こんなふうにもとが知れてみると、「角が立つ」が「立つ」の縁で「腹が立つ」に転じ、「兎角に」が「とにかく」と類音の異語に置き換わり、抽象的な意味の「お先まっくら」から具体的な「明るいところ」へと短絡的に跳び移るのがよけい滑稽に感じられる。

同じ作者の『**腹鼓記**』にも、どこかで聞いたようなこんな歌詞が登場する。「都の真南　伏見の杜《もり》に／聳《そび》ゆる甍《いらか》は　われらが社《やしろ》」と始まり、「われらが日頃の　抱負を知るや」と続き、途中、関係のない「ネズミのてんぷら」や「ケツネのうどん」などを挟んで「輝くわれらが社前《しゃぜん》を見よや」と展開する狐大学の校歌だ。「伏見」は狐と切っても切れない関係にある稲荷神社の縁、「社」

とあるのも神社だからである。「都の……の杜に……聳ゆる甍は　われらが……われらが日頃の　抱負を知るや……輝くわれらが……を見よや」というふうに本歌の切れ端がちらちら見えてくるのは、あの「都の西北」に位置する大学の校歌で、これはその狐バージョンであることが知れる。「森」でなく「杜」となっているのも、それで納得がいく。

堀田善衛の**『広場の孤独』**には、「雨ニモ負ケテ／風ニモ負ケテ／アチラニ気兼ネシ／コチラニ気兼ネシ」と始まり、「ソウイウモノニワタシハナリソウダ／ソウイウモノニニホンハナリソウダ」で終わる替え歌が登場する。「雨ニモ負ケ……風ニモ負ケ……」と始まり、「ソウイウモノニワタシハナリ……」と終わる冒頭と末尾の形態と、連用中止の形でどこまでも続く長大な一文という文型から、読者はすぐ宮沢賢治の「雨ニモ負けず／風ニモ負ケズ」で始まる有名な詩を連想するだろう。

11　山へ柴刈りに——暗示引用

今いくよ・くるよの漫才に、嫁と姑がうまくやっていくためには、姑が若さを保つよう適当な仕事をさせるといいという話題が出てくる。その例として、「お母さん」と呼びかけ、「私コーヒーわかしますから、コンクリートブロック裏庭まで運んでくれません?」とか、「私おそうじしますから、お屋根に上がって雨もり直してくれません?」とかと、年寄りに重労働を強いる嫁の勝手な言い分を並べたあと、「お母さん、私洗濯しますから、山へ柴刈りに行ってくれません?」というせりふが飛び出す。今どき、芝刈りはあっても柴刈りなどという話はめったに聞かない。「お爺さんは山へ柴刈りに、お婆さんは川へ洗濯に」というあの「桃太郎」という昔話の連想を誘っているのである。

このように、著名な原表現をそのまま引用したり、変形して擬似表現をつくりだしたりするのではなく、それを連想する契機となるような言語表現を用意することにより、表面上の意味が通るように配慮しながら、その裏に別の映像をフラッシュのように流す修辞技法を**《暗示引用》**と呼ぶ。「鬼貫《おにつら》は夜ぢふたらひを持ちまはり」という川柳は、上島鬼貫の「行水の捨てどころなき虫の声」という句を相手が知っているという前提で詠んだものであり、その句の存在を知らない相手には理解してもらえ

4　多　重——ことばの二重写し

ない。読者の常識は時代とともに移るため、作品が古くなると次第に通じにくくなる運命にある。

今以上に次々と新党が生まれては消えていった時代、朝日新聞夕刊のコラム**「素粒子」**に、なぜかしばしばこの技法の例が現れて、読者の文学的な素養をくすぐった。まず、一九九二年一〇月一七日に「テレビに竹下派の出入りを看《み》る／疑《うたご》うらくは是《こ》れ暴力団の姿かと／頭《こうべ》を低《た》れて政治を思う」とあり、一九九三年六月二四日には「吾が輩は新生党である。反省はまだない。過去をどう清算したらいいのか頓《とん》と見当がつかぬ」とあり、九四年一月二九日分には「コノゲンキンヲウケテクレ、ドウゾタップリモラッテオクレ、「アリガト」ダケガ政治家ダ」とあって、翌月一七日の同欄には「連立はすべて闇の中である。ある所は武村づたいの道でありある所は小沢に臨む崖である」とある。

最初の例は「牀前《しょうぜん》月光を看る　疑ふらくは是《これ》地上の霜かと」と始まり、「頭《こうべ》を低《た》れて故郷を思ふ」で終わる李白の詩『静夜思』、二番目の例はむろん漱石の『吾輩は猫である』の書き出し、三番目の例は于武陵《うぶりょう》の漢詩『勧酒』の「コノサカヅキヲ受ケテクレ　ドウゾナミナミツガシテオクレ」と始まり、「ハナニアラシノタトヘモアルゾ「サヨナラ」ダケガ人生ダ」と結ぶ井伏鱒二の訳、そして最後の例は島崎藤村『夜明け前』の冒頭文を下敷きにして、当時の時事問題を皮肉った例である。背景の映像はいつまでも鮮明だが、肝腎のニュースのほうは、竹下登、新党さきがけの武村正義、新生党の小沢一郎といった政治家の記憶が薄れるにつれて読者に通じにくくなる。

井上ひさしの**『モッキンポット師の後始末』**に、「爪の先はまっ黒で、これはどうやら物凄い黴菌《ばいきん》の棲息地と思われ、間違って煎じて飲んだら前代未聞の腹痛に悩まされそうに不潔この上ない」という一文が出てきて、一見何のことやらわけがわからない。通じない読者も、そんな汚い物をどうして煎じて飲む気になるのかと、その思いつきに呆れるあたりで、「爪の垢を煎じて飲む」という慣用的な表現のことばが、そこに破片となって散らばっていることに気がついて、読者はにんまりとする。こちらはそう簡単には古びないだろう。

12 王様は寒かった――文体模写

有名な作品の特定の箇所を連想するような仕掛けをつくるのではなく、ある作家の文体や有名人の話し方などを形だけ似せる表現の技法を《**文体模写**》として取り上げよう。レトリックでは《**パスティーシュ**》と呼ばれる。

和田誠の『**倫敦巴里**《ロンドンパリ》』に、川端康成の『雪国』の有名な冒頭のシーンを題材に、同じ内容が別の人の手にかかるとどんな表現になるだろうかと想像した実験作が並んでいる。もし淀川長治《よどがわながはる》が語れば、「トンネルを出ましたねえ。長いですねえ。(略)娘さんが窓をあけて「駅長さあん」と言います」といった調子になりそうだという。むろん、語り手の淀川の話体をまねてみたものであり、川端の文体と似ても似つかぬところがおかしい。

古く『週刊朝日』に載った童話のパロディーの受賞作に、兎と亀の話を、つかこうへい風に仕立てた『**兎と亀殺人事件**』という作品がある。途中で居眠りしている兎を追い抜き、優勝のテープを切ろうとする亀を、醜い者に勝たせるわけにはいかないから、兎を起こしてこれを飲ませろと、スッポンの生き血の入ったワインを持たせてけしかける場面があり、「追い抜いてどうすんだよ。え、亀の分際で兎を追い抜いてどうすんだよ。お前、鏡見た事ねえのかよ。その醜い体見た事ないかよ。それに比べてあの兎の美しい事、どうだ。艶々した純白の体、ルビーのような瞳、愛らしい口、おびえた少女のような身のこなし」というふうに描かれており、つかこうへい流の口調が笑わせる。

同じく、桃太郎の話を、もしも内田百閒が書いたらこうなるのでは、と類推した文章を紹介しよう。「近頃しきりに義祖父と義祖母が、鬼ヶ島へ行けと云う」と始まり、「おまえは桃から生れたのだから、行って鬼を成敗しなければならない」といった会話を挟んで、「これが即ち、義祖父の云い分であって、そう云えば、そんな気もしないではない」と続き、さらに、「そもそも、桃から生れるとは、世間一般で云われる異常分娩であって、尋常ならざる生れ方である」と展開する。まさに「贋作《がんさく》桃太郎」である。

4 多 重――ことばの二重写し

アンデルセンの『裸の王様』を井伏鱒二風に訳した試

みもある。作品はまず、「王様は寒かった」という短い一文で始まる。それだけで改行し、「あたかも存在しないかのようなその軽さは、服地の優秀性の証明にこそなったが、彼に風邪を引かしめるには十分であった」として、ふたたび行を改め、「何たる寒さであることか」という会話文を挟んで、「彼は透明な襟を掻き合わせた」と続く。

井伏鱒二という作家がつねにこんな文体で小説を書いたわけではない。「王様は寒かった」という冒頭文が「山椒魚は悲しんだ」という井伏の初期作品『山椒魚』の書き出しを想起させるように、これはあえて欧文直訳調の表現をひっさげて、自然主義一辺倒だった当時の文壇に、文体で抵抗を試みた『山椒魚』の文体を模写したと見るほうが正確である。

清水義範の『**永遠のジャック&ベティ**』には、さらに不自然な日本語表現が続出する。「私は一人の息子を持っています」とか、「私が見たシャツの中でももっとも美しいものの一つです」とか、「今日は上着を着ているためには暑すぎます」とか、「彼は何をしますか」とかというのはほんの一例だ。戦後間もない時期の日本の英語教育に対する皮肉であると同時に、英語臭を残した奇妙な日本語の氾濫を揶揄する現代の言語時評ともなっている。あえて直訳調の「あなたはいくらかのバターを持っていますか」という問いを用意し、「バターを持って町へ出る人間はいません」と論理的に一蹴するあたりは胸のすく思いである。

13 格子敲いて申し——類装法

一つの文章の中に、あるもの・ことに関連したことばをちりばめ、表面上の意味の奥に模様を描き出して、濃淡二重のイメージを仕掛ける修辞技法を《**類装法**》または《**類喩**》と呼ぶ。あぶり出しに似た趣向と見ることもできよう。

五十嵐力の『**新文章講話**』に、「かうしたたいてまうしといへばなぜかいはくがありさうだ」という例があがっている。格子を敲《たた》いて「申し」と訪れるのには何か謂われがあるのだろう、といった表面上の文意そのものには特に面白みはないが、「格子」を同音の「孔子」と読み替え、「もしもし」の祖である「申し」という訪問時の呼びかけを、やはり同音の「孟子」と読み替え、さらに「謂《い》はく」を「曰く」と読み替えると、文面に儒教的な雰囲気が漂う。

「さとのともとささぬ君のかかる世に　あふ身はうきをきかで老ひせん」という一首は、この太平の世にあって君の身は何の心配もなく年を取ってゆくだろう、といった意味らしく、それだけでは何の変哲もない。ところが、そういう文意とは無関係に、文面の奥に視線を徹すと、前から順に、佐渡・能登・土佐・讃岐《さぬき》・美濃《みの》・加賀・近江《おうみ》・伯耆《ほうき》・隠岐《おき》という旧国名の姿が浮かび上がる。そして、「老ゆ」というヤ行の動詞を、「老ふ」というハ行の動詞のように活用させた結果、最後に「肥前《ひぜん》」も姿を現す。それがこの作品の趣向である。

近松門左衛門の『**嫗山姥**《おうなやまうば》』に、「風にゆられて百合の花」「みだれ葵《あふひ》のはなあやめ、われが思ひは深見草」「たれかあはれと白菊や」というふうに流れる箇所があるという。「揺り」に「百合」、「逢ふ」に「葵」、「知ら」に「白菊」、を重ねるなどして、文面に「花」模様をちりばめる。これは「花づくし」だが、ほかに「貝づくし」「橋づくし」などもあるらしい。現代ではあまり見られないが、寄席の余興などで、「わたしゃあなたにホウレンソウ」だとか、「ニンジン三ヶ月」だとか、八百屋の店先にある品物を詠みこむのはそれに近い。

14　名場面集——添義法

もっともらしい技法名を掲げたが、要するに「宛て字」である。宛て字が一般に笑いを誘うわけではないが、思いがけない宛て字や、とっぴな宛て字、小粋な宛て字などは、時に滑稽な感じをかもし出す。

泉鏡花の作品では、「同一」に「おんなし」、「提灯」に「かんばん」という読み仮名が振ってある。**里見弴**《とん》も「従来」と書いて「これまで」、「行為」と書いて「しうち」、「戸外」と書いて「かど」と読ませる。今は昔、鎌倉の山内家つまりこの作家の自宅を訪ねた折、「貧乏人」と書いて「つまらんもん」と読ませる例を当人に向かって話題にすると、「それなんざ、ひどいんだよ」と自分でも呆れ、上方の下町ことばだから日本語なのだが、

「言ってみりゃ外来語を使ったようなもんだよ」と笑った。逆に、「へま」に「稚拙」と漢字を宛てたら、「ありゃうまいと二、三人の人に言われた覚えがあるよ」という自慢話も飛び出した。そんな記憶がある。

瀧井孝作にも宛て字が多い。「青年」で「わかもの」、「対面」で「かお」、「小ない」で「おさない」と読ませ、「後添」に「ひと」というルビが付く。これも作家訪問の雑誌企画で八王子の自宅を訪問した折の話、「音沙汰」と書いて「あたり」と読ませる例を話題にすると、釣り糸を垂れていて「おとさたがない」ではおかしいから、釣りの用語をルビに付けたのだという体験談も出た。「怠惰」で「なまかわ」、「失望」で「はんがり」と読ませる例を追加すると、飛騨地方の方言らしく、芥川龍之介が「生皮」、そりゃすごいことばだなと言っていたという回顧談が続いた。ほかにも、「声詞」で「ことば」、「青年」で「わかもの」といった例が出る。「後添」に「ひと」、「孝之」に「あれ」というルビの付く例などになると、漢字の部分は説明にあたり、いっそ振り漢字の扱いにしたほうがわかりやすいような気がする。

伊藤整の『**芸術は何のためにあるか**』で、「閑話休題」と書いて「むだばなしはさておき」とルビを振っている。**連城三紀彦**も『**藤の香**』で「故郷」にも「郷里」にも「くにもと」とルビを振り、『**桔梗の宿**』では「煌り」と書いて「きらり」と読ませ、『**桐の柩**《ひつぎ》』でも「嫣然《えんぜん》」と書いて「にっこり」と読ませ、『**戻り川心中**』にも「心情」に「きもち」とルビの付く例がある。

滑稽なルビとなれば、やはり**井上ひさし**の大長編『**吉**《き》**里吉里人**《りきりじん》』だろう。東北地方の一寒村が日本の国から独立する話だから、吉里吉里語は当然、東北弁の様相を帯び、題名の「きりきりじん」は「ちりちりづん」と発音する。「大臣」は「でぇずん」、「責任」は「しぇぎぬん」、「陳述」は「つんづづ」、「自動車」は「づんどーさ」、「頂戴」は「ちょーれー」、「一人前」は「えっちょめー」というルビ付きで出てくる。「川端康成」には「かわばんだやしなり」、「小林秀雄」には「こんばやすふんでお」というルビが振られ、宇能鴻一郎《うのこういちろう》の『名場面集』はなんと「ええどごばっか」と読むように指示してある。

15 おー、やな奴——語呂合わせ

特に意味のない数字の連続などに、同音・類音のことばをあてはめて意味をこじつける遊戯的な修辞技法を**《語呂合わせ》**と呼んでいる。そうすることで、いい気分に浸ったり、相手をからかったりするのが主だが、その意味が人の記憶を助ける効果もある。二、四、六、九、十一という小の月を「西向く士《さむらい》」と唱えたり、五の平方根二・二三六〇六七九を「富士山麓鸚鵡《おうむ》啼《な》く」と覚えたりするのがそれだ。シェークスピアの生没年一五六四～一六一六は「人殺し(にも)いろいろ」となるが、むろん外国では通じない。

近所に三二というナンバープレートの付いたミニが今もある。犬の散歩の途中、一七四四というナンバープレートを発見し、なにげなく表札を見ると、「稲吉」とあって、思わず「やるなあ」と感心した。温泉旅館で四一二六という電話番号を好むのも「良い風呂」に通じるからだ。花屋の電話が〇八七八なのは商売にぴったりだが、無理すれば「おーやな奴」とも読める。七九六四は「鳴く虫」、五三-三七五一は「ごみ皆来い」と読めるし、仕事が遅れて敷居の高くなった時期に某出版社の二九四-一九七一という電話番号を「憎し、行くない」と覚えようとしたような気もする。八七〇六-九三一一を「離れろ、臭い人」などとこじつければ笑いが期待できる。

4 多重——ことばの二重写し

コラム❹
近況報告あれこれ
――男の子を作らせます

【問】平凡で形式的・事務的になりやすい近況報告を魅力的にする工夫を教えて下さい。

【答】 小杉未醒、のちに放庵と号した画家に宛てて、国木田独歩は自分の病状を報告し、転地先の相談を持ちかけた書簡の中で、「僕もとうとう病人らしい病人の中に加入してしまった」と書いています。部活や保険並みに「加入[1]」と書いておどけたのは、相手が暗い気持ちにならないようにという配慮だったかもしれません。「両ドクトル共に僕の顔を見ると転地転地とすすめ、ぐずぐずすれば死んでしまいそうな口ぶりで僕を東京から追い出す工夫に余念なし」と、経過報告でも医者が「追い出す工夫に余念なし[2]」と、おどけた口調を忘れません。それでも、「僕は衰えたよ。まるで骨と皮になったよ。君が見たらびっくりするぞ」と訴えるようになり、そうして、「ひいき目なしに[3]見て「長くはあるまい」が適評ならん」と覚悟するに至り、事実そのとおりになりました。

「咳《せき》をしても一人」の句で知られる放浪の俳人、尾崎放哉《ほうさい》は、晩年に家を捨てて四国は小豆島《しょうどしま》の寺の庵《いおり》にこもって、喉頭結核でそのまま死に向かうのですが、寒くなった島から、淋しさのあまり、荻原井泉水《おぎわらせいせんすい》に宛てて、こんな甘えた手紙を残しています。「非常にウマイ煙草が呑んで見たいのです」と切り出し、英国製のスリー・キャッスル「五拾本入りの罐《かん》」と具体的に指示し、「ヨイ匂いが頗《すこぶ》る恋しい、紫の煙りが恋しい」と真情を吐露します。そして、最後に「生ビールで、ウマイものを、ウントたべてからでないと死ニ切レナイなあ」とぼやき、鮪鮨《まぐろずし》も蒲焼も[4]駄目になったと訴えながら「今一度、必《かならず》、タベテ見せるぞよ」と、ことさら意気込んでみせるのは、きっと相手に対する思いやりなのでしょう。

小林多喜二が豊多摩刑務所で中野重治の妹鈴子に宛てた獄中書簡に、「真夜中に、三度も壁にひびの入るピーンという音に驚かされた[5]」と書き、「湿気を吸い込んでいるムキ出しのコンクリートの壁が、よく晴れ上った夜中に凍えるから」と解説します。さらに、「ゴーマンな吹雪」と雪の性格を酷評して敵視し、「何ベンも顎の下に手の甲をくッつけては、又書き出している」と、耐え難い酷寒のつらさを眼に見えるように伝えています。

谷崎潤一郎が松子夫人の妹の重子、『細雪』の雪子のモデルに書き送った手紙。「家の中が急に淋しくなり」、「いかにも秋らしくしんみりとしております」と、立ち去った相手に、喪失感に襲われる自分を訴えます。読む側はどんな気持ちがしたものやら？[6]

その潤一郎に、晩年のお気に入り、才色兼備の若い女性、渡辺千万子が宛てた一通を披露しましょう。「京都北白川にて」と記し、「信州の雪とは」違って、「京の雪は厚化粧の女のように、べっとりぼたぼた」と降り、「どこにつもっても、まあるく丸味づいてお釜のような形になります。一粒一粒キッと立つような鋭さはありません。とけておちるときも、一塊りにダダダーッ、ドサッと尻もちをつきます」[7]というふうに、極めて個性的な発見的感覚を大胆に滑稽に描いて才能を誇示します。

太宰治は、山梨県都留《つる》高女の教諭石原美知子との見合いから結婚式まで世話になった恩人の井伏鱒二に、生まれてくる子の名前まで考えてもらったようです。長子誕生を知らせるはがきを紹介します。「ただいま、無事に生れました」と報告しますが、次の「女の子でした」からトーンが下がり、そのあとに「せっかく名前まで考えていただいたのに、残念でございます」と、いつか当の園子が知ったらどんな気持ちだろうと端で気を揉むようなことまで書いています。男の子が生まれるものと勝手に決めつけている[8]のもおかしいのですが、それを鵜呑《うの》みにして女の子の名前を用意しなかった井伏も井伏ですね。それとも、女の子だったら自分で命名しようと太宰はひそかに考えていたのでしょうか。いずれにしても、人間というものの愚かさが身にしみる話です。そのはがきで、「この次は、きっと男の子を作らせますゆえ、どうかその時に下さいまし」[9]と必死にフォローするのはもっと滑稽で、これでは美知子夫人は重圧に押しつぶされそうだと、ひとごとながら笑ってしまいます。

それからわずか七年後、太宰は埼玉県の大宮に部屋を借りて『人間失格』の最終稿を執筆中、夫人に「無事、大いに食すすみ、仕事も順調なり」と近況を伝え、「この住所、誰にも教えぬよう」と釘を刺します。その三日後にも「仕事は快調、からだ具合い甚だよく、一日一日ふとる感じ」と妻に書き送った当人が、翌月に山崎富栄と玉川上水に身を投げる[10]のです。呆れるほど身勝手な人生だと読者は笑っても、暗い心は晴れません。人としての弱さがあまりにも痛々しいのです。

【表現の仕掛け】

①病人の仲間入りするのを「加入」とずらすのは、カテゴリー転換。

②医者の忠告を「追い出す」とひがむのは、被害妄想じみたおどけ。

③「ひいき目なしに」と、自分の状態をひとごとめかして表現。

④「スリー・キャッスル」「紫の煙り」「鮪鮨」「蒲焼」と具体化して、想像を楽しむ。

⑤コンクリートの壁にひびが入る音を聞き取って、酷寒の部屋を感覚的に伝達。

⑥身辺から姿が消えて淋しいと訴えられた女性の気持ちをあれこれ想像するのは大きなお世話でしょうがよけいな筆致が笑いをそそる。

⑦信州とは違う京都の雪の感触を、「厚化粧の女」や「お釜」のイメージを借りた比喩、「尻餅」という擬人化により多彩に表現。べたっとした感じで「一粒一粒がキッと立つような鋭さ」に欠けるという触感的なとらえ方が読者を唸らせる。「まるく」でなく「まあるく」という表現が象徴的。

⑧男の子ときめつけ、女用の名前を考えもしない、人間の愚かさ。

⑨勝手に、次は男の子を作らせるなどと約束し、妻に無理難題をふっかける無茶さ加減。

⑩その妻に、仕事も順調、体も快調と続けて書き送りながら、そのペンのインクも乾かないうちに、ほかの女と東京三鷹の自宅近くを流れる川に身を投げて果てる、なんとも破天荒な人生。

5 拡大

——極端に誇張

弟に「ありがとう」と言えばなごやかな雰囲気が保たれるが、バカ丁寧に「心より厚く御礼申し上げます」などと言ったのでは、大仰過ぎてからかった感じになり、下手をすると家庭の和を乱しかねない。が、《誇張》もある限界を超すとそこにおかしみが生ずる。

「何回も注意しているのにまだ直らない」などと言う場合でも、「何十回も」ぐらいであれば、ありえない回数ではないから強調した程度に受け取られるが、「何百回も」となると、それほど辛抱強く注意をくり返す人はめったにいないから、誰も額面どおりには受け取らない。「何万回も」ともなれば、癇癪《かんしゃく》を起こして極端な言い方をした感じになり、言われた当人は不愉快でも、はたで聞いているぶんには滑稽に思う。

大の大人の行為を、「大人らしくない」と批判するのは何の面白みもないが、「中学生でももう少し気を遣う」、「小学生でさえそんなやり方はしない」、「生まれたばかりの赤ん坊にも等しい」というふうに誇張するにつれて、当事者には気の毒ながら、聞いている側のおかしみがそれだけ増す。

腹をすかして食堂に飛び込んだときは、味よりも何よりも待たされるのが一番つらい。十分程度ならじっと待っているだろうが、二十分、三十分となるとおとなしく待っていない。たいていの客は催促を始める。「あとどのぐらいかかりますか」と尋ねるのはおだやかだが、いらいらしてくると客の言い方は乱暴になる。「いったい何時間待たせるつもりだ」とどなりたくもなるが、どなってしまったら店内は殺伐とした雰囲気に一変する。

米原万里の『必笑小咄《こばなし》のテクニック』に、「わたしがメンチカツを注文したウェイトレスさんは、ひょっとして退職されたんじゃないですか？」という痛烈なパンチを見舞う例が出てくる。「注文してから私もめっきりふけた」でもいいのだが、皮肉も度を越すと、「今牛を育てている」とか、「まだ植えたばかりだ」とか、「すぐ釣りに出かける」とかと冗談で反撃されかねない。それでも、こういう極端さが他の客を楽しませる。

その間の事情は、井上ひさしの『モッキンポット師の後始末』に出てくる「股間は雲をよび、雨をよび、一物《いちもつ》は天を指して隆々と屹立《きつりつ》する気配」といった極端な例を出せばさらにわかりやすいのだが、何も気品にあふれる読者諸賢の前で好き好んで引くような例でもないから、今はそんな素振りも見せず、取り澄ました顔で先へ進もう。

1 地球が違う——大仰

落語の『**あかにしや**』に、「あかにしやのけち兵衛というしみったれの国から吝嗇《りんしょく》を宣伝に来た」ような爺さんが登場する。残った財産が心配だから跡継ぎの品定めをしようと三人の倅《せがれ》を呼び寄せ、自分が死んだらどんな葬式を出すかと各自の考えを聞いた。

長男が、芝の増上寺を借りて広場に模擬店を開き、園遊会を催して福引で景品をばらまく、という大散財の「珍葬」を提案して呆れられた後、次男は「空前絶後、古今未曾有という世界的の大規模の葬式を出します、殆《ほとん》ど葬式界のレコードを破りますな」と言い出す。長男のは誇張の要素が強いが、次男の言い方は《**大仰**》な表現におかしみが感じられる。

『**花見酒**』という落語は、花見をしながら銭儲けをしようとする話だ。酒屋の番頭に掛け合って灘《なだ》の生一本を二升借り、それを樽に入れて二人で担いで花見の名所に持ち込み、一杯いくらで売って一儲けしようというアイディアはよかったが、売り手がどちらも大の酒好きだったのがとんだ計算違い。商売物だから只《ただ》で飲むのは悪いが、買う分には構うまいと、一方が客になって互いに商売をしているうちに樽は空っぽになり、たっぷり入るはずだった売上金もなぜかすっからかんになっている。同じ金が行き来するだけだから当然のことだが、当人たちは無駄はないと納得するのが落ちになっている。

買い手になった相棒が飲んでいる間、酒好きの売り手の反応がおかしい。「飲む時にガブリとやった、其《そ》の匂いがプーンと来たもんだから、俺の方が今度は気が遠くなって、身体が利かなくなったような工合で、つまりまア、人事不省とでも云うんだろう」と、「人事不省」という大仰な表現にせりあげたあたりが、おかしみの頂点となっている。

漱石の『**吾輩は猫である**』では、題名となったその猫の口調自体が大げさだし、主人の苦沙弥《くしゃみ》が散歩しようと言い出すことを「動議を呈出した」と述べ、「四辺の寂寞」とか「鼠賊《そぞく》の逸出」とかというレベルで語る。長々と物語る寒月が途中で一服すると、「長い烟《けむり》をぷうと世の中へ遠慮なく吹き出した」と大きく出る。吐いた煙はせいぜいその部屋の空気中で拡散するのだが、たしかに、高等遊民が無駄話をしながら時間を浪費しているその室内も「世の中」でないことはない。あまりに拡大したとらえ方がおかしい。

迷亭の話しっぷりも、極端に大仰な言い方が皮肉の効果を倍増させて滑稽味を添える。結婚観を述べる際にも、すっと入って行かず、大上段に振りかぶって「個性の発達せざる蒙昧《もうまい》の時代はいざ知らず、文明の今日猶此《なおこの》弊竇《へいとう》に陥って恬《てん》として顧みないのは甚《はなはだ》しき謬見《びゅうけん》である」という調子で始め、「一時の劣情に駆られて、漫《みだり》に合衾《ごうきん》の式を挙ぐるは悖徳没倫《はいとくぼつりん》の甚しき行為」と弁ずる。そんなに格調高く語るほどの内容でないから滑稽なのだ。

北村小松の『**街頭連絡**』に酒場のこんな場面が出てくる。客同士が喧嘩になり、一人が「大体女のいねえこんな酒場へ来るとは」と言ったのを店のマダムが聞きとがめ、「あたしは女だよ……無視して貰」っちゃ困ると割って入る。酔っ払いは「女？　……君ア……女だったかの……そうか、こいつア博物館物だ、天然記念物保存物だ！」と大仰に驚いてみせる。

同じ作品に、若い女はいずれ自分も結婚するものと確信しているくせに、「身近の者が結婚すると云う事になると、まるでこの世に、あり得べからざるものでも発見したかのように一応は、驚いて見るものらしい」という箇所もある。

生方《うぶかた》**敏郎**の『**東京初上り**』で、「今日は一つ浅草から向う島へかけて御見物なさるがいいでしょう」と推奨することを「動議を出した」と表現する例は、漱石の例の二番煎じの感があるが、**辰野九紫**の『**青バスの女**』に出てくる「僕自身の内規では」という例の「内規」は読者の意表をつく大仰な用語だし、弁解の仕方が古いと言われて「旧いかも知れないが、古今の真理だ」とうそぶく**近藤浩一路**『**異国膝栗毛**』の例も同様だ。

徳川夢声の『**噺扇楽屋譚**《なんせんがくやばなし》』に「三十分もすると俄然《がぜん》、両人とも思想悪化――たって何も大それたイデオロギーを抱き始めた訳ではないが、つまり、玉の井へ敬意を表そうではないか、てえ思想を抱き始めたんである」とあるが、私娼街へ繰り出すという話題だから、「イデオロギー」はおろか「思想」でさえ大仰な表現で滑稽に響く。

サトウハチローの『**若者行進曲**』に、ものごとを何でも善意に解釈する人間が出て来て、大変なけちを「国策にそうたよき趣味のあらわれ」と評する。これも類例だろう。「国策」と来たのには呆れたが、全体として皮肉な雰囲気が漂っている。

中村正常の『**結婚生活**』に、六時に起きて朝日を浴びて散歩する予定だった男が、六時間も寝過ごしたことに気づいた瞬間、「朝日はおそらく地球の向うがわ」をさしているだろうと感想を述べたとある。一個人の失態を地球規模でとらえた大仰さがおかしい。

佐々木邦の『**夫婦者と独身者**』には、女学校を首席で卒業したお嬢様がさらに進学したいと言い出したとき、そんなことより早く嫁に行くことが肝腎だと説得に乗り出す婆や、海外ではそんな例が多いかもしれないがと前置きし、「西洋は西洋、日本は日本でございます」と言った後にもう一言「地球が違います」と言い放つ。社会が違うとか、住む世界が違うとかで済ませておけばよかったのに、大げさに「地球」などと物理的・天文学的な用語を使ったばかりに、「地球は一つしかないわ」とお嬢さんに主導権を奪われる。

暉峻康隆《てるおかやすたか》『**日本人の笑い**』に、西鶴研究で知られるこの権威が日常生活で発見した滑稽な実例がいろいろ載っている。その中に大学のトイレの逸話がある。学部でも大学院でも授業中にそんな話を聴いた記憶はないが、教授が講義を終えて厠《かわや》へ赴き、しばし撒水に集中しながらふと見上げると、「天は人の上に人をのせて人をつくる」と書いてあったらしい。まさか慶応の福沢諭吉の向こうを張って、早稲田の学生がネガティブな「人をつくらず」をポジティブな「人をつくる」に改稿したわけではあるまいが、先生はこの作品は自由民権などという「イデオロギー以前の人道を喝破している」と、「シズクも切らず」に「しばらく鑑賞の時をもった」という。この教授は同じ校舎の別の階の憚《はばか》りで小用を足しながら、「汝は人類の将来をにぎっている」という壁の檄文《げきぶん》を眺め、「地球を掌中におさめたような、壮大な気分にしばしひたった」こともあるそうだ。

講義を聴いたせいでもあるまいが、やがて自分が教授となってからその大学の別の建物の手洗いで、こんないたずらを目撃した。今と違って自動水洗でなかったその頃、「水を流してください」という注意書きをよく見かけた。その「水」に「尸」冠を書き添え、「尿」という漢字に差し替えてあったのだ。単語の意味は全然違うし、文の意味も変化するが、どちらにしても同じ結果になり、目的はきちんと果たす。どうやら機転の伝統は受け継がれるようだ。

福原麟太郎の随筆『**二塁手**』に、学内の親睦野球で念願どおり二塁を守ることになった試合の模様が描かれている。憧れの二塁の守備位置について、気になる相手の二塁手はと見ると、藤岡由夫博士だ。ある回、その博士が「どうかしたと見えて一塁に走者となって」おり、「二塁に私がいるとも知らず盗塁を企て、捕手からの送球を落さなかった私の手によって、みすみす殺されてしまった」と、いくぶんおどけた調子で往時を回顧し、その盗塁失敗を「素粒子学者一代の失策であった」と大仰に評するくだりは、野球の技術と素粒子理論とは何の関係もないだけに、まさにグラブさばきのみならず、表現のほうのタッチも鮮やかで笑いを誘う。途中で空襲警報のサイレンが鳴って中止となったその試合が、福原の最後の野球となったという。

庄野潤三の『**インド綿の服**』に、庄野家そのままの主人公の家庭のこんな生活が描かれている。長女が結婚してすぐ近くに住んでいたが、子供が出来て手狭になり、足柄山《あしがらやま》に引っ越すことになった。今度は自転車で気軽に往来するわけにいかなくなったのをきっかけに、その長女が母親と長男の嫁の女三人でときどき昼食を共にしながらおしゃべりする機会を設けた。作家である父親は、自分の命名したその「ウーマンズ・ミーティング」に参加しない代わりに昼食代を出すことにしたという。

その長女から届くはがきはたいてい「足柄山からこんにちは」で始まるが、「暑中お祝い申し上げます」とあって驚くこともある。「黒山の人だかり」を「人山の黒だかり」と言い違えるほどの逸話の持ち主だが、ここは「お見舞い」の間違いではない。この一家はそろって寒がりで、夏の日差しの強いのを喜ぶので、椰子の実のように「先祖が南の島から八重の潮路を越えて流れ着いた」証拠だと話し合ったことを受けている。

ある日のはがきは「ウーマンズ・ミーティングの後援会長の大株主の後見人の陰の黒幕の父上様」と書き出されていて、当の父上もその大仰な宛て名にとまどいつつ、まるで「マフィアの親分か何か」みたいな待遇だと、いかにも嬉しそうに書いてある。そんなところからも、いい家庭の雰囲気が伝わってきて、読者も思わずほほえましくなる。

5 拡　大——極端に誇張

2 上の方が霞んで——誇張

井上ひさしは『**喜劇による喜劇的自己矯正法**』という文章で、「笑いを科学的に究明しようとする大脳心理学者の大集団がここ十数年来、この大問題(笑いの定義)と格闘しているが、全員、笑いに組み敷かれ、落命寸前という哀れな状態にある」と述べている。「笑い」に「組み敷かれる」とか、「落命寸前」だとか、極度に拡大する表現が笑いを誘う。

人間しか笑わぬから動物実験ができないという理由で、親しい学者が「生きて笑っている人間の大脳を断ち割ることが出来ればかなりのところまで解明する」と、井上の「頭部を横目で睨みながら怖しい言葉を吐いた」という。こういう表現の調子が《**誇張**》の好例だ。度を過ぎた誇張は概して呆れ笑いを誘うが、まずは実際の例で確認しよう。

野内良三『**ユーモア大百科**』に、こんな笑い話が紹介してある。きわめて高性能な電子案山子《かかし》が発明され、その威力が「あんまりすごいもんで、鳥たち、去年もっていった穀粒まで返してくれた」という。一年前にさかのぼって効果を発揮するということは考えられないでもないが、鳥の良心を呼び覚ますのだから、その洗脳力はノーベル賞ものだ。

同じ著者の『**ジョーク・ユーモア・エスプリ大辞典**』には、こんな話が載っている。英国人と米国人が、途方もないことを言ったほうが勝ちという賭けをした。米人がまず「昔々アメリカにひとりのジェントルマンがいました」と話し出したら、もうそこでイギリス人は降参したというのだ。これは単純な笑いではなく、苦みが含まれている。アメリカ人は粗野で礼儀を重んじないから紳士など一人もいるはずがないというイギリス人の思い込みが前提になっているからだ。たとい昔であれ米国に一人でも紳士がいたなどという、そんな途方もない話は自分にはとうてい無理だとして即座に白旗を上げたわけであり、伝統を重んじる紳士の国を自負する英国人らしさを極限まで誇張したところにおかしみがある。

同じ本に載っている、もっと単純に滑稽な話を紹介しよう。これも「ほら合戦」に近い。あまりの高熱で「卵を握っていたら五分でゆで卵になって」というのがその一つ。猛烈な熱で「看護婦が体温計を二本つながなければならなかった」という話もおかしい。二本つなげば高温まで測定できるという発想が突飛でおかしいのだ。

もう一つ、酔っ払い運転で大事故を起こした男が病院で意識を取り戻したら、医者が「あなたのアルコールのなかにはほんの少しの血液しかありませんでした」と言ったという話を付け加えよう。これは逆転の発想で、血液中にアルコールが多量に含まれていたというのでは笑話にならないのだ。

落語の『**本堂建立**』に、「蒸し立の薩摩芋見たように頭からポッポと煙を出して唸って居るのがありますが、浪花節ばかりは人間の口から発する声とは思われません」というくだりが出てくる。頭から湯煙が上がるのを目撃したと言い張るのも誇張だろうが、いい気になって当人が浪曲のつもりで唸るものすごい声が動物じみているのか、とても人間とは思えないという誇張が特におかしい。

同じく落語『**出世豆腐**』に出てくる「三度三度豆腐じゃ遣り切れねえぜ、湯に入ったって身体が沈みやしねえ、フワッと浮いちまわア」という誇張も、湯ぶねの底まで接触できずに尻が漂っている、そんな浮いている人体を想像すると、滑稽な図ができあがる。

やはり落語の『**東男**《あずまおとこ》』に、「俺の腹は食ってる側から空《へ》って来るんだ、一膳食って、二膳目の茶碗が手の平へ載っかると、其《そ》の重味でもって先の奴がグッと何所《どこ》かへ入ってしまうんだ」という例も、妙に理屈っぽいところが笑いどころだろう。

同じく落語の『**女房孝行**』では、鼻が低すぎるのを、「三年このかた夫婦になっているけれども女房の鼻を見たことがない、天気の好い時日向へ寝転ばして、拡大鏡で見たら成程《なるほど》あの辺りに幽《かす》かに見えるのが鼻らしいが」と、とぼけて誇張するのがおかしい。

野村雅昭『**落語のレトリック**』に、五代目**古今亭志ん生**の落語『**火焔太鼓**』の例が出てくる。火鉢を売りはらった家の年寄りが、寒くなると火鉢が恋しくなり、それを買った米屋の家へ連日あたりに行くので、「なんだか火鉢と甚兵衛さんと一緒に買っちゃったような心もちがする」というシーンは、誇張だとしてもその気持ちがよくわかって、観客もつい笑ってしまうだろう。同じ噺《はなし》に「およし、そんな太鼓オほこりイはたくの。ほこりがなくなると、太鼓もなくなっちゃうから」と細君がたしなめる場面がある。この発言、額面どおりに受け取れば、太鼓の形をした埃だけということになるから、太鼓に見えるそのほとんどが埃だという誇張なのだろう。

同書に、三代目**三遊亭金馬**の落語『**高田の馬場**』も出てきて、「まるで樽をすすいだ水みたいだよ。水っぽい酒というのはあるがね、これは酒っぽい水だ」というせりふがおかしい。「水っぽい酒」なら、それでも酒だが、「酒っぽい水」の方は、いくら酒っぽくても、本体は水であって酒ではない。

八代目**桂文楽**の落語『**素人鰻**』の噺も紹介してあり、「あんななげえつらの女てえな、ないね。馬が丸行灯《あんどん》くわえて下へウナギをぶらさげたようなね、上みて、真ん中みて、下みてるうちに、真ん中……忘れちまう」という例が出てくる。「馬が丸行灯くわえて下へウナギをぶらさげたような」という比喩を用いた形容も誇張だが、その長い顔を、あまりにも長過ぎて、上から下まで見下ろしている間に、通り過ぎた真ん中の部分を忘れてしまうぐらい長い時間がかかるとした《**誇張**》が特におかしい。

同じく文楽の落語『**干物箱**』には、吉原に忘れて来たふんどしの臭気に関する誇張された描写が出てくる。「床をあげるがはやいか、その臭気ははなはだしく」と始まり、「仲ノ町までもにおい」と誇張し、「角町、揚屋町までの大評判、衛生係が出張なし、石炭酸もよほどの散財」というところまで拡大される。

三代目**三遊亭円遊**の演ずる落語『**干物箱**』には、「あなたの踊りは、どうも人間とはおもわれませんよ。まるで象だね。ひどいもんじゃねえか。ドンドンと、足音がねエ、あの新道じゅうへなりわたるんだ。あなたがおどるために、あの片側へすんでた人はみなこしッちまう。あれは市区改正の踊りだね」というくだりが出てくる。よそへ引っ越す連中が跡を絶たず、町並みが一変するというのだから、極端な誇張である。

同じ著者の『**落語の話術**』に、八代目**橘家円蔵**の演ずる『**湯屋番**』の紹介が出てくる。豆腐を縄でくくって振り回しても割れないという程度の誇張は、他の落語家にも例があるらしいが、ここでは、「豆腐を荒縄でふんじばって、一町ばかりしきずって、ダーンとレンガの塀へぶつけたら、レンガの塀がこわれて、むこうにいた奴が即死したって、そういう豆腐をくおうってんだあ」という段階まで、豆腐の固さを誇張する。豆腐に当たって人間が即死するとなると、うっかり「豆腐の角に頭をぶつけて死んじまえ」などと冗談を言おうものなら、殺人教唆の嫌疑がかかりかねなくなる。

五代目**古今亭志ん生**の演ずる落語**『寝床』**には、「旦那がウワアッという声をだすと、それがきこえちゃったんだ、あのばあさんに。あおむけにひっくりかえっちゃった。七転八倒のくるしみ」と、旦那が義太夫を唸《うな》るその悪声が暴威をふるって人体に害を与えるようすを誇張して面白く聞かせる。その音波の衝撃のすごさを、「いまでも、ここの胸んとこへ、紫のあざがあるのは、義太夫がぶつかったあとだよ」と可視化してみせるのも秀逸だ。

今度は漫才に移ろう。**横山エンタツ**編の**『笑いのプレゼント』**に、**ミス・ワカナ・玉松一郎**コンビの漫才**『五月の恋』**が載っている。ワカナが「色が黒いので、頭と顔の区別がつきませんネ。何方《どっち》が裏か表か、戸惑いします」と誇張して相手の顔をからかうと、相方の一郎はそれをまともに受け取り、「鼻がある方が表にきまっていますワ」と、見分ける秘訣を伝授する。ちなみに、**サトウハチロー**の小説**『おさらい横町』**にも類例がある。「あなた随分黒くなったわね、裏と表が、わからないことよ」「まア、ひどい」「お口をきいたらようやくわかったわ、歯がちらつく方が表なのね」というやりとりがあり、別の識別法が示される。紛らわしくても頭にお辞儀をする人はいないから、いずれにしろ**《誇張》**である。

秋田実の**『名作漫才選集』**には、**横山エンタツ・杉浦エノスケ**のコンビで**『猛獣狩』**という漫才が載っている。銛《もり》で鯨を捕獲する話題で、「そのうちに鯨が息絶える。あたりはさながら血の海ですわ。その中をサッと抜き手を切って行って鯨をかついで帰る時の壮快さ」などと、気分よく弁じ立てるが、いくら壮快でも、鯨をかついで泳げる人間はいない。

芦《あし》の家《や》雁玉《がんぎょく》・林田十郎コンビの漫才**『お笑い骨董《こっとう》品』**には、「大きいものを集めてんのや」と言って、「富士山を入れるつづら」などというとんでもない例を挙げる。仮にそんな竹籠があったとしても、どんな目的で、それをどうやって入れて、何でどこへ運ぶのかという妙案が知りたい。「奈良の大仏さんが感冒で寝た時、汗とりをした大蒲団」という例も出てくる。これもナンセンスながら、大仏が風邪を引いて汗をかくという発想が笑わせる。

浪花家市松・芳子のコンビの漫才『**夜店行進曲**』では、芳子が「ごらんの通りの汚い帽子。まるで、醬油の中に一年、糠味噌《ぬかみそ》の中に一年も入れとうたような、こんな帽子でも」と相手をからかう場面がある。帽子の漬物ではないが、ひどい汚れであることはわかる。

同じ**秋田実**の『**笑いの創造**』には、「私は、三万回も注意したじゃないか、誇張はやめなさい、と！」というふうに、誇張をわかりやすく実例で説明する箇所がある。また、「女は気立てが第一や、顔なんかどうでもええ」「そうやそうや、顔なんかどうでもええ、無かってもかまへん」というやりとりも載っているが、後半は「あってもなくてもいい」という形で漫才に出ることもある。「どうでもええ」で顔の有無までは言及していないはずだから、ここは応じた側の拡大解釈だろう。

睡眠薬を買うと一瓶ごとに目覚し時計をつけて客に渡す、というサービスの行き届いた薬屋も登場する。目覚ましが鳴らないと目が覚めないほど熟睡できるという宣伝なのだろうが、薬の原価がいかに安いかもよくわかる。安値といえば、うちの店は「余《あ》ンまり安いんで、この間の晩なんか強盗が入って来たが何一つ盗らずに帰って」行ったという話も載っている。そんな安い品物を盗んでみてもろくに金にならないと泥棒が判断したという理屈だろうが、窃盗未遂に終わったその家宅侵入の犯人が、その店はあまりに安いので「翌日改めて買いに来た」という宣伝じみた落ちが傑作だ。

幸福・美津枝の漫才に、「今の世の中はスピード時代やというが、この間の火事の時には本当にびっくりした」「どない、したんや」「消防車が現場に駆けつけた時には、もう焼け跡に家が建ってた」というやりとりが出る。救急車が到着する前に急病人が回復することならありそうだし、消防車が遅すぎて火事がもう消えていたというケースもないとは言えないが、いくら急いでも三ヶ月はかかる新築の家が完成してしまうまで到着できない消防車というのは考えられない。が、ここまで極端に誇張すると、確実に滑稽さが増す。

織田正吉の『**笑話の時代**』に、**海原お浜・小浜**コンビの漫才『**アイデア時代**』が載っている。最近の若い人は体格がよくなったという話題で、お浜が「栄養がええからね、このごろの子供は、私らよりよっぽど大きい」と言うと、小浜が「よう伸びてるね」とあいづちを打ち、お浜が「上へ上へとね」と多少オーバーぎみに言うと、小浜は「天気のわるい日なんか、上の方かすんで見えへん」とぼける。夢見やぐらならぬ東京スカイツリーじゃあるまいし、見上げると顔のあたりが霞んでよく見えない人間を想像するとおかしい。

『いとしこいし漫才の世界』に**『交通巡査』**の台本が掲載されている。交通の大渋滞で、この車が「止まってから、もう、どのぐらい経つでしょうかね」と話しかけると、相手から「もう足かけ三年ぐらいになるんじゃないですかな」というあり得ない答えが返ってくる。この誇張だけでも「そんなアホな」と呆れ笑いを誘うが、それを真に受けて、女房が産院に入っているのだが、「あの子、もう三つになってますね」と冗談に乗ってくるのが、おかしみに輪をかける。

『こいしさん、こいしさん』と題する作品では、こいしが「私の嫁はんは妻《さい》」と言うと、いとしはその音に反応して「あの嫁はんがサイか？」と、動物の犀《さい》を連想するが、ここは口頭でのやりとりだから、相手がそんなとんでもない誤解をしているとも知らず、こいしが「妻よ」と同じことばをくり返すと、いとしはすかさず「あら、カバやがな」と、動物の河馬《かば》を持ち出す。そんなはずないやろという意味合いで「そんな大きな口しとんのか」と一蹴するつもりが、相手は「この間、お膳くわえて走っとった」と動物じみたイメージを具体化させて、あくまで自分側の文脈を貫く。このすれ違いの展開も笑える。

『物売り・季節感』と題する台本では、旅先で枕が変わるとなかなか寝つかれないという話題で、いとしが枕をボストンバッグに入れて旅行することを提案する。この程度なら、実行している例も世の中にありそうだ。が、こいしはさらに「布団が変わったら寝れへん」と言い出し、いとしがそれにも「ほな、布団もっていかなしゃあない」と応じる。ここまで徹底して実際に旅館まで布団を持ち込む人間は考えられないから、これで笑いが起こるのだが、漫才ではさらにエスカレートして、「家が変わると寝れない」「家、担いで行くか？」というやりとりにまで発展して笑いを増幅させるのだ。

漫才からもう一つ、**『モダン落語とヒット漫才』**に載っている、**獅子てんや・瀬戸わんや**コンビの一席を追加しよう。**『十年目物語』**と題する台本だ。てんやが「社長」になったと言って、わんやに発音の似た「車掌」と間違えられるのだが、相手の思惑など意に解さず、社長の大邸宅の説明を始める。大型テレビや自家用車が二台などというあたりまでは今では不思議でも何でもないが、そのあと「ブルドッグが三匹、女中さんが三十七人」と続き、どういうわけかそこに「ふんどしが三本」を挟んで、「ね、わかったかい、うちへかえれば大へんですよ。お父様おかえりあそばせ、三ツ指ついて奥さまのアイサツがおわるまで一時間五十分はラクにかかる」と自慢たっぷりに弁じ立てる。帰宅した主人は長時間玄関に立っていなければならないから、それは「大へん」には違いない。しかし、てんやの話は「そういう身分の人の隣に住んでる」という落ちになるから、客の方もガクッと来る。

夏目漱石の小説にも《**誇張**》の例がよく現れる。『**草枕**』の床屋の洗髪の場面は、長々と続く誇張表現の連続だ。「親方は垢の溜った十本の爪を、遠慮なく、余が頭蓋骨の上に並べて、断わりもなく、前後に猛烈なる運動を開始した。此《この》爪が、黒髪の根を一本毎に押し分けて、不毛の境を巨人の熊手が疾風の速度で通る如くに往来する」とあり、その結果、「ありとある毛が悉く根こぎにされて、残る地面がべた一面に蚯蚓腫《めゝずばれ》にふくれ上った上、余勢が地盤を通して、骨から脳味噌迄《まで》震盪《しんとう》を感じた位烈《はげ》しく、親方は余の頭を掻き廻した」と展開する、作者の力のこもった労作である。頭でなく「頭蓋骨」とあり、「一本毎」「巨人の熊手」「疾風」「根こぎ」「地面」「脳味噌迄」「震盪」と、誇張の連続だ。

『**坊っちゃん**』にも、「こう立てつづけに芋を食わされては命がつづかない」という例が出るし、うらなり先生こと英語教師の古賀の赴任先を、坊っちゃんはひどく田舎じみた土地だと思い込み、「猿と人とが半々に住んでる様な気がする」と勝手に想像するくだりもおかしい。『**吾輩は猫である**』でも、五分刈り、三分刈りどころか、「頭の裏迄刈り込んでマイナス一分刈」などという散髪を想像し、「天が下の一隅にこんな変人が矢張日光に照らされて生活して居ようとは夢にも知らない」とか、「顔から髯が生えて居るのか髯の中に顔が同居して居るのか分らない赤つら」とかという例など、挙げればきりがない。

大泉黒石の『**恋愛禁物会**』には、「目鼻の在所《ありか》も明《さだか》ならん醜男《ぶおとこ》」とある。眼や鼻がどこにあるか見分けのつかないほど乱雑な顔というものは、なかなか想像ができな

5 拡 大――極端に誇張

い。同じ作品に、相手の女の「顔を見て命からがら逃げ出す」という箇所もある。顔を見て逃げ出すことはありそうだが、どんな顔でも食い殺される心配はないはずだから、「命からがら」という誇張がおかしい。

同じ作者の**『裏と表』**には、「その奇怪なる実物を見ては、どんな猛獣でも人喰い人種でも両手をついてあやまらざるを得ないような代物」とある。また、写真では「人間に近い」と思った一人も、実物を見ると「アルバムの肖像とは似ても似つかぬ」容貌で、その「化け物が嬌態《しな》をつくってニコリと、こう様子ぶるところを知らない人が見たら其の場で気が遠くなる」と続く。「化け物」呼ばわりも誇張だが、「気が遠くなる」というのも、実際に人事不省に陥ることは考えられない。

東健而《ひがしけんじ》の**『退屈の妙薬』**には、「あなたが口を動かすのは欠伸《あくび》をする時だけじゃないの」とある。食事中も新聞を読んで口を開かない人間でも、一日のうちに何かは言うだろうから、これは明らかに誇張だ。例外的に口を動かす中にあくびを含める発想もおかしい。

水島爾保布《におう》の**『結婚と馬鈴薯』**の中に、「地球の皺を一身に集めたようにすっかり悄気《しょげ》返っていた」という例が出てくる。「地球の皺」などというものは集められるものではないから、これは特に極端な誇張の例である。

サトウハチローの作品にも《**誇張**》の例は事欠かない。**『トコちゃん・モコちゃん』**には、「『いただきまあす。』／と、声をはりあげたが、いただきの、だきで、もう、お茶わんのごはんは、三分の一ほど食道を通過していた」とある。よくもまあ、そんな計算ができたものだと感心する。**『あべこべ物語』**には、「ビリケン頭(とがった頭)のとんがったいただきから、ゆらゆらと湯げが出ています」とある。人類の頭から実際に湯気が上がるのを目撃した人間はいないだろうから、これも明らかに誇張の例だ。

同じ作品にこんなやりとりも出てくる。「きりきりといたいのだ」「おなかのなかがにえるようにか」「そうだ。もうすこしで、すっかりにえそうだ。いまはまだ半じゅくだ」というやりとりが出てくる。「腹の中が煮えくり返るようだ」という慣用的な比喩にあるが、ここの「半じゅく」という冷静な分析がおかしい。腹痛でもそんな機転が利くようならまだ余裕がある。

『占いの名人モコちゃん』には、「おばアさんの口が、大きくひらいた。顔中が口になった」という例が出てくる。口が顔に含まれている以上、顔より口の方が大きいということはありえないから、実際に顔中が口になることはないが、口を大きく開くとそこだけが前面に出て、目や鼻が奥まって目立たなくなることはありそうだ。

『僕等の拍手』には、「頬骨が、ばかに出ッ張っている。目は小さくひっこんでいる。この奥に目ありと額のあたりに、はり出しておかないと、わからない目だ」という例が出てくる。よほどくぼんでいる奥目なのだろうが、案内板が必要だという突飛な発想が笑わせる。

『子守唄クラブ』に「小さいとき、机にむかって一時間もおとなしくしていようものなら、ハチローは死んだのじゃないかと、おとうさんがのぞきに来たものだ」という回顧談が載っている。つまり、ふだん机の前で勉強したり本を読んだりしてじっとしていることのない子供だったのだろう。めったにないしばしの静寂を、いきなり「死んだんじゃないか」という段階まで心配するのは誇張にちがいないが、親というものにはありがちだ。

見当違いの甚だしい場合、空間を時間に置き換えて「明後日の方を見る」などと表現して、とんでもないというニュアンスを伝えることは、すでに慣用的になっている。ハチローの**『エンコの六』**には、「片っ方の目が、明後日の方を向いていて、片方が一昨日の方を向いている」というふうに、「一昨日」まで動員してそれを強調した例が見られる。

『青春相撲日記』の「車がかりの朝顔の垣根ごとゆれた、大きな声だ」や、**『青春音頭』**の「机のインキスタンドを心もちよく笑い声でゆり動かし」といった例は、音波が具体物の振動を引き起こす形で、声の大きさを誇張した表現だ。浅間山の噴火の際に山小屋のガラスが響く現場にいた身としては、そういう現象自体を否定する気にはならないが、いくら声量のあるオペラ歌手でも、人間の声でそんな現象は生じない。

『青春風物詩』の**『ホームラン市場』**には、「うしろをみたら、にらみ殺されるとでも思ってるのかも知れない」という例が出てくる。強面《こわもて》の巨漢にものすごい形相で睨《にら》まれたら生きた心地がしないということなら、いかにも現実にありそうだが、そうではなくて実際に、「睨み殺す」という複合動詞が文字どおりの意味を実現する可能性はゼロに近い。

『若者行進曲』には、「チャックとかいう口金があるが、あれをピチンとしめて南京錠をかけたよりも、ガンジョウに口を開かない」という例が出る。只《ただ》で済むことはいろいろ教えてくれるが、「一文でも出るということになると口をつぐんでしまう」、そんな叔母さんの口の堅さを、入れ物の口金などの具体物の開閉に喩《たと》えた例だ。むろん単純な比較はできないが、強調しようと作者が力んでいることはよくわかる。

落語の**『粗《そ》忽《こつ》長屋』**を**柳家小三治**の一席からほんの一部を引用しよう。そそっかしい八ッつぁんが道端の行き倒れを熊さんと勘違いし、当人を連れ出して確認させようとする。もともととろい熊さん、半信半疑で現場にやって来て、冷たくなった自分に再会したつもりになり、「この俺め」と声をかけ、亡骸《なきがら》を引き取りながら、「抱かれてんのはたしかに俺だが、抱いてる俺はいったい誰だろう」と、デカルトも面食らいそうな存在論で落ちになる。当人が見て自分だと思うのだから、明らかな誇張である。**ハチロー**の**『露地裏善根帳』**に、「落語じゃねえが、そこに坐っているのが俺だとすると、寝ている俺は誰だろうと思った位だ」とあるのは、その噺《はなし》を下敷きにした本歌取りだろう。

5 拡 大――極端に誇張

『新生活行進曲』には、「髪の毛よりポマードの方が分量が多い」と誇張し、それを「頭髪のポマードあえ、料理の名にするとこうなるだろう」と、メニューに加えかねない場面が出てくる。また、ものすごい数の化粧品が並んでいるのを見て、ふつうなら何年分もあると驚きそうなものだが、「これだけの化粧品をつけるとすると、顔が七つ八つなくては納まるまい」と、顔の数を問題にする誇張も出てくる。さらに、同じ作品に、「めしを食っている間でも、噛んでいる回数よりも喋っている度数の方が、はるかに多い」と驚く場面も出てくる。

『青春音頭』には、「あんな人をお嫁さんにもらいたいなアと、すれ違った瞬間に思って、二三歩行くともう忘れてしまう」というほどの忘れっぽい男も登場。美人を見てから忘れるまでの所要時間を「一秒フラット」と計測するのも、陸上競技みたいでおかしい。ちなみに、五代目**古今亭志ん生**の演ずる落語**『円タクの恋』**に、「二時間、その辺をぶらつきましょう」と誘い、女がウンと言わないと、「一時間、三十分、二十分」と要求を減らし、ついには「二十秒、十秒、カーン」と諦める場面があるが、似たような趣向だろう。

『僕の東京地図』では、「ヒサシの如く秀いでた眉をしていた」という比喩的な誇張が出た後、括弧つきで「(あれだと鼻に雨がかからなくていいだろう)」と感想がついて滑稽さが倍増する。

『**青春五人男**』に、「その昔はワイシャツという名がついていたのであろうと思われる。まんなかにボタンがついている縞の布を着ている」とあるのも、「布」と認定するのが滑稽で、単におんぼろのワイシャツと書くより、誇張にとぼけた味わいが加わり、読者を楽しませる。「空しき限りさ、空しさの上に、空しさが食客に来て、その上に、空しきふとんをかけたような空しさだ」というふうに、ことばをきわめて空しさを強調する例もある。「指というものは、ユビワをはめるためにあるかしらと思う程、ユビワをはめている」という実感をこめた誇張もおかしい。実際そんなにはめなくてもいいのにと思うほど指輪を見せびらかす姿を見かけるだけに、そこに指の存在意義を仮設する思いがけない発想が痛快だ。

学校に入りたてのほやほやという表現はすでに慣用化しているが、『**ぼくは野球部一年生**』では、「ほやほやだ。まだ、からだから湯気が立っている」というふうに、単なる「ほやほや」から湯気が見えるところまでイメージ化し、そんなアホなという呆れ笑いを誘う。

『**落第坊主**』では、「サトウハチローのような悪童は後にも先にももう永久に出ないであろう、神武以来の悪童だった」と**富田常雄**が『中央公論』に書いたことを、他《ひ》人《と》事《ごと》のように、否、むしろ得意げに紹介する。「神武以来」となればいくらか誇張もあろうが、いずれにしても憎めない悪童だ。

同じ本で、今では手に入らなくなったものの例として、デパートで「孫の手はどこに売ってますか」と聞いたら、店員が「えッ」と三、四度くりかえしたあげく、当然のように「ございません」と答えた、という逸話を紹介している。孫を分解した手か腕の部分でも想像したのだろうか。これを読んでとっさに、先年の苦い体験を思い出した。「支那竹」を買いに行って店員に尋ねたが通じず、「メンマ」という言い方もあることに気づいてようやく目的を果たしたのだった。「孫の手」はほかに何と言うのか知らん?

こんなふうに**サトウハチロー**の作品から例を紹介していると、それだけで四年もかかりそうだし、全五〇巻ぐらいの誇張全集が完成するかもしれない。せっかく広げた大風呂敷、ついでに他作家の例も包んでおこう。**林芙美子**の『**市立女学校**』に「胃袋がはみ出すような唇を開けて笑いこけながら」という例が出てくる。いくら激しい嘔吐でも自分の内蔵まで吐き出す人間はいないだろうから、医学的に見て《**誇張**》表現と断定できるだろう。また、**安岡章太郎**の『**青葉しげれる**』には、「まるでヒタイを畳に吸いとられたように長ながとお辞儀をした」という描写がある。これも物理的に《**誇張**》表現と認定して間違いなかろう。

笑いで知られる哲学の教授、**土屋賢二**に『**妻と罰**』と題する著作がある。書名はもちろん、ドストエフスキーの『罪と罰』のもじりである。その中に、切れた電球を取り替えるのにどの程度の時間や人数を要するかを職業別に推計する考察が出てくる。極端なのはその著者の専門でもある哲学者の場合で、「電球が切れた証明を要求する者、電球の存在が疑わしいと主張する者」から、「電球とは何かを明らかにすべきだと主張する者」や「電球を替えるべきかどうかという問題に決着がつくための条件について提案する者」までいるから、「二千年以上たっても電球を取り替えるに至らない」という。いかにも哲学者にありがちな言動を組み合わせたモザイク思考で、一見もっともらしいが、これでは一度電球のフィラメントが切れたが最後、遠い祖先から遠い子孫まで、日が暮れたら哲学者はいつも真暗な中で考え続けなくてはいけない。今はただ、それが「誇張」であることを願うばかりである。

3 海の水がゴソッ——極端

《**大仰**》、《**誇張**》、《**極端**》と拡大の原理に立つ笑いの手法を並べてみたが、むろん境界線はそれぞれ微妙だ。そういうほとんど連続的な存在を、むりやりすぱっ、すぱっと切ったりすれば、それこそ笑いのタネになりかねない。ここは気分で大鉈《おおなた》をふるおう。

金子登の『**ユーモア辞典**』に、いささか度を越した純潔教育の話が出ている。男女のしつけは厳重にという教育方針を通した母親の自慢話だ。「うちの娘なぞ、男の方を見ますと、こう申しますの、ママ、あの生き物、なあに？」と親に尋ねるというのである。きっと異星人を見るような目つきなのだろう。これでは、少子化に拍車がかかるどころか、人類滅亡の危機に瀕することになる。同じ本に、「沈黙」を女が生きていない証拠と解釈する極端な例も出現する。

また、理容師が「お髪がチラホラ白くおなり始めましたな」と話しかけ、客が「君が手早く仕事をしないからだ」と応じる例も出てくる。散髪に何年もかかって、終わるまでに老けてしまうというのだから、**《極端》**な**《誇張》**である。これと似たような話が、**牧逸馬**の**『小さな道化役者の群』**にも出てくる。レストランでさんざん待たされた客が、店のボーイに「時々は葉書ぐらい呉《く》れ給え」と言う話だ。きっと小さな声でささやいたのだろう。同じ程度の拡大でも、「いったい何日待たせる気だ」などとどなりつけるより、相手にはよほど応えるにちがいない。ちょっとセンスを感じる皮肉だ。そこの小見出し「お前も達者で」と呼応する秀逸の一興である。

『笑話宝玉集』に載っている笑い話も、その極端さがふるっている。当時は世界一の高さを誇ったエンパイヤステートビルディングから飛び下りた奴があるという号外が出たという。その人間がぺしゃんこになったか、粉々に砕けたか、それとも高く弾んだか、その結果が気になって、どう書いてあったか尋ねたところ、「なにしろ高いからネ、其《そ》の号外にはタダ目下墜落中って書いてあったッけ」という答え。距離が距離だけに時間がかかって、記事の締切りに間に合わなかったという理屈らしい。

馬場峯月編の**『ゆうもあ物語』**に、こんな古典的な話がある。法師が咳をすると、はずみで蛸が出て来た。殺生禁断、仏に仕える身で生き物を食したとあっては、恰好がつかない。そこでとっさの言いわけ。「蛸は消化が悪いと承って居りましたが、小僧時代に食べたのが、よくまア今まで、残っていたものでございますね」。何年経ったら消化するのだろう。

落語の**『二十四孝』**には、この「婆さんのは鼻だけ凹んで居て穴ばかり二つ列《なら》んで居やがる、粗忽《そそっ》かしい鳩は此《こ》の中へ寝るぜ、面白くもねえ、此所《ここ》が鼻のあった跡だろうという古戦場みたような鼻だ」という、高さがマイナスという鼻が出演する。

同じく落語の**『無いものねだり』**に、酔っぱらいが居酒屋の小僧をからかう場面が続く。その店にないものを選んで注文して楽しんでいる客が、「その隣に鉢巻をして算盤《そろばん》を持って考えているのは何だ」と尋ね、小僧が「あれは家の番頭でございます」と馬鹿正直に答えるのを待って、「済まねえがあれを一人前持って来て呉れ」と、無理な注文をする。

やはり落語の『**本堂建立**』に、超長身力士の釈迦《しゃか》ヶ嶽《たけ》が煙草に火をつけるのに、「坐《すわ》って居て、火の見の上に居る人というから火の番だろうね、其の人の火を借りたというんだ」という、眉唾どころかとうてい信じがたい逸話が出てくる。座高だけで何メートルもなければそんな芸当はできない。おまけに、当時の相撲が晴天十日だったのは、「雨が降ると雲が懸かるので、頭が雲の中へ入って了《しま》うから相撲の頭が見えない」からだという理由がまたふるっている。こんなスケールの大きなほら話が続く。

5 拡　大――極端に誇張

落語の『**長屋の花見**』では、とんだ家賃談義が展開する。家賃をどのぐらい溜めているかという話題で、「先月のをやってありゃア大威張り」というのから、「去年一ツやってありゃア体裁《きまり》を悪がる事アねえやな」へ、さらに「二三年前に一ツやってありゃア、家主《おおや》の方から礼に来るよ」というひどいのから、「それじゃア何時一ツやったんだ」と聞かれて、「俺が此《こ》の長屋へ引っ越して来たろう、あの時に一ツやったんだ。丁度十八九年前だ」というのまで登場し、「家賃て何だ」という豪傑が花を添える。

同じく落語の『**東男**《あずまおとこ》』に、ひどくせっかちな男が出演する。そんなに時間をかけて洗わなければならないほど汚いわけでもあるまいが、昔から女の長湯は定番だ。それにひきかえ男は、烏《からす》の行水《ぎょうずい》みたいに風呂の短いのが粋だとされた。この噺《はなし》に出てくる男は粋を通り過ぎて、「湯屋へ行って衣服《きもの》を脱いで」風呂に「入らねえ中に身体を拭いた」らしい。笑い話には尻を拭いてからはばかりに入るというあわてんぼうが登場するが、この御仁もそういうクラスで、何のために拭くのかわからない点も共通している。

『**嘘つき村**』という落語に、寒さを《**極端**》に《**誇張**》し、見て来たような嘘をまくしたてる箇所がある。「小便がシューッと走ったと思うと出なくなっちまった。はてなと思って見ると、凍っちまってブラ下ってやがる」などと、口から出まかせを言う。滝でさえ凍ることがあるから、言われたほうはとっさに尿棒のイメージを浮かべてしまう。刺身は焼いて食うとちょうど刺身の味がするという理屈も同様だ。「酒なんぞは此方《こっち》では飲むと云いますが、北海道へ行くと噛ると云うんで」というくだりもある。これじゃアまるで熱燗のアイスキャンデーだ。

柳家金語楼の落語『**愉快な組長さん**』に登場する無筆の男も笑わせる。昔は仮名文字は何とか読めるが、漢字の方はからっきし駄目という人は珍しくなかったようだし、仮名さえお手上げという人もあったらしい。この噺に出てくる人物は、文字というものの輪郭さえ区別ができず、「字ってものは、この黒いところを読むんですか、それとも、黒いところの間を読むんですか」と尋ねる始末だ。字というものを知っている人間には、黒い部分の間を読むなどという発想はないが、もしもそうなら「三」は「二」、「回」は「口」と読めることに気づき、なるほどとようやく納得がいく。

次は漫才からの例だ。**織田正吉**『**笑話の時代**』に夢乃**タンゴ・西川ひかる**コンビの漫才『**コマーシャルで行こう**』という話が載っている。物忘れがひどいという話題で、タンゴが「ついさっきも、物を忘れてね」と言うと、ひかるは当然「何を忘れたん?」と訊く。するとタンゴは「さあ、それを忘れてしもて」と応ずる。何を探しているのか途中で忘れてしまったり、さっきまで何を考えていたのか忘れてしまったりすることはよくあるが、何を忘れたか忘れたとなると、どうして忘れたということがわかるのか不思議だ。

こんな話も出てくる。風呂屋で裸になってから、手拭いを忘れたことに気づき、何度も体をふるってやっと乾かして外へ出たところで、「そや、服着るのんコロッと忘れとった」と気づく。服を脱ぐのを忘れてそのまま風呂に飛び込んだ時より、よけい始末が悪い。その男、家へ帰って、家に風呂のあるのを思い出したという落ちになっている。

同じく**平和ラッパ・日佐丸**コンビの漫才『**カエルは先生**』にこんなやりとりがある。「浮袋持って海へ入ってるいうさかい、こらもう大丈夫や思とったらどうや。またおぼれたやないか。お前が行くたんびに海の水がゴソッゴソッと減るねん」。泳げないから溺れて水を飲むという意味だろうが、海の水がごっそり減るという《誇張》がすごい。

夢路いとし・喜味こいしコンビの漫才『**野球問答**』にこんな実況放送が出てくる。こいしが、ピッチャー振りかぶって第一球投げました、というあたりまではごく平凡だが、次に「フワッとゆっくりしたええ球です」と根拠のない評価を下した後、突然「放送はここですこしお休みをいただきます」と妙なことを言い出すので、いとしが「放送なんで休むねん」と訊くと、こいしは「ボールがキャッチャーにとどくまでヒマがかかるさかい、アナウンサーちょっと昼寝する」と、その理由を説明する。ピッチャープレートのあるマウンドから投げたボールがホームベースまで届く間に、昼寝をしようというのだ。一瞬の昼寝と解釈しても、大変な《**誇張**》であることに変わりはない。

サトウハチローの『**青春野球手帖**』にも似たような例があって、「あくびをして、そろそろといねむりをして、みじかい夢をみて、何かミットに、はいったのでおどろいて目をさましたら、大佛先生のボールがとどいていた」というキャッチャーの回顧談である。ボールの来ることをころっと忘れていて、ミットに何か入ったのでびっくりした、ととぼけるのがおかしい。渾身の力で投げたスローボールがここまで遅くなると、やがて到着する日が待ちきれずに振ってしまうから、大リーガーでもバットにかすりもしない。

柳家金語楼のエッセイ集『**あまたれ人生**』に、月賦が大好きな人間が出てくる。「家も月賦なら、箪笥《たんす》、茶ダンス、机、本箱、テレビ、冷蔵庫、座ぶとん、火鉢、食器類に至るまで全部がぜんぶ、すべて月賦」で、訪問客が「まさか、奥さんは」と半信半疑だ。

奥野他見男の小説『**女軍軽騎兵**』に、家族で見合い写真の品評会をしている場面がある。鼻の穴が天井を向いていて土佐犬みたいな女の次は、背が高すぎて「貴女《あなた》、東京湾の船が見えるでしょう」と写真に話しかけるありさま。そんな女が相手だと、「一二三で飛び上らなくちゃ接吻《せっぷん》出来ませんよ。始終カケ声で接吻するところ、世界のどこにもありませんからねえ」と、勝手なことを言う。人生、そんな時代が花なのかもしれない。

サトウハチローの小説『**恋愛参謀長**』には、「おふくろと共同のサイフがある、あるけれど、ここ三四ヶ月、金が這入《はい》ったことがないんだ」とある。金銭というものにまったく縁がなくても、財布は財布だから、言っていることは嘘ではない。同じく『**やきもち読本**』には、「一緒になって十ヶ月目に始めて顔を洗ったんですからね」と、亭主の異例の行為を「オヤオヤと思っていたら、お出入り先きのばアやさんとおかしくなっていたんですからね」という浮気を見破る参考資料が載っている。「十ヶ月目」というのが笑わせる。

また、**『青春風物詩』**という随筆集に、「おやじの紅緑《こうろく》には、第何回目かの勘当を受けている。総数は十七回かだが、さてその時は第何回目かと聞かれると、もう答えが出て来ない」という自分の体験を述べた後、「結婚を、一生涯に八十三回かして、そのうち同じ女性と三度一緒になった男が西洋にいる。三度目などは、前に一緒になったことを忘れていたそうだ」と、外国の笑い話を極端な例として引き合いに出し、「ボクの勘当も、この口で「あ、又勘当か」といささかも痛痒《つうよう》を感じないので、おぼえていないのだろう」と話を戻す。習うより慣れろではないが、何事もくり返しているうちに印象が薄くなるというのは誇張ではなさそうだ。いくつも賞をもらうと、またかと思うものか知らん？

井上ひさしの戯曲**『吾輩は漱石である』**では、英会話の教師にひとこと質問したばかりに「おかげでおれ、一昨年、一年間ここに立たせられた」という法外な罰が紹介される。

土屋賢二に**『われ大いに笑う、ゆえにわれ笑う』**という滑稽随筆がある。題名はもちろんデカルトのもじりだ。禁煙への第一歩として節煙という手段がよく試みられるが、その場合、「おすすめできない方法として、食後の一服に限るというのがある」とあるので、読者はどうしてかと不思議に思う。一日三本で済むので健康にいいと考えるからだ。ところが、「この方法だと食事の回数が一日二十回にもふえてしまい、かえって身体によくない」と展開する。一服するための食後をつくりだすのが目的で何度も食事をするからだという。

小沼《おぬま》丹の随筆**『日夏先生』**に、往年の早稲田大学の不思議な雰囲気が語られる。大物老教授がたまに講義をする際は「本日休講」の代わりに「何某先生本日出講」の掲示が出て満員になることもある。珍しく締め切り前に学年末の成績表を自ら持参し、事務所の係が驚くと、去年の分だったりする。日夏耿之介《ひなつこうのすけ》も当時は年に数回の授業で、英文学史の講義は「人類の最古の痕跡は地質学上第四期」という調子で始まり、「マンモスとかネアンデルタール人とか出て来るが、肝腎の文学は一向に顔を出さない」。日本文学史が万葉集で終わる講義もあるが、これでは今年中にチョーサーやシェイクスピアにお目にかかれるか不安になる。小沼も「前途三千里の想いがして、最初から草臥《くたび》れてしまった」らしい。

4 夫婦の雑居——極論

《**極論**》も、ものごとやその関係などを常識外れのスケールでとらえる点で、やはり拡大の原理に立っているが、必ずしも個々の対象を誇張するとは限らず、《**誇張**》や《**極端**》の延長線上から少しはみだす場合もある。

金子登『**ユーモア辞典**』にこんな話がある。大会社で新入社員の身上調書の用紙を配り、各自に記入させたところ、ある女子社員は、現住所・本籍地・氏名から身長・体重・年齢などもすらすら書き、次の「性」という項目にちょっとためらった後、「週に二、三回から五回」と書き入れたらしい。ためらったのは、率直に答えるべきかどうか迷ったからか、それとも、回数の計算に自信がなかったからかは知らないが、いずれにしろ、通常は、単なる滑稽な勘違いの例と解釈するところだろう。身上調書にそんな立ち入った質問をする項目があるはずはなく、当然ここは男女の別を記載する欄なのだが、その社員はそういう常識に欠けていたために失敗したという話で終わるはずだ。ところがその筆者は、当時のセックス解放の世相を拡大し、「昔は人前でできない話もあったっけ。だが、今日——それ以外にする話などはない」と感想を添える。この結びは《**極論**》と呼ぶにふさわしい。

同じ本に、「女はしっとという形以外では愛情を表現することができない」という乱暴な極論も載っている。これだけでは暴論じみているが、そのあと、「別れたあと、あの男が再婚して、あたしよりマシな女と一緒になるのかと思うと、それがあたし口惜しくって、口惜しくって、とても……」と展開するところまで読めば、そういう言い方をしてみたい気持ちがよくわかる。たしかに別れ話のある当の女の頭の中は、別れる夫のことより、その相手となるかもしれない見知らぬ女のことでいっぱいなのかもしれないが、確かめる相手がいない。

真山恵介の『**わっはっは笑事典**』には、酒にまつわる五代目**古今亭志ん生**のど根性めいた話も載っている。ソ

5 拡　大——極端に誇張

ビエトの捕虜生活から帰国する際、許可が出て家に打った電報が「スグカエル　サケタノム」だったのも嘘のようなホントの話らしい。何しろ、不遇時代に酒を呑み過ぎて体をこわし、とうとう寄席を病欠。ビンといえばボーと響く暮らしの中、賢妻が金の工面をつけて医者にやると、「酒でこわした体だ、酒でなおらないかしら」と桝酒をきゅうっとひっかけて、べろべろになって帰宅したという逸話の持ち主だけに電報の話も信憑性がある。

晩年になっても一日一升の酒を欠かさず、ついには血圧二七〇となって、掛かりつけの医者から酒を禁止されたが、当人は「酒が呑めねえくれえなら、死んじゃった方がサッパリしていいや」と、逆に「四合ふやして、二合五勺を三合五勺ずつの四回にしたら、ケツアツの方がビックリして二百七十から二百十に下っちゃった」ので、「ざまあみやがれ」と強がってみたものの、信念だけでは近代医学に勝てず、高輪のプリンスホテルで倒れた。が、意識不明の間にも、まわらない舌で「呑みてえ」と言い続けたらしい。悲惨ながら、やはりおかしい。

佐々木邦の小説『**珍太郎日記**』に、「議論なんてものは或程度から先は腕力だ」という乱暴な見解が登場する。極論には違いないが、現実をよくとらえている。分が悪いと察すると、汚い言葉を使って泥仕合に持ち込もうとし、それでも勝てないと今度は大声で怒鳴って、論理の不足を声の大きさで補おうとする。議論の場でしばしば見られる風景だ。虫の声が聞こえなくなったら、人間として恥ずかしい腕力勝負になり、本格的な喧嘩に発展。そういう集団はやがて戦争に突入する。これは極論だろうか、正論だろうか。

芥川龍之介の『**侏儒の言葉**』に、軍人は小児に近いという極論があり、小学生でもそんなことはないという例を並べる。「殺戮《さつりく》を何とも思わぬ」だけでなく、「喇叭《ラッパ》や軍歌に鼓舞されれば、何の為に戦うかも問わず、欣然と敵に当る」という点などを並べた最後に、「なぜ軍人は酒にも酔わずに、勲章を下げて歩かれるのであろう？」と手厳しい。

小林秀雄も『**Xへの手紙**』に「どんなに正確な論理的表現も、厳密に言えば畢竟《ひっきょう》文体の問題に過ぎない、修辞学の問題に過ぎないのだ」と述べている。文章に主観が交じることは避け得ないという事実を極言してみせたのだろう。

徳川夢声の『**大いなる遺産**』に、こんな話がある。田舎の家を初めて訪問するのに、土産も持たず手ぶらで来てしまい、何とも上がりにくい。その心境を、「人類が靴を脱ぐという行動を始めて以来、これ以上ユックリ脱いだ記録はあるまいと思われるほど」と、やはり「人類」と大きく出て、読者を笑わせる。

サトウハチローの『**後向き人生**』に、「借金取のことわりをいうために生れて来たのかと思われる程の達成ぶり」という論評が出てくる。借金の言い訳を人生の目標として生まれ育つ人間など考えられないから、極論であるのは間違いないが、いくら努力しても天与の才分がないとこううまくは言い訳ができないと誰もが思うほどの、そういうレベルに達していて、ある種芸術的と言って言えないこともないような感動がこめられているのだろう。

同じく『**ぼくは野球部一年生**』に、「夏休み、暑中休暇、夏季休暇——どういう字を書いても、どういうコトバでとなえても、全部、うれしく見え、たのしくひびく」という箇所が出てくる。どう唱えても、どう書いても、要するに、学校が長い休みに入るという事実を伝えることに変わりはないから当然だが、いかにも子供らしい発想がほほえましい。

もう一つ、『**落第坊主**』に出てくる当人の逸話を紹介しよう。旧制中学二年の折の英語の時間、早大の英文を出たての吉田甲子太郎《きねたろう》先生は、教室へ入って来て出席簿をひらくなり、「サトウはいるか」と一言。ハチローが「ハイ」と返事をすると、もう「出席簿をバサリ」と閉じたという。お前が居れば、あとは全員そろっているにきまっているというのだろう。極論だが、事実そうなのかもしれない。しかし、いくらわかっていることでも、そのとおり実行するところがおかしい、公平たるべき教師が労を惜しみ効率を優先するのだから。のちに児童文学の先駆者となる人の若き日の姿であった。

夏目漱石の『**吾輩は猫である**』にも、極論やそれに近い例が出現する。自分を「吾輩」呼ばわりする語り手の猫が、「余は思考す、故に余は存在す」、すなわち、「我思う、ゆえに我在り」という存在論で名高いフランスの哲学者・科学者のデカルトが、すべてを疑う方法的懐疑から、疑う主体の存在の明証性を打ち出すこの立場に到達するまでに要した年月を、「三つ子にでも分る様な真理」と過小評価し、それを考え出すのに「十何年か懸《かか》った」と解説するのも、「三つ子にでも分る」というあたりは極論に該当するだろう。
また、主人の苦沙弥《くしゃみ》先生が、人間の遠い未来を、「万年の後には死と云えば自殺より外に存在しない」世の中と見通し、将来は個性が発達しすぎて「夫婦雑居は御互の損」とわかって、「夫婦はみんな分れる」と勝手に見当を付けるのも、常識的には極論に過ぎるだろう。だが、それからわずか百年余り経った今日の世相を見ると、いくぶんそれに近づいた感があるから、まったくの的外れではないらしい。それにしても、結婚した夫婦が同居するのを「雑居」と評するのがおかしい。「雑居ビル」などという語からの連想としても、本来は縁のない異種・異質なものがたまたま一つの空間を占めるような雰囲気が強い。今では家庭の中がばらばらで、あたかも雑居めいた空気の感じられる家が急増中と聞く。これは案外、笑い事ではないのかもしれない。

5 罪なき泥棒——過　言

吉岡鳥平の『**哄笑《こうしょう》極楽**』所収の一編『**文化泥棒**』に、何と泥棒が被害者になるというもの珍しい場面が出てくる。盗みに入ろうとよその家に忍び込んだまではいいが、暗がりでその家の主人と見間違えられ、「よくも妾《わたし》を欺いてそんな女と関係したりしましたね」と問い詰められて、「奥様人違いです」と否定したところまでは尋常だが、つい口がすべって「私は何の罪もない泥棒です」と名乗ってしまう。たしかに、浮気問題としてはとんだ濡れ衣だから、その点については「何の罪もない」という弁明の部分は筋が通る。しかし、窃盗という明確な意思をもって他人の家宅に侵入したという事実は明らかに違法性があるから、全体としては筋違いの発言ということになる。つまり身の潔白を強調するあまり、よけいなことまで言い過ぎた《**過言**》の例だ。その結果、「何の罪もない泥棒」といった落語じみた奇妙な表現となって、読者の笑いを誘い出す。事実、ほんものの落語にも酷似した噺《はなし》がある。

サトウハチローの『**浅草悲歌《エレジー》**』に、通り道に並ぶ店を、「あがったさざえのつぼやき。(少し塩が辛い)」とか、「いずこも同じバナナ売り(ニイチェ曰《いわ》く転落する石はどこまでも)」とかというふうに、批評・註釈つきで列挙する場面がある。「CC印サルマタ大特売(口上に曰く、小便がしょいからCC印だと、馬鹿にする無《ね》え)」などというのもある。

そんな中に、「元祖いりたて豆」という豆屋の看板に目をとめ、「(いりたて豆にも元祖があるのだから、シャッポをぬぐ)」とつぶやく箇所がある。何でも「元祖」とつければ由緒ありげで老舗《しにせ》の雰囲気が漂うと思うのか、「元祖信州そば」「元祖讃岐《さぬき》うどん」「元祖仙台駄菓子」「元祖練馬大根」「元祖灘《なだ》の生一本」などといった看板が軒を連ねている風景も目に浮かぶ。「元祖海老せんべい」「元祖烏賊《いか》めし」「元祖いくら丼」などであれば、そういう思いつきが必要だから「元祖」とあってもさほど違和感がない。ところが、ここは「いりたて豆」だ。そもそも「豆」は「煎る」のが普通だし、煎ったばかりのほうが味がいいのも当然だから、ここには特別のアイディアなど何もなく、明らかに**《過言》**であり、「元祖」が浮いて見えるのだろう。つまり、嘘でないまでも明らかに言い過ぎていることに発する違和感である。これは「元祖炊き立て飯」「元祖掘りたて大根」の類で、「元祖できたて夫婦」となれば笑い話だ。

6 顔に酔う――超敏感

徳川夢声の**『アル中二人組』**には、「一体、酒なんてものを発明した野郎は、何処《どこ》の何奴《どいつ》だろうな。これあるが為に人類は何《ど》れだけ不幸になってるか知れやしない」と、禁酒令の発布を叫ぶ人間が登場する。作中のその発言、酒に何の恨みがあるのかと疑いたくなるほど、素面《しらふ》とは思えない暴言である。作者の意向にそむき、作中人物が、一時の気の迷いにせよ、そんなふうに息巻いて「人類」のために立ち上がるのは、やはり尋常ではない。ここは沈着冷静に、「百薬の長」というもう一つの真理を嚙《か》みしめたい。

ほんとに顔面朱を注がずに酒屋の前を素通りできないほどのアルコール過敏症なのかもしれないが、ひょっとするとその逆に、素通りできずにそのつど客となってしまうせいかもしれない。この話にあまりこだわると変に疑われかねないから、さらりと次の話に移ろう。

同じ著者の**『ひめまつこまつ』**では、左肩に激痛が起こった際、「痛みの他、宇宙間に何物も無かった」と極言する例が出る。どれほどの痛みだったのか、あるいは、人並み外れて《**超敏感**》だったのか、ともかく「宇宙」と大きく出るのがこつで、滑稽の源である。

馬場峯月編の『**ゆうもあ物語**』にこんな話が載っている。風呂に入っていた男が急に顔色が変わって、船酔いだと「吐逆」を始めた。「海は無し、船は無し」、こんな所でどうして酔ったのだと問うと、そのへんにいる鬚面《ひげづら》の男の顔が、「この前乗った船の船頭によく似」ていると思ったら、そう思っただけで、ほんとの船酔いを起こし、とたんに気分が悪くなったのだという。自分で暗示にかかるのかもしれないが、神経過敏もここまで来れば、もうほとんど神業に近い。

7 ひとつかみ半——超精密

あわて者を漫画タッチで描き出す落語『**粗忽《そこつ》の使者**』。よそに煙草入れをよく忘れてくるので皆に注意された男、気がつくと腰に三つ下げていたとか、火の見番が火事を知らせようと急いで梯子を登ったまではいいが、半鐘の中に首を突っ込み、火事の方角が解《わか》らなくなるとか、よその犬が馬の糞をたれるから、殺して熊の胆《い》をとるという話を聞いて、「鹿じゃあるめえし」と応じるようなやからが登場する話である。

大名の石高というと、加賀の前田百万石だとか、奥州の伊達六十二万石だとか、万単位で称することが多く、詳しくともせいぜい庄内の酒井藩十三万八千石という程度の単位で済ませる。ところが、この落語に登場する丸の内の殿様、算盤主計頭《そろばんかずえのかみ》という大名の石高は、「十二万三千四百五十六石七斗八升九合」とやたらに詳しく、さらに「ひとつかみ半と三粒」と続く。

このように、常識を大きく外れるほど、極端に細かいところまで描写したり限定したりする《**超精密**》の表現は読者の呆れ笑いを誘う。これも《誇張》系統の修辞技法の一つに数えられる。

8 茶と湯の音——過厳密

数量などの精密すぎる場合に限らず、やはり《**誇張**》系統の修辞として、ものごとを必要以上に厳密に表現しすぎることによって滑稽な感じを演出する《**過厳密**》の例も少なくない。

夢路いとし・喜味こいし兄弟の息の合った漫才『**交通巡査**』にも、そんな常識外れに厳密なやりとりが出てくる。戸籍調べのお巡りさんに、「ぼくはジョ学生でして」と言ってびっくりさせる。耳で聞いただけなら誰でも「女学生」だと思うからだ。それが実は、除名された学生という意味だったりする。除籍処分を受けた学生から勝手に「籍」を抜く習慣はないから、当然お巡りさんには通じない。すると今度は、「妹がオトコでして」と言い出す。「妹は女」とたしなめられると、名前が「オト子」なのだと意表をつく。こんなやりとりが連発する。ここまでの例は、わざと相手が勘違いするような物の言い方をしてからかったようにも見える。

巡査はそれが仕事だから、それでも調べを続ける。そのあと、「家族は？　何人暮らし？」と家族構成の質問に移る。すると、その質問の意図ではなく、そのうちの「暮らし」という箇所だけに反応して、「その日暮らし」などと、聞かれもしない経済状態の苦しさを訴える。問題はその次だ。対応に窮した巡査は、最もわかりやすく「家に何人おるか」という率直な質問形式に変更する。すると今度は、「お天気の日は八人で、雨が降ったら四人」という奇妙な答えが返ってくる。当然、怪《け》訝《げん》な顔をするが、考えてみると、ある意味、これは正確無比な答えだとも言える。好人物のこのお巡りさんが「住人」と言わず「家に何人」と訊いた以上、これは嘘というより非常識なまでに正直な回答なのだ。読者には極論とも言える厳密すぎる応答と映る。天候次第で人数が変化するのは、なんと、その建物は「雨が漏るから」というのだから。開いた口がふさがらないお巡りさんの顔が見えるようだ。質問の意図にはまったく応じていないが、その形式にはきちんと対応しており、巡査も怒るに怒れない。

真山恵介の『**わっはっは笑事典**』に、落語家のこぼれ話がいろいろ載っているが、中でも八代目**桂文楽**の逸話はすごい。手拭いが財布になったり手紙になったり、扇子が筆になったり箸になったり煙管《きせる》になったり、場面場面でいろいろな道具に見えるように工夫する。手の指の動きひとつで、盃に見えたり銚子に見えたり一升瓶に見えたり、あるいは丼や急須や薬缶に見えたりする。うどんと蕎麦も手つきや音で描き分ける。ビールとワインの区別も同様だ。ここまではプロの噺家《はなしか》は誰でもこなすのだろうが、文楽クラスの名人になると、お茶と白湯《さゆ》の区

5 拡　大――極端に誇張

別はもちろん、なんと、「豆腐の味噌汁とわかめの汁との音の違い」にもこだわったというから、《**過厳密**》を絵に描いたような逸話である。

安岡章太郎の『**井伏文学の洗脳力**』によると、三越の店員がストライキを起こしてデモをやっている珍しい光景を目撃した人が、すっかり興奮して早速その模様を井伏鱒二に御注進に及ぶと、じっと聞いていたこの作家はおもむろに口を開き、ただ一言、「その指導者の振っていたアカハタは何でしたか」と問いかけたという。つまり、労働争議のその現場で振っていた赤旗の生地は絹か木綿かという質問だ。息せき切って語っていた当人はもちろん、この反応には一座が唖然《あぜん》としたことだろう。こういう関心の持ちようには井伏の確乎《かっこ》たる何かがあると、安岡は呆れながら感動を記している。どちらも、徹底して写実にこだわる芸の魂を見る思いのする逸話である。

9 イデオロギーと思想——微差拡大

常人には、似ているというより、ほとんど同じように思える対象を、両者はまったく別のものだと言い放つ技法だ。ひらめきで類義を峻別する鮮やかな手並みが、読者の壮快な笑みを誘う。凡人の目にはこれも一種の《**誇張**》と映るだろう。

小林秀雄の批評にしばしば見られる、切れ味鋭い洞察である。わかりやすい例から入れば、『**イデオロギーの問題**』に出てくる「イデオロギーと思想とを取違え、性根を失って了《しま》う事、これは目下猖獗《しょうけつ》を極めている現代病である」というあたりがその典型的な例となるだろう。「運動靴」と「スポーツシューズ」と「スニーカー」のように、「イデオロギー」と「思想」を基本的に似たような概念と思って疑わない一般社会の人間、すなわち、この批評家のしばしば仮想的となる「世人」にとって、両者はまったく別々のものだとするこの論調は、まさに青天の霹靂《へきれき》で、読者は自らの不明を恥じながらその両者の本質的な違いを改めて考えてみるきっかけとなるだろう。

その《**微差拡大**》の手法の最も極端な例となれば、やはり『**当麻**《たいま》』に出てくる「美しい「花」がある。「花」の美しさという様なものはない」と流れる有名な一節だろう。これは、「美しい自然がある。自然の美しさという様なものはない」というロダンの言葉を下敷きにした言い方とされるが、「美しい花」という表現と、「花の美しさ」という表現とは、世人にとってほとんど区別のできない類義表現という関係にあるだろう。小林は、その一方を「ある」と肯定的に断言し、他方を「ない」と否定的に断言してみせた。その壮快な切れ味が読者のほほえみをよぶのだろう。

『**ゴッホの手紙**』でも、小林はまた、「近代の日本文化が翻訳文化であるという事」と「僕等の喜びも悲しみもその中にしかあり得なかったし、現在も未だないという事」という、似て非なる二者を截然《せつぜん》と分《わか》つ会心の筆致を見せる。近代日本の文化が翻訳文化という軽蔑的な言葉に該当するか否かといった観念の遊戯など、その中で生きるほかはなかった厳粛な事実の前ではまったく意味を持たないという思考の流れだが、ここでは論理そのものの力というより、そのような論法で斬って捨てる、論者の意思の圧倒的な勢いに乗って、畳み込むような説得力を発揮するのである。

10 贅沢は言わない――過小言辞

拡大の原理の逆を行く修辞を一つ付け加えよう。常識的な期待よりも極端に小さく、あるいは、不当に低く扱い、その落差の刺激で相手の関心を引く《**過小言辞**》の表現手法である。逆方向への誇張と見ることもできるかもしれない。

例えば、「こんな些細なことでお礼を戴《いただ》くなんてとんでもない。二、三億円ももらえば多すぎるぐらいのものだ」などと、表向き遠慮してみせるのは、「二、三億円」というその金額が、「お礼」というものの世間の常識から並外れて多いので、意識と実態との矛盾を誇張して笑いにつながりやすい。

「贅沢は言わない、松茸の吸い物に鮑《あわび》の刺身、明石鯛の塩焼きに伊勢海老、それに食後のマスクメロンでもあれば、そんな質素な料理でも我慢ができる」などと、大きな口をたたいてもいい。要するに、「贅沢」とか「質素」とかというものの世間の尺度から大きく外れることで相手を呆れさせ、結果としておかしみが醸成できるのである。

コラム⑤

心の透けて見える手紙
――せっぱ詰まった字面《じづら》

【問】うまく気持ちを伝えるために、心のありようを何とか形に反映できませんか?

【答】「文は人なり」と言いますが、手紙だって同じです。自然に書けば自然に伝わります。東京千駄木《せんだぎ》時代の漱石、夏目金之助に宛てて、挿絵画家の田口俊一が送った絵はがき、そこに「先生の肖像画難有《ありがた》く拝見致しました」とあり、「天下無類飛切の好男子」と口を極めて褒めるのですが、そのため「とんと見まちがいました」と、率直な感想をずばりと突きつけます。失礼な内容ながら、親しみのこもった揶揄①がほのぼのとした読後感を誘います。

その漱石が、弟子の鈴木三重吉に「世の中には駄目な事が分り切って居ても眼が見えないのでうんうんやってる奴がある」と指摘し、「そんなものは教えてやっても説諭してやっても分りっこない」と突き放した後で、相手の文学活動を促します。「自分で何か作って見ないとどの位作れるものか自身にもわからないから」として、「君も千鳥のあとに萬鳥でも億鳥でも②大にかき給わん事を希望する」と、間にほとんど句読点も挟まず、息もつかずに創作を奨めるのです。これは大いに小説を書けとけしかけている手紙であり、忠告とも激励ともとれます。文中の「千鳥」は三重吉の小説の題名で、「萬鳥」「億鳥」はその題名にひっかけて、千鳥の「千」から「萬」「億」と発展させた、漱石得意の洒落の行進曲です。

同じく三重吉宛の書簡に、漱石は「君の手紙や小宮の手紙を小説のうちに使おうかと思う③」といたずらっぽく切り出し、「近頃は大分ずるくなって何ぞというと手近なものを種にしようと云う癖が出来た」とおどけてみせます。そして、「小宮ノ婆さんは達者なのだそうだ」と小宮豊隆の噂に転じ、「風邪でも引いて寐《ね》ていて呉《く》れなければ折角帰った甲斐がない④と云って来た」と、親孝行のひねった表現を紹介して笑わせます。

その小宮に宛てて「豊隆先生⑤」とふざけて書き出す手紙には、「小説をかいているうちは腹のなかにカタマリがあって始終気が重い」と、創作時の心境を伝えたあと、そういう気持ちのしこりから物的な塊を連想し、

「妊娠の女はこんなだろう」⑥と奇妙な展開を見せます。このあたりは軽妙な筆致で余裕を感じます。「洋行して帰ったらみんなが博士になれなれと云」うので閉口する。「人をつらまえて奇人だの変人だの常識がないのと申す」のだから呆れる、「ちと手前共の事を考えたらよかろう」と、信頼する弟子を相手に日頃の鬱憤をぶちまけます。「あんなお目出度《めでたい》奴は夏の蛍同様尻が光ってすぐ死ぬ」⑦という手厳しい捨て台詞はユーモラスです。

世間の蛍ども相手だけでなく、時には弟子に対しても痛烈な批判を浴びせます。同じく小宮宛の一通に、「三重吉のやる事は虚栄心ばかりではなく、其《その》作物に対する信念の欠如から出ているのでしょう」と書き、「だから切抜をもっているものが二十人もあれば自分の名声の保証になるから嬉しいのでしょう」と、名声ばかり気にする弟子を、文学に対する信念不足と批判し、「気の毒でもあるが致し方がない」と見放しています。そして、三重吉を「大将」と呼び、「僕なんかのいう事を聞く耳をつけていない」と、思いどおりにならないもどかしさから、弟子の変心を、突き放した調子で冷たく伝えます。

太宰治が淀野隆三に宛てた借金の依頼状は傑作です。「私の、いのちのために、おねがいしたので、ございます」と書き出し、行を改めて「誓います、生涯に、いちどのおねがいです」と書いてまた改行し、「幾夜懊悩《おうのう》のあげくの果、おねがいしたのです」と続けます。「何《なに》卒《とぞ》、一命たすけて下さい」「多くを申しあげません」「一日も早く、たのみます」と畳みかけ、「拒否しないで、お助け下さい」と結んで署名し、さらに「一日も早く、伏して懇願申します」と追記するほどの念の入れようです。文を短く切り、何行も並べることによって、いかにもせっぱ詰まった気持ちを演出し、相手が同情して金を貸さずにいられない気分に誘う巧みな書き方ですが、太宰はこんな借金の申し込みを量産したので、相手にとっては毎度のことで、おいそれと貸していたら大変なことになると警戒した⑧そうです。せっかくの名文も見抜かれては成果が得られずこれが人生かとおかしくなります。

簡潔にして趣のある文面となれば、犀星のあの絵はがきが思い出されます。「来たいと思ったら何時《いつ》でも来たまえ、汽車賃⑨だけ持って来たまえ、落葉の下から水仙が伸びている古い町だ。犀《さい》」、これで全文です。署名の「犀」はむろん犀星の略で、故郷の金沢から堀辰雄に宛てた一葉です。思いやりにあふれ、季節の町をあざやかに掬いとった一編の詩のようですね。

【表現の仕掛け】

①「天下無類飛切の好男子」と最大限の讃辞を投げて相手をその気にさせ、直後に、そのために見まちがった、すなわち、あなたとはわからなかったと、その期待を外してがっくりさせる。親しい間でだけ通用する巧みな〝からかい〟。

②「ちどり」のチを漢数字の「千」と書くことを利用し、鈴木三重吉の作品『千鳥』から『萬鳥』『億鳥』と桁を上げて洒落にし、それに満足せずどんどん書きたまえと鼓舞。

③小説の中に弟子の手紙を利用して手抜きをする相談を、自虐的あるいは自嘲気味に。

④帰郷するたびに親の元気な顔を見るのは嬉しいが、病気の時に帰って来ればもっとありがたみが増すだろうと想像する、ひねった親孝行談義。

⑤弟子の小宮豊隆に宛てて、逆に「豊隆先生」と呼びかけるいたずらっぽい書き出し。

⑥創作時の心理的な胸のつかえを、子を宿した妊婦に喩える冗談。

⑦常識のない自分自身のことを顧みずに、他人を非常識呼ばわりする世間の連中を、はかない夏の蛍に喩えて、すぐ消えてしまうと反撃。

⑧いかにもせっぱ詰まって感じられる巧みな書き方の借金の申込み状は技能賞ものだが、何枚も書きすぎて誰も信用しなくなる、イソップ話じみた太宰の逸話。

⑨「落葉の下から水仙」というスポットライトで、金沢の町と季節が浮かび上がる。

6

逸　脱

——意表をつくズレ

「しょっちゅう生憎《あいにく》」だとか「木綿を裂くような悲鳴」だとか「できもの屋敷」だとか「サンタクロースが泥棒」だとか「下半身だけの像」だとか、笑いは思いがけない違和感の発見をきっかけとして起こるケースが多い。違和感というのは、しっくりしないことだから、それは実にさまざまな形で生ずる。

最も単純なのは、とんだ勘違いをするとか、とんでもない間違いをしでかすとかという場合だが、本書ではその方面の過失は**【失態】**として別にまとめ、第10章に詳述する。

常識から見れば誤りに見えても、当人は意図的にそういう形で何かを伝えようとしたのかもしれない。少なくとも、そういう違和感のある表現であることによって読者に伝わる、いわば肉感的な心理といったものもあるように思われる。

武者小路実篤の『お目出たき人』に「美しい、美しい、優しい、優しい、気高い、気高い、鶴は女だ！」という文が出てくる。文中「鶴」とあるのは鳥の種類ではなく、「自分」という主人公が人を介して求婚した相手の女性の名である。先方の意向が届かないまま、いたずらに月日が経ち、もう一生逢えないかもしれないと不安が募り始めたある日、駅のプラットフォームでその姿を見かけ、天にも昇る気持ちになる。母にはきまりが悪くて話せない。問題の一文はそういう文脈を背負って立っている。

いくら有頂天になっているとはいえ、「鶴は」の現れる位置がやはり気にかかる。「美しい」「優しい」「気高い」という異なり三語、延べ六語の形容詞の連続をすべて「鶴」という人名にかかる連体修飾と考えれば、文法的な不適切さは消えるが、それではこの文の骨格は「鶴は女である」すなわち「男ではない」という点にあることになり、一文は無意味な情報に化してしまう。文意を成立させるには、それらの形容詞の連続を、「鶴」ではなく「女」という名詞を修飾するという解釈が必要だ。

しかし、日本語の文法上、それらの形容詞が「鶴は」を跳び越えて「女」にかかるという働きはない。「鶴は」を文頭に移せば自然にそういう文意となるが、そういう整然とした語順では、書き手の恍惚とした気分が生のまま伝わらない。

つまり、こういう破格の表現の形をとおして、読者は書き手の抑えようもない気持ちの昂《たかぶ》りを読みとることとなるのである。にもかかわらず、文の乱れに気を配る余裕もなく、あくまで頭に浮かぶままに書き綴って他を顧みない、その人柄まるだしの図抜けた天衣無縫ぶりは、やはりどこかおかしみを湛えているように思われる。

1 しょっちゅう生憎《あいにく》――言語的こだわり

井山弘幸『笑いの方程式』に、バカリズムの「自殺未遂」というコントが紹介されている。自殺を試みようとする男が「もう死のうとさせてくれ」と言うと、それを止めに入った男が「死のうとして何になる。頭を冷やそうとするんだ。待ってなさい。今、そっちに行こうとするから」と説得しようとする。ところが、相手は「来ようとするな。もう俺のことなんか、放っておこうとしてくれ。俺なんか死のうとしちまえばいいんだ」と、言うことを素直に聞かない。場面は切迫しているはずだが、何となく悠長な雰囲気がある。それは、両者の対話が、ことごとく英語の be going to を機械的に「……しようとしている」と訳したような、ぎこちない中学英語の模範訳となっているために、文型練習でも聞いているように、まるで切実な感じがしないのである。

同じ本に、こんな不思議なやりとりもある。「熱が出ちゃって」と言うと、相手は「あらあ、どこから？」と質問する。風邪薬のCMなどで、鼻からとか喉からとかと分類する例がないではないが、日常生活でそんな質問はしない。その続きで、「家で寝てたんだよ、布団で」と言うと、今度は、助詞の「で」が二つある点を突いて、「え、どっち？　家？　布団で？」と、まともには考えられないような質問をする。仕方なく「家の中にある布団の中だよ」と、わかりきった説明をしなければならない。すると、「布団の中？」と、日本語のそういう表現にこだわる。言われてみると、何だか布団の内部で綿にくるまれているようなイメージも起こり、「布団と布団の間だよ」とまで言わなければならなくなる。

落語の**『狂歌の餅』**に、こんな言葉談義が出てくる。女房が「妾《わたし》はお汁粉だわよ」と、自分の好みを主張すると、亭主は即座に「何を云やアがる」と呆れるが、そういう要求の内容にはふれず、そのことば遣いを咎《とが》める。「だわよ」なんて「言える面じゃァねえ」と一蹴し、「だわ」だの「いいのよ」なんていうことばは、「モウ些《ちっ》とどうかなって居る面だ」と、本来あるべき、ことば遣いと顔のよしあしとの関連に関する自説を述べる。

同じく落語の**『負惜《まけおし》み』**にも、単語の適切な用法について指導するくだりがある。一人が「銭が要るんだ」と言うと、脇の一人が即座に「お銭《あし》でげしょう」と、いかにもわかっているというような顔で応じる。あたかも金のことなら俺に任せろという調子だが、ここは「ぜに」という語を「おあし」と換言しただけで、それ以上の意図は何もない。ところが、その調子から相手が出してくれるのかと勢い込んで「そうよ」と身を乗り出すと、案に相違して、「生憎だったね」という返答だ。そこで、ひとくさり「あいにく」という動詞の意味用法について講義をする。「止せやい、生憎なんてえ言葉は汝達《てめえ》の使う言葉じゃねえや、始終銭を持ってる人が偶《たま》に持って居ねえから生憎というんだ、汝《てめえ》なんざア春夏秋冬《しょっちゅう》生憎じゃアねえか」という懇切丁寧な説明がおかしい。

また、**『お別れパーティー』**という新作落語には、同義的類義語をむやみにくり返して笑わせる例が出てくる。妻が他人の食事の実態を「朝は寝床の中で落花生をボリボリ食べて、お昼が南京豆で、晩がピーナツなんですよ」と夫に報告するのがそれだ。夫の反応は「みんな同じじゃないか」で終わりだが、その三つの単語がそろって使われていた過渡期には、ちょっとしたニュアンスの違いを感じる人もあったようだ。

「南京豆」という語からは外側の殻まで付いたものを連想し、「落花生」というと、その殻を剥いて薄皮だけになった豆の姿を連想し、「ピーナツ」となると、その薄皮も付いておらず、原則としてバターで味つけしたおつまみの連想が強かったらしい。昭和三十年代の小津安二郎監督の映画「彼岸花」にも、バーのスタンドで「南京豆」と言って、その店の突き出しを催促するシーンがある。が、その後、この語は次第に使われなくなり、他の二語でまかなうようになって現在に至る。生えている状態では「落花生」と言うのが普通だといったニュアンスの違いは今でもあるだろう。いずれにしろ、この例では、基本的に同じものをさすのに、わざわざ三つも使い分けてみせるのが笑いを誘う。

佐々木邦の**『夫婦者と独身者』**では、英文学の大家でもあった小説家らしい語学的な発想が笑いをよぶ。最初は「隣に坐っているのは単に一個の女性」だったのが、一年後に見かけた時に「あ、あの女学生だ」と気がついたにすぎないと分析し、つまり、「先に不定冠詞だったのが今度は定冠詞になった」だけと、必死に弁明これつとめるのが愉快だ。

同じ作者の小説**『珍太郎日記』**では、こんな用語争いが展開する。「お母さんと言うよりはママさんと言う方が余っ程簡単」と、「ママ」という最初はいささか気障《きざ》だったはずの、ハイカラな外来語の使用を擁護すると、そういう西洋かぶれを日頃から苦々しく思っている男が、「簡単が宜《い》いなら日本にはもっと簡単な言葉があるよ。チャンにオッカアは何《ど》うだい？」と、日本古来の伝統的な用語の復権を推奨する。が、「簡単ですけれど下品」と相手に一蹴され、「下品でも自然なら宜いじゃないか」と矛先を変える。

同じ作品に、こんなやりとりもある。細君に「乃公《おれ》の家と仰言《おっしゃ》るのは圧制」だと苦情を言われ「私共の家庭」と言うように求められた亭主、「家庭」は御免だ、それに、「私共」は「牧師の説教染《じ》みていて気障な言葉だ」と、勝手な感想をふりまわす。このあたりはその人間の言語感覚だけに、いや、違うと真っ向から反対しにくい。

もう一つ、『**人生の年輪**』から例をあげよう。「兄貴は未だに、和解する気がないと言って、頑張るんです」と発言し、その「和解」という用語の使い方を咎《とが》められる場面だ。「お前は日本語を知らないのか？　勘当されたものが和解するも何もない。詫びを入れるというなら兎《と》も角《かく》も」とたしなめられる。「日本語を知らない」と、大きく出るのが笑いのポイントだ。「勘当」という制度のあった時代は、まさにそのとおりだから、相手も返すせりふに窮しただろう。

中野実の小説『**パパの青春**』の中の一場面。相手の女から「あんた、まだ一度もあたしを愛しているって言ったことないわね」と言われ、「おかしくってそんなこと洗練《リファイン》された青年が言えるかってんだ」と、男のプライドをのぞかせたところまで優勢だったが、「言い度《た》いくせに痩我慢してるんじゃないの。それを洗練なんて言葉でカムフラージュしてるんだわ」と反撃される。どうやら相手の方が一枚上だったらしい。

玉川一郎の小説『**恋愛考古学**』にも、そんな微妙なことばの問題が出てくる。訪ねて来た女が「野里さん等は、いらっしゃいますか」と尋ねたのを、作者は「ユキエは複数のカタチで訊いた」と英文法のような指摘で読者の注意を促し、会いに来た相手は野里個人だから、事実は単数なのだが、そこをぼかすためと、女にしみついたたしなみを解説する。

サトウハチローの小説『**長屋大福帳**』では、盥《たらい》を借りに行った先で、「あんた盥もないの」と言われてショックを受け、「がないの」と言われるのと、「もないの」と言われるのとでは、「も」と「が」という助詞の違いだが、これは大変な差だと説明する。

同じく『**青春五人男**』には「二人法」という妙なことばが登場する。一見、文法用語めいているが、ここでは恋文などに用いる表現法をさしている。「なんでも二人だという法」で、例えば、「小鳥が泣いています、小鳥も二人づれです、雲も二人づれです、それなのに、あたしだけ一人」というふうに、二人でいることのすばらしさを強調して、そうでない自分の孤独を相手に訴える手法なのだという。

また、この作品には、「がね」という文末の助詞の余韻を分析したくだりもある。この「言葉はまことに、はッきりしない言葉だ。行くつもりではいますがね。おごる心ぐみですがね。及第はすると思いますがね」といった例をあげ、相手に与える心理的な波及効果を説くくだりは、なかなか説得力がある。

同じく『**僕の東京地図**』には、「ボクは英語なんか(なんかですぞ)よめない」という箇所がある。「なんか」という助詞は、類義の「など」以上に、ここでは「英語」という対象を、軽視もしくは軽侮するニュアンスのあることを強調して、読者の言語感覚を刺激する。

もう一つ、『**青春風物詩**』から例を加えよう。おふくろや叔母さんなど女性を泣かしたことなら数々あるが、女性に泣かれたのはこれが初めてだとし、その泣き方を「よよとばかり」に「膝に泣き伏された」と描写する。そして、いかにも古風な「よよとばかり」という時代がかった描写にいささか気が差したのか、その表現の直後に「(形容詞の古いのを許されよ、泣き方が古いのだからしかたがない)」という注記を挟んでいる。この注記によって、読者はそれが古めかしい形容だったことを改めて意識し、にやりとすることだろう。

この項の最後に、ほんものの言語学者の逸話を一つ。金田一春彦は、大学の講義で日本語の音声の話をしている途中、学生をちょっとからかったらしい。カとガはkとg、サとザはsとz、タとダはtとdの対立となっており、これらはすべて英語の無声音と有声音の対立と同様だ。ところが、ハとそれに濁点をつけたバとは、pとbという原則どおりの対立ではなく、何とhとbとにな

⑥ 逸脱——意表をつくズレ

っている、そんな説明をした後、こんな言語は世界にも例がないと言いかけ、いや、一つだけある、それは鉛筆だ、と謎に満ちたことばを残し、ぽかんと口を開けた学生の顔を残して教室を出て行ったらしい。

つまり、鉛筆の軸に、芯の硬さや濃さを示す、英語の「ハード」と「ブラック」の略であるHとBが印刷されている事実を前提にした冗談である。

このような笑い話の素材となる日本語の乱雑な現象はもともとあったわけではない。日本語のハ行の子音は、現在ではたしかにハ・ヘ・ホは声門のあたりで摩擦を起こす音hになっている。ヒは声門ではなく、舌が上顎の硬口蓋《こうこうがい》に近づいて、やはり摩擦を起こす音で、少し違う。フの発音だけは現在でも、両唇で摩擦を起こす子音で、fに近い音に聴こえる。しかし、古くはハもヒもヘもホもすべて、唇の部分で摩擦を起こす、そういう子音で発音されていたらしい。そして、さらに遡れば、その両唇を閉じて勢いよく開く、つまりp音に近かったのではないかと推測されているようだ。これを逆にたどれば、唇を閉じてぱっと開く音から、両唇の間を少し空けて、その隙間で摩擦を起こす音に変わり、さらにその奥の口蓋のあたり、ついには声門のあたりまで、調音点が次第に唇から離れていく方向で変化してきた結果、現在のように清音と濁音との子音がまったく違う、という奇妙な対立が起こったのである。

こんなふうに一般読者に向かって専門用語を駆使し、躍起になって純正日本語の姿を弁明する大人気ないふるまいこそ、**《言語的こだわり》**の見本として笑いの的となるのかもしれない。

2 闇の詩人――語感

単語には、論理的情報を伝える意味の側面と、そのことばにしみついている感情的・感覚的なニュアンスという語感の側面とがある。似たような意味でも、「女」と「女性」と「女子」と「婦人」と「おなご」など、どういう場合にどれを使うのが適切か、常識的におおよそきまっている。そのため、幼稚園児を「婦人」と呼ぶなど、その範囲を大きくはみ出すような非常識な使い方をすると、笑いにつながりやすい。

徳川夢声の『**喃扇楽屋譚**《なんせんがくやばなし》』に、「一体、御婦人てなア、誰の事だい」と、相手の会話の中に出てきた「御婦人」という単語の《**語感**》にこだわる場面がある。「女」とも「女性」とも違う雰囲気を感じているのだろう。「無論、女優の事さ」と言われ、「チェッ」と舌打ちし、喃扇座《なんせんざ》の女に、「ゴフジンなんて、生まやさしい動物があるかテンだ」と息巻くのも、落ち着いた大人の雰囲気を漂わせる「御婦人」に該当する女なんか一人もいないと考えているからである。

夢路いとし・喜味こいしの漫才『**物売り・季節感**』にこんなやりとりが出てくる。こいしが「うちとこのテイ宅の前を……」と言いかけたのを聞きとがめて、いとしが「あの家が邸宅か？　あのガタガタの家が邸宅か？」とみそくそに言う。「邸宅」ということばの語感から、立派な建物を連想させるので、あのおんぼろの家とはまるでイメージが合わないと、歯に衣を着せずに突っこみを入れたのだ。こいしは「停留所の前でしょう？」と応じ、だから「邸宅」ではなく「テイ宅」だと、無理な造語をして言い逃れる。

中村正常の『**ナンセンス四題**』にも、「お屋敷」という単語の語感を説明する箇所がある。「オヤシキというのはだ、階級からいうとゴテンの次で、人間の住む家のうちでは割と高級な方だよ」というのがそれだ。つまり、「御殿」に次ぐ段階の立派な家をさすのだという。

中野実の『**新女性大学**』には、「用心棒」という単語に附着する垢抜けない雰囲気をとりあげ、「用心棒といえば詩も何もなくなってしまうんだ。二十世紀の騎士と云えばいい」と、西洋の「騎士」まで持ち出して、イメージアップを図る箇所がある。両者のイメージがあまりにも違いすぎ、読者はつい、そこまで無理をしなくても、と笑ってしまう。

木山捷平の小説『**処女**』に、産児制限の始まった頃、中年の婦人講師が、荻野式の避妊法の説明に現れる場面がある。この期間だけ中断すれば、あとは「誰に遠慮気兼ねもなく、自由自在にコウセツ行為をされても、一向差支えはない」という言い方をした。「今のお話の中のコーセツちゅうのは何のことでございますかナ」と質問した白髪の婆さんもあったが、主人公の狭山は、「何と言っても県庁差廻しのベテラン講師ともなれば、言葉の使い方が上品で科学的で、コウセツという言葉はうまく考え出したもので、少しも猥褻の感を与えない」と、その表現にやたらに感心する。「交接」と漢字で書いても、さほど卑猥な感じはないが、特にここは口頭の表現だから、耳から「コーセツ」という音が入って来るだけで、生々しい感じはさらに薄れるはずだ。

サトウハチローの『**青春五人男**』に、「テントの中でも酒宴は酒宴ですぞ」というせりふが出てくる。「酒宴」という語は「宴会」以上に改まった感じで、それだけに正式の堅苦しい集まりを連想させやすい。そのため、テントの中となると、それは「酒宴」でないとまでは言えないが、いささかイメージが合わない。そういう場所で車座になって酒を飲むのであれば、「酒盛り」のほうがぴたりとはまるだろう。

同じくハチローの『**若者行進曲**』には、「おぶちになればいいのに」という女性のことばを聞いて、「なぐれ、ぶても、おの字がつくと、大分やわらかに聞こえる」と感想を述べるところがある。「殴る」も「ぶつ」も行為としては大差ない。そこに「お」を添えて「おぶちになる」という敬語表現にしても事実は同じはずだが、「お」の分だけ殴打のショックがやわらぐような錯覚が起こりやすいというのだ。むろん、気のせいだが、《**語感**》の違いがそういう印象を与える傾向のあることは事実である。

同じく『**喧嘩手帳**』には、井戸端会議の「米」の議題で、「まずうござんすわというのは喋ってる奴の面にそのままあてはまる」とか、「いただきにくうございますわと一人が相槌を打った。これが又どうにもいただける顔じゃねえんだからよく出来ている」とかというくだりがある。「まずい」という形容詞や「いただく」という動詞の、それぞれ二つの語義を重ねた洒落系統のことば遊びに近い皮肉だ。が、後者の例は、「いただく」という語を使う人の上品なイメージとは、まるで縁のない、いかにも品のない顔だということだろうから、「いただく」という単語の《**語感**》を問題にした笑いである。

やはり**ハチロー**の『**青春列車**』には、外国語をやたらにありがたがる日本人の軽薄さを皮肉ったとも解せる例が出る。「質屋の番頭はめッたにマネージャーなんて、英語で言われたことがないから、ニヤリとする」とあるのがそれだ。その英単語は「訳すると、支配人だから」、番頭を略して「番ちゃんとか、番の字、わるくすると番公、番州、番的なんて言われるより気持ちがいい」と続く。略さない「番頭」よりもハイカラなのだろう。

　また、**『海苔トースト』**には、「この頃の若いものは、手づまだの活動写真なんて言わない。どなたでも手品であり映画である。うッかりするとマジック、ムービイなんて歯の浮くのも、散見する」とある。「手品」は和語、「映画」は漢語だが、「歯の浮く」とマイナス評価されるのが、二つとも英語であることに注目。こういう苦々しい現象が今はなお目に余る軽薄な時代となった。

　ハチローの例をもう一つ。**『僕の東京地図』**という長編エッセイに、「フクソウテンとはナンナリヤと聞いたら、フルギ屋の現代語なりと、通りかかった小僧が、コタエタ」とか、「二軒のフルギ屋あらためフクソウテンの間にはさまれている」とかという記述の後、「升平なる、おでんやへとびこむ」とある。ここも、「古着屋」という伝統的な和語のマイナスイメージを払拭するために、「服装店」という当時は新鮮だった漢語に切り換えた、薄っぺらな世相を嘆く一節のように思える。

　徳川夢声の随筆**『天長節・明治節』**にも、各自の好みではなく、その時々の流行を追って群がる一極集中の国民性を軽佻浮薄と苦々しく思う記述が見られる。ひところはたしかに「文化」ということばがもてはやされた。「私はこの〝ブンカ〟というコトバが好きになれない」と、夢声はまずそれを片仮名書きして小馬鹿にする。一般に、漢字は意味を伝え、ひらがなはことばを伝え、カタカナはそういう音を伝えるという傾向がある。ここでも、そういう意味やことばから遊離して、音だけが鳴り響く当時の世相を皮肉った表記なのだろう。

　大正時代から「文化」という語がもてはやされたが、「文化住宅」にしろ「文化コンロ」にしろ、これまでも「文化」のつくものにろくなものはなかったが、それが戦後の「文化」ものときたら、それに輪をかけて下らないものばかりだ。そういう文脈に乗って、夢声は「文化の日」なんて祭日は、文化国にあるわけのものではあるまいと手厳しい。そういう反省からでもあるまいが、かつて流行した「文化教室」はその後軒並み「カルチャーセンター」と改装した。それがまた、歯の浮くような舶来語で、一向に重みがない。

　この「夢声」という芸名兼筆名は、当人がその昔、無声映画の説明役を職業としていた経験から思いついたのかもしれない。まだトーキーというものが発明されていなかった時分、動く写真すなわち活動写真には場面解説が必要だった。雰囲気を盛り上げようと、「花の巴里《パリー》か倫敦《ロンドン》か」などと名調子で弁じたものらしい。時にはそれに「月がないたか時鳥《ほととぎす》」と調子を合わせ、全体で何のことやらわからなくなる、という笑い話もある。それでも、「花の都にそぼ降る雨は」とか「仏蘭西《フランス》は巴里《パリー》の街角」とかと状況説明のフレーズを挟んで「メリーさん、メリーさん、私はあなたを愛します」といったせりふを入れ、観客の心をくすぐったものらしい。

そういう役をする活動写真の弁士を、略して「活弁」と呼んだ。活弁あがりで朗読・漫談、それに随筆もよくした**徳川夢声**は、『**夢声漫筆**』にこんな語感談義を披露している。暗い場所から声だけ聞こえるせいか、近年「闇の詩人」という表現を見かけて、おやっと思う。当人は、「「詩人」てえ言葉もエラい処《ところ》に使用されて、定めし、憤慨してる事と思うが」と、照れくさそうに前置きし、それでも、新聞の社会面に「活弁の首縊《くく》り」と出るよりも、「闇の詩人厭世自殺」のほうが「人聞きが宜しい」と高く評価している。同じ事件でも、たしかに、読んだ印象がまるで異なる。「闇の詩人」という表現には文学的な雰囲気が漂い、娯楽の裏方めいた「活弁」とはイメージが大違いなのだ。

井上ひさしが一般読者向けの『**吉里吉里人**《きりきりじん》』という長編中に、『倭名類聚抄《わみょうるいじゅしょう》』という平安中期の漢和辞書の書名や、「硬口蓋《こうこうがい》」「中舌母音《なかじたぼいん》」(「ちゅうぜつ」とも)「通鼻《つうび》音《おん》」といった音声学の用語や、「指小辞《ししょうじ》」「対格《たいかく》」などといった文法用語などの専門語を、遠慮会釈なく使いまくるのも、むろん多少は必要性があるにしろ、会話でも使える日常語の説明の中にちりばめることによって、そういう《**語感**》の違いが摩擦を起こし、スパークをあげることで読者を楽しませる意図も、もしかするとあったかもしれない。

『**国語事件殺人辞典**』で、「オンザロック」という単語をわざわざ難しい国際音声字母で表記してみせる例などは、明らかにことばの意味ではなく語感上の違和感で笑いを誘っているのだろう。『**自家製文章読本**』で、オノマトペすなわち擬声語・擬態語というものの語感を説明するために、「ドンドン頒布若《モシ》クハジャンジャン販売シ又ハ公然之《コレ》ヲペロント陳列シタル者」といった作例を掲げるのも、その違和感が読者の笑いを引き起こす。

高田保は『**ブラリひょうたん**』中の『**愚妻**』と題する文章で、近年悪評の高い「愚妻」という語を擁護し、こんな論陣を張っている。「愚妻」を「フーリッシュ・ワイフ」と英語に訳せば西洋人は驚く。しかし驚くのは外国人だけではなく、当の日本人だって驚くとする。「愚妻」というのはけっして「馬鹿な妻」という意味ではなくて、まだ人生経験がとぼしく、礼儀や配慮の面で至らないところも多いというような意味合いであり、同じく至らない人間である自分の良き伴侶という気持ちで用いる謙虚なことばなのだという主張である。ためしに「賢妻」と言ってみれば、「愚妻」の奥ゆかしさがわかるだろうという。この一文の読後に、「愚妻」という語に抱く読者諸賢のイメージが好転していることを期待しよう。

この項の最後に、**夏目漱石**『**吾輩は猫である**』に出てくる大胆な説を紹介する。詩人にとって必要なのは、実際には「逆上」なのだが、正直にそう呼ぶとマイナスイメージが強く血迷う感じに聞こえるので、詩人は「申し合せてインスピレーション、インスピレーションと左《さ》も勿体《もったい》そうに称《とな》えて居る」のだという。事実、古代ギリシャの哲学者プラトンは、その「逆上」にあたる現象を「神聖なる狂気」と称したが、近代になると、「いくら神聖でも狂気では人が相手にしない」ので、「インスピレーションと云う新発明の売薬の様な名をつけて置く」ほうが詩人のためにいいと考えるようになったのだという。耳慣れない外国語から売薬を連想するのは現代でも同じだ。両者がまったく同じ事柄なのかどうかは議論の余地があろう。だが、いずれにしろ、同じようなものをさすのに、「狂気」と「インスピレーション」との《**語感**》の違いが、印象やイメージに大きな差を生じさせる例ではある。

3 贋造・偽造・変造――類語ニュアンス

ことばの語感の違いだけでなく、意味の微妙なニュアンスの差であっても、それをうまくこじつけ、あたかも峻別してみせたかのようにふるまえば、その鮮やかな手際が笑いをよびこむ場合がある。

サトウハチローの『**貧乏行進曲**』に、煙草屋の娘に関する噂話が出てくる。その娘に気がありながら半ば諦めている男があって、それを見かねたおせっかいな友人が、支那そば五杯を賭けて、まだ脈がありそうかどうか確かめにかかる。まず、煙草屋の向かいのお湯屋のおやじに探りを入れ、婿取りでなく嫁に出そうとしていること、噂のある薬屋の息子の話は先方が勝手に宣伝しているだけらしいこと、母親は会社員に嫁がせがっていることを聞き出す。そして、「要するに、これから申し込んでも、手おくれじゃありませんな」と念を押すと、「手おくれというのは変ですね」と言われ、「手ぬかりでもないし、何というのかな」と、適切な表現に窮する。

奥野他見男の『**法学士の二等兵さん**』には、班長が「簡単で解《わか》り易う見えて一寸区別し難い問題」で、「よく考えれば考える程間誤《まご》つく問題でもある」と前置きし、「贋造と偽造と変造の区別」を出題する場面が出てくる。

幹部候補生の一人が即座に、この意味の紛らわしい類義語を鮮やかに具体例で区別してみせる。実に水際立った見本だ。すなわち、二銭銅貨に水銀を塗って五十銭銅貨に見えるようにするのが「贋造」で、本物とはまったく別の材料で造るのが「偽造」で、二銭銅貨の縁にギザギザを附けたり、水銀を塗ったり、二銭の文字を五十銭にしたりするのが「変造」だという。これで何となくわかったような気になるところがおかしい。

出題者の班長はそれを一つ一つノートに書き留めながら、「誰でもよく知ってる事だ」と言ってプライドを保つ。それなら、なぜ他人に答えさせ、それをノートに書き込むのか、読者は班長のそういう矛盾に満ちた行動を笑うことだろう。

4　顔を修正 —— 用語ずらし

松山思水の『**笑の爆弾**』に、「凸松は大英断を以て、籠の中から牛肉の包を出して一片一片《ひときれひときれ》と犬に投げて」とある。犬に囲まれて仕方なく、持っていた主人の肉を放り投げて、その隙に逃げようとしている場面だ。「思い切って」ぐらいが妥当なところだろうが、ここでは意味を若干ずらしてでも、「大英断を以て」という大げさな表現を採用したことでユーモラスな感じを出した。

真山恵介の『**わっはっは笑事典**』に、先代の林家正蔵のこんな逸話が出ている。「あなたの大切な旦那様を、間違いなく一夜収容して、無事にお返しします」と記した手紙、実は、K某という作家が「妙な女性を同伴して林家正蔵の家にころがりこんだ」際に、そのKの夫人に宛てた一通だという。「お預かりして」ぐらいが相場だろうが、そこを「収容して」という場違いな表現を採用したのが読み手の笑いを誘う。そのせいでもなかろうが、この作家、それ以後、「外泊と妙な浮気」をしなくなったというから、「ノンダクレ更生美談」として後世に残したい。

土屋賢二の『**哲学者かく笑えり**』にこんな一節が出てくる。ある日の電車の中で一人の女の子が「わたしの顔を興味深そうに観察」しているように見えたらしい。普通なら、「何が珍しいのだろう」とか「ご飯粒でもくっついていたのか知らん?」とかと続くところだろう。ところが、この教授の反応は違った。「こんなに幼くても審美眼は備わっているものだ」と感心したらしい。顔の自慢という点でもおかしいが、「審美眼」という用語も、こんな場面に起用されて、さぞや面くらったことだろう。

⑥逸 脱——意表をつくズレ

落語の『**ポン引**』に、「御婦人の方のは又同じ出奔病でもあこがれとか云ってネ、夕焼みたいな気分になるんでげしょう。話に聞く都の空に憧憬《あこがれ》やしてネ、いや始末に終えない難病で御座います。——こういう患者が上野駅あたりから日に何十人と吐き出されますんで」というくだりがある。「出奔」を「病」、そのひどいのを「難病」と称して笑わせる。

同じく落語の『**士族の商法**』には、武士を廃業して、にわかに鰻屋を始めた男が、「中串などと贅沢をいわれては困る、(鰻が)大小合併してゴチャゴチャに泳いでいるのだから、どれが中串だかわからない」というくだりが出てくる。大きい鰻も小さな鰻も入り乱れて泳いでいるのを「合併」と称した例だ。

漫才の例に移る。**横山エンタツ**の『**僕は探偵**』に、「木綿を裂く様な叫び声」という表現が出現する。普通は「絹を裂くような」と言うのだが、この場合は断末魔の声であって、「絹」に喩えられるようないい声ではないのだという。同じ漫才に、「ピストルを振りかざして、メッタ切り」といった例も出てくる。ピストルなら「メッタ撃ち」と言うべきところ、ここではそれを刀や庖丁並みに扱った表現だ。

やはり**エンタツ**の『**漫才読本**』には、金沢のことを

「気立てのいい女の産地ですか」と言う場面がある。ここでは「女」という人間の一種を、芋やカボチャ並みに扱った感じにする「産地」という用語が、滑稽な対話に仕立てている。

秋田実の『**漫才選集**』でも、この**エンタツ**が「沢山の赤ちゃんがね、いっせいに声を揃えてオギャアオギャアと合唱してるのを見た」というせりふを発しており、同時に泣き立てる音を「合唱」に見立てた用語が笑いを誘う。

同じ本にある**内海突破・並木一路**コンビの漫才『**吾は海の子**』には、「ところで君は何《ど》の位ある？」「何が？」「距離は？」「距離？　人間の躰《からだ》を距離で測るのかい？」というやりとりが出てくる。「身長」を道路や遠足並みに「距離」と称する違和感が笑いをよぶ。これだと、長身のアスリートは「長距離選手」になってしまう。当然、相手が妙な顔をするので、「いや、縦幅」と言い換えるのだが、この「縦幅」という用語も、「横幅」と違って尋常ではない。

同じく**松葉蝶子・東五九童**コンビの漫才『**電車の災難**』には、「横におった女の人がいきなり私にたべてかかりよった」という表現が出現する。「食ってかかる」という動詞を丁寧に言ったつもりだろうが、「食う」が「食べる」と換言できるのは実際に食する場合であって、「この車はガソリンを食う」だとか、このような「突っかかる」意の派生的な用法だとかにはあてはまらないから、聴衆の笑いにつながる。

夏目漱石の『**吾輩は猫である**』にも、このような異様な用語の例がよく出てくる。例の大金持ちの金田が自分の頭をぴちゃぴちゃ叩く音を聞いて、「禿頭《はげあたま》だなと出所を鑑定する」場面で、「鑑定」という語を用いたのはその一例だ。また、蝉について、吾輩が「鳴くのと猫にとられるより外に天職がない」ときめつける際の「天職」という用語も同様である。さらに、猫が垣根の上に登るだけのことを「骨の折れる道中」と称するその「道中」という語も、旅を思わせるだけに、意図的に**《外した用語》**だろう。

迷亭は苦沙弥《くしゃみ》の家にやって来ても、自分の家と区別なく「書生同様取次を務めるから甚だ便利」で、そこに来客があると「玄関へ出張する」という。この「出張」も同様だ。本来なら、その家の主人である苦沙弥が「出陣すべき筈であるが」という時の「出陣」という用語も戦いじみており、そういう違和感で笑いを誘う。また、苦沙弥が「頭中引き搔き廻す」折に、フケが一面に飛び散るのを眺めて、猫が「非常な壮観である」と評する際の「壮観」も場違いな用法に近い。

さらには、歯ぎしりのことを「寝て居てする芸だから覚《おぼえ》はないに違ない」と評する箇所もある。当人の眠っている間の無意識の行為を「芸」と認定するのもおかしい。「満腔の熱誠を以て髯を調練して居る」の「調練」、「髯に向って鞭撻を加える」の「鞭撻」も、髯を人間並みに遇した用語で、やはり読者の予測を外す意味では類例だ。「孤城落日のあばたを天下に曝露《ばくろ》しつゝ」といった流れにも、あえて大仰な用語で滑稽な雰囲気を演出する意図が感じられよう。

佐々木邦の『**珍太郎日記**』に、「蠅の好きな人もあるまいが、家ではお父さんが此奴《こいつ》に特に反感を持っている」という箇所が出てくる。ここも、単に「特に嫌いだ」としたのではおかしくも何ともないが、それを「反感を持つ」という表現に外して笑いを誘う。

徳川夢声に『**模範中学大遠足**』と題する回顧談がある。「絶えず声高に何か喋り合いゲラゲラ笑っていた。四年生と五年生、合わせて三百人以上もいたであろうか、それらの幾割かが、新橋と尾張町の間に、ハンランした」と述べる際の「氾濫」も読者の《**予測を外す用語**》だろう。大勢の生徒が本来の軌道から外れて街に溢れ出す感じがよく出ている。

やはり夢声の『**碁盤貞操帯**』では、車の中で思いもかけず女性の体に接触した際の興奮を「二人の肉体が、こんなに全面に亘って——と云っても片面だけだが、肩から腰、腰から膝へかけて接触した経験は、今迄《まで》に一度もない事なのだ」と記している。おそらく心理的には「全面」だったのだろうが、物理的には「片面」なのにはっと気がついて訂正したような雰囲気がある。車が曲がる折には中の人間も揺れるので、それだけ脇の女体を意識し、どうしても「全身の神経を、左側へ集中」させることになる。夢声は「後年、省吾が中気でもして、左半身不随になるとすれば」この晩の「不義」の罰だなどと、よけいな心配を書き連ねるのである。

宇野信夫の『**おぼえ帳**』にこんなエピソードが載っている。六代目菊五郎が患っている時、ある役者にその容態を尋ねたら、「どうも困ります。順調に悪い方へすす

6 逸脱——意表をつくズレ

んでおります」という答えが返って来て面くらったらしい。「生憎《あいにく》次第に」といった意味合いなのだろうが、そこに「順調に」が飛び出したので、予定どおりのようなニュアンスが生じたのだろう。

高田義一郎の『**らく我記**』に、医者が病気をすると変な顔をする人が多いが、事実は逆で、「医者は年中病人の相手をしているから」普通の人よりかえって病気にかかりやすいらしい。病人から病気をうつされることを「病気のお裾分けに預る」と言うから恐れ入る。

同じ本に、二十歳で結婚して「十回妊娠」した女性の話も出ている。それ自体もおめでたいのだが、著者は、そのため「殆《ほとん》ど空腹の年が無かった」と書いている。一般に「空腹」という単語は、腹が空いて食べ物が欲しいと思う感覚について使うのが通例だろう。この場合は女性の子宮に子種が宿っていないことだが、子宮も腹の一部だと考えてみれば、たしかにそれも「空腹」と言えないこともないから、読者としても認識を改めざるをえない。

堀内信水の『**日本産パパとママ**』に出てくる「例のモダーン夫婦が此《こ》の食堂車に進軍して来た」という例の「進軍」、**近江帆三**の『**女軍凱旋**』に出てくる、その人物がいい人かどうか「私が一度当って検査して見ますよ」という例の「検査」、辰野九紫の『失業相合傘』で、解雇通知を受ける何人かの社員の中に選ばれたことを「彼もその光栄あるお仲間に入選した」と皮肉交じりに述べる例の「入選」、それに、大泉黒石の『**当世浮世大学**』に出てくる、男の奇妙な和服について「紅絹裏《もみうら》の袷《あわせ》で表装していた」と説明する例の「表装」などのもたらすおかしみは、いずれも通例の表現を避けて異例の用語を起用した、**《用語ずらし》**の表現効果だと考えられる。

益田甫の『**女難満塁**』に「やけに丸々とした衛生的な女性」とあるのは、美しいとか何とかという方面の品定めをする気が起こらないほど、健康一点張りという意味なのだろうか。「健康的」でも皮肉だが、「衛生的な女性」という見かけない形容が意表をついている。

北村小松の『**街頭連絡**』には、「一騎打で断られりゃア、向こうだって武運つたないとあきらめるでショ」というせりふが登場する。つまり、相手に面と向かって、自分には好きな人がいると率直に言ったほうが手っ取り早いという意味である。「一騎打ち」だとか「武運つたなく」だとかという比喩的な用語が、昔の戦《いくさ》の雰囲気を漂わせて滑稽に響く。

同じ著者の**『三文文士』**には、待合で芸者が、ぐずぐずといつまでも飲んでいる酔っ払いに手をやき、こんなせりふを吐く場面がある。「御機嫌をとって上げますから、休みましょうよ？　休みましょうよ」と眠らせようとすると、「休みましょうよとは、女房が、この俺に向って云う専売特許の言葉だ」とのろけ半分に言って、「酒をもってこーい」とどなるので、芸者ももてあます。この「専売特許」という外れた表現が笑いのたねになる。あたりまえに「専用」としたのでは、くすりとも来ないだろう。

中村正常の**『二人用寝台』**にこんな場面がある。女房の機嫌を損じて家から閉め出された男が、何とかして中に入れてもらおうと、「もし、もし、魚屋でござい」と御用聞きの声色をつかってみても簡単にばれてしまう。ちゃんと謝罪すれば許してあげると言われ、見えないのをさいわい、「ドアの外であやまってるんだよ」と言ってみるが、「だめ。ごめん、っていってから舌だしたでしょう」と、その策戦も失敗に終わる。仕方なく、「僕はいつまでも室外にいるわけにはいかない、万難を排してドアの中に一刻も早くはいりたい」と本音をもらす。この「万難を排して」という表現も意表をついておかしい。

木山捷平の**『パーの十蔵』**には、「人前はばからずコンパクトをひろげて、少なくとも八回か九回か、ひなびた皺だらけの顔を修正したのが、ことに印象的であった」というくだりがある。コンパクトだから通常は「はたく」といった動詞を読者は予測する。ところが、そこに「修正した」という考えもしない動詞が現れて、おやっと思う。「ひなびた皺だらけの顔」だからかなりみっともない顔のはずで、それがコンパクトの効果でいくらか改善されるというのは事実だろう。この場合、別に容貌の誤りを訂正するわけではないが、「修正」というのもまんざら的外れでもないことに気づき、読者はつい笑ってしまう。

同じく**『防火用水』**にこんな場面が出てくる。夫婦が引っ越して行った先で異様なものが大量に残っているのを発見して途方に暮れる。「遺留品は、壁と長押《なげし》との間に優に百箇ぐらいは突っ込んであるように思われて」と

6 逸脱――意表をつくズレ

あるその遺留品というのは、「つかい古しのゴム製品が、からからになった物」なのだ。見て見ぬ振りをする手もあるが、あまりに大量にあるからどうにも気にかかる。そこで、「いつか機を得て、抜本的にひっぱり出して、森の原っぱにでも運んで焼却しておかなければ」と思うのももっともだ。そうしておかないと、この家作に、「自分達のあとから入って来たものが必ず私たちの所業と勘違いするにちがいない」し、そうなってからでは取り返しがつかないからである。

それにしても、ここに「抜本的に」とあるのがおかしい。普通こんな場合には使わない格調高い単語なのだが、それだけに意気込みが伝わって来る。あまりにも大量だから、うっかり何本か見逃したりすると気持ちが悪い、ぜひとも一本も残さず見つけ出して、徹底的に廃棄してしまおうと意気込んでいる住人の気持ちが、こういう異例の用語から痛いほど伝わってきて、気の毒ながら何ともおかしい。

サトウハチローの『**占いの名人モコちゃん**』に、「おばアさんが裁判官として、はなれから、出張してくる。判決のけっかは」というくだりが出てくる。「裁判官」「出張」「判決」という大仰な比喩的用語がおかしみにつながる。同じく『**おさらい横町**』に、「わが家の最高幹部会に於て、お兄さん問題は決定したのに違いない」とある箇所も、たかが家庭の中で親たちが話し合うのを「最高幹部会」と大げさに称するあたり、似たような例だ。

『**露地裏善根帳**』には、「いままでの助さんだと、よくって女、それでなければ、アマ、女郎《めろう》、酔ってくると、なおんなんて叫んだのが、娘さんとさんづけだ。これだけで、その女性に対して助さんがどういう感情を抱いているかは説明しなくてもわかる」というくだりがある。人間のうちで男でないほうをさすさまざまな用語のうち、「女」「アマ」「女郎」「なおん」に比べて「娘さん」が飛びぬけて好感度が高いところから、助さんの意中を探る場面である。

また、「風呂へはいると歌を唄いたくなる人種はある。生理的にそうなる人種と、もう一つは声自慢という人種」というくだりでは、「人」とせず「人種」と外したあたりがふざけた感じで、滑稽につながるだろう。

『**若者行進曲**』には「ニュースというと、ていさいがいいが近所の噂話だ」という文が出てくる。言われてみれば、「噂話」も「ニュース」でないことはないから、その二つのことばの語感の違いが印象を大きく左右することに気づき、読者はにやりとする。

『エンコの六』に出る「こわい人のなかに六さんもメムバーの一員として数えられた」という例の「メムバー」、**『新生活行進曲』**に出てくる「補欠はないか」「ありますわ。沢山煮たんですもの」という対話の、ここでは煮っころがしのお代わりをさす「補欠」は、ともにスポーツ界の話題に転じてみせた**《用語外し》**である。

『青春五人男』にラブレターの話題が登場し、「一度出したんだけれど反響がなかッたので、そのまま気おくれがして、後はみんな出さないで、机の中にたまッているわ」という一節があるが、相手はもちろん特定の一人だろうから、「反響」は大げさで滑稽に響く。

同じく**『俺の仲間』**には、おふくろは「お家芸のたもとの先をぬらした」とある。「袂を濡らす」は「袖を絞る」の前段階で、「涙を流す」つまり「泣く」という意味の古典的な言いまわしだから、ここは、困ってくるといつも、泣くことによって物事の納まりをつけようとする、母親の常套手段というような意味合いだ。泣くとい

⑥逸脱——意表をつくズレ

う行為を「お家芸」という「芸」の一種として扱った表現であり、常識を逸脱した見方である。**乾《いぬい》信一郎**の**『五万人と居士』**には、「ふけてみえるところが、俺の芸でね」とあるから、そんなところにまで「芸」という用語をあてる、その外し方がユーモラスに感じさせる。

5 大根だからいい——慣用句の活性化

秋田実の**『笑いの創造』**に、こんなやりとりが出ている。「おい、何ぞ、つまむ物ないか？」「ないから、鼻でもつまんどけ」というのが、その一例だ。「つまむ物」というのは、酒の肴という意味での「つまみ」をさす。一方、「鼻をつまむ」という言いまわしもあり、この例は、目的を無視し、「おつまみ」と動詞の「つまむ」とを結びつけた例である。

同じ本のその次に、「彼奴《きゃつ》は女にばかり注意を払ってる」「そうだろう。奴が払うのは、それ位のものだ」というやりとりも出てくる。これは借金癖の悪い男で、一向に金を払おうとはしない。そこで、「注意を払う」ということばの音に敏感に反応し、その慣用的な言いまわ

しの意味をまったく無視して、日頃から気になっている「払う」という部分だけにこだわった、流れとしてはまことに奇妙な応じ方である。

その次に載っている例も同様だ。知り合いの家に泊まった男が、あまりに寒いので寝つかれず、「おい、何か、引っ掛けるものはないか」と無遠慮にねだると、その家の主人が寝呆け顔で、「そこの柱に釘があるだろう」と応じた。「一杯引っ掛ける」という慣用表現の意味には関係なく、「引っ掛ける」という動詞の部分だけに反応した答えである。たしかに「釘」も「引っ掛ける」時に利用できるが、ここでは酒か焼酎か、そういうアルコール飲料を一杯引っ掛けたいのだ。それで暖まって眠ろうというもくろみだから、釘では何の役にも立たない。

「釘」ついでに、『**粗忽《そこつ》の釘**』という落語の例を一つ。腰の抜けた親父を押入れに入れたまま、出すのを忘れていたと言う粗忽者に、「世の中に如何《どんな》に粗忽《そそっ》かしいと云って自分の親を忘れる者がありますか」と近所の人が呆れる場面がある。その粗忽者、「何《な》に、親を忘れる位《ぐれえ》は当然《あたりめえ》で、酒を飲むと時々我を忘れます」と、手の込んだ応答をする。放心状態になって自分を見失うという意味の「我を忘れる」という慣用句があるが、ここは粗忽者にしては珍しくその原義を活性化してみせ、鮮やかに言い返した場面だ。

こういう《**慣用句の活性化**》は、井上ひさしのお家芸でもある。まず『**ブンとフン**』では「アインシュタインもシャッポを脱いでその白髪頭を下げる」と書くことで、「降参する」という意味の慣用句「シャッポを脱ぐ」の「シャッポ」すなわち「帽子」の原義を活性化する。戯曲『**小林一茶**』では、「二回煎じただしがらをまたも煎じて」と書くことで、「二番煎じ」を活性化し、「買えるだけの手鍋を買って」と書いて「手鍋提げても」という《**慣用句を活性化**》する。「一糸もまとわぬ、美しい、白い裸身」と書いたあと、わざわざ「事情によっては三、四糸まとっていてもよい」と付け加えることで、イメージを活性化し、扇情的にあおる。

小津安二郎監督は、ひどく暑いスタジオで、ここは映画じゃなくて納豆をつくるところだとぼやきながら、俳優に向かって「君たちいいよな大根で」と平気な顔で声をかけたらしい。「大根役者」ということばが演技の下手な俳優に対する蔑称であることはみんなよく知っているから、その場の名優たちは普通ならむっとし、聞き捨てならぬという表情で、その声の主をにらみつけるところだろう。ところが、小津はその後に、「芋ならとうにふけている」と言って、いたずらっぽい笑顔を見せるのだ。猛暑のその場に一瞬なごやかな空気が流れたことだろう。「芋」と並べたとたん、「大根役者」の比喩的な「大根」が活性化し、野菜に戻る。

6 マイネーション——名づけ

あだ名をつけるにもセンスが要る。鈍くさい命名もあれば、これはと目を瞠《みは》らせる**《名づけ》**もある。**漱石**の猫が偉大な鼻の持ち主である金田夫人を「鼻子」と呼ぶのは、当時は女性の名の典型とされた「花子」の替え歌ならぬ替え字で、この猫が鼻祖。もっとも、頭高のアクセントである「花子」に対し、「鼻子」は平板型のアクセントでも発音するかして区別しなければ、口頭ではなかなか通じない。

野村雅昭『落語のレトリック』によれば、落語には

⑥逸脱——意表をつくズレ

「石川五右衛門の子分で二右衛門半」などといった「足袋の文数《もんすう》」みたいな氏名が出てくる。「おでん」の連想から「高橋お伝（明治初期に処刑された毒婦）の妹分」にあたる「はんぺん」などという名もある。

また、五代目**古今亭志ん生**は**『鰻屋』**という落語で、「開業式からずうっとにげのびて」いるという、体じゅう傷だらけの鰻を「与三郎」と呼んでいるらしい。歌舞伎「与話情浮名横櫛《よわなさけうきなのよこぐし》」に登場する伊豆屋の若旦那の名前で、「切られ与三《よさ》」という連想だ。命名の由来が通じる間は笑いにつながる。

矢野誠一の**『全落連の活動あれこれ』**によれば、「落第研究会」かと勘違いされる「落研《おちけん》」すなわち大学の落語研究会には、戦後の害虫駆除剤の臭いのする「デーデー亭油虫」だとか、柳好をもじったのか、粋な「春風亭女好」だとか、そんな名の学生が講堂で高座を務めていたらしい。三遊亭園長でも延長でも、炎症でも艶笑でも、金歯でも、柳家お産でも小《こ》惨事でも、立川《たてかわ》女志でも、古今亭新古今でも、桂有為具《ウイグ》でもいいが、ともかく噺家《はなしか》には扇子とセンスが付き物だ。

コンビ名自体が掛けことばになっている**夢路いとし・喜味こいし**の漫才**『迷い犬探してます』**には、いとしが

飼い犬に勝手に「こいし」という名前をつけて、「こいし！　こいし！　おい、どアホのこいし！」と呼ぶ話が出てくる。

『蛍の光』という新作落語には、「別居会館」という名の建物が出現し、そのロビーに仲人ならぬ「お別れ役」が「離婚披露のパーティー」を待っている。その人物は相当の腕利きで、いくつもの離婚カップルの取り持ちを務めたベテランらしい。

中村正常の小説**『虹の下の街』**には、胃腸科のはやらない病院をやめて、廃物利用に病室を貸し部屋にしたという「由緒ある妙なアパート」が登場し、その名も記念に「胃腸アパート」としたという。

近藤浩一路の**『異国膝栗毛』**にもいろいろ出てくる。まず、海外旅行などでよく罹《かか》る、買わずにいられない心理状態を病気の一種と見て「購買病」。欧州旅行の間、美術館などで笑顔で近寄って来る番人に見物客の渡すチップを「ニッコリ賃」。

佐々木邦の**『抜け目のある男』**には、三、四日続けて空巣に入られ、「ああ徹底的にやられると寧《むし》ろ滑稽だね」と笑っている夫婦が登場し、あちこちの親戚や知人から見舞の金品が舞い込み、「このところ盗難成金だよ」と喜んでいる。「盗難」と「成金」という反対方向を向いた単語を組み合わせたこの奇妙な**《名づけ》**は、意外に説得力がある。

あだ名をはじめ、こういうネーミングの妙となれば、**サトウハチロー**が並々ならぬ腕前を発揮する。**『ぼくは野球部一年生』**では、狸に似ていて天神髯を生やしている国語の先生を「天神たぬき」、おこりんぼや、けちんぼを参考に、がっちりした体の体操教師を「ミスター・ガチンボ」というあだ名で呼ぶ。作者自ら「命名法はじつに、多種多様変転自由自在なものだ」ときめつけるが、ベーブルースが眠たがっているような顔をした友達を「ネムベブ」と呼ぶ、舌を嚙みそうないささか苦しい例もある。

『占いの名人モコちゃん』に出てくる「おなかのおばさん」という呼び名は、「ずんぐりふとって、おなかが、ポコンととびだしている」からだとあるが、苗字が「原のおばさん」だから、同音の「腹」に通わせて面白くしたのだろう。

『子守唄クラブ』には、知らない犬を見かけて、その名をあてずっぽうに呼ぶ場面がある。「ゴン」「クロ」はよくある名だからそう呼んでみるのはごく普通だし、模様によっては「トラ」と呼ぶのも自然だ。ちなみに、新婚時代に離れを借りた東京西荻窪のお宅には「タロー」という飼い犬がおり、そこの主人が「次郎」という名だったのでおやおやと思った経験もあるから、その小説で、ためしに「太郎」と呼んでみるのもわかる。「三郎」と名乗る犬は珍しいだろうが、「サブ」と呼んでみるのはさほど異常ではないかもしれない。

ところが、この小説では、「クマ」「ヒョウ」「タカ」「ワシ」などと、犬を別の種類の動物の名称で呼ぶ例も出てくる。**内田百閒**の『**百鬼園随想録**』には、犬を飼って「猫」という名をつけると、「猫や」と呼べば犬が尻尾を振って飛んで来るとあるが、この種の《**名づけ**》は尋常ではない。それどころか、この小説には犬を「アサ」「ヒル」「バン」などという、ほとんど考えられない名で呼ぶ人間まで登場する始末だ。

『**露地裏善根帳**』には、おできだらけの子供を「デキモノ屋敷」と呼ぶ例がある。「化け物屋敷」をもじった名なのだろう。「女はよく喋る」という習性を「語り病《やまい》」と診断する例もある。

『**浅草悲歌**《エレジー》』には、「迎い酒」ということばがあって、「迎い恋」ということばのないのはおかしいという、一見もっともな理屈が出てくる。

また、『**ジロリンタンと忍術使い**』には「マイネーション」というあだ名の子供が現れる。毎日おねしょをするからだというが、そういう由来を説明されなければ、「マイ」が毎日、残りは「おねしょ」だなどと、ちょっと思いつかない。最初は「自分の国」かと思うかもしれない。「カーネーション」を連想して花の名かと思う人もありそうだ。一見、綺麗なあだ名だが、カーネーションの花を眺めながら、うっかり思い出したりすると、本家の花の方の印象を損ねかねない。

『**落第坊主**』には、「頬ぺたにコブのある小使」さんを「コブカイ」と呼ぶ例がある。『**エンコの六**』に出てくる「あぶ八」というあだ名は、危ない橋を渡りたがるからかと思ったら、「バクチを打つが、いつも元も子も失くしてしまうのが癖」だというところから、「あぶはち取らず」を略した《**名づけ**》だという。また、「イデオロギイの鉄」などというインテリめいた名の「名代ののんだくれ」も出現し、「イデオロギイの方でも迷惑千万であろう」という作者の寸感を添えてある。

この作者、『**青春五人男**』では、ロシア系統の顔をした日本人の男が登場すると、「髭の頬かぶりみたいな顔」なので、「ヒゲシェンコ」とでも呼べばぴったりだといった無駄口を叩いて、詩人らしい言語感覚の一端をのぞかせる。タモリが余興として、音まねだけで諸外国語の音声的な特徴を巧みに引き出してみせるあの裏芸に似ているかもしれない。さらに、刑務所で知り合った相手を「牢友《ろうゆう》」と称し、肥ってはいても「未《ま》だ堂々とデブの部類には入らない」という段階の肥満を「準デブ」とか「デブタラズ」とかと呼ぶセンスもおかしい。

『**青春風物詩**』には「懐中寒風居士」という名称が登場する。言わずと知れた素寒貧《すかんぴん》の人間の臨時の戒名である。

7 ごきげんあお向け——造語

あだ名も多くは一種の《**造語**》だが、《**名づけ**》に限らず広く造語一般に目を光らせてみよう。**井山弘幸**『**笑いの方程式**』に「笑いのボケビュラリー」という章が設けられている。この「ボケビュラリー」も新造語だが、「ボキャブラリー」に「ボケ」を組み合わせた駄洒落系統の例となる。一方で「痴呆」関係の語彙を連想させ、人によっては少々あやしくなってきた自身の記憶に思いを馳せるきっかけとなって笑わせる。

いとし・こいしの漫才『**恋愛勧進帳**』に「一般恋愛学の分類によると、道路上アレコレ話・ハート連結恋愛」という「恋愛学上の学名」と称するものが登場して、読者はみずからの不明を恥じる。

夏目漱石の『**吾輩は猫である**』にも、いくつか漱石の創作したらしい単語が出る。「間抜け」を意味する古い俗語「おたんちん」を組み込んだ人名「オタンチン、パレオロガス」という全体としてわけのわからない名もその一つだ。松の木の皮をこすることに「松皮摩擦法」などというもっともらしい術語をつけたのも同様だ。物事の道理を外れる意の「不埒《ふらち》」を、馬場の周囲を囲う「埒」などというものがもともと存在しないほどと強調する「無埒《むらち》」と言い換える例も、漱石の造語だろう。

迷亭が「君が直覚的にそう思われなければ、僕は曲覚的にそう思う迄《まで》さ」と弁ずる、その「直覚」は「直感」または「直観」の意味で用いる既成の語だが、「曲覚」のほうは明らかに造語である。また、今は「吸う」が一般的だが、「タバコを呑む」と言っていた時代、吸いたがっている人間の前であえて吸ってみせることを、当時の用語で「呑みびらかす」と表現する例も、「見せびらかす」に倣った造語と認定できるだろう。

中野実の『**パパの青春**』には、「立つ瀬も坐る瀬もありゃしない」という表現が出てくる。「立つ」に「坐る」をセットとして組み合わせた新語で、強調の意味合いを出している。

辰野九紫の『**失業相合傘**』には「馘首成金《かくしゅなりきん》」という新語が出てくる。火事の「焼け太り」にあたる会社の「辞め太り」かと一瞬思うが、そうではなくて、「一時に持ちつけない金を握るものじゃから、すっかり大尽を極め込んで、よからぬ場所で豪遊をやる」という傾向をさす造語だという。その結果、「一家が悲惨のドン底に陥る」、だから、「向う六箇月間従前通り、月賦で俸給日に払う」というのが社長の思いやりという話の運びだが、何のことはない、退職金を会社の都合で分割払いにするための口実なのだろう。

6 逸脱——意表をつくズレ

この方面もまた、『**子守唄クラブ**』**サトウハチロー**の作品は圧倒的に例が多い。まず、指輪を売りに来た怪しい男に、時計屋が、保証人を連れて来るか、お宅に伺うかしないと、買い取るわけに行かないと断り、「どうぞ、そういうわけですから、あしからず」と言って、奥へ入ると、その男は「あしからずも、あたまからずもあるもんけえ。ばかにしやがって」と店先でどなる。「悪しからず」の「アシ」から「足」を連想し、それに「頭」を加えてバランスをとったのだろうが、読者はこのことばの語構成について、思いがけない解釈があることを発見して呆れ果てる。

『**ぼくは野球部一年生**』には、「おセンチじゃないや、おメートルだって」という例が出てくる。「泣き虫ときたらすごいもんだ。とてもセンチじゃはかりきれない」というのが、その論拠だ。言われてみれば、「センチメンタル」と「センチメートル」、たしかによく似ている。

同じ本に、むりやり英語にしてしまうくだりもある。将棋の「王手」が「キングハンド」となると、奥の手《ハンド》があって容易に詰みそうもない。お寺の「和尚さん」も「テムプルマネージャー」となると、金勘定にうるさそうだ。どちらもイメージが全然違う。

『**若者行進曲**』には、こんな素朴な疑問が出てくる。「カツレツというのは、肉に衣をつけてあげたもの」、ここまでは間違いない。だが、「このカツは、衣の奥に消えも入りそうに肉がはさまっている」という現状を見て、こんな推測を始める。単に「カツ」と言って、「レツ」抜きで出されたのがこのみじめな姿だとすると、「カツ」というのが「衣」のことで、「レツ」というのが「肉」ということかしらと、語源に新説が生まれかける。

同じ作品に、こんな新語も出現する。「うすもやの中に立ッておじぎをしている女の人」が妖怪じみて見えたのか、「雪女というのなら本で読んだことがあるが、モヤ女なんていうのは話に聞いたことがない」とつぶやく。「靄女《もやおんな》」、そんなのが登場しても物語になりそうだ。

『**青春列車**』に出てくる「モチコース」はさらに単純だ。「勿論《もちろん》と、オブコースのカクテルだ」という語源解説ですっきりする。ふざけた感じが気障《きざ》っぽさをやわらげる。仕事を聞かれて「無職透明」と答える例もある。着「色」しない率直な応答だが、就職話などにまるで縁がないようなニュアンスもつきまとうかもしれない。

『**青春野球手帖**』には、水泳の飛び込みのコーチが「一番高い十メートルのところから、とびこむのがダイビング、次がチュウビング、一番下がショウビング」と説明する例が出てくる。「ダイビング」の「ダイ」を「大」と解釈し、高さの順に「中」「小」と割り振った例だ。基本的にナンセンスだが、何となくもっともらしいところが笑いとつながる。

『**落第坊主**』には、野球の捕手のあの腰に悪そうな構え方を、「便所でのウンチングの形をしてミットのかげから、指でサインを出す」と説明するくだりがある。「ウンチング」はもちろん、日本語の名詞を英語の動詞のように変形させた語形で、書き手の照れが読みとれる。

『**愉快な溜息**』には、「菜食主義者」ならぬ「妻食主義者」という見慣れない文字が出てくる。女房を働かせて食っている、「古くは女かみゆいの亭主、新らしくは美容院のハズバンド」などをさす新造語らしい。

『**わが師わが友**』には、学校時代の進級か落第かという話題で、「サトウが大丈夫なら、われわれが落第する筈はない」という、ハチローにとってはあまり名誉でない逸話が出てくる。全員進級できたことを祝う仲間の集まりに際し、「祝食」という新造語を披露する。直後に(祝盃はやりませんな、中学生ですからな)という註釈がついているのが、もっともすぎておかしい。

また、「終戦後、大家《たいか》中家小家が、むやみやたらと小説を書きなぐっている」という当時の世相を語る一節も愉快だ。音楽の世界でも、プロの作詞家が詩を作り、プロの作曲家が曲をつけ、プロの歌手が歌っていた往時と比べ、誰でも作詞作曲し、それを自分で歌う時代になると、どうしても横文字のまだらな化粧が目立ち、フレーズやメロディーの繰り返しが多くなり、全体の音域が狭くなる傾向がありそうだが、小説の方面でも素人と玄人の区別がはっきりしなくなったのかもしれない。町並みに「大家」に伍して「中家」や「小家」も軒を連ねる異様な光景が笑いを呼ぶ。へたをすると「たいけ」と読まれかねず、大勢の中には「おおや」と読む人物も現れるかもしれない。だが、「中家」や「小家」という刺激的な新造語も、それに相当する中小の小説家の誰も自分のことだとは思わないだろうから、さほど角が立たない。

『ジロリンタンと忍術使い』に出てくる「軍手」談義は筋が通っている。「軍人がなくなったいまでは、巡査がいちばんはめてるから、ジュン手の方がほんとうかも知れない」という改称案だ。また、「みんなの口から「チェッ」と残念詞《ざんねんし》がもれた」という箇所もある。ここは、感動詞を細分し、残念な気持ちで発する語だけを「残念詞」と称する新しい品詞として独立させた、大胆な文法論である。

『占いの名人モコちゃん』では、「ご機嫌」の角度に関するさまざまな分類を提案する。機嫌が悪いときは「ごきげんななめ」と、曲がっているように表現する言い方は古くからある。また、いいときは、その反対に真っ直ぐしているものと考え、「ごきげんななめならず」という言い方をする。ここまでは従来からおこなわれている既成の表現だ。

このように気持ちのありようを角度でとらえる表現を、さらにさまざまな姿勢に広げ、「ご機嫌」の程度を細分化してみせる試みを長々と展開する。「ごきげんあお向け」「ごきげんうつぶせ」「ごきげん大の字」から、「ごきげんおひるね」や「ごきげんねすごし」まである。そうして、「本日、おばアさんのごきげんは、しゃがんでる」とか、「おばアさんのごきげんは、ななめど

6 逸脱──意表をつくズレ

ころではない。ひんまがって、くねって、よじれて、そっぽを向いている」とかと、微妙な感情の違いを可視化しようとする執念は敬服のほかはない。近年はやりの「見える化」の走りと思いたくなる。

『おもかげ詩集』では、こんなしっとりとした美しい造語で、読者の心を潤わせる。「銀幕という日本語がある。心幕という日本語を、僕はここに製造する」という宣言がそれだ。星の群がりを「銀河」、白髪を「銀髪」、雪景色を「銀世界」、魚のうろこを「銀鱗」、自転車を「銀輪」と美化してきた。スケートリンクをさす「銀盤」も同様で、映画を意味する「銀幕」もそういう系統の美化語である。

この詩人は、その「銀幕」をヒントにして「心幕」という斬新な日本語を加えようとする。「銀」という美化を控え、「脳裏」を純白のカーテンというイメージで、いわば「心のスクリーン」を張りめぐらす。そうして、「野球好きは、誰もが、心幕に、面影をうつしてたのしんでいるのだ」と段落を結ぶ。「人は思い出の中に生きている」というメーテルリンクのことばを引用し、「忘れねばこそ思い出《いだ》さず候」というおいらん高尾太夫の名文句をちりばめながら、きっと遠くを見るような眼をしていたことだろう。

8 棚と糠——熟字分解

「五月雨」「時雨」「浴衣」「昨日」「田舎」などは、慣用的にそういう漢字の組み合わせで書くが、いずれも全体でそういうことばを表しているのであり、「雨」を「だれ」とか「ぐれ」とかと読んだり、「浴」を「ゆか」、「昨」を「きの」、「舎」を「なか」などと読んだりしているわけではない。

サトウハチローが**『見たり聞いたりためしたり』**で「花」という字を「花魁《おいらん》」の「おい」とか、「花牌《カルタ》」の「カル」とか、かえって難しくなるような説明をするのも、そういう違和感を笑いに結びつけるためだろう。

このような語をあえて**《熟字分解》**し、その破片に無理な読みを要求すると、たしかに笑い話になる。昔、百石取りの下級武士が知人のところに無心状を出した。受け取った側が開いてみると、「日」の下に「四、五斗下さるべく候」とあって、何のことやらさっぱりわからない。

後日、たまたま道で出会った折にその話をすると、「相当の人と思っていたが、「七日」の「日」も読めないとは」と、見損なったと言わんばかりの顔をしたらしい。どうやら「日」という漢字は、「なぬか」の「ぬか」という意味だったようだが、これは漢字力というより頓智力のテストに近い。

落語にも似たような話がある。**野村雅昭『落語のレトリック』**によると、三代目の**桂三木助**が**『人形買い』**という噺《はなし》のマクラに振ったというのがそれだ。八五郎の留守に熊五郎がやって来て置き手紙を残したのを、八っつぁんが読んで「借りた羽織を質に置く」と理解し、血相を変えて熊さんの長屋へ「他人の羽織を質屋に持って行くとは何事だ」とどなりこむ。ところが、熊さんは「棚に置くとちゃんと書いておいたじゃないか」と取り合わない。こういう行き違いが生じたのは、熊さんが「七に置く」と宛て字を書いたことが原因だ。八っつぁんはそれを「しち」と読んで「質」と解釈したが、熊さんとしては「七夕」の上の方の字だから、「たな」と読ませるつもりだったという。

9　玉庭——宛て字

「めでたい」にしばしば「目出度い」と漢字を宛てる。「あさはか」を「浅墓」と書いたり、「たらふく」を漢字で「鱈腹」と書いたりすると、「目出」「墓」「鱈」のように本来は無関係だったはずの漢字の意味が前面に出てきて、何となくユーモラスな感じがする。「なかむら」という苗字も「中村」と書けば特別のニュアンスはないが、「仲村」と書くと沖縄方面の連想が働き、「ナカムラ」と書けば日系人を思わせ、「中むら」と書くと、何やら料亭じみた雰囲気が漂う。「たおやか」「しとやか」な上品な美しさを意味する「娜」の字を借りて「娜歌夢楽」のように宛てれば、申し分のない気分に浸れる感じがするから不思議だ。

佐々木味津三は随筆**『母に帰る』**にこんな話を紹介している。諧謔精神旺盛で洒落を好む男が、「ワイフ」という外来語に「猥婦」と漢字を宛てては妻に嫌がられただけでなく、課長に出した手紙の中で課長夫人をさす文脈の中でまで使ってしまったという。

田中比左良の**『涙の値打』**には、「玉庭朱夜紅」という芸名のキネマ女優が登場する。ここでは五つのどの漢字にもまったく意味はなく、それ全体で「たまには主役」という意味に読めて、それとなく監督に対するアピールになっているところがみそだ。

無理な《**宛て字**》ほどおかしい。

10 「米扁」に「公」——造字遊び

それまでの日本語になかったことばを新たに造るのが**「造語」**。それに倣って、それまでに存在しなかった文字を新たに造り出すのを**「造字」**と呼んでおこう。

ずうっと昔に造られたいわゆる「国字」はそれに相当する。土が白く乾いた田という意味を託して「畠」、水田に対して「火」を組み合わせて乾いたという意味を添えた「畑」は、どちらの「はたけ」もそれだ。山路を上って下るその境目となる地点を意味する「峠」や、柔弱な魚という意味を通わせた「鰯《いわし》」や、堅い木という意味をこめた「樫」などは、いずれも中国から伝わった漢字とは別に、日本人の創意が造り出した和製漢字である。

そういうことを現代の世の中でおこなえば、おそらくほとんどが単なる遊びとなり、余興の域を出ない。したがって、有力な造語は長く生き延びることもあるが、造字のほうはその場限りの慰みとなりやすい。

「木偏」に「赤」と書いて「りんご」、「紫」と書いて「ぶどう」、それでは「黄」と書いたら何と読む？ そんな言葉遊びがある。これも臨時の《**造字**》だ。さて、答えは「レモン」か「バナナ」かと迷っていると、正解は「よこ」。木偏に黄と書けば「横」というちゃんとした漢字になる。こういう引っかけも笑いを招くが、ここのテーマからは少しずれる。

「山偏」に「上下」が「峠」だとすると、それなら、「車偏」に「上下」と書いたら何？ と問いかけ、いたって真面目に「ケーブルカー」とか「エレベーター」とかと答えるのが、ここでの趣向だ。そんな思いつきでの臨時の《**造字**》となると、**サトウハチロー**の『**青春五人男**』の一節など、まさにその《**造字遊び**》のオンパレードだ。

「狐冠」に「肉」で「コーンビーフ」というのは狐の鳴き声を利用した駄洒落系統、「木扁」に「有」と書いて「惚れてる」と読ませるのは「気がある」という謎掛け系統の作品だが、「米扁」に「公」で「ハムライス」、同じく「米扁」に「笛太鼓」で「ハヤシライス」といったわかりやすい傑作は笑わせる。

中には「オイコラ扁」に「サーベル」で「オマワリさん」とか、「ハサミ扁」に「ニギリメシ」で「猿蟹合戦」とか、「おやじ扁」に「送金」で「学生」とかといった大ざっぱな古めかしい例も登場する。「くどき扁」に「ヒジテツ」で「ふられる」、「むなぐら扁」に「角」で「ヤキモチ」、「しなだれ扁」に「しつこい」で「深情」といった難解な例も愉快だ。いったい全体としてどんな漢字になるのか、さっぱり見当がつかないながらも、やはりおかしい。

「ぐるぐる扁にストライクが三振で、木立扁に二人というのがランデヴーだな、屁という扁にサイレントと書いて、すかしッぺなんていうのも一寸いける」ともある。

「王扁」に「木」といった相当にひねった作品も現れる。この逆の「木偏」に「王」なら、「まがる」「まげる」意の「枉」というちゃんとした漢字がすでにあるが、偏と旁《つくり》がその反対に並んだ漢字は思いつかない。ここはそういうまともな会意文字の知識では読みようがなく、頓智を利かせた労作だ。「王扁」の「隣り」に「木」があるから、「隣木」すなわち「リンキ」と読み、合わせて「臨機応変」となるのだという。役には立たないが、そんなことを考えてみる人間というものに、おかしみというある種の感動を覚える。

11　まア——万能語

たいていのことばは、それぞれの場面や文脈の中に使われて、その機能を果たす。ところが、いろいろな場合に使うことができ、それぞれにさまになる便利なことばも、たまにある。そういうのを《万能語》と名づけよう。

俳句の世界では、「根岸の里の侘び住まい」というのがそれにあたるらしい。「梅が香や根岸の里の侘び住まい」「初雪や根岸の里の侘び住まい」「蟬しぐれ根岸の里の侘び住まい」「散る紅葉根岸の里の侘び住まい」というふうに、季語を含む初句を添えれば、たしかに、それぞれもっともらしい俳句になるから不思議だ。

川柳ならば、「それにつけても金の欲しさよ」というのが、どうやらそれに相当するようだ。「花見時それにつけても金の欲しさよ」「初鰹それにつけても金の欲しさよ」「七夕やそれにつけても金の欲しさよ」「雪晴れやそれにつけても金の欲しさよ」と、それぞれの季節にあてはめると、なるほどどの句もそれなりに筋が通り、さまになるのがおかしい。

サトウハチローの『**青春列車**』に、「正子さんは、唇を軽くO型にあけた」とあり、これが万能語に近いという説明が続く。「まアというのは便利な言葉だ」という総論に続いて、「まアいいこと」「まア変な歌ですこと」「まアつまらない」「まアすてき」と具体例が並び、「良否いずれにも通ずる言葉である」という結論に至っている。そう言われてみれば、なるほど、そのとおりだと読者も一つ発見したような満足感を覚えるだろう。

12 酒を飲まなかった勢いで——否定辞濫用

何かの存在する位置を、ある範囲の「内側にない」と判断するのと、「外側にある」と判断するのと、伝達される情報が「同じだ」とも言えるし、「違わない」とも言える。同様に、「この部屋はからっぽだ」という肯定表現と、「この部屋には誰もいない」という否定表現とは、論理的にはほぼ等しい情報を伝える。世の中に肯定的事実と否定的事実とが存在するというよりも、表現する人間がその事実をどうとらえるかという、主体側の問題なのだ。

つまり、否定表現が現れるのは、否定的事実が露呈するからではなく、表現する側がある概念を想定し、表現しようとする対象を、その概念の排除としてとらえる場合である。したがって、表現する人間が、こうあるべきだと考える望ましい姿を思い描き、それとは異なる現実を認識したときに、きわめて自然に否定表現を選択することとなる。ひと雨ほしいと思っているときに「なかなか降りませんね」と言い、逆に晴れ間がほしいと思うときに「いつまでも上がりませんね」と言うように、期待にそぐわない現実を認識して不本意に感じる気持ちによって否定表現が選ばれる傾向が強い。

もう一つ注目すべきは、この否定表現は、情報の限定性を緩め、その範囲をぼかす、という表現価値を帯びやすいことである。「暑い」という肯定表現は、ある人間のそういう感覚を伝えるが、「寒くない」という否定表現になると、その人間が「暑い」と感じているという意味に限定されず、きわめて暑いという段階から、不快なほどではないがある程度の寒さを感じているという段階までの、かなり広範囲の意味を含む可能性があり、焦点が明確でないという特色を発揮する。

そういう性質を利用して、伝達の迂回性によって表現にゆとりを持たせ、文意をぼかしてあたりをやわらげる目的で、知識階級に否定表現が好まれる傾向がありそうだ。**夏目漱石『吾輩は猫である』**で自ら「吾輩」と名乗って語り手を務めるインテリ猫は、車屋の猫の黒のように「車屋の方が強いに極《きま》って居らあな」などと単純にいばりちらすような真似は、教養が邪魔してできず、「髭を生やして怪《け》しからなければ猫抔《など》は一疋《ぴき》だって怪しかり様がない」と否定交じりに表現をくねらせるのだ。そういう曲がりくねった語り口も味わうとおかしい。

そのような表現効果とはまったく関係なく、単純に非限定性という性質だけを最大限に活用して否定表現を無駄に頻発し、情報伝達を混乱させ、全体としてわけのわからないコミュニケーションを提供するお笑いもあると

いう。**井山弘幸**の**『笑いの方程式』**で「否定辞のオンパレード」と評された引用の一部を紹介しよう。タクシーの中での客と運転手とのやりとりという場面の想定で、こんな調子で流れる、または、流れない。

まず、運転手が当然「どちらへ」と行く先を尋ねるところから始まるが、ここでは「どちらまで行かないですか？」という発言で、客もそれに合わせ、「六本木まで行かないで」と応じる。こんなふうに、行かない場所を言い出したら世界中ほとんどが該当するから、本来ならこのタクシー、いつまでも発車できずに、何年もそこに滞在することになるはずだ。また、客の職業を尋ねる場面では、「お仕事何されてないんですか」「プロレスラーと宇宙飛行士やってない」というやりとりだ。この質疑応答も、していない仕事を予定どおり聞き出しただけで、関連情報のほとんどが未知のまま残っている。まさに**《否定辞濫用》**というほかはない。

そのあとも、運転手が「リストラされなかった」のは、「社長が禿げてないってことを、酒を飲まなかった勢いで会社のみんなに言いふらさなかった」からだとか、「家族じゃない人たちを養わなきゃいけなくない」し、「借金もなくて」、「借金とらずが毎日押しかけて来

6 逸脱——意表をつくズレ

ない」とか展開する。「あそこで止まらないでもらえますか」と運転手に指示し、最後は突然の「割り込まない運転」に「うわっ危なくない！」と叫んだ運転手が腹を立て、すぐさま窓を開けて、その相手に思わず「生きろっ！」とどなる場面で落ちになる。

こういう場合の捨て台詞は近年「死ね！」が主流になってきたようだから、順調に進めば「死ぬな！」という落ちになるはずだが、そこを跳び越えて「生きろ！」まで進めた工夫が、その会場では特に受けたらしい。話がどこまで進んでも情報量が一向に増えない、何とも無駄なやりとりが、ともかくもおかしい。

13 しどけなき姿は吉野 ── 浮いた美文調

「落花の雪に踏み迷ふ　片野の御野の桜がり　紅葉の錦きてかへる　嵐の山の秋の暮」というふうに流れる『太平記』の文章は、読んで耳に心地よく響く。明治中期以降になって、そのあたりを代表とした平安・鎌倉時代の美しい調べの文章の形をまねて、美辞麗句をつなぎ合わせて綴る花鳥諷詠的な文章が流行した。そういう特殊な擬古文を**「美文」**と呼ぶことがある。「夕なみ千鳥あはれに鳴きわたり物さびしき空にたぐひて峰の松風」云々といった高山樗牛の『わがそでの記』の流麗な一節をはじめ、落合直文・大町桂月、それに徳富蘆花らの文章がその時代の歓迎を受け、人びとを酔わせたようだ。

こういう美文そのものには、むろん諧謔の表現やコミカルな響きなど、滑稽な要素は何もない。が、表現をひたすら美しく見せようと心を配ると、どうしても内容が空疎になりやすく、度を超すと**《浮いた美文調》**のおかしな文章に仕上がることもある。昔の活動弁士、活弁を揶揄する極端な材料として語り継がれる「花の巴里《パリー》か倫敦《ロンドン》か月が泣いたかほととぎす」を前に引いたように、耳を楽しませる名調子ながら、全体として何のことやらさっぱりわからない例など、結果として笑いを誘う場合もある。

表現そのものにおかしな部分がなくても、それの置かれた言語的環境になじまず、他の表現にしっくり溶け込まないため、そこだけ妙に浮いて感じられる場合は、やはりおかしみをそそる。**伊馬鵜平**の小説**『募金女学校』**にこんな一節がある。募金の効果をあげるために「うんとセンセーショナルに書き立てて貰わなくっちゃあ」と言いながら、「同情は気高き百合の花の香りに湧いて都下女学生の街頭募金」といった例を挙げる。その学校の名が「聖リリース女学院」で百合の花のマークらしい。「救う人救われる人共に涙に咽《むせ》ぶ」だとか、「温かい同胞愛の前に酷い雪も融けよ」だとか、父親からも案が寄せられるが、そういう大仰な美文調が、募金活動という実態にまるでそぐわない。

サトウハチローの小説『**エンコの六**』には、「ワイセツがかったものを売るテキヤ」、その「ガセミツ」が怪しげな絵を売る場面が出てくる。客がてっきり「スプリングピクチュア」と思い込み、「買って帰ってたのしみにあけてみると、中はさっきの口上とは大違いの、女《おんな》角力《ずもう》の絵」だったりするが、「ものがものだけに、表だって文句は言えない」。そこがガセミツの付け目だ。客を引き込むその口上、「姫御前のあられもない、しどけなき姿は吉野か嵐山」、あるいは、「そっと開いたこの絵巻、一生眺めて、あきない姿あら恥かしやと、たもとで顔をかくすも嬉し夕紅葉」などを呈示し、「何のことだか解らない難解なる七五調の迷文句であるが、ときおり妙な心をそそる」ような単語を挟む手慣れた行文に、作者自ら、「どうしてどうしてサトウハチローなど遠く及ばぬ詩人」と呆れる。まわりから浮いた空疎な名調子がおかしいのだろう。

猫が語るはずの**漱石**『**吾輩は猫である**』にも、猫とは思えない風流な美文調が散見する。この居候の身分にある猫が台所で食い物を漁るといういたって不粋な場面に、「怪しき光が引窓を洩る初秋の日影にかゞやいて居る」と風流に美化した、およそふさわしくない表現が出現するのはその一例だ。

その猫が「怪物」の鼠どもと格闘している途中で、鼠もろとも棚から落下するシーンで、その瞬間を「三つの塊まりが一つとなって月の光を竪《たて》に切って下へ落ちる」と、自らを含む対象を、なぜか自分で高速度カメラに収め、そういう殺伐とした現場を一幅の風流な絵に切り取る離れ業を見せる。こういう詩的なショットが散文的な場面からいかにも浮いて見えるミスマッチが、読者の口元をほころばせる。

14 エベケス――意外性

「おかしい」という感情は、そんなはずはない、どこか変だという気持ちから起こる。そのため、予測が大きく外れ、思ってもみない展開になって驚く場合に、しばしば生じる。例えば、「ラブラブ」の反対は？　と問われ、愛情の冷めた状態を想定して考え込み、「隙間風」とか「倦怠期」とかと垂直方向に答えている間は、なかなか笑いとつながらない。「ラブ」＝「愛」という思い込みに縛られず、その音構造に目を転じて、逆の排列「ブラブラ」にたどりつけば、「ぶらぶら散歩する」「家でぶらぶらしている」という擬態語もあることに気づく。そういう思いがけない方向に飛び跳ねると笑いにつながりやすい。

落語の『**穴どろ**』に、こんな場面がある。泥棒の手下連中が親分の家に集合して、その日の稼ぎを計算してみると、どうしても勘定が合わない。この中に誰かごまかした奴がいるぞと言っても、別に不思議はないから誰も笑わない。しかし、この噺《はなし》では、誰かが「家の中に手癖の悪い奴が居やしねえか」と言う。泥棒はみな手癖が悪いにきまっているから、そういうナンセンスな発言が笑いを呼ぶ。

同じく落語の『**九官鳥**』では、「勘当しないで勘弁して下さいよ、勘当と勘弁とは只《たっ》た一字の違いですから」というせりふで笑わせる。「勘当」は叱る方で、「勘弁」は赦す方だから、意味はむしろ逆方向になる。にもかかわらず、両方とも「勘」という同じ漢字を書くという意外な事実に気づき、そういう思いがけない発見がおかしいのだ。

いとし・こいしの兄弟コンビの漫才『**交通巡査**』には、こんな奇妙なやりとりが出てくる。東海道新幹線が開通して新婚旅行でも人気があったのだろう。名古屋なら東京へも新大阪へも便利になった。それを利用して、いとしが「名古屋の新婚旅行は、新幹線でご主人が東京へ行って、奥さんが大阪へ」などと、会社の出張並みに提案する。当然こいしから、「なんでバラバラで新婚旅行せなイカンねん」とたしなめられる。これも夫婦別々の新婚旅行などという、とんでもない発想が笑いのタネになっている。

織田正吉の『**笑いのこころ　ユーモアのセンス**』にも、こんな意表をつく展開が見られる。「男が恐ろしい顔のマスクをかぶり、通りかかった女性を脅かす。女性は平然としている」。怖がらせようといろいろ試みても効果がない。「あきらめて男がかぶっているマスクを取ると、その顔を見て女性は卒倒する」。笑い話の一つのパターンだろう。

金子登の『**ユーモア辞典**』には、本は家の宝として、いろいろ重宝する点を並べ立てる話が出てくる。子供の宿題を頼まれても参考書のおかげで恥をかかずに済むといったまともな点の次に、「本当に便利ね、夫婦げんかの時には、とても手頃だし、台所のアブラ虫を殺すのにも、もってこいですよ」という想定外の讃辞が続く。要するに、ちょっとした武器になるという利点を追加したわけだ。たしかに、それが役に立つという点では話の筋をたどっているが、常識的に本は読むものという固定観念があり、その発言はそういう本筋から大きく外れたところにおかしみがある。

辰野九紫の『**痩せたい肥りたい**』には、「カルシューム熱療器」という健康器具か何かの新商品の広告の話が載っている。「百ヶ日に五貫目増えたなんて実験報告が出ている」のでそれにつられてつい買ってしまったのだろう。ところが、「僕は三十円で自分の馬鹿を買わされたみたいな気がして」と続くから、騙されたことはわかる。そのあと、「落胆《がっかり》したトタンに三百匁《もんめ》減った」と、効果がなかったどころか逆効果になったという展開だ。痩せたい現代とは方向が逆ながら、ここも読者の意表をつく滑稽味が感じられる。

北村小松の『**街頭連絡**』には、恋をした気分を感覚的に説明するくだりがある。「何かこう、憧れに似た様な、……どこか知ら憂愁に似た様な、心持ちにひたりながら」と、実に真に迫っている。さらに、「雲の形に吐息をして見たくなったり、春らしい風のソヨギにすら心を戦《おのの》かせて見たり」と未知の高みまでエスカレートしたあと、「実際カーライルの云い分ではないが」と前置きし、「恋愛は発狂と同一物ならねど二者共通の点甚だ多し」ということばを引用してみせる。日本では「恋は盲目」と言われてきたが、プラスイメージの「恋愛」とマイナスイメージの「発狂」とが互いにきわめて似ているという指摘で、読者もふだんは思ってもみないこの見解に、笑いながら右往左往するかもしれない。

サトウハチローの『**ぼくは野球部一年生**』に出る「サンタクロースがどろぼうなんです」ということばも、聖なるイメージの「サンタクロース」と、逆に悪のイメージである「泥棒」とが、こんなふうに「＝」の記号で結ばれる文は、まさに読者を、そんなばかなことと思わせ、にやりとさせるだろう。「こんどのここのクリスマスに何人かのサンタクロースがくるのです。その中にどろぼうがいるのです」と展開してやっと納得がいく。ここをもし、サンタクロースの姿に化けた泥棒だとか、やって来るサンタクロースの中に紛れ込んでだとか、そんな記述をすれば、さほどの《**意外性**》はなく、笑いは起こらないだろう。

同じく『**青春五人男**』には、「お前、泊りつけないな」と言われて、「留置場なんかに泊りつけてたまるものか」と思う場面が出る。普通の人間は留置場などに泊ることはめったにないから、「泊まりつけない」のが当たり前で、そういう発言自体が笑いを誘うだろう。だが、「一号室から順々に蒲団をあげるんだよ、ここは六号だ、まだ十五分はねられるよ」と、すぐに飛び起きる必要のない道理を諄々《じゅんじゅん》と諭す、その常連の話はきちんと筋が通り、それもまたおかしい。

ハチローの随筆『**運命を変えた部屋**』に、こんな記述がある。「便所なんてものは廊下のつきあたりにあるものと相場がきまってる。それなのに、ボクの個室にはそいつがちゃんとあるのだ。推理的に頭を働らかせると、どうやらそれは狂人の座敷牢だったにちがいない。部屋に窓はひとつ。がっちりした鉄格子がはまっていた」と、これもよく筋道の通った推論だろう。ここも、トイレつきの個室に疑問を感じたところから書き進める点がおかしいのだ。もしも「鉄格子」の情報なども最初からそろって提供されれば、この笑いは起こらなかったはずで、唐突な展開がそういう働きをするのだろう。

同じく小説『**長屋大福帳**』には、「三木さんなんて、さんづけにすることはねえじゃねえか」と始まり、「三木で沢山だ、三木どころか、枝でたくさんだ、枯れッ葉で沢山だ」と、腹立ち紛れに、苗字の「三木」から同音の木の「幹」に飛び火し、その縁で枝から葉っぱへと燃え広がる。

同じ作品に、こんなどこか学識めいた会話の展開も見られる。喫茶店を開くので何かいい名前がないかと問われ、とっさに「ダイヤモンド」と答えるが、そんなきらきらした名前じゃなくて、もっと地味ながら「人の気を、キリキリっと引いて、すぐに這入《はい》りたくなるような名前は？」と注文が具体化する。そこで、「あるにはあるけれど、人の気を引きすぎるよ」と言って相手の反応を見ると、「結構だわ、何というの？」とお許しが出るので、「エベケスというんだよ」とさらりと言ってのける。

すると、思いがけなく乗ってきて、「あら一寸《ちょっと》いいわね、ギリシャ語かラテン語みたいね、どういう意味なの？」と尋ねる。それに応じて「意味は深長さ」とじらすと、相手は待ちきれずに、「もったいぶらないでよ」と迫る。そこまで気持ちをひきつけたところで、おもむろに、「さかさまにしてよんでごらん」と種明かしをする。事情があって答えは控えるが、相手が激怒したことは言うまでもない。これも最初から明言しては、顰蹙《ひんしゅく》を買うだけで、読者の笑いは期待できない。

⑥逸脱——意表をつくズレ

随筆『**センチメンタル・ベースボール**』に、作家の野球の話が出てくる。ライト前のヒットを右翼手がファンブルしている間に、一塁走者が二塁を蹴って三塁に向かう、野球ではよく見かける場面だ。が、何しろその肝腎の走者が、足の遅いことで知られる広津和郎。あの「まちがえて造ったキューピイみたいな顔をしたランナー」が、まさか二塁を回って三塁ベースに滑り込むなどとは誰も予想しない。守っている三塁手の宇野浩二も、そんなことが現実に起ころうとは思ってもいない。

ところが、事実は小説より奇なりというとおり、「あにはからんや」、鈍足の広津は猛烈なスライディングを試みた。呆気にとられた「三塁手は驚いてタッチするのを忘れた」ので、判定は当然「セーフ」。それを見て、「誰も彼も手をたたいてよろこんだ」。ユニフォーム姿の宇野三塁手は、自分もうっかり夢中で「一緒になって手をたたいた」が、ふと自分の立場に気づいてすぐやめ、誰かに見られなかったかと気にするそぶりを見せたらしい。それを見ていたハチローは、そっと目をそらしたという。これもまた、意外なことが現実に起こったことから波及する笑いである。

「いびきがうるさい」と言ったのが、母親の最後のことばとなった、悲しくも滑稽な話もある。母親が病気になり、その家族が交代で病院に詰めて看病していたが、「病勢募ると病室で一夜を明かす」こともある。そんなある夜、疲労から長男が眠りこみ、そのいびきが病人の安眠を妨げたらしい。問題のその一言は、そんな折に病人の口から出たことばである。世間の常識としては、身勝手な言い分ということになるだろう。しかし、病人の亡くなった今は、それが家族に特別の感慨をもたらす。何とそれが母親の人生の最後のことばとなってみればなおさらだ。こういう行き違いは、何とも悲しく、それでもやはりおかしい。

15　女は色の黒い方が――**想定外の理由**

鈴木進ほかの『**アメリカン・ユーモア**』に、とんでもない勘違いの笑い話が紹介されている。月は太陽より役に立つというのだ。季節感とか風流とかという微妙な話ではない。月は暗い夜に光ってくれるから助かるが、太陽は照明の必要のない明るい時間に無駄に照っているからというのが、その論拠である。それなら、昼間はなぜ明るいのか？　そういう肝腎な点に考えが及ばないから笑い話となるのであり、それで世の中のためになっているのかもしれないが、ともかく、こんなふうに**《想定外の理由》**で笑いを招く例は多い。

野内良三の『**ユーモア大百科**』に、誕生日のプレゼントは、ダイヤをはめこんだ金の指輪より、ピアノがいいと奇妙な注文をつける女性の話が出てくる。どちらが高価だとか、重みが違うとか、そんな理由ではあまりおかしくない。彼女の申し出は、ピアノなら洗面台の上に忘れることはないからという理由だ。自分のおっちょこちょいによほど懲りているのだろう。

また、こんな話も載っている。死の床に伏せていた病人が突如起き上がり、みんな枕元に集まっているか確かめた。全員そろっていると答えると、「誰が店番をしているのだ」と叱りつけたという。そういう元気があれば、自分で店番ができそうだ。

同じ著者の『**ジョーク・ユーモア・エスプリ大辞典**』には、こんな笑い話が出ている。芝居が最低で、観客が騒ぎ出す。外国の話なのか、会場に非難の口笛が飛び交う。吹いていない人に「どうして口笛を吹かないんです」と尋ねるほどだ。訊かれた男が、それは無理だ、欠伸《あくび》をしているから、と答えるのが落ちになる。また、こんな話もある。新聞の三行広告の効果を信じるかという質問に即座に「もちろん」と答えた。その理由がふるっている。前に夜警を頼むと広告を出したら、その翌日さっそく賊に入られたからというのだ。夜警を頼む必要のある事情を賊に知らせたようなものだから。

金子登の『**ユーモア辞典**』には、こんな皮肉な話が出てくる。女が、男の方がそばにいると心強いと言って、流し目をすると、その男は相手の顔を見ながら「その通り、あんたは安全だ」と請け合った。判断の論拠をおくびにも出さないのがポイントだろう。

こういうのもある。よく思い切って、あんな男と一緒になる気になったね、と話しかけられた女。ああ見えてもいいところがあるとか、男は見かけじゃないとかと答えたのでは、笑い話にはならない。「あたしよりマシな女と結婚されるのシャクだったんですもの」というのが真相だったとか。なるほど女ごころは神秘的だ。「女性哲学」というコメントが付いているだけあって、さすがに奥深い。

もっと単純な話を一つ。お父さんは何か遺言を残さなかったかと尋ねられた息子、そんな余裕はなかった、何しろ最後まで母がつきっきりだったので、と答えたとか。これも《**想定外の理由**》で、反射的に笑うが、背後の事情をあれこれ想像しながら、またおかしくなる。

落語の『**目附役**』にはもっと単純な話が出てくる。そこに居るのになぜ返事をしないのだと叱られた男、しようと思っていたんですと言い訳をするが、当然、しようと思ってなぜしないと追及される。「キャラメルが溶けるのを待っていたんです」という事情説明を予測できる読者はめったにいないだろう。

『**笑話宝玉集**』に載っている話も、予測は難しい。結婚倦怠期の「夫婦争議」で、細君が「実家に帰ります」という常套手段に出ると、亭主も行き掛かり上「勝手にしろ」と突き放す。ところが、今では珍しいが、昔は亭主が財布を握っていることが多かったらしく、細君も汽車賃をもらわないと飛び出せない。亭主に、そこに置いてあると言われ、「これじゃ足りません、往復ですから」と増額を要求するのがおかしい。夫婦仲はまだ深刻ではなさそうだ。

秋田実の『**笑いの創造**』には、女に、あなたのステップ、とても素敵だったわと褒められた男が、ズボンが脱

6 逸 脱——意表をつくズレ

げかかっていたんだと応じる話が載っている。漫才ネタらしいが、これも女にとっては想定外の応答で、さぞや力が抜けたことだろう。同じ本の中に、こんな乱暴な話も載っている。「横ッ面をブン殴ったら、野郎とたんに十歳ばかり老けちゃった」と言われ、殴ってすぐに禿げたり白髪になったりするはずはないし、と読者が不思議に思うと、「入れ歯を落としたんでね」と続き、ようやく納得する。また、こんな酔っ払いの不思議な言動も笑わせる。酔眼朦朧として帰宅する亭主、そのあたりの家が全部同じ格好で、表札もないので、自分の家がわからない。その話を聞いた相手、似たような住宅が何軒も集まっている区画はよくあるが、表札のない家がかたまっているのが解せず、理由を問うと、「表札出すとすぐ借金取りが来るさかい」という意想外の答え。その酔漢、万策尽きて、「この辺に私とこの家おまへんか？」と尋ねる仕儀と相成る。

鶴見俊輔は随筆『**エンタツ・アチャコの登場**』で、漫才師「横山エンタツ」という芸名の由来についてふれている。本名は石田正見。口述筆記による自伝の執筆者長《なが》沖一《おきまこと》にも、自分の出生と家庭の事情については多くを語らなかったほどの内向的性格だったようだ。その自伝によれば、継母と折り合いが悪く、中学を中退し、家を飛び出して無頼の生活を送っていた一時期に、バクチの現場を尼崎署の警官におさえられたことがあったらしい。父親が尼崎病院長だった頃だから、警察でも本名を名乗れず、とっさに「横山」と口走ったという。なぜ「横山」という苗字が口から飛び出したのかは、当人にも不明だったようだ。ともかく、その偶然がのちに舞台に立つ際の名として役立つ。

浅草六区の小屋に出ていた頃、蔵前に住んでおり、そこの高等工業(現東京工業大学)にあった煙突が、痩せて色の黒いイメージにぴったりだということから、仲間がそれをあだ名に使ったのだという。煙突のことを大阪では「エンタツ」と言うので、それで舞台用の姓名はそろったわけだ。煙突の縁はその後も続く。横浜で関東大震災に遇うのだが、その折、工場の煙突が倒れて来て、そのあおりでエンタツは道に飛ばされ、鼻がつぶれてぐにゃぐにゃになる。実際、長沖一の前で、自分の鼻を左右に動かしてみせたという。

その**横山エンタツ**が**杉浦エノスケ**とコンビを組んでい

た時期の漫才『**頓珍漢結婚記**』には、こんなやりとりが出てくる。相方に、結婚したことを知らせて、お祝いのことばを催促する場面。「女房貰《もろ》うたからお祝いを述べ突然言われても途方に暮れる」というところまではありそうな話だが、そのあと、「家に帰ってゆっくり考えて今度貰うときに」間に合わせるという発言は尋常ではない。そこで、「この女房より外に絶対に貰わないよ」と反論すると、「反省を促す」とか「衛生上よくない」と食い下がられることになる。

林田五郎・柳家雪江コンビの漫才『**維新漫才史**』には、「主《ぬし》と朝寝がしてみたい」という唄の文句が出てきて、五郎が「ええなあ」と相槌を打つと、雪江は、「朝寝がしてみたい」というとこが、ええねんでと、相手はどうでもよく、色気抜きにひたすら朝寝だけにこだわるところが、無性におかしい。

一輪亭花蝶・三遊亭川柳の漫才『**京都見物**』にも、「僕は人一倍、秋の物淋しさを感じる」とひとしきり季節感と情緒を漂わせ、そのあと、「冬物を質屋から出さんならん」と、打って変わって現実的な理由を持ち出して、雰囲気をぶち壊しにするのが笑いにつながる。

晴乃チック・タックの漫才『**無銭旅行**』にこんなやりとりが出てくる。「腹ごしらえをしよう」という慣用的な言いまわしが理解できず、文字どおり「腹」を「こしらえる」と解釈して驚き、「腹なかったの?」と応じる。こんなやりとりもある。寝るところがなくて、「今夜ひと晩だけ、タダで泊めて下さい」と頼み込み、相手が「だめです」ときっぱり断ると、「こんな大きな家なのに」と、一部屋ぐらいどうにでもなると言わんばかりにねばるが、「うちは旅館です」という一言で退散する。

柳家金語楼の『**あまたれ人生**』に、相手のいない場合に限り、絶えまなく喋り続ける人が、よそへ出た時は案外おとなしいという不思議な現象の理由を説明する箇所がある。すなわち、「一人の時ウンと喋るんで、人の中に出た時にはアゴもつかれて、舌も動かなくなってるせいもある」というのだが、その逆にならないのは偶然だろうか。

同じ本に、こんな話も載っている。歯医者の待合室にラジオがあるのに、なぜか診察室にはないという事実の理由として、治療中に笑われたら仕事がしにくいことを挙げているが、治療中に笑うぶんには、仕事に差支えないのだろうか。

徳川夢声の『**こんにゃく随想録**』にこんな逸話が出てくる。内田百閒の話が終わったところで、編集者か誰かがお礼の金一封の封筒を膝元近くに置くと、百閒は「これは何ですか」と問いただす。言いにくそうに、「お車代と申しますか、原稿料と申しますか」とことばをにごすと、百閒は「お金ですね」と察し、「こんな無礼千万な扱いを受けたことは、僕は生れて初めてです」と言い、「ひとを呼んでおいて、喋らせておいて、その場で金を出すとは何事ですッ」ときついおことば。

そういえば、昔、井伏鱒二を訪問した折にも、似たような雰囲気になった。対談や座談会で謝礼を出すようになったのは戦後のことらしく、昔気質の人間には、その場で金を出すのは非礼に感じられたのだろう。そうわかってみれば、「百閒先生の怒り方は、まことに筋がとおっている」ことになる。とはいえ、その場の雰囲気に一同シーンとしたのは無理もない。夢声は「黙って御馳走の残りを食っていた」という。ちょっと意外だが、その理由がふるっている。何かしていないと、何か言わなければならんからである」というのだ。

サトウハチローの『**新生活行進曲**』には、「一つ残ったジャガ芋がさみしそうなので、つまんで口の中へ投げこんだ」とある。ほんとに寂しかったのかどうかは、そのジャガイモに聞いて確かめるほかはない。こんな一節もある。「コムパクトを取り出して、鼻の頭をたたいている。鼻の頭を丈夫にするためならいざ知らず、よくあんなにたたけたものだ」と感心する場面だが、鼻の頭を丈夫にするためという理由は、誰にも想定外だろう。

同じ作者の『**センチメンタル・キッス**』には、どうしてキッスはおいやなのと女性に迫られ、入れ歯が落ちるからと答える老人の言も、読者には予想もつかない。

こんな話もある。運動部の学生が、別に選手になろうとは思わなかったが、夜時間外に寮へ帰るのに棒高跳びができると塀を越えるのに便利だからと、入部の動機を説明するのも、読者の意表をつく。赤門前のおでん屋に棹を預けておいたというから、おかしい。

客を引きつけるためのカフェの窓の女という珍商売の話も愉快だ。その仕事には愛嬌のいいことなど不必要で、寂しそうな顔であることが最大条件だとする。目が少しうるんでいることも望ましく、目薬をさしてもいいらしい。また、「おれの顔がそんなに見たいのか」というぬぼれる男の客に、女あんまが「たった一度でいいから、お顔をもみたいのです」と答える話も、想定外で痛快だろう。

もう一つ、こんな話も笑える。頭を刈り終えて髭にとりかかろうとした瞬間に卒中で倒れた床屋が幽霊となり、その客の前に剃刀を持って現れる。その「白い仕事着を着た床屋のおやじ」の姿に驚いた客が、「俺に何の恨みがあるのだ」と言うと、相手は「何の恨みもないが、剃りかけた髭に思いが残ってる」と答える落ちだ。仕事の鬼だったのだろうか。

この項の最後に、**夏目漱石**の『**吾輩は猫である**』から一席うかがうことにしたい。犬や猫の毛並みとは違って、人間の場合は人種差別につながることから、肌の色の話題はなるべく避けた方が無難な時代になった。しかし、昔から、色の白いのは七難隠すと言われ、特に女性は色白を好む。その傾向は今でも残っている。「色黒の美人」も現実に少なくないのに、そういう表現には今でも違和感を覚える。ところが、この小説に登場する苦沙《くしゃ》弥《み》先生は先見の明があったのか、逆に、女は色が黒い方がいいという卓見を披露する。「生じ白いと鏡を見るたんびに己惚《おのぼれ》が出ていけない」からだという。思いがけない真理の発見だ。

16 あまりにうますぎる——独特評価

ものごとを世間一般とは違う尺度から評価すると、そういう見方もあり得るかという発見につながり、日頃考えることもない基準が使われると笑いにつながる。

野内良三の『**ユーモア大百科**』に、欧州のこんな笑い話が載っている。欲得ずくで結婚をもくろむある男が、「持参金十万ユーロの女性の写真を見せてください」と乗り気になる。これで顔もまあまあだったら大儲けだと思ったのだろう。ところが、そうは問屋がおろさない。相手は「十万ユーロ以上の持参金の場合は写真は不要になっております」との答え。写真がないから、すごい美人でないという確証もないが、写真がない方が申し込みが期待できるという計算なのだろう。賞金もその金額に達すれば、顔の美醜など贅沢は言うな、顔などありさえすればそれで十分だ、そんな魂胆が透けて見える。

同じ本に、こんな痛烈な皮肉も出ている。どうもナポレオンは音楽にはまったく理解がなかったと見えて、「音楽は最も金のかかる雑音だ」と暴言を吐いたという。人間を感動させ、時にはその心を癒す美しい調べなど、たしかに一銭にもならないし、美を感じない耳には雑音にすぎない。しかし、侵略に費やす戦費はさらに莫大だし、砲撃の轟音にうっとりと聴き惚れる人間もいない。そこで、部下は「陛下は大砲のことをお忘れです」と斬り返したという。

落語の『**一等当籤**《とうせん》』に、こんな的外れの対応が飛び出して笑わせる。「向うは短刀を持ってるんだよ、出刃包丁でも」鉈《なた》でも鉞《まさかり》でも鍬でも何でも持って来いとでも続くのならごく自然だが、応戦するのに、そのあと「鰹節の鉋《かんな》でもなんでも持って行きな」と展開する。たしかに鉋には刃が附いているが、刃物を持った相手は鰹節と違ってじっとしてはいないから、どうやって削るつもりなのだろう。さらに、「おいおい火消壺を持って来て什《ど》うするんだ」と続く。「頭からスッポリ冠《かぶ》せるんだ」と狙いはともかく、凶悪な相手がおとなしく頭を差し出すと考えるところがすごい。とはいえ、鉋や壺が武器と認定される《**独特評価**》が呆れ笑いにつながることは間違いない。

また、『**三人無筆**』という落語では、「あの野郎算盤《そろばん》を知ってやがる」「そうだろう、吝嗇《しみったれ》だから」というやりとりが笑わせる。機械類に頼る今日の計算とは違って、昔は算盤の腕を競ったものだが、「算盤ずく」「算盤高い」「算盤をはじく」という言いまわしが損得勘定ばかりしているという意味合いを帯びるように、計算の道具である算盤までが、そのあおりをくらってマイナスイメージとなることもある。ここではその道具の使い方を知っているというだけで、その人間をしみったれときめつけている。こういう行き過ぎた乱暴な判断が滑稽な感じをもたらす。

横山エンタツの『**漫才読本**』に『**恋の学問**』と題する台本が掲載されている。「最近、女給は嘆かわしい堕落の傾向を辿って居ます」と、自分の調査結果の結論を述べ、それをもう少し具体化して、「家庭の人となろうとしない、結婚しようなんて意志は全然持っていない」と説明する。相方が、どういうふうに調べてそういう結論に達したのかと、その調査法を問うと、一人一人の女給に、「貴女《あなた》は僕と結婚して呉れませんか？」と問いかけ、その応答を集計したのだという。早い話が、被調査者全員にプロポーズし、ことごとく断られたということにすぎず、相手が結婚というものの意志を有しているか否かとはまったく無関係だ。

木山捷平に『**弁当**』という小説があり、女中が弁当箱を運んで来るようすを描いている。「陶器が重たいので女中は体を十五度ばかり左に傾けていた」と、瀬戸物の弁当箱の重量のせいで、女が上半身をいくぶん傾けながら歩いて来るのを眺めながら、「その傾き方に一種いおうようもない楚々とした風情があった」と感じている場面だ。いささか感じ過ぎだとは思うものの、「楚々とした風情」という判断に至る独特の美意識がおかしい。

サトウハチロー『**青春列車**』に、こんな絵の描き手が登場する。「パパヤを写生したら、めずらしいトーナスだわと感心されたという来歴の持ち主」で、金魚の写生では、頭の部分が難しく「ゴム消しを用いること二十数回」に及び、「やッと書き上げたと思ったら、先生がその頭を見て「ランチューですね」と妙に感心する。どちらの高い評価も、世間の一般常識とはかけ離れた独特の基準で下されたのがおかしい。

同じく『**青春五人男**』では、「おやじだまくらかしの虎の巻。先生の目を盗む法。おふくろたぶらかしの奥義」など、いずれも免許皆伝の腕前で、「学業の方は劣の上に劣を重ねたる方であるが、この方は明日から講師となっても講義には困らない程、ウンチクがある」と自慢する、その判断規準がおかしい。

一方、『**エンコの六**』では、「お前は立派な男さ、すりとしては申し分なしさ」という、事もあろうに大野木刑事の、宿敵に対する高い評価だからおかしい。

やはりハチローの『**人間同志**』には、札付きの男に関するこんなやりとりがある。「いいえ、何もなさりゃしません、この頃は一時と違っておとなしくはなすッています」という奥歯に物の挟まった言い方、その助詞の「は」に突っかかり、「それが、かえって心配だとでも、おッしゃるのかい」と応じるのが、読者には心地よい。「向うが、そうでりゃ、こッちもこうだ。おッしゃるのかいと、かぶせたところに、その味が出ている」と噛みしめるあたり、こういう《**独特の評価**》も読者の笑いを誘うのだろう。

同じく随筆の『**わが師わが友**』では、「うるわしき市街よ、おおフクザツよ、いらだちよ」という題の絵画をとりあげ、「題名の長さにおいて日本一という絵を書いた人だ」と紹介する。日本一という評価は嬉しいだろうが、画家にとってそんなところが自慢になるのだろうか。

やはりハチローの『**ボクの浅草**』と題する随筆にはこうある。「古川ロッパなら、新聞記者も出来るし、雑誌編集者としても一流だし、大会社の重役の椅子に納めても、ぐらつきやしないし、大学の芸術科の講師をさせても無事につとまる。代議士にも打って出られようし」と映画俳優を賞め讃えるくだりだ。同じ喜劇俳優のエノケンがコメディアン以外に潰しの利かない人間なのに対し、こちらは相撲取りを思わせる堂々たる体格で、しかも高貴な身分の出と来ている。何も好き好んで喜劇などにこだわらなくても活躍できる場はいくらでもあるという意味だろうか。堂々たる体軀だけに、比喩的に椅子がぐらつかないと表現したのが秀逸。人間としての評価が本職とは違う角度でなされるこの評価も、何となくどこかおかしい。

同じく随筆『**おもかげ詩集**』にこんな記述が出てくる。作家の里見弴《とん》について、「ある批評家が、里見の小説は、うますぎると言ったのに対し、うますぎるということが、どうしていけないのだとタンカを切りました」と、当人の弁明を紹介する。が、ここでの話題は文学芸術論ではなく、野球の話だ。法政大学から阪神入りした若林忠志投手は、七色の変化球を操る技巧派の代表的な存在だった。ハチローはその若林に向かって、「あなたは、うますぎる、いけなくはない、ただ、あまりにうますぎる」と奇妙な評価を下すのだ。

どんなプラス評価の語でも、「過ぎる」がつくと、マイナス要素が混じる。「頭がよ過ぎる」「美し過ぎる」「あまりに立派過ぎる」「幸せ過ぎる」「才能に恵まれ過ぎている」と並べてみても、そう表現する主体の何がしかの不満の気持ちが感じられるからである。目にも留まらぬ剛速球で打者を次から次へとばったばったと三振に斬って取る豪腕投手の場合は、観衆もある種、胸のすかっとする爽涼感を覚える。が、他方の技巧派の投手の場合は、次々に予測する球種やコースの裏をかき、緩急の差でタイミングを外すなど、打者を手玉に取るという印象の違いがある。そのため、見ている側で、その技術の巧みさに驚嘆しながらも、次第にストレスがたまっていくのかもしれない。

いずれにしろ、ここでは「いけなくはない」というプラス評価をはさみ、その前後に、「うまい」という明らかなプラス評価の形容に「過ぎる」を付して程度を強調した表現を配し、さらに後者を「あまりに」とさらに高めた全体の表現構造が、にもかかわらず、逆に潜在的なマイナス評価をにおわせる不思議。どことなくおかしみの感じられる源泉は、このような表面と内実とのずれ、まさにそこにあると言えよう。

もう一つ、不思議な評価の例を引こう。詩人ハチローの小説『**露地裏善根帳**』に、「大人がわざと負けてやったりするのを子供は嫌う。助さんにはそれがない。ないというより、子供にも勝ちたいと言った方が適切かも知れない。純真と言えば純真、大人気ないと言えばそれ迄《まで》だが、子供に人気のあるゆえんは、凡《すべ》てここに存するのだから妙なものだ」とある。「子供にも勝ちたい」と本気で思うほど「大人気ない」とマイナス評価される人間が、「子供に人気のある」存在であるという、通常は考えられないような奇妙な事実が読者の笑いを誘うだろう。しかし、こういう不可思議な現象の奥に、駆け引きのない純粋の潔さといったものを感じとると、その笑いは次第に澄んでくるような気がする。

17 生徒！——奇妙な表現

慣習的にも常識的にも論理的にも尋常でない表現は、それだけで笑いを招きやすい。十代目**柳家小三治**の落語『**粗忽《そこつ》の釘**』に出てくるこんなやりとりもその一例だ。見慣れない訪問客に「どちらさまですか」と問いかけると、相手は「いえ、どちらさんてほどのもんじゃねえんですけどね」と応じる。困っているところを助けてくれた相手に名前を尋ねて、「名乗るほどの者じゃござんせん」などと恰好をつけて立ち去る場面は芝居でおなじみだが、ここは自分で訪ねて来たのだから、もったいぶっている場合ではない。

五代目**古今亭志ん生**の落語『**らくだ**』に出てくる「こっちアもう、からだじゅう親切だから、親切が着物をきてえるようなもんだ」というせりふも、比喩的な強調が行き過ぎておかしい。特に、「からだじゅう」という表現が利いている。口先だけ親切な人間は珍しくないが、実際の肉体の場合、上半身だけ親切だとか、膝上一五センチ以下が親切だとかという人間が実在するはずはなく、そういう発想そのものが不思議なのだ。

同じく落語の『**つるつる**』には、顔や腕の巧みな動きで同時に三人の相手をする芸者の離れ業を、野球に見立てて「トリプルプレー」と称する場面も登場する。

ミス・ワカナと**玉松一郎**コンビの漫才『**砂糖情話**』でも、両人の奇妙なやりとりが楽しい。ワカナが、結婚して「三月ですの」と言うので、一郎が「じゃ嬉しい時分ですなあ」と相槌を打つと、ワカナが「油のって、ええとこや」と補足する。まるで人間を魚並みに扱った異様な表現だ。ちなみにこの題名は「佐渡情話」のもじりだろう。

同じコンビの漫才『**主人がやかましい**』でもその結婚の話題が出て、そちらではこういう応答になっている。「御結婚なさったそうですな」とその話題を出すと、今度は「ええ、何回やってもいいものですわ」と応じる。今日の世の中なら、正直そう思っている人もありそうだし、だから何回もくり返すのかもしれないが、その当時は今とは違って、結婚は一回が通り相場だったから、こういう反応はいかにも突飛であり、突出しておかしかったに違いない。

また、その話の続きで、何かと夫の注文がうるさいという話題に移る。例えば、「妻というものは夫に対して言葉を崩してはいけない。常平生から言葉を慎みなさい」と夫に言われるというので、一郎が「仲々教育がおありですな」と感心すると、「その代り、他人には偉そうに言え!」と、結局非常識であることが判明する。そして、ワカナは、夫が帰宅すると、「まあ、あなた、お帰り遊ばせ」と言って玄関に出迎える。ここまでは一往まっとうだが、ワカナはさらに「長らく御無沙汰致しましたわ」と続けるというのである。まるで何年かの海外出張から帰国したような奇妙な挨拶で笑いとなる。

ピース・ホープの漫才にも奇妙なやりとりが現れる。生徒が教師に出会って「先生!」と呼びかけるのはよく見かける風景だが、この漫才では、それに対し教師が「生徒!」と呼びかけて応じる。家庭内でも、「お父さん」「お母さん」「お兄さん」お姉さん」と呼びかけても、「弟」「妹」「息子」「娘」といった下位の親族名称は呼びかけに用いない。それが日本語のルールであり、会社での「社長」「部長」「課長」と「社員」との関係も同様だ。おそらくチーム内での「監督」と「選手」との関係も同じだろう。そういうルールに対する違反が奇妙に感じられ、笑いにつながる。

オール阪神・巨人の漫才では、女性特有の胸のふくらみの話題で、あの子はいい、胸の筋肉がすばらしいと賞讃したのに、「女性のふくらみ、ほれ、筋肉いうんか」とたしなめ、当人が「男でも女でも、筋肉は筋肉や」と筋論で抗弁する場面がおかしい。世の中ではそれが筋違いであるということを発見してにやりとする観客もあるかもしれない。

ドストエフスキーならぬ**土屋賢二**の『**妻と罰**』に、こんな夫婦のいさかいが出てくる。妻が自分の話に上の空で答える夫に腹を立て、「聞く気がないのね」と口調を荒立てると、夫は無難に納めようと、「聞いてるよ」と応じるが、「じゃあ答えてみなさいよ」と妻に詰め寄られる。夫は聞いていないのだから答えようがない。著者はそこに、当然「答えられないために激論となり」と続ける。ここは妻が一方的に言いつのるのだから、たしかに激しい勢いではあるが、「激論」という用語は奇妙に響く。

乾《いぬい》信一郎の小説『**豚児警察**』には、こんな会話が現れる。女が「ヘンなのが来たわよ」と言い出すので、「どうヘンなの？」と訊くと、「あたり一面変なの！」という答え。やって来た人間のどういうところが変に感じられたかという問いだから、「あたり一面」という表現は奇妙だ。顔から姿からあらゆる部分が変だという意味なら、「どこもかしこも」とでも言っておけば無難なのに、これではまるで相手が景色か空模様のような雰囲気になる。また、こんな対話もある。「大事件だ！」と言うので、相手は何事が起こったのかと、「どうした？」と訊くと、当人は「今日は彼女と十二分間話をした！」と嬉々として答える。ここでは「大事件」と大げさに報告した違和感もあるが、それより「十二分間」という数字を出した点が奇妙な言動で、それがおかしみを増幅するのだろう。

伊馬鵜平の小説『**お銚子ハイキング**』には、「どこから見ても一分のすきもないハイカー姿である。これで恋人同伴《アベック》でないのが不思議なくらい、よくも気が引けないでいられたものだと思われるほどの観念的イデタチである」という一節がある。「一分のすきもない」と「ハイカー姿」との修飾関係にもいささかぎこちなさを感じるが、特に「観念的」という表現が意表をつく。

同じ作者の『**強談9列車**』には、娘が車中で父親を「いろいろかきくどく」場面がある。そこに「ぜひ結婚さしてくれと、汽車のスピードよりも早く立てつづけに訴えた」という一文が出てきて、弁舌の速さを「汽車のスピード」と比較する。何を基準にしてどう測定するのかと読者を悩ませる《**奇妙な表現**》が効果的だ。

益田甫の『**嬲**《なぶ》**られ結婚**』に出てくる「皺くちゃの夫婦喧嘩」という奇妙な表現もおかしい。結婚した夫婦が年齢とともに皺の数を増すのは自然だが、どこまで皺だらけになっても、それは人体どまりであり、人間の演ずる「喧嘩」にまでは波及しないからだ。

中野実の小説『**パパの青春**』に、あの男の人は「お嬢さんの何ですの?」と尋ねる場面がある。もちろん話題の見当がつくから、「何って何?」ととぼける。仕方がないから、「いい人じゃないんですか」と焦点を絞って質問すると、通常は「そんなんじゃないわよ」と否定するのが相場だろう。ところが、「いい人でも悪い人でもないわよ」という返事が返ってきた。「いい人」という表現の意味は、むろん慣用的に恋人という方面になりやすい。そこをあえて、悪人に対する善人という意味に曲解して、形式的につじつまを合わせたのだろう。たしかにそれも「いい人」の意味として嘘にはならない。だが、質問には「お嬢さんの」という限定がついているから、善人という意味ではしっくり来ない。つまり、語義としては通っていても、コミュニケーションの流れとして不自然で、笑いを誘うのだ。

寺尾幸夫の小説『**鯛ちり**』では、道ですれ違う際の奇妙な挨拶が交わされる。芸者が客の顔を見つけ、「貴郎《あなた》何所《どこ》かでお目に掛りましたわね」と話しかけるが、こんなところで芸者なんかに知った顔をされては迷惑なので、「うんにゃ、掛らねえ」と打ち消す。「会う」という意味の「お目にかかる」という慣用的な表現を部分に切り分け、「かかる」という動詞要素にだけ反応した奇妙な応答である。

サトウハチローの『**愉快な反対者**』では、プロポーズの時期が遅すぎて間に合わないことを意味することばを探しあぐねる場面が滑稽だ。結婚を「これから申し込んでも、手おくれじゃありませんな」と、関係者に探りを入れると、相手は「手おくれというのは変ですね」と、その用語に疑問を投げかける。なるほど、この場合、「手遅れ」というのは奇妙な用語だったと察するものの、とっさにそれ以外の言い方が浮かばず、「手ぬかりでもないし、何というのかな」と考え込む。読者も適切な表現をぱっと思いつかず、「手落ち」でもなし「手放し」でもなし「手不足」でもなし「手向かい」とも違うと一緒に考え込むかもしれない。実は別に「手」にこだわる必要はないのであり、単に「遅すぎない」「間に合う」でもよかったのだろう。

創作の世界に慣れ親しんでいる人は別に疑問を感じないが、**夏目漱石『吾輩は猫である』**の冒頭文なども、文学と縁のないまじめ一方の人間には、随分と奇妙な表現に感じられるかもしれない。ページをめくると、そこにはいきなり「吾輩は猫である」と書いてある。果てしなく素朴な人類は、語り手が猫であることに驚く。そもそも猫は言語をあやつらないし、いくら初対面でも、自己紹介などしないから、そんなばかなことはないと思う。といって、作者が猫だということもありえないからだ。

それほどではないが、作中の寒月のことばも常識破りだ。多々良三平が見合い写真を数枚持っていて、一枚ずつ見せると、水島寒月はどれにも「いい」と乗り気だから、どれか一人に絞るように言うと、「それをみんな貰う訳にゃいかないでしょうか」という呆れた応答だ。世の女性を何人もいっぺんに妻に迎えることを夢想する人間のせりふだから、現実離れしている。

18 粗 茶――マセすぎ

野内良三の**『ジョーク・ユーモア・エスプリ大辞典』**に、こんな子供が登場する。十歳くらいの女の子が「どうして子供が出来るか知ってるわ」と友達に自慢げに言う。これだけだと、例のコウノトリの話かもしれないが、相手が「遅れてるのね、あたいなんか、どうしたら子供が出来ないか知ってるわよ」と、勝ち誇ったように言い返す話だから、いくら何でも**《マセすぎ》**だろう。幼い子供が夫婦間の秘儀を知り、避妊の心得まで身につけているという、おそろしくませた女児のかわいい、あるいはかわいそうな笑い話なのだろう。

金子登の**『ユーモア辞典』**にも、これと似た話が載っている。動物園のコウノトリの檻の前で、この鳥が母親の所へ赤ン坊を連れてくるのだ、という西洋のあの有名な話をすると、少女たちは「このおばさんに、赤ン坊はどうしてできるか教えてやらなくちゃ」とささやき合ったという笑い話である。ご教示に与《あずか》る「おばさん」の顔が見たい。

柳家金語楼の『**あまたれ人生**』に出てくる話も、そういう笑いと通じるものがある。不思議そうに新婚夫婦の家をのぞく坊やをたしなめると、「僕が生まれる前は父ちゃんも母ちゃんもあんなだったのかと思ってさ」という尤《もっと》もな言い分がおかしい。前の話の少女たちとは違って、自分の出生の秘密には言及していないから、子供に対する親の気兼ねに気づき、あたかもこの男の子が、気の毒な両親のために、夫婦だけの時間をこしらえようと気を遣って、時折は早寝でもしそうな雰囲気も感じられないではない。

サトウハチローの『**占いの名人モコちゃん**』には、こんな昔の奥様みたいな少女が登場する。フレンド女学院の中学一年生のナコちゃんでさえなく、その妹の通称ミス・ターザンは、何と姉に向かって、「大きくなっても、それじゃ、およめさんのくちはありませんよ」などと、母親みたいな口を利く。

それだけではない。姉の友達が来訪すると、玄関で「よくおいでくださいました」と、三つ指をつくかどうかは定かでないが、ともかく丁重な挨拶で出迎える。その友達が部屋に通ると、今度は「粗茶でございますが」と、いっぱしの口を利いてお茶を差し出す。そして、「またこのたびは、姉のナコがひとかたならぬおせわになりまして、お礼の申しようもございません」などと、親代わりの挨拶までこなす小学生は、どう見ても世間的に尋常ではない。

19 手段が目的——思いがけない現象

たといそれが自然な現象だったとしても、自分の思ってもみない現象に接すると、読者はやはり驚く。そして、やがてそれが別に不思議でもなんでもなかったことに気づき、おかしみに変わる。

江戸小咄《こばなし》にこんな名作がある。ある雪の日の夜中、男が目を覚まして厠《かわや》に行こうとする。ところが、あいにくの寒さで、雨戸が凍り付いて開かない。

やむなく敷居に小便をひっかけると、もくろみどおり氷が解けて、うまく雨戸が開いた。

やれ嬉しやと勇んで庭に飛び出してみたものの、もう用は済んでいて、何のために庭に出たのかわからない。

つまり、目的を果たすための手段として実行した行為が、結果としてその当初の目的まで果たしてしまったわけだ。ところが、当人は一瞬そのことに気づかず、予定どおりの行動に移ろうと、勇んで庭に飛び出す。さて、と目的の行為にかかろうとするタイミングで、思いもかけずすでに目的を果たしていたことに気づいたのである。

現象として何の不思議もないが、当人としてはさぞや**《思いがけない現象》**だったことだろう。

20 脚だけの銅像——珍風景

それまで見慣れない光景に出合うと、それと気がついた瞬間、何やらおかしくなる。

島田洋介・今喜多代の漫才**『手本は二宮金次郎』**に、洋介の銅像を立てるという想像上の話題で、こんなやりとりがある。予算の都合上、「銅像は全身像じゃなくって、半身ですか」と、喜多代は経費削減の提案をする。つまり、全身像では経費がかさむので、半身像のほうが安く済むという。小さな全身像を造るという手もあるが、ここまではまず常識的である。そして、半身像というときに、普通の人間は上半身の像を思い浮かべる。腰から上か、あるいは胸像というイメージだろう。いくら半身とはいっても、下半身だけの像を連想する人はほとんどいないだろう。

ところが、「顔を出すのは観光日本の政策上かんばしくないというのなら、顔の方はやめにして、足だけの銅像にしたら？」という提案に発展する。洋介のみっともない顔を世間にさらすと「観光日本」のイメージダウンになるから、人前に飾るのは下半身だけにする方が無難だという判断に立つ提案なのである。あるいは建設的な意見なのかもしれないが、これでは銅像のモデルも黙っていない。当然、洋介も「やかましい！」と話をさえぎる。読者は、おそらく世界中どこにも存在しないであろう下半身だけの銅像という**《珍風景》**が脳裏に浮かび、笑いをこらえることができない。

だいたい洋介は偉人でもないし、その町の発展に寄与した人物でもないから、「僕みたいなもんの銅像を建てるアホがどこにおる」と、当人もその無意味さを指摘する。ところが、喜多代に「じゃあなた、アホですか」と言われ、うっかりつりこまれて、「そらそうや、そんなこと言わんでもわかってる」と口走ってしまう。そして、自分で失言に気づき、「そら何を言わすねん」と抵抗する。このあたりは例の漫才の乗りだ。

そのあと、喜多代が、学校にその銅像が建った場面を仮想し、それを見た生徒が「島田のおっちゃん、子供のとき学校で立たされて、大人になってもやっぱり学校で立たされてる」とはやしたてるところで落ちになる。脚だけの像なのに、どうして子供は、島田のおっちゃんとわかるのだろう。それもおかしい。

サトウハチローの『**結婚広告**』に、こんな珍妙な話が載っている。何もない貧乏な家に、「或《あ》る晩、どう間違えたか泥棒がはいって、何にもないのに驚いて、大きな溜息をした」らしい。いくら貧乏な家に見えても、家財道具か何か、少しは物があると思い込んでいたのだろう。そんなささやかな当ても外れて、その家にはほんとに物がない。盗んで行くような物が一つもないのに呆れ、泥棒も思わず溜息がもれてしまったのだろう。いくら気の毒な溜息でも、溜息の音はする。その吐息の音に、家の者が目を覚まし、人のけはいを感じて、「どなた」と声をかけた。物が何もないから人もいないと思っていたのか、泥棒が「人だけはいるんだな」とつぶやいたらしい。これも珍しい光景である。

21 ジャズとメザシ——アンバランス

単位が違っていたり、別々の単位が混在していたりすると、頭がこんがらかって、ものごとに混乱が起こりやすく、予期せぬ笑いに発展するケースもある。

一輪亭花蝶・三遊亭川柳コンビの漫才『**馬が西向きゃ**』に、メートル法が導入された当時の混乱ぶりがうかがえる。晒し木綿を丁度三尺三寸ほしいときは「一メートル下さい」と言えば済むが、三尺あればいいときは計算がめんどうになる。この漫才では、五尺ほしいときはどう言って買うかという話題になり、そういう場合は「二メートル買《こ》うて、一尺六寸残しておけ」と提案するが、そんなに要らないのだから無駄になると反論され、結局「まことに御手数ですが、サラシを一メートルと一尺七寸貫えまへんか」というあたりに話が落ち着く。メートル法と尺貫法とが混在する、こんな注文の仕方は、相手を困らせるだけでなく、いかにもバランスが悪く、失笑を招きやすい。

柳亭小痴楽の新作落語**『結婚シーズン』**には、わざとらしいこじつけが出てくる。「好奇心と研究心と助平根性がミックスしてますから」とある。まず、「好奇心と研究心」というプラスイメージの類縁関係の語に、それとは相性の悪い「助平根性」という、むしろマイナスイメージの、かなり異質な語を加えて、それらを強引に一括りにし、わざとバランスを崩してみせる。

次いで、そのうちの三番目の名詞だけに焦点を合わせて、「中のようすを、ソーッと耳をそばだてて聞いてると」と続ける。すると、新婚の夫婦の甘い会話が聞こえてくる。

夫が「君と結婚できて、実にしあわせだよ」と、こういう場合の決まり文句を口走ると、妻もこれまた、いとも簡単に同調して「あたしもしあわせよ」という典型的なせりふを返して、絵に描いたようなやりとりが完成する。

⑥逸　脱――意表をつくズレ

ここで終われば、単なる密談ならぬ蜜談にすぎないが、そのあと、男が「じゃ、二人合わせりゃハチあわせだ」という、つまらぬ言語遊戯に走って落ちがつく。「仕合わせ」の「仕」(四)が二つで「鉢」(八)になるという、単位の違う駄洒落の計算だが、いささか幼稚な気がする。

徳川夢声の**『喃扇楽屋譚《なんせんがくやばなし》』**には、こんな記述がある。格闘の最中に、一方が「胴中に風穴が開くから、覚悟して待ってやがれッ」と、啖呵を切ってすごんでみせる。ところが、「ドスを利かしたつもり」のその声、あいにくと、「ハンケチで鼻を押えてるもんだから」、何となく「ヘンな響き」で、一向に効き目がない。ことばと仕種の**《アンバランス》**が滑稽だ。

真山恵介の**『わっはっは笑事典』**に、**立川談志**のエピソードが載っている。あるとき、「御信心の方はお心付けを」と、会費とは別に「おサイ銭」を強要したらしい。差し出されたのを見ると、そのお盆には百円や十円に混って、何と一万円札や五千円札が何枚も入っている。こんな大枚をいったい誰がといぶかしげに眺めると、談志は「デカイのはサクラです」と手の込んだ小細工を自らバラしたという。

こういう茶目っ気のあるこの咄家《はなしか》、古典落語を得意としながら、風貌やいでたちは雰囲気がまるで違い、「ベレー帽をかむって、ジャズがわかって、ダンスが大好き」と来ている。それでいて、「食べるモノはメザシで、茶漬が好物」というのだから、《**アンバランス**》ながらにバランスがとれているのかもしれない。

22 往復切符の行先——似て非

内海突破・並木一路の漫才『**吾は海の子**』に、こんな行き違いの例が出てくる。水泳の話題で、ほんの二十チョーも潜るともう苦しくなるという相手の話を聞いて驚き、「二十チョーも潜る人は一寸世界中にもないぜ」と、何かの間違いではないかという調子で問いただすが、当人はいたって真面目な顔で、「いや物事をそう大《おお》袈裟《げさ》に云っちゃ困るな僅か二十チョー位の事で」と、何やら謙遜したようなことを言う。

そこで、その「二十チョー」というのは、どの程度の距離かと念を押すと、意外なことに、「ここから其処《そこ》まで」と言って澄ましている。相手は唖然《あぜん》として、それなら「二米《メートル》位しかないじゃないか」といかにも呆れた顔を見せると、当人は「それでも確かに二十チョーはある」と頑張る。

そこで、「君一体何で測ったんだい？」と単位の「チョー」について質問すると、何と「僕は豆腐で測ったんだよ」という答えが返って来た。

たしかに、豆腐を数えるときに「豆腐三丁下さい」などと「丁」という単位を使うが、距離の単位としての「チョー」は「町」と書き、尺貫法の長さの単位で、六〇間をさす。メートル法では約一〇九メートルに相当するから、二キロ以上も潜水を続ける計算になってしまうから、甚だしい行き違いである。

『**笑話宝玉集**』に、こんな笑い話が載っている。客が駅の窓口で「往復一枚」と言うと、駅員が「どこまで？」と尋ねる。このやりとりが変だとは、読者も誰も思わない。しかし、片道切符なら、乗車した客が降車する駅にきまっているから何の疑問もない。ところが、往復だと戻って来ることになるから、最終的な目的地は出発した駅となる。融通の利かないその客は、「ここまでにきまってるじゃないか、往復だから」と言ったらしい。たしかに、そう言えないことはない。もちろん、どこまでの往復かわからないと切符は発行できないから、駅員の対応が悪かったわけでもない。駅員がなぜそういう質問をするのかを考えてみることもなく、客はただことばの意味だけを追っている。互いに相手の発言意図を察し、常識で補わない限り、コミュニケーションは成り立たないという一例である。

今いくよ・くるよの漫才に、こんなやりとりがある。女性がある年齢になると、きまって「まだ?」と訊かれる。むろん、結婚はまだかという意味だ。ところが、二人の場合、その「まだ?」という質問の意味合いが微妙に違うらしい。いくよの場合は「まだ結婚せえへんの?」という意味合いだが、くるよの場合は「まだ結婚でけへんの?」という意味合いになるのだという。両者は**《似て非》**なるものである。

結婚しないという点ではどちらも共通するが、その背後の事情には大きな違いがあるように響く。前者は、独身主義を貫くとまでは言えないにせよ、少なくとも自分の意志で独身生活を続けているけはいが漂うのに対し、後者は、当人は結婚したいのに誰からも相手にされないような雰囲気が濃厚で、その奥に容貌の問題もからんでいるような空気がそこはかとなく感じられるからである。

野内良三の**『ユーモア大百科』**に、こんな皮肉な話が載っている。ポーランド人がイスラエル人に向かって、「あなたがたは恵まれている。周りがみんな敵ばかりだから、裏切りを心配する必要がない」と言ったらしい。周りが敵ばかりという状況は、客観的に見て、けっして幸福な状態とは言えない。しかし、その場合、だから裏切りを心配する必要がないのは事実であり、その一点に限れば、「恵まれている」という判断もまったくの嘘とは言えないことになる。

また、規則というものに対する態度に、国民性とも言えるような違いが見られるという記述もあり、読みながらついにやりとしてしまう。英国では「明確に禁じられていることを除けば、すべては許されている」し、旧ソ連では「はっきりと許されていることを除けば、すべては禁じられている」。フランスでは逆に、「断固として禁じられていることでも、すべては許されている」という考え方だという。言うまでもなく極論ではあるが、何だ

⑥逸脱——意表をつくズレ

かそんな気がしてしまうから不思議だ。

23 胃弱とカーライル——逆も真？

三代目**三遊亭金馬**の落語『**唐茄子屋**《とうなすや》**政談**』に、「あなたの頭がカボチャに似てるんじゃない。カボチャのほうがあなたに似てるんです」というせりふが出てきたらしい。結果として、頭とカボチャが似ていることになるから、どちらの表現でも論理的な情報は同じだが、心理的な打撃に差がある。自分の頭がカボチャに似ていると言われると、自分の頭にけちをつけられたことになるが、カボチャが何に似ていようと、それはカボチャの話題であって、自分が苦情を申し立てる筋ではないから、直接悪口をいわれたことにならないからだ。

野内良三の『**ジョーク・ユーモア・エスプリ大辞典**』に、こんな話が載っている。ある男が二度結婚に失敗したという。それぞれ失敗の原因は違っており、「最初の女房は逃げてしまったし、二番目の女房は居座ってる」からだという。「逃げる」と「居すわる」という正反対の行為が、どちらも結婚の失敗という同じ結果の原因になっているという矛盾感がおかしいのだろう。これをもし、居てほしい女は逃げて行くし、一緒に居たくない女はそばに居るし、というふうに、矛盾感の目立たないように表現すれば、皮肉な結果だとは思うものの、こういう滑稽な感じは薄れてしまうだろう。

武野藤介の『**人生談義**』には、正反対の事実が同じ結果を招く例が出てくる。何年ぶりかに知人に出会った際の互いの反応だ。一方は「あんまり変らな過ぎるので人違いかと思った」と言い、他方は「あんまり変り過ぎているので人違いかと思った」と言ったという話である。どちらも「人違いかと思った」のだが、その論拠がまったく逆の事実になっているという矛盾感が笑わせる。

年齢による経年変化が、一方はあまりに小さ過ぎ、他方はあまりに大き過ぎたという事実から、別の人かと思うという同じ判断を導いたのが不思議なのだが、「同じ人にしてはあまりに……過ぎる」という点では共通している。そう考えると矛盾感は薄らぎ、おかしみも薄れてしまう。

名古屋は愛知県だが、愛知県は必ずしも名古屋とは限らない。あたりまえのことだが、逆は必ずしも真ならずという例はいくらでもある。**夏目漱石**の**『吾輩は猫である』**に出てくるこのくだりは、まさにその典型的な例と言えるだろう。主人の苦沙弥《くしゃみ》先生が「あのカーライルは胃弱だったぜ」と、自分も胃弱なのを自慢げに言い、「カーライルが胃弱だって、胃弱の病人が必ずカーライルにはなれないさ」と切り返されるシーンだ。一度**《逆も真？》**と考えてから発言すれば問題はないが、笑いも生じない。

24 おむつと舞台——回り落ち

猫に何か強そうな名前をつけてやろうと思い、「虎」という名が浮かんだが、待てよ、虎より龍のほうがもっと強そうだと思い直し、「龍」という名にしようとすると、龍よりさらに強いものがありそうな気がする。以下いろいろ候補を立て、「雲」より「風」、「風」より「壁」と考え、いや、それを齧《かじ》る「鼠」のほうが強そうだ、というところに達したが、その「鼠」を取るのが「猫」であることに気づく。そうだ、「猫」という名にしようという結論が出て、飼い猫に「猫」という名前を付けるのが落ちだ。こんなふうに、一回りして元に戻る終わり方を**《回り落ち》**と呼んでいる。有名な「北風と太陽」の話はその典型だ。

実世間には、それほど典型的な好例はなかなか見当たらないが、もしも「人生」というものを「悲しい円環」に見立てるなら、そんな連想に駆り立てる話はないでもない。

子役時代から長年にわたって演劇に携わってきた**中村メイコ**が、ある日、自分は「おむつをしているころから舞台に立っていた」というようなことを、子供に言って聞かせたらしい。ママの偉さ、大変さを、少しはわかってほしいという気持ちだったかもしれない。

ところが、そううまくは運ばない、というよりも、思いがけない反応に出くわして、ギャフン。何と娘の神津カンナは、「がんばって」と母親を励ますのだ。そして、「もうすぐまたそうなるから」と続けたらしい。

聞きようによっては実に残酷な小咄にもなるが、これは、そう言われてショックを受けたはずの当人の話だから、そこの家庭というものが想像でき、何だかほほえましい。

25 先を急ぐ——不適切表現

『身投げ屋』という落語に、身投げしようとする人間を引きとめようとする場面がある。それが商売とは知らないから、誰でも黙って見過ごすわけには行かない。当人もいかにも思い余った風情を見せなくてはならない。そのため、「待ち給え君」「どうぞ其所《そこ》をお放し下さいまし」「待ちなというのに」という判で押したようなやりとりとなる。ここまでは型どおりに進むのだが、飛び込む側がそのタイミングで、「ちッと急ぎますから」と言うのが何ともおかしい。

「申しわけが立たないから」とか、「どうしても死ななければいけないわけがあるので」とかと言いながら飛び込もうとするのはよく聞くケースだが、こんな場合に先を急ぐという理由を持ち出すのは、時計を気にしているような感じで、場面と違和感があるのだ。

「死に急ぐ」という複合動詞はあるが、自殺する人間が、発車時刻に遅れるからとか、向こうに人を待たせているのでとかと言いわけするのは尋常でない。一分一秒を争う身投げなどというケースが思いつかないだけに、いかにも間が抜けて見えるのだろう。

夢路いとし・喜味こいしの漫才**『花嫁の父』**では、こんなやりとりが目につく。娘を嫁にやるという話題で、こいしが「結納金というお金もろたやろ」と念を押すと、いとしはその金をちゃんと受け取ったのはいいが、認識が違うらしく、「ああ、娘の身代金を」と応じる。読者はこの桁外れの非常識ぶりに呆れる。が、ひょっとすると、考えようによってはそんなものかもしれないと思ったりするかもしれない。

そのあと、いとしが「きれいな花嫁姿で、ぼくの前へやって来て」と、臨場感たっぷりに話すと、こいしはその雰囲気に水を差す。「この花嫁姿ちゅうのは、どんな娘がやっても、きれいに見える。どんな娘でも、きれいに」と、妙なところに力を入れてくり返すのだ。いとしも、「なんでそんなとこに力入れるねん！」と、笑いどころを強調する。

また、**『つかみ集』**には、こんな間の抜けたやりとりが現れる。生まれたばかりの赤ん坊の話題で、いとしが

「出たての子はね、やわらかい」と妙な形容をするので、こいしが「あのな、出たてというのはおかしいやろがい」と、そういう言い方は不適切だと指摘すると、いとしが今度は「生みたての子は……」と言い直すが、こいしはすかさず、まるで「玉子じゃ、それでは」と突っ込みを入れる。いとしは降参して「どう言うの？」と素直に尋ねる。そこで、こいしは「生まれたての赤ちゃん」と、誰でも知っているごくあたりまえの言い方を伝授するのだが、聴いている側は、日本語の紛らわしい類義語の語感の違いをしみじみと嚙みしめるかもしれない。

芦《あし》の家《や》雁玉《がんぎょく》・林田十郎の漫才『親孝行』には、「お父っつぁん、亡くなったんや」と、相手の家の不幸を知らされ、「えっ、あのお父っつぁん、死んだ？」と驚いてみせたまではよかったが、そのあと、間違いなくあの人かと確認するのに、わざわざ「あの、つまみ食いのうまい？」などと、選りに選って、どう見ても自慢にならない特徴を暴き立てる。人が死んだという場の雰囲気を無視し、死者を冒瀆するそのことばのあまりの不適切さ。こういう度の過ぎた《**不適切表現**》が呆れ笑いを誘発する。

26 一酔の夢――過《か》贔屓《びいき》

人間は概して、ものごとを客観的に観察し、公平に判断するのは苦手で、どうしても自分に都合のいい解釈をしやすい。特に、酒好きの人が酒の味方をするのはごく自然で、甘党よりも甚だしいようだ。それが度を超すと、やはり笑いにつながりやすい。

落語の『**花見酒**』に、甘党と辛党の対比が誇張して紹介される。もちろん、左利きの側に立つ分析だから、結果もおのずと「左傾」してくる。

何かにつけて酒のほうが牡丹《ぼた》餅《もち》よりさまになると言い張る例だ。「俺の顔を立てて、大負けに負けて、一つ笑って呉んねえ……今夜は俺が一杯買うから、一緒に飲んで笑って呉れ」というふうに、そんな場合でも酒ならなごやかに運ぶが、これが下戸《げこ》となると、こんな調子にはならないと主張し、牡丹餅の場合を想定する。

「私も間へ入って、骨折甲斐があるというもの……気の変わらない中《うち》に私が一盆買うから牡丹餅を喰《く》って笑ってお呉《く》れ」というのでは、どうにもさまにならないというのだ。

たしかに、吉凶、慶弔、人生の節目節目に、人間は「乾杯」したり、「献杯」したり、とかく酒との縁が切れない。婚礼でも通夜でも、牡丹餅ではどうにも恰好がつかない感じがたしかにする。

落語では、このあとさらにエスカレートし、「酒を飲む人を見ると、何処《どこ》となく福々しいな」と自画自賛する。このあたりまでは、まだ穏やかだが、そこから「其《そ》所《こ》へ来ると下戸の奴等は皆んな喰い過ぎて、もたれて歩いてやがる」と誇張し、ついには、その「態《ざま》は何だか病人じみてるなア」というところまで気炎を上げる。暴論だが、笑ってしまう。ここまで来れば、どう見ても**《過《か》贔屓《びいき》》**だろう。


林田五郎・柳家雪江コンビの漫才『**酒を飲めば**』では、酒の効用が箇条書き風に並べられる。「酔うと、とてもいいことがあるんです」という総論から入り、具体的な各論を展開する。まず、「第一、女が二倍くらい綺麗に見えてくるし」と始める。これはしたたか飲んだあとの酔眼朦朧という段階での期待値だろう。が、それにしても、美しさを「二倍」と測定する際の単位は何だろう。

第二は、「財布をのぞくとお金が二倍あるように見えて大きな気になるし」と続く。所持金が倍増するのならデフレ脱却は間違いないが、そう見えるだけだと、大きくなるのは気分だけだから、むやみに金遣いが荒くなって、すぐすっからかんになってしまいそうだ。

第三の効能は、「御馳走は一品とっても二品並んでるように見えるし」と発展する。これもそう見えるだけだから、気分的に贅沢を味わえるだけで、それによって家計が潤うような効果は期待できない。

しかし、酔いが冷めるまでの気分は申し分ない。相手はそれなら「背も二倍ぐらい高うなった気がするか？」とからかう。背が二間もあったら、いったいどんな気分か知らん？

27 法事ノート —— 芸が細かい

サトウハチローの『**ぼくは野球部一年生**』に、こんな場面がある。物置の中へ二人をかくまって、「ここならだいじょうぶ」と言ったときの相手の反応を「半分にこりとした」と書き、「ほんとは、全部したのだろうが、トタン屋根のすきまからもれてくる光が、口に半分しかあたらなかったからだ」と、事実だけを客観的に書き、想像の部分を含めない。実に《**芸が細かい**》。読んでいておかしくなる。

井伏鱒二の長編エッセイ『**荻窪風土記**』によれば、関東大震災の惨状を目に焼き付けるためか、干上がった濠《ほり》にちらばる人の骸《むくろ》を観察して、男はうつ伏せ、女はあお向けと、そこに男女の違いを発見したらしい。また、近所の建築現場に椅子を持ち出して見物していて、現場監督と間違われたとも書いている。どちらも、その描写精神が並外れていたことを示す逸話である。

小説の中にも、時にそんな風景が描かれることがある。晩年の作である『**兼行寺の池**』に、離れの民宿の泊り客が「母屋の法事の成りゆきを逐一ノートに取」り、「小型双眼鏡でお斎《とき》の席を仔細に見て、料理の品目をいちいち帳面に書きとめ」る場面がある。

小説の中のその場面が、いかにも実際の出来事であるという現実みを帯びるよう、作者は時折、こんな一文を挟み込む。「和尚が早口になったので、ところどころ筆記が追いつけなかった」というのはその一例であり、「この歌詞を筆記するには、すぐ軒下でなく油蟬の声が邪魔になった」という記述も、それが事実であったかのごとく印象づける。どちらも、作者の芸の細かさを象徴するくだりである。作者の芸の細かさに気づく読者には、その念入りのわざとらしさが滑稽に感じられるだろう。

28 顔はあるヨ——無駄な言及

あまりにも当然で、わかりきったことをあえて発言したり、あるいは、話の途中で全然無関係なことを言い出したり、話題にいくらか関連はあっても話の流れからそれた、どうでもいいようなことを発言したりすると、まったく意味のないその無駄が笑いを誘うことがよくある。

『**笑話宝玉集**』に、新聞は不公平だという批判が出てくる。「有名な人が死んだ時には無暗《むやみ》に書き立てるが」と始まるので、無名の人物とは待遇が違うという公平論議かと思うと、「有名な人が生まれたなんてことは、ちっとも書かない」というふうに、意外な方向に展開する。人間、死ぬときまでには何かやっているので、その働きによっては世の中に広く知られる存在となる場合もある。一般に有名人というものはそういう人間の一部なのだろう。どんな人間も生まれた段階ではまだそういう活躍をしていないので、そういう功績・業績を通じて有名になっていることはありえない。親が有名人の場合に話題になることはあっても、その赤ん坊が将来どういう働きをするかは予知できないから、有名人誕生というニュースなどというものは、そもそも原理的に無理なのである。

金子登の『**ユーモア辞典**』には、一見、哲学的にも思える、こんな話が出ている。「いったい貴様は、どうしてこんな所にいるんだ！」と、そんな場所にいるという事実の釈明を求められる。ところが、自分が今なぜその場所にいるかという原因や理由にはいっさいふれず、「人間ッて、どこかしらにいなくちゃならないんだぜ」と応じる。人体に多少とも質量があるかぎり、どこかの空間を占めることになる、という誰にも否定のできない一般的な事実を指摘したまでのことであり、いくら正しい言及でも答えになっていない。

同じ本に、オイコラとは正反対の、こんな腰の低い警官の応対も載っている。道路の信号が黄色から赤に変わり、また青に変わっても、一向に動こうとしない車に近づき、そのドライバーに交通巡査が丁重に話しかける。「お気に入った色がないのかも知れませんが、うちにはあれだけの色しかありませんので」と、まるで品数の少ない店の主人が仕入れの言いわけをしているような調子で、やんわりと注意を促した。もう少し鮮明な赤とか、いくぶん紫がかったブルーとか、アクセルを踏みたくなるような魅力のある色彩が用意できなくて申しわけないという、へりくだった物言いだが、痛烈な皮肉にも響くだろう。

横山エンタツの漫才台本に、こんなやりとりが出てくる。相方が、押し入った強盗が日本刀で質屋の親父を切り殺したという殺人事件の話を持ち込むと、ボケ役が「君、殺すと簡単に一口に云うけれどネ、殺すと云う事は危険ですからネ」と妙な相槌を打つ。このせりふの情報は、要するに、殺人は危険だということにすぎない。この奇妙さは、単に、当然すぎて新しい情報が付加されないという点だけでなく、事の重大さをむしろ逆転させる扱いにしている点から、さらに大きな違和感が生じ、わけのわからぬ笑いに引き込まれる。要するに、「殺すのは危険だ」という発言なのだが、「殺害」は「危険」などという段階ではない。しかし、表面上は何となくもっともらしい応じ方に見える。そこが笑いのポイントなのだ。

落語にはこの種の笑いが頻出する。三代目**古今亭志ん朝**の落語『**付き馬**』に、こんなやりとりがある。さっき話をしていた男を相手の知り合いと思い込んで、「ご親戚のかたでしょ？」と訊くと、違うと言われる。それは変だと思い、「だって、あなた、あの人が、おじさん、おじさんてったら、あなた、あいよ、あいよって、返事してたじゃありませんか」と食い下がる。すると、相手は「それア、おじさんていわれりゃ、返事するよ」と、何も不思議なことはないという顔をする。

なるほど「おじさん」という日本語は、親戚である「伯父・叔父」を意味するだけでなく、「近所の小父さん」のように親戚でも何でもない男の人をもさす。漢字がないと多義的になるところから来る曖昧さを話題にしており、ごく自然な流れである。

ところが、落語の中のこの「おじさん」はつい勢いづき、そのあとに、「おばさんていわれりゃ、返事しねえや」と、もう一言、関係のないことを加える。ここは自分の行為に不自然なところはちっともないと強調するつもりだったのだろうが、それは男か女かという問題であって、親戚かどうかという話の本筋とは何の関係もない。コミュニケーション中のこういう無駄が、聴衆の笑いをかきたてるのである。

その親に当たる五代目**古今亭志ん生**の落語『**強情灸**』には、おそろしくせっかちな男が登場する。相手が着物を脱ぐ間もじれったくてしようがない。「なにしてやんだあ。おまい、着物をぬぐんだよ」と、あんまり遅くて信じられないような顔をする。この「着物をぬぐんだよ」というせりふも、あたりまえのことを念押ししているのだが、そのあとに、「からだの皮をむくんじゃねえぞ」という、わかりきったことを付け加えて、爆笑となる。

同じく落語の『**無筆の女房**』に、女房にせがまれて亭主が離縁状を書く場面が出てくる。その折の亭主のせりふもおかしい。「今離縁状の文句を考えてるんだ。乃公《わし》だって初めて書くんだから、又斯《こ》んなものを書き馴れてるようじゃア困る」。いちいちもっともな情報で、どちらもそのとおりなのだが、聞いていても利口にはならない。

やはり落語の『**けんつく床**』、床屋の親父が横柄な口を聞き、いちいち客に食ってかかる。客が「親方今日は、好《い》い塩梅にお天気になりましたね」と愛想よく声をかけると、よけいなことを言わずに、早く椅子に掛けろとばかり、「好い天気になったって、乃公《おれ》が天気にしたんじゃねえ」と突っかかったあと、わざわざ「ひとりでになったんだ」と、わかりきった説明を加えることで、笑いが増幅される。

これも落語『**無いものねだり**』の中のせりふ。居酒屋に入った客が、「混み合ってますが、どうぞ」という店員の景気づけの決まり文句に迎えられたのだろう。店内を見まわして、「混み合いますッたって、誰も居ねえじゃねえか」と反論したあと、「入口に犬が居るが飲みやしめえ」とよけいな一言を添えるのがおかしい。左利きの犬にはとんだとばっちりだ。

芝居の「切られ与三」をもじった題名の落語『**ふられ与三**』に、こんな無駄なやりとりが出てくる。一人が「かれこれ五六年も会わなかったからなア」と、いかにも久しぶりという顔で言うと、相手がそれに調子をあわせ、「成程そう云われて見りゃア、俺も丁度そのくらいお前に会わなかった」と応じる。その二人が会うという肝腎の話題以外であれば、そっくり通る理屈で、会話もしっくりと運ぶはずだ。が、ここは何年か前のその二人の出会いをどう考えるかという問題であって、同じ事実が一人にとって五六年、相手にとっては二三年などと実際にずれるはずはないから、「丁度そのくらい」という話の合わせ方がおかしい。あたりまえのことに言及する、そういう無駄が笑いにつながるのである。

『**夢の瀬川**』という落語には、こんな場面が出てくる。男がやきもち焼きの細君に、自分の見た夢の話をしている。出先でひどい雪に遭う。「本来なら私は傘なしで立って居るのだから、肩なんぞへ雪が降り積む理屈だろう、それが積らないのだ」と、不思議な現象を語って聞かせ、そのわけを臨場感たっぷりに説明する。「頭の上にね、女持の渋蛇の目の傘がブラ下がって居るんだ」と、女の人に傘を差し掛けられ時の驚きを、妻の手前、慎重に表現する。そこで、「何ぼ何でも蛇の目の降る陽気じゃない」と、わかりきったことを持ち出して、笑いとなる。

落語『**一等当籤**《とうせん》』には、こんな場面がある。「人殺し！」という叫び声を聞き、いったい誰が殺されたのだろうとあちこち探しまわると、「棟梁が青くなって腰を抜かしている」。そこで、やっと現場を突き止めたと思い、「人殺しは親方ですかい」と声をかける。ここは、事件は親方のところだったのかと尋ねたのだが、その「人殺し」ということばを殺人犯人という意味に勘違いして、親方はあわてて「人殺しは俺じゃねえ」と否定し、「俺が殺された」と説明する。つまり、自分は加害者ではなく被害者なのだという主張である。

舌足らずの説明だから、「妙だね、殺されたッて云う人が口をきいてるんだから」と相手はわけがわからなくなる。そこで、親方は「殺されようとしたのは俺だが、まだ殺されたんじゃねえようだ」と補足する。相手はやっと納得して、それじゃ「親方を殺そうとした奴があるんでしょう」と質問を変える。それがまた、考えようによっては当然すぎる内容なので、親方も「勿論《もちろん》さ、俺一人で殺されたり殺したり仕やしねえ」と、これまた、わかりきったことを説明することになる。状況を飲み込めない連中の間で、こういう《**無駄な言及**》が自然な感じで連続する展開がおかしい。

落語『**松山鏡**』には、もっと単純な例が出てくる。相手に自分の年齢を問われ、「ちょうど四十でがす」という一言で済むのに、「去年三十九でしたから此《こ》の順で行ったら来年は四十一になるべえ」などと当然至極のことを付け加える場面である。

また、落語『**清正公酒屋**』には、こんな親子のやりとりがある。息子といい仲になった女を父親が認めないので、息子は、本来なら喜ぶはずの父親が「岡焼き半分に止めさせようなんて」と言いだす。その「岡焼き半分」という言い方に腹を立てた父親が、「口が横に切れて居ると思って勝手な事を云やアがる」と反論するのだが、「口が横に切れて居ると思って」という前置きがおかしい。縦や斜めに切れていたらどう変わるのか説明がないが、ここは口に切れ目があって動かせる構造になっていることを持ち出した一種の啖呵なのだろう。何の関係もないことに言及してはずみをつける無理が笑いを引き寄

6 逸脱――意表をつくズレ

せる。
もう一つ、新作落語『**幽霊自動車**』の例を紹介しよう。女の顔の話題で、「若い女な。顔はどうだ、顔は?」と一人が質問する。当然、美人だとか丸ぽちゃだとか下膨れだとか、そんな顔の特徴を聞き出そうとしている。ところが、訊かれたほうは何と「顔はあるョ」などと答えるので、「当りめえじゃねえか。顔のない人間て、あるかよ」と批判されることになる。昔はよく、女は顔より気立てだなどと言ったものらしいが、落語や漫才ではそのあと、「顔なんかどうでもいい、あればいいんだ」とかと続き、さらに甚だしくなると、「あってもなくても」という段階までエスカレートする例もあったような気がする。

落語に限らず、**サトウハチロー**の作品にも例が多い。『**子守唄クラブ**』に出てくる、「ガラスをすりぬけて、はいって来られるわけはなし」という例も、当然すぎることにあえて言及したつもりだろう。ところが、ガラスがあると気づかずに勢いよく通り抜けたという実話を耳にしたことがあったかもしれない。幽霊ではないからガラスは当然割れたが、当人に躊躇がなかったせいか、さほどの怪我を負わなかったと聞いたような記憶がある。

同じ作品に、世の中に名前というものがないと実に不便だという、これも当然至極の言及がある。その一例として、「シュークリーム」という名がない場合、「中へクニャクニャなおいしいドロドロがはいっていて、うまい皮があってその皮がかごみたいな、できそこないの手箱みたいなもの」などと、名前がなくてもどかしい思いをする実演が読者を笑わせる。

やはり同じハチローの『**野球さまざま譚**』に、「偉い人にスポーツを理解する人は、情けないがないない」と嘆いた後、「伊藤博文が四畳半で女をころがす名人だッたとしても、それはレスリングのうちには、はいらない」と、よけいな暴露話を持ち出すくだりが出てくる。偉い人かどうかはともかく、スポーツとは何の関係もない話なのがおかしい。

同じく『**長屋大福帳**』では、風呂屋の番頭に客が「いやに沸かしたな」と、お湯が熱すぎることを注意すると、済ました顔で「お湯でございますからな」と答えるくだりが、そういう例にあたるだろう。たしかに、沸かさなければお湯にならないから、まったくの嘘ではないが、「いやに」という部分には答えていない以上、**《無駄な言及》**であることに変わりはない。

『弾《は》ずむ歌』では、「ガツガツとよく食う。よく寝る。豚と違うところはすこぶる雄弁なところである」と、婆さんとほんものの豚との違いを明確に断言するあたりが、それにあたるだろう。豚と人間との違いはほかにもたくさんあるが、おしゃべりだという一点を取り上げ、「昔から洋の東西を問わず、雄弁家の豚なんていう話しは聞いたことがない」と発展するのは、わかりきったことへの無駄な言及に相当する。

『エンコの六』で、用もないのに避暑に行ったスリに、刑事が「海水着の人はふところに蟇口《がまぐち》は入れてないよ」と、当然すぎる情報を伝えるのも、また、**『新生活行進曲』**で、彫刻家が食事に際し、「箸を一つな。まさか、小刀で食わせるわけにはいかんだろう」と口走るのも、ともにわかりきっていることへの意図的な言及である。**『若者行進曲』**の「まさか木剣と、筆では往診に行けない」という例も同様である。

『浅草悲歌《エレジー》』には、「静かにそうしていると、浅草にも青空のあることが解《わか》る」とあり、**『青春風物詩』**にも、「吉原にだって朝がくる」とある。世界中どこにも時には青空もあり、地球のどんな果てにもいつかは朝が来るのは確実だから、こういう表現はどちらも情報としては無駄な言及に該当しよう。**『人間同志』**に出てくる「禿と白髪を両方持っているからとて、慾ばりではない」というくだりも同様である。

やはりハチローの**『貧乏行進曲』**には、「困ったわね」「困ったね」「弱るわね」「弱るね」といった、ほとんど同じことばの対話が現れ、「おうむに言葉を教えこんでいるのではない」という説明が続く。「鸚鵡返《おうむがえ》し」ということばをふまえた説明なのだろうが、人間どうしのやりとりであることはわかりきっているので、ここも情報としてはまったく**《無駄な言及》**ということになる。

同じ作品に、「歯ブラシがおそろいで、手ぬぐいがおそろい、夜ねるのがおそろいで、朝起きるのがおそろい夢もおそろいにおそろいの夢をみるかどうか、そこまでは受けあえない」とか、「雪とくるからには、月花とつづくんだろう。月花とつづいたとて、水木金土とはつづかない」とかという一節も現れる。夫婦といえども、二人の人間が同じ夜にまったく同じ夢を見る確率はゼロに近いから、「おそろいの夢をみる」ことを保証できないことは当然だし、また、「雪月花」の「月」は天体であり「花」は植物だから、「水木金土」といった曜日とは何の関係もなく、ともに当然すぎることへの言及である。

29 首輪をつけていない方が筆者――不要情報

これも無駄な言及の一種だが、それによって伝わる情報が何の役にも立たないことで笑いを誘発する甚だしい例をまとめておこう。

野内良三の『**ユーモア大百科**』に、「立派な軍人として皆に惜しまれながら葬られるためにはどういう行為が重要か？」といった、いかにも戦時下らしい発想の笑い話が載っている。日頃の活動だとか美挙だとか勲功だとか、あるいは心構えのようなことを問い、その覚悟を求めた質問なのだろう。ところが、その大問題に対する答えは、まったく思いがけないものだった。その男は「まず、死ぬ必要があります」と即答したらしい。たしかにそれが大前提であり、絶対条件である。質問の趣旨には応じていないが、それなしにはどんなに立派な功績を積んでも要件を満たさないから、欠くべからざる要素である。にもかかわらず、質問した上官の怒りを買うこと必定なのは、それが虚偽だからではなく、あまりに当然すぎるからである。

同じ本に、こんな人を食った話も出てくる。「ラスベガスからお金を持って帰れるためには」どうしたらいいかという設問、これは相当の難題だ。多くの人間が大損して帰国するのを見聞きしているだけに、絶対という妙案はなかなか浮かばない。正解は、金を「損する以上に持って行く」というのだが、いくら損をするか、あらかじめ予想ができないので、そんなことがわかっても、まるで実際の役には立たない。

同じ著者の『**ジョーク・ユーモア・エスプリ大辞典**』にも、こんな人を食ったやりとりが出てくる。「彼女ってすごく若く見えるだろう？」と話しかけると、相手はその女性の若さの秘密に興味を覚えて、「ええ、そうね。どうしてなの？」と話に乗ってくる。そこまで引きつけてから、「なに、若いからだよ」とはぐらかす。若いから若く見えるのはあまりにも当然で、そんな情報を得ても、他の人を引っかける以外、何の役にも立たない。ひっかけのためだけの**《不要情報》**である。

こんな話も載っている。心配そうな顔つきをした男が死体公示所に姿を現し、「嬶《かかあ》のやつめ、死んでやるって言って、家をおん出ちゃったもんですから」と、もしかしてと思って話しかけると、係員は手がかりを求めて、「奥さんにはなにかこう著しい特徴はありませんでしたか」と質問する。すると、その男は「ひどく耳が遠かったな」と一言。死体の身許を確認する上で、聴力の程度など何の手がかりにもならない。

井山弘幸『笑いの方程式』に、これも実用には程遠い案が登場する。コンビニで強盗がピストルを構えたとき、どう対処するかという問題に対し、平然と「店内でのピストルのご使用は他のお客様のご迷惑となるのでお止め下さい」と注意事項を語るというのだ。玩具のピストルと見破らない限り、そんなことは言えないだろうが、仮に言ったとしても何の効果も期待できない。「他のお客様のご迷惑」といった悠長な場面ではないからだ。

そういう無駄がポイントなのだが、その文案が日頃よく目にする貼り紙そっくりなところも、味わいがあっておかしい。この局面では非常識なこの文中の「ピストル」という一語だけを、もし他の何かに差し替えれば、注意書きとしてそのまま通用しそうな雰囲気が、とぼけた香辛料としてよく利いている。

ザ・ぼんちの漫才では、よけいなサービス情報が同種の笑いを招く。空港の場面で、おさむが「こちら管制塔、滑走路、異常なし」と伝え、まさとが「了解」と応答する。ここまではいつも耳にする平時のやりとりだ。が、おさむは参考までにもう一言追加する。「なお、周辺部、四条河原町西行き、三百メートルの渋滞が」と、そこに市街の交通情報を添えるのだ。飛行機が交差点で電車とすれ違うわけでなし、停留所で別の客が飛行機に乗り込むわけでもないから、そんな情報は機長の操縦にも一般教養にもまるで役に立たない。

織田正吉の**『笑いのこころ ユーモアのセンス』**に、夫婦喧嘩の余波が語られる。喧嘩してから口を利かなくなった妻に、夫が「あすの朝は出勤が早いから、六時に起こしてくれ」と頼んで寝たところ、翌朝目を覚ますと、とっくに六時を過ぎている。あんなに念を押したのにと思って枕元を見たら、「六時よ、起きなさい」と書いたメモが見つかった。頼まれた用件はきちんと守っているが、依頼の趣旨にはまったく応えていない。

中村正常の小説『**虹の下の街**』に、朝寝坊の男の奇妙な習慣が記されている。朝刊の天気予報欄に目を通し、「本日、天気よし、か。ちがいない、いいお天気だ」と納得する。毎朝、新聞を読む時間は早くて昼近く、たいていは午後になっているので、「本日の天気」なるものは大体すでに決定した後だから、そんなものを何のために読むのかわからない。

サトウハチローの『**格さん仁侠伝**』に奇妙な発見が出ている。「悲しさは汗と違うから」という不思議な比較に首をかしげると、だが、「汗があふれれば、小便には行かなくてすむが、悲しさではそうはいかない」と続く。いくら悲しみが深くても「小便は出る」というのだ。何の役にも立たない不要な情報だが、心理と生理とが無関係に機能している人間というものを考えさせ、読者は複雑な気持ちで、しばし言葉を失うかもしれない。

夏目漱石の『**吾輩は猫である**』から古典的な無駄口を紹介しよう。寒月君を娘の相手にどうかと考えた金持ちの金田夫人から、あんな研究で博士号が取れるかと質問され、苦沙弥《くしゃみ》先生は「首縊りの力学なら成れないとも限らんです」と答える。この判断はともかく、その前に「本人が首を縊っちゃあ六《む》ず箇《か》敷《し》いですが」という条件を付けている。縊死して果てた人間が研究を完成させるはずはなく、誰にも明らかな情報だ。また、「泥棒に多くの知己は持たぬ」というのも、普通は誰でもそうだろう。さらに、語り手の猫が「洗湯《せんとう》の暖簾を潜った事はない」ともったいぶった言い方をするのも、当然過ぎておかしい。

牧逸馬の『**男・女・男・女**』には、こんなやりとりが出る。男が「これ僕の写真です。犬と一しょに写したんです」と説明すると、女が「ええ、わかりますわ。帽子をかぶってらっしゃるのがあなたでしょう」と応じる。これは、もし帽子をかぶっていなければ、写真の男は犬と識別するのが難しい、という意味にもなりそうなことばだ。

時代は下って**土屋賢二**の『**汝みずからを笑え**』に「本書は哲学書ではない」とある。哲学の教授だから、ここまではよくわかる。ところが、そのあと、「いわんや洗濯機ではない」と飛躍し、さらに、「疑うなら、本書で洗濯してみれば分かる」と展開する。どうやって洗濯をして確かめるのか、読者は途方に暮れる。それほどに**《不要情報》**に対する無駄な言及なのである。

同じ著者の**『哲学者かく笑えり』**にも言及しよう。そもそもこの本は、帯に「本書をもとめよ、されば笑われん」とあるように、尋常のおかしさではない。「あとがき」に本書の構成は①表紙②本文③裏表紙とあり、本文は①奇数ページ②偶数ページの二つから成っていて「世界の名著」に「共通する特徴」と自ら記しているとおり、全巻まさに**《不要情報》**の宝庫となっている。ケンブリッジの学生は真剣で、授業中に居眠りするのは教えている自分だけだとか、勤務先のお茶の水女子大の学生と似ている点は「フランス人ではない」ことだとか、例は尽きない。圧巻は、犬と一緒に撮った写真の説明に、「首輪をつけていない方が筆者」とある点だろう。無駄な情報だが、こうなると、犬の首輪ははずせない。

コラム❻
書きにくい手紙
――敬語のたくらみ

【問】相手の依頼や勧誘を断るのが苦手で、角の立たない言い方にいつも悩んでいます。

【答】他人から頼まれたり誘われたりした時に、上手に断るのは至難の業で、考えただけでも気が重いものです。どんな言い方をしても相手の期待に背くことになるからです。夏目漱石に「時鳥《ほととぎす》厠《かわや》半ばに出かねたり」①という句があります。夏の風物詩として古くから詩歌に詠まれ、親しまれてきた時鳥らしい声が聞こえるが、今あいにく用を足していて残念ながらすぐ外に飛び出すわけにはいかないといった意味合いで、俳諧の軽みを感じさせます。仕事を抱えて身辺何かと気ぜわしく、せっかくのお誘いながら園遊会に参加しかねると、断りに用いたという説②もあり、この国の察しの文化を極めて感動的ですね。

　即座にこのような対応が浮かぶのは、きっと日頃から自然の変化に敏感で、ちょっとした個性的な発見を積み重ねてきた背景があるからでしょう。日常の思いがけない発見が意外なおかしみを生み出すことがあり、室生犀星③の「わらんべの洟《はな》もわかばを映しけり」という句などはその好例です。外で遊んでいる子供が洟を垂らしていて、ふと見ると、そこに背景の若葉が映っている。汚い洟に思いがけなく美しい新緑、はっと初夏を感じて、微笑がこみあげたことでしょう。子供は若葉を映そうと洟を垂らしているわけではないし、啜《すす》らずにサービスしているのでもなく、偶然に実現した美と醜との皮肉な出合いです。人と自然とのめぐりあう一瞬をとらえた繊細な感覚と鍛えられた俳味が心にくいほどです。

　実人生で借金の申し込みに並々ならぬ文才を発揮した太宰治は、小説『虚構の春』で今度は逆に断る手紙を書いてみせます。「貴兄が小生の友情を信じて寄せた申越しに対し重ね重ねすまない」と詫びながら、「しかし出来ないことをねちねちしているのも嫌だから早速この手紙を書いた次第」と弁明し、「貴兄から、こう頼まれたが、工面出来ないかと友達連に相談をかけても良いものならば」可能性がないとは限らないが、それは「貴兄に対する礼儀でないと思うので」やめておくと結ぶ手紙です。[4]作中に現実の書簡を借用したらしく、これも誰かの手紙に近いかもしれませんが、他人に話すのは礼儀に反すると運ぶあたりは一種の殺し文句として働き、先方のプライドを刺激する巧みなテクニックかもしれません。

島崎藤村の『夜明け前』が新協劇団の上演で好評を博し、映画化の話が持ち上がった折、その交渉がもつれてごたごたし、結局、一切を白紙に戻す決心をしたようです。その際、間に立っていろいろ努力してくれた徳田秋声に宛てた断り状に、「長い間かかって娘を育てるうちに、諸方より縁談の申込を受けたとでも言って見るべき場合に当りましょうか」と、自作を娘に喩えて事情説明をし、「小生としては別に家柄を選むでもなく、支度金を望むでもありません」などと縁談の喩えを続け、「時機未だ到らぬもの」と求婚を断るような書状[5]です。当人が「この書きにくい手紙」と書くなど、結んでいるとおり、ここまで比喩を重ねるのはそのせいでしょう。

「あの小説で井伏様への私の尊敬と謝意をも表わしたく思い、少しも傷つけること無しと信じて発表したのでございますが、いま深く考え、やはり小説に、事情の如何《いかん》を問わず本名を出すことは、井伏さんのお気持に何かとわずらわしさ加えるのみにて、かえって失礼であると思い当り、恐縮して居ります。私はうかつでございました。どうかおゆるし下さい」と書き、「今後は、絶対に同じあやまち、繰りかえしませぬ」と誓った、太宰治の詫び状が残っています。事の発端は、太宰が自身の小説『富嶽百景』の中に、「井伏氏は、濃い霧の底、岩に腰をおろし、ゆっくり煙草を吸いながら、放屁《ほうひ》なされた」という一文を入れ、「いかにもつまらなそうであった」と展開させたことにあります。

太宰が入水《じゅすい》して果てた後、この愛弟子を偲ぶ随筆『亡友』を発表し、井伏はこの一件の二人のやりとりを振り返ります。「三ツ峠の頂上で、私が浮かぬ顔をしながら放屁した」とあるのは、「読物としては風情ありげなことかもしれないが、事実無根である」[6]と書いています。当人にもそう主張したが、太宰は「たしかになさいました」と譲らず、あまつさえ、「一つでなく、二つなさいました。微かになさいました」と言い張ったそうです。[7]この「なさいました」という太宰の言い方を「話をユーモラスに加工して見せるために使う敬語」と解説するのは、激しく思い出す涙を、巧妙に笑いにすりかえる井伏独特の手法です。これもまた、亡友青木南八を偲ぶ『点滴』同様、とぼけた鎮魂歌なのかもしれません。

【表現の仕掛け】

①漱石の「時鳥」の句は、昔から和歌に詠まれてきた風流な初夏の季節感を、尾籠な話題である「厠」と結びつけた、いわば聖俗の思いがけない出合いが発想の妙。

②その句が断りのメッセージだとすれば、意外な角度からの突飛な言及。

③犀星の句も、「洟」という意外な場所に「若葉」を発見した驚きが主想で、美と醜との思いがけない出合いが笑いをよぶ。

④太宰の小説中の虚構の手紙は、相手のプライドを傷つけないことを看板に掲げた、巧みな断りが手並みあざやか。

⑤島崎藤村の秋声に宛てた断り状は、娘の縁談の比喩で遠まわしに事情を覚らせる。

⑥井伏に宛てた太宰の詫び状に笑う要素はないが、太宰を偲ぶ随筆で井伏がその件を取り上げ、当時の二人のやりとりを戯画化してみせたのは、感傷的になるのを予防する井伏流のユーモア。

⑦大の大人が二人、事もあろうに放屁をめぐって大仰な論戦をくりひろげる異常な風景。

7

摩　擦

――矛盾感で刺激

発想や表現形態などに、意図的な違和感をつくりだして、相手に刺激を与えるタイプの笑いのテクニックをまとめておこう。

「文明開花」「改心の作」「下熱剤」「自立神経」「洗剤意識」「百貨繚乱《りょうらん》」「抱擁力」のようなとんでもない誤字を使うのはその典型的な例だろう。まったくでたらめな誤字より、一見もっともらしく感じられる例が笑いにつながる。

「直ちに来い」「あした参上いたします」などと語の文体的レベルの違うことばを結びつけるとか、あるいは、文脈に合わない語を用いるとか、文法的な誤りを犯すとか、そんな単純な間違いでも笑いのきっかけになる。

必ずしも誤りでなくとも、「仰山まちがえちゃった」のように方言が交じるとか、「アバウトでいいから早くゲットする」のように不要な外国語をちりばめるとか、そんな極端な違和感を印象づける異様なふるまいも効果がある。

また、「パンと牛乳を飲む」とか、「自動車や飛行機の飛び交う便利な世の中」とかのように、理屈に合わない動詞で括ったり、あるいは、「身も心も男女関係も乱れる」とか、「窓と心を開く」とか、「贅肉も教養も有り余る」とかのように、具体物と抽象体とを強引にまとめたり、なんらかの違和感を目立たせる例も効果的だろう。

宇野浩二は『芥川龍之介』の中で、「私が見、聞き、知った、芥川について、その思い出を、主として、書きたい、と思っている」とか「おもいだすままに、あれ、これ、と書きつづる」とかと、過剰な読点でぶつぶつ切るような書き方をしているが、そういう異様な句読法も笑いを誘うだろう。

「ほざく」という俗語をわざと「おほざきになりました」というふうに尊敬表現にした不適切敬語なども笑いを誘う。そのほか、「借金を質に入れても」などとありえないことに言及したり、「列車に乗らないで降りたい」などと無理な注文をつけたり、「ゆでると生になる」といっためちゃくちゃな理屈をこねたり、「風が吹けば桶屋がもうかる」式のとんでもない飛躍をしたり、ともかく相手を摩擦して刺激を与えるなどすれば、そういう表現上の違和感がおかしみをかきたてることになる。

1 半秒で見抜く――超能力

《超能力》というのは常人の能力をはるかに「超」えた能力をさすから、すごいとはいっても、そこには質量ともにさまざまなレベルがある。幼稚園から大学院まで一日も欠席しないとか、中卒という学歴で司法試験に合格したとか、傘寿を超えた女性がモデルデビューを果たしたとか、夕飯のおかずを予言すると九割の確率で当たるとか、靴音だけで来客の氏名を当てるとか、どれも珍しいとは思うが、格別おかしいわけではない。

サトウハチローの**『ジロリンタンと忍術使い』**に「先生というものはふしぎな目玉を持っている」とある。いったいどんな目玉かと、次を読むと、「教室にいる全生徒を、一秒の半分位で見ることができる」とある。ただ、生徒がいるかどうかなら、凡人でも一秒あればわかる。が、むろんここは、そんな存在か非在かという区別ではない。

「降る雪や明治は遠くなりにけり」という名句で知られる中村草田男が、大学の教壇に立っていた頃、ある日、黒板に白墨で長々と書いて、向き直ったら、学生が誰もいなかったという。有名な話らしく、大学の関係者から聞いたことがある。板書している間に、教場の後ろの窓からみな逃げ出したらしい。あくまで書くことに熱中し、少々の物音など意に介さず泰然としていたわけであり、いかにも俳人らしい逸話である。由緒あるその教場でのちに講義をする機会を得たが、いくらか減ったかなという程度で、目を瞠《みは》る光景は現前しなかった。あるいは、時代とともに学生の稚気が薄れてきたせいかもしれない。

「大学教授」を、誰も聴いていないのに長時間しゃべり続けられる人と定義するのを見て、目の覚める思いをしたこともある。それにしても、ハチローの観察による小学校の先生の眼力は並大抵ではない。生徒たちを集合として視野におさめるのではなく、「五十人なら五十人の生徒たちが、いっしょうけんめいに自分の話を聞いているかいないか、いたずらをしているかいないか」というところまで、すべて「この半秒間に見ぬいてしまう」というのだから、とても人間わざとは思えない。何よりも、読者にそう思わせてしまう、作者のそういう書き方が一番おかしいのだ。

落語の『**五月幟**《さつきのぼり》』のマクラで、こんな漫画的な釈迦牟尼伝説が紹介される。天上天下唯我独尊のあの釈迦は、妻の腹へ指を差しただけで子供が出来たというのだ。こういう人にうっかり道なんか聞こうものなら、えらいことになる。「女学校は此《こ》の横町を真直ぐに行った彼所《あそこ》の建物がそうです」と指を差して教えると、その「女学校の生徒が皆な孕《はら》んで」しまうからだ。こんな《**超能力**》、一挙に団塊の世代の再現となり、少子化の時代には随分と重宝されそうだが、どの子もどの子も父親が同じとなると、どんなものだろう。

2 十三人目の男——迷信

佐々木邦の『**首席と末席**』は「思い出すと隔世の感がある」という一文で始まる。当時は大学というものがまだ東京の帝大だけだったらしく、大学出の学士様は教員としても高給取りで、成績のよかった卒業生はすぐ校長になれたというから驚く。従兄が大学を卒業した時など、郷里では「町民有志が旗を立てて三里ある停車場まで迎いに出かけた」ほどだったらしい。それだけの「慰労に値するほど勉強した所為《せい》か」、その男は肺病になって夭逝したそうだ。

作者を思わせる主人公の学校は、さいわい「大学」ではなく、「宣教師の経営による基督《キリスト》教学校」で、「宗教と相容れないと思っているのか、科学には一向重きを置」かない。それでも年々卒業生の数が増し、以前は先生の数より少ない三、四人だったのが、前年は八人に増え、そしてその年はとうとう十三人に及んだ。ジョーンズ校長は、「学校が神の国へ向けて発展して行く」なら喜ばしいが、「急速の進歩には危険が伴」うし、「十三」という不吉な数が心配だと言う。

「先生、十三という数は何故いけないんですか」と、知っているのにわざわざ訊いて、会話の練習をする生徒もある。十三人卒業すると、その中からユダが一人出るのかと質問する者もある。校長は「十三を不吉とするのは、遠く基督以前から」で、「トルコ人は十三という字を辞書から殆《ほとん》ど駆逐」しているし、スカンジナビヤの神話には、十三人が一緒に食事をしていて、そのうちの一人が殺される話があると、カーライルの英雄崇拝論などを引き合いに出したり、「最後の晩餐が十三人だったことは諸君も」よく知っているとおりで、「巴里《パリ》では、昔から、町の番地や室の番号から十三を省いて」いるなどと弁じ立てたりして、本校で「教室や寄宿舎の室がA室B室C室になっているのも、不吉な数を避ける苦心に外な」らないという。

日本でも以前から、駐車場などの区分けで番号を振る際に「四」を飛ばし、病院でも三号室の隣が五号室になっているケースが珍しくなかった。IT社会になった今日でも基本的に変わらない。最近は、そういう不規則な感じを嫌うのか、あるいは、縁起にこだわっていると思われたくないからか、その校長と同じ発想でアルファベットを採用する例も見かける。英字にすると今度は英語の発想で、やはり四番目の「D」に死の影がちらついたりする。そんなことを気にしだすと、本来はきりのない話なのだが、そこが人間だ。

近年、やはり「死」の連想を避けるのか、一、二、三を「イチ」「ニ」「サン」と音読みしながら、次の「四」を「シ」と音読みせず「ヨン」と訓読みする人が増えた気がする。「七」の「シチ」と音が紛らわしいからというう配慮だけでなく、縁起をかついで「死」の音を忌避する心理も働いているのかもしれない。このぶんだと、赤穂「四十七士」をそのうち「ヨンジュウナナシ」と読み、AKO47などと書きかねない勢いだ。

国立国語研究所に勤務していた昔、バレーボールのユニフォームを新調する際、野球の不動の四番打者の気分を味わいたかったのか、人の嫌う背番号「4」をあえて注文したところ、華麗なトスワークがすっかり地味になり、颯爽とコートに躍るどころの騒ぎではなかった。オール文化庁のセッターとして出場したあの試合での不可思議な呪縛、あれもひょっとすると、その背番号の祟りだったのか知らん?

こう考えてくると、そんなふうに縁起をかつぐ校長の気持ちもわからないではないが、「諸君の将来の為《た》め、又学校の前途の為めに、十三人の卒業生は出したくない」と結論づけるのだから、実害が出る。生徒が「十三人いれば、何《ど》うしたって十三人卒業するじゃありませんか」と事の道理を説いても、校長は厳として「一人を原級に留めます」と言い放ち、卒業予定者にとって、とんだ災難が降りかかる。末席に位置する生徒が「ノー」を十回繰り返したものの、その後を続けて抗議するだけの会話力に恵まれない。点数が足りているのに落第させるのも「神様の思召《おぼしめし》」だと信ずる校長は、「十三人卒業して一人死ぬよりは宜《よ》い」と言って譲らない。

サトウハチローの『**若者行進曲**』には、生まれ年の干《え》支《と》とその人の性格について、こんな大胆な仮説を迷信と一蹴する威勢のいい弁舌が出てくる。経師屋《きょうじや》の息子の坂田三吉は「喧嘩手帳」という珍しいものを所持している。「卯年だから、おとなしい筈だが、そうはいかない」と始まり、当人にそんなことを言おうものなら、「べらぼうめ、卯年がおとなしくて、寅年がのんべえで、丑年がよだれをながして、巳年がとぐろをまくときまッてると思ってやがるのか、まぬけめ、気をつけろスットコドッコイとやられるにきまッている」という啖呵じみたせりふだ。

いずれにしろ、《**迷信**》のたぐいは、それが度を超すと、どこまでも凝り固まって信じるか、頭から笑って相手にしないか、相手によってその両極端の反応になりやすい。

7 摩擦——矛盾感で刺激

3 命を三度落とす——ありえないことに言及

夢路いとし・喜味こいしの漫才『**こいしさん、こいしさん**』に、商品の配達風景が出てくる。「二〇インチのカラーテレビ」を運んで来る場面で、冷蔵庫並みに「自動霜とり装置つき」という説明がついたり、「別荘をもって来ました」などという非現実的な場面が現れたりする。いずれも実際にはありえないことだが、想像するとおかしい。

横山エンタツの『**僕は探偵**』という漫才台本には、こんなやりとりが出る。探偵という職業には危険が伴うという話題で、「命を落す様な場合が屡々《しばしば》あるやろう」と言われ、調子に乗って「僕なんか三ベンも落した」と応じてしまう。財布なら何回も落とすことが可能だし、評判を落とすのも一度だけとは限らないが、「命を落とす」のは死ぬことだから、二回目はない。相方は当然あわてて、「オイ、しっかりしてくれ、命を落した者が今まで生きて居られるか」と突っ込むことになる。

『**笑話宝玉集**』に、こんな笑い話が出ている。昨日ステッキを買ったら、象牙だという柄がとんだ模造品だったので、その店に苦情を申し込むと、先方はなかなか贋《にせ》物《もの》と認めず、「そんなはずはないのですが、ひょっとしたら象が入れ歯をしていたのかも」と、あくまでとぼける。将来、獣医学が格段の進歩を遂げれば、そういうことも現実に絶対起こらないと断言はできないが、現段階では、そんな突拍子もない思いつきがおかしい。

こんな話もある。医者が患者の体じゅうに聴診器をあてたが、どこも異状がない。そこで、「どうにも診断がつかない、おそらく酒の入っているせいでしょう」と言ったら、その患者は「だったら、今度、その聴診器の、酔いの、さめた頃、診《み》てもらいやしょう」と応じたという。酒のせいで気分が悪くなっただけだろうという医者の発言を、酔っぱらいが、それを聴診器の酒酔いのせいだと誤解して**《ありえないことに言及》**した例だが、そのとんでもない勘違いによって、聴診器の酔いが醒めて正常に働きだすといった、日頃誰も考えないイメージをよびおこす。むしろ、そこが笑いのポイントなのだろう。

よく、もし違っていたら、素っ裸で逆立ちして銀座を一周してみせるなどと、誰も本気にせず、また望みもしないことを、大げさに約束することがある。サトウハチローの『青春相撲日記』に出てくる、「出来なかったら、目からうどんを食って、頭だけでマラソンしてみせらア」というのも、そういうたぐいの発言だろう。別に見たくもない光景だが、そういう場面を想像するだけでおかしくなってくる。

そういう啖呵を切るような威勢のいい例は、当然ほんものの落語にも登場する。「借金を質に入れてでも、その金はつくってやる」などというのも、その一例だ。これはことばで想像しているだけのことであり、「借金」などというものを「質に入れる」ことなど現実にありえないから、そういう意気込みを示すにすぎない。しかし、そういう表現によって、現実にありえない情景を頭の中で想像してみるきっかけが与えられる。ことばのあやながら、むりやりイメージを浮かべようとすると、自分でもおかしくなってくる。

落語の『**やきもち列車**』に、夫婦間のこんな皮肉なやりとりが出てくる。亭主が何かにつけて「社用」と称しては女のもとへ通っていると思い込んで、細君は「定めし社用は島田かなにかを結って、今日の日を待ってる社用でございましょう。香水の匂いのした社用の側《そば》の方がいいでございましょうよ」と嫌味を言う。「社用」という抽象名詞と、「島田を結って待っている」とか、「香水の匂いがする」とかという感覚的なイメージとの、《ありえない結びつき》がおかしい。躍起になって火の粉を払うはずの亭主が、「女というものが世間にあることは知ってますよ」などとすっとぼけるのも笑いを増幅する。

桂米朝の『**落語のサゲ**』に、夢に見たとほうもなく大きななすびの話をすると、相手はその茄子はどのぐらいの大きさか知りたくなる。西瓜ぐらいかと訊くと、もっと大きい、牛ぐらいか？　家ぐらいか？　城ぐらいか？　と訊いても、もっと大きいという答え。そして、たとえて言えば「暗闇にヘタをつけたような」と説明する。夢の話だからどんなに大きな茄子でも見るのは自由だが、話を聞いている側では、「暗闇」そのものに「蔕《へた》」をつけると言われても、そのイメージを浮かべるのに苦労する。

4　死人に口無し——無理な注文

野内良三『**ユーモア大百科**』には、悲壮な行き違いが読者を唖然《あぜん》とさせる話が載っている。ある女性が体にただならぬ不調を感じて、早速医者に電話をしたところ、看護師が出てきて、あいにく先生は今バカンス中で不在だとのこと。

それで終われば別の医者か病院に電話するところで、笑い話にはならないが、先方はのんきに、先生の戻る二週間後の金曜日に予約を入れておくと言う。病人はとてもそんなに待てないので、「その時にはもうダメかもしれません」と応じた。そこまで命がもつかどうかわからないという意味だ。

ところが、看護師はあくまでマニュアルどおりに、その場合は必ず予約の取消しをするようにと求めたらしい。亡くなった人間がそんなことできるはずがなく、まるで《**無理な注文**》なのだ。いったい誰に言っているつもりなのだろう。まさに、死人に口無しだから、とたんに怪談じみてくる。

金子登の『**ユーモア辞典**』に、こんな夫婦のやりとりが載っている。夫の変わりように不満な妻が、「前はやさしかったのに、今はひどい言葉で怒鳴る、よその女の噂はする、とてもケチになった」と、そのひどさを並べたてた。すると夫は素直に「それを全部改める」と約束し、「その代わり、お前も、その顔のシワをのばし、下腹の出たのを引っ込めて、一日に三度ぐらいしか口をきかないでくれ」という交換条件を持ち出した。

おしゃべりを慎むことぐらいは、生きがいを求めなければ可能だが、肉体の経年変化を逆転させるのは至難の業。土台、《無理な注文》なのだ。腹部の脂肪を背中に回したり、アイロンをかけて皮膚の皺をのばしたりするぐらいなら、亭主を交換した方が早いだろう。しかし、不可能なことをイメージしてみる楽しみは捨てがたい。

5 人を選んで轢《ひ》く――ありそうもない想像

夢路いとし・喜味こいしの漫才『**物売り・季節感**』で、いとしが旅行の「行き先、バラバラですわ。アメリカへ行きたい。リオへ行きたい。マカオへ行きたい」という話題を出すと、それでは行く先がきめられないから、当然こいしは「調整せなイカンやん」と水を向ける。すると、いとしに「しゃあないから、その中間をとって、有馬温泉に行くことに決めたんや」と、訳のわからないことを言い出す。何のことかと思うと、「アメリカのア、リオのリ、マカオのマで、ア・リ・マとこうなる」と、奇想天外の妥協案を説明する。「中間をとって」というのは、いったい何の「中間」のつもりなのか知らん？

ミス・ワカナ・玉松一郎コンビの漫才『**笑う門には服着たる**』に、顔の色に関するこんなやりとりがある。一郎が「もう少し白くなりたいですよ」と言うと、ワカナは逆に、「いやいや、男らしいですわ」と、相手の色黒の顔を褒める。当人も「そうですか」とその気になると、ワカナは「こういう色がええんですよ」と言い、一郎がお世辞と勘違いして、「あんなことばかり言うて」と照れかかるタイミングで、「汚れめが分らへんで」とその理由を明かす。車だと、漆黒の高級車はかえって汚れが目立つのだが、顔の肌の評価に思いがけない基準がとびだし、聴衆も呆れ笑いをもらすだろう。

織田正吉の『**笑いのこころ ユーモアのセンス**』に登場

する神父の機転にも笑ってしまう。当人が自分のこの世での最後が近いことを悟り、「天国が近づいた」と言うと、医者は何とか力づけようと、「だめだめ、天国は今、満員だそうですよ」と、とっさの冗談を言う。すると、それに乗って神父が「増築した」と反論したという。頭はすこぶる元気である。**《ありそうもない想像》**を楽しもう。

次の神話はどうやら実話らしい。ほのぼのと、実にいい話だ。金栗四三《かなぐりしぞう》がストックホルム大会のマラソンでスタートしたのは一九一二年で二〇歳の時、ゴールインしたのは何と一九六七年で、すでに七五歳に達していたらしい。まともに計算すれば、所要時間は実に五四年八ヶ月六日五時間三二分二〇秒三となるという信じられない話。

人間が食事もトイレも睡眠もなしに、そんな長時間にわたって走り続けることは考えられない。その真相はこんなことだそうだ。実際にはレースの途中で棄権したのだが、その情報がオリンピック委員会に伝わらず、「競技中、失踪し行方不明」と報じられたのだという。ずうっと後の記念式典で、一〇〇メートル走り、残りの距離を消化したことにしたのだ。なかなか粋な話で、それがわかるまでの過程がおかしい。

『天災』という落語に、離縁状を何本かまとめて書いてくれと飛び込んで来た男に、「その五六本の離縁状を佃煮にでもしようと云うのか」とからかう場面がある。母親を自分の生まれる前から家にいる不思議な婆と思う認識不足から、女房に渡すついでにその女にもと、離縁状をばらまこうというつもりらしい。現実にはありえないことでも、そういう言い方に刺激されてそのイメージが脳裏をよぎる。ここでは「佃煮」などという突拍子もない連想がおかしい。そのあと、相手の男が余ったらそのへんに貼っておくと言うので、「離縁状を壁へ貼る奴があるか」と呆れるやりとりも同様だ。

やはり落語の**『嘘つき村』**は、とんでもないほら話の連続が筋となっている。おそろしく寒い土地で、小便をし始めると、途中で凍って出なくなり、そのつららみたいな棒をコチンと折ると、又シューッと出てくるとか、お茶を飲むのにも、唇へ持って来る間に凍っちまうとか、へたをすると、火事の火が凍って動かなくなるとかと、極端な話が続出する。あの富士山が倒れそうになったので突っかい棒をするという話もある。嘘とわかっていても、聴衆はそんなばかばかしいイメージを一瞬思い浮かべてみることになる。

ザ・ぼんちの漫才に、こんなシーンがある。一人がしゃべると、一瞬間を置いて相方がそれとまったく同じことばをくり返す。山びこのまねをしているのだ。二人の呼吸が合わないと、相方の方が先に「鈴木！」などと声を発し、「山びこが先に呼ぶな」とたしなめられることになる。声を出さないうちにこだまの方が先に響くという非科学的な現象を想像し、聴衆は笑い出さずにいられない。

「羽田到着時刻は、十二時ジャストの予定でございます。なお、羽田には後の準急が先着いたします」というアナウンスも出てくる。後続の列車が先発の飛行機より早く到着する可能性について、あらゆる角度から検討するまでもなく、瞬間的に笑ってしまう。

徳川夢声の『**こんにゃく随想録**』にも、突飛な想像が現れる。双子にそれぞれ左右の乳首をくわえさせながら、「オッパイというものが、一つは背中についていれば便利なんだけど」とつぶやいたという。そうすれば、寝たまま二人の赤ん坊に授乳ができるからだ。笑い話だが、夢声はそんなことで亡妻を思い出しているのかもしれない。

益田甫の小説『**贋造重役の恋**』には、まことに身勝手な想像が描かれている。専務の起こした自動車事故の被害者の女性に、部下が身代わりで見舞いに通ううち、いつか恋心が芽生える。ところが、その相手は華族の身分らしく、下々の自分とはどう見てもつりあわない。そこでつい、「何だってもっと俺と釣合いのとれた女を轢《ひ》いてくれなかったんだろうなア。公卿華族のお姫様とはあんまり因果だ」と、吐息をもらす。とっさの場合、相手の身分を考えながらハンドルを切ったのでは、とても怪我ではすまない。

サトウハチローの『**愉快な反対者**』には、おしめの洗濯物を見ながら、その赤ん坊の性別を議論しようと持ちかけるが、相手は「バカいうな、おしめに女柄や男柄があってたまるものか」と乗って来ない。読者も日頃考えてみたこともないおしめの柄を、小粋だとか、いなせだとか、その主の性別をあれこれ想像してしまう。

同じハチローの小説『**長屋大福帳**』では、時の流れに関する人為的な介入が話題になる。子供が正月の凧揚げを楽しみにしているのに、凧を買ってやれない家もある。そんな子供が「この調子じゃお正月は来ないよ」と不平をもらすと、相手は当然「どうして？」と訊く。父親が勝手に「来ないようにしてしまったんだよ」と説明し、「お父ッつぁんは、お正月が嫌いなんだろうよ」とそのわけを推測する。そんな話が聞こえてくると、あわれな父親も、「正月は、只《ただ》の酒がのめるから嫌いじゃないが、その前に大晦日という大敵がひかえている」からと、もっともな顔をする。こうなると、時の操作も複雑だ。

土屋賢二の『**汝みずからを笑え**』に、女の超人的な変身能力に期待するような記述がある。「美人になるのは無理だとしても」と前置きし、「別人のようになるのでなく、いっそ別人になってほしい」とつい本音を吐露する。哲学の教授らしい神秘的な存在論なのかもしれないが、その別人が必ずしも美人であるとは限らないところに、人生の奥深さがあるのだろう。

7 摩擦——矛盾感で刺激

6 堂々たる貧乏——信じがたき讃辞

ふだん考えてもみない基準でものごとを評価すると、そういう見方もあるかと読者は興味をひかれる。特につまらない点を褒めたりすると、それが笑いにつながりやすい。

夏目漱石の『**坊っちゃん**』の主人公の奇妙な評価はそういう典型だろう。瓶《かめ》に挿した松の盆栽を眺めての感想は、「何にする気か知らないが、何ヶ月立っても散る気遣がないから、銭が懸らなくって、よかろう」と、肝腎の美しさや味わいにはまったくふれず、もっぱら経済的な観点からのみ判断し、高い評価を与えている。

『**吾輩は猫である**』では、あの迷亭が、ある文学雑誌に載った「苦沙弥《くしゃみ》君の評」を、「苦沙弥の文は行雲流水の如し」とか、「出ずるかと思えば忽《たちま》ち消え、逝《ゆ》いては長《とこしな》えに帰るを忘る」とかと、苦沙弥夫人に伝える。聞いていても、どこがどういいと言っているのか、皆目見当がつかず、夫人も「賞めたんでしょうか」と不安な表情をするのがおかしい。

時代は下って**伊馬鵜平**の小説『**失恋たばこ模様**』にも、そういう奥深い評価の弁が出てくる。「生娘と人妻の見分けがつかないなんて、丸山さん、あなたもなかなか捨て難いところがあるんですねえ！」というのがそれだ。「捨て難い」と言うのだからプラスの評価にはちがいないが、その論拠が「生娘と人妻の見分けがつかない」という微妙な点にあるのだから、見方によってはこれも、褒めているのか貶《けな》しているのかよくわからない。

サトウハチローの作品にも、そんな例がよく出てくる。まず、『**若者行進曲**』では、「腹に力を入れると、頭を悪くする原因をつくるからな」という発言をめぐって、「めしを食いすぎると言わないで、頭をわるくするからと言ったところなど、ケチもみがきがかかっている」と評価する。「みがきがかかる」はたしかに褒めことばだが、その対象が通常はマイナス評価される「ケチ」なので、全体として上げているのか下げているのか不透明である。

また、こんなくだりもある。「俺が、お前に一生に一度の頼みがあると言ッたら聞いてくれるかね」という言い方を例に出し、「女というものは亭主が、こういう事をいうと必らず、大仰におどろく特質を持っているものだ」と、ここまでは「特質」という客観的な記述だが、そのあと、「さては何か？　それからそれへと僅か半分間位の間にいろいろと思いめぐらしたりかんぐッたりする」と、その特質を具体化し、ちょっと尊敬の対象になりそうもないそういう「特質」なるものを、「偉大なる才能を有している」と絶讃するのだから《**信じがたき讃辞**》というほかはない。

また、『**後向き人生**』には、「他のことをおとッつぁんに見習わせたくはないけれどあのことわりぶりだけは、おぼえさせたいッてさ」というくだりがある。借金取りに対する言いわけが巧みだなどというほんの些細な取り柄に、異様に高い評価を与えるのがおかしい。

『**青春列車**』にはこんな場面がある。「き、き、き、奇遇ですな」というせりふを出し、こう言って気がついたように「茶碗の飯をパクリと口へ入れた」と描写する。そのあと、「いくら、おどろいた時でも、食欲の方は忘れないところは見上げたものだ」と、奇妙な点を褒めるのだ。そうして、「着物も一枚だ。職もない。勿論《もちろん》金もないし、見栄もない、実に堂々たる貧乏だそうだね」と、貧乏の質を絶讃するのだが、言われた当人がほんとうに褒められた時のように「いやどうも」と応じるのが、さらにおかしい。

7 茹でた生卵――理屈に合わない

井上ひさしは『**喜劇による喜劇的自己矯正法**』で、昔のストリップ劇場でおこなわれたという余興を紹介している。客を舞台に上げて両手に赤旗と白旗を持たせ、コメディアンの命令に従って上げ下げさせるのだが、「赤上げて」「白上げて」から、次第に「赤上げないで白上げないで、赤白同時に上げ下げ上げ下げ上げ下げしないで赤だけ上げないで」といった理不尽な命令に移行するらしい。相手がまごつくのを見て観客が楽しむのだが、もしもその命令を完璧に遂行したら、命令するコメディアンがへたばるだけで、得るものは何もない。

五代目**古今亭志ん生**の演ずる落語『**火焔太鼓**』で、女房のことを「うっちゃっておくてえと、ああいうのはね、ずうずうしいから、うちに生涯いるかもしれねえ」と言うせりふが出てくる。離婚しないと一人前の夫婦と言えないような風潮のなかった昔は、女房が生涯いるのはごく当然だったから、**《理屈に合わない》**そういう発言が笑いを誘った。今なら聴衆がうなずくかもしれない。

やはり落語の『**嘘つき村**』には、おそろしく寒い土地に行って、宿の女中に「生玉子」を頼んだら「只今《ただいま》茹でて参ります」と言うので、「茹玉子じゃアねえ、生玉子だ」と念を押したら、「それですから茹でなければ生になりません」とわけのわからないことを言う。冷凍食品を解凍する感覚かもしれないが、当時は茹でると「生」になるという不可解な理屈が笑いにつながった。

もう一つ落語の『**寝床**』から例を追加しよう。まだ青い素人義太夫が赤い顔して黄な声を出すと蜀山人《しょくさんじん》が皮肉ったように、習い覚えた芸を誰かに聞かせたいのが人情。大家の主人が近所の者を呼び寄せ、御馳走を出して自慢の義太夫を唸《うな》って聞かせる。度重なると、近所の者も聞いているのがつらいから、何かと理由をつけて招待を断るようになる。どこかへ出かけてあいにく留守だとか、風邪を引いたとか、頭痛がして二階で臥《ふ》せっているとか、それぞれ適当な言いわけをこしらえるなか、眼が悪いので伺えないというのもある。
　主人が「眼病というのは眼が悪いんだろう」と当たり前のことを確かめると、近所を勧誘に回った番頭も困り果て、「左様《さよう》で、眼病は眼が悪い、脚気は足で、腹痛と申せば腹が痛む」と、よけいなことを言うので、主人は当然、「眼病で義太夫が聞けないというのは可怪《おか》しいじゃないか」と問い詰める。まさにそのとおりで、理屈に合わない苦しまぎれの言いわけがおかしい。
　奥野他見男の『**女軍軽騎兵**』に、「妻君が美人なら、良人《おっと》は醜《みっとも》ないものと定まっている世の中」というくだりがある。妻が不美人でも似たようなものなのは、これまでの経験で何となくわかるが、「定まっている」とまで断言したいのは、世の中に美男美女の夫婦がいるなどという事実を認めたくないからだろう。その気持ちは痛いほどわかるが、かといって、そういう実態調査はないようだ。つまり、これは何の論拠もない結論で、読者にはそういう力んだ無理がおかしい。
　夏目漱石の『**吾輩は猫である**』の迷亭の論調も、論理的でないところが滑稽なのだろう。「此《この》松の下へ来ると首が縊《くく》り度《た》くなる」し、「そら首縊りだと来て見ると必ず此松へぶら下がって居る」と弁ずるのも、何の理屈もないところにおかしみが芽生える。

8　間違って病人を治す——矛盾感

　大島希巳江《きみえ》『**日本の笑いと世界のユーモア**』に、こんな人を食ったアンケートが出てくる。飛行機で乗客の満足度を問うお定まりの紙に、「サービスがお気に召しましたら当機はニュージーランド航空二五六便、お気に召しませんでしたら、カンタス航空一九〇四便でございます」とあったという。いささか違法性のにおう文面だが、おかしい例としては採用できる。また、「丸々と肥った女性は裕福さと健康の象徴である地域もあるし、自己管理能力の低さを象徴すると考える地域もある」という記述もあって、同じ現象が国によって正反対に考えられている矛盾感に、つい笑ってしまう。
　金子登『**ユーモア辞典**』に、結婚したら愛してくれなくなった、こんなことなら結婚なんかするんじゃなかったと、夫に面と向かって本音をぶつける話が出てくる。

「いや、そんなことはないよ、今でも愛してるよ」ということばが欲しかったのかもしれない。嘘でもそんな言い方をすると思いきや、相手は「僕は結婚をしている女には余り興味がないんだよ」と、これまた本音で答える。それなら、何のために結婚なんかするのだろう。そういう矛盾した感じが笑いに直結する。通常「結婚している女」は「人妻」を意味し、自分の妻は別なのだが、一見もっともらしい理屈に聞こえるのがおかしい。

　同じ本に、こんな用語論争もある。一人が「僕の結婚式がボッパツした日」という言い方をしたのを、相手が聞きとがめ、結婚式は「挙げた」日と言うんだと、ことば遣いを注意する。そして、「ボッパツなんてのは、何か災害とか、戦争とかが始まった時に使うんだ」と用法を説明したところ、当人は訂正するどころか、「だからボッパツって言っているんだ」と、災害や戦争にも匹敵する壮絶な結婚生活をほのめかしたらしい。漢字の「勃発」でなくカタカナ書きになっているので、読んでいる分にはあたりがやわらかいが、ここは対話だから、そんなことは関係がない。

野内良三の**『ジョーク・ユーモア・エスプリ大辞典』**

7 摩擦——矛盾感で刺激

にこんな話が載っている。美しい女性たちのなかには「つけで着物を買い、現金で着物を脱ぐ人がいる」そうだ。それほどに貧しく、かわいそうな境遇の人であって、文全体の意味の上で何の矛盾もない。ここは、「つけ」と「現金」、「買う」と「売る」という正反対の用語を対置させることにより、表現上の**《矛盾感》**を引き出すのが狙いだろう。

　同じ本に、もっと単純な例もある。校長が電話に出ると、子供の声で今日は風邪で学校を休むと言う。そこで、当然、相手の名前を尋ねたところ、「ぼくのパパです」という答え。これでは、ズル休みだとすぐばれてしまうが、幸か不幸か、誰の仕業かはばれない。

　こんな間抜けな話もある。銀行強盗が拳銃で脅し、金庫の現金を残らず詰め込んだところへ、見張りの男があわてて駆けつけ、逃亡用の車を盗まれたと御注進に及ぶ。眼鏡屋の看板に「このポスターの文字が読めなくなったら、その時は視力の検査を必ず受けましょう」と書いてあったという話も矛盾しているが、こちらはうっかりやりそうで、おかしい。

柳亭痴楽の新作落語**『怪談ショート・ショート』**に、

「ダンプカーにひき逃げされてお化けが即死しちゃった」というくだりがある。世間で死者の魂と考えられている「お化け」が、生きている人間同様「即死」などと、改めて死亡するという発想自体が矛盾に満ちている。同じく新作落語で月の家円鏡の「夜店風景」には、「フランスのパリーまで渡米をして」という矛盾した表現が出現する。やはり新作落語の「新聞記事」で桂歌丸は、「竹さん、ゆうべ、ドロボーに殺されたよ」と言って飛び込んで来た慌て者に向かって、「おめえ、いってえ誰と話してるんだ」とどなるシーンを入れている。相手が当人なのがまずかった。

落語の『**藪医者**』に、文字どおりの藪医者の話が出てくる。病人が来ないので困っているとこぼす医者に、相手は歯に衣着せず、「当たり前だよ、誰だって命が惜しいからね、来やアしないよ」と、言いたいことを言う。そして、「それでも偶《たま》には間違って病人を癒《なお》した事があるかい」と、相手の答えようのない質問を発する。「ある」と答えれば、処方が間違ったから治癒したということを自分で認めたことになるし、「ない」と答えれば、そんなふうに偶然治った患者さえ例がないということになってしまうからだ。ただ、医者が病人を治すという当然のことを「間違って」ととらえた矛盾感が単純におかしい。

『**けんつく床**』という落語に、題名どおり、ひどく乱暴な床屋のおやじが登場する。このおやじ、小僧に向かってがみがみ言いながら、今とりかかっている客の頭をぽかぽかやるので、災難なのは床屋の客。「小言は小僧だけれども、殴るのは私の頭だよ」と、たまりかねて注意する。おやじは粗相を詫びるどころか、「道理で小僧にしちゃ近いと思った、マア立替えて置け」と無理難題をふっかける。どう考えても客は採算が取れない。

『**唐茄子屋**』という落語のマクラに、こんな話が出る。吾妻《あずま》橋から身投げしようとしている男を、通りかかった男が殴って引き止める。「痛いじゃございませんか、お前さんだしぬけに私を殴って」と文句を言う。乱暴な止め方であれば、そこまではいかにもありそうだが、「アア痛い」と言ったあと、「怪我でもしたらどうなさる」と続けるのがポイントだ。身投げをしていれば命がなかったはずで、その人間がいまさら些細な「怪我」などにこだわる矛盾感が笑いを引き起こすのである。

究極は何と言っても落語の『**粗忽《そこつ》長屋**』だろう。気の短い粗忽者に「お前は昨日あそこで死んでいる」と言われた気の長い粗忽者が、当人だと名乗って、行き倒れの死体を引き取りに行く話である。気の短い方が「手前《てめえ》が行って列《なら》んで見なくちゃア、先方だって安心をして渡されねえやア」とせかし、気の長い方が「自分で行くのは極りが悪いじゃねえか」と躊躇すると、短い方が「馬鹿云え、他人の物なら極《きま》りが悪いが、てめえの物をてめえが引取りに行くのに極りの悪い訳がねえ」と、物の道理を説いて聞かせる。死体を当人が取りに行くという話の基本が矛盾しているなかで、こんなふうに細部がいちいち理にかなったもっともらしい会話で展開していくのが傑作である。

林田五郎・柳家雪江の漫才『**酒を飲めば**』に、こんな信じられないやりとりが出てくる。五郎が「いろいろと形の変った洋酒の瓶を集める道楽に凝り始めてよ」と言い、「なかなかいい形の空瓶が手に入らないので、つい中味の入ってる瓶を買うて」と続けるので、雪江は「そいで、しかたなしに辛い思いで飲んでるの?」とからかう。五郎も調子に乗って、「お察しのとおり」と話を合わせるのだが、雪江は「よう、そんな阿呆らしいこと言うな」と、お見通しだ。空き瓶がほしいのでいやいや飲むなどという矛盾感で笑わせる。

芦《あし》の家《や》雁玉《がんぎょく》・林田十郎の漫才『**笑売往来**』で、一人が突然「明日から、僕一人漫才やりますわ」と爆弾発言をし、相手も怒って「今から別れよ、――こういうことを言い出したら、漫才やられんわ」と喧嘩別れになる。金を払って聞きに来た観客はいったいどうなるのかと本気で心配する人間はあるまいが、漫才師はそこまで段取りをつけていて、「お気の毒やが、お客さんも二つに分れて貰おう」と展開する。客がどう二つに分かれ、それぞれの一人漫才をどこで演じるのかと考えてみるのもおかしい。

ダウンタウンの**松本人志**が誘拐犯人の役をして、電話で身代金を要求する場面が出てくる。受け渡し場所を指示する段になって、「うち二丁目の松本やけど」と自分の身許を明かしてしまう間抜けさも、常識的な犯人像とかけ離れていて笑わせる。

土屋賢二『**汝みずからを笑え**』に、当人の著書の評判を不当に卑下したくだりがある。多分、学生の反応というつもりだろう、読後の満足感について調査したとこ

7 摩擦――矛盾感で刺激

ろ、「最も満足感が高かったのは、まだ読んでいない人であった」とある。もしこれが事実なら、ほとんどの人間が読んでがっかりしたことになる。よほど期待が高かったのかもしれないが、「八ページ読んだ人の満足感は、別の本と間違えて買ったことに気づいた人の満足感とほぼ同じだった」というのだから、買おうと思った本をよほどひどいものと思っていた人が多かったと考えられないこともない。

夏目漱石の『**吾輩は猫である**』にこんな箇所がある。当人が要らないというのに、主人が姪の雪江に押しつけるようにこうもり傘を買ってやる。その後、ほんとに要らないのなら、とん子にやるから返すように言うと、雪江は「入《い》らない事は入らないんですけれども、還すのは厭《いや》ですもの」と応じない。たしかに言動に矛盾はあるが、心理的にはよくわかる。

木山捷平の小説『**番外**』に、「札幌まで列車で七時間ほど、それから羽田まで約五十分」と説明するくだりがある。言っていることはまったくの事実なのかもしれない。しかし、短い距離の所要時間が、ずっと長い距離の所要時間よりはるかに長い、という矛盾感が、やはり読者の笑いを誘うことだろう。

中村正常の小説『**退屈女房**』に、「デパートの特価奉仕売出しなんかに出掛けて、三足十五銭の靴下を買いこんで、食堂で散財し、反《かえっ》て高くついたり」というくだりがある。世の中によくありそうな光景だが、それでも矛盾感はつきまとう。

乾信一郎《いぬい》の『**阿呆宮千夜一夜譚**』に、車の衝突事故で、先方のガラス窓がめちゃくちゃに割れて、その「硝子《ガラス》代を弁償する」話が載っている。代金はいかほどかと問うと、とほうもなく大きな金額を要求する。いくら何でも、それは高すぎると言うと、向こうの言い分がふるっている。これはただのガラスとはわけが違う、「破《こわ》れないガラス」という特製品だから高いのは当たり前だと言い張る。それが割れたのだから、その矛盾がおかしい。同じ作品に、記憶術の先生がステッキを忘れて帰る話も出てくる。

高田義一郎の『**医者商売裏表**』に、知能犯とも言われかねない宣伝法が披露される。新規開店した医院で、「此《こ》の辺に肺病を非常に上手に癒《なお》す、○○さんというお医者があるというので来たものですが、どの辺でしょうか」と、人を雇って尋ねさせるという、人を食った宣伝広告がそれである。雇われた人の中には、「何でも××の近所で、□□の所を右へ曲るんだと聞いて来ましたが」と言う芸達者まで含まれる。芸もそこまで達すると、あまりに詳しすぎて、これでは医院のありかを「聞くのだか、教えるのだかわからない」ほど、逆に不自然な宣伝になってしまう。

大泉黒石の**『俺の自叙伝』**に「文学は好きだが、ちっとも読まない」という奇妙な一文が出てくる。次に「天才が無闇に他人のものを読むものか」と続くから、他人の影響を受けたくないのだと、その内実はわからないでもないが、話題の対象は「文学」だから、「読まない」のにどうして「好き」とわかるのか、といった矛盾感は消えない。

サトウハチローの作品にも、矛盾感を際立たせるこの種の例が多い。まず、**『あべこべ物語』**に、「にいさんはもうとっくに起きていますよ」と言って、母親が子供を起こすシーンが出てくる。その兄さん、「いま、たったいま、それもまだ、しぶい目をこすって、またとじたりしている運平」のことを、母親が「もうとっくに起きている」などと言わざるをえない苦衷は実によくわかる。

7 摩擦——矛盾感で刺激

笑えない苦肉の策とわかっていながら、やはり事実と違うその矛盾に読者は笑う。

『ぼくは野球部一年生』には、いかにも人間的なこんな例が出てくる。「ほんとうなら、胸がつまって、たべられないところだ」と、世間一般の常識めいたことを書き、「しかしぼくたちは申しわけないが、たべた。はいった。つめこんだ」と、常識どおりにはいかない現実を、スタッカートで畳みかける。そうして、心理に同調しない生理の現実を、「胸はつまったが、それでもどんどんはいったから、ふしぎだ」と傍観する。人間のあるべき姿とは違う、生きている現実がおかしい。

『若者行進曲』に出てくるこんな例も、それとよく似ている。「いや、考えるとめしも咽喉へ通らん」と言いながら、伍長《ごちょう》老人は「五杯目のお代りを弓子さんの前へさし出していた」とあるのがそれだ。「五杯目」とあるからには、本来なら通らないはずの「咽喉」を大量の飯が容易に通過した計算になる。つじつまは合わないが、そういう人間らしさが笑いを誘う。

同じ作品で、ハチローはこんな無駄口をたたくこともある。「呼んだのは、おつやさんだ」と、「つや」という女の名前を出し、それにひっかけて、「名はおつやだが、もうとっくにつやけしになっている顔だ」と、よけいな情報を加える。光沢を意味する「艶」と、そういう色気や派手さを目立たなくする意の「艶消し」とを対比させ、まさに言語表現のつくりだす矛盾感をかきたてるのだ。

『長屋のバッテリー』では、やたらに不要な外国語をちらつかせる気障《きざ》な男の言動がおかしい。その男、「あのドイツの英語が苦手だな、いつかも一緒に呑みに行ったら、ゲルトはイヒが払いますと来たね」と、はなはだ評判がよろしくない。「金は俺が払う」と易しい日本語で言わず、わざわざ相手の知らない「ゲルト」だとか「イヒ」だとかといったドイツ語を交ぜるという嫌味な話し方で、まことに鼻持ちならない。外国語というとすぐ英語を連想する時代らしく、「ドイツの英語」というも矛盾した結びつきがおかしい。そんな単語に初対面の近所の連中は、「ゲルト」という耳慣れない発音を聞くと「胃がいたんで来てゲロが吐きてえんだと思った」ら違っていたり、「イヒという日本の幽霊の笑い方みたいのが、私ということだそうで」と感心したり、まことに人騒がせな気どり方である。

『青春五人男』には、酒飲みの父親が赤ん坊の世話をする場面にそんな例が現れる。「片手に牛乳の瓶をあたため、片手に酒の徳利のカンをした」という奮闘ぶりがほほえましい。そのあと、「牛乳は熱いとお前がのまんし、酒はぬるいと、わしが嫌いだ」と続く。赤ん坊の世話が終わってから、ゆっくり晩酌を楽しめばこういう問題は起こらないし、世間ではそれが普通だろう。だから、別に牛乳と酒を同時に温める必要は本来ないのだが、ここでは、温める際の温度という面で、あたかも親子が反対の好尚を示すように見せたかったのだろう。同じ物を飲むわけではないから、親子が対立するわけではないが、矛盾感はある。

同じ作品に、こんなそっけないやりとりも出てくる。家の入口に立って、客が「ごめん」と言うと、部屋の中から「いないよ」という声がする。声がして人がいないはずはないから、もう一度「ごめん」と声をかけてみると、今度は「いないと言ったらうるさいね」という声が返ってきた。当人がそう言っているのだから間違いはないという考え方もありそうだが、ほんとに人がいなかったら「いない」と言うはずはなく、その矛盾が笑わせる。

『**エンコの六**』には、そんな論理的な矛盾はないのに、どこか矛盾しているように思われる例が現れる。「スリのものをスル奴があるもんか」というのはその一つだろう。スリは他人の財布をすりとるのが仕事だが、自分の財布を他のスリにやられることも論理的にありえないわけではない。しかし、スリはスルのが商売であり、それが逆にスラれるとなると、何か矛盾した感じがしてしまう。

その老練なスリの「六さんはすぐに、後をつけた」というくだりが出てくる。何とか現行犯逮捕をしようと、刑事がスリとめぼしをつけた人間の後をつけ、その一挙手一投足に目を光らせる。「いつもは、後をつけられる身」とあるのは、そういう普段のようすをさす。ところが、ある日、その老練なスリが必要があって他のスリの言動を油断なく見張ることになる。日頃と逆の心境を「今日は後をつける身だ」と語るのだが、後をつけられる身が、反対に他人の後をつけると考える、気持ちの中の矛盾感が読者にもおかしく響く。

「手袋を売っているおやじの手は、あかぎれみたいにひびがきれている。彼は手袋は売っているが、手袋を持っていない」という一節も、事柄自体の矛盾ではなく、そう考えることで湧いてくるどこか矛盾した感じを引き起こす類例と見ることができるだろう。

井伏鱒二の『**谷間**』という小説に、「人々が一度にとびかかって来ないように牽制するために」、「やい、みんな束になってかかって来い」と、「心にもないことを叫ん」でしまう場面がある。同じ井伏の『**ジョセフと女子大学生**』にも、相手をせせら笑ってやろうと、笑うためにゆがめた唇から「お前が羨《うらや》ましいんだ」という自分でも思いがけないことばが飛び出してあわてる場面も出てくる。いずれも、ことばというものは自分の自由にならないと感じているこの作家の思いが具体化した一節として、読者は笑いながら自身の経験を思い返すことだろう。

9 尤《もっ》もも過ぎれば嘘——矛盾語法

驚かせて人目を引いたり、ことさら機知をひらめかしたりする目的で、表現の内部に意図的に自己矛盾を設定し、相手を刺激して伝達上の摩擦を起こす修辞技法を、レトリックの世界では、《**矛盾語法**》あるいは《**撞着**《どうちゃく》**語**

法》と呼び慣わしている。「過ぎたるは及ばざるが如し」という諺は、論理的にそういう思考に近い。

小林秀雄の論理の切れは、しばしばそういう形をとる。まず、『**ゴッホの手紙**』に、「尤《もっと》も過ぎれば嘘になる」という言いまわしが出てくる。図式化すれば、絶対値がある一定の限度を超えた瞬間にプラスからマイナスに符号が変わるという表現であって、通常の論理的思考ではたどり着かない。

同じく『**モオツァルト**』には、モーツァルトの音楽の形式における均整を論じながら、正直にその音を追う人間なら、「彼の均整が、どんなに多くの均整を破って得られたものかに容易に気付く筈だ」と述べるくだりがある。核心は、均整を破って均整を得るという点にあり、明らかな《**矛盾語法**》の一例と言えるだろう。

同じ作品に「初等算術のように明瞭でしかも不明瞭なあらゆる批評の尺度」というさらに典型的な例も出てくる。「明瞭で不明瞭」だなどという一見ばかばかしい表現は、凡人にはとうてい一筋縄ではいかず、おかしくなってくる。『**私の人生観**』の「信ずるから疑うことが出来るのである」という言いまわしも同様だ。こちらは「愛するからこそ憎むのだ」という心理に置き換えるとわかりやすい理屈かもしれない。

サトウハチローの『**ぼくは野球部一年生**』にこんなやりとりがある。学校で「作文コンクール」をすることになり、運動部からも誰か出品しなければいけなくなった。後輩ながら目下十試合連続安打中の生徒が、今の君なら何をやってもヒットが出るとおだてられ、部を代表して作文を提出するように先輩連中から説得される。

いくら打撃が好調だといっても、野球の成績と作文の出来とは無関係だから、当人が渋ると、「おれは、君が大特賞をとる夢をみたよ」と言ってその気になるよう仕向けたり、さらには「あんなもの、やればわけないんだよ」と自信を持たせようとしたり、書かせる側は必死だ。説得される身になれば、「わけがないなら、引き受ければいいじゃないか」と、自分では書かないのに「わけがない」と安請け合いする相手の矛盾をつきたくなる。

10 子は宝か首枷《くびかせ》か——対立格言

「論より証拠」「時は金なり」「転ばぬ先の杖」「案ずる

より産むが易し」など、諺や格言の類は、まったくそのとおりで、人生の教訓となる。

ところが、「思い立ったが吉日」とか「善は急げ」とかという諺に従って、すぐに始めようとすると、逆に「急いては事を仕損じる」とか「急がばまわれ」とかという諺もあり、いったいどっちに従うべきかと迷うこともある。そんなふうに対立する諺を並べると、それぞれの組の矛盾がおかしく感じられる。

『オチの表情』に載っている**秋田実**の**『オチの研究』**に、そういう**《対立格言》**の例が列挙してある。諺に「渡る世間に鬼はなし」というので安心すると、その逆に、「人を見たら泥棒と思え」という諺もあって、どうしたらいいか、わからなくなってしまいかねない。

「罪を憎んで人を憎まず」という諺があるかと思うと、「坊主憎けりゃ袈裟《けさ》まで憎い」というのもあり、こうなると、諺どうしが正反対の教えを争い、中に入った人間が困る。

「子に勝る宝なし」という諺もあるように、誰しもわが子を大事に思うのが人情だと思うが、一方には「子は三界の首っかせ」という諺もあり、わが子を思う心が引っかかって、親というものは一生自分の思うような行動が妨げられる、といった逆方向の教えもある。

また、一方に、「立つ鳥跡を濁さず」という諺があって、その場所を立ち去る前にきちんと後始末をするように教える。「立つ鳥」の部分が「飛ぶ鳥」となっても同様だ。ところが、他方に、「後は野となれ山となれ」という諺もあって、当面のことさえ済んでしまえば、その後のことはどうなろうと知ったことではないと割り切る生き方もある。

どの組み合わせも、互いに一面の真理を言い当てているのだろうが、こんなふうに対立するものをセットとして取り上げると、その矛盾感がしみじみとした笑いに駆り立てる。

7 摩擦――矛盾感で刺激

11 早くゆっくりと――対義共起

前項の場合は、反対方向を指さす諺もあることに気がついて、その矛盾にとまどう例だが、そういう正反対のことばがすぐ連続して出現する場合は、その矛盾感がいっそう際立って、読む者を迷わせる。

このように、対義関係にある二つの相反する概念が共存し、けっして融合しないように仕向ける表現を、一つの修辞技法と考え、レトリックの世界では**《対義共起》**と呼ぶことがある。

佐藤信夫ほかの**『レトリック事典』**では、**筒井康隆**の**『虚航船団』**という題名からして仕掛けを感じさせる作品の中から、「年月は長くゆっくりと早くまたたく間に経過する」という箇所を引き、その例としてあげている。たしかに、時の流れというものは、あっという間に過ぎ去るように感じることもあれば、逆にその経過が意外に遅く感じられることもある。物理的な時間と違って、特に心理的な時間ではそういう印象が強い。

したがって、表現全体としてはまったくの嘘偽りを伝えているわけではない。ただ、対立する表現を近くに配置することで、その矛盾感をことさら目立たせ、笑いに誘うのだ。

正木不如丘《ふじょきゅう》の**『その後』**に「自分の女房程美人に見え又不美人に見えるものはない」というくだりがある。ここは、美というものの評価には一定の標準がないことの例として出ているのだが、読んでいるときの違和感は類似のものがある。

なお、これは「男女《おとこおんな》」「老青年」「贅沢貧乏」のように、一つのことばの内部に語構成の概念的な矛盾が含まれていたり、あるいは、「醜い美人」「朝の晩飯」というふうに、対立する概念のことばで修飾・被修飾の関係をつくりだすような、次項で扱う**《対義結合》**という修辞技法と原理的に重なる部分もあるが、本書では派生形と考え、ここに独立させる。

12 傾国の醜女——対義結合

「飛びながら停まっている」といった哲学的な概念がある。「まるい三角」だとか、「その日暮らしの富豪」だとか、意味上は結びつくはずのないことばが隣り合うことがある。『贅沢貧乏』という森茉莉の作品名もある。こんなふうに、本来なら両立しない概念どうしを無理に結合させて奇妙な複合語を構成したり、強引な修飾関係を形成したりする表現技法を、レトリックの世界で**《対義結合》**という一つの修辞と認めている。

有島武郎の**『或る女』**に出てくる「不満足極まる満

足」などは、その好例だろう。

同時代の作家で、やはり自ら命を絶った**芥川龍之介**も、そういう一見投げやりとも思える刺激的な表現を残した。服毒自殺を遂げる一ヶ月前、「僕はこの原稿を発表する可否は勿論《もちろん》、発表する時や機関も君に一任したい」として久米正雄に宛てた依頼書を執筆。「この原稿」とは『或阿呆の一生』をさす。その手紙の中に「僕は今最も不幸な幸福の中に暮らしている」という箇所が出てくる。「幸福」という名詞を「不幸な」という形容動詞が修飾する異様な表現で、まさに典型的な**《対義結合》**の例と言えよう。

完璧に矛盾するこういう奇異な表現も、『或旧友へ送る手記』に「将来に対するぼんやりした不安」と記した、その不安に包まれて死を選ぶ「不幸」、その中でひとしきり訪れた心の平安を味わう「幸福」、もしもそんなふうに解釈すれば、全体としてそれなりに意味は通るかもしれない。しかし、それでも、「不幸な幸福」という、何ものかに突っかかる感じの冷たい熱っぽさは消えない。

7 摩擦──矛盾感で刺激

小林秀雄の作中にも、この種の攻撃的な表現がしばしば現れる。『**私小説論**』に、「社会化した「私」という摩擦を伴う表現が出てくるほか、『**志賀直哉**』に「論理的映像」、『伝統と反逆』に「抽象的描写」とあるのも類例だろう。「論理」は「映像」を持たず、「映像」は「論理」を持たないし、「抽象」と「描写」も両立しない概念の結びつきだ。こういう矛盾をバネとして考察を展開させるこの批評家の修辞は、その文体の力学と切り離せない表現手段だったのかもしれない。

同じく評論家である**江藤淳**の『**作家は行動する**』にも、「誠実な無責任」という、相容れない概念を強制的につなぐ表現例が現れる。そうすることで発散する摩擦のエネルギーが読者を刺激し、時には、表面の矛盾感が奥に潜んだ不気味さを誘い出すこともある。

このあたりまでの例は、**《対義結合》**特有の異様なひっかかりを覚えこそすれ、ことさら滑稽な感じがあるわけではない。次の**尾崎一雄**の例はどうだろう。『**毛虫について**』に、「小さな、しかし無数の口によって発せられる音のない音」とある。人間の耳には聞こえないが、大量の毛虫の口から出ているにちがいない音を想像すると、「音のない音」とでも言う以外に言いようのない感覚なのだろう。日頃は考えてもみないことに思い当たり、読者の口もとが一瞬ゆるむかもしれない。

夏目漱石の『**吾輩は猫である**』に、「迷亭君が真面目にからかう」とある。この例は猫の弁だから、この修辞技法を使って、真剣にふざけてみせたのかもしれない。

だが、明らかにコミカルな例となれば、**井上ひさし**の『**青葉繁れる**』に集中的に現れる次の箇所がその代表だろう。あの情熱的なジュリエットの役を、理知的な女性が演ずるというミスキャストを非難し、その役にいかに不向きで、どれほどへんてこな芝居になるかを、「理知的なジュリエットなんて」と的を定め、そんなものは「炊きたての冷飯、痩せすぎの肥《ふと》っちょ、見上げるような小男、前途洋々の老人、抜群の不成績、一匹狼の大群、何千何万という四十七士、傾国の醜女《しこめ》、不親切な人情家みたいなものだ」と連打する。今日なら「前途洋々の老人」もいそうな感じだが、溢れ出る九連続の《**対義結合**》で強調し、読者を圧倒する例であることに違いはない。

13 シャネルのぼた餅――イメージ衝突

井山弘幸の『**笑いの方程式**』に、「ぼたもちでしょ！」と話しかけられ、とっさに「ああ、シャネルのやつな！」と応じる例が出ている。これはことばの結びつきの違和感というより、「ぼた餅」という食べ物のイメージと、シャネルというブランド名のイメージとが、世間一般の感覚であまりにもかけ離れているために生じる滑稽感である。文明堂でも、資生堂でも、大正製薬でも、第一生命でも、みなそれぞれおかしいのだが、洋風の高級おしゃれという「シャネル」のイメージが、昔からある庶民的な「ぼた餅」のイメージと極端に違うために衝撃が大きく、笑いと直結しやすいのだろう。

北村小松の小説『**医者と坊主**』には、「所で三上さん！　あなたは、坊主と云うものがタンゴの曲を口ずさむ光景を、眺めた事があるですか」という会話が出てくる。今日では、寺の住職がお盆にスクーターで忙しく飛びまわる光景を目にすることもあるが、「坊主」と「タンゴ」という取り合わせは、どうもぴんと来ない。そのそぐわなさが《**イメージ衝突**》を起こして、笑いにつながる。

サトウハチローの『**青春列車**』に、実に多彩な経歴と趣味を誇る老人が登場する。本職は退役軍人で、元は陸軍少将。「日露の役《えき》に左足をやられ」、走るとあとに左足がついて行く形」だが、当人はけっして「これをビッコなどとは言わ」ず、「右足の速力が早くて」と表現する。茶道と書道それぞれの号を有し、ほかに和歌・俳句・音曲・琵琶・浪花節から変調義太夫、さらに囲碁、将棋、植木にも凝っているという幅広い道楽の持ち主である。笑い声がとびきり若いので、周りの連中は「青春翁」と呼ぶ。この通称、「青春」と「翁」の合体で、対義結合の一例であるが、おかしみの中心は、その正反対である両者のイメージがぶつかり合うところにあるだろう。イメージが激しく反発し合い、そこから火花でも発しそうな違和感が滑稽に響くのだ。

14 ツァラトゥストラふりかけ——異例結合

カテゴリーが違い、あるいは感覚系統などの異なることばを、常識や慣習を破って強引に結びつける表現技術を《**異例結合**》と呼び、《**対義結合**》と区別しよう。語義がたがいに矛盾・対立して反発し合う「対義結合」ほど矛盾感が激しくはないが、ことばどうしが読み手にとって思いがけない異例の結びつきを実現するため、軽い摩擦感を与え、斬新な表現という印象をもたらしやすい。

例えば、「バリバリの」というと、積極的・行動的な「やり手」を連想させやすいので、しばしば「タカ派」などと結びつく。その位置に、むしろ反対のおとなしいイメージの「ハト派」という語が来ると、読者は完全に予測を外されておかしみがこみあげる。おそらく、ハト派の中でも特に穏健な考え方の人をさすのだろうから、用法がはっきりと間違っているわけではないが、雰囲気の面で折り合いの悪い組み合わせなのだ。

高橋義孝に『**「べらんめえ」の深い哲学的考察**』と題する論文があるらしい。考察対象である「べらんめえ」は、「この馬鹿め」という意味の「べらぼうめ」がなまった形で、江戸っ子の職人たちの巻き舌の荒っぽいしゃべり方の象徴的な存在である。そういう俗語的な響きと、学術的な空気の漂う「哲学的考察」といった漢語的な重々しい響きとの異例の結びつきが、語感の面での違

7 摩　擦——矛盾感で刺激

和感を生じ、読者を刺激するのである。

本の広告に「国宝阿呆」とあってびっくりすると、漫才師のアホの坂田の著作で、学習研究社という生真面目そうな出版社から出ている。どんなお固い本か知らないが、「国宝」と「阿呆」との意外な結びつきには、つい笑ってしまう。古書目録を眺めていると、堂々と『屁』と題する書物が載っていることもあった。「屁」でも「糞」でも「しょんべん」でも、それだけでは別におかしくないが、この目録には、その書名の前に「豪華美本」とあり、そのあとに「函入」と添えてあって、いかにも大切に扱われているその雰囲気と、書名の「屁」との偶然の結びつきがおかしみをかきたてている。

落語の『**寝床**』に、「身体が何所《どこ》か悪いかよ」「私は何の因果か丈夫でございます」というやりとりが出てくる。下手な義太夫を聞きたくないばっかりに、近所の連中がみんな、あちらが悪い、こちらが悪いと言いわけしながら、執拗な招待を断る場面だ。どこも悪くないとなると断る理由がなくなってしまうから、どうして自分だけ運が悪いのだろうとわが身を嘆くせりふなので、「何の因果か」と思うのは気持ちのうえでごく自然である。したがって、文脈上は無理もないせりふなのだが、通常は「親の因果が子に報い」のようにほとんど常に悪いことに用いる「何の因果か」という言いまわしが、「丈夫」という本来なら申し分のない状態をさす単語と結びつく、そういう表現上の違和感が笑いを誘うのだ。

同じく落語の『**ふられ与三《よさ》**』には、「其《その》時そうと知らしてくれりゃア俺だけオメオメ生残ってなんぞいやしんかったんだが、今となっては時期《とき》外れで死ねねえや。それを思うと悲しいやら腹が減るやら」というせりふが現れる。相手に、それを言うなら「腹が立つやら」だろうと注意を受けるが、いや腹の減るのがつらいと頑張る。ここも意味ではなく、「悲しいやら」とセットした**《異例結合》**が表現としておかしいのだ。

やはり落語の『**道具屋**』に、石川五右衛門という大泥棒の話で、「石川や浜の真砂は尽きるとも」から「世に盗人の種はつきまじ」と続けず、「我が衣手は露にぬれつつ」と乗り換えてしまう例が出てくる。これでは五右衛門も驚くだろうが、「秋の田のかりほの庵《いお》の苫《とま》を荒み」と詠んだ天智天皇も、とんだとばっちりで迷惑する。いずれにしろ、乗り換えた瞬間に異例の結合が実現してしまい、呆れ笑いを誘い出す。

横山エンタツの漫才**『僕は探偵』**にも、言い間違いかと思う異例の表現が現れる。「木綿を裂く様な叫び声」というのがそれだ。相手がすぐ「絹を裂く様な叫び声やろ」と注意を促すが、「そんな好《い》い声じゃない、断末魔の叫び声」だからと譲らない。ここも意味だけならもっともな点もあって筋が通らないこともないが、「絹を裂くような」という女性の叫び声をさす慣用表現がよく知られているだけに、その生地を「木綿」に替えた異例の結合が笑いと直結するのだろう。

同じく**ミス・ワカナと玉松一郎**の漫才**『笑う門には服着たる』**には、こんなやりとりがある。一郎が「世間でも評判の声ですよ」と褒めると、ワカナ「そんなこと」と殊勝に謙遜しかかるが、そこから「ありませんわ」と続くと思いきや、なんと「ありますわ！」と逆に自慢する始末。この流れも観客にとって異例の展開である。

夏目漱石の**『吾輩は猫である』**にも、こういう**《異例の語結合》**がしばしば見られる。「化物の」の次に「団体」とか「頭梁《とうりょう》」とかと続くのもそういう一例だ。「聊《いささ》か駄弁を振《ふる》って」のあと「肝胆を砕いて居た」と展開するのも類例だろう。

また、多々良三平が、ビジネスマンは、相手の前で煙草を吸うにも、安い銘柄ではなく洋もくを吸って見せると信用が違うという話をすると、聞いていた迷亭は「楽な信用でいゝ、手数がかゝらない」と評した後、そんなちょっとしたことで得られる信用を、**《異例結合》**で「軽便信用」と称している。

その迷亭の「シャンパンの三々九度や春の宵」という俳句も、「シャンパン」と「三々九度」との思いがけない結びつきが笑いを誘う。「詩がかった野蛮人」、「早手廻しに泣く」、「一手専売の昼寝《ひるね》」など、この種の例は拾い出したらきりがないほどである。

サトウハチローもそれに似ている。**『トコちゃん・モコちゃん』**に出てくる「るすばん界のチャンピオン」も、すぐに野球界や陸上競技界とは違って「いささかへんだ」というコメントがつくほどだ。**『エンコの六』**には、「俺は毎晩、この泪橋《なみだばし》ホテルという定宿へ来てねんねしているんだぜ、一と晩だって家をあけたことのない貞淑な宿泊人なんだ」という箇所がある。定宿に恩義を感じて他の宿には泊まろうとしない義理堅い人間はありそうだが、「貞淑」と「宿泊人」との結びつきは、異例中の異例だろう。

『**青春音頭**』には「嫁のサムプル至急送れ」という言い方が出てくる。田舎の父親が息子のいる東京に出てきたついでに、「わしは是が非でも嫁をきめてから、かえる」と勝手にきめようとする。息子が、候補もないのに「どんなのに、きめるんです」と呆れた顔をすると、「これから、田舎からとりよせるのだ」と、父親は嫁を「品物みたい」に言う。問題のせりふは、その言い方に合わせて息子が「嫁のサムプル至急送れとでも言ってやりますか」と父親をからかい気味に「一本打ちこむ」際の、電報じみた文面だ。「嫁」と「サンプル」との意表をついた結合が滑稽に響くのである。

『**長屋大福帳**』にも「ソロバン夜学校名誉教授」という例が出てくる。ここでも「大学」ではない「ソロバン夜学校」と「名誉教授」との意外な結合がポイントだろう。『青春列車』では、「三人でならんで寝たのだ、やはり川という字には違いないが」として、「随分酒臭い川という字だ」と続ける。酔っぱらって寝たからだが、この例も、「酒臭い」と「川の字」との突然の結びつきが読者の頭を刺激する。

『**貧乏行進曲**』では、「いままで沈思黙考をつづけていたんだ」という言い方に、「イビキの伴奏つきの沈思黙考でしょう」とからかう例がおかしい。「イビキ」と「伴奏」との結合も、その両者と「沈思黙考」との結合も、読者にはどちらも意外性が大きい。

同じ作品にこんなやりとりも出てくる。「仲がようて、その照香ちゅう子を身請けしたいけれど金がないんだッてなア」「そうです」「可哀想やなア」「そそそそうです」という対話で、何とか金を都合してもらおうと必死に働きかけるこの場面に、作者は「ここを先途と、どもってみせた」という解説をはさむ。「ここを先途と」がまさか「どもる」という動詞と結びつくとは、読者は思いもよらない。

酒屋の小僧が、借りて損はない物件として、客をある貸間に案内するシーンがある。「景色がすごくいい」と言うので、「ここらあたりで、そんなにいい眺めがあるのかね」と訝《いぶか》ると、「評判の景色」だとか「ひとり者には、目の毒という位の景色」だとかとくり返す。そして、現場に着くと、「いま丁度いい景色が出ていますよ、もう少しで景色が、引ッこんでしまいますから早く早く」とわけのわからないことを言う。「景色」が「引っ込む」というばかな話はなく、その部屋から隣の若い娘の姿が見られることを「景色」と表現したものだ。「光景」「風景」などとは違って、「景色」という語は自然のイメージが強く、人間の連想は働きにくい。そういう語感の問題も働いて、「景色」という名詞と、「出る」や「引っ込む」という動詞との結びつきは特に意外性が強い。そのあと、「いま。いい景色は、ほしものをとりこんでいますよ」と続くのもおかしい。

筒井康隆に**『火星のツァラトゥストラ』**という作品があって、その「ツァラトゥストラ」がさまざまな語と結合し、異様な表現が現れる。「ツァラトゥストラ音頭」のほか、「ツァラトゥストラごますり器」などのツァラトゥストラ関連グッズが登場するが、中でもCMの「ツァラトゥストラふりかけ」が読者を驚かす。ニーチェの思想書『ツァラトゥストラはかく語りき』の主人公の名である「ツァラトゥストラ」が、事もあろうに「ふりかけ」と結びつく、その意表をつくあまりの違和感が、読者を不思議な笑いへと導く。

7 摩擦——矛盾感で刺激

15 大根が脚に似ている——代換法

自動車で目的地に向かうとき、動くのは車のほうであって土地ではないが、それでも「目的地に近づく」ことを「目的地が近づく」と表現することもある。京都は微動だにしないが、「京都が近づいた」という言い方をする。車の移動という現実を、目的地の接近という事実としてとらえなおした表現である。ばか正直に「目的地が車に近づいた」と表現すれば違和感があるものの、「車に」がなければ特に違和感もなく、滑稽な感じもしない。

このように、文の中のある語と他の語との位置を逆転させ、両者の関係を、その文意や常識などと逆転させることを、一つの修辞技法と考え、**《代換法》**と呼ぶことがある。

「頬が涙を伝《つた》う」「山際が夕日に近づいた」という例となると、ほとんど誤用に近い印象を与える危険な修辞だが、結果として、その強い摩擦感が強調効果を奏し、例によっては滑稽な感じを引き起こすこともある。

昔、豊臣秀吉の顔が猿に似ているのを、まさかそのとおりに言うわけにもいかず、観点を変えて「猿が殿下に似ている」と言ったという頓智話が残っている。相手は関白の身分、とても実話とは信じがたいが、話としては、なるほど、そういう言い方をすれば猿に関する話題となるから、秀吉としても文句を言うのは何だかいちゃもんをつけるようで、怒りにくかったかもしれない。

これをそのまま現代に移し変えて、例えば、ある女性の脚部を眺めながら、勇気をもって「大根が脚に似ている」と言ったとしよう。その場合も、「脚」と「大根」との位置関係を交換しただけであり、単に焦点がずれるだけで、両者が似ているという判断には何の違いもないし、表現にもなんら非論理的な部分はない。それでも、この場合、それをとがめると、何だか別の話題に文句をつけるようなためらいを覚えるのは、巧みに話の焦点をずらしているからである。

16 一三階建ての家主——転用語法

「食事にする」というように、本来は、ものを食べる行為をさす「食事」ということばは、いつかそういう本来の用法を離れ、「食事をつくる」「食事をいただく」というふうに、「食物」というモノをさす用法にまで広がった。すでに慣用となってしまっているので、今では不思議とも何とも思わず、したがって滑稽な感じもない。

表現効果を狙って、このような論理上のねじれを意図的に引き起こす場合は、それを一つの表現技法と見なし、《**転用語法**》と名づける。特に名詞とそれを修飾する形容詞などとの関係が意味的・語法的に論理を逸脱するように表現し、相手の注意を引く修辞である。

脇坂豊ほか編『**レトリック小辞典**』には、「一三階建ての家主」という例が載っている。むろん、「家主」は人間であり、建物ではないから、ここでは、一三階建ての建物の持ち主、そういう高層ビルのオーナーを意味する。すなわち、「一三階建ての」という連体修飾は、本来は建造物をさす名詞を修飾するはずなのに、この例では、その位置に「家主」という人間を意味する名詞が立っているので、語法違反となり、その点に気づく読者はいくぶんおかしみを意識するだろう。

ただし、「一三階建て」という語を、「一三階建てのビル」の省略形と解釈すれば、「転用」とは言えず、おかしみも消える。

17 贅肉と教養――軛語法《くびき》

「軛」は「くびき」と読み、「頸木」とも書く。車の長柄の先端に取り付ける横木で、牛や馬の頸部にあてて、車を引かせる器具をさす。一つの動詞や形容詞を二つの名詞に連結させる際に、一方の結びつきが意味的あるいは語法的に異常な関係となる表現技法を《**軛語法**》と呼ぶ。

「朝寝坊をして、あわてて牛乳とパンをかじって家を飛び出す」などとうっかり言ってしまうことがある。この場合、パンはかじれるが、牛乳は液体だからかじれないため、この場合の「かじる」という動詞は、「パン」とは正常な関係、「牛乳」とは異常な関係で結びついていることになる。このような軽率な誤用でなく、何らかの表現意図をもって意図的に用いれば、それを一つの修辞と見なし、《**軛語法**》と称するのである。

『**レトリック事典**』では、**筒井康隆**の『**筒井順慶**』に出てくる「おれはあわててねまきを脱ぎ、ズボンとセーターを着た」という例を挙げている。「ズボン」は「穿く」ものであり、「着る」で兼用するのは破格だという判断である。

野田秀樹の『**少年狩り**』には明らかに意図的と思われるこの種の例が続出する。ただし、兼用する動詞そのものの選択異常ではなく、一つの動詞の具体的な意味を表す基本的用法と、抽象的な意味合いに転じた用法とを、あえて兼用することで滑稽な表現効果を奏する例が多い。「身も心も素顔も男女関係も乱れている」という例では、「乱れる」という一つの動詞が受ける四つの名詞の段差がおかしみのポイントで、特に最後の「男女関係」と結びつく場合には「みだれる」の意味がかなりずれてしまい、「乱」より「紊」と書き分けたくなるほどの違和感を覚えるだろう。

「モデルに不必要な贅肉と教養をそぎおとしたからよ」という例では、具体物の「贅肉」と抽象体である「教養」とを一括して「そぎおとす」という動詞に結びつけた違和感が狙いだろう。どちらの名詞もそれぞれ「そぎおとす」と言えるのは事実だが、異質なその両者を一つに括った点が異常に感じられるのだ。

「古井戸の中に家財道具と一緒に真心もおとしたんだ」

7 摩擦――矛盾感で刺激

という例でも、「家財道具」という具体物は何の違和感もないが、それと一緒に「真心」という抽象体をも井戸に投げ込むという違和感が、読者の頭に大きな摩擦を起こすことになる。

「どうしても本心を打ちあけろというから」のあとに、単に「心を開け放した」と続けば波風が立たないのに、そこに本物の「窓」をもちこみ、「夜の窓と心を開け放した」というふうに、具体物の「窓」と抽象体の「心」とをいっしょくたにして、「開け放す」という一つの動詞で括ってしまう。何の関係もない「夜の窓」を添えることで表現の摩擦を起こし、それが笑いにつながることになる。

18 騒々しい涙——濫《らん》喩《ゆ》

音楽でも絵画でも文学でも、作品を鑑賞しながら、その作者に思いを致すことがある。そのことをちょっぴり気どって、「表現の奥に人のけはいを聴く」としたためたことがある。「けはい」はもともと音が主だから、「聴く」という動詞で間違いではない。「聞香」という語があるように、「香を聞く」とも言う。「利き酒」という語もあるように、「酒の味をきく」という言い方もする。こんなふうに、日本語の「きく」という感覚動詞は、聴覚だけでなく嗅覚にも味覚にも幅広く対応する。

しかし、もとより、何に対してでも常に使えるわけではない。当然、妥当な範囲は緩やかながら限られている。そういう常識的な線をあえて逸脱し、特殊な効果を求める表現もある。単なる誤用という枠におさまらない意図的な濫用を、一つの技法と見て、レトリックの世界では《濫喩《らんゆ》》という修辞を認める立場もある。「香り高い名画」とか、「見ようともしない耳」とか、「ざらざらした味」とかのように感覚系統の交錯が見られる例のほか、論理的な矛盾を抱えた適合性を欠く比喩的用法など、慣用や世間の常識を破る違和感で相手に刺激を与える表現なども含まれる。

仕事や借金などが多いことを強調して「山のような」と形容する表現はすでに慣用的に広まっているが、そこを「海のような」とすれば慣用違反となり、非論理的という刺激が強まる。中には「騒々しい涙」などという表現もあり、笑いを誘うこともある。

19 僕、失敬するよ——言行不一致

野内良三『**ジョーク・ユーモア・エスプリ大辞典**』に、一代で巨万の富を築いた実業家のインタビューが載っている。日頃の信念を聞かれ、「お金は二の次、要は身を粉にして働くということに尽き」るとのこと。そういう信念のおかげで「わが国でも指折りの大企業家に」なったのかと尋ねると、「いや、そういった信念をうちの会社員にしっかりと植えつけたお蔭だ」という意外な答え。もしもそういう信念をみずから身をもって示していたら、自分の会社を持つような身分にはとうていなれなかったのだろうか。

三遊亭円右の新作落語『**苦情**』には、店で品物を見ながら、「これが五万円か、安いね、安い、五万円ね、安すぎはしないか、五万円とはばかに安いね、いいのか五万円で」と、さんざん安いとべた褒めしながら、なぜか、「そうか、ではまたくる」と、買わずに立ち去る変な客が登場して笑わせる。

サトウハチローの小説『**露地裏善根帳**』に、こんなやりとりが出てくる。興奮した男が「とんでもねえ野郎だぜ」と飛び込んで来ので、「豆腐屋がか」と相手を確かめると、それこそ「とんでもない」という顔をして、「ちがわい、気をつけろ、豆腐屋じゃねえ、姉の、姉の」と言いかける。そこで、誰のことか早く特定させようと、「姉さんか」と助け舟を出す。ところが、逆に、「落ちつけ」とことばをさえぎり、「向うだい、つとめ先だい、奉公先だい」と、ばらばらに単語を並べるので、聞いている側は一向に要領を得ない。落ちついて、姉の奉公先の人だと言えばすぐわかるのに、人に「落ちつけ」と言う人間がこれだから、まさに**《言行不一致》**で、「どっちが落ちつけだかわからない」ということになる。

夏目漱石の『**吾輩は猫である**』にも、そんな笑いが出てくる。あの迷亭が、これまで一度も知らないと言ったことのない先生に、ハリソンの歴史小説を話題に出してひっかける場面だ。「あれは歴史小説の中で白眉」だと褒めた後、「ことに女主人公が死ぬ迄《まで》は鬼気人を襲う様だ」と具体的な箇所を例に出して強調すると、相手は「そう〳〵あすこは実に名文だ」と、たちまち話に乗ってきて調子を合わせる。知ったかぶりをしていかにも同感だという態度を示すが、この作品にそんな場面はない

から、相手が「此《この》小説を読んで居《お》らない」ことがばれてしまう。実に痛快な話だが、そこに迷亭は「僕同様」という一言を付け加える。自分も読んでいないのに、それを相手の鼻を明かす材料に使ったわけだ。自分自身が平気で矛盾を犯す、そんな迷亭のとぼけた人柄の魅力に読者は心地よく笑う。だが、読んでもいないのに、その小説にそんな場面が出てこないことがなぜわかるのだろう。

ユーモア小説の大家である**佐々木邦**は、『**一日の可能性**』という随筆で、こんな実話を紹介している。娘の入院先の病院から何度も電話がかかってきて、そのつど心配して駆けつけたが、その「長女を失って、遺骸を病院から家へ移した晩」、これでもう電話に動顛することはないと、「もうどんな電話がかかって来ても驚かないぞ」と言い放ったらしい。ところが、そう宣言したばかりの人間が、友人が脳溢血で倒れたという電話にあわてて飛んで行く。げらげら笑う話ではないが、矛盾に満ちた人間という存在がしみじみとおかしい。

井伏鱒二の随筆『**たらちね**』でも、なかなか言行一致とはいかない人間の愚かさが、滑稽なエピソードをとおしてさりげなく語られる。詩人の三好達治と、共通の友人である批評家の河上徹太郎を、岩国の生家に訪ね、すっかりご馳走になった折のこぼれ話だ。そこで母親との仲睦まじい親子ぶりを見せつけられた三好は、駅まで見送りに来た徹太郎と別れた直後、「見ちゃあ、いられないなあ」と大声で井伏に言ったという。

そして、列車に乗り込むと、故郷の福山に寄らないでまっすぐ東京に戻る井伏に、自分も一緒に東京に帰ると言っていた三好は、列車が大阪駅に到着すると、さっと網棚の鞄を取って、「僕、失敬するよ」と下車したという。むろん、三好の母親が健在だった頃の話である。代表的な詩人の一人であった人間にも、**《言行不一致》**も甚だしいこんなひとこまがあったとは、読者にとって意外であると同時に、人間というものの弱さ、愚かさを思わせる、しみじみとした笑いを呼ぶことだろう。

もう一つ、その井伏の文学の弟子にあたる**小沼《おぬま》丹**の『**竹の会**』から、井伏自身のそういう一面を物語る逸話を紹介しよう。小沼の英文学の恩師谷崎精二は、外で飲む場合、いつも酒を三本飲むときっぱりと盃を伏せるという話を、小沼が井伏に伝えると、「教え子としては、先生のそう云う点は大いに見習うべきじゃないのかね」と、井伏は小沼に飲酒の自重を促したらしい。それを真に受けたわけでもあるまいが、小沼が「早速見習うことにして、ではそろそろお先に失礼します」と言って腰を浮かしかけたら、説教したばかりの当人が「ふうん、君はそう云う男か」と言って、ぷいと横を向いたという。

小沼は冗談で試しにそう言ってみたのかもしれないが、文豪の井伏にしてやはりそうだったのかと、読者は人間というものの弱さと愚かさを嚙みしめるに違いない。

20 何して遊ぶ?――違和感

井山弘幸『**笑いの方程式**』によれば、NHK「爆笑オンエアバトル」で、コンビ解消前の**バカリズム**がこんなやりとりをくりひろげたらしい。松下が「死ぬほど元気が出たって感じだ」と言う。正反対のはずの「死ぬ」と「元気」がこんなふうに直線的に結びつく表現は異様で、頭にすんなりと入らない。升野の言う「死ね、不慮の事故で! 死ね、惜しまれつつ!」とか、「馬鹿も休み休み死ね」とかという言い方にも、明らかに大きな違和感を覚える。また、同じ本に、四畳半一間のアパートで「こたつに入っている盛装した紳士」というくだりも出てきて、ちぐはぐなイメージに笑ってしまう。

横山エンタツの漫才『**恋の学問**』には、「恋を拾おうと思う程の者は常にポケットにラブレターの十本や二十本は用意しとかんと不可《いか》ん」という恋愛指南のことばが出る。相手が誰だかわからないのに書く恋文では熱が入らないだろうし、当人の目の前でどれにしようかと迷っていたのでは、相手にしてもらえない。これでは「恋愛至難」になりそうだ。

中田ダイマル・ラケットの漫才『**僕の設計図**』には、自宅に風呂が二つあるという話が出てきて、どんな大邸宅かと思うと、「風紀衛生上、男湯と女湯に分けてる」という。家風というものにケチをつける気はないが、家庭内の「風紀」って何だろうと考えるとおかしくなってくる。

上方柳太・柳次の漫才『**僕の迷作**』で、柳次が創作に手を出しているというので、柳太が作品の舞台を話題に「君の小説も熱海へ行くか」と尋ねる。すると柳次は「腹ごなしに心中する」などと、とんでもないことを言い出す。仮に、心中すれば胃のこなれがよくなるといっ

7 摩擦――矛盾感で刺激

た医学的根拠があったとしても、運動代わりに心中する人間はいないから、柳太は当然「ムチャ言うな」とたしなめる。結局、その小説では、「心中すると怪我するからこれはやめときまして、二人は海岸をブラブラする」ことにしたらしい。「腹ごなし」と「心中」、その「心中」と「怪我」、そういう組み合わせの違和感が笑いどころである。

若井はんじ・けんじの漫才『**おお、サラリーマン諸君**』は、就職試験の面接会場でのやりとりがおかしい。面接官役のけんじが「では次の方どうぞ」と呼び入れようとすると、受験者役のはんじは「はあ」と返事をするだけで部屋に入って来ない。そこで、「どうぞ入ってください」と促すと、何を勘違いしたのか、「もうこの会社に入れていただけますか」と勝手な解釈をする。呆れて、「面接試験の部屋に入れいうてんのや」と説明すると、「ではお言葉に甘えまして」と、ようやく室内に入る。この丁重な挨拶、ほかの場所なら礼儀正しくていいのだが、そこが試験の会場であるという一点で違和感が大きい。

三遊亭円右の新作落語『**どろ組**』では、盗人仲間の奇妙な怪気炎がおかしい。一人が「盗みはしても人を殺したりおどしたりするような非道なことは、はばかりながらこちとらやったこたアねえや」と、大きな態度を見せる。たしかに殺人を犯してはいないが、盗みは働いているので、「非道」でないとは言い切れず、世間に対して堂々と顔向けできる立場ではない。相手もそれに乗って、「そうだとも、おれたちゃなにも世間にひけめを感じるこたアねえんだ」と、まるで清廉潔白なような言い方をし、その違和感を増幅する。

三代目**三遊亭右女助**の新作落語『**押しどろ**』には、とても本職の盗人とは思えない間抜けな新米の泥棒が登場する。他人の家に押し入ったまではいいが、こういう仕事に慣れないため、「お騒がせして済みませんが、よろしければ、そのまま静かにしてて下さい」と低姿勢に出る。紳士的に「よろしければ」などと前置きするあたり、とても泥棒とは思えない。「やい、金を出せ！」ということばがすうっと出てこず、「ヤイ、カ、カ、カ」とどもるだけで一向に要領を得ないので、被害者の方が見かねて、「金を出せとおっしゃりたいんでしょう？」と協力すると、すっかり恐縮して、「重ね重ねおそれいります」と丁重に礼を言う始末だ。落語だけに、とてもこの世の人とは思えない善人どうしの、心あたたまる対話である。誇張された違和感がほのぼのとした笑いを演出する。

佐々木邦の小説『**苦心の学友**』には、「君の大和魂はセルロイド製だ」という比喩的な表現が現れる。「大和魂」と「セルロイド」との反りの合わない結びつきが意表をつく。「アメリカ人は算盤《そろばん》を考えますから、死ぬ決心はしません」というくだりも、文意はすんなりと通るものの、「アメリカ人」と「算盤」との思いがけない結びつきで違和感が高まる。

辰野九紫の『**社長三態**』に出てくる「たまには病気もクスリだわね」という流れも同様だ。「病気」は現実、「クスリ」は比喩と解釈すれば、これも文の意味はすんなりと通る。しかし、それでも「病気」が「薬」だという流れに、多くの読者は極端な《**違和感**》を覚えてにやりとすることだろう。

牧逸馬の『**兎の手**』では、まず「どしどし勇敢に拒絶する」という表現に読者は立ち止まる。断りにくい場面や相手である場合、そういう態度を貫くにはたしかに勇気が要るだろう。その点、この表現全体はけっして誤ってはいない。しかし、「勇敢に」と来れば、次に「挑戦する」「立ち向かう」「戦う」といった積極的な意味の動詞が続くことが多く、「拒絶」というような、事を行わない意味の動詞が現れると、刺激が大きいのだろう。

同じ本に、「ちゃきちゃきの英語」という表現も出てくる。「ちゃきちゃき」は「嫡々」の転で「生粋」という意味だから、意味として通らないわけではないが、多くは「ちゃきちゃきの江戸っ子」のように使うことが多いため、「江戸っ子」でも人間でもない「英語」とは相性が悪く、ぎくしゃくした感じになってすわりが悪いようだ。

大泉黒石は『**青年時代**』で、ラテン語を「西洋の漢文」と称している。ラテン語は英語やドイツ語やフランス語などの土台の一部をなす古典という位置づけになるので、それは日本語と漢文との関係になぞらえればわかりやすい、ということだろう。そういう説明自体はよく理解できる。が、「西洋」と「漢文」との突如とした結びつきには読者を驚かす《**違和感**》があり、やはり大きな摩擦となる。同じく『**俺の自叙伝**』に出現する「国際的居候」や「尊敬を払って逃げる」といった表現も、結合上の違和感が笑いにつながる。

7 摩擦——矛盾感で刺激

玉川一郎『**恋のトルコ風呂**』に「女の三助」という表現が飛び出して一瞬びっくりする。「三助」は昔の銭湯で、湯を沸かしたり客の背中を洗ったりする男の雇い人をさす通称だが、時代によっては、そういう仕事を女がこなす場合もあったかもしれない。それを職種だと割り切れば、そういう言い方も抵抗が少ないはずだが、「三助」というのが男の名であるという語源の連想があって、どうしても《**違和感**》が拭いきれない。例えて言えば、「男のおさんどん」のような不自然さに近いのだろう。

中村正常の『**退屈女房**』にこんな場面がある。夜遅く帰宅する際にどんどんと戸を叩けば近所に迷惑になるので、黙って門を乗り越えるようにと細君に言われた亭主、「こないだ、そオっと門をのりこえようとしたら、巡査に泥棒と間違えられてひどい目にあった——やっぱし、公明正大に、叩いてからでないと、自分の家でも、そオっとははいれんものだ」と抗議する。自宅の門扉を叩くのに「公明正大」と評する《**違和感**》がどこか滑稽に響く。

俳優の池部良の父親だとかと聞いた**池部鈞**の『**凸凹放送局**』に、こんな場面が出てくる。男がふと「此処《ここ》は心中には持って来いの場所だろうなあ」と話しかけると、相手の女はすぐにその気になりやすいたちだと見えて、なんと「あたし思い切って心中がして見たくなったわ」と身を乗り出してきた。思いもかけない展開に、気軽にそんな話題を振ってしまった男は、さぞやあわてたことだろう。冗談とするにはあまりに悪い冗談だし、相手の言は深刻な愛情ともとれるし、にっちもさっちもいかない。

なにやら**川上弘美**の小説『**溺レる**』の雰囲気を連想させるシーンでもあるが、それよりはるか昔に出た**夏目漱石**の『**吾輩は猫である**』にすでに、松の枝ぶりがすっかり気に入って首吊りに絶好だと思ったが、あいにくそれにふさわしい通行人が現れず、せっかくだから自分でぶらさがろうかという気になった、あの眉唾の長広舌も登場している。

サトウハチローの『**青春五人男**』には、訪問客と取次ぎに出た女中とのこんなやりとりが出てくる。「ぜひ先生におすがりして」という客のことばを奥に取り次ぎ、「絶対にだめだとのお返事でした」と主人の意向を伝えると、客はかんかんに怒って、「おたのみしません、もうこの家の門はくぐりません」と捨て台詞を吐いて出て行こうとする。普通はそれで終わりになるのだが、この女中は律儀にそのことばを「伺って参ります」と、そっくり奥に取り次ぐ。そして、主人の返事を持ち帰り、「結構だとのことでございました」と、その不意の来客に取り次ぐ。相手の捨て台詞までそっくり奥に取り次ぐ、この浮世離れした行為は、世間の常識を破り、読者にもその《違和感》が滑稽に響く。

『僕の東京地図』には、知人の漫画家、あの漫画「フクちゃん」で有名な横山隆一の逸話が出てくる。町の食堂で、「アラカルト」というフランス語の意味を「おこのみ一品料理」と解説して学のあるところを見せた当人が、その一例として、みそ汁と飯のセットを注文したという。いささか洒落た感じのフランス語と、その実例との落差から来る《違和感》が、読者の笑いを呼ぶ。

『昨日も今日も明日も』に出てくる「ピアノのある芸者屋」という表現は、ハチロー自身の体験を記したものらしいが、三味線ならぬ「ピアノ」と「芸者屋」とのミスマッチがおかしい。

同じく**『青春相撲日記』**に、他人事《ひとごと》のように「不良少年にだって純正な恋はある」と語り、「(僕曰《いわ》く、そうですとも)」とみずから肯定してみせる。事実はそのとおりなのだろうが、「不良少年」という単語と「純正な恋」ということばとの《違和感》がおかしい。

やはりハチローの**『青春列車』**に、「何か御研究かね」という質問に「貧乏と、ひなたぼッこ位です」と答える場面がある。この二つの取り合わせもさることながら、質疑と応答との《違和感》も笑いを誘う。

夏目漱石の**『吾輩は猫である』**に、生徒の一人を「ありゃ頭は大きいが人相はそんなにわるくはありません」と評する箇所がある。頭の大小と、人相の良し悪しとは、両者の対比的な調査結果こそないものの、誰が考えてもほとんど無関係だと思うだろう。ところが、ここでは「が」という逆接の接続助詞でつないであり、頭が大きいと人相も悪いという勝手な前提に立った表現になっている。

また、「深夜御来訪になって山の芋を持って行かれた泥棒君」のように、通常は尊敬の対象にならない「泥棒」に「君」をつけ、「御来訪になる」と尊敬語で待遇し、「持って行かれた」と軽い尊敬表現まで用いている

7 摩擦——矛盾感で刺激

のも、読者に皮肉を印象づけるためだろう。後日その泥棒を伴って珍野家を訪ね、辞去する際に、刑事が「それじゃ、左様なら」と別れの挨拶をするのも、警察官らしからぬ行動で、その《**違和感**》が読者を笑いに駆り立てる。

さらに、本来は客である迷亭が、珍野家に勝手に上がり込み、逆に当家の主人に「さあ坐り玉《たま》え」と促すシーンもある。そこに来客があると、自分で取り次ぎに出るという人物である。その迷亭が「おい諸君、だまるんだとさ。シー〳〵」と一座の者を静かにさせようとし、「しゃべるのは君丈《だけ》だぜ」と、もっともな反論を受けるのもおかしい。

漱石の弟子にあたり、その『吾輩は猫である』に登場する寒月のモデルとされる**寺田寅彦**も、『**科学者とあたま**』と題するエッセイで、「羨むべく頭の悪い立派な科学者」という言い方をする。そこまで読んできた読者には、そういう言い方をする作者の真意がよくわかるものの、「羨むべき」と「頭の悪い」、その「頭の悪い」と「立派な」とがそれぞれ直線的に結びつく《**違和感**》は大きく、深い納得の笑いを呼びこむことだろう。

土屋賢二の『**汝みずからを笑え**』に出てくる自虐的な表現のうちには、わかりやすい違和感が売りの例も多い。自分の著書について、「大好評のうちに売れ残った」などと書く。「好評」というのは評判のいいことだから、本の場合もよく売れるというイメージが強い。「大好評」となればなおさらだ。ところが、その次に「売れ残った」とある。むろん、絶対にありえないわけではない。売れに売れて第百刷りぐらいまで達したところでさすがに売れ足が鈍り、最後は完売とはいかなかったという事情であれば、必ずしも矛盾はしない。しかし、もしそうであれば、普通は「大好評のうちに」などとは書かない。ここはベクトルの向きの違う表現を組み合わせ、自慢と謙遜の並ぶその《**違和感**》で読者の笑いを勝ちとろうという意図が見える。その結果、「在庫を増やす」ことになるのだが、今度は逆に、そういうマイナスイメージの現象を「手腕」ととらえ、その点では「定評がある」と自慢の形式を添えて、全体の評価をぐちゃぐちゃにしてしまう。

渋谷実監督の映画『**好人好日**』で、笠智衆が文化勲章を受けた数学者を演じている。ある日、娘の留守にその恋人が訪ねて来て、頭を下げ、「遊びに来ました」と言う。すると、この大学者は、その挨拶に何と「何して遊ぶ？」と応じる。子供どうしであれば、こういうやりとりがごく自然だ。外で野球をしようか、それとも将棋かトランプでもと、相手の意向を問うことばだからである。「遊びに来ました」という大人のそのことばは、特に用件のない訪問であることを伝えるにすぎない。形は同じでも、客の場合は単なる挨拶であって、それを文字どおりに受け取って、相手の好む遊びの種類を尋ねるこの応対は受賞するほどの大先生の世間音痴ぶりを目立たせ、その《**違和感**》で人間味溢れる笑いにつなげようとしているのである。

21 何ブクロ？——過剰限定

井山弘幸『笑いの方程式』に、青木さやかが保母さんに扮して、「はいみんな何になりたいですか？」と、園児たちに将来の希望を尋ねる場面が載っている。「はい、沙織ちゃん」と一人を指名すると、その子は「お母さん」と答える。おそらく沙織ちゃんの将来の夢は、結婚して、子供を産んで、家族がみな仲むつまじく暮らす、そういうしあわせな家庭の軸になる母親像のようなイメージだったのだろう。

ところが、インタビュアーは、その「お母さん」という答えを、お母さん一般ではなく「沙織ちゃんのお母さん」という一人の具体的な存在に、不当に狭く限定してしまった。そして、「沙織ちゃんのお母さんみたいになりたいの。そう、すごくリアルでいい答えがでました」と勝手にきめつけ、「はい、みんな聞いてあげて下さい。沙織ちゃんは将来、一五〇センチで八〇キロ、《あたしだって必死なの》が口癖の血糖値の高い大人になりたいそうです」と、そのあまりにも具体的なイメージを描いてしまう。「血糖値の高い大人」を目標にするほど臍《へそ》まがりの子供など考えられない。その不当に狭い《**過剰限定**》で強引に笑いを呼びこむのだ。

同じ本で、**ペナルティー**のコント『**迷子係**』の一部も紹介している。係員が「君どこから来たの？」と、迷子の子供に尋ねるのだが、そのあと、なぜか「何ブクロ？」と、不当に狭く範囲を限定する。そのため、当然、「なんで池袋か沼袋に限定するの？」と切り返されることになる。著者は、この笑いの方法を、「到底受け入れ難い前提を無理強いする形の「論理的逸脱」と規定している。要するに、何の根拠もなく不当に狭い範囲に限定することの違和感が聴衆の笑いを喚起するのだろう。

22 おくたばりになりました――不適切敬語

これまで「子供に小遣いをやる」「鯉に餌をやる」と言ってきたような場面で、近年は「やる」の代わりに「あげる」を使う人がめっきり増えた。おそらく「やる」という動詞に、相手を見下したような態度を感じ、そんな気品にかけることばを使うのは自分のたしなみが許さない、そんな心理が働くのだろう。

ほとんどの日本人が「赤ん坊にミルクをあげる」「馬にニンジンをあげる」と言う時代になれば、たしかに「やる」という語は乱暴な感じがして、使いにくい雰囲気が広がる。以前は男なら普通に使っていた「うまい飯を食う」という表現を下品だと感じ、男女を問わず「おいしいご飯を食べる」と言わないと品格を疑われるようになってきた現象と軌を一にするような気がする。こういう《**不適切敬語**》は一般に笑いを招きやすい。

あまり頑迷に思われるのも本意ではないから、わが家の犬の食事時には、同郷のよしみで庄内弁に切り換えて窮地を脱することもある。方言が通じない場合は、待遇をいっそ「差し上げる」ぐらいまで極端に引き上げておどける。ただし、「差し上げるぞ」などと終助詞でバランスをとるから、よけい変な敬語になってしまう。

落語の『**妾馬**《めかうま》』にこんなはちゃめちゃな敬語表現が出てくる。奉公に上がった妹に殿のお手がついて出産したから、すぐお祝いに参上しろと言われた八五郎、大名と対面して即答を許される。日頃敬語なんか使ったことがないから、何でも「お」を付けておけばいいと早のみこみして、「おこんにちは」に始まり、「おわたくしさまは、お八五郎様」だの、「妹さまのおつるさまがジャリがとびだしたてまつりまして、まことにめでたく候かしく、恐惶《きょうこう》謹言お稲荷さんでござんす」だのと、ものすごいことばを連発する。

安東緑江の小説『**女中日記**』に、こんな一節がある。山出しの女中のことばがあまりにきたないから、何事によらず「お」をつけて丁寧に言うように注意したところ、その女中が「奥様、あの、お鼠さんがお甕の中に落っこちなさいまして、上ろうと仰有《おっしゃ》ってはおごぼん、上ろうと仰有ってはおごぼん、ついつい、おくたばりになりましたよ」という調子で緊急の報告にやって来たという。「くたばる」の尊敬表現として形式的な誤りはないが、尊敬待遇を受ける相手を「くたばる」と罵ってしまっては元も子もなくなる。

23 イワンコッチャナイゼヴィッチ——マカロニ体

ひところタモリが年末恒例の余興として、でたらめな外国語をそれらしく操る巧みな芸を披露していた。全体としてまったく意味をなさない音の連続ながら、発音やアクセントやイントネーションやテンポや間の取り方などで、フランス語に聞こえたり、ドイツ語に聞こえたり、ロシア語に聞こえたり、中国語に聞こえたりする芸である。耳を澄まして注意深く聴いていると、時折どこかで聞いたことのあるようなことばが交じっていて、ああ日本語だとわかるたびに、つい笑ってしまう。

井上ひさしの**『道元の冒険』**で、鑑定医が「ヤー！ ヤー！ ヤー！ グート！ 凄いティッヒ！ 完璧ハイト！ たいしたもんゲン！ 立派カイト！」のようにドイツ語風にしゃべる例は、ちょっとそれに似ている。

やはりこの作家が長編**『吉里吉里人《きりきりじん》』**で、東北弁を「吉里吉里語」として、その語学的解説をほどこしながら、川端康成の『雪国』などの文学作品のよく知られている一節を、その吉里吉里語で読んでみせるさまざまな試みは、そのようなおかしみを醸し出す。

ファッション雑誌の記事や、近年のヒット曲の歌詞など、日本語の中のあちこちに英語やフランス語をちらつかせる厚化粧の文面が横行しているが、目に余るような作品は、原理的にそういう表現テクニックに近いのかもしれない。この吉里吉里国は日本から独立したことになっているから、吉里吉里語も外国語だということになる。

このように、自国語と外国語とを交ぜる表現の試みを一つの修辞技法と見て、レトリックの世界では**《マカロニ体》**と呼ぶことがある。言語学の学識に富む井上ひさしの得意とする表現術であり、中国語めかした例ももっともらしいが、初期作品**『ブンとフン』**に出てくるロシア語版の試作は特におかしい。ニューヨークの国連ビルで開かれた「四次元の大泥棒ブン対策理事会」の議長は、「ソヴィエト代表イワン・イワンコッチャナイゼヴィッチ・イクライッテモダメダネフスキイ理事」だとある。

何となくロシア語の雰囲気が漂っているが、耳を澄ますと、どこかで聞いたようなことばがそれとなく入り込んでいることに気づくだろう。「言わんこっちゃないぜ」とか、「いくら言っても駄目だね」とかといった日本語の音だ。それでいて、「イワン」以下、全体としてロシア語の調子に響くから不思議である。

また、この作品には、中国人の整形外科の医者らしい岳先生という人物が登場し、その漢字を並べた会話を再現する箇所もある。「美麗的音声、抒情的歌詞」だとか、「我、持有、知能指数、二百八十」だとか、「我、春情勃勃。我、精力充沛《ハイ》。我、必須要、走、四畳半」だとか、「我的手　連接　汝的手」だとか、中国語がちんぷんかんぷんの読者にもおおよその意味の見当がつく箇所もあるが、「共同結合一人娘」以下、漢字が二〇〇も連続する例などを含め、全体としては中国語らしさを演出する模様のような役割をしているのだろう。

24　我々のズボン――不自然表現

井山弘幸『笑いの方程式』に紹介されている**バカリズム**のコント**『自殺未遂』**に、不自然な「しようとする」文型の列挙が出てくる。「君、まさか、死のうとしてるんじゃないだろうね」と問いただし、相手が「死のうとしてるんだよ。邪魔しないでくれ」と応じ、それに対して、「死のうとするのはやめなさい」と思いとどまらせようとするあたりまでは、そういう場面でありそうなやりとりで、さほど不自然な感じはない。

その制止を振り切ろうと「あんたに何がわかる。もう死のうとさせてくれ」と言うところでは、「死なせてくれ」のほうが自然だろう。それに対して「死のうとして何になる」とか、「頭を冷やそうとするんだ」とか、「待ってなさい、今、そっちに行こうとするから」と言い聞かせるせりふも、普通はそれぞれ「死んで何になる」「頭を冷やすんだ」「そっちに行くから」となるだろう。

そのあとも、「来ようとするな」「放っておこうとしてくれ」「俺なんか死のうとしちまえばいいんだよ」と言っては、「甘ったれようとするんじゃない！　一体何があろうとしているのか、私に話そうとしてみなさい。私が君の話を聞こうとしようじゃないか」と引きとめ、「一〇年以上も勤めようとしている会社が、倒産しようとしている。そして多額の借金を抱えようとしている社長が、夜逃げをしようとしているんだ」と事情説明をしようとする。同じ文型の連続で、日本語としてまともなのは、最後の夜逃げの箇所ぐらいで、あとはほとんど**《不自然表現》**だろう。

自殺を図る男と、それを思いとどまらせようとするサングラスの男との対話で、そういう緊迫した状況の中でのやりとりとして、話の内容にもなんら不自然な点はない。固唾を呑んで見ているはずの観客から笑いがもれるのは、もっぱら日本語としての不自然さのせいである。

佐々木邦の小説**『珍太郎日記』**にこんな珍談が出てくる。汽車の中で眠りこみ、ふと目を覚ますと、「ズボンの股から白い布が喰《は》み出している」ので、これはてっきり便所に行った折にボタンを掛け忘れてワイシャツの端が出ているのだと思い込み、あわててズボンの中にたくし込んだ。ところが、それがもとで静かな家庭争議が持ち上がる。細君は、結婚してからもう何年になるかと、遠まわしに亭主に問う。そんなことは知らないから、「さあ、何年になるかなあ」と言うと、「丁度二十年と三ヶ月」になると自分で正確な数字を口にする。知っているなら俺に聞くことはないじゃないかと亭主が言うのも当然だ。

が、これは話の発端で、細君はじわりと攻めてくる。その間、自分は亭主の行動に一度も「疑惑を挟んだ」ことがないが、「今日は少々腑に落ちないものが私の手に入」ったので、怒らないから「覚えのあるところを有態《ありてい》に」申し述べよと迫る。「藪から棒に罪人扱い」にされて驚いたが、何のことかわからない。すると、細君はおもむろに「ズボンから妙なものが出て」来たが、覚えはないかと問いただす。亭主は見当がつかず、「何が出たのだ？」と問うと、千代奴《ちよやっこ》と縫い取りのある絹のハンカチを出す。それでも何のことだかわからず、「妙な名前だ。お前の友達かい？」と尋ねるものの、自分には芸者の友達なんかないと一蹴され、一昨晩はどこに泊まったかと逆に尋問を受ける始末。そこでようやく、車中でワイシャツの裾だと思ってズボンにたくし込んだのが、さては芸者のハンカチだったかと思い当たり、危機を脱する。

この亭主、日頃「俺の家」という言い方をするので、あなた一人の家ではないのだから、それは圧制だと細君に厳重注意を受けていた。そこで二階から慎重にことばを選んで細君に声をかける。「我々は寝るから、我々の床を取って、我々の蚊帳を吊っておくれ」と言った後、「それから、我々のズボンに入っていた此《こ》のハンカチは」と続けるので、細君は子供に向かって、「お前たちのお父さんはほんとに馬鹿ね」と呆れた声を出す。全体として不自然な日本語だが、特に「我々のズボン」という箇所は、まるで二人の人間がズボンに一本ずつ脚をつっこむようなイメージも浮かんでおかしい。

25 いくらかのバター——直訳体

清水義範に**『永遠のジャック&ベティ』**という作品がある。「ジャック&ベティ」というのは、戦後間もない時期に使われた代表的な英語教科書の名である。この中に続出する不自然きわまる奇妙な日本語は、誰かの下手な翻訳の真似ではない。当時の英語教育に対する揶揄であると同時に、英語臭の漂うおよそ日本語らしくない不思議な日本語表現を駆使し、ほとんど実生活を度外視して、無意味な情報を発し合う言語遊戯である。

例えば、「息子が一人います」で済むのに「私は一人の息子を持っています」と言い、「こんな美しいシャツは見たことがない」で済むのに「私が見たシャツの中でもっとも美しいものの一つです」と言い、「暑すぎて上着など着ていられない」で済むのに「今日は上着を着ているためには暑すぎます」などと言う。どれも初級英語の文型が思い浮かぶ直訳的な日本語で、読者はその不自然さに笑いながら当時を懐かしむことのできる文章だ。

単に「バターを」と言わず、あえて**《直訳体》**で「あなたはいくらかのバターを持っていますか」などと、ありそうもないケースをでっちあげ、「バターを持って町へ出る人間はいません」などと、コミュニケーションのナンセンスぶりを浮き彫りにするような茶々を入れるのもおかしい。全体が皮肉な教材模写となっていて、読者も同感せざるを得ない。

しかし、そういう欧文直訳めいた不自然な日本語を、滑稽感の醸出とは違う目的で意図的に用いる場合もある。**小沼《おぬま》丹**の随筆『**外来者**』にこんな場面が出てくる。早稲田大学の昔の大隈会館が、ある時期、観光バスのルートに入っていたらしく、外国人観光客が集団で現れ、担当する学生たちが暗記してきたような英語で大学について説明し、質問を受けたりする。英文学の教授でもある作者がビールを飲んでいると、そのなかなか通じないやりとりがいやでも聞こえてきて、じれったくなったりする。そこで交わされる対話を、《**直訳体**》のぎこちない日本語で描きとっている。「それは何と云う大学であるか？」「早稲田大学である」「それはどこにあるのか？」といったやりとりのあとに、学生が「ヒヤ！」と叫びながらテーブルを叩くといったあんばいで進行する。

今までそんなことも通じていなかったことに気づき、これは失礼しましたと思ったのかどうか、婆さんの一人は「何と美しい庭であることよ！」と、とってつけたように庭園に讃辞を呈する。そんな場面を活写した一編である。対応する英語の表現がすぐに頭に浮かぶような、こういう直訳調の奇妙な日本語がおかしい。そういう表現の形をとおして、それが英語での対話であることが読者にもわかり、その通じなさ加減も伝わってくる。

26 ええどごばっか――訛り

外国語だけでなく、国内の方言も、日頃なじんでいる共通語との違いを意識すると、おかしく思えることもある。**井上ひさし**の長編小説『**吉里吉里人《きりきりじん》**』は、東北の一寒村が突如としてこの日本国から分離独立して、吉里吉里国という新国家を樹立する物語である。したがって、その国の共通言語である吉里吉里語は、作者の出身地である山形県の内陸の言語とは限らないが、ともかく東北弁という方言を基礎とした言語である。

夏目漱石の『坊っちゃん』の冒頭の一文「親譲りの無鉄砲で小供の時から損ばかりして居る」を吉里吉里語に訳すと、「親がらの無茶で小供《わらす》の時《どぎ》がら損ばっかすてる」となる。

川端康成の『雪国』の有名な冒頭文「国境の長いトンネルを抜けると雪国であった」は「国境の長《なん》げえトンネルば抜《の》けっと雪国《ゆぎぐに》だったたっちゃ」となる。こういう《**訛り**》と原文とのあまりのイメージの違いに読者はきっと笑いだす。

また、小林秀雄の『モオツァルト』という題名は「モジアルド」となり、「イェッケルマンの言《ゆー》うどごであ、ゲエデあ、モジアルドに就《つ》えで、一風変《ちょびっと》った考え方《かんげーがだ》ばしてたづおな」と始まる。

さらに、太宰治の『斜陽』は「サョー」と発音し、「朝、食堂でスウプを一さじ、すっと吸ってお母さまが、／「あ。」／と幽《かす》かな叫び声をお挙げになった」という冒頭の一文は、「朝《あさげ》、食堂《そぐどー》でソップを一《しと》さず、ずずっと吸って、お母様《あっぱ》ァ、／「あいや」／とちゃっけえ叫び声《たげげー》ば挙《た》でらえだもんだ」と、すっかり変身してしまう。

いしだあゆみの歌う『ブルー・ライト・ヨコハマ』は、「街《まぢ》の灯《あが》りはァ／とでづもなく綺麗《きれえ》だっちゃ／ヨゴハマ」と始まり、「あんだど二人《ふんだあり》　幸《すあわ》せよ／えづもの様《よ》に　愛《あえ》の言葉《こんどば》はァ」と訛って続く。

極め付きは、宇能鴻一郎《うのこういちろう》の「名場面集」に「ええどごばっか」と付けた振り仮名だろう。「いいところばかり」という意味の吉里吉里語の発音だ。性風俗を描く小説で定評のある作家だけに、読者をそそる効果もあって、よけいおかしい。

27　かにかくに勘定は——文体落差

表現様式の形態と内容とのイメージのギャップを目立たせる目的で、文章中に文体の落差を設けることがある。戦後間もない頃、三遊亭歌笑は、その風貌と、噺《はなし》のまくらにふる「純情詩集」で人気を博した。「われ、たらちねの母の胎内を出でし時は、長谷川一夫も遠く及ばざる男《お》の子にてありければ、わが母われを抱きて欣喜雀躍《きんきじゃくやく》せりとかや」といった調子のまくらだったようだ。

当時美男の代表的存在だった俳優の長谷川一夫を引き合いに出し、それさえ遠く及ばなかったという最大級の讃辞を、みずから「ちと個性的に過ぎたマスク」と評した容貌でまことしやかに述べる、という極度の違和感が聴衆の笑いを呼んだ。その笑いが爆笑にまで高まったのは、そういうばかばかしい内容を、荘重な文語体の響きで語る**《文体落差》**のせいだったろう。

・落語の**『手紙無筆』**に、「前文御免下されたく候。さて、八公や」とか、「広小路のところであったけな御座候」とかといった珍妙な候文が出てくる。「候」と文を結んだ直後に、「八公や」と話しかけたり、「あったっけな」というおしゃべり口調が「御座候」と結ばれたりする、そういう意表をつく大きな**《文体落差》**が笑いにつながる。

大学院修了という学歴をバックに、今の**三遊亭円楽**が、落語の『**道具屋**』で、「商売というのは、どこにどういう購買層がいて、これにどういう圧力をくわえると、消費性向がうわむくかということをきちんとマーケティング・リサーチしないとうまくいかねえぞ」などと、わざわざ経済学や経営学の専門語を折り込んでしゃべるのも、八つぁん・熊さんの日頃の会話レベルとの大きな落差を印象づけて笑いを取るのが狙いだろう。

むろん、落語や漫才だけでなく、小説などの文学作品にも例が見られる。ことに**サトウハチロー**はそういう文体的なレベルに敏感で、作中にこの種の例が頻出する。『**長屋大福帳**』で「お前即ちソナタ」と換言してみせるのは、単語レベルの端的な例と言えよう。

『**ジロリンタンと忍術使い**』で、「目をさましたんなら、さっさと起きたらどうなの」と言われて、「かしこまって候」と応じるのもその一例だ。この「候」がよく利用される。『**露地裏善根帳**』でも、「あわてて、弁解したところが、かえって怪しい」と書いた後、それに「お手の内は見すかされ申し候という形だ」と、やはり「候」が出てくる。

『**婿選び水府流**』では、「足がいやにくたびれ候」などと、「いやに」や「くたびれる」といった会話調の単語にさえ「候」を付け、すぐに「大変な候があったもんだな」と文体的な異様さを解説する。また、手紙の中とはいえ、「あなたの一つの微笑に胸をときめかし居るものにて候間《そうろうあいだ》、何卒《なにとぞ》あわれとおぼしめし、御返事を下されたく、この段ひたすらねがい上げ候」などと、現代の手紙としては信じられないほど候文にこだわってみせる。

『**子守唄クラブ**』にも、「おどろいたか。少年よ。わが目には、汝の胸の中がことごとく見えるのじゃ。われは学ぶ。透心術を。心を見すかす術と書くのじゃ。すみやかに感心せよ」といった会話が現れる。「少年よ」という呼びかけ、会話にはなじまない「すみやかに」の使用、「感心せよ」も同様だ。特に、「われは学ぶ、透心術を」といった漢文訓読めいた文型など、とても会話とは思えないほどの逸脱である。

店で「なにをさしあげまーす」と聞かれて「考慮中」

と応じるのも、文体的なレベルの逸脱だ。また、日常の一人称代名詞を使わずに、わざわざ「吾人《ごじん》は好まん」などと言う例もある。「吾人」は「われわれ」の古くて硬い感じの語であり、「吾人はすべからく本分を尽くさざるべからず」などと使ったものだから、そもそも日常会話にはなじまない文体的レベルの語だった。ここでは、この間までは「我輩」や「小生」を使っていたのに、「今日は、もっぱら吾人だ」という解説もつく。その「我輩」も「小生」もすべて日常会話のレベルを超えており、いずれにしても文体的な落差で笑いを誘う言い方である。さらに、「悲憤の極、フンガイのきわみ、歯ぎしりの極致に達している」というくだりもあり、過剰な強調に加え、やはり周囲との文体的な違和感を印象づける。

『エンコの六』で、「今夜もあたし帰したくない」と女に言われ、「ほんとよ、とまって行ってね」と迫られた折の男の気持ちを、「もっていかんとなす」と硬い漢文口調に逃げるのも、**《文体落差》**で照れくささを紛らす例だろう。

『青春五人男』には、「われはおそる、家主のばばアと、めし屋のじじいと、学校の月謝係りを」という漢文の文型が出てくるし、「魚なんてめッたに買わないんですね」という発話の直後、「ましてさしみにおいてをや」と急に漢文訓読調に文体的レベルを上げるのも同様だ。さらに、「彼は経済学博士にして明治十六年八月大阪は天王寺に生《うま》る」などと、人名辞典の記述を思わせる会話まで出現する。

『青春列車』に出てくる「今日は何たる日ぞ、あのむつかしやのおふくろが妙なる声を出して」というくだりでも、「たる」や「ぞ」は明らかに文体レベル崩しだし、「妙なる声」という言いまわしにもそういう滑稽感が漂っている。

『僕の東京地図』にはこういうシーンが出てくる。吉井勇の話を肴に飲んでいて、「かにかくに、ぎおんはうれし、寝るときも、と来まさア」と酔っぱらっていると、「かにかくに、勘定はおねがいしますよ」という店のおやじの声が聞こえて来て、突如として現実に取り戻される。とにもかくにも店の勘定のほうをお忘れなくと催促されたのでは、とても「枕の下を水の流るる」といった雰囲気どころではない。

小沼丹《おぬま》の**『カンチク先生』**は、子供の頃に英語の個人教授を受けたことを思い出しながら、最初の師となったその一風変った人物を懐かしむ作品である。袴を着けて扇子を持ち、「おっほん」と咳払いをするのが癖で、英文を読ませてはそれを日本語に訳してみせるのだが、「これはゼエムスです」といった日常語の訳ではなく、「こはゼエムスなり」と子供にはわかりそうもない文語体で訳し、「これはゼエムスにて候」と訳してもよろしいと、今度は候文の訳を示す、そんな教え方だったという。英語の原文とはあまりにも落差があり、しみじみとした笑いに誘われる。

28 IBMと牛丼——イメージ落差

「ぼた餅」と「シャネル」といった対照的なイメージが激しくぶつかり合うと、火花の散るような衝撃的な笑いがはじける。ぼた餅を売っている店の名が「伊勢屋」や「虎屋」であれば、いかにもぴったりしていて滑稽な感じはまったくしない。それが「不二家」や「文明堂」であれば、おやっとは思うが、さほどの衝撃はない。もし「キヤノン」とか「パナソニック」とかとなると、そんなばかなという呆れ笑いが起こるだろう。「ワコール」だとその笑いがさらに大きくなるかもしれない。このあたりまでは、そういう店や企業でぼた餅なんか売るはずがないという、いわばあり得なさの程度の問題だが、「シャネル」の場合はまさに極端にイメージが違うという、いわば質の問題が大きくかかわって起こる**《イメージ落差》**の笑いだと言えるだろう。「ルイヴィトン」でも「エルメス」でもそれに近い。

イメージが衝突するほどではなくても、そこに段差を感じると、その落差が笑いにつながる傾向が見られる。**井上ひさし**の得意芸の一つで、**『ブンとフン』**では夏目漱石、セルバンテス、シェークスピアという文豪の作品名が並んで純文学の雰囲気が漂いだした直後に、それらとはまったく異質なイメージの「白土三平」という名が現れる。「きりぎりす」とか「ビフィズス菌」とか「腹巻」とか「破廉恥」とかが出てくるわけではないから、文脈はなんとかつながり、もっぱらイメージの落差で読者を刺激する笑い促進術だ。

『青葉繁れる』では、ショパン、チャイコフスキーという人名が並んで、クラシック音楽の雰囲気が流れ出したタイミングで「米山正夫」「万城目正」といった大衆的な歌謡界の名が登場して、とたんに雑多な空気と化す。『吉里吉里人《きりきりじん》』では、いかにも街の実景を克明に描き取ったかのごとく、九十九枚の看板を列挙する。問題はその並べ方である。ＩＢＭとジェネラル・モータースとの間になぜか「牛丼吉野家」が割って入り、ニューヨーク連邦準備銀行とフォードとの間にあたかも偶然のように「三色最中《もなか》」が店を出したりしている。間口が極端につりあわないのはまだいいとしても、奥行がまるで違うはずだから、町並み全体の地図が頭に浮かばない。こういうちぐはぐさは明らかに演出したものであり、もしも「牛丼吉野家」と「三色最中」とが隣り合っていたら、おかしみはほとんど消えるだろう。

ダイムラー・ベンツ、デュポン、エリクソン、ミシェラン、モルガンなどと並べて「福助足袋」「炉辺焼《ろばたやき》」「ピップエレキバン」「タケヤ味噌」などをそれとなく忍び込ませるのも同様で、看板の並ぶ順番に仕掛けがあり、それが笑いの火付け役となっている。

これらの例はそれぞれ、その人間なり企業なりに対して世間の人びとが日頃抱いているイメージの落差をうまく利用して、読者の違和感をあおり、笑いに導くテクニックなのだ。

29 オイ君——自己分裂

正座しようにも足が言うことを聞かない、そんな言い方は昔からあった。年のせいもあって、自分の身体部位が思うように動かず、じれったい思いをする時などに、今でもよく使う。それとは別に、近年、「自分を褒めてやりたい」とか「自分へのご褒美」だとか、当人そのものであるはずの「自分」さえも、話し手自身から切り離し、対象として見すえる表現をしばしば耳にするようになった。自画像のように、自分自身をまるごと対象として客観視するのとは違う。一人であったはずの人間を、褒める側と褒められる側、褒美を与える側と受け取る側という二人の人間に分割する表現だからである。自分自身をまるで「自分」と「自身」とに分離するようなこの種の表現は、自分自身を冷静に観察する態度からは程遠く、そこにはむしろ甘えが感じられて、苦々しく思うまでに年老いたようだ。

前にも引いたが、落語の『**粗忽《そこつ》長屋**』は、そういう**《自己分裂》**のおかしみで、理知的な客を笑いに誘い入れる。お前は夕べ死んでいるから、急いで引き取りに行けと八つぁんに言われた熊さん、死んだ気持ちがしないものの、初めて死ぬのにどんな気持ちかわかるかと妙に論理的に説得され、いよいよその死骸と対面することになる。「やい、この、おれめ、なんてまア、あさましい姿になって」と泣き出すクライマックスで、「この、おれめ」という呼びかけがおかしい。だが、考えてみると、ここはどんな言い方をしてもおかしいのだ。この世で自分に呼びかけるなどということは現実にあるはずがないのだから、おかしいのは当然である。

しかし、擬似的な場合なら、ないこともない。**益田甫**の小説『**贋造重役の恋**』にこんな場面が出てくる。重役が自動車事故を起こし、部下が当人になりすまして見舞いに通う。当の上役のほうが、何か見舞の品でも届けたほうがいいだろうかと相談すると、「そりゃそうした方がいいです」と即答し、そのほうが「僕の顔が立つ」からと言う。「僕の顔」ということばを聞きとがめて、重役が「何？　君の顔が？」と確かめると、「いいえ、僕の顔と云いましても、実際はあなたの顔なんです。僕はあの方の前に出た時だけは、僕自身ではなくてあなたの身代りなんですから」と、ややこしい事実を説明する。たしかにそういう関係になっているのだが、その身代りのほうが被害者である相手の女性に恋心を抱き始めているので、その「顔」が立つことが肝腎なので、よけいややこしい。

奥野他見男の小説『**女軍軽騎兵**』は、新婚三日目の女が結婚衣装について友人の質問に答える場面から始まる。いつも口癖のように「純白の洋装で」と言っていたのに、なぜ和装にしたのかと問われ、「親が娘に振袖を着せて自分で楽しみたい」らしく、最後の孝行と思ってその犠牲になったのだと、殊勝な説明をする。ところが、もう懲りごりで、「二度とお嫁入り真平よ」と続ける。嫁入りが一度で済めばそれに越したことはないが、何とその理由は「文金の高島田」が重いかららしい。「重いったら、お飯櫃《ひつ》を頭に載せている様なものよ」と言って、「鏡を見て、オイ君と、思わず額を叩いちゃったわ」と、自分の奇行を披露する。鏡に映った見慣れない自分の姿との思いがけない出逢いに興奮し、つい呼びかけてしまったのだろう。ほほえましい光景だが、「何してんのと、媒介人《なこうど》に笑われた」という。花嫁の内心がわからないから、端から見ればそれは滑稽なしぐさに見えたに違いない。

与謝野晶子の「その子二十歳櫛に流るる黒髪のおごりの春のうつくしきかな」という有名な一首も、実はそんなふうにちょっぴりおどけて、ひとごとめかした、ほほえましい自画像だったという。毎朝くしけずる豊かな漆黒の髪がその櫛に流れるのに目をやっては、今まさに若い盛りにある二十歳の娘の美しさを自覚し、青春のよろこびを謳歌した絶唱だ。そうと知って読むと、自分に向かって思わず「その子」と呼びかけてしまう二十歳の娘の所作が、読者にもほほえましく、きっと口もとがほころびることだろう。

30 中学校附属大学――あべこべ

大学が附属の高校や中学を持っている例は数多くある。ところが、**井上ひさし**の小説には逆に大学が中学の附属になっている学校が登場し、大学の教員は自分の肩書きを言う場合に、違和感のある「中学校附属」の部分を小さな声で早口に言い、「大学」の部分を大きな声で鮮明に発音する、そんな場面があったように記憶する。

サトウハチローの『**青春野球手帖**』その他によれば、当時の名門府立一中を野球部がないという理由で蹴り、野球のできる早稲田中学に進んだという。将来は大学の早慶戦で花形遊撃手として大歓声を浴びるはずだったが、野球だけに打ち込み、学業をほったらかしにしたせいで、学校側から縁を切られ、その夢はまさに夢と消えたらしい。そのあと、立教に入り直したようだが、その当時、大学の方が学生数が少なかったため、「中学の間借りをしていた」そうである。これこそまさに「中学校附属大学」という趣だったかもしれない。こんなふうに、ものごとが**《あべこべ》**になって世間の常識と逆転すると、笑いが生まれやすい。

森乃福郎の漫談『**ヨイコの処世術**』にこんなくだりがある。三十二にもなって小学校三年生などということはめったにないから、小学生はだいたい子供で、かわいいさかり。大人は小学生さえ見ればみな純真だなんて言うが、「今日びの小学生」は純真どころではなく、昼休みになると、「女のヤマダ先生な、妻子ある男とレンアイして、すてられたんやて。妻子ある男性を愛するのは、結局、女性にとっては不幸やで」などという話をしているらしい。何だか身の上相談を小学生が担当しているような感じがして、これはこれでおかしい。こんなふうに、子供でも十歳にもなると、なかなか皆が純真というわけにはいかない。それなのに子供は純真だなんて思っている大人の方がよっぽど純真だという。この指摘をもっともだと思いながら、やはり笑ってしまう。

柳家金語楼の『**あまたれ人生**』にも似た話が出てくる。子供が「云《い》いたい事を、云う会」という集まりを開いたところ、日頃こんなことを思っているという意見が寄せられたという。大人の権利はあまりに大きく、それに比べて子供の権利はあまりに小さくて、まったくバランスが取れない、という意見や、「親にも試験を受けさせる必要がある」という、親の方は考えたこともない意見と並んで、「何を云うにも、子供気なくて、何も云う事はありません」と発言する子もあったらしい。「大人気ない」に対抗する「子供気ない」という言い方がおかしい。

7 摩　擦——矛盾感で刺激

落語の『猫久』には、「女房《かかあ》の癖に亭主より先に起きるなんて女の恥だよ」というせりふが出てくる。夫婦どちらが先に起きても本来は何の問題もないのだが、伝統的な日本家庭では、細君が先に起きて朝食の用意をし、それから亭主や子供を起こすという例が多かった。ここではその常識的だった習慣を逆転させ、「女の恥」とまで極論させている。

落語『**黄金《きん》の大黒**』には、ことば遣いの非常識な逆転が笑いを呼ぶ。長屋の住人が大家のところに挨拶に行き、日頃使い慣れないことばをしゃべろうとして失敗する。緊張して「承りますれば」とすっと言えず、「うけたま、まりまりますれば」ととちるが、その丁重な形式を、そういう改まった言い方にはおよそ似つかわしくない「と来たろう」というぞんざいな形で受ける。単にちぐはぐになるだけでなく、そのあと、「此所《ここ》の家の子供と長屋の坊ちゃんと」というふうに、大家の息子を「子供」と呼び、自分側の子供を「坊ちゃん」と丁寧に言ってしまう。常識と反対なこういう誤用も笑いに直結する。

そこで大家から「反対《あべこべ》だよそれでは」と注意されるが、注意されたとも気づかず、その「あべこべ」という語を「子供」のことと勘違いでもしたのか、その「反対《あべこべ》が遊んで居た」などと、わけのわからないことを言い出す始末。大家が「そんなものは遊んで居やアしない」と呆れるが、おそらくそれもこの相手には通じまい。

横山エンタツの漫才『**僕の家庭**』にこんなせりふが現れる。「やせても枯れても俺は男だぞ、貴様は女じゃないか」と、いかにもかつての伝統的な日本男子らしく偉そうな啖呵を切る。そのあと、どんな強い口調が出てくるかと聴衆が肩に力を入れる。ところが、予期に反して、「そんな弱いものいじめをするナ」と続くから、とたんに力が抜ける。草食系の男子が増えて、「弱き者よ、汝の名は男なり」という風潮になってきた現代日本では、爆笑は期待しにくいかもしれない。

正木不如丘《ふじょきゅう》の『**病難徒然草**』では、底知れない藪医者ぶりを誇張し、「癒《なお》りかけた病人をさじ加減にて又元にもどす程の名医」と皮肉たっぷりに紹介する。

水島爾保布《におう》の『**見物左衛門**』では、歴史の流れを逆転させ、「今の寺子屋はもと学校ってもので、そこには女のお師匠さんが洋服を着ていた時分」などと、もっともらしい調子で語るのがおかしい。「寺子屋」から「学校」へ、「お師匠さん」から「先生」へ、「和服」から「洋服」へという変遷を、《**あべこべ**》に遡る試みを組織的に実演する。「ダンス亡び、カフェ廃れ、洋食口にするものなし」という記述も、明治から江戸時代へという逆方向への流れに対応する。「おっつけ鈴が森のお仕置き場も復興されるよう」とか、「銀座通りのカフェ今は水茶屋」とか、「電燈すたれて行灯《あんどん》」とか、歴史の逆流は続く。

同じ作家の『**結婚と馬鈴薯**』にも、今日の強盗事件の《**あべこべ**》版が出現する。「手をあげさせておいて、ポケットの中へ這入《はい》る丈《だけ》金貨を押し込む」という、一風変わった犯行が横行する。結果としては歓迎する向きが多かろうが、相手の意志を無視しての強制的な蛮行だから、取り締まらないわけには行かない。そこで、もったいないような気もするが、警防団を組織し、「怪しい袋や荷物をもったものは容赦なく追い返す」ことになる。

乾《いぬい》**信一郎**の『**コント商売往来**』に出てくる交通巡査の話は、慣れた姿勢が一番楽だという点で、まったくあり得ないわけではない。路上での交通整理のために一日中立ちっぱなしだから、さぞや足がくたびれてたまらないだろうと他人は思うが、実はその逆だという。非番の日に活動写真などに行くと、「不幸にして座席があると実に情けない」らしい。普通なら「さいわい」と言うところを「不幸にして」と感じるのがおかしい。一般の人には楽な姿勢でも、自分には慣れない姿勢なので、かえって「腰が痛み出す」し、「背中が硬張《こわば》って来る」し、「膝がしびれる」しで、我慢も限界に達する。どうにもやりきれなくなって、後ろへ行って立つと「実にセイセイする」とあるから、読者は半信半疑のまま笑う。

中野実の小説**『パパの青春』**に、父と娘のこんなやりとりがある。周囲がいくら再婚を勧めても乗って来ないので、父親を娘が「そんなに心配させたら娘の頭が禿るわよ」と脅かすが、それでも父親は「禿ても貰わん」と一喝する。そこで娘が思わず「強情ね」と口走ると、父親は何と「お前に似たんだ」と、にべもなく言い放つ。どこの国でも、子が親に似るのが普通であって、いくら苦しまぎれとはいえ、**《あべこべ》**に親が子に似るという想定外の発想には、読者もあっけに取られるだろう。

31 作中人物に似てくる——逆転現象

今いくよ・くるよの漫才に、こんな調子のしゃべくりが出現する。嫁が姑に向かって「お母さーん、私コーヒーわかしますから、コンクリートブロック裏庭まで運んでくれません？」と声をかけるシーンである。重いブロックを運ぶという労働を年寄りに課し、肉体の衰えを防ごうとする嫁の労りに、世の姑は感謝すべきかもしれない。「お母さん、私洗濯しますから、山へ柴刈りに行ってくれません？」というのも逆転している感じだが、「洗濯」と「柴刈り」のセットで桃太郎の話を連想させ、別の種類の笑いも加わる。

落語の**『清正公酒屋』**にこんな親子の対話が出てくる。そんな女と別れろと言っても聞く耳を持たない息子に、父親が「親の云うことを肯《き》かないような倅《せがれ》は見込がないから勘当をする」と言いわたす。息子はこの家には子供が自分一人しかいないからという理由を持ち出して、何とか思いとどまらせようとするが、父親は「縦令《たとい》一人が半分でも気に入らない倅は仕方がない、勘当をする」と言って聞かない。

そこで、息子は鬼子母神の話を例に出して、子を思う親の情を諄々《じゅんじゅん》と説いて聞かせ、「只《たっ》た一人しきゃない倅を些細な事から、勘当をするという理屈がありますか」と迫る。自分で勝手に「些細な事」ときめつけるのもおかしいが、「合わない帳簿は買い換える」といった肝腎のところの誤解とは違って、一面的には筋が通るから、父親はむやみにはねつけるわけにもいかない。

やむなく、「何方《どっち》が叱言《こごと》を云われて居るのだか判らない」と抵抗を試みるものの、ここから形勢が逆転する。今度は息子の方が「じゃあ、いよいよ勘当と云う事に致しますか」と言い出し、「何だ、勘当という事に致しますかとは」と父親が不審な顔をすると、息子は、何度も勘当ということばを出しながら、あなたはまだ一度も実行しない、「面倒ですから今度は私の方から勘当を致します」と宣言する。

当然、「倅が親を勘当する奴があるか」と抗議するものの、息子はそのまま出て行こうとするので、父親の方が逆に、「如何《いか》に勘当すると云ったって、そう早く出て行かないでも宜《い》い」とおろおろする始末である。

落語の『**藪医者**』に、文字どおりの藪医者が登場する。評判が評判だけに誰も患者が来ない。そのため、奉公人がみんな暇をとったというのは何も仕事がないので当然だが、「権助《ごんすけ》が一人残っていて、草鞋を作っては小遣取りをして、私を養ってくれる」というくだりがおかしい。医者が無収入なので、奉公人の方がアルバイトをして雇い主を「養う」という、誰も予想だにしない《**逆転現象**》には笑ってしまう。
海原お浜・小浜の漫才『**アイデア時代**』に、もっとひどい話が飛び出す。お浜が「できるだけムダをはぶこ思てね」と言うと、小浜は「ムダはぶこ思てて、ええ恰好《かっこ》言いな」と、それを相手の気取りときめつけ、「無駄を省く」などということは、無駄を省ける人の言うことであって、「あんたらの言うべき言葉やない」と諭し、「いったいどこをはぶくのん」と、省ける無駄なんかこの家には何もないと言わんばかり。お浜が「ネコ飼うてるのは一種のムダ」だと反論しかかると、小浜は、猫を飼っていても餌をやらないから、猫が自分で餌を探してくる、その猫の上前をはねて「それで晩のおかずこしらえてるいうやないの」、「ひょっとしたら、あんたネコに飼うてもろてんのとちがうか」と、かさにかかって攻め立てる。猫が人を飼うという逆転したイメージが笑いを増幅させる。

近藤浩一路の**『異国膝栗毛』**で、倫敦《ロンドン》名物の蠟人形の話が誇張気味に語られる。実にリアルで本物そっくりなのは事実だが、そこを強調して笑いに転じる。「あまりに人間に似ているので見物の方が却って人形に見えたり」と逆転現象を述べ、人形の「カタログ売りがよく人間と間違えられて、言葉をかけられ」ると具体化し、「ほんものの巡査かと思って」道を尋ねる慌て者もいそうな雰囲気を演出する。

尾崎一雄が**『暢気眼鏡』**で芥川賞を受けたとき、松枝夫人が新聞記者のインタビューに応じた。作者が妻をモデルにしたらしい作中の芳枝、通称「芳兵衛」という人物について、自分に似ていると思うかという意味の質問を発したらしい。すると、当のモデル自身、自分が「あの芳兵衛という女にだんだん似てくるような気がする」と答えたという。

夫が妻をそんなふうに見ているのなら、そのイメージをできるだけこわさないように気を遣うという心理が働いたとしても不思議はないから、あるいは松枝はとっさにありのままの気持ちを述べたものとも考えられる。しかしそれでも、登場人物をそのモデルに似せて書くという順序が常識であり、逆に、モデルの方が作中人物に似てくるということの答えは、いっとき読者を啞然《あぜん》とさせる。それが最初の笑いだ。そのうち、けっしてあり得ないわけでもなさそうな気がしてきて、妙におかしくなるかもしれない。そこにはいくぶん苦みのまじった微妙で深みのある笑いが控えているような気がする。

32 美人よりあなた——逆効果

野内良三の**『ユーモア大百科』**に、皮肉な例が載っている。大学卒業後、久しぶりに会った友達に、シルビーとアメリーと、どっちにするか、女のことで悩んでいたが、あの話、結局どうなった？と当時の話題を持ち出し、「幸せをつかんだのはどっち」と尋ねると、シルビーだと答えた。この場合、「幸せをつかむ」というのは、競争に勝ってお目当てのその男性すなわち友達を射止めることをさす、と誰もが思うだろう。ところが、その友達の答えはまったく違う判断規準に立っている。シルビーを幸せと考える理由は、アメリーが自分と結婚したからだというのだ。それを「幸せ」と呼ぶかどうかはともかく、シルビーが誰と結婚したとしても、あるいはまだ独身でいるにしても、ともかく自分と結婚した女よりは恵まれているという論理なのだろう。好きな人と結婚して幸せになろうという諸人の夢をことごとく打ち破る、**《逆効果》**の警鐘なのかもしれない。

こんな話もある。そそっかしい大使がカクテルパーティーに大幅に遅刻したところ、女主人が、残念ながら「きれいどころ」はみな帰ってしまったと言うので、「ここにお伺いしたのは、きれいな女性のためではありません。あなたのためにやって来たのです」と応じたらしい。おそらくとっさに、相手を立てるための精一杯の社交辞令として殊勝なことを口走ったのだろう。「あなたのために」という部分は相手も喜ぶだろうが、「きれいな女性」の部類に入らないことにもなり、**《逆効果》**となる危険もたっぷりだ。

これとよく似た話をもう一つ。女から「どんなタイプの女性が好きなの。美しい女、それとも頭のいい女？」と質問された男、思わず「どちらでもない。ぼくが愛するのは君だけ」と答えてしまった。「君だけ」はいいが、冷静に考えてみると、論理的に、結果としてその女は美しくも、頭がよくもないことになる。

五代目**古今亭志ん生**の落語**『火焔太鼓』**では、道具屋の亭主がそのまぬけな仕事ぶりを女房にこきおろされる場面で、こんなやりとりになっているという。店に入って来た客が「いいタンスだなあ」と言ったとき、お前さん、にこにこ笑いながら、「ええ、いいタンスですよ。うちの店に六年もあるんです」と言ったが、なぜそんなことを言うの、それじゃあ、「六年売れないでおいてあるってこと、言うようなもんじゃないか」と、女房が亭主のまぬけな応対を指摘して、教え諭す。

つまり、長年にわたって大事に飾ってあるというのは、一般的には貴重な品物を大切にしてきたというプラスイメージが働くが、ここは古道具屋の店先だから、このおかみさんの言うとおり、反対に長い間売れ残っているというマイナスイメージになってしまうのだ。こういう**《逆効果》**に気づくのも、笑いのきっかけをつくる。

33 約束と実行――逆手に取る

野内良三の『ユーモア大百科』から、うっかりしたことを言うと逆手に取られるという例を紹介しよう。市会議員に立候補した男が、市場で八百屋に、自分に一票入れてくれと頼んだら、残念ながら別の人と約束してしまったという返事。翻意を促そうと、「約束と実行はまったく別の問題さ」と言うと、相手は「そういうことなら、あんたに入れると約束するよ」と応じたという。八百屋から見れば、相手のことばを《逆手に取った》ことになるし、候補者にとっては、翻意を促すつもりで言ったことばが逆効果となって、かえって致命傷ともなりかねない結果を招いたことになる。

中野実の小説『パパの青春』に、こんな男女のやりとりが出てくる。「話があるんだ」「言訳なんか聞かない」とか、「嫉妬《やい》てやがら」「背負《しょ》いなさんな。男はあんたひとりじゃあないのよ」とか、「言訳の為だとばかり思ってやがらあ」「言訳より外にいうことがあるの」とかと、事あるごとに言い争っていた二人。女が「何時《いつ》まで思わせ振りなこと言ってるのよ」と言ったのに、「聞きたいんだろう。やい」と言い返したばっかりに、それを《逆手に取られ》、女に「言い度《た》いんだろう。やい」とお株を奪われてしまう。

34 妾《めかけ》を焼く――飛躍

野内良三の『ユーモア大百科』から、今度は、飛躍が笑いにつながる例を紹介する。有る男が「家内は毛皮アレルギーなのかもしれないな」と言い出したので、相手は「どうしてそう思うんだ」と根拠を問うと、「ミンクのコートを着た女を見ると、きまってイライラしだすので」と説明したという。今日では世の中に多種多様なアレルギーがはびこっているので、その症状もさまざまだから、痒いとか、涙が出るとか、肌にぶつぶつが出るとかというのとは別に、このように気持ちがいらいらするというのも、一種のアレルギーと考えられないこともないかもしれない。

しかし、この夫、妻にそんな変化の起こる要因のすべてを、すれ違う女性の衣服と関連づけ、それもミンクのコートというところまでどうして絞り込むことができたのか不思議だ。また、症状と認定したその反応が、そういう高価な衣装を当人が所持していないために起こるという、自然で、しかも最も考えやすい心理的な原因を、なぜいきなり排除したのかも疑問である。そういうふうに考えてみると、「ミンクのコート」から「アレルギー」と結論づける過程には、相当な《飛躍》があるはずで、そこが読者の笑いにつながるのだろう。

サトウハチローの『**若者行進曲**』に、「人の運命というものはほんとうにわからないものだ」と前置きし、「誰が新吉の二君が、新案あさめし屋の屋台をひいて立ちあらわれると思った人があろうか」と謎めいたことを述べ、こんなくだりが続く。

「ことのおこりは、犬にあった。その前をさぐって行くと、伍長《ごちょう》老人に逢ったことにある。尚《なお》源をたずねれば、暁に響くラッパにあったとも言える。もしも、新吉君が一人だったら、ラッパを聞いたとしても起きて行ったかどうか、それはわからない。してみると、忠三君と知合いになった為ということにもなる。それには、どうしてでも忠三君の妹が原因のひとつとなって出てくる。もっと掘り下げると、アルコールランプを忠三君がひっくりかえしたためということにもなりはしないだろうか」というぐあいに、二人がそうなるという結果をもたらす大もとを延々とたどってみるのだ。

が、それを煎じ詰めて、「二人があさめし屋になったのは、アルコールランプのため」という説明をしても、あまりに飛躍しすぎていて、誰にも理解不能だ。作者は「人の運命というものは、わからないものだと、月並ながらも片ずけておいた方がよさそうである」と放り出す。多くの場合、こんなふうにさまざまな偶然が積み重なった結果、ある状態が実現しているのは事実だろう。もしも自分が文学の道に進まなかったら、この息子たちは生まれていなかったはずだし、自分自身がこの世にあるのも、多くの偶然が重なった結果であるに違いない。本をただせば《飛躍》がありすぎて人知の及ばない、そんな複雑な因果のからみあい、それが人生であるような気もして、しみじみとおかしみがこみあげる。

同じく**サトウハチロー**の『**人生の催眠術師**』にこんな話が出てくる。新納という名の「天神髭の漢文の先生」は酒飲みで、やたらに催眠術をかけたがるので、「アルコール」とか「催眠術」とかという別名で呼ばれる。ハチローは術にかかったふりをするのが「堂に入ったもの」だったようだ。ところが、カンニングの方は下手で、とうとう見つかり、「停学をくってしまった」。そう言い渡されて、「古いネクタイのように、しおれて出て来た」ハチローに、新納先生は「これでうどんでもたべて帰れ」と十銭玉を握らせた。根っからの詩人だったのだろう、ハチローはその「十銭玉を目にあてて泣」きながら、十銭玉の穴を「人の悲しみを呼ぶための穴」と思ったらしい。学校の近くの三朝庵という大隈侯御用達と聞く蕎麦屋で、「泪《なみだ》をさとられまいと、てれかくしに薬味のとんがらしを、しこたまぶちこん」で、掛けうどんをすすったという。

それから何年か経ち、当時の野球仲間にばったり出逢って、例の「催眠術」の話題が出た。ハチローが「学校を出されてから間もなく」学校を「やめさせられた形」で退職し、その娘は「家が困るので、お妾《めかけ》に行った」という、思ってもみない話。その相手は有間とか何とかという博士で字引をこしらえている人らしい。思わぬ噂が耳に入ったハチローは、さっそく家に帰り、すぐさま「本箱から字泉という字引きをひっぱり出」すと、「背皮に金ぱくで押されてある文学博士有間武雄という字を、ナイフでけずりと」り、「両手でつかんで、バラバラにほぐし」て「火鉢にくべた」。その煙に気がついた「おふくろが茶の間から出て来」て、「どうしたんだい、馬鹿にくさいじゃないか」と言う。ハチローはとっさに「何でもありませんよ。妾をやいているんです」と答えたという。作者自身が「勿論《もちろん》おふくろにわかる筈はない」と書いているように、このせりふはあまりに飛躍が大きく、おふくろだけでなく、そこまで読んできた読者以外には通じない。一方的なその《飛躍》がおかしい。

35 ニューヨークの麻疹――論法の誤り

野内良三の『**ユーモア大百科**』に、こんな笑い話が出てくる。学校の先生が、フランスから見て中国と月はどちらが遠いかという質問をしたところ、もちろん中国だと答えた生徒があり、その判断の根拠を尋ねると、月は見えるが中国は見えないからだという。目に見える対象より、目に見えない対象のほうが遠くにある、という理屈であり、経験上ほとんどの場合それで正しい。ただ、地球が球体であるという一点を見逃しているだけだ。

こんな話もある。たぶんパリかロンドンかの学校なのだろう。小学生が「お姉ちゃんが麻疹なんです」と言ったら、先生にすぐ家に帰るように言われた。ほかの生徒が次々に感染しては大変だから、すでにウイルスを持っている危険性のあるその子をみんなから遠ざけるために採った先生のこの指示は当然のように見える。しかし、その子はすぐに母親の手で学校に連れ戻される。母親は先生に、この子が言い忘れたことがあるとして、「姉は二十四歳で、今ニューヨークに住んでいます」と説明を補ったという。

この生徒がズル休みをするためにそういう言い方をしたのかどうかは知らないが、けっして嘘を言ったわけではない。先生の方にも小学生の姉となれば当然家でいっしょに暮らしているという思い込みがあり、早飲み込みで急いで帰宅させたのだろう。つまり、冷静な母親の言動により、言い方の不備だけではなく、理解する側にも論理的な不備があって生じた行き違いだったことがわかる。

誤った三段論法の典型としてしばしば取り上げられるものに、こんな例がある。「英雄は色を好む」と始め、それ自体が正しいかどうかはともかく、そのあとに恥ずかしげもなく「私も色を好む」などと公言し、そこから臆面もなく「故に私は英雄である」などという不遜な結論を導くのがそれだ。

この《**論法の誤り**》は容易に見破れる。もしこれが正しければ、「泥棒は人間である」とか「ゴキブリは動物である」とかから「私は泥棒である」「私はゴキブリである」という結論が出てくるし、「女は人類である。男も人類である。故に男は女である」という論法もまかり通ってしまう。

要するに、名古屋は愛知県だが、愛知県は名古屋とは限らないのである。わかりきったことだが、三段論法の形が何となくもっともらしいので、不当な例でももっともらしく見えて、笑いにつながりやすい。

36 おあいこ——詭弁

本来は破綻している論理を、自分が有利になるように、もっともらしく見せかけて運ぶと《**詭弁**》となる。例えば、**金子登**の『**ユーモア辞典**』に載っているこんな話はその好例だろう。「五年間の禁酒」を誓った男に、それなら「十年の禁酒にして夜ばかり呑ん」でも同じことだと奨め、当人がそれに乗って、いっそ「二十年の禁酒にして、昼も夜も呑もう」と心を入れ換えて元に戻る話は、自分の都合のいい方に導くための《詭弁》だ。

『**笑話宝玉集**』には、こんな話が載っている。ラジオが普及し出した当時、ラジオニュースと新聞報道との競争があったらしく、ある新聞記者が「ラジオが新聞の代りになって堪《たま》るものかい、第一、ラジオで弁当が包めるかい」と言って、新聞の優位を主張したという。たしかに、ラジオでは弁当どころか箸さえ包めないが、ものを包むというような些末な利点を、あたかも新聞の使命であるかのように、論理をすりかえた《詭弁》に当たるだろう。布団とベッドとの比較で、布団は干すとふわふわになるが、ベッドのスプリングは干せないという点を主張する笑い話に似ているかもしれない。

乾《いぬい》信一郎の『**阿呆宮一千一夜譚**』には、こんな詐欺じみた話が載っている。道端に立っている男が車を呼びとめ、「旦那この上衣《うわぎ》を隣村まで届けて」と頼む。どうせ通るから届けてやってもいいが、その家は「隣村のどこ?」と尋ねた。ところが相手は、「あっしゃその上衣に這入《はい》って行くから」と答える。要するに、上衣はどうでもいいのであって、自分の身柄を車で隣村まで運んでくれと頼んでいるのだ。見知らぬ男から、いっしょに乗せてくれと言われれば、運転している人間も警戒心が働いて少し身構えるだろうが、上衣なら危害を加える心配がないので、気軽に承知しやすい。そういう心理につけこんで相手をひっかけたのだろう。

男が乗ればたしかにその上衣も隣村まで移動するから、まったくの嘘を言ったことにはならない。重点の置き方をすりかえて、別の意味に思い込ませる知能犯であるにすぎない。まさか「自分と上衣」を運ぶように頼む人はいないだろう。下着も靴もあるからではない。人間を運べば身につけているものも自動的に移動するから、そんなわかりきったことをわざわざ口に出さないのが常識だからである。そういう常識を遊離させた《詭弁》である。

7 摩　擦——矛盾感で刺激

長谷川如是閑の『**踏んだり蹴ったり**』では、こんな大胆な文字式が飛び出す。「芸術家マイナス天才」イコール「精神病者」という等式だ。「芸術家」というものにありがちな一つの側面を独立させ、それだけがすべてのように操った乱暴で極端な式である。したがって、そのまま信用するわけにはいかないが、それでもこの暴論、ひょっとすると、読者を納得させるかもしれない。

同じ著者の**『門』**に出る次の話も、どこか詭弁という雰囲気が漂うものの、一面の真実をついているという点で、よく似ている。正直者が門から入ろうとすると門番がとがめ、泥棒は別の場所から侵入するから、「門と門番は正直な人間だけを拒んでいる関門だ」というのである。たしかにそういう面がありそうだが、かといって門や守衛がまったく不要なわけではないから、痛快なこの論理もどこかに穴かねじれがあるはずである。

筒井康隆『文学部唯野教授』には、自己弁護の珍妙な理屈が登場して、読者を笑わせる。「親友の恋人と寝ちまった」という男の屁理屈だ。恋人を寝取られた親友に対して「悪いことをしたとは思う」と自分の責任を認めつつ、しかし一方、同じその行為によって、自分の恋人にも「悪いことをした」という結果になると主張する。ここまでの論理、すなわち、自分の一つの行為が二人の人間に対してそれぞれ申しわけのない結果をもたらしたという責任を認めるところまでは、論理的にも心理的にもまったく正しい。

ところが、この男は、そこから、「だからおあいこ」だという結論を導くのだ。この屁理屈のもっともらしいのは、被害者の一人が親友自身であり、もう一人が自分の恋人であるから、損をしたのが一方は相手側で、もう一方は自分側の人間であり、双方の損失は同等で、それでバランスシートは均衡がとれている、という図式を目立たせるように論を運んでいる点だろう。

しかし、冷静になってよく考えてみよう。誰がどちら側に属していようと、親友と自分の恋人とがそれぞれ被害を受け、自分はその両方に対して加害責任がある。それが正しい貸借対照表だろう。この間男は、「自分」と「相手」とのバランスを、「自分側」と「相手側」とのバランスに、巧妙にすりかえていることがわかる。落語の**『壺算』**を連想させ、読者はどこか変だとは思いながら、頭がこんがらかって、何となく笑ってしまう。

37 女は女――同義循環

同じことばを何度くり返しても、また、同じ意味のことばをいくら並べても、理屈の上では、情報は増えも広がりもせず、話は一向に進展しない。そういう無駄が呆れ笑いを招く。しかし、それがある文脈の中に置かれると、思いがけない意味を発揮することもある。まったくの無駄に見えるとぼけた形態の表現から、文字どおりには表すはずのない意外な意味が読みとれて、それがおかしみにつながることもある。

形式上は同じ意味のことばを、ある効果を期待して意図的にくりかえす表現を、一つの修辞と認め、**「トートロジー」**または**《同義循環》**と呼ぶ。

サトウハチローの『**青春列車**』にこんな場面がある。お茶に招かれてその家に行ってみると、肝腎の主人役の姿がない。そのことを憤慨して伝える香蘭《こうらん》女史のことば「いないんです。不在なのです。留守です。外出です」というあたりは、その典型的な例だろう。「いない」「不在」「留守」「外出」と同じ意味のことばを畳み掛けるのは、呆れて興奮しているからである。

織田正吉の『**笑いのこころ　ユーモアのセンス**』によれば、かつて漫才でよく使われた「目は人間のまなこなり」というネタは、「目は心の窓」といった気の利いた警句を期待する客を空振り三振に切って取るユーモア効果があったという。色紙に揮毫を求められたある作家は「これは色紙である」と書いて、相手を煙に巻いたという話も添えている。どちらの例も、情報としてはまったくの無駄で、そこから笑いが生まれる。

和多田勝の『**米団治の解釈**』に、噺家《はなしか》の謙遜したマクラの一例が出ている。「我々同様、ちょっと見ると阿呆かいな、ジイッと見ると足らんかいな、付き合うてみたら抜けてた、という、少々オツムの脱線いたしました真空管の壊れた人間が登場いたしますとお笑いが多そう」といった入り方である。「我々同様」となれば、それを演じる人間も賢くないことになるが、馬鹿の与太郎のような主人公を演ずるのに、阿呆の噺家でつとまるわけがなく、これは謙遜なのだという。「阿呆」「足らん」「抜けてた」「オツムの脱線」「真空管の壊れた」と、それぞれ表現は違うが、意味は似たようなもの。それをいくら

⑦摩　擦――矛盾感で刺激

くどく並べても情報量は同じで、一向に話は進まない。そういう甚だしい無駄に気づいた時に笑いが起こる。馬鹿を演じる側はむしろ頭がいいのだと強調した後で、「むしろ主人公に近い側のお客さんがいてはるぐらいです」と発展するくだりもおかしい。

笑わせるためではないが、純文学にも《**同義循環**》の表現が出てくる。**大岡昇平**の『**妻**』に「戦争で大抵の女は女になったよ」とあるのは、その一例だ。「女が女になる」という表現は論理的に無意味であるように見えるが、「出征前に私の知っていた妻は、ままごとのように料理を作り、人形と遊ぶように子供と遊んでいた二十六歳の少女であった」が、戦争で二年間留守をしていた間に「一人前の女になっていた」のには、私は感服してしまった」というのだ。つまり、最初の「女」という語は男でない性別をさし、二番目に出てくる「女」という語は一人前の大人である女性をさすというふうに、それぞれ違った意味で使うことによって、一見ナンセンスな表現が文として新しい意味を伝えるのである。したがって、無意味ではないが、「女は女」という《**トートロジー**》が滑稽に響くことに変わりはない。

高田保の『**ブラリひょうたん**』所収の一編「フェミニスト」には、もっと人を食った感じの同義循環が現れる。「女は女であるとき最も女性である」というほとんどナンセンスに見える一文だ。自分を隠すすべを心得ている点で、「女は男のように愚物ではない」とし、男を魅了する優雅さや奥ゆかしさはそこから生ずる神秘的な深さなのだと説くくだりだ。男の世界をそのまま追うのでは男と同等のことしかできず、それは女性の幸福とは言えないと、解放後の女性の行く末を案じているのである。

こういう意味が可能なのは、最初の「女」という語で男に対する女の人一般をさし、二番目の「女」という語では神秘的な奥ゆかしさを保つ女らしさをさし、最後の「女性」という語で価値のある立派な女の人をさす、という離れ業によって自分の主張を相手に印象づけることができた。それでも、一見わけのわからない、とぼけた表現の形が、読者にはやはりおかしい。

38 のりしろ――次元外し

『笑話宝玉集』にこんな話が載っている。小説を書いている細君に「まだ長くかかるかね」と聞くと、「今主人公が死ぬところを書いているわ」という答え。亭主は「そいつが死んだら、此《こ》のズボンのボタンを着けてくれ」と予約を入れる。今なら、「あなたボタンも着けられないの」で万事休すところかもしれないが、ここでは、もともと次元の違う、現実の生活と小説世界とを混同しているやりとりに、笑いのたねがある。

サトウハチローの**『引受け二人男』**にこんな記述がある。「実をいうと、僕には金はないんだ」というせりふの次に「えッ」と書き、その金が「だが、あるんだ」というせりふの次にも「えッ」と書き、そのあと、「借りるんじゃない」というせりふの次に「えッ」と書いたところで、「こいつは三度びっくり」と説明する。そうして、「三万円ばかり」というせりふの次にもう一つ「えッ」と書いて、「四度目と重なると、びッくりはもう、しゃッくりになるから、これで「えッ」と書くのは、やめにしよう」と記した。そこまでは小説の中の世界だが、ここでは小説の外に出て、作者の生の声を聞かせたことになる。こういう**《次元外し》**も笑いのきっかけとなりやすい。

作者のいたずらの極致は、**井上ひさし**の小説**『ブンとフン』**に散在する欄外の印刷だろう。妙な腰つきをすると若い女が裸で立っていたという小説場面になると、「このへんのくだりを、読者諸君のお母さん方に読まれると困る。ここだけを読んで、この本全体を誤解される危険があるから」ともっともらしい理由をつけて、「賢明な読者諸君よ。このページの端の「のりしろ」と印刷してある部分にのりをつけ、ページをはりつけてほしい」と書いてあり、実際に「のりしろ」という文字が欄外に印刷してあるのだ。

そこから少し進むと、また、「このページにも「のりしろ」がある。ぜひのりではってほしい」とあり、「若い女とフン先生が、ともにまるはだかで、テーブルをはさんでさし向いにすわっているところをお母さん方に読まれてはまずい」と、やはりその理由が書いてある。おまけに、母親というものは「非常に物事に感じやすい」から、子供が保護してやらないと、「この本の持つ高い教育的な値打を誤解されるおそれがある」と書き添えるほどの念の入れようだ。こういう人を食った試みは、いわば時間芸術であるはずの文学という《**次元を外し**》、そこに空間的な要素を導入した裏技である。

39 そうだですぞ――読者への介入

酒井くにお・とおるという東北出身の兄弟コンビの漫才で、時折こんな自虐ギャグが飛び出す。とおるが、相方のくにおではなく、観客に向かって、「すいませんけどね、ここで笑わないとほかに笑うとこないですよ。私らの漫才油断したら笑うとこないからね」と直接話しかけるのだ。

八代目**橘家円蔵**は、噺《はなし》のマクラが終わり本題に入ってから、途中で「あ、もう、噺に入ってます」と観客に注意を促すことがある。時には「ウケない時は大きな声を出す」などと説明することもあったという。いずれも次元を踏み外す邪道だが、常識を逆手に取った話の運びは、笑いを取るには有効のようだ。

筒井康隆か**清水義範**かの作品に、たしか主人公が作者に電話をするようなくだりがあったように記憶している。坊っちゃんが漱石に食ってかかったり、シャーロック・ホームズがコナン・ドイルに相談したりするようなものだから、文学としてまともな表現技術とはとうてい認められないが、そんな破天荒な場面を想像しただけでもおかしい。

ただし、小説では、物語の進行中に、本来は内密であるはずの執筆事情などについて、作者が読者に直接語りかける例は、しばしば見られる。例えば、**木山捷平**は『**三等賞**』で、他人の悪口を言う場面が出てくると、途中で「もっと長くかけば書けるのだが、ここでは省略する」などともったいぶるような、とぼけた書き方をして次に進む。これなどは、作者が執筆時の経緯を直接読者に耳打ちする書き方で、そういう例の一種だろう。

サトウハチローにも例が多い。『**子守唄くらぶ**』で、「お店にはお菓子がいっぱいならんでいる」と書いた後、作者が「と聞いただけでつばをのみこむのは、だれです」と、今読んでいるはずの読者を想定し、その個人に話しかける形で親近感を持たせる例である。

また、『**占いの名人モコちゃん**』で、「愛読者のみなさん、このところは、あなたのおばアさんに、読まれないようにしといてくださいよ」と読者に注意するのは、井上ひさしの「のりしろ」に似た機能で、これも読者への介入にあたる点は同様だ。

『露地裏善根帳』では、「仕事をするには、春の夜の寝入りばなに限ると、泥棒学の第一課にもあるそうだ」と書いた後、作者自身が泥棒上がりの経歴かと疑われないよう、「そうだですぞ、経験ずみではない」と、わざわざ「そうだ」という伝聞の助動詞に注意を集めて念を入れるのも、情報としてはもともとよけいなことだけに読者の笑いにつながる。

『僕の東京地図』では、さらに大がかりな介入を試みている。まず、「本願寺の方から歩いて来た美少年を」と書いたところで、「(おい、おい誰のことだい)」という陰の声を挿入する。ここは、作者自身の若い頃の姿を「美少年」と書いた箇所だから、すっかり酒太りした現在のハチローの姿からは想像がつかない親しい読者の反応を先走りして挟んだ註釈だろう。そしてすぐに「思い出してくれたまえ。それが昔の僕だ」と続けるのだが、そこにまた、「(美とはビロウのビだろうというのは誰だ)」という陰の声を挟む。これはその親しい読者の反応を仮定した作者自身の反応である。

『浅草悲歌《エレジー》』では、「民子は帯をしずかに解きはじめた」と書いて、読者が官能的なシーンを予測する瞬間、「読者諸君！　私はこれ以上、この場面を描写するにしのびない。フラッシュをたこうが、レンズを向けようが、民子が、いかなるポーズをしようが、彼女のためにわれわれは目をつぶろうではないか」と、書きかけた筆を引っ込めてしまう。紳士的で大義名分が立つだけに、読者も無理強いはできない。手玉に取られて笑うだけである。

7 摩擦——矛盾感で刺激

コラム❼
送り状と礼状
——忘れた頃に届いた礼状

【問】贈り物のお礼は早い方がいいから、手紙より電話のほうが向いてますよね？

【答】 直接受け取った場合は、一分後でも間が抜けるから誰でもすぐ礼を言います。手紙でもその場で手渡す①のは無理だが、その日に書くのが礼儀だとされるほど、早いに越したことはありません。遅れると、贈り主は無事に着いたか心配になるし、安物で先方が気分を害したのでは②と、よけいな気を遣うことにもなりかねません。
　ただし、著書を寄贈された時は微妙で、着いた日に書くとなれば、読む時間がないから「拝読するのが楽しみです」といった内容になるが、感想を知りたい著者はそれでは物足りません。かといって、読み通してから書くとなるといつになるか見当がつかず、ひょっとすると忘れたまま世を去るかもしれません。③いつだったか、帝国ホテルの酒席でたまたま作家の竹西寛子さんと隣り合った折にそんな話題が出て、稲垣達郎先生など一年も経って忘れた頃に礼状が届くこともあると伺いました。それでもきちんと読んだことがわかる文面だから有難いと、目を細められました。これは近代文学の大家の話であって、素人では何年経ったらまともな感想が書けるかわかりません。④そこで、本のごく一部について寸感を記した礼状をとりあえず出しておき、読了したあかつきにあらためて感想を書き送るという妙案を開発したのですが、後半はまだ一度も実現できたためしがありません。⑤
　その竹西さん、対談のために先輩作家の自宅を訪ねた折、電話が鳴って中座した某女流作家は戻って来るなり、小説を贈った相手からだったと伝え、「あの人も偉くなったものね、本のお礼に電話を掛けてくるんだから」と、ぽつりと一言もらしたらしいのです。瞬間はっとした竹西さんは、それ以来ずうっと肝に銘じているそうです。⑥
　その逆に、人に著書を贈って大失敗した、昔の軽挙妄動は、今でも汗顔の至りです。『感覚表現辞典』の企画で、幅を広げようと、学生に用例採集を手伝ってもらったことがあります。多くは早稲田の文学研究科の中村ゼミの大学院生ですが、当時講義を担当していた関係で、お茶の水女子大学の学生にも協力を依頼しました。用例の整理から、それをどんな基準で分類し、どういう順に排列して、いかなる解説を施すか、それがすべて編者個人の作業になるから、完成までに長い年月がかかります。ようやく本になったので、挨拶を兼ねて協力者全員にお礼として一冊ずつ贈呈しました。何年も経っているから宛先不明で戻って来ることも当然あるのですが、一冊だけ先方から受取拒否として送り返されてびっくり仰天。一瞬ショックでしたが、相手の立場で考えれば無理からぬこと、送り状を添えずに発送した自分が浅はかだったわけで、人間としての未熟さを思い知りました。

たしかに、どんな趣旨の贈り物かわからないと、受け取っていい筋合いのものか判然とせず、開けるのが不安だし、慎重な人だと賄賂に当たらないかと気にする。問題の一冊は、どうやら宛名の主が今は別に住んでいて、何も知らない親許に届いたようです。縁もゆかりもない出版社から頼みもしない本が届き、てっきり売りつけるつもりだと勘ぐったとしても不思議はなく、クーリングオフの間に逸早く返送したのはむしろ英断だったはずです。送り状のない贈り物は失礼だから即刻送り返すと豪語して憚《はばか》らない女教授もいます。⑦何もそこまでと思うものの、筋は通るから当方の面目まるつぶれです。

これに懲りて、以後は必ず挨拶状を付けていますが、庄内藩の御殿医として代々中村仲庵を名のった家系のせいか、相手をクスリとさせたく、⑧野暮を承知で枠がるのだから苦労が絶えません。随筆集の場合は、「八流の研究者、十三流の教師として過ごした半世紀の間に書きちらした折々のエッセイ、永遠の闇に葬り去るにはちょっぴり惜しい反古《ほご》を、未練がましく屑籠から拾い集め」と、ひどく謙遜した調子で真実を暴露します。⑨「毎週土曜に二年間、朝日新聞「サザエさん」の横に連載したささやかなコラム」と著書のネタをばらし、「訪問した作家たちの肉声や部屋の空気が伝わるよう臨場感を持って」とうっかり大きく出てしまったら、「笑味期限の切れないうちに」と軽口を添えてバランスをとります。

店から名産品を送らせる場合は送り状のタイミングに頭を悩ませます。品物より遅れては、先方が趣意不明のままためらいながら開封することになるので失礼だし、あまり早すぎると今度は、なかなか届かないのにいらいらし、配送事故を疑うかもしれません。品物より遅いのは禁物、前日に到着するのが理想的とわかっていても、いつも理想を実現するのは名人芸に近いでしょう。⑩

【表現の仕掛け】

①受け取って一分後に礼を言うとか、お礼の手紙を相手の目の前で書いて手渡すとか、日常生活で現実にありえないことを想像させる。

②安物で相手が気を悪くするところまで想定する、気のまわし過ぎ。

③「忘れたまま世を去る」といった極端な誇張。

④「何年経ったら感想が書けるか」というのも誇張。

⑤「妙案を開発」などと偉そうに言いながら、自分では一度も実現できない事実を自虐的に暴露して、威張った印象を払拭する。

⑥著書を寄贈された相手が礼状を書く手間を惜しんで、ひょっとしたら読む手間も省いて、領収書代わりの電話で済ませようとしたことを無礼千万と感じた某作家が、相手を「いったい何様のつもりか」と腹に据えかねたという挿話。世代による見解の違いもありそうながら、一片の真理を含むこのエピソードを、いくぶん大仰なタッチで描き出す。

⑦受取拒否に今話題のクーリングオフを組み合わせて「英断」と評価し、「豪語して憚らない」と硬派の語調で揶揄気味に展開。

⑧「御殿医」の縁で「薬」を想起させ、同音の「クスリと笑う」を導く。「野暮を承知で粋がる」とあえて反対語を結びつけて違和感を演出。

⑨「八流」「十三流」と自虐的に極端に低い評価を示して、それを一度「謙遜」とフォローしながら、次に「真実」と自分を切り捨てる。

⑩「サザエさん」の横などとよけいな情報で親近感を増し、「賞味期限」をもじって「笑味期限」と意表をつくことで照れ隠し。日常の行為を「名人芸」と評するのもおどけ。

8 人物
──人もいろいろ

十人十色と言われるように、世の中には実にさまざまな人間がいる。一風変わった人もあれば、滑稽な言動で周囲に笑いが絶えないような人もあれば、その存在自体が滑稽な人もある。昔の爆笑王と言われた噺家《はなしか》、三遊亭歌笑や林家三平などは、高座に上がっただけで客席から笑いが起こったらしい。これからまた何か滑稽なことを言うはずだという期待だけでおかしくなるのかもしれない。客のそういう先走った反応に苦笑し、当人が「私まだ何にもしゃべってないんですけど」と言うと、聴衆はまたどっと笑う。このように、その人がそこにいるというだけで笑いに包まれるのは、過去の言動からの類推で、滑稽の期待値が高まり、つい待ちきれずに笑うのだろう。

もちろん、その人の性質や言動が笑いを呼ぶケースも多い。人間がおっちょこちょいだとか、極度に頑固だとか、人一倍負け惜しみが強いとか、あまりに節操がなさすぎるとか、度を超えてあつかましすぎるとか、人並はずれて臆病だとか、ひどく僻《ひが》みっぽいとか、どけちだとか、すべてに勘定高いとか、欲張りすぎるとか、図抜けて己惚《うぬぼ》れが強いとか、自慢が過ぎるとか、逆に自虐的だとか、人前でのろけるとか、極端に見栄を張るとか、大口をたたくとか、態度が気障《きざ》だとか、やたらに通ぶるとか、ほんの少々の学問をひけらかすとか、奇妙な癖があるとか、奇行が絶えないとか、常識的な線から大きくずれている、そういう人間のさまざまな在り方が笑いをまきおこすのである。

そんな無理をした金など受け取れないと相手の返済をきっぱりと断る頑固な貸し手。先生に立たされたんじゃねえ、おれが立ってやったんだと言い張る負け惜しみ。家賃は払ったかと聞かれ、まだもらっていないと応じるあつかましい店子《たなこ》。びっくりさせようと暗がりで大きな声を出し、その自分の声に驚くほどの怖がり。かわいそうだと思うと、とたんに腹が減るという妙な体質。建具がいたまないよう戸を開けっぱなしにしておくほどのけち。英語の説明を聞いて生徒が辞書で確かめるのを見て、辞書が間違えていないか調べていると考えるほどの過信家の先生。「ゲルトはイヒが払います」などと不要な外国語で気取る度外れの気障《きざ》。執筆中に鼻毛を抜いて自分の書きかけの原稿用紙に植えつける奇行。……

この章ではそんな連中が主役を演ずることになるだろう。

1 赤ちゃん食べたの?——短絡的

友情も恋愛も病気も貧乏も評判も将来も、あまり考えすぎないことが人生のコツらしい。だが、いざとなると実際には難しい。性格的あるいは体質的に、それができる人は幸せで、できないでいる人間にとっては笑いのタネともなる。

昔、クレージー・キャッツの植木等が、「金の無い奴は俺んとこへ来い」と歌い、ごちそうを奢ってくれるのかと思うと、そのあと「俺も無いけど」と続き、「そのうち何とかなるだろう」と甘すぎる見通しを語る無責任な男を演じたが、俳優ではなく役柄のほうはその典型だろう。世の中それで済めば、泥棒の必要もなく、警察も要らないから楽だ。

秋田実の『**笑いの創造**』にも、そんな底抜けの人物が登場する。その男が「金が無くてもクョクョするな、物は思いようや」と言うので、相方が「どない思うねん?」と具体策を問うと、「世界中のお金は全部自分のもんや。一人では使いきれんから、皆に貸したアる」と、世界中に貸しまくっているのだと思ってしまえば、気持ちが大きくなる。そう思えれば、たしかに気は楽になるだろう。まず、ここで笑いが起こる。ところが、その男、他人にあまり「貸し過ぎて、今は小遣が一文もない」と、現実は一向に楽にならない。思いがけないこの展開で、二度目の笑いが起こるはずである。

辰野九紫の『**ホッペの習作**』には、「ヴァジンって英語を知らない位だから処女に相違ない」と見当を付ける人物が登場する。幼女はもちろん、その単語を知っている女性に比べれば、たしかにその確率は高いかもしれない。だから、まったく無関係とは言えないが、そうであるという根拠は何もない。にもかかわらず「相違ない」などときめつける、そのあまりの《**短絡ぶり**》が読者の笑いを誘うのだろう。

織田正吉の『**笑いのこころ ユーモアのセンス**』に、こんな笑い話が紹介されている。出産近い母親の大きなおなかを見た幼女が、「どうしたの?」と心配そうに尋ねるので、母親は「赤ちゃんが入っているのよ」と正直に言って聞かせた。すると、純真無垢のその幼子は、何と「お母さん、赤ちゃん食べたの?」と言う問いを発したという。日頃の経験から、食べるとおなかがふくらむことを知っているから、これは無心の問いであり、きわめて素朴な質問だったのだ。大人から見ると、その素朴すぎる点がおかしくもあり、羨ましくもある。たしかに、西瓜でも何でも、おなかには食べたものが入っているはずなのだ。

サトウハチローの『**長屋大福帳**』に、男の悟りが出てくる。好きな女に得意の絵を贈っては失敗する話だ。「みねちゃんはトマトの如く、新鮮だ。自分はそのトマトが食べたいというつもり」で、トマトの絵を描くと、「あたしトマト大嫌いよ」と言われる。そのあと、「八号のカンバスにハートの絵を書いたその下にみすぼらしい男が手をあげて、つかまんとしている絵」を贈ったら、「ずいぶん、いびつな桃色のお月様ねえ」と勘違いされる始末。とうとう絵を諦めて、今度は率直に「僕は君を愛します」と書いた手紙を送ったら、「私も」といういい返事がもらえた。その一件だけで単純な男は、あたかも「偉大な哲理を発見した学者のように」、「絵はとうてい字にかなわない」という奇妙な結論に達してしまう。

8 人 物――人もいろいろ

夏目漱石の『**吾輩は猫である**』に出てくる、あのわれらが迷亭先生の、いささか手の込んだいたずらを取り上げてみよう。「ニコラス・ニックルベーがギボンに忠告して彼の一世の大著述なる仏国革命史を仏語で書くのをやめにして英文で出版させた」とでたらめを口走ったところ、その話を聞いた単純な学生が、「馬鹿に記憶の善い男で日本文学会の演説会で真面目に僕の話した通りを繰り返した」という。いいかげんな話を鵜呑《うの》みにするのもどうかと思うが、それを確認もせずにそのまま自分の考えとして述べたというのだ。

迷亭の作り話はまったく根も葉もない嘘八百ではない。このうち「ニコラス・ニックルベー」というのは、ディケンズの小説の主人公で、つまり架空の人物だから、この世に存在しない人間らしい。「ギボン」は実在の人間だが、その主著は『ローマ帝国衰亡史』であって、フランスとは無関係。『仏国革命史』という書名は、ギボンではなくカーライルの著作の中にあるという。部分部分に事実をあてはめながら、全体として嘘になるように仕組んだ巧妙な話で、いかにも博学の迷亭らしい冗談なのだ。それを鵜呑みにして、その受け売りを学会で発表した学生も短絡的なら、それをまた誰も疑いもせず、皆が感心して聞いていたというから、参加者もいたって単細胞の生きものだったと言わざるを得ない。おそらく迷亭が揶揄しているのは、それらの個人ではなく、戯画化すればそういうふうに動いているとも言えるこの世の中の仕組みだったのだろう。

2 舶来の和製——馬鹿正直

「正直の頭に神宿る」とか「正直は一生の宝」とかともてはやされるが、それにも程度というものがあって、あまりに度を超すと上に「馬鹿」がつき、笑いのタネになる。

野内良三の『**ユーモア大百科**』にこんな正直一途の店員が登場する。女性客が「セクシーな黒いシュミーズあるかしら?」と尋ねると、「奥様にぴったりの黒いシュミーズがあります」と答え、それでやめておけばいいのに、ただし、「セクシーかどうかは身につける人しだい」だなどと、ほんとのことを言ってしまう。おそらくその客は気分を害して買わずに店を出て来たことだろう。「正直者が損をする」というのは、まさにこのことだ。

こんな話もある。画家の家の盗難事件だ。「強盗が私のアトリエに侵入して、めぼしいものはすべて持ち去りました」と被害状況を話した後、「わたしの絵はみんな無事でしたが」と、不幸中の幸いという感じで付け加えたという。自筆の絵が一枚も、その「めぼしいもの」の中に入らなかったということだから、泥棒が鑑識眼に欠けていたか、価値のある作品が皆無だったかのどちらかだ。真っ正直に、胸をなでおろしている場合ではないのかもしれない。

立花砂山編『**ユーモア処方箋**』には、こんな笑い話が載っている。モダンな美人が電車の中で「し、しつれいななぜ、私の手を握ったりするんです?」と叫ぶと、痴漢かと思いきやその男、「こいつは御免なせえ」と失礼を詫び、そのあと、正直に、「手でござんしたかへへへへ。わっしアまた財布かと思ったもんですから」と、よけいなことを付け加えたばかりに職業が知れてしまう。

柳家金語楼の『**あまたれ人生**』にも、間抜けな泥棒の話が出ている。駅で置き引きやかっぱらいを始めた頃の逸話だ。失職しても女房の手前、百円くらい持たないと家に帰れないと、盗んでみたら、見込みと違って千円以上も金が入っている。そこで、さしあたり必要な百円だけを自分の懐に入れ、残りを返しに行ったという、信じられないほどの正直者。そのために悪事がばれて、つかまった。これが初犯だったらしい。やることも間抜けだが、泥棒がお釣りを差し出したのだから、先方も驚いたにちがいない。

ミス・ワカナと**玉松一郎**のコンビの漫才にこんなやりとりがある。一郎が「御結婚なさったそうですな」とお祝いのことばを述べようとすると、ワカナは「ええ、何回やってもいいものですわ」と応じる。それが本音だとしても、また、それが事実だとしても、日本の社会の常識として、結婚を何度もくり返すのはむしろ恥ずかしいことになっているから、これは明らかに正直すぎる。

金子登の『**ユーモア辞典**』には、相手の本音をそのまま馬鹿正直に実行しようとする冷酷な仕打ちの女が登場する。急死した夫の体を扇であおいでいる妻の、一見かいがいしい光景だ。その夫が、いまわの際に「再婚するのは、せめて、わしの体が冷えきってからにしてくれ」と言い遺したのだという。遺言に忠実に従いつつ、しかも一刻も早く再婚するには、最善の方法だと思ったのだろう、冷凍庫の普及しない時代には。

同じ本に、はやらない医者の奇妙な言動も出てくる。診察した医者が「よい時に、わたしのところにおいでになった」と言うので、患者はすっかり驚き、「そんなに重症だったのでしょうか」と訊くと、その正直すぎる医者は、「明日までほっておおきになると、すっかりよくなってしまう処だった」と、よけいなことを言って、ますます評判を落とす。

落語の『**藪医者**』では、それ以上に腕の悪い医者が、それでも客を呼ぶ裏技が披露される。病人が来ないと、医者の干物ができるので、何とかしないといけないが、そうかといって、急病人の御用はありませんかと町内を触れて歩くわけにもいかない。そこで思いついたのが、客のさくら戦術だ。玄関で大きな声を張り上げ、「御名医という事を聞いてお迎に出ました」と、隣近所に聞かせるのだ。使用人を呼んでその作戦を授けると、呼ばれた権助は「俺がまァ病人の吸出しだね」と、巧みな隠喩で主人をからかう。それでも主人に「玄関へ廻って、一つやってくれ」と言われ、客になりすまして大声で案内を請う。医者が取次ぎのふりをして、やはり大声で、

「これはこれは何《いず》れからお出でになりました」と応対する。すると、根が正直者の権助、「台所から廻って来ました」と、事実をそのまま話してしまい、せっかくの妙案も台無しになってしまう。

東健而の『**和製アドルフ・マンジュー**』で、こんなナンセンスな質疑応答がくりひろげられる。まず、論理的には「お前の頭には脳味噌が這入っていないのか？」という問いが問いだ。第一、脳味噌が入っていなければ質問の意味がわかるわけはないし、「入っていない」とことばで答えられるはずもない。もしも相手が「ああ、入っていないよ」と自分で認めたら、それで何がわかるのだろう。普通の人間ならこんな質問にはまともに答えない。ところが、この作中人物は普通の人間ではないらしく、「這入ってるよ」と馬鹿正直に答えるのだ。しかも、この生真面目な男は、ほかに何かが足りないとでも思っているのか、「脳味噌だけしか這入《はい》ってないんだ」などと、よけいなところまで踏み込む。

実際に、脳味噌の有無というものが話題になったことはある。昔、ある国語学の老大家が、「最近あんまり頭が働かないので脳味噌がなくなったのではないかと思って病院で調べてもらったら、まだあるって」と真顔で言った。某学会のロビーでかわした雑談のひとこまだ。「そんなことはないでしょう」とも言えないし、「そうでしょう」と言うのも変で、ただ笑っているよりほかはなかった。お互いに《**馬鹿正直**》でないから通じる冗談である。

はんざわかんいち『**愉楽**』の著者紹介欄に、「主な著書に……などがある」「……など、著書多数」といったひながたを逆手にとり、「主な編著書に『向田邦子の比喩トランプ』……など、少数。」とあったのには、思わず笑った。編集者がそんな書き方をするはずはないから、ここは自己紹介だろう。《**馬鹿正直**》に見せる「技あり」の妙手で、書いた瞬間のあの得意そうな顔が見えるようだ。

サトウハチローの小説『**青春五人男**』にこんなやりとりがある。店の主が、盗品ではないことを確認しようと、「この反物の出たところですよ、お怒りになっちゃ困りますよ。これを買ったからッて、留置場へ、はいるようなことはないでしょうね」と訊くと、売りに来た客が、「留置場なら今出たてのホヤホヤだ」と応じる。たしかに、「出たてのホヤホヤ」なら盗んでいる時間はないはずだから、答えになっていないこともないが、そんなことまで正直に説明する必要はまったくない。

随筆**『運命を変えた部屋』**にも、こんなくだりがある。「あくる日から、学校のかえりには(というより野球の練習のかえりにはだ)必ず六区へはいった」という一文だ。いくら野球が目的で学校に行くにしろ、本来はそこまで正直に註釈までつけなくてもよさそうなところである。

同じく随筆**『礼儀正しくするなかれ』**には、こんな例が出てくる。「転校後すぐ仲よくなった五年生にさそわれて、(どっちがさそったなんていわないで下さい)その大きな二階建ての家に泊った」とある。ここは小学校の五年生ではなく、旧制中学の五年だからもう大人の体で、その建物もなにやらいかがわしい雰囲気が漂う。そこに一泊した翌朝、歯を磨きながら表に出たところ、「見たことのあるチョビヒゲの紳士」が近づいて来た。すると、「一緒にならんでいた五年生君は、とっさにいなくなった」。今さら逃げるわけにもいかず、その数学の先生に、不動の姿勢で「お早うございます」と礼儀正しく挨拶をした。

すると、学校の貼り紙に「以後出校に及ばず」とあり、「かくれた五年生の名はなく、ボクの名だけが、朝の光りの中に浮き出していた」という。こうして、ハチローは、「人間、礼儀正しくするなかれ」という教訓を得たらしい。

木山捷平の小説**『六日目』**に、前に自分の住んでいた家が今どうなっているかと、訪ねてみる場面がある。近くまで行って、そのへんの人に、めざす場所の所番地を言って、どのへんかと尋ねると、相手は「二六〇番地は、ええと、何という名前ですか」と訊く。住んでいる人の名前がわかると見当がつきやすいので、これはごく自然な質問だ。ところが、今は誰が住んでいるかわからないので、「名前は行って見ねば分らないですが」と答える。これも正直な答えである。事実そのとおりなのだが、事情を知らないその近所の人は、自分が訪ねようとする先の家の名前も知らない人間と知ってどう思うだろうかと、それが気になる。考えてみれば、先方が怪しむのも道理で、何か自分でもあやしげな男のような気がして来たという。どちらも自然で正直なことばのやりとりなのに雰囲気はよくない。

佐々木邦の『**嘘**』という小説には、人の正直がかえって好ましくない結果をもたらす場面が描かれる。少々奮発して外国の化粧品を手に入れた友人に、馬鹿正直な男が、「今君が買った舶来の香水は実は和製だぜ」と水を差し、「日本で拵《こしら》えて、フランス製というレッテルを貼るのさ。僕はそれを拵える家を知っている。池袋のちっぽけな工場だぜ」と内情をばらしてしまう。

そして、「僕の下宿のお上さんの弟がやっているんだから、レッテルなしのなら一壜《ひとびん》五十銭で買って貰える」と便宜を図ってやろうとする。当人はあくまで親切なつもりだ。言われたほうも、これからは同じ品物が十分の一の値段で手に入るという話だから、悪い話ではない。それが論理だが、心理は違う。舶来品を手に入れたと思う喜び、そういう夢が跡形もなく消えたのだから。そうして、「こんな真正《ほんとう》は言って貰わない方が難有《ありがた》い。折角五円奮発して買った香水も五十銭と聞いてはつける気にならない」。それが人間なのだろう。

3 返済お断り——頑固

落語の『**強情くらべ**』に、けっして譲らない人間が登場し、それが度を超えているので笑いのタネになる。一緒に酒を飲もうときめた相手が自分と好みが違うのを自分側に引っぱる、その強引さがすごい。「たとえお前が牛肉を食おうが食うまいが、乃公《わし》はお前と二人で一杯やろうと云い出したからには、厭《いや》でも応でも口を割っても食わせずにゃア置かねえ」と、ほとんど暴力的である。これでは勘定向こう持ちでも喧嘩になりそうだ。

同じく落語の『**狂歌の餅**』では、夫婦そろって《**頑固**》で、餅をめぐってこんなやりとりがくりひろげられる。亭主が「手前が何と云っても俺ア雑煮なんだから」と一歩も引かぬ気合を見せれば、女房はそれに輪をかけたように、「妾《わたし》は誰が何と云ってもお汁粉なんだから」と譲らないどころか、「若《も》しそれが嫌なら警察へでも何所《どこ》へでも行きましょうよ」と、警察沙汰も辞さないという覚悟を見せる。

頑固も悪いことばかりではない。時にはこんな人情あふれる頑固者もいる。やはり落語の『**強情くらべ**』に、こんな粋なやりとりが出てくる。

困っている時に借りた恩義のある金だから、できるだけ早く返済しようと、何とか都合をつけて返しに行くと、相手はそれでは約束が違うと怒りだした。貸す時に私は、都合がよくなってから返すようにと言ったはずだ、そんな無理をした金など受け取れるか、「お前さんの都合の好い時にお返し、さもなくちゃア受取る事ア出来ねえから」と言って追い返す。なかなかいい話だ。こんな落語の世界だったら、この世も捨てたものではない。

サトウハチローの『**若者行進曲**』にも、そんな落語じみた人間が登場して潤いを与える。小学校の時の運動会で、友達とほぼ同時にテープを切ったはずなのに、先生は寅さんに一等の旗を渡そうとしたらしい。すると、寅さんは、「いいや俺の方がおそかッたから二等の方じゃなけりゃ貰わない」と先生に喰ってかかったという。頑固は頑固だが、これぞフェアプレーであり、なかなかふるっている。浮世離れはしているが、こういう人が出世するような世の中でないと、ほんとはおかしいのだ。

同じハチローの随筆『**東京の今昔**』にも、そういう気概にあふれる記述がある。昔の屋台を引く人間には、「味では、どんな一流の店にも負けないぞ」という面がまえがあったという。今の屋台店のように、「一軒の店でうで卵を売り、おでんを売り、みつ豆をさばき、ところてんをつき出す、というような節操のない、だらしない女郎みたいな商売はしていなかッた」と、往時を懐かしむ。女郎のたとえが妥当かどうかは知らないが、頑固な詩人らしい一本の筋がぴーんと張っている。玄人の誇りというものを大事にしていた頑固な時代だったのだろう。それにひきかえ現今は、職人だけではなく、政治家も、作詞家・作曲家・歌手も、噺家《はなしか》も、学者も、素人との境目が目立たなくなったような気がする。

4 仕出しで居すわり——強情

馬場峯月編『**ゆうもあ物語**』にこんな小咄が載っている。何を借りに来ても、貸すことは貸すが、すべて門外不出で、ここで使えと条件を付け、けっしてよその家には貸し出さないという頑固な人物。そのためにに近所でははなはだ評判が悪い。

「きのう砥石を借りに行ったときもその通り、一昨日薪割りを借りに行ったときもそう」だったと、そういう扱いを受けたことを根に持つ人間が、いつか機会があったら仕返ししてやろうと待っていたところ、先方から使いの者がやって来て、「誠に申し兼ねましたが、梯子を少々お借りしたいのですが」と言う。

ここだと思い、「お易い御用だが、一つ此方《こっち》に来てお使いなされ」と言ってやった。砥石や薪割りとは違って、その家に忍び込むのでもないかぎり、梯子は持ち運んで登りたい場所に据えないと役に立たない。融通の利かない仕打ちで間が抜けているが、いい気味という気分だけは味わえる。

落語の『**強情くらべ**』には、もっとはるかに格上の強情者が何人も出てくる。その筆頭は、「今日中に何《ど》うしても三十円無くっちゃァ男が立たねえんでがす。三十円貸して呉《く》れなきゃァ此所《ここ》を動きません」と強引に借金を申し込み、相手に、まるでこっちが借金しているような言いぐさだと呆れられる男だろう。

「借りないうちは帰りませんよ」と座り込みを宣言する。自分の家に他人の同居人が増えては迷惑なので、主人は当然、「巫山戯《ふざけ》ちゃァいけねえ、お前が帰らぬといって乃公《おれ》ァお前に飯を食わせる訳にゃいかねえ」と、追い払おうとするが、この強情者には一向に効き目がない。売り言葉に買い言葉、「五日が六日でも帰りません、俺《わっし》が勝手に居るんですから、お飯《まんま》を食わせて貰わねえでも、横町の仕出屋へそう云って弁当を取って坐って居ます」とケツをまくるから、始末に負えない。借金の取り立てならいざ知らず、金を借りに来た人間が他人の家に座り込むのさえ、立場をわきまえない仕打ちだが、そこに仕出し屋から三度三度の食事を届けさせるという前代未聞の話だ。聴衆も開いた口がふさがらない。

5 何屋何兵衛――融通利かず

野内良三の『**ジョーク・ユーモア・エスプリ大辞典**』には、もっとひどい例が出ている。農林監視員が、川に入っている男に、「立札が目に入らないのか！　ここは遊泳禁止だぞ！」とメガフォンでどなった。すると、手足をバタバタさせているその男が「泳いでるんじゃない、溺れているんだ」と叫んだ。それを聞いた監視員、

「そうか、それならいいんだ」と表情をやわらげたという。杓子定規もここまで来れば立派なものだが、そのまま立ち去ったら、人命にかかわる。

相手がタバコをくわえながら「マッチある？」と聞いているのに、黙ってライターを差し出す人がある。質問には答えていないが、要求には応えているから、常識的な対応である。コミュニケーションは相手の表現の意味よりもその表現意図をさぐることで成り立っているからだ。「ない」と正確に答えて立ち去る**《融通利かず》**は、世の中に波風を立てる。「ある」と答えてそのまま行ってしまうのはなおさらだ。

伊馬鵜平の小説**『強談9列車』**に、まさにそんな場面が出てくる。同じ列車に乗り合わせた紳士の無礼な態度に腹を据えかねていたら、「敷島を一本くわえると、燐寸《マッチ》のないことを発見し、図々しくも都甲君に向って借用を申込んだ」。しかも、「お持ちでしたら拝借ねがえませんか」と頼むべきなのに、「お持ちじゃないでしょうナ」とは何だ、と舌打ちをして、自分も一本くわえて、「チョッキのポケットからライターを取出して、これ見よがしにパッと火を点けた」。そして、先方が「なんだ、お持ちなンじゃありませんか」と言うのを無視して、「そのままライターをしまいこんだ」というから穏やかではない。「ちゃんとお持ちなのに」と迫る紳士に、「燐寸は持ってませんからね。これはライターってもんです」と皮肉を言って、おもむろにライターを差し出した。いかにも融通の利かない対応でちょっと厭《いや》らしいが、読者の笑いを引き出すには有効だ。

落語の**『藪医者』**では、一向に客の寄り付かない藪医者、宣伝用に使用人が客を装って玄関で大声で往診を頼むまねをするのだが、そのさくらになる人間がまったく融通が利かない。どちらからと訊かれ、「瀬戸物町から参りました」と答えたまでは上出来だったが、それだけでは訪ねようがないので、何屋何兵衛から来たと、そこまで言うように注意されたものの、融通の利かないその男、そのまま「何屋何兵衛から参りました」という言い方をする。そこで、「万屋久兵衛とか伊勢屋とかいう酒屋からだとか云いなさい」と具体的な例を挙げて指示すると、またもや「伊勢屋久兵衛か万屋久兵衛からめえりました」とそのまま言う始末である。行く先に「か」が付くのでは、往診に医者が二人必要になる。

6 道草食って褒められる――あまのじゃく

松山思水の『**笑の爆弾**』に、心の病に効く哲学の話が出てくる。お屋敷の若様がベランメーという妙な病気に罹《かか》ったので、それを治せば金がもらえる。「ベランメー」というのは聞き違いで、ほんとは「メランコリア」という「気のふさぐ病気」だ。医者の話では、一度面白いことがあって、「心の底から笑い出すと気が急に変って、もとのように陽気な子供になる」という。そこで、大笑いさせた者に賞金を出すことになり、落語家や手品師を呼んでみたが、そんなものに騙されるような馬鹿じゃないと、かえって怒り出して手がつけられない。

そこに「人間の性質を見抜く学問」だから、「哲学を応用すればよい」という提案が出る。具体的には、「頭を、いきなりガンと叩き付ければいい」と言うので、そんなことをすれば若様はなお怒ると反論すると、「人の面白がる落語や手品を面白くないと云って怒る人間は、人の怒る事をされると却って面白がるものだ」と、にわかに信じがたい論を展開し、「ここが即ち哲学だ」と偉そうに言う。それがほんとなら、心の病ではなく単なる**《あまのじゃく》**にすぎないし、相手も「怪しい哲学だね」と信用しない。

夏目漱石の『**草枕**』に登場する観海寺の小坊主了念も、減らず口のたたきぐあいは典型的な**《あまのじゃく》**だ。床屋の親方が「此間《こないだ》あ道草あ、食って、和尚さんに叱られたろう」と言うと、「いんにゃ、褒められた」と反対のことを言う。親方が「使《つかい》に出て、途中で魚なんか、とって居て、了念は感心だって、褒められたのかい」と皮肉まじりにからかうと、今度はそれに乗って、「若いに似ず了念は、よく遊んで来て感心じゃ云うて、老師が褒められたのよ」と負けていない。親方も「道理《どうれ》で頭に瘤が出来てらあ」とその矛盾を突くのが精一杯である。

7 暗いよ――負けず嫌い

小沼《おぬま》丹の随筆『**井伏さんの将棋**』に、文学の師にあたる井伏鱒二の人柄が活写されている。小沼が学生の頃、ある朝、井伏家を訪ねたら、今日中原稿を仕上げなくちゃいけないので、早起きをしたんだと忙しそうなので、恐縮して帰ろうとすると、お茶ぐらいはいいだろうと無駄話をしていたら、井伏は突然「ちょっとだけだよ、忙しいんだから」と言って将棋盤を持って来た。危ない予感がして遠慮しようとしたが、一番だけということになって指したら小沼が勝った。お辞儀をして失礼しようとしたが、井伏はぶつぶつ言いながら、「三番勝負さ」ともう自分の駒を並べている。断るわけにいかない雰囲気を感じて、あと二番指すと、それも小沼が勝った。

すると、「原稿なんて、どうだっていいんだ」と井伏は乱暴なことばを吐いて、次の対戦を催促する。こうなると、責任を感じるけれども、受けないわけにいかない。そのうち昼御飯が出て、午後の対局が始まる。いつの間にか、夕暮れ近くになっていて、小沼が盤にかぶさるように次の一手を考えていたら、「君、暗いよ、だから僕が負けるんだ」と井伏に叱られた。あくまで棋力の差ではないと言い張るまでに戦績がふるわなかったのだろう。さすがにそのあたりまで指し続けると、小沼の方は頭がぼんやりしてきて、ずるずる負けだし、ふらふらになって帰る頃には、結局負け越していたらしい。

相手は、「今日は堪能した。愉快だったね」と上機嫌だったという。ともかく自分が勝つまでは絶対にやめない。これは小沼を相手にした時だけではないらしく、いつまでも放してくれないので対戦相手が途中で泣き出したとか、やっと終わって立ち上がったら、ふらふらと倒れたとか、そんなエピソードに事欠かない。結局は体力の勝負で、相手より少々強いぐらいではとうてい勝ち越せないと小沼も言うとおり、**《負けず嫌い》**もここまで来れば、もう笑わずにはいられない。

8 実戦さながら——負け惜しみ

野内良三『ユーモア大百科』の中に、パリの空港にも名を残すフランスの国民的英雄ドゴールに関する逸話が載っている。当人は大柄で、そのことを得意に思っていたらしく、自分より上背のある人間が気に入らなかったのだろう、もしも相手が「将軍、わたしの方が大きいですね」などと言おうものなら、「いや、大きいのではない、ただ長いだけさ」と言い張ったという。どんなに「高い木」も倒れてしまえば「長い木」に変わるから、どれほど背の「高い」人間も寝ている状態では「長い」

存在なのかもしれない。しかし、そんな応酬は立ち話だろうから、これは単なる屁理屈で、子供じみた《**負け惜しみ**》にすぎない。

こんな笑い話もある。釣りに出かけた男が、「見ろ、今日の戦利品だ」と、魚の沢山入った笊《ざる》を差し出すと、妻は「嘘ついたってだめよ。マルタン夫人が、あんたが魚屋さんにはいるのを見たと言っていたわ」と笑う。もうバレていたのだが、それでも男は「そのとおり。今日は捕れすぎたんで、少し引き取ってもらったんだよ」と譲らない。お見事!

サトウハチローの『**おさらい横町**』に、「僕は先生に呼びつけられた。叱られた。立たされた」とあり、次に「いや立たされたんじゃない」と前言をひるがえし、続いて、「立ってやったんだ」と、言い換える場面が出てくる。子供にもプライドというものがあるから、先生に「立たされた」と考えるのは屈辱だ。「立ってやった」と言っても、当人がある時間一定の場所に起立の姿勢をとっていたという事実は何一つ変わらない。しかし、その行為を先生の命令ではなく、自分の意志で実行したとなれば、いくらか気分が違う。

そのハチローの随筆『**野球さまざま譚**』の中に「野球を教えてくれた人」という一編があり、草野球のコーチを務めた父親の逸話が出てくる。ハチローの父といえば、少年小説『ああ玉杯に花うけて』の作者として知られる佐藤紅緑《こうろく》だが、「コーチの方が選手よりも技が劣っているのだから始末がわるい」と、野球の評価の方はさんざんだ。その具体的な一例、「サード」と叫んでノックバットを振ると、「球は三塁へ行かずに一塁へとんだり、二塁手の頭を越えたりする」ので、これでは守備練習にならない。

捕手のハチローがたまりかねて「お父さん、だめだ」と、ちゃんと狙った場所へ打つように指示すると、「何をいう、実戦の時を考えろ、どこへ球が行くかわかるか、実戦にそなえてシートノックをしてるのだ」と反対に「僕」を叱りつけたとある。たしかに実戦ではそのとおりだから、言っていることはまったく的外れとは言えないが、打球が意図に反して思わぬ方向に飛んで行くから結果として実戦同様となるだけであり、もちろんそれは苦しまぎれの弁解にすぎない。

9 富はちょいちょいお買い――無節操

落語の『**女房孝行**』にこんなくだりがある。恋煩いでどっと寝込んだ男、かしらに「話をして夫婦にしてやろうじゃないか」と言われて、とたんに元気になり、「有難い有難い、ああお腹が空った」と、鰻丼を三つまたたく間に平らげる。「大変な病人があればあるもの、色気もあれば食い気もある」とあるが、まさにそのとおりで、実に現金な人間だ。

落語の『**富八**』は、富籤《とみくじ》に夢中になって家庭を顧みない男の話である。暮れの二十八日だというのに、「食う米さえ切れて居る」し、「薪も切れて居る、炭も切れて居る、醤油も切れて、砂糖も切れて、塩も切れて居る、皆《みん》な切れて居るんだよ」と女房に言われるほどの貧乏暮らし。気休めに「何か切れねえものが一品ぐらいあるだろう」と言ってみるが、「菜っ切り庖丁が切れないよ」とからかわれ、「そんなものは切れた方が宜《い》い」と応じる漫才めいたやりとりのあと、性懲りもなく富籤を買う金をつくるために、母親の形見で大切な半纏《はんてん》だからと嫌がる女房に無理やり脱がせる。「そんなに富《とみ》が宜《よ》ければ、富と夫婦になるが宜《い》い」という声にも耳を貸さず、家を飛び出す。

その金で買った千両の富籤が当たり、とたんに目を回した八五郎、ようやく気がついて大金を持って家に飛んで帰ると、女房は「何だいお前さん本物のお金かい、どうしたんだい」と驚く。「夢じゃねえ、当ってしまったんだ」と話をすると、女房は「だからお前さん言うんだよ、こういうことがあるから富はちょいちょいお買いと」とまことに調子がいい。

10 庇《ひさし》で様子見――あつかましい

世の中に図々しい奴は掃いて捨てるほどいるから、並の程度では単に嫌がられるだけで、笑いにはならない。笑いを呼ぶには、世間の常識をはるかに超えたあつかましさが必要だが、話の中にはけっこう例が多い。

立花砂山編『**ユーモア処方箋**』には、こんな笑い話がある。タクシーを停めて、運転手に「都ホテルまでいくらだ？」と聞くと、「二円いただきます」と言う。「荷物があるよ」と言っても、「荷物は無料で結構です」というので、客は「では荷物だけ頼む」と言う。人間の運び賃だけもらえば荷物の分はサービスでいいという暗黙の了解を意図的に無視して、ことばのやりとりの表面上の意味だけにこだわれば、たしかにそういう理屈になる。こういう常識を破る図々しさが笑いに直結する。

落語の『**転宅**』に夫婦間のこんな対話がある。女房が「妾《わたし》とお前さんは夫婦だろう、めおとは夫婦だよ、夫婦はめおとだよ」とわかりきったことをくどく言った後、「お前さんの物は妾の物で、妾の物は妾の物だよ」と言い出した。一心同体と言いたいのであれば、「お前さんの物は妾の物」の次は「妾の物はお前さんの物」と続くはずなのに、「妾の物は妾の物」と自分の都合よく欲張って展開するので、亭主も「じゃア俺の物はねえ、皆んなお前のだ」と呆れることになる。

同じく落語の『**長屋の花見**』では、大家から呼び出しがかかって、これはてっきり家賃の催促にちがいないと気をまわし、みんなの納入状況を確かめようとする。調べてみると、店子《たなこ》たちの成績はおしなべてはなはだ芳しくない。一人は「家賃が滞っているのか」と訊かれて「一ツやってあるんだ、体裁《きまり》が悪いや」と答える。そこで、「今月のをやったのか」と確認すると、「今月のやってありゃア体裁の悪い所はねえが」という答え。「それじゃア先月のをやったのか」と訊くと、「先月のをやってありゃア大威張りじゃねえか」と態度がでかくなる。呆れて、まさかと思いながら、「それじゃア去年一ツやったきりか」と念のために訊いてみると、「去年一ツやってありゃア体裁悪がる事アねえやな」といばる始末。ますます呆れて、「すると、二三年前にやったきりか」と尋ねると、「二三年前に一ツやってありゃア、家主の方から礼に来るよ」と、とんでもないことを言い出す。「それじゃア何時《いつ》一ツやったんだ」と確かめると、「俺がこの長屋へ引越して来たろう、あの時に一ツやったんだ。丁度十八九年前だ」と平気で言い放つ。

さらに豪傑も現れる。「親父の代に一つ」などと平気で言うのもいれば、「こんな小汚ねえ長屋でも、やっぱり家賃を出すのかい」ととぼける図々しい奴もある。そして、さらには、「一寸伺《うかげ》えますが、家賃というのは何の事で」と、家賃というものを知らない人間まで出てくる。世話人はすっかり呆れて、しょうがない奴だと思いながら、「家賃というのは、月々家主《おおや》の許《とこ》へ持って行くお銭《あし》だよ」とわかりきったことを説明すると、「それアまだ貰いません」と反対に大家から貰えるものと勘違いする。こんな**《あつかましい》**人間まで飛び出して、花見に出かける前から余興をしている様相を呈し、落語らしい笑いが充満する。

また、落語の**『身投屋』**にも、そんな図々しい人間が登場する。下を向いて何かを探している人間がいるので、「どうしたんだよ、何か落したのかというんだ」と訊いてみると、「エーと蟇口《がまぐち》」と言う。財布を落したのかと思って、「蟇口、いけねえな、幾らばかり入ってるんだ」と尋ねると、「エー百円」という答え。当時としては大金だから、すっかり同情して、「百円……穏やかじゃねえな、何所《どこ》で落したんだ」と訊いて、探す場所の見当をつけようとすると、何と「落っこちてねえかなと」という想定外の答えが返ってくる。他人の落とし物を探し歩いているあつかましさ、ここまで来れば、やはり落語らしい笑いとなる。

ミスワカナ・玉松一郎の漫才**『砂糖情話』**にも、落語の「転宅」の夫婦じみた対話がくりひろげられる。ワカナが「お宅と自動車でズーッと行ったでしょう？　あの代金ね」と自動車料金の話題を出すと、一郎は「あの代金は僕が払いました」と言う。すると、ワカナはちゃっかりしていて、「あんたが払ったよって、私が払うつもりで貯金するんですよ」と金を貯めるコツを白状する。「そんなら、あんたばっかり貯めてんやがな」と一郎は呆れる。男が作る話では、女にまるめこまれるケースが多く、ここでも前途が思いやられる。

夢路いとし・喜味こいしの漫才にも、あつかましい人間が登場する。こいしが「鼻緒が切れたんですか？　ぼくがすげてあげましょう」と、親切に相手の下駄の鼻緒をすげかえてやる。すると、いとしが「とてもお上手ですわ。およろしかったら、私のうちへ、ちょっと寄っていただけないでしょうか」と言うので、お礼に茶菓の接待でもするのかと思うと、ほかにも「鼻緒の切れた下駄がたくさん」あるので、それも頼みたい、と図々しく持ちかける。

小説の世界でもこういう話は少なくない。**夏目漱石**の**『吾輩は猫である』**では、迷亭がそういう逸話の持ち主だ。苦沙弥《くしゃみ》の家に勝手に上がり込み、寒月に「午後一時迄《まで》に苦沙弥の家へ来いと端書《はがき》を出して置いた」と、あたりまえのように言う。「人の都合も聞かんで勝手な事をする男だ」という苦沙弥の感想は、世間一般の常識だろう。また、この迷亭、ある時は、苦沙弥の昼寝中に上がり込み、昼時を気にした細君にお茶漬を勧められると、「途中で御馳走を誂《あつ》らえて来ましたから、そいつを一つこゝで頂きます」と、他人の家に自分用の出前を届けさせるという《**あつかましさ**》を発揮する。

これにも県民性のようなものがあるのか、**長谷川如是閑**の『**大阪人の顔其他**《その》』によると、大阪人は、まず試しに「庇を往来に差し出して、数年間そのまま黙許されていると、次ぎに、その庇の下に、家を押し進め」、そこからまた庇を出して、何年か経つとその下に家を建て広げる、というようなことをくり返したために、昔の大阪の道は年々狭くなってきたというから、ものすごい。

サトウハチローの小説『**青春音頭**』に、こんなやりとりがある。「何を聞いた？　あのマンドリン猿が？」と、どこかの婆さんの噂をすると、「お嫁さんを貰うかと聞いたよ」という答え。「女という奴は老若にかかわらず同じことを聞くもんだね」と、いくつになっても女性一般の関心の持ち方に変わりはないことに感心する。そこで「いい人があれば貰いますと答えたよ」と聞いて、「用心しろよ、ああいうずうずうしい婆アになると、わたしじゃいかがなんてことを言いかねないから」と、年齢からいって、まさかと思うことを口走ると、何とほんとに「言った」という。この「言った」という短い応答がおかしい。

また、『**居候音頭**』には、こんな《**あつかましい**》居候が登場し、「味噌汁は少し煮つまった方がよろしい、昨日のは少しうすかったぞ、腹をへらしてわが家にかえる、めしの味又かくべつなりか」と、よその家を「わが家」呼ばわりする。作者も、「熊坂君は、玉井君の家をすっかりわが家ときめてしまっているらしい」と、その非常識な認識に呆れる。

そのハチローも、『**僕の東京地図**』にこう記している。「僕の靴も大分いたんだ。どこかの横町から、片田が出て来て、／『おい、これをはけよ』／と、靴をくれそうな気がしてならない」と書いた後、（片田よ、横町からでなくてもいい、郵便で送ってくれてもいいぞ）という心の声を書き添える。「あつかましい」ことは否定できないが、遠慮もなく他人の厚意に甘えるこの人懐っこさは、「図々しい」という感じとはどこか違うような気がするから不思議である。

土屋賢二の『**われ大いに笑う、ゆえにわれ笑う**』では、さまざまな身勝手なアイディアが自虐的に扱われている。まず、自分の本の価値を高めるために、「有名画家に表紙と挿絵を描いてもら」えば、もっと売れるだろうと考える。売れるという保証はないが、有名画家が引き受けてくれれば、可能は可能だ。ところが、挿絵だけではなく、「中身の文章も有名作家に書いてもらったら」と続く。そうなれば、きっと売れるだろうが、そういう本をなぜ土屋賢二の著書として刊行しなければならないのか、という決定的な疑問が残る。

この著者もさすがにそれは実現不可能だと覚り、せめて著者の名前だけでも有名作家のにしようと考えるが、「赤川次郎」とそのまま名乗るわけにもいかない。ほとんど詐欺みたいなものだから、違法性が気になったのだろう。そこで、画期的な打開策を思いつく。それは「赤川次郎」ではなく「赤川次郎著」というペンネームにしたらというアイディアである。その全体がペンネームであれば、たしかに「赤川次郎」とは違う名前だが、ほんものの赤川次郎の著作も「赤川次郎著」であって、両者は区別がつかないから紛らわしく、法的に問題がありそうな気もする。が、これはあくまで笑いをとるための読者へのサービスであり、著者が本気でそんな計画を進めているわけではないから、今は不問に付す。

11　誰の吸い殻？――楽観的

心配をしない人間も、心配をする人間も、どちらも世間の常識を大きく外れるほど極端になると、笑いのタネになりやすい。

織田正吉の『**笑いのこころ　ユーモアのセンス**』にこんな話が出てくる。身投げをした男を川に飛び込んで助けた人が、その自殺未遂の男が木にぶらさがって首を吊るのを見ていながら今度は助けようとしなかった。それを知った警官が、どうして黙ってみていたのかと訊問すると、「あの人は、濡れた服を乾かそうとしていると思ったんです」と答えたという。現実にはきわめて考えにくいが、その姿がまったく似ていないとも断定できない。こういう極度の《**楽観ぶり**》が笑いを捲《ま》き起こす。

同じ本に、こういう例も出てくる。「夫が会社から帰ってみると妻は留守で、灰皿にタバコの吸殻が数本残っていた。妻はタバコを吸わない。この状況で通常考えられるのは」何だろう。夫が会社に出かける前に吸ったのがそのまま残っていたとも考えられそうだが、著者は「夫の留守のあいだに妻の愛人がやって来たということ」だと限定し、お人好しの夫は「妻は、ぼくに隠れてたばこを吸っている」と思ったと、その非常識な《**楽観ぶり**》を笑いの対象としている。

12 札をしまっておけ――用心深い

『**三千両**』という落語に、むやみに用心深い人間が出てくる。その心配性な人にいきなりまとまった金が入って来た。その男はひとまず銀行へ預けておくかと考えるが、「あぶない、支払い停止てなことがあるから、郵便局がいい」と考え直す。それでも、「もし郵便局が火事で焼けるか僕が通帳を紛失《なく》するか、そうすると拾った奴が受け取って仕舞う」と不安になる。そうなれば、「床下へ埋めて置くか」と考えるが、「紙幣《さつ》だから湿気の為めにボロボロになって仕舞うだろう」と困り果て、これには「飛んだ心配が殖えたぞ」とわが身の不幸を嘆く始末。そこに家主がやって来た。その男、「おっと紙幣を仕舞って置け、見ると気が変る人間が多いからな」と、徹底的に用心する。《**用心深さ**》も、こういう現実離れした段階に達すると、笑いにつながりやすい。

13 大家……さん――気が弱い

落語の『**転宅**』に、気の強い女が、泥棒に入った気の弱い男を手玉に取り、明日から夫婦になる約束をし、財布を預かる場面が出てくる。にわか亭主候補が今晩はよそに泊まることになってその家を出て行くのだが、女に何と呼びかけるか悩む。「じゃア頼んだぞ姐《ねえ》さん」と呼んでみるが、「妾《わたし》は姐さんという名前じゃないよ、女房らしくしてお呉《く》れ」と言われ、「お内儀《かみ》さん」と言うと「馬鹿におしでないよ、名前をお呼びな」と言われる。そこで「お梅ちゃん」と呼ぶと、「女房にちゃんが要るかい、呼付におしよ」と言われ、呼び付けにしても怒らないという約束をとりつけてから、ひどく《**気の弱い**》この男、ようやく「お梅」と呼ぶが、すぐ「御免なさい」と謝る。

　同じく落語の『**大工調べ**』にも似たような場面がある。俺が掛け合ってやると棟梁が与太郎を連れて、道具箱を返さないという大家の家に引っ返す。「今まで散々旦那とか大家さんとか云って頭を下げさせられた意趣返しに文句の一つも云ってやれ」と棟梁に唆《そそのか》された与太郎、「じゃあ文句の一ツも云おうか」と悠長に確認した後、「じゃア大家……さんと」と呼びかける。どちらの例も、呼び捨てにしては相手が怒るだろうと、びくびくしている例である。

14　自分の声に驚く――怖がり

尾崎一雄の小説『**芳兵衛**』は、作者自身の夫人をモデルにした一編である。モデルの方には当時としては大柄の方だが、作中のヒロインも「身体に似合わず大の臆病者」である。天窓の綱が輪になってぶらんと下がっているのを見ると、首括りの縄みたいに見えて、自分がそれで首でも括ったらどうしようと心配になる。そんな話を、両手で自分の首を抱えながらするぐらいだから、暗くなると台所に行くのを極端に嫌がる。

　ある時は、夫をびっくりさせようと階段下の曲がり角にひそみ、だしぬけに「わっ」と大声を出したら、その自分の声に驚いて冷や汗をかく始末だ。

　小説『**なめくじ横丁**』には、いわくつきの家を安く借りた話が出てくる。「壁一重隣が首縊《くく》りの現場だということ」を、人一倍臆病な芳枝が知ると、それこそ心臓麻痺でも起こすといけないと、その家から引っ越すまでは芳枝に絶対知られないように、隣近所の人たちが協力して口をつぐむのだから、《怖がり》もこの段階に達しては、周りの連中も大変だ。

　同じ作品にこんな場面もある。主人公の「私」が夕方薄暗くなってから帰宅した。「玄関に廻るのが億劫で、東側の縁側から、のっそりと上がり込んだ」ところ、芳枝はてっきり泥棒だと思い、「坐ったまま確かに五寸ほどは畳から飛び上り」、声も出なくなって「口をあっぷあっぷやっている」ありさま。

　後年、小田原の下曾我《しもそが》にある尾崎邸を訪問した折、「泥棒と思った拍子に、坐ったまま五寸も飛び上る」と書いたこの誇張表現を話題にすると、「いや、ほんとに飛び上がったんですよ」と一蹴し、事実そのままであることを強調した。このような「空中浮揚」が可能であるにしろ、ないにしろ、松枝夫人のこの驚き方はとても尋常とは思えない。

15 スクラム嫌い——被害妄想

野内良三『ジョーク・ユーモア・エスプリ大辞典』に、病的な妄想の持ち主が出ている。友人に打ち明けた悩みは、ラグビー観戦のこと。試合そのものは大好きで、よく見るのだが、時折スクラムを組む場面が出るので、そのたびにいらいらするのだという。

友人が、別にどうっていうことはないじゃないかと、理解できないでいると、その男は「肩寄せ合ってみんなでひそひそとおれの悪口を言っているんじゃないかと思えて仕方がないのさ」と説明したらしい。そう言われてみれば、たしかに大勢で肩を組み合って何かしゃべっているようにも見えないわけではない。だが、もしも何か言い合っていたとしても、その話題をなぜ自分の悪口と限定してしまうのか、**《被害妄想》**もここまで来ると、その男の思考回路がどうにも不思議でならない。

16 一等客——後遺症

徳川夢声の**『こんにゃく随想録』**にある**『伊勢路の旅』**に、昔の一等車の話が出てくる。ある時、「一等寝台しか空いていなかったので」「やむなく一等をおごった」という。「ボストン・バッグを寝台に投りこんで、レインコートを着たまま、食堂車でウィスキーを飲んでいたら、刑事みたいな男が二人やって来て、取調べたいことがあるから、あっちの方へ来てくれ」と言う。一等車に乗るような風体に見えなかったから、怪しまれたものらしい。その時に芸名を名乗れば扱いが違ったのだろうが、つい本名を言ってしまったので先方も気がつかなかったらしい。ともあれ、それがもとで、「一等と聞くとゾッとする癖がつき、絶対に自腹で乗ったことがない」という。私費でなければ一等車にも乗るのだから、その**《後遺症》**も大した重症ではなかったのだろう。

戦後になって、「国鉄が宣伝を兼ねて、試運転の」特急つばめに招待した折に乗ったのが一等車の二回目で、「佐分利信、折原啓子、木暮実千代などの撮影班」と一緒だったようだ。NHKの藤倉アナにマイクを向けられた折原嬢が「霊柩車みたい」と感想を述べたので、これはまずいと、夢声が「この一等車のデザインは、桃山式の豪華をとり入れたもので、決して霊柩車の真似をしたわけではありません」と口をはさんで取り繕おうとしたが、「むしろ、霊柩車の方が、こちらの真似をしたんでありましょう」とよけいなことまで付け加えたために逆効果になったらしい。

その数年後に、東海道線の車掌から、「あのツバメの一等車輛は、センセイのお言葉がありましたので、あれっきり使わずに車庫に納めてあります」と「恨めしそうに」言われ、以後は国鉄からばったりと仕事が来なくなったという。こちらの後遺症の方が実害は大きかったかもしれない。

17 かわいそうで腹が減る——妙な体質

サトウハチローの小説『**露地裏善根帳**』にこんな場面

[8] 人物——人もいろいろ

がある。「いけねえ、いけねえ、悲しさが、身体中にたかってしまいやがった」と言いながら、通称を髭、別名を坂上田村麿という男は、伝さんの家に帰って来ると、「着物をぬいで窓際でふるった」。「悲しみを、シラミの類だと思ってるのかな」と、作者が疑問に思う奇妙な行動である。

その田村麿、「可哀想だよ、ほんとに可哀想だよ」と、「髭の中にしみた可哀想さを、むしりとりたいのか両手でしごいた」が、そこで奇妙なせりふを吐く。「可哀想すぎて腹がへりやしないか、なにかにつけて腹がへる性質《たち》だからなア」と言うのだ。胸が詰まって食事が咽喉を通らないという話は珍しくないが、これはその反対である。

世の中の人間にはさまざまな性質も体質もあるが、かわいそうだと思うと腹が減るというのは、読者も今まで聞いたことのない《**不思議な体質**》だろう。ひょっとすると、かわいそうであっても、なくても、そんなこととは無関係に、常時この人物は腹をすかしているのかもしれない。

18 病気という贅沢――変わった性格

夏目漱石の『**吾輩は猫である**』の語り手を務める猫の「吾輩」の主人である苦沙弥《くしゃみ》先生は、日記にこんなことを書いたらしい。「通人らしい風采をして居る」人は「女に好かれるものだから」、その人物がみずからの意志で「放蕩をしたと云うよりも放蕩をする可《べ》く余儀なくせられた」のだと、あたかも被害者ででもあるかのように記す。

　また、「放蕩家を悪くいう人の大部分は放蕩をする資格のないものが多い」と断定するが、放蕩をするのにそもそも資格などというものが存在するのかどうかも疑問である。

「放蕩家を以て自任する連中のうちにも放蕩する資格のないものが」多く、そういう連中はいずれも「余儀なくされないのに無理に進んでやる」のだと、いささか羨ましそうな底意も感じられないではないが、それこそが本来の「放蕩」というものだろう。

　このように、主人の奇妙な「放蕩」論は肝腎のところで空まわりして、やってみたいのにできないでいる人間のひがみだけを残して、滑っていく。

　ものごとを斜めから見るのを得意とする、この作品の語り手、猫の「吾輩」は、この主人の性格を見抜き、「好んで病気をして喜こんで居るけれど、死ぬのは大嫌で」、ただ、「死なない程度に於て病気と云う一種の贅沢がして居たいのである」と喝破している。

　落語の『**万金丹**』に、妙なところに関心を持つ人間が出てくる。「箱根八里は馬でも越すが」というとおり、「箱根は八里の峠だ」と聞いて、「縦が八里か、横も随分あるだろう」と、山路の幅にこだわるだけでも変わっているが、「厚さなどは何の位あるね」とさらに不思議な問いを発する。こういう《**変わった性格**》の人間に食い下がられ、相手も「厚さなんざア分らねえや」と、お手上げだ。

　一輪亭花蝶と**三遊亭川柳**の漫才『**京都見物**』にこんなやりとりがある。「清水寺」を「シミズ」と読んだ川柳、有名な金閣寺のことも知らない。いくら何でも北野の天神は知っているだろうと思って花蝶が聞くと、平気で「知りません」と答えるので、「本当に何も知らんな」と呆れる。すると声を大きくして、「僕は一度知らんと言うたら、決して、主義を曲げん」と、妙なことを自慢するので、花蝶も「偉い偉い」と褒めるほかはない。

サトウハチローの『**僕の東京地図**』にこんなくだりがある。「上野山下広小路」の箇所に、御《お》徒町《かちまち》の「名物は、ポンチ軒と宝来屋のカツ」と書き、「どッちの方がうまいなどといおうものなら、宝来屋のおやじに『ふざけるな』とおこられるからやめておく」という楽屋話を添え、さらに「と言っても宝来屋がうまいというわけじゃない」という註釈をつけている。

そうして、サービス情報として、「もしおこられるのが好きな人は」と書き、そこにまた、「若《も》しくは人をおこらせるのに、たのしみを感じている人は」と条件を広げ、そういう人はぜひ「宝来屋へ行くべし」と勧める。「カツはカラシと同じで、おこってつくらないと味がしない」からだという。話題の「宝来屋」のおやじだけではなく、怒られるのが好きな人というのも、他人を怒らせるのを楽しむという道楽の持ち主も、そして、こういうよけいなことを書き添える作者をも含めて、つくづく《**不思議な性格**》の人間だと言わざるを得ない。

8 人物——人もいろいろ

19 金がうなる——大言壮語

落語の『**富八**』に、易者と八五郎とのやりとりが出てくる。二階にいる時に急に下が火事になったら、梯子がなければ大変だと、易者がたとえ話を出すと、八つぁん、「屋根屋が稼業《しょうべい》だ、身の軽いのが自慢だ、二階からポンと飛下りてしまう」と自慢げに言う。そこで今度は易者が、その反対に、自分が下にいて二階に火が出て急いで上がらなければならない時は、梯子がないとどうにもならないと続けるのだが、八つぁんはつい調子に乗って、「どうするもこうするもねえや篦棒《べらぼう》め」と啖呵を切り、「身の軽いのが自慢だ、下からパッと飛び上がる」と言おうとして、さすがにそれは不可能だと気づく。

同じく落語の『**負惜《まけおし》み**』には、金のない連中が一杯やろうとして、誰か持っているだろうと片っ端から当たる場面がある。「懐が温《あった》けえかい」と謎をかけると、「馬鹿に温けえよ」という豪気な答えだが、「何しろ腹巻が一丈二尺ばかりあって、其上《そのうえ》へ腹掛を掛けて居るんだ」というのが実状。諦めてほかの一人に当たると、「生意気を云うようだが、俺ア親父の遺言だよ、人中へ出たら、銭の事で恥を掻いちゃアならねえと云われて居るお兄さんだ」という答えだったが、「所《ところ》が今日は生憎《あいにく》と財布を忘れた」という。仕方なく次を当たると、「紙幣《さつ》かえ銀貨かえ」と聞き返す。「大層な勢いだな、紙幣でも銀貨でも何方《どっち》でも宜《い》いんだ」と喜ぶと、「何方もねえや」と言われて力が抜ける。

結局は皆、生憎かどうか、ともかく誰も持ち合わせがないのだが、そうとわかるまでの受け答えは威勢がよくておかしい。

サトウハチローの『**浅草悲歌《エレジー》**』にも、こんなせりふが出てくる。「お願いに来たのですよ」と言うとたんに、「金だろう?」と言われ、「金なんかうなってまさ。こっちからさし上げたい位でさ」と言い返すのは、そういう例だろう。実際に金に困っていないのかどうかは定かでないが、こういう《**大言壮語**》というものはとかく滑稽な響きを伴うようだ。それにしても、金がしこたま集まると「唸《うな》る」という発想は、いったいどこからきたのか知らん?

20 八五郎閣下——しつこい

三遊亭円右の新作落語『**苦情**』に、やたらに前口上の長い、もってまわった物言いをする女が出てくる。デパートの苦情受付係の所にやって来て、「あのね、私、あなたにこんなこと言いたくないんですよ」と話しかける。言いたくなければ言わなくてもいいし、店側が「私も聞きたくない」と応じれば、話はそれで終わりだが、立場上そうも言えない。すると女は「ほんとうにいまさら言いたくないですわ」とくり返す。この程度なら、世間にもありそうだが、この女はなおも「言いたくないのよ、言いたくない」と続け、さらに「言いたくないわ。言いたくないけど言いますよ」と、「言いたくない」を六回も執拗にくり返すのである。

また、同じく古典落語の『**一目上り**』では、八つぁんこと八五郎がしつこく食い下がる。横町の隠居が、もしもそのぐらいの応対ができれば、世間でもお前さんを見直すと言い、これまで馬鹿にして「ガラッ八」と言っていた人も、これは馬鹿にできないと、「八ちゃん」と呼ぶようになる。相手が認めるという例だから、普通はここで話は終わる。

ところが、この八五郎は応用が利かないから、それでは、今まで「八ちゃん」と言っていた人はどうなるかと尋ねる。隠居が「八五郎君」ぐらいのことを言うと答えると、それでは今まで「八五郎君」と言っていた人はどうなるかと食い下がる。隠居が八五郎殿だとか様だとか云うかね」と答えると、さらに、「今まで八五郎殿とか様とか云って者は、その先はどうなるんですかい」と、どこまでも質問をやめない《しつこさ》。

さすがの隠居も、「執拗《しつこ》いね。そう根掘り葉掘り訊かれては困るね」と呆れながら、「八五郎閣下かね」と言うと、「今まで八五郎閣下と云った者は、その先どうなりますか」と、八五郎の質問は果てしなく続く。

だいたい「八五郎君」と呼ぶ人間さえほとんどいないのだから、「様」も「殿」も、まして「閣下」など永遠に無縁なはずで、ここはその《執拗さ》を笑いのタネとする展開である。

21 誰の遺産でも——勘定高い

宮尾しげをの『**風流旅日記**』に、温泉町のこんな涙ぐましい話が載っている。「野天風呂が橋の下にあって、橋上からよく眺められる」という噂が広がる。「芸妓が座敷へ出る前にはいるので、その時刻になると、見て見ぬふりの連中が、橋の上をウロウロ」することになる。「日本髪に結って赤い襦袢なぞ着ているので、情緒深く見える」ため、美人か不美人かを問わず、「町の観光課では、彼女らに、多勢の人の眼にふれる野天風呂へつとめてはいるように勧めている」のだというから、何だか哀れだ、町も、芸者も、そして客も。

野内良三『**ユーモア大百科**』には、もっと露骨に欲望を言いつのる人間が登場する。心変わりをした女が「あなたからいただいたこの指輪、せっかくですけどこのとおりお返しします。ほかに好きな人いるんです」と指輪を差し出すと、相手の男は、それ誰だか教えてくれないかと、連絡先を知りたがる。危険を感じて女が「あなたには関係ないことでしょ」と突っぱねると、男は「大ありだよ、この指輪を引き取ってもらいたいからね」と言う。物騒な事件にならないのはいいが、この《**勘定高い**》男、なんとも情けないような気がする。

同じ著者の『**ジョーク・ユーモア・エスプリ大辞典**』では、もっとスケールの大きい女の欲がまる出しになる。「億万長者の叔父から遺産を相続した男」が、結婚相手の愛が本物かどうかを確かめるために、「もしぼくが叔父から遺産を相続しなかったとしても、それでもやっぱりぼくと結婚してくれる？」と尋ねてみた。すると、女は迷うことなく「もちろん」と答えた。瞬間、男はほっとしたことだろう。ところが、あろうことか、女は、遺産をくれる人が誰であろうと、そんなことは関係ないと続ける。つまり、遺産として大金が手に入れば問題ないというのだ。勘定高さには呆れるが、正直なだけ、まだいいのかもしれない。

22 若さより持参金——欲張り

野内良三『ユーモア大百科』に、信じられない不思議な事件が載っている。病院の看護師が院長にあわてて報告する。退院したばかりの負傷者の奥さんから電話があって、家で包帯を取ってみたら、自分の旦那でないことがわかったって言ったらしい。赤ちゃんの取違え事件もあることだから、顔全体を蔽《おお》うような包帯だったら、絶対にありえないとは言えないかもしれない。入院中に妻が一度も夫とことばを交わさなかったこと、顔もわからないような包帯姿でよく退院できたことなど、疑問もあるが、ポイントは、その相手が「一言も文句を言わずにすぐ電話を切ってしまった」ことだ。旦那よりいい男だったとしても、普通は男のほうがもっと驚くはずだ。もしかしてその女、男の妻より美人だったのか知らん？いや、笑い話の深読みはみっともない。

こんな話も載っている。「おまえっていう奴は金のことしか考えない！」となじられた男、「そんなことはないぞ。よく女のことも考えるし、結婚のことも考えるぜ」と抗弁したまではいいが、相手に「で、どんなタイプの女性がいい？」と尋ねられ、うっかり「もちろん大金持ちの女よ」と本音を答えてしまい、辻褄が合わなくなってしまう。

もう一つ、同じ著者の今度は『**ジョーク・ユーモア・エスプリ大辞典**』から、欲張り男のえげつない例を紹介しよう。大実業家のデュポンが、気に入った男に娘を嫁がせてもいいと考え、「十八歳の末娘には五万ユーロ、二十四になる次女には十万ユーロ、三十に手の届く長女には十五万ユーロ」の持参金を用意すると前置きして、男の好みを聞くと、言いにくそうに、「ひょっとして四十になる娘さんはいないでしょうか」と率直に自分の好みを伝えたという。相手の女性など眼中になく、すべては持参金だというこの**《欲張り》**、人間としては最低だが、義父の会社を案外うまくやっていくかもしれない。

23 俺も無駄——けち

《けち》も度を超すと笑いの材料になる。落語ともなれば、ものすごい例が続出する。その名も**『しわい屋』**と題する噺《はなし》だけでも、こんなぐあいだ。「出すことならば袖から手を出すのも嫌だ、舌を出すのも嫌だ、貰う物なら元日の葬式でも構わない」と、けちるのは金銭とは限らない。

「鉄と鉄をコチンコチンやったら鉄槌《かなづち》が減ってしまうから貸せません」と断るだけではない。隣の家でどうしても貸してくれないとわかると、「けちだな。じゃア仕方がない、家《うち》のを出して使いねえ」と言う念の入りようだ。自分の家の道具が減るのを嫌がって、よその家に借りに行くのだから呆れる。

こんな人も落語長屋では常連だ。一食のおかずに梅干を半分などというのは、まだ贅沢なほうで、「おまんまをよそったら梅干をじっと睨みつけて、口が酸っぱくなったら飯を食う」という軍師もいる。いくら安い梅干でも、それを食ったら無くなってしまうからだ。毎日三度三度睨みつけていると、梅干のほうが段々瘦せてくるのではと心配する**《けち》**もある。

食べ物だけではない。家の造作や家財道具一切を極端にけちるのもお手のものだ。「門口は開けてある、先刻《さっき》お前と約束したから、今夜あたり来るかもしれない」と思うと、それから先は、「俺が戸締りをして、お前が来てそれを開けて、帰る時にまた閉められたら戸も敷居も鴨居も堪《たま》らないから、あの時から開けっ放しだ」というありさまである。

さらに極端になると、暗くなっても明かりは無駄、履き物がわからなかったら、目と鼻の間を殴って火を出し、一瞬のその光でさっと探す、そんな豪傑まで飛び出す始末だ。

同じく落語の『**あかにしや**』には、命がけのけちまで出て、吝嗇《りんしょく》界を賑わす。商家の主人、八人の奉公人は不経済だと半分に減らしたら、それでも間に合う。さらに半減して二人に減らしてみたら、それでもやっていける。そこで、奉公人というものは無駄だと学習して、皆に暇を出したが、それでも何とかなることがわかった。依然身を切る思いで、内儀さんも無駄だと離縁したが、依然としてその日の用は足りる。そして、ついに俺も無駄だという結論に達して、自分で首を縊《くく》って死んでしまったという。後始末は誰がするのだろう。

こういうのは落語だけの特殊事情ではないらしく、**中野実**の小説『**パパの青春**』にも、「瓦斯《ガス》自殺をすると瓦斯代が要る」し、投身自殺をしようにも「三原山へ行くには、旅費が要る」というくだりが出てくる。そもそも、まだ生きられる人間が自分で死ぬなどというのは、最大の無駄遣いであることがわかっていないのだろう。

芦の家雁玉《あしやがんぎょく》と**林田十郎**のコンビの漫才『**お笑い茶碗蒸し**』では、もっと低次元の現実的な《**けち**》論争が展開する。「去年の歳暮、今時分持って来るちゅうようなこと、ソラ遅過ぎるわ」と言うと、「他所《よそ》から廻って来るのん待ってたよって、あないになったんや」と言いわけする。贈る歳暮を買えばそれだけ懐が痛むので、自分の金は使わずに到来した品をよそに回すのだ。ところが、相手も、「早よ持って来てくれな、うちも廻されへんがな」と、やはりたらい回しする都合があって催促していることがわかる。どっちもどっちだ。

便所のない家は珍しいから、多分使うのをけちって、「お宅へちょっと便所借りに」と言いだす。現在のような水洗トイレなら水道代を倹約できるし、昔でも掃除の手間が省ける。相手も「他人のうちへ小便だけ垂れに来るのかと呆れるが、「お宅はナフタリンの上等が入ってるさかいに、ホン気持ちがええがな」と、意外な理由が披露される。すると、相手もけちでは負けていない。「あのナフタリン、あんた、この間、三越の便所で摑うて帰ったとこや」と罪状を自白する。三越もとんだ災難だが、デパートが百貨店だった時代の話だから、いくら何でももう時効が成立していることだろう。

程度は違うが、**夏目漱石**の『**吾輩は猫である**』にも、けち精神は健在だ。語り手の老成した猫が物珍しい銭湯という場所を観察すると、主人の「苦沙弥《くしゃみ》先生が真赤になってすくんで居る」。流し場が込んでいて湯ぶねから出られないから、じっとしているわけではない。なるべく「二銭五厘の湯銭を活用しようと云う精神からして、かように赤くなるのだろう」という結論に至る。

たしかに、いくら時間が経っても、払った湯銭は同じだから、十分に元が取れるまで、なるべく長く湯に浸かっていようと思うのも人情だ。そう考えると、茹だりそうになっても真っ赤な顔をして我慢している主人は、まさに《**けち精神**》を象徴する姿に見えてくる。

24 辞書を確かめる――うぬ惚れ

『**笑話宝玉集**』に『**自惚《うぬぼ》れ**』と題する笑い話が載っている。若い娘たちが集まって、一人が「この中の一番美しい方に御馳走していただこうじゃないの」という提案をすると、それを聞いた一人が、思わず眉をひそめて、「あたし困ってしまうわ」。

落語の『**心眼**』に、盲人が薬師如来に願掛けし、満願の日に眼が開くという場面が出てくる。眼の不自由な時はよく見当がついて、どこへでも一人で行けたのに、いざ眼が開いてみると、逆にどこがどこだか見当がつかない。そのため揉み療治の客に連れて行ってもらう。初めて見るものばかりで、連れにいろいろ問いかける。

まだこの眼で見たことがないから、自分の女房のお竹と、今出逢った一流の芸者と、どちらが「美《い》い女」でしょうなどと真面目に質問する。相手は呆れて、お竹さんは「東京で何人という指折りの醜《わる》い女」だ、「人《にん》三化七《ばけ》」どころか「人無し化十」で、ほとんど人間離れした化け物だと、口を極めてけなす。

しばらく行くと、鏡を見て、箱から人間が出てきたと驚くので、連れが、あれは姿見というもので、お前と俺の体が映っているんだと説明すると、「これは私だ、なるほどいい男、それにひきかえ、あなたはまずい面だ」と、さっきの仕返しをする。

落語ではないが、噺家《はなしか》の**柳家金語楼**の雑文集『**あまたれ人生**』にも、こんな話が出てくる。奥様どうしが「ギンブラをして」、すなわち、銀座をブラついていて、「ウインドの前で立ち止るや、ウインド内を見てるふりをして、自分の姿をガラスに映して見て」、「アア何ていいんでしょうね」といったうっとりとした表情を見せる。こういう己惚《うぬぼ》れは、しばしば笑いにつながる。

森光子の随筆『**品格のある芸**』に、当人のこんなこぼれ話が紹介されている。漫才師の中田ダイマルに「いつ見てもきれいやな」と言われ、「うん、いつも皆に言われてるさかい、嬉しいことあれへん」と応じたら、相手はおや？という顔をしたという。普通の人なら笑うところだが、漫才では常套手段だから、ダイマルにとっては別におかしくはない。が、相手は女優だから、そういう返し方は想定外だったのだろう。

馬場峯月編『**ゆうもあ物語**』にも似たような笑い話が出ている。「気取った女房、丁稚を伴れて通る後へ、糸の切れた凧がどッと落ちた」。丁稚が凧だと教えると、「私ゃ又、仙人かと思った」と女房。飛行中の久米の仙人が、大和の吉野川で衣を洗う若い娘の白い脛《はぎ》を見て心を乱し、神通力を失って落下したという説話を題材にしている。

岡本一平の『**笑いの断片**』に、自分の写真を見た娘が「写真の癖にどうして肖《に》ないのでしょう」と言う場面がある。もっとずっと美人だと当人は思い込んでいるのだろう。でも着物はよく写っている、と母親からたしなめられるところがおかしい。

土屋賢二の著作には、自虐ネタも多いが、正反対のこの《**うぬ惚れ**》系統の笑いも頻出する。まず、『**哲学者かく笑えり**』に、これとよく似た話が出てくる。いつも写真を見て「忠実に撮れていると思ったことは一度もない。似ても似つかぬひどい顔に写ってしまうのだ」と憤慨するところからも、自分の顔立ちに過度の信頼を寄せていることがわかる。

『**汝みずからを笑え**』では、哲学の講義を聴いている女子学生に尊敬の態度がまるで見られない理由について、こんな分析をしている。「この学生たちは、顔の構造に問題があって尊敬の表情ができないのか」というふうに、この地球で歴史上それまで誰ひとり考えつかなかった理由を持ち出す。「尊敬していないから」というごく自然な理由を選択肢から排除し、土屋教授に対する尊敬の念のあることを初めから自明の理として疑わないところから笑いが生まれる。

同じ著者の『**妻と罰**』では、授業中に「わたしがテキストに出てくる英語の説明をすると、必ず何人かの学生はその場で辞書を引いて」とあるから、教師の説明が妥当かどうか確認するのだと読者は予測する。ところが、「辞書が間違えていないかを調べる」と続くのだ。ここでも、自説が正しいことは何人も動かしえない絶対真理とし、本来は権威あるはずの辞典の記述さえ、それに比べれば疑わしいという前提に立っているのである。

25　おたすけ——のろけ

前の**《うぬ惚れ》**とも次の**《自慢》**とも関連するが、恋人、あるいは、夫か妻かの優れた点や、自分達の仲のよさなどを、他人に得意になってしゃべる**「のろけ」**も、社会的に笑いを呼ぶケースがきわめて多い。

奥野他見男の小説**『女軍軽騎兵』**に、細君が友達の前で夫婦生活の一端を披露するこんなやりとりが出てくる。新婚早々の女は臆面もなく語りだした。夫に向かって「お兄さん」と呼んだら、兄じゃなく夫なんだからそれは変だと言われた。ここまでは何の問題もない。

そこで、とっさに妥当な呼称が思いつかず、「どうお呼びしましょうか」と夫に尋ねた。ここも、それほどのろけた感じはない。

ところが、女はなお続ける。夫は「ジッと、あたしの顔を見て」と切り出し、「君可愛いことを云うねえ」と言ったというのだ。そして、「君可愛いことを云うねえだって！」と感嘆をほのめかし、そのことばに出合った瞬間の自分の反応を「あたし顎を胸ンところまで落しちゃったわ」としぐさで説明する。

そこまで感動する理由がぴんと来ない友達が「何故？」と尋ねると、女は「だって、あたしが親しく生涯を契った方から、可愛いねえと、云われたんですもの。うれしくて、うれしくて」と、もう手放しの**《のろけ》**方。聞いているほうは堪《たま》らず、「おたすけ！」と悲鳴を挙げる。この「おたすけ！」が起爆剤となって読者は笑いだすにちがいない。

26　主人は面食い——自　慢

立花砂山編**『ユーモア処方箋』**に「わが好かぬ男の文は母に見せ」という川柳が載っている。好きな男から来た恋文は母親に絶対内緒にしながら、そうでない男から来た手紙はわざわざ自分から親に見せるというのだ。無視すればそれで済みそうなものだが、あたしだって、こんなにもてるのよと、見せびらかして《自慢》したいのだろう。いかにもありそうな光景である。

五代目**古今亭志ん生**の落語『**宿屋の富**』に、こんなせりふが出るらしい。夜中に泥棒が十五、六人入って来たので、金が欲しけりゃ呉《く》れてやると言って、金蔵に連れて行き、寝て起きてから見ると、「いくらも持ってけねえんだよ。十五、六人かかりやがって、ひと晩じゅうでもって、千両箱、八十ばかりしか持ってきゃしない」などと、大きな口をたたく。泥棒の悪口を言う形を借りて、早い話が、自分はこれほど気前がいい、うちには莫大な財産が有るという《自慢》をしているのである。

内海突破・並木一路コンビの漫才『**青春悩み多し**』に、こんな対話がある。「世間の奴等がよく僕のような男をねたんで云う」と言いだすので、相方が「何と？」と聞くと、「金と力は無かりけりとね」と自慢そうに鼻をぴくつかせる。そこでやめておけばいいものを、「あれは一体何《ど》う云う男の事でしょうか？」と言って、相手に「色男金と力は無かりけり…か」と言わせ、「おだてちゃ嫌よ」と謙遜してみせるのだが、全体として自慢話だ。

一郎・ワカナの漫才『**砂糖情話**』に、こんなやりとりが出てくる。新婚早々のワカナが「とても主人が優しくって」と言うので、一郎が「あんまり優しすぎます」と一言はさむと、ワカナは「綺麗な奥さん持つと叱りにくいらしいですわ」と臆面もなく言う。ここは一般論ではなく自分の家庭の話だから、その「綺麗な奥さん」はワカナ自身をさすことになる。

昔、「主人たらね、ひどい面食いなのよ」という掌編小咄《こばなし》をものしたことがある。これも、一見、夫をひどく批判するような口ぶりだが、その実、自分がすごい美人であるという命題を、三段論法で相手に認めさせる、いささか知能犯に近いヒロインの物語である。

中村正常の小説『**虹の下の街**』には、首飾りを四つ、指環を十個、同時に身につけている夫人が登場する。「あるもんなら、いくつしたっていい」と、主義として「十本の手の指には一本ずつ、指環をはめることにしている」と公言し、それぞれがいかに高価な石か、相手にいちいち値段を説明して《自慢》する。

サトウハチローの『**トコちゃん・モコちゃん**』では、目が赤いと言われたトコちゃんが、「今夜きあいをかけてねむれば、あしたの朝は、もとのすずしい、ぱっちりした目になるわよ」と言い、「じぶんですずしいだの、ぱっちりだのって……そんなことをいう人ないわ」と姉にたしなめられる。

同じく『**浅草悲歌**《エレジー》』では、訪問先で帰り際に「着くずれたので、なおさせていただきますわ」と言っては「するりと着物をぬいで」、「あたしの、おっぱいこんなにふくれているのよ、ずいぶん大きいでしょう」と言う女が出てくる。驚いて知人にその話をしたら、「僕のところでもやりましたよ、あの女はあれが自慢なんですね」と言ったらしい。

ちょっとした自慢はいやみになりやすいが、それが極端になれば、誰も真に受けないので厭《いや》らしさは薄れ、なごやかな呆れ笑いとなる。そんな例として、**土屋賢二**の『**妻と罰**』を紹介しよう。「自分の内面を表現したら、あまりの高貴さに人々の目はくらみ、だれ一人としてひれ伏さない者はなく」と来て、そうならないように品を落として書いていると続く。ここまで来れば読者は誰も信用せず、ただ呆れるばかりだが、「そうならないように品を落として書いている」と書き手はわざわざ主張する。一見、自分の文章が品がないように見えることを前提とした言いわけじみて見えるが、そう書くことで「尊敬されて当然なのに謙虚な人だ」と読者に思われることを述べ、「見ぬかれているのではないかと心配だ」とまでさらりと言ってのける。

夏目漱石の『**吾輩は猫である**』の語り手である猫も、なかなかの自信家だ。「寝て居た眼を上品に半ば開いて落付き払って見ると」というふうに、自分の動作を「上品に」と形容する。「吾輩は只《ただ》でさえ此位《このくらい》な器量だから、是《これ》より色男になる必要はない」と自分の容貌を自慢するかと思えば、鳴き声をベートーベンのシンフォニー「にも劣らざる美妙の音」と確信することもある。さらには、自作の文章を評して「一字一句の裏に宇宙の一大哲理を包含するは無論の事、其《その》一字一句が層々連続すると首尾相応じ前後相照らして」「容易ならざる法語となる」とまで言ってのけるほどだ。

27 入口を拡張――プライド

サトウハチローの『**露地裏善根帳**』に、こんなやりとりがある。仕事の手を休めずに伝さんが、「しっかり読んでくれよ」と助さんに声をかける。すると、「しっかり読んでるんだがね」と応じ、「なまじ仮名を多くしてあるから読みづらいや」と助さんは偉そうなことを言う。そして、「漢字が多けりゃ尚《なお》困るだろう」と冷やかされると、「漢字が多けりゃ番号で注文する」とはぐらかし、「支那料理のコンダテじゃあるまいし」と笑い話に終わる。

同じく『**エンコの六**』では、刑事の大野木がいなけりゃ、たんまり仕事ができるだろう、と言われて、スリの六さんの《**プライド**》に火がつく。「見損なってもらうめえぜ、俺はエンコの六だ。大野木さんがついていればこそ、俺の仕事も仕栄《しばえ》があるんだ。刑事がついていなくて仕事をしたと言われちゃ、末代までの恥にならア」と啖呵を切る。

こんなふうに、《**プライド**》を通したい人間らしさが、笑いを買うケースも多い。どんなサンドイッチも調整すると言ってのける店で、象の鼻の肉のをと注文したら、ないと言わずに、あいにくパンを切らしていると答える主。敵軍に上陸され、遠征の手間が省けると喜んでみせる国。爆撃で損壊したのを、入口を拡張したととらえなおす倫敦《ロンドン》の百貨店の貼り紙。スケールの大きいほどおかしく、人間らしさを笑う声が深まるような気がする。

28 素行頗るよろしからず――自虐

《**うぬ惚れ**》や《**自慢**》はもちろん、謙遜の域を大きく超えた《**自虐**》的な表現も笑いの対象となりやすい。金子登『ユーモア辞典』に、こんな笑い話が載っている。ある人が竹で手編みの屑籠をこしらえるのを「散文的な仕事」と謙遜したのを、詩人が「それは決して散文的じゃない」と強く打ち消し、出版社の編集室に行くと、屑籠は「詩」でいっぱいだと、そのわけを説明する。自分の詩の原稿がいつもボツになる経験から、まるめて屑籠に捨てられるイメージを浮かべているのだろう。もちろん、それは散文でも同様のはずである。いささか皮肉っぽいが《**自虐**》の発想だろう。

落語のマクラなどでも、昔は特に噺家《はなしか》自身の自虐的な表現に接することが多かったようだ。**『きやいのう』**という噺のマクラに、現在の十代目とは別人の昭和初年前後の**柳家小三治**は、こんなふうに**《自虐》**的なしゃべりを念入りに語ったらしい。下のクラスの落語家などは犬程度の課税で、「ブルドッグか何かに会うと、向うの方が威張るだろうと、気がひける有様」というあたりから入り、どういう論理か、「ですから余り好い男は居りません」と続く。

昔は行灯《あんどん》が薄暗い所でやっていたから醜い顔でもやっていられたのだが、今のように電気に照らされては「幻滅の悲哀を感ずる」ため、本来は「顔がよくなければいけません」が、今はまだ過渡期だから、「われわれのような妙な顔もまだ残っている」。役者とは違って、「ただ顔がありさえすればいい位」のもので、一般の人も「落語家というと一種侮蔑の眼を以て御覧になる」。好《い》い男の多い役者と「同じ芸術に携って居りながら、両者の間にかくも懸隔のあるものかと思うと、転《うた》た慨嘆の至りに堪えない」と、格調高く自虐的にふるまう。

また、役者の方は「まア好い男ね。何《な》んて崇高なスタイルなんでしょう」というふうに「憧憬の眼」で見るが、落語家の場合は「何かはみ出して来たわ。なアにあれは」「噺家の小三治だわよ」「まア本当に生意気だわね。噺家の癖に歩いてるわ」などと言われかねない。

益田甫の小説**『探偵術第一課』**にこんな場面がある。「ちょっと、探偵屋さん、あんた、まだ新米だわね」と、探偵される側の女が、する側の青年に声を掛ける。たしかにまだ新米、というよりも、その初仕事が入社試験に相当するのだという。「私の何を調べるの？」と聞くと、「つまり、その」と言いにくそうに、「操行を調査しろって云う命令なんです」と白状する。そんなことなら「わざわざ調べないでも私が教えてあげる」と言って青年にノートを出させ、「よくって。云うわよ」と、女が自分で勝手に説明を始める。

「性格、頗《すこぶ》る華美放縦にして、金使い荒く、凡《およ》そ家庭の主婦としての資格なし」と、もっともらしい文章ながら、みそくそに貶《けな》す内容なので、新米探偵も「冗談じゃありません。そ……そんなこと書けますか」とさすがに躊躇する。実は、この娘、選挙がらみの縁談があって、何とか断りたいと思っているところ。そういう事情を話して協力を求めると、青年はすっかり乗り気になる。そこで、「その続きよ。今度は素行」と言い、「素行頗るよろしからず。醜聞多く、銀座界隈にては相当知られたる不良少女なり」と滔々《とうとう》と弁ずる。

　近年の著作で、この「自虐ネタ」で天才的な閃きを見せるのは、やはりあの哲学の**土屋**教授だ。「自慢ネタ」の対極にあるから、両々相俟《あいま》って読者の笑いをかきたてるのだろう。自分の著書を読んだことのある五名の学生に、口頭で調査をしたら、「五ページ以上読み通せなかったものが二名、読んだと偽っていた者が二名」、残る一名は「質問に対して死んだふりをした」らしい。実際に読み出した二名も四ページまでには投げ出したというから、全五ページ程度の本でもない限り、惨憺《さんたん》たる結果ということになる。ましてその五名が何百人かの学生のうちの五名だったりしたら、なおさら惨めだということになる。が、もともと話自体が学園ものという創作だったのかもしれない。

　論文の執筆にあたり、「貧弱な論旨に気づかれないよう、訳の分からない文章を書く必要が生じる」というのも自虐的な筆致だし、「論旨がなってない」と批評されるより、「表現力がなってない」という批判を受ける方がまだましで、「字が下手で読めない」と言われるのが最も好ましいともある。

　『**哲学者かく笑えり**』には、「わたしが教えた学生は大別すると、わたしを正しく理解した上で軽蔑する学生と、誤解した上で軽蔑する学生の二種類に分類される」という記述が出てくる。後者の中には、正しく理解すればどうなのか不明な学生も含まれているだけ救いがありそうだが、仮にこの教授の実像より上に誤解したとしてもなおかつ軽蔑の対象に含まれるケースもあり、全体として自分の評判の悪いことを宣伝に使っている《**自虐**》的な主張である点は動かない。

　『**妻と罰**』にも、そういう例は尽きない。「哲学者タレスは天体を観察していて溝に落ちて笑いものになった」と書き、「しかしわたしは違う」と続くので、例の自慢話かと思うと、「溝に落ちなくても笑いものになっている」と予測をきれいに外す。「授業でもときどき間違ったことを教えているし」と珍しく謙虚なことを言うと、学生に「被害を受けるほど先生を信用してませんから」と言われ、「先生は〈ちょいワル〉にも〈ワル〉にもなれません。サイテーです」という総合評価を下される。

『ツチヤ教授の哲学講義』という近著の説明もふるっている。「実際の講義の中から主要部を除いて」とあるから、なぜ肝腎の主要部分を省いてしまうのかと不安になると、その「主要部」は「えー」「あー」の類だという自註がほどこしてある。削ったのはそんな無意味なつなぎの箇所かと読者は安心しかかって、ふと気づく。それが「主要部」なら、残っているのはもっとどうでもいい情報なのだ。とたんに購買意欲は冷えきってしまう。これこそ**《自虐》**ネタの笑いの一大傑作だと言うべきなのだろう。

29 骨が折れる芸術――世間体

落語の**『抜け雀』**に、こんなやりとりが出てくる。金銭の話で、**《世間体》**というものがあって、金がないとは言えず、「生憎《あいにく》今細かいのが手許にないよ」とごまかして逃れようとすると、「それでは大きいのでも宜しゅう御座います、取り替えて参ります」と言われ、仕方なく「大きいのもないよ」とほんとうのことを言わされる。
同じく落語の**『三味線栗毛』**に、「あたくしの遠い親戚になるんですが、伯父さんの娘の亭主の、ええ…、親戚になりまして、そこの息子さんのお嫁さんのおとっつぁんの、大変にこりゃ遠くなりますけれども、この娘の亭主が寝てえて運をとりました」と、その人物と自分とがつながりのあることを、かなりの無理をして相手に伝えようとする場面がある。
これはまさに、**夏目漱石『吾輩は猫である』**のあの一節を連想させる。猫の「吾輩」の愛する三毛子が、自分の飼い主である女主人、二絃琴のお師匠さんがいかに由緒ある家の出であるかを知らせるために、「何でも天璋《てんしょう》院《いん》様の御祐筆の妹の御嫁に行った先《さ》きの御っかさんの甥の娘」などと、要するにどういう関係になるのか何度聞いてもよく飲み込めないような表現で、無理をしてまで由緒づける、あのくだりである。
このインテリ猫は、「人間がそんなに情深い、思いやりのある動物であるとは甚だ受け取りにくい」とし、「世の中に生れて来た賦税として、時々交際の為《た》めに涙を流して見たり、気の毒な顔を作って見せたり」してごまかしているのだという。そして、「骨が折れる芸術」であるこの「胡魔化し」をうまくやる人が、その結果、

「芸術的良心の強い人」として「世間から大変珍重される」のだから、結局、世間をうまく渡る人は人間として信用できない、という結論に達するのである。

佐々木味津三の『**腰を抜かさなかった話**』には、そういう形式にこだわる人間の一典型として、離縁されかかっている女が登場する。「人をあんまり小馬鹿にしなさんな。書くなら誰に見せても恥しくないように、ちゃんと三くだり半にお書きなさいまし。こんな子供だましのような離縁状が持ってかえれますか」と、離縁そのものより、あくまでそれを示す文面に意地を張っているのである。

サトウハチローの『**青春列車**』には、ハイヤーを呼ぶのにも《**世間体**》を気にする女が登場し、「フタバ自動車へそう言ってよ、きれいな車をたのみますッてね、運転手もなるべく、円タクらしくない顔のをたのむと言っておくれよ、自家用車のような顔をしたのを」と、運転手の顔にまで注文をつける。

同じくハチローの小説『**若者行進曲**』にも、同じような女が出てきて、「今日はカツだよ。カツだよ、カツだよ」と、ことさら大きな声でどなる。「カツ」と三回くり返したからといって、「三枚食わせるんだろうなんて早合点してはいけない。くりかえして、声を高くしたのは近所に聞かせるためだ」というから、トンカツと久しぶりに再会する興奮もあるのだろう。

柳家金語楼の『**あまたれ人生**』には、同じような女の失敗談が載っている。肉屋の店へ来た奥さんが、安い細切れの肉を買うのを気にして、わざわざ「犬にやるんですから、コマギレを下さい」と言ったものだから、肉屋も分量の見当がつかず、「犬は何匹？」と確認する。とっさにその客はうっかり「親子三人」と答えてしまい、内情を暴露してしまう。

30 美人は金がかかる——見栄

落語の『**三方一両損**』に、金を落としたときの江戸っ子の見栄《みえ》と心理が活写されている。それは感覚で、財布が「落っこちたぐらいは分ってますがね、其処《そこ》は江戸ッ子のことですから、拾ったり後ろを振返ったりすりゃア」、どこかで「江戸ッ子が見て居て」、ちぇっ、あんちくしょう「吝《しみ》ったれたことをしやアがる」と、「斯《こ》う思われやアしねえかと思うから」、逆に「此《こ》んな芽出度《めでて》えことはねえと、それから家へ帰って」というふうに展開する。

また、江戸っ子は入浴時間の短いほど粋だと考えていたらしく、烏の行水よろしく、風呂に入ったかと思うと、もう出ている、そんな早風呂を自慢し合ったようだ。落語の『**東男**《あずまおとこ》』に、その極端な例が出てくる。「朝湯に入るんでも、着物を脱いでザブンと飛び込んで、スーッと身体を拭いて出て来ちまうじゃアねえか」と、とうてい綺麗好きとは思えない仕打ちを披露した後、「此《こ》の間江戸を立つ時なんざアどうだ、湯屋へ行って着物を脱いで」と自慢げに言うと、相手が先走って「入らねえ中に身体を拭いた」と言う。これでは、何のために入浴するのかわからなくなるから、「止《よ》せやい、入らねえ中に身体を拭く奴があるけえ」と反論する。

サトウハチローの小説『**新生活行進曲**』には、《**見栄**》を張りすぎた失敗談が出てくる。その男、音楽の素養もあるように見せようと、人目につく場所にギターを置いておく。ところが、「ホコリも相当にたかっているところをみると、この楽器は弾いて楽しむ楽器ではなくて、飾っておくためらしい」と見抜かれてしまう。さらに、「曲譜の本が一冊、そのギターのわきにひらかれている。誰かが来た時に、譜もよめるということを知らせるつもりらしい」が、「どっこいこの譜はピアノの譜である」とバレて、かえって恥をかく。

やはりハチローの長編随筆『**僕の東京地図**』には、この《**見栄**》のために出費が多くなる場面が出てくる。あるタバコ屋に寄ると、そこの「マダムがきれい」なので、「バットを買おうと思って入ったのだが、どうにもバットと言えなくて」、つい無理をして、「ウエストミンスターをふんぱつしてしまった」という。そこで、「きれいだということ」は、相手に「損をかけることらしい」と悟る結果となる。

北村小松の小説『**三文文士**』には、昔の女性の微妙な心理が描かれている。嫁入りした娘が実家の母親に、「落雷したらしいわね、……この分じゃ、あの人も帰れないかも知れないわ」と、ひょっとすると今日は夫が帰宅できないかもしれないというような口ぶりを見せる。

内心は、「あすになって、帰って来たら、この雷雨をいい口実にするにちがいない」と腹立たしい思いなのだが、「主人をもつと」、こんなふうに、とかく「生みの親にすら見えをはってしまう」のだという。こういう人生模様は今や色あせたかもしれない。

31 イギリス風に顔をしかめる——気障《きざ》

漫才で、**ルイス**が「それはね、君のね、邪推なの、邪推」と言うと、相方の**セント**が、われわれ漫才の世界で普段使うような単語ではないとして、「邪推」という用語に「邪推ってなんだ、邪推って。むずかしい言葉使って」と突っかかる。つまり、自分だけ教養があるような顔をして気障《きざ》だという非難なのだろう。そして、「岩波書店の広辞苑持ってるっていいたいんだろ。そういう感じじゃないか」と固有名詞を持ち出して解説するのがおかしい。

柳家金語楼の『**あまたれ人生**』には、気障な恰好をして失敗する話が載っている。電車の中で、「私はフランスの詩、もちろん翻訳しないアチャラもの」を取り出して、「頁をくっては成程《なるほど》と云ったような顔」をしながら、「読めるふりして、得意顔で解らぬとこを見ていた」ところ、「吊革に摑まった大学生が、声をひそめて私の耳へ、本がさかさまですよ」と、よけいなことを知らせてくれたという。どうせ読んでいないのだから、さかさまでも一向にかまわないわけで、親切が夢を奪う結果となったのは互いに不幸なことだった。

サトウハチローの『**新生活行進曲**』にも、若社長が、読書という高級そうなイメージを自分で演出するシーンが出てくる。その人物が「読んでいた本をパタンと閉じた」と書いた後、「一説によると、若社長は」「人がはいッてくる迄《まで》本をよんでいる形をしていて、這入《はい》ッて来たと同時に、バタンとやるんだそうである」という解説がついて、せっかくの《気障》なポーズも、もとが割れてしまう。

同じくハチローの『**浅草悲歌《エレジー》**』には、「ゴルフパンツをはいているかと思うと、翌日は白足袋に縞の着物で雪駄をチャラチャラ言わせてくるし、呑めもしないのにウイスキーの小瓶をポッケットにしのばせたり、マドロスパイプの掃除をしたり、浅草のキザを一人で背負《しょ》っているような男」が登場する。

やはりハチローの『**青春相撲日記**』にも、「ジャパニーズマカロニをくれたまえ――案の定キザこの上なしだ、キザ界のノーベル賞受賞者だ、うどんならうどんでいいじゃないか」というくだりが出現する。伝統的な日本食のことも、「うどん」という平易な日本語を避けて、イタリア食品の英語読みという無理を重ねて、奇妙な欧風語を気取るあたり、たしかに受賞候補としてノミネートされかねない気障ったらしい人物のようだ。

また、ハチローの『**壁に書いた船**』には、「スペインの船が日本の港についた」とあり、「ドイツ製の剃刀は彼の頬を綺麗にした」と続く。そして、「水夫はクリームを塗った。これはフランス製だ」と展開しそうになるが、そう「書けば次にイギリス風に顔をしかめたとも書かなければならないのでやめる」と、途中で引っ込めてしまう。これが日本人なら《**気障**》の三点セットになりそうだと、読みながらおかしくなってくる。

32 酢豆腐――通ぶる

やたらに通ぶって見せるのも、《**気障**《きざ》》の一種だろう。その通ぶるのを利用して、気取り屋の鼻を明かす典型として、落語の『**負惜**《まけおし》**み**』、別名『**酢豆腐**』を紹介しよう。

「昨夜《ゆうべ》豆腐が大層《てえそう》残ったが、彼《あり》アどうした」と訊くと、与太郎は「ちゃんと蔵《しま》ってあらア」と、そこに抜かりはないような言い方をする。そこで、どこにしまったのか、「鼠入らずか」と確認すると、与太郎は「鼠入らずは駄目なんだよ、時々鼠が入るんだもの」と説明し、「お釜の中へ入れて蓋をして置いたぜ」と得意そうに言う。ただでも足の早い豆腐、こんな暑い季節にそんなことをしたら、たまったもんじゃないと、「ふざけるな腐っちまう」と呆れ、念のために取り出してみると、案の定「すっぺえ臭いが目鼻にしみる」。

捨てようとして、まてよ、「食わしてえ奴がある」といたずらを思いつく。こんなものを食う奴はいないと誰でも思うが、「腐った豆腐と云っちゃア食わねえが、持って行きようだ」と、何やら策戦があるらしい。何かにつけて《**通ぶる**》気障な若旦那の鼻を明かして、日頃の鬱憤を晴らそうと企む。そのお手並みを拝見することにしよう。

「若旦那、貴方《あなた》の噂で持ちきりですぜ、女湯で」と誘いかけ、相手が「ホホホそれ程でもないでげしょうに」と否定はしない。そこを突いて、「女の子が寝かさないてな事を云ったんでげしょう」などと、その気にさせる。そういう気取り屋だから、「其《そ》の通りでげすよ」と乗って来る。そのタイミングを見計らって、用意した例の話を持ち出す。

「よそから変な物を貰ったんですがね」と話題を変え、「食べ物だってえんだが、一番見て戴きてえんですが」と持ちかけると、相手は調子に乗って、「君方が御存じないのも道理、我々通が愛する食べ物でげすからな」と、知らないとは言わずにいっぱしの**《通ぶる》**。そうして、「この香りが目鼻へツーンと沁みる所が何とも言えぬ贅《ぜい》でげすな、妙でげすな、珍でげすな」と、いかにもその珍味を食しなれているかのような言い方をする。そこで、試しに、「何てえ食べ物なんで」と、すっとぼけて尋ねてみる。

若旦那も今さら知らないとは言えず、見たまま、味わったままに、「酢豆腐と云いやす」などと知ったかぶる。そこで、「お好きなら、もっと召し上がれな」と、意地悪に勧めるが、相手も一口で懲りたと見え、「酢豆腐は一口に限る」とあくまで**《通ぶる》**のが落ちである。

33 希臘語で朗読——衒学《げんがく》的

学問をひけらかすペダンティックな言動も、**《気障《きざ》》**の一つの形だろう。そういう**《衒学的》**な例となると、**夏目漱石**の**『吾輩は猫である』**にふんだんに見られる。

まずは迷亭。「ツアイシングの黄金律を失して居る」などと、他人の知らないことに言及してみせたり、「鼻の研究」と称し、「其《その》一斑を披瀝《ひれき》して、御両君の清聴を煩わし度《たい》と思います」とか、「愚見によりますと」などと、もったいぶった物言いをしたりするのも同様だ。

寺田寅彦がモデルだとされる寒月も、例の首縊《くく》りの力学で、「αだのT、X、Wといった記号だの、コサインを用いた方程式」だのと、本格的な表現を駆使し、素人の張った障子のふくらみ具合を、「あの表面は超絶的曲線で到底普通のファンクションではあらわせない」などと評するのもそうだ。また、「希臘語《ギリシア》で本文を朗読しても宜しう御座いますが、ちと衒《てら》う様な気味にもなりますから已《や》めに致します」と、自分が希臘語ができることを他人に披露するのも同様である。

そもそも語り手の猫自身が、並の人間どころのレベルではない。「一度《ひとた》び動き出したる物体は均一の速度を以て直線に動く」だとか、「ライプニッツの定義によると空間は出来得べき同在現象の秩序である」とか、自らの最期についてさえ、「日月を切り落し、天地を粉韲《ふんせい》して不可思議の太平に入《い》る」などと、漢文調で整然と**《ペダンティック》**な語りに徹するのである。

34　ゲルトはイヒが――外国語を見せびらかす

必要もないのに、やたらに難しいことばをふりまわしたり、金のかからないおしゃれとして化粧品や装身具代わりに外国語をちりばめたりするのも**《気障《きざ》》**のうちだろう。

サトウハチローの小説**『長屋大福帳』**には、無理やり英語を交ぜる例が出てきて、つい笑ってしまう。「どうぞお先に」という平易な美しい日本語表現があることに気がつかないらしく、「レディからどうぞ、どうぞ、プリーズ」などというものすごい挨拶まで飛び出す。ちょっとした海外経験を低い鼻にかけ、「サンフラン」を省略して「シスコはこんなに寒くありません」などと、用もないのにアチラの話題を持ち出す。「ア」は冠詞だとでも思うのか、「メリカでは」などと気取る例もある。「メリケン粉」や「メリケン波止場」のような古風な味わいもなく、手っ取り早く気障な匂いをまきちらす香水の役を果たす。事実、作中でも、「指と言ったらいいものを、そのお方はフィンガーとおッしゃッている」などと、敬語交じりの皮肉を言われる御仁も登場する。

『あべこべ物語』にも、「グッド　モーニング」と言われて、「グッド　スプリングになったね」と挨拶を返す例が出てくるが、ここは英語を習いたての中学二年生で、やたらに英語を使いたがる年齢だと、作者のまなざしも優しい。

同じくハチローの**『青春五人男』**では、外国人めいた名前が横行し始めた社会現象をちゃかしている。昔からコメディアンなどには、エノケン、ロッパ、エンタツ、アチャコのようなカタカナことばや、キートンや谷啓のような外国映画の俳優をもじった日本人離れした芸名はあったが、一般人の名づけや愛称などに横文字がはびこり出した、好ましくない傾向についての皮肉なぼやきである。

「日本にはやたらに、こんな名の女の子や男の子がふえている」と概括した後、「ジェリーだとか、チェリーなんていうのはまだいい」が、「ジョニーなんていうのになると、どうしても下へウオーカーとつけたくなるし」とウィスキーを連想したり、「ジョージなら必然的にワシントンと言いたくなる」と初代大統領を引き合いに出したりする。

さらに、「ペティなんていうのがあるし、ヘレンなんていうのがある。ローズだったら、日本じゃキズモノだと思う」などと、売れ残りや不良品を意味する「ろうず」という古風な日本語まで繰り出して、勝手な連想を楽しんでいる。

ハチロー作品からさらに例を追加しよう。**『長屋のバッテリー』**に、やたらにドイツ語を振りまわす気取り屋が登場し、「ありがとう」の代わりに「ダンケ」を連発するところから「ダンケの旦那」という異名を持っている。店の勘定を自分が持つにも、日本語の構文の中に不要なドイツ語をはめ込み、「ゲルトはイヒが払います」などとブレンドすると、詩人的感覚により、「イヒ」の音から幽霊の笑い方を連想する。当人が「アーフ　ウイウイウイ、待てよ、ウイデルゼーンとくら」とドイツ語で別れを告げて好《い》い気になっていると、「ウイウイとやるところなんか、酔っぱらいのさよなら」と、作者は容赦がない。

35 染色体と中舌母音——学術用語をちらつかせる

外国語に限らず、相手の知らない単語、難解な語や専門的なことばなどを使うと、やはり気障《きざ》な印象を与えやすい。

ラッキー・パンチのコンビの漫才に、こんなやりとりがある。ラッキーが「お前はな、生まれつきパーなんだよ、そこへパーマかけたら、完全なパーなんだよ」と相方を貶《けな》す。「パー」と「パーマ」は発音に共通部分があるだけで、意味的には何の関連もないから、当然パンチは「なんで僕がパーなんだよ」と異議を申し立てる。するとラッキーは「誰の子供だと思ってんだよ」と、親を引き合いに出して、DNAの問題に発展させる。「それを遺伝っつうんだ。な」と決めつけ、「染色体で、どうにもならん」と決定打を浴びせる。この「染色体」という《**学術用語**》をちらつかせるのが笑いの決め手だ。

こういう専門的な用語を、小説や一般書の中にあえて用いることで違和感をかきたてるのが、井上ひさしの常套手段の一つである。『**吉里吉里人**《きりきりじん》』には、『倭名類聚抄《わみょうるいじゅしょう》』や「硬口蓋《こうこうがい》」「中舌母音《ちゅうぜつぼいん》」「通鼻音《つうびおん》」、「指小辞《ししょうじ》」「対格《たいかく》」といった学術書並みの人名・書名や専門語が続出する。『**国語事件殺人辞典**』では、「オンザロック」をカタカナやアルファベットでなく、何と国際音声字母すなわち音声記号で表記した例が出現する。『吉里吉里人《きりきりじん》』に出てくる文字式も同様だ。

36 選りすぐりの一銭玉——奇癖

サトウハチローの『**ぼくは野球部一年生**』に、効率の悪い略語が出てくる。親友のちゃぼ平が「わかったかね、わかってくれたかね。そりゃ何よりだ、ツェンティセブン」と言う。このわけのわからないカタカナ語は、「ありがとう」という意味で、「三九、二十七というのがその語源」らしい。「略語のほうが、長くて、手数がかかるなんて、およそ意味ない略語」なのだが、「それをまた、たのしそうに使うなんて、どう考えても、普通の神経じゃない」と思うぐらい、これは奇妙な癖と言える。『**落第坊主**』では、こんな逸話が披露される。「数学はわら半紙に問題を書いて便所のカベに、はりつけておくから、毎朝、エンピツを持ってしゃがみながらやりなさい。ハッちゃんはウンコが長いから三題や四題は出来るだろう」と命じられたらしい。これを励行していたら、随分と変わったルーティンとして語り継がれることだろう。

『**青春列車**』には、年寄りのこんな性癖が描かれている。「一銭玉がないのかと思ったら、さにあらず、膝もとに置いて、ザルの中に、うんとはいッているのだが、ばアさんはその中からなるべくきたないのを選り出しているらしい」というのだ。どれでも一銭の価値しかないのだから、いくらきれいな一銭玉を残したところで金額は同じなのに、ついそうしたくなる人間心理、わからないでもない。

やはりハチローの『**当世夫婦手帖**』にも、「彼は、壁にかけてあるセザンヌの「首つりの家」のマットにおじぎをした」と、奇妙な行動が出てくる。その一回だけでなく、「その隣にピカソが一枚、その隣にアスランが一枚、更に唐紙の破れをかくすためにミレーが一枚」と、「彼はそれに一つずつていねいにおじぎをした」とあるから尋常ではない。

北村小松の小説『**街頭連絡**』には、「本と云う本を見る時は、必ず、寝ていなくては読めない悪癖があった」とある。そういう姿勢で読むのは楽だし、いつ眠ってもいいという安心感もあって、そういう読み方をする人は多いだろう。「新聞は腹ばいになりながら」というのも同様だ。しかし、そういう姿勢でないと読めないとなると、《**奇癖**》の仲間入りだろう。

東健而の小説『**ユウモア突進**』に出てくる退屈しきった夫婦というのもおかしい。そんな妻が、今さら話すこともなく、ただ「向い合ってポカンと坐っているだけじゃないの」と、いかにもつまらない気持ちを夫にぶつける。ここまでは、そんな状態の夫婦にありがちのせりふで、別に珍しくない。ところが、この剽軽《ひょうきん》な夫人は退屈まぎれにとんでもないことを思いつく。「あなたの鼻でも引っぱって見るより外、何にもすることがないじゃないの」と言い出すのだ。いい大人が、退屈しのぎの手段として相手の鼻を引っぱるなどということは、そう考えるだけで《**奇癖**》と言えるだろう。

徳川夢声の随筆集『**喃扇楽屋譚**《なんせんがくやばなし》』に、こんなワンパターンの行為をくり返す男の話題が出てくる。相手かまわず「一円貸してくれ」と頼む際に、必ず「男と見込んで」という言い方をするのだという。仲間うちの噂では、「あいつ、一杯のみとうなると、一円だけ男と見込む病があるんや」と、その癖を病気扱いする。その病はあたり一面に蔓延して、今やこの楽屋の者は大方が被害者となったらしい。

武野藤介の『**人生談義**』には、さらに厄介な《**奇癖**》の持ち主が登場する。「人の頭をこの平手で叩いてみたくなる」という。それも相手が子供や後輩ではなく、「先輩とか年長者」とかの場合にそういう気持ちが強くなり、「その頭が禿げていたりすると」さらに募り、「烈しい誘惑かなんぞのように叩いてみたくて仕様がない」のだという。

《奇癖》もその段階まで達すると、ほとんど病に近く、ただ、わけもなく叩いてみたいのだそうだ。相手が友人・知人だけではない。電車などに乗っていると、「見ず知らずの他人でも、こちらが吊り革へぶらさがっていて、御先方さまが腰をおろしているような場合、その禿げている頭を上から見おろしていて」どうにも堪《たま》らなくなるというのだから、どうにも始末に負えない。

37 恋文の再利用——奇行

癖になるほど習慣化していなくても、ある一つの行為が、世間的な基準で誰の眼にも奇異に映ることがある。そのような場合、程度がひどければ笑いにつながりやすい。

金子登の『**ユーモア辞典**』にこんな笑い話が載っている。女性の家に遊びに行ったら大変なご馳走になって、「帰りがけに、このままではあまりに悪いと思って、つい結婚を申し込んでしまった」という。まさに**《奇行》**である。料理が上手なのがわかってというのでも打算的で、情熱が感じられないが、こんなふうに、ご馳走になった謝礼としていちいちプロポーズされたのでは、女性は多忙を極め、体がいくつあっても足りない。

落語の世界では、そういう例が枚挙に暇がない。『**三方一両損**』には、「どうかして棟梁になりたくねえ、わっしア出世をする様な災難には出会いたくねえと思えばこそ、毎朝金比羅《こんぴら》様を拝んで」という無欲な大工が出てくる。

登場人物だけではない。落語を語る側にも逸話が多い。春風亭柳橋は体に気をつけること並大抵のことではなかったらしい。かき氷を食する時は、匙に掬ってフウフウ吹いてから口に入れる。冷たすぎて体に害があるから、さまして食うのだという。あんこ玉を食するにも、口の中で嚙むこと三分、しかるのちに咽喉を通すと伝えられている。**《奇行》**が習慣化してしまったのだろう。

変わっているのは、むろん、噺家《はなしか》だけではない。漫画家の**はらたいら**は随筆『**笑いを誘発させるいたずら**』にこんな尾籠な例を記している。自分の周囲にうじゃうじゃいる「くだらん奴」の一人として、同業者の所業を紹介する。「今日、見事なウンチをひりだしたから、見に来い」という誘いを丁重に断ったら、黄金色のウンチをカラー写真に焼いて送って来た」という。無臭なのがせめてもの労りだが、言うだけでなく実行する勇気と茶目っ気がすごい。

『吾輩は猫である』の苦沙弥《くしゃみ》先生について、語り手の猫は「主人は平気な顔で鼻毛を一本一本丁寧に原稿紙の上へ植付ける」と書いているが、それは作者自身の奇癖でもあったらしく、事実、内田百閒は漱石の『道草』の書き損じの原稿用紙に鼻毛が植え付けてあるのを、B29の空爆で焼失するまで大事に保管していたと書いているから、文豪の夏目漱石にもそのような《**奇行**》があったことがわかる。

北村小松の小説**『街頭連絡』**に、大学の講義でやたらに難解なことばを並べる厄介な先生が出てくる。何の話やらわからず、全体としてとらえどころのない講義にちなんでか、「広大無辺居士」というあだ名で通っている。例えばこんな調子らしい。「美なるものは」と語り起こすから、学生はその定義を待っていると、「法則や規則に対して、人間本能の自然に属する問題である事は、疑いもなく今もなお保留され」とその周辺に説き及び、「その完備に於て、美が属する処《ところ》の之《これ》等の法則や規則というものは作品を創作する芸術家の心理……」というふうに、それをつくり出す側の気持ちの問題に分け入り、さらに、「芸術の書物の中で何処《どこ》でも真実真正の写生をして佳良なる法則の課業を正当に読誦すれば……」という調子で展開する。

こんなふうに最初のセンテンスがどこまでも切れず、最初の「美なるもの」がこの先いったいどうなってしまうのか、聴いている側は、皆目わからないながらに先行き不安になり、気持ちまで暗くなる。肩を怒らして講義をする若い大学教員などにはえてしてありそうな傾向ではあるが、ここまでまったく理解されないまま講義を延々と続けるこの教員の弁舌は、世間的に見ても《**奇行**》の部類に属することだろう。

サトウハチローの小説**『新婚遁走曲』**に、こんな場面がある。新婚夫婦の家に居候が飛び込み、一向に出て行く気配がない。そうかといって、あまり露骨に嫌な顔もできず、せめて敷きっぱなしの布団でも片づけようと、屋根の上に干して日光に当てた。差し障りのないこの名案、居場所がないから外へ出て行くかと思ったのだが、見通しが甘かった。敵もさるもの、居候は干してあるその布団の上に自分も日光浴をしていて、これでは当分出て行きそうにない。「今日は屋根の上のお布団の上に一日ねころんでいるのよ、何のためにお布団を干したのか、わからなくなったわ」という若奥さんの声とともに、深い溜息が聞こえてきそうである。

同じ作品に、自分が出す恋文の代筆を兄嫁に頼むシーンが出てくる。手紙の代筆そのものは昔も今もそれほど珍しいことではない。東京の渋谷に昔は恋文横町という場所があったぐらいで、巧みなラブレターを他人に書いてもらうケースもなかったわけではない。

しかし、ここでは自分でその雛形を指定して、それとそっくりに書いてくれと注文するのだから、一風変わっている。その兄嫁が「だってあたし、どんなことを書いていいやら」と、とっさに適当な文面を思いつかないと言うと、何と「兄貴から貰ったのをおぼえているでしょう、そのまま、これへ書いてくれればいいんですよ」と、自分の書けない恋文の文面を指示するのだからおかしい。

たしかに、兄が書いたのは兄嫁のところに届いているはずだから、じゃまになって捨てない限りは手許に残っているはずで、参考になるにちがいない。よほど特殊な情報以外は、そのまま写し取っても済みそうだ。労力の節約にもなる。うまくバレないで済むかもしれない。しかし、いくら兄弟でも別個の個性、相手はそれ以上に違った人間。名前を間違えなかったとしても、そっくりの文面で、はたして二匹目の泥鰌《どじょう》は釣れるだろうか。

同じハチローの『**愉快な反対者**』には、小母さんにラブレターの書き方を教えてくださいと頼み込む青年が出てくる。「あら、ラブレターなんてわかりませんわ」と断ろうとするが、「若き日の豊富なる経験を思い出してみて、一つ見本をつくってみて下さい」と言われて、満更でもない気分で、相談に乗る。青年は「率直に申しあげます、小生あなたに恋を感じ……まずいな、もっとうまい言葉はありませんかな」と指導を仰ぐのがおかしい。たしかに、率直ではあるが、こういう文面では相手はぐっと来ないだろう。

同じ作品に、「火の番の爺さんが、二人の借りている二階の窓の下で、セキをいくつするかということで、賭けをしている」ともあり、「僕はサラリーの半分はお文《ふみ》さんのところで煙草を買ってしまっているんだ、押入れのトランクもバットで一杯だよ」ともある。どちらも**《奇行》**ではあるが、いかにもありそうで、人間の愚かさが愛おしい。

やはりハチローの小説『**新生活行進曲**』には、こんなシーンがある。結婚披露宴の席上で、「しっかり」と作太爺さんが声をかける。「結婚式の演説に声援がとんだなどということは、古今東西いまだかつてないであろう」と作者の解説が入る。近年は様変わりして、こういう場もなごやかになっているから、野次やひやかしの声が飛ぶこともあるかもしれないが、昔はもっと厳粛な雰囲気だったから、運動会と違って、声援が飛ぶなどという雰囲気は考えられなかった。そんなことをすれば**《奇行》**と見られただろう。

同じくハチローの小説『**愉快な溜息**』には、こんな情けないやりとりが出てくる。友達に会社の面接試験を受けた話をしていて、面接官の重役に、暑いから上着を脱ぐように勧められた。「ぬぎたいが、ぬげないのだ」と言うので、友達でなくても当然「どうして?」と訊く。すると、当人は「どうしてって、上衣の下はすぐに皮なんだよ」と説明する。つまり、ワイシャツも下シャツも着ていないから、上着を脱いでしまうと裸だから脱ぐわけに行かないのだ。そんな恰好で面接を受けるのは**《奇行》**だ。だが、そう説明してしまっては、さほどおかしくない。ここは、「すぐ裸」という表現が効いているのだろう。

『**センチメンタルキッス**』では、奇抜な宣伝法が提案される。モダンボーイがモダンガールのスカートに手をかけてめりめりとめくる。「アレーと一と声、時ならぬ、山中ならぬ銀座街頭の叫び声。人々の視線は一斉にモダンガールのスカートへそそがれます」と、煽情的な場面を設定する。おびただしい通行人の眼を釘づけにしたところで、スカートの下に穿《は》いている真っ白なペチコートを観衆の眼にさらし、そこに広告を打つ。その真ん中に「丸く大きく赤く、赤玉ポートワインの日の丸のしるし」が現れるという仕掛け。群衆の心理を利用したあざとい宣伝案で、当人は「名案でしょう」と鼻高々だ。たしかに人目を驚かすが、そもそも警察が黙って見逃すかどうか疑問だし、二度目以降の効果もほとんど期待できない。もしも実行すれば、それこそ社を挙げての**《奇行》**となるだろう。

『俺の仲間』の例は漫画的だ。「運動会の時に、かけっこをしてたら、坊っちゃんそこでがんばってと跳び出して来て、一緒に走り出したのには弱った」とある。応援したい気持ちが強すぎて居ても立ってもいられない、そんな「ばアや」が昔はいたようだが、実際に一緒になって走り出すところまで実行すれば、当時でも大変な**《奇行》**だったにちがいない。

授業時間中に昼飯を食っていて、「先生がリーダーをよむのを指名したら食事中と答えた」という話も出る。

同じ作品に、丼を八杯平らげるという大食いの友人が出てくる。通称「丼八《どんぱち》」だ。主人公が飯屋で久しぶりにその友達に再会すると、すぐに丼三つ注文する。あわてて、俺なら済んだぜと言うと、自分の分だと笑う。そこに、「友と逢《あ》いよろこびの杯をあげるというなら聞いたことがあるが、感極まって、めしの追加注文なんていうのは丼八だけだろう」とあるが、まさに奇行と言ってさしつかえない。

木山捷平の小説**『人差指』**は、「先年物故した或る劇作家は、死の直前、つくづく自分の指を眺めて、「随分、この指も、つかったなア」と、言って満足げに息を引き取っ」たという話で始まる。作者はそれを「遺言としては洒落れたものである」と評価した。これも臨終としては**《奇行》**の部類に属するだろうが、それにしては、何かしみじみとしたものがある。

コラム❽
心に届く感謝のことば
——背の高いつるつるの声

【問】口先だけでないとわかるように感謝の気持ちを伝えるコツは？　ヒントをぜひ具体例で。

【答】二人の関係によってみな違うので、決まり文句を避けて、相手や事柄に応じてそれぞれ個別の表現を工夫するといいでしょう。社会主義者の石川三四郎が、野鳥の博士と称された中西悟堂に宛てた礼状では、虫の写真をいろいろ送ってもらった礼を述べた直後に、「若しトンボのを二葉ばかり焼増して頂けたら一そうの仕合《しあわせ》に存じますが如何《いかが》でしょうか」とさらにおねだりするのですが、我ながらあつかましいと虫が知らせたのか、「甚だ虫のよい話ですが、虫の先生への御願いですから御怒りにはならぬことと存じます」と、相手に合わせた洒落にして、①図々しさを躱《かわ》してうまく収めています。

あとから重さの増す手紙もあります。「何年ぶりかで誕生日らしい誕生日を祝っていただきました」と、修道

に打ち込む唐沢秀子に宛てた有島武郎の礼状はそんな一つかもしれません。そのあとに、なぜか「御出発の前必ずお会い申すとは申しましたが今になって考えると必ずとはいえないかも知れません」と異様な含みを持たせ、「私自身にも其中《そのうち》何が起るかわかりません。私も精一杯には生きて見ます」と意味ありげに結ぶのです。「精一杯に」でなく「には」、「生きて行きます」でなく「みます」とあるのが、何だか気になりませんか。それから程ない六月八日午後三時頃に家を出た有島は、翌日の早暁、軽井沢三笠山の別荘浄月庵の一室で、三月前に愛人たることを断念すると手紙で誓った人妻の波多野秋子と心中します。何が起こるかと書いたのは予感でしょうか②。

NHKラジオ「私の本棚」担当のアナウンサー樫村治子に宛てて、自作を朗読してもらった室生犀星は、「毎日朗読をお聴きして思うことは、あなたのお声に成長があってしばらく聴かない間に、せいがたかく、なめらかに声の面がつるつるになっていることを発見しました」と記しています。背が高いとか、声の面がつるつるだとか、並の人間には考えつかない、とっぴな感覚表現が飛び出し、特異な作家の感受性③にしばしことばを失います。

犀星は、詩人の多田不二に宛てた礼状に、「庭に遣り

水をしているところへ珍しい鮎が到いて大変嬉しかった」と書き、早速夫婦で夕飯に食したことを述べたあと、「鬼怒川《きぬがわ》の激しい「水の流れ」味った」と記し、自ら「このことばはあまりに詩的であるかもしれない」と評した最後に「今夜妻の着物で百円近く作った④明日の払いのためだ　しみじみ寂しく心苦しく感じる」と心の内を訴えます。贋造ではありません。質に入れたのです。⑤

時間をかける手紙でも、感謝の気持ちを素直に過不足なく伝えるのは容易ではありませんが、親しい相手に面と向かって丁重なお礼のことばを発するのは照れくさいものです。顔の見えない電話でも、まともな挨拶を口にするのが苦手というシャイな人もいます。映画監督の小津安二郎にこんな逸話が残っています。生涯独身を通した小津が鎌倉の家に老母と住んでいた頃、戦前から小津映画にたびたび出演していた俳優の飯田蝶子が、小津は仕事の関係で出かけることが多いから、さぞや母堂は一人で退屈だろうと気を遣ったのでしょう、当時まだ珍しかったテレビを贈ったそうです。するとしばらくして小津から電話がかかってきたので、飯田はてっきりそのお礼だと思ってにこやかに受話器を取ると、どうもようすがおかしい。小津は突っかかる調子で「お蝶さん、だめじゃないか、あんなもの贈ってくれて」と切り出し、あろうことか、「おかげで、あの婆ア、テレビの前に坐りっきりで、ちっとも俺の世話をしなくなった」と苦情を申し込んで来たのです。

こんなふうに文字に写せば理不尽な抗議にしか見えませんが、耳に届いたのは涙声で、オッちゃん(小津)腹の底では感謝してるなと察したお蝶さんは、そのいちゃもんをまともに受けて立ち、「ああ、そう、ざまアみやがれ」と跳ね返して電話を切ったそうです。今だったらとたんに喧嘩になりそうな応酬ですが、驚いた小津もきっと嬉しかったことでしょう。⑥電話線の両端にはじける二人の笑顔が目に見えるようではありませんか。この二人の間柄でこそ生きてくるコミュニケーション⑦の形であり、へたに真似をすると宣戦布告に発展しかねません。

こんな不器用な人間が懐かしく、今は物足りない気がします。大仰な感謝のことばは、時にはかえって物を贈った相手を恐縮させます。その意味でこの憎まれ口の応酬は、ごく親しい人たちの間で交わされる思いやりの形、ある種のエールの交換であったのかもしれません。恥じらいを知る日本語がまだ世間で通用していた時代の、心のこもった小粋なやりとりに思えてなりません。⑧

【表現の仕掛け】

①「虫のよい話」でも、相手が「虫の先生」だから怒らないだろうという洒落。その前の「虫が知らせたのか」はその誘い水。

②有島武郎の例は、一度「必ず」と書きながら、絶対という自信がなくそれを訂正するほどの真っ正直な人間が、結局は自分のことばを裏切る結果になる矛盾の一例。人というものの弱さ、人生という不可解な代物を読者に考えさせる。

③犀星が、何とか相手の声を褒めようと、背が高いとか、声の感触が「つやつや」だとか、常人には考えつかないような特異な共感覚表現を思いつく意外性。

④その犀星が、鮎を食しながら、それが獲れた川の「水の流れ」をも味わう。「あまりに詩的」とみずから批評したのは、精一杯の感謝を伝えようと、いくらか無理をしたこの心理的な感覚表現がはたして先方にすんなり伝わるかと危ぶんだのかもしれない。

⑤「百円作った」という表現に、わざわざ「贋造」という語を持ち出して自分で否定するのは、「贋造紙幣」の連想を誘ういささか無理をした仕掛け。

⑥小津と飯田のやりとりは、贈り物をして苦情を言われる矛盾感が浅い笑いのきっかけになるが、表面上はことばの意味が働く喧嘩で、その底を正反対の心が通い合うという構造的な矛盾感が深いおかしみへと導く。

⑦喧嘩が始まることを「宣戦布告」と大仰に表現し、戦争勃発という雰囲気を醸しだす。

⑧「恥じらいを知る日本語」という表現に、かつての不器用だが恥じらいを知る日本人への思いをにじませ、それを「ことばの粋」ととらえる自身の在り方を問いかける。

9 対人

――相手を意のままに

自分が誰かに何らかの働きかけを行い、相手が何らかの反応を起こす。あるいは逆に、誰かから働きかけられて、自分が何らかの反応を示すこともある。伝達がうまく行ったり行かなかったり、先方を喜ばせたり、怒らせたり、悲しませたり、楽しませたり、驚かせたり、人生のほとんどは、そういう他人とのさまざまな接触の連続である。

そういう広い意味でのコミュニケーションの中で、おのずと笑いが生じ、あるいは意図的におかしみを誘い出すこともある。二人の間でおのずと誤解が生じることもあれば、一方の人間がたくみに他方の人間を誤解に導くこともある。あえて相手の予測を外す話の展開をしたり、わざと理解を遅くなるように細工をしたり、ことさら想像をとんでもない方向に誘導するなどして、そういう伝達過程そのものを楽しむこともある。

お前がこう言えば、おとなしく寝ると言って、女房に「こんなあたしのお酌でも飲むかい」と言わせ、そのことばに合わせて「せっかくだからいただきましょう」と応じるなど、巧みに相手を引っかける例もある。策略をめぐらし、わざと反対のことを言って、あまのじゃくの相手を巧みに操ることもあれば、逆に、その策戦がみごとに見破られるケースもあるだろう。友達のことだということにして自分のことを相談しても、相手には最初からお見通しだったということだってあるはずだ。

手術中にマスクをつけるのは、法外な治療代を請求するために顔を隠すのではないかなどと、勘ぐりすぎて失敗することもありそうだ。入浴中の婦人の姿が見えた折、とっさに「失礼、旦那」と呼びかけるなど、機転を利かせて切り抜ける例もあるそうだし、いびきで返事をして相手をからかう人もあれば、お前の顔は丸顔だから立てにくいとまぜ返す。麻雀を中国語の勉強と言いぬける遊び好きも多い。都合の悪い話題を避けるためにほかの話題をはさんでごまかすこともよくある。「胸の内を見せたい」と迫られて、「まあ、素敵なネクタイ」とはぐらかしたり、とぼけたり、問題をそらしたりする例も珍しくない。大根を注文した娘の脚を見ながら「桜島ですか」と八百屋の店員がそれとなく悪口を言ったり、それをみごとに切り返されたりする。あるいは、馬鹿の数は推定よりつねに一人多いと言って遠まわしに酷評したり、都合の悪いことを暴露されたり、失礼な言及をしたり、されたりする。

古今東西、そういう日常の多種多様の対人関係から、この世では実にさまざまな笑いが生まれてきた。

1　借金取りもにっこり——秘　術

大したことでなくても、普通の人間には思いも寄らないことが起こると、それだけでつい笑ってしまう。

サトウハチローの随筆集『**落第坊主**』所収の『**わが師わが友**』に、ハチローの父佐藤紅緑《こうろく》の家に食客としていた詩人の福士幸次郎の思い出が書いてある。「手に負えなくなった」ハチローを両親が「感化院に入れる決心をした」時、その前に自分が預かると申し出、一緒に小笠原の父島でしばらく過ごした。だから、「ボクの運命をきめたのは福士先生だ」と書くのは当然だろう。また、そこで与謝野晶子・金子薫園・北原白秋・土井晩翠らの詩歌に出合ったから、「ボクを詩人にしたのも福士先生だ」と書くのも自然だろう。次に、「ボクにユーモア小説を書かせたのも福士先生だ」と続くのもその延長線上のことであり、「ボクを善導してくれたのも福士先生だ」と書くのも、事実だろうから無理はない。

ところが、ハチローはさらに二つの恩義を追加する。一つは、「貧乏を屁とも思わなくさせてくれたのも福士先生だ」という文だ。福士自身が紅緑の家に居候していたくらいだから、当時の詩人にありがちな貧乏暮らしだったのだろう。人気作家の自宅で、ハチローは金銭的につらい思いもせずに奔放に育ったと思われるから、親許を離れてその貧乏詩人と過ごした島での生活を通して、貧しい暮らしにも次第に慣れ、さほど苦にしなくなってきたのだろう。事実としては耐乏生活にも悲喜こもごもあったはずだが、それを「屁とも思わぬ」と誇張し、恩義として記すのは、正確ではないが、その気持ちはよくわかる。

問題は最後だ。「借金取りを微笑させてかえす術を体得させ」てくれた恩人でもあるのだと言う。作者自身がそこに「おおその奥義秘伝よ」と感嘆のことばを寄せているだけに、それは「奥義」であり「秘伝」でもあるから、その具体像は作中にも明かされない。おそらくそれは、取り立てに苦しめられる多くの人びとを救うのはもちろん、借金取り自身にとっても、一瞬なごやかな気分を味わう効果があったのだろう。

読者にとって結局よくわからないながら、こんな実利的な働きをする、そういう奥深い秘儀をあれこれ想像し、何かほほえましい気持ちに誘われるような気がする。

もう一つ、同じ作者の今度は小説『**青春五人男**』から、不思議な能力の例を紹介しよう。タクシーの運転手をしていると、客がどの程度の金を持っているか、大体の見当がつくという。「四年も運ちゃんをしてますからね、乗ったお客のふところは、乗せ心地でわかりますよ」と、当人が請け合うのだ。車の乗り心地という言い方はよくするが、客の「乗せ心地」などというものが存在するというのも読者には初耳だろう。

ともあれ、「ドアが開いて、一歩ステップに足をかけるでしょう。その時に、ははアこの客はむらさき以上だな。こいつは猪以下だぞ、こいつは自動車賃を払うと、あとはアッパッパだなと、ちゃーとわかりまさア」と自信たっぷりなので、一人が自分のふところ具合を当てさせると、「なし」つまり「無一文」だと答え、隣の男のと合計でいくらかと聞くと、「合計でスコンクでさア」と言う。客は「あたるねえ」と、払いも忘れて感心する。そういう推測をする材料は服装や靴、態度など、たぶんいろいろあって、長年の勘で総合判断できるようになるのだろうが、初めて聞く客にはこういう超能力は《**秘術**》に思えて、狐につままれたような気分でおかしくなる。

2 用意ドンな——予測外し

ものを並べると、そこに何となく文脈のようなものが感じられることがある。昔からある遊びに、こんな引っかけがある。木偏に赤と書いて林檎、木偏に紫と書いて葡萄と言った後、それでは木偏に黄を書いたら? と問いかけて、相手に考えさせ、バナナやレモンなどと答えるのを待って、「横」という正解を示す。何も説明しなくても、最初の「林檎」と「葡萄」から相手がそこに「果物」という文脈を勝手に解釈するので、こういう常識的な「横」という漢字に気がつきにくい。

夢乃タンゴ・西川ひかるコンビの漫才『**コマーシャルで行こう**』に、こんなやりとりが出てくる。タンゴが結婚相手を探すにも、コマーシャル方式で行くと効果がありそうだと、ひかるが見本を示す。「目下、独身中の夢乃タンゴ、ただ今嫁さん募集中! お申込みは、往復はがきに、おところとお名前を書いて、今すぐどうぞ」といった例を並べる。「女なら誰でも結構」などという低いハードルのものやら、「ものずきな女性は」といった珍奇な条件やらが出るのもおかしい。花婿候補となる当人の説明を「男ぶりはまずくても」と始める。聞いている側は、男は顔じゃないと思いながら、逆接の仮定条件を示す助詞の「ても」につられて、次にどういう長所が出てくるかと待ちかまえる。ところが、ひかるは「気立てのわるい夢乃タンゴ」と続ける。

井山弘幸の『**笑いの方程式**』によると、アンタッチャブルの漫才にもこういう例があるという。大学受験の話題で、山崎が「お前が落ちてなあ、俺が悲しんでねえとでも思ってんのかよ」と同情している顔をしたあと、「お前が落ちて辛いのはなあ」と話しかけ、「お前だけなんだよ」と冷たく突き放してしまう。

秋田実の『**笑いの創造**』には、こんな笑い話が載っている。「あの女と結婚したために、百万長者になった男があるよ」と話を切り出す。「百万長者」という単語から、聞いている側はすぐに出世物語を連想し、貧乏人が一夜にして……と思い込んで、「文無しだったのかい？」と目を輝かせる。ところが、「いいや、元は億万長者だったんだ」というとんだ零落物語だとわかる。いずれにしても、当てが外れることによって誘い出される笑いである。

井上ひさし作のコント『**屑拾い**』にこんなシーンがあるらしい。落とし物を見つけた二人のうち、どちらに拾う資格があるかを公平に判断するために、両者を一定の位置から同時にスタートさせて争わせる競技を思いつく。審判員を務める人物がスターターを兼ねて、「では、位置について」「用意」と掛け声を発し、絶妙のタイミングで「ドンなことがあっても」云々と注意事項をはさむ。「ヨーイ」という声で息を止めた直後に、「どんな」という語の「ドン」という音を聞いた瞬間、二人は一斉にスタートを切る。音感の鋭いこの作家だけに、これも「用意」の直後の「ドン」という音の予測を「どんな」という語でみごとに外した。技能賞ものの傑作である。

ドストエフスキーの『罪と罰』ならぬ**土屋賢二**の『**妻と罰**』には、「中年女と聞いて悪い女だと思ったら大間違いだ」という、ただでも問題発言として槍玉に上がりそうな記述が現れる。「悪い女だと思ったら大間違いだ」

という表現姿勢の傾斜角から、当然その次には、大間違いとされた「悪い女」とは正反対のことば、例えば「善良な」とか「天真爛漫な」とかといったプラス評価の形容が続くものと、誰もが思うだろう。ところが、そういう甘い予測はみごとに外されて、予想だにしない「ものすごく悪い女だ」という、さらにひどい表現が現れる。「悪い女」と「ものすごく悪い女」とはたしかに程度の違いがあるから、「大間違い」と言って言えないこともないから、嘘にならないぎりぎりの表現である。

3 飛行船を射落とす——文脈操作

相手の《予測を外す》というより、もっと積極的に相手が勘違いしやすいように話を持って行く場合もある。**内海突破**と**並木一路**のコンビによる漫才『**青春悩み多し**』にこんなやりとりが出てくる。早熟で、十二、三歳の頃から結婚に憧れていたという男が、いろいろ見合いもやったが、「蛇に短しミミズに長し」でとか、「箒《ほうき》に短し歯ブラシに長し」でとか、ともかくまとまらなかったという。

相手がその見合いの回数を尋ねると、「七、八回やったが」と言った後、「全部断ったよ」と言う。念のため、相方が「君が?」と確認すると、「いや先方が」という意外な答えが返ってくる。日本語では、自分に関係する事柄は自分側からとらえて表現するのが自然だから、「社長がくれた時計」より「社長にもらった時計」と言うのが普通で、「先輩が殴った」より「先輩に殴られた」と言うほうが素直な表現となる。したがって、ここでも自分の見合いだから「断られた」とするのが日本語らしい発想だ。そこをあえて「相手が」ということさえ言わずに単に「断った」と答えたのは、相方の勘違いを誘って笑いを取る漫才らしい文脈操作だと言えるだろう。

また、同じく漫才の**横山エンタツ**と**杉浦エノスケ**のコンビによる『**猛獣狩**』という作品にも、巧みな文脈誘導が見られる。射撃を練習しているという話題で、相当の自信ができたと自慢げな相手に「当たりますか?」と聞くと、「そんな失礼な訊ね方をすな。いつでも大当りだよ」と威張ってみせるが、「あたらん時には家に帰ってから女房に八ツあたり」などと洒落て雰囲気を変えた直後、「イザ敵機が襲うて来たという場合にはね」といきなり大きなスケールの話に持ち込む。聞いている側も突然のことで「敵機？」と驚くと、「敵の飛行船が悠々と襲うて来た場合」と、「敵機」を「敵の飛行船」とすりかえ、「それを一発で射落としてしまう」と続ける。

百発百中とまではいかないが、「五発うてば三発は自信がありますね」と聞いて、相方はそれでも「大した腕前や」と感心すると、「よくあたる時だったら飛行船二つと朝日と敷島を落した時がありますよ」と、話が妙な方向に捻じ曲がる。飛行船が「二つ」と数えられ、その後に煙草の銘柄の名前が二つ続くので、相手もようやく気づき、「それやったら射的場と違うか？」と確かめると、案の定、「勿論《もちろん》、射的場や」と答える。「そんなら君のいうてる飛行船というのは煙草のエヤーシップかい？」「勿論！」として一件は落着する。

4　お言葉に甘えて——引っかけ

一輪亭花蝶・三遊亭川柳コンビの漫才『**馬が西向きゃ**』にこんなやりとりが出てくる。下駄の減らない方法として、手に持って裸足で歩くことを提案するなど、やることがアホみたいな川柳が「金の勘定は出来ますよ」と言うので、花蝶が問題を出す。「十銭銀貨で五十銭持っている」人が「十五銭が物を買《こ》うたら、お釣りは、なんぼくれはる？」と聞くと、川柳は即座に「三十五銭やがな」と答えるので、「難儀な頭やな」と呆れられる。所持金の五十銭から買物の代金十五銭を引けば、たしかに三十五銭だが、「十銭銀貨で」と明言しているので、所持金を全部出す馬鹿はいない。二枚出してお釣りをもらうのが常識だから、正解は「五銭」となる。しかし、そうなると、これは《**引っかけ**》であって、計算力の試験にはならない。

乾《いぬい》信一郎の『**阿呆宮一千一夜譚**』に、こんないたずらが出ている。街中で「一人があらぬ空の一方を睨みつけて、ええ？　ありゃ何だい？　と大きな声」を出し、仲間が寄って来てそれぞれ「心得顔にどれ何処《どこ》に？　とばかり初めの一人の廻りを取囲んで指さす方を一斉に見る」と、その辺を歩いている連中がみな同じ方角を眺める。「何んにもない所をぽかんとした顔をして眺めている人間共の面をみるのがその頃は実に嬉しかった」という。

野村雅昭『落語の言語学』によれば、六代目の**三遊亭円生**は**『三軒長屋』**をこんなふうに演じたらしい。棟続きの三軒長屋の真ん中に伊勢屋の囲い者が住んでいるが、その両隣の音がうるさくて落ち着かないと、伊勢屋にこぼした。それを漏れ聞いた、長屋の両端に住む鳶《とび》の頭《かしら》と剣術の先生とが一計を案じ、それぞれが自分は金さえあれば引っ越したいのだがと話を持ち込んで伊勢屋から五十両せしめる。そして、いよいよ明日引っ越すという時になって、「一体どこへ越すつもりなんだ」と聞くと、鳶の頭は「先生があっしんとこへ越して、あっしが先生んとこへ越すんで」と答える。それが噺《はなし》の落ちだ。これでは、百両出しても、迷惑をこうむる問題はちっとも解決しないから、詐欺みたいなものだが、その両人はきちんと約束を果たしているだけに、訴えるのも考えものだ。

落語の**『代り目』**に、亭主が酔っぱらって帰って来るなり、「寝酒」と称してまた酒を飲もうとする場面がある。女房が、今日は帰りが遅いからどこかに泊って来ると思って、火を消してしまったし、お湯も残っていないから、今夜は寝ておしまいと言うと、亭主が懇々と意見をする。「夜が更けて貴下《あなた》のお帰りとも知りませんで、火もなし、お湯もなくなしてしまって誠に相済みません、此《こ》んな冷たいお酒じゃ嘸《さぞ》旨くございませんでしょうが、是《これ》でもお酌が若かったら少しは飲めましょうが、此《こ》んな婆アのお酌で御気には召しますまいが、妾《あたし》が御酌をするから貴下飲みますかと来りゃア、女房ア夜《おっか》が更けたから止《よ》そうとこうならア」と男の気持ちを説明するので、それは言い方が悪かったと、女房がそのとおりのせりふをくり返して、「此んな婆アのお酌で御気には召しますまいが、妾が御酌をするから飲むかえ」と言うと、亭主はこれさいわいとそのことばに乗って、「アア飲むよ飲むよサア持ってお出で」とあぐらをかく。「お言葉に甘えて」という形に持って行くのが芸なのだろう。ともあれ、まんまと女房をハメて一本勝ちとなる。

サトウハチローの小説**『チンドン屋の花ムコ』**に、そのチンドン屋をやりながら占いの方も少々こなす先生が登場する。「相手の水洟《みずばな》を見て」から「あなたは、いま風邪をひいているな」と占うのだから、すこぶる怪しい。時にはタネを仕入れに外出する。「人の家の便所のわきを通れば、その家の人の腹の硬軟はすぐわかる」か

9 対 人――相手を意のままに

ら、素知らぬ顔で「今朝程から、あんたは腹痛の気味じゃろう」などと占えば、たいていびっくりするからである。

5 偽刑事にでも──知能犯

佐々木邦の『**夫婦者と独身者**』に、下手なヴァイオリンの練習の音に悩まされる場面がある。その問題をどうやって円満に解決するか、近所づきあいがあって現実になかなか難しい。練習量を減らせとは言えないから、窓をきちんと閉めるようにとか、時間帯を制限してほしいとかと頼み込むのがせいぜいだろう。ところが、ここでは逆に「褒めてやったり、進んで所望したり」して、どんどんひかせるのがコツだという。そんなことをしたら、先方はいい気分で一日中でもやっていると思いがちだが、相手は「本気になるから、それだけ早く草臥《くたび》れ」、褒めるほど早く片づくというのだ。逆療法とも言うべき突飛な案で、《**知能犯**》の手口を思わせるが、結果ははたして、どんなものか知らん？

辰野九紫の『**某重大犯人？**』では、インテリ出身のプロレタリア文学の作家の奥の手が暴露される。今で言えばグリーン車に近い昔の二等車に乗車しながら、「見送りの人の手前を憚《はばか》って」わざわざ「三等の窓から首を出して、天晴《あっぱ》れ労働者の仲間みたいな顔をするインチキがいた」というのだ。いつもは労働者の苦労を小説に描いているのに、その当人が金持ちの乗る高級車両でふんぞりかえっているところを見られては信用にかかわると考えて小細工に走ったのだろう。よく気がまわって技能賞ものだが、何とも情けない。

サトウハチローの小説『**エンコの六**』には、自分の居場所をごまかすための、こんな工夫が出てくる。主人公の六さんというベテランのスリが、いつも夏には避暑地で仕事をするのだが、今年は出かけないで、地元の浅草で稼ぐことにした。自分をマークしている大野木刑事にそういう予定を知られると仕事がしにくいので、出かけたように思わせるのに一計を案ずる。大野木宛の手紙を房州にいる知り合いの家に送り、そちらから投函してもらおうというのだ。消印から千葉の方にいるものと思い込ませるためである。

同じハチローの『**逢曳《あいびき》ゆすり**』にこんな場面がある。

「鳥打帽子を前のめりに深くかぶり直し」て、「もしもし、お二人さん！　わしは警察のもンだがね」と声をかけ、「野暮なことは言わんよ。若いうちだ、惚れる惚れられるは結構だ。だが、ここは外だからね」と注意し、「夜学へ通って勉強せにゃならん身でありながら、かかるところへ夜学にくるとは不都合千万だ」と説教を始める。

「いいかげん二人を困らして」から、「一応署まで来てくれたまえ」と言い、相手が驚くと、「拘留するとか何とかいうのではない、ただもう少し取調べたいことがある」と同行を促す。相手が「どうかもうしませんから今度だけは」と泣きつくと、「君たちの心根をくんで、今度だけは許そう」と言って、「偽刑事にでもつかまったら飛んだことだぜ」と親切なことばをかける。偽刑事がそう言うのだから、世話はない。そのあと、遅くなったから車で署に帰りたいのだが、「生憎《あいにく》持ちあわせがない」から、少し都合してくれと、本職にとりかかる。脅しが利いているから、相手は財布をはたいて逃げるように立ち去る。

6 通訳の信用は日本語力――策 略

野内良三『ユーモア大百科』に補聴器の意外な効果に関する笑い話がある。性能のよい補聴器を買い求めた老人、よく聞こえるようになったが、家族には内緒にしてあるという。みんなは聞こえないと思って、勝手なことをほざいている。補聴器のおかげで、「この二週間、もうなんど遺書を書き直したことやら」と、実益があったらしい。

オール阪神・巨人の漫才で、巨人が言い方ひとつで無駄な出費を抑えるコツを披露する。嫁はんが化粧品や装身具や新しい衣装などを欲しがるたびに、「そんなん買わんでもええて。そのままで充分きれいやないか」と言うのだそうだ。たしかに、当人としてはついそんな気になるだろう。その顔では無駄だからと言っても、その買物が不要だという点では同じはずだが、結果はまるで違う。**《策略》**だ。

森乃福郎の**『ヨイコの処世術』**に、学校の成績で親に褒められる策謀が事細かに載っている。五段階評価で、最初に3を取り、あとで5を取っても、その逆でも、年間の平均成績は同じだが、前者の子供は親に褒められ、後者の子供は叱られる。こういう基本的な矛盾を利用し、効率のよい成績の取り方を伝授するのである。

親は子供に「勉強せえ」と言うが、「調子にのって、一生懸命勉強してテストを受けて、5や4をいっぺんにぎょうさん取ったらあきません」とし、「5や4をとれる自信のあるときでも、わざと試験をまちごうて、3をとるようにしとく」のが根回しで、ずうっと3ばかり取っていると、親はいっぺん5取ったら「好きなもん何でも買うたる」と言う。そのタイミングを見て、「パッと5取って、それでローラースケート買うてもらう」と策戦を授ける。「芸のこまかいとこ見せよ思たら、4取ってから次に5取る」。そうすれば親は「感激のあまり大阪城買《こ》うてくれるやわかりません」と話は発展する。

佐々木邦の小説『**珍太郎日記**』には、他人が右と言えば必ず左と言うほど、あまのじゃくである亭主の場合は、扱い方が簡単だという。「自分の思うところと反対の事を申していれば主人は屹度《きっと》其《そ》の反対に出ますから、結局此方《こちら》の希望通りに事が纏《まと》まって責任は主人の負担になります」と、この細君、なかなかの軍師ぶりを発揮する。

中村正常の小説『**退屈女房**』に、家で待遇よく酒を飲むために計略をめぐらす場面がある。同僚を課長に仕立てて家に招けば、「女房のやつ、着物を質においても御馳走するぜ。至れりつくせりにサービスするにきまっている」と考えての芝居だ。相手も、自分が上司の役だから、それなら威張って飲めるし、御馳走も出る、とすっかり乗り気になる。すると、その提案者は、「その代りに、その次の日はこんどは俺が課長さんになって、君のうちに御馳走になりに行くぜ」とちゃっかり付け加える。客が上役なら出世の手づるになると思い、妻としてどうしても大ぶるまいするようになるから、たしかに豪勢な宴会になりやすく、しかも両家とも平等だから、亭主連中にとっては堪《こた》えられない。まことに妙案のように見えるが、女房にとっては、御馳走を出さなければならず、出費もばかにならず、夫の給料も上がるわけではないから、質に入れた着物を請け出すあてもない。

サトウハチローの小説『**オリンピック頭**』は、床屋のオリンピックの話である。腕を競うのだが、恰好のいい頭の方がどうしても仕上がりがみごとに見えるから、優勝するためには、それ相応の頭を探さなければならない。まあ腰に弁当を提げて東京中を歩くんだなと言われて、まさか「恰好のいい頭はありませんか」と触れ歩くわけにもいかないし、第一たいてい帽子をかぶっているから見ただけではわからないと弱気になると、相手は知恵を授ける。知らない人でも何でも出会い次第に、「やアこんちはとこっちで帽子をとるんだ。向うだッて、すぐ帽子をとらアな。どなたでしたッけと向うが首をひねっている間に、頭をみてしまえばいいだろう」という。なかなかの思いつきだが、理想の頭にめぐりあっても、その相手がそんなオリンピックに出場してくれる保証はどこにもない。

米原万里は『**必笑小咄のテクニック**』に、著者自身の経験から通訳の心得を述べている。「何よりも日本語の達人になること」が大切だという意外な結論だ。「正確で自然な日本語をよどみなく聞かされると、通訳も正確に違いないと錯覚する」からだという。たしかに、たどたどしい日本語を聞かされると、どうしても伝達内容もこころもとなく思いやすい。これは論理というよりも心理のあやだが、意表をつくみごとな《**策略**》と言えるだろう。

7 洋式入浴――対照マジック

土地が違えば習慣も違い、作法も異なる。まして西洋と東洋となればなおさらだ。そんな思い込みを利用して、いろいろと正反対になることも珍しくない。下駄は左右兼用だが、靴は左右が別々で、逆に、足袋は左右別々で、靴下は左右の区別がない。日本の鋸は引く時に切れるが、向こうのは押す時に切れる。そんな例をいくつか並べた後、日本では着物を脱いでから風呂に入るが、あちらではバスから上がってから洋服を着る、と話を運ぶと、東西で反対になる例を累積してきたそれまでの文脈が働いて、何となくもっともらしく感じられる。これが《**対照マジック**》だ。

実は、入浴のプロセスの最初と最後を割り振っただけで、湯ぶねにしゃがんで入るか、仰向けに入るかという違いにも言及していないから、この例では、論理的に東西の手順の違いなどどこにも指摘されていないのだ。巧みに対照的に感じさせる話の運びが絶妙で、一種の文脈操作の引っかけとも見られるが、こういうマジックのような論理の空回りが、冷めた読者の笑いを呼ぶのである。

8 真の芸術家――演技

落語『**女優志願**』はこんな場面で始まる。若い女が飛び込もうとするのをつかまえた男が、「汽車往生しようッてえのを助けてやって、随分だわ、なんて言われちゃア、ましょくに合わねえや」と言いながらも、自宅に連れて来て、「御飯も好き、お腹も空き」と下手な洒落を言うその女に、たっぷりとおまんまを食わせてから、事情を聞くと、「死は一切の終局」、この「華やかな現世を捨てて暗い暗い死……妾《わたし》、死ぬの嫌いよ」と言うから、わけがわからない。よくよく聞いてみると、女優志望で、「汽車に轢《ひ》かれて死のうとする、そこへ薄馬鹿の男が通りかかって、婦人を助けると云う筋を考えて試験して見た」のだという。

「あなたは妾がほんとに死ぬと思って一生懸命抱き止めた」から、この稽古は成功だし、「薄馬鹿」のような人でさえこんな反応をするぐらいだから、「敏感の方なら泣いて下さるわ」と、その腹を空かした女優はすっかり自信をつける。変にドジな顔をしている人だと思ったので、ああいう「人を動かすようでなければ真の芸術家じゃアないと思って」その場面を演じたのだというから、その《**演技**》にはまった、人の好い男もとんだ災難に出くわしたものだ。

9 朽木氏逝去――なりすまし

森鷗外の没後しばらく経った一九三一年、**井伏鱒二**は東京朝日新聞に『**森鷗外氏に詫びる件**』と題する文章を寄せた。後に『悪戯《いたずら》』として全集に収める随筆だ。遠い中学時代に鷗外をかついだ悪戯を告白する謝罪の一文である。事の起こりは鷗外が大阪毎日新聞に連載中の『伊沢蘭軒』に史実に反する疑いがある旨、手紙で書き送ったことにある。地元の巷説を論拠として、朽木三助というペンネームで反駁文を書き送ったのだ。鷗外の作品中にその候文の手紙が紹介されている以上、これが事実であったことは否定しがたい。

鷗外からの返信により、伊沢蘭軒悪人説が年代的にも誤っていることが判明するが、友人にせがまれてやむをえず、反論の材料皆無のまま、鷗外からの返信欲しさにもう一通の書簡を送るはめになる。仕方なく書体を変え、今度は本名で、「朽木三助氏は博士の返事が着くと間もなく逝去された」と書き、その友人になりすまして再度投函したところ、またもや鷗外から朽木氏の死を悼む丁重な手紙が届いたという。まさに事実と虚構をないまぜにして鷗外にいっぱい食わせたこの《**なりすまし**》の一件は、物書き井伏鱒二の誕生を物語る。

石原八束の随筆『**屋根の上のサワン**』にも、井伏のこんなエピソードが出てくる。阿佐ヶ谷会の文士がそろって投宿した甲府の旅館の座敷に「墨痕鮮やかな自筆署名が、額にしてかかげられている」。その二十名ほどの氏名の最後に「三好達治」とあるのに当人が気づいて驚き、記憶がないので怪訝《けげん》な顔をすると、「三好もいないと淋しいから、おれが書いたんだ」と井伏がにやりとしたらしい。折しも飯田蛇笏《だこつ》の葬式の帰りで、みんなの気を引き立ててくれたのだと、帰りの車中で三好は涙ぐんだという。

10 屋根でフライ――駄ぼら

口から出まかせのことを言う人物となると、すぐに連想されるのは、**漱石**の『**吾輩は猫である**』に登場する迷亭だ。西洋料理店に入って、世界中どこにも存在しないトチメンボーなどという名の料理を注文するのはその一例だ。橡《とち》の実はのばす時にすぐ固まるので棒を慌しく動かすところから、慌て者の俗称となり、それをもじって俳号とした安藤橡面坊という俳人がいたという。ここはそれを外国語めかして料理の名に仕立てた《**駄ぼら**》である。

この迷亭、口癖のように「仏蘭西《フランス》や英吉利《イギリス》へ行くと」などと自慢げに口走るが、苦沙弥《くしゃみ》に言わせると、洋行の経験などはなく、「是《これ》から行く積りの所を、過去に見立てた洒落」なのだという。

巨大な鼻の金田夫人が身分の高い人の集まる会を自慢げに言うのに話を合わせ、迷亭は自分の伯父を「牧山男爵」に仕立てて相手を煙に巻く。

暑い日には、苦沙弥夫人に「奥さん、昨日はね、屋根の上で玉子のフライをして見ましたよ」などと、太陽光発電の今日でさえ、およそありそうもないことを平気で言い出す。

英国の実証哲学で知られるハリソンという実在の人物を取り上げ、その歴史小説に実際には存在しない、女主人公の死ぬ場面を勝手に作り上げて他人をからかったりするのも同様だ。

絵がうまく描けないと悩む苦沙弥に、彼《か》のアンドレア・デル・サルトの言として、外に出て自然を写せとアドヴァイスするのも似ている。真に受けた苦沙弥が「写生をすると今迄《まで》気のつかなかった物の形や色の精細な変化抔《など》がよく分る」と言い、「さすがアンドレア、デル、サルトだ」と感心すると、迷亭は「実は君あれは出鱈目《でたらめ》だよ」と白状する。

11 入口はココ――機　転

野内良三『ジョーク・ユーモア・エスプリ大辞典』に、こんな頓智話が載っている。分数の問題で、「お母さんが四つのリンゴを五人の子供に平等に分けるには？」と質問された子供、「リンゴジュースを作ります」。分数の問題にはならないが、実生活に役立ちそうな妙案だ。

同じ本に、こんなすごい子供の話も出てくる。「かあちゃん、大変だ。とうちゃんが屋根裏部屋で首をくくったよ！」と言われて仰天した母親、髪を振り乱して駆け上がったが、亭主の姿は見当たらない。すると、その子はしてやったりと「今日は四月一日だよ」。通常なら、いくらエープリルフールでも人の生き死にの冗談は言うものじゃないという説教に移るはずだが、恐るべきその子は「ほんとは地下室だよ」と付け加える。縊死《いし》という肝腎の情報は事実であり、決行場所の部分だけにエープリルフールを適用して親をかついだわけだ。**《機転》**を利かせた稚気には脱帽だが、母親にはむしろ残酷だったろう。

米原万里の『**必笑小咄のテクニック**』にこんな例が出てくる。頭の禿げた男が床屋にやって来て、「もし、僕のヘアスタイルを君と同じようにしてくれたら、百万円差し上げよう」と、店のハンサムな理髪師をからかった。すると相手は、何を思ったか、自分の髪の毛をきれいに剃りあげた。結果として両者の頭は似た状態になったわけだ。客の頭に変化はないから、百万円の条件に厳密に該当するかは疑問だが、そういう曲解をしてみせる**《機転》**には感心する。

乾《いぬい》信一郎の**『阿呆宮一千一夜譚』**にこんな話が出てくる。宅の主人はよく疳癪《かんしゃく》を起こして困るから、何かいい薬はないかと相談された医者。ふとしたことから新療法を思いつく。そういう婦人がやって来ると、この薬をお試し下さいと言って薬瓶を渡して服用法を教える。「御主人が疳癪を起こされましたらこの薬を口一杯に含んで頂きます」と、発作を起こした当人ではなく、配偶者の方に服用させる。そのまま二、三分も含んでいるとその薬が温かくなり、十分に温まった頃には「御主人の疳癪も鎮まります」という指示である。

「奥様方には極秘」だと言ってその医者のひそかに語ったところによると、薬瓶の中身は「只の水」らしい。そもそも亭主の癇癪《かんしゃく》の多くは、「御婦人側のおしゃべりに起因する」という事実に着眼して開発した、元手のかからないこの新薬を、「疳癪最新間接治療薬」などともっともらしい名前で呼ぶのがおかしい。

サトウハチローの**『僕の東京地図』**に、**榎本健一**、通称エノケンとして親しまれた当時の人気喜劇俳優のエピソードが出てくる。そのエノケンの芸を最初に認めたと豪語するハチローが、経済的な理由から人力車に二人で乗り込んで吉原に向かったところ、運悪くお巡りに目をつけられた。けはいを察したエノケンは例の軽い身のこなしでハチローの「股倉にもぐりこんだ」が、「バカに、ふくれてるね」と怪しまれ、ハチローがとっさに言いぬけられずにいたら、「デキモノです」と、「エノケンが膝かけの中から」説明したらしい。お巡りも「デキモノが口を開くか」と呆れたが、「口が開けばなおッてしまう」と落ちをつけたというから、時代が感じられる。

ハチローが「近代的猪八戒《ちょはっかい》」と呼ぶユーモア作家の**玉川一郎**は、こんな処世訓を披露したという。「酔っぱらいすぎたと感じ、ものをなくすおそれのある時は、交番へおもむき巡査氏に懐中物を全部あずけるべし、翌朝、受け取りに行くべし、フンシツのおそれ、いささかもなし」というのだ。酒に酔って正体をなくすやからに経験談を聞かせたのかもしれないが、安心してそういうことができたのは、時代がよかったからだろう。

佐々木邦の**『豪《えら》い人の話』**に、米国で遭遇した「失敗の成功」という話が出ている。「視察中、アメリカの或ホテルで私は婦人の浴室へ紛れ込みました」という穏やかでない体験談だ。「ボーイの言い違いか私の聞き違い」か、「兎《と》に角《かく》戸を明けると大きな淑女が入って」いる。相手が卒倒するといけないので、とっさに気を利かせて、「これは失礼、ゼントルマン！」と言って、さっと戸を閉めたという。つまり、こう言っておけば、相手は仮に見られたとしても男女の区別もわからない程度だと思って安心するという、とっさのアイディアだったのだろう。「ゼントルマンが当意即妙」だろうと、当人は得意そうで、いたって機嫌がいい。

益田喜頓《キートン》の『**キートンの笑智大学**』にも、よその家に入って仕事をしていた職人が、たまたま浴室のドアを開けたら、「折悪《おりあ》しく奥方が入浴中だとする」、その際どうするか、という話が出てくる。真っ正直な人は「大変失礼いたしました、奥様」と言うのだろうが、相手は自分の裸を見られたと思ってショックを受ける。そういう場合は、「これは失礼、旦那さま」と言ってドアを閉めるのが機転だとある。翻訳版と言ってもいいほど、よく似た話である。

『**滑稽諧謔教訓集**』にこんな笑い話が載っている。洋品店が三軒並んでいて、そのうちの一軒が「東京一大安売り」という看板を出したら、それを見た隣の店で今度は「日本一大安売り」という看板を掲げ、それに気がついたもう一軒の店でも、負けてはならじと「世界一大安売り」と看板を塗り替えた。そこに新しく引っ越して来たのがまた洋品店で、いったいどういう看板を出すかと注目すると、筆太々と「町内一大安売り」と書いたという。一見控えめに見えるが、四軒とも同じ町内にあるから、これでも論理的にはまったく引けを取らない。

余談になるが、あまり大きく出ると、人びとはどうせ信用しない。昔、「東京一」や「日本一」を安売りする風潮のあるなか、「中央線で二番」という宣伝をした洋食屋兼洋菓子店の機転に感心し、西荻窪駅前にあるその店をそれ以来今でも贔屓《ひいき》にしている。

河盛好蔵編『**ふらんす小咄大全**』に出てくる鮮やかな靴屋の《**機転**》には参る。巴里《パリ》の小さな靴屋の両隣に大きな靴屋が開店し、一軒は「ヨーロッパ一の靴屋」、もう一軒は「世界一の靴屋」というスケールの大きな看板を掲げた。前から店を出している小さな靴屋、このままではいずれかに吸収合併されるのが目に見えている。さて、どう出るか。

　前の話の「町内一」に倣って、それよりは控えめに「巴里で一番の靴屋」という看板を出して巴戦に持ち込む手もある。パリがヨーロッパにあり、ヨーロッパが世界の一部である以上、論理的に優劣はきまらないが、何となく気勢が上がらない。その点、「太陽系一」だの、「銀河系一」だの、いっそ「宇宙一」だのと誇大広告に打って出たほうが威勢はよさそうだが、いかにも無駄に力んでいる感じがして野暮ったい。その小さな靴屋は発想を転換し、店の前に「入口はココ」という貼り札を出したという。こうしておけば、両隣の大きな店をめざす客も、自然にその小さな店に誘導される仕掛けになるわけだ。実に感動的な思いつきである。

12 渋口の酒――露見

野内良三の『**ジョーク・ユーモア・エスプリ大辞典**』に、外国のこんな笑い話が載っている。夫が寝言で女の名前を呼んだのを聞きとがめて、妻があれは誰かと追及すると、夫は、俺が昨日のレースで賭けた馬の名だと、うまいこと言い抜ける。ところが、翌日、会社から帰宅すると、妻が何と、「ねえ、あなた！　今朝ひいきのお馬ちゃんが電話をかけてきたわよ」と言うではないか。

⑨対人――相手を意のままに

　柳家金語楼の『**あまたれ人生**』にも、うっかりバレてしまう小咄《こばなし》風の話が出てくる。夫が、友人の病気見舞いに行くということにして、実は相撲見物に出かけた。ところがあいにく、テレビ画面に客席が映り、その中に夫の顔もある。そこで、帰って来た夫に、「あなたが女の人とならんでいたのをチャンと見ましたよ」と言うと、夫は浮気の疑いかと慌てて、「冗談云うなよ、俺の隣は次長の山田さんだぞ」と、相撲見物の方を自分で白状してしまう。

　落語『**長屋の花見**』では、ごまかしが《**露見**》する言動が、全編にわたって笑いを誘うクスグリとして効果をあげている。なるべく金をかけずに景気をつけようとする大家のおごりで、長屋の連中が飛鳥山《あすかやま》に花見としゃれる。一升壜《びん》三本、中身は番茶に水、つまみとして蒲鉾と称する大根、それに玉子焼に見立てた沢庵を持ち込んで、宴会に見せかける。

　参加しているのが、戸が腐って燃やしたから長屋中戸締りができない貧乏長屋の面々、戸締りの必要はないらしい。この長屋には泥棒が入ったことはないからだ。もっとも「出たことはあるが」と言うから穏やかではない。本物らしくふるまおうと、「口当りは甘口かい辛口かい」と聞くと、中身はお茶だからつい「渋口で」と答えてしまう。

おまけに、口が滑って、この酒は日本橋の山本山のだと言い、「一斤どの位する酒で？」などと言ってしまう。「山本山」はお茶の名店として知られ、また、酒を「一斤」単位で買う人間もいない。「玉子焼を取ってくれ」でやめればいいものを、そのあと「なるたけ大きいの、尻尾でねえところ」と注文をつけるので沢庵と知れてしまう。この《**露見**》がポイントで、うまく運んだのではちっとも滑稽な雰囲気とならない。

酒盛りに見えるように、「誰が何と云ったたって俺は酔ったぞ」と演技をして、「断らなくてもいいよ」とたしなめられたり、「いい酒だぜ、いくら飲んでも頭へ上がらない」と言った後、「その代り小便が近くなる」とよけいなことを言ってバレたりする。果ては、「縁起のいい事がありますぜ。大きな酒柱が立ちました」と、「茶柱」と間違えたりする。

花見客の酔っぱらいどうしの立ち回りに見せようと、一人が「全体ぅぬはどこの野郎だ」とどなってみせると、相手は馬鹿正直に「てめえの家の隣だ」と応じてしまい、バレバレになる。しかし、番茶と大根と沢庵でここまで演じられれば上等だとも言える。

13 煎じ酒――お見通し

引っかけや策略がバレて笑いに変わる例は多いが、急に《**露見**》するのでなく、もうとうに相手がその先を読んでしまっていると、また違った滑稽感が生じる。

野内良三の『**ユーモア大百科**』に、夫婦でモメる笑い話が出ている。昨日、芝居を見ようとしたら、女房の方は映画だと主張して譲らない、それでひとモメしてね、そんな話を聞くと、通常は「で、結局、どっちを見たんだ、芝居か？　それとも映画か？」といった反応になる。ところが、その夫婦の日頃のようすを知っていれば、結果は聞かなくても想像がつく場合もある。この話でも、相手がそんなまわりくどいことをはしょって、

「それで映画はどうだった?」と、いきなり映画の感想を求めるのだ。この場合も、二人の意見が分かれた場合は、いつも細君の言いなりになることを知っているため、無駄な部分は省いて、当然のごとくその先へと話を進めるのである。こんなふうに、結果を先に読まれてしまう亭主の気の弱さ、あるいは包容力も、どこかおかしみを湛えている。

落語の『**二番煎じ**』は、ごまかそうとしたが先方はすでにお見通しで、それを逆手に取られる噺《はなし》である。寒中、町内の店の旦那連中が火の用心のため、何人かが交代で夜まわりを務める。あまりに寒いので、ひとまわりしたあと熱燗の酒で体を温める。その酒宴の最中に、運悪く見まわりの武士に酒の入った土瓶が見つかり、これは煎じ薬だとごまかそうとしたが、見抜かれて「結構な煎じ薬だ」と何杯もお代わりをされ、もう一滴もないと断る。すると、先方はとっくに《**お見通し**》で、「拙者、もう一まわりまわってくる間に、二番を煎じておけ」と言い置いて、立ち去る。「煎じ薬」だと言いわけしたのにつけこんで「煎じておけ」と命じた武士の機転だが、今さらあれは燗酒でしたとも言えない。

サトウハチローの小説『**青春音頭**』に、こんな場面がある。女が「恋している人に、打ちあけなければ駄目なものかしら?」と言い出すので、「恋をしているのかい」と尋ねると、相手は恥ずかしいので、「あたしじゃないのよ、あたしのお友達よ」と、他人の話だということにして相談を持ち込もうとする。ところが、先方はとうにご存じで、「身の上相談ではたいてい、あたしのお友達とか、妹とか知り合いとなっているよ、そうじゃないと言い憎いからな」とからかう。バレたかと女は「知らないッ」と、相談をひっこめる。自分自身の相談だったことは、この一言が決定打となって判明する。そういえば、女のこのせりふ、近年ほとんど聞かなくなったようだ。知りすぎたのかもしれない。

やはり**ハチロー**の『**紅いベレー帽**』には、こんなくだりが出てくる。映画の撮影所で監督がある若い女優に話しかける。「今度は、役がなかったんだね」と同情のことばでいたわったあと、「いかんな、君のような、いい人をそんな使い方をしちゃ」と憤ってみせ、次いで、「待ちたまえよ」と言う。ここで作者は、「カントクさんは、考えるふりをした」と書いた直後に、いかにも《**お見通し**》だと言わんばかりに、「これは絶対にふりです、ふりです」と括弧に包んで註をつけ、「君、今日はこれから、ひまなんだろう、ごはんをたべに行こう、いいだろう」と、監督のせりふを続ける。そして、こうなればもう、否も応もないと呟くのである。

14 見せ歯――勘ぐり

相手の意図を考えすぎて笑いにつながるケースもある。**野内良三**の『**ユーモア大百科**』に出てくる入院患者の笑い話は、まさにそれだ。病院で手術を受けた後に請求書が届き、その金額を見てびっくり仰天。これは法外な治療代を請求されたと、手術の際のようすを振り返ってみる。それで、ははーん、そうだったのかと、とんでもない《**勘ぐり**》をする。「どうして外科医たちがマスクをつけて顔を隠すのかが、これでやっと分かったぞ！」と納得が行ったというのだ。これでは、執刀医も堪《たま》ったものではない。

もう少し程度は軽いが、**木山捷平**の小説『**排気**』にも、やはり気をまわす患者が登場する。病院の規則で、入院患者は夜の九時になると消灯することになっている。今でも多くの病院でそうなっているだろう。たしかに、「そうした方が、患者の安眠のタメによいのであろう」と、小説の中の患者は一往は常識的に考えて納得するが、同時に他の理由にも想到する。病院の方でも、そのほうが電気代が安くてすむから、「一挙両得というもの」と妙に得心が行くのである。そこまで考えつくのは《**勘ぐり**》の一種にちがいないが、しかし、ひょっとすると、事実、そういう面もあるのかもしれない。

サトウハチローの『**夢多き街**』に、たまたま街で出会った友人が、とっさに、女と二人連れの「僕の手の平に、ドロップを二個渡してくれた」らしい。意外な場所で妙なものをもらった「僕」は、相手の意図がのみこめず、あれこれと想像してみる。一瞬、「貴様は女なんかつれて甘いぞという謎」かもしれないと勘ぐってみるが、素直に、「二つづつ仲よく、しゃぶれ」と解するのが常識というものだろう。むろん、そう解釈しても別に不自然ではないが、あれこれ気をまわすと、「女に二つくわせろ、女はものを食っている間はおとなしいぞ」という意味にも解せないわけではないと思えてくる。そんなふうに穿《うが》った見方が浮かぶのは、歩きながら、女のおしゃべりを少々もてあましていたからかもしれない。

同じハチローの小説『弾《は》ずむ歌』に、こんなくだりが出てくる。坊さんが「戒名は景品にしておきますと、笑いながら渡した戒名だ」と歯の金歯を無理にみせて、笑いながら渡した戒名だ」というのだ。笑わなければ奥歯は見えないから、奥にある高価な金歯を相手に見せびらかす目的で笑ったという《**勘ぐり**》だ。「無理に見せて」というのがおかしい。それがもしも事実なら、その坊主、あまりにも修行が足りない。

やはりハチローの小説『**長屋大福帳**』にも、よく似た例が出てくる。「どなる度に、奥歯にプラチナが二つ見えた」とあり、「三太夫氏は或いは、これを見せたいためにどなったのかも知れない」という《**勘ぐり**》が続く。笑うのとどなるのとでは心情はまるで違うが、高価な所持品を相手に見せびらかす意図を感じとる点では共通している。

あるいは、貧乏暮らしの一時期に、作者がそういう高価な入れ歯を見送った後遺症かもしれない、などと考えるのは、それこそ《**勘ぐり**》というものだろう。しかし、貧窮学生だった折に、虫くった前歯を抜いたまま、そこに入れ歯をするだけの金がなく、先の見通しもなしに放っておいたせいで、両側の歯が寄って来て今なお歯並びに悩んでいる身としては、どうしても勘ぐってしまうのである。

15 もったいない──ひがみ

金やプラチナを見せびらかすように受け取る前の二例は、いささかひがみっぽい。それがひがみとわかると、それはそれで滑稽な感じが出てくる。

柳家金語楼の『**女見たまま聞いたまま**』に、こんな話がある。美容院帰りの知人に、マア見違いちゃいましたわ、本当にすてきだわなどと、やたらに褒める人がある。金をかけて逆にみっともなくなれば詐欺みたいなものだ。美容院に行く前より見かけだけよくなるのは当然だから、それを褒める加減が難しい。相手がひがみっぽい人間だと、美容院の前後で「見違える」という段階まで褒めされると、普段はそんなに汚いのかと言い返したくなるかもしれない。一段と美しいぐらいで止めておくほうが無難だろう。

サトウハチローの小説『**俺の仲間**』に、こんなくだりが出てくる。「坊っちゃんは学問がある、もったいない」という他人の評を聞いた当人、「学問があるまではいいが、もったいないの六文字には、どうして出世しないんだろうというかげの意味が多分にふくまれているような気が」する、というのだ。世の中、なかなか自分の思うようには行かない。目標から遠い現状を気にしている人間には、どうしてもそんなふうにひがんでしまう傾向がつきものだ。

また、やはりハチローの小説『**青春五人男**』にも、そういう《ひがみ》の感じられる一節が現れる。他人に会って、「あいかわらずね」と言われると、その一言が妙に気になって、「あいかわらず貧乏のあいかわらずかね」とか、それとも「あいかわらず仕様がないのはあいかわらずかい」とかと、反問したくなる場合がある。「相変わらず仕合わせそうだね」でも、「相変わらず元気一杯」でも、「相変わらずお綺麗ね」でも、「相変わらず考えが冴えているな」でも、いろいろ考えられるのに、そういうプラスイメージの意味合いをすべて排除して、こんなふうに、悪い方だけが頭に浮かんでくるようでは、やはり《ひがみ》と言われても仕方がない。

16 泥棒に聞いて——揶揄

野村雅昭『**落語の言語学**』によれば、六代目の**三遊亭円生**は、「引越しの夢」でこんなふうに語ったらしい。みんな床に入るや否や空いびきをかき始めた。「寝たの？」と聞くと、いびきで「グー」「グー」と答える。「おい」と声をかけると、やはり「グー」。このへんまでは、ほんとに眠っていても、タイミングによっては自然にこうなる。ところが、そのあと、「おい、おい」と二度呼びかけたら、先方も「グー、グー」と応じる。ほんとうに眠っている人間に、こんな器用な応じ方は不可能だ。だから、「いびきで返事してやがら」と呆れるのも無理はない。

夏目漱石の『**吾輩は猫である**』で語り手の猫が、金田夫人のばかでかい鼻を「此《この》偉大なる鼻に敬意を表する為め」などと大仰に扱うのも、むろん尊敬しているからではなく、むしろ小馬鹿にし、からかっているのである。

　同じ作品で、珍野家に泥棒が入ったあと、苦沙弥《くしゃみ》が夫人の報告で「山の芋迄《まで》持って行ったのか」と呆れ、奴はそんな物を盗んでどうする気だろうと、「煮て食う積りか、とろろ汁にする積りか」と夫人に尋ねるが、そんな泥棒の腹の中までわかるわけはないから、どだい無理な質問なのだ。夫人も何とも答えようがなく、「どうする積りか知りません」と言うのだが、そのあともう一言、「泥棒の所へ行って聞いて入《い》らっしゃい」と付け加える。逃げ去った泥棒の住処《すみか》にたどり着けるはずなどないから、これは情報としてはまったく無駄で、馬鹿な質問をする主人をからかったにすぎない。

　また、銭湯で、背中に伝説的豪傑岩見重太郎のうわばみ退治らしい彫り物のある男を見かけて、「重太郎先生聊《いささ》か拍子抜けの気味」と呼び、頭を丸刈りにした生徒を「毬栗《いがぐり》先生」と呼ぶなど、必要もないのに「先生」呼ばわりをするあたりにも、語り手あるいは作者の声の**《揶揄》**的な響きを感じてしまう。

17　立てにくい顔——まぜかえし

　自分から仕掛ける揶揄とは別に、相手のことばじりをとらえてからかう場合もある。
　エンタツの漫才『**僕の家庭**』に、こんなやりとりが出てくる。自分の家系の話で、「親代々がともによく働いてくれたんです」と言った後、「朝は朝星を頂いて、夜は夜星を頂いて」と、いささか古風な美文調でしっとりとした味わいを添えようとすると、相方が、その「朝星」「夜星」とあるのに合わせて、「昼は梅干を頂いて」とまぜかえす。「梅干」は「星」ではないが、耳で聞いていると、「……ボシ」と、あたかも星の名のように聞こえるからだ。
　サトウハチローの小説『**おさらい横町**』にも、こんなやりとりがある。いつもやられてばかりいる男の子が偉そうなことを口走るのを聞きとがめて、「なんのかのと言って、いつもへこまされている癖に」と反論しかかると、当人はまた、「へこまされているものか。今度何かあったら、アッパーカットで一撃のもとに……」と、やたらに威勢のいいことを言いつのる、その瞬間、当人が「やっつけてやる」と続ける寸前に、先手を打って、「やられてしまうんだろう」とまぜっかえす場面だ。

やはりハチローの『**後向き人生**』には、こんなシーンが出てくる。洗濯屋の御用聞きの話題で、いつも同じ着物で過ごす小父さんが、着ている物を洗濯屋に出したりしたら、代わりに着るものがなくてさぞ困るだろうと、「着たきりすずめが洗濯屋なんかに、大事なイッチョウラを出したら、一日ねてなけりゃならないじゃないか」と、そんなことはありえないという主張をすると、相手はその「寝ている」という部分だけをとらえ、「あら……でも三八小父さんは、よく寝ているわよ」と言い返す。当人は案外まじめに反論しているのだろうが、はたで聞いている人間には、まぜ返したようなやりとりである。

同じ作品に、こんな典型的な《**まぜかえし**》の例も見られる。「ねえ三ちゃん、叔父さんの顔をたてて」と、面目がつぶれないような配慮を頼むと、その人間の恥にならないよう体面を保つという意味合いの慣用句「顔を立てる」を、わかっていながらわざと原義を活性化させ、「そう言えば、寝ころんだような面だからな」とまぜ返す場面だ。「丸顔だから立てにくい」というのも常套手段である。

18 誰に言っている？——切り返し

相手のことばじりをとらえてからかう「まぜかえし」が、冗談として通り、その場が笑って済む雰囲気なのに対し、返すことばが相手に対する攻撃となる場合を取り上げよう。

秋田実の『**日本語と笑い**』に、こんな小咄《こばなし》が載っている。受話器を取ると夫らしい声が聞こえてきた。細君、電話口で声を変え、「誰だか、当ててごらんなさい」とからかうと、相手は「ええと、キイちゃんかい？」と思いがけない反応。知らない女の名前が飛び出して、細君は思わずかっとなり、「キ、キイちゃんですって？」と詰問したら、先方の夫らしき人物、あわてて、声を変え、「僕が、誰だか、当ててごらんなさい！」と切り返す。その結果どうなったか知りたい読者もあろうが、笑い話に続編はない。

寺尾幸夫の小説『**お驢馬さん**』にも、夫婦のいさかいの場面がある。夫が不機嫌そうに「俺は御飯を食べたら活動写真《かつどう》へ行くんだ、独りで」と宣言する。妻も折れずに、「えーえ、行ってらっしゃい」と、さあ、どうぞ、どうぞという調子で応じる。夫ますます声を荒らげて、「お前に言ってるんじゃないよ」とどなる。ここまでは世間によくケースで、通常はそこでたがいに口を利かなくなる。ところが、この細君、「妾《わたし》も貴方に言ってるんじゃないことよ」と鮮やかに切り返すから、胸がすかっとする女性読者も多かろう。さすがだ。

乾《いぬい》信一郎の『**阿呆宮一千一夜譚**』には、気位の高いレストランで、あまりに長く待たされた客がたまりかねて文句を言うシーンがある。店の主が「手前共では失礼乍《なが》ら、まだ開店以来二十五年と申すもの只《ただ》の一度もお客様の御不満を聞いたことがございませんのでして」と、ことばは丁重だが、文句を言われる筋合いはないという態度を見せる。そう言われてますます腹を立てた客、「そりゃそうだろう、尤《もっと》もだ」と、相手の言い分を認めるような応じ方をし、すぐさま「料理の出る頃にゃお客はみんな飢え死にしてらア」と極論して切り返してしまう。たしかに死人に口無しで、不満の言いようがないわけだ。きつい《**切り返し**》だが、店と関係のない人間にはおかしい。

19 人見知り――言い逃れ

野内良三『**ジョーク・ユーモア・エスプリ大辞典**』「怒り心頭に発した亭主」が診察室に駆け込むと、案の定、女房がいる。「一体なんであんたの膝の上におれの女房がいるんだ?」と咎《とが》めると、「診察しているんです」という返答。「そんならなんでまた、女房は素っ裸になってるんだ?」と詰め寄ると、返答に窮した医者は、「残念ながら、お答えできません。それは職業上の秘密です」と、切り札を持ち出して逃げる。何という《**言い逃れ**》かと守秘義務が聞いて呆れそうだ。

三宅正太郎編『**爆笑列車**』にも医者の悪口にあたる笑い話が出ている。医者が胃腸病の患者に、消化のいい夜食をたっぷり食べるように指示するので、この間は夕方ごく軽い食事をするようにとの指示だったのに、とその矛盾を質《ただ》すと、「それこそ如何《いか》に医学の進歩が早いかという証拠です」とむしろ誇らしげに言ったという。

同じ本にこんな笑い話も出てくる。抜け目のない男が、新婚旅行に出かける時に、つい独身時代の癖が出て、切符を一枚しか買わなかった。花嫁に、わたしの分は？　と突っ込まれると、夢中になっていて自分の分を買うのを忘れていたと、うまいこと言い抜ける。忘れたのは自分の切符だと言われたのでは、花嫁もそれ以上突っ込めない。

『**笑話宝玉集**』にこんな話が載っている。夜中に台所の方で物音がする。細君が気がついて、泥棒かもしれないから、ちょっと見て来て、と亭主を起こすと、鼠だよと言って取り合わない。あなた怖いんでしょうと女房になじられた亭主、冗談言うなと言下に否定した後、「俺は、お前も知っている通り、知らない人に会うのが嫌いな性分なんだ」と、角度をずらして言い抜ける。たしかに、ふつう、泥棒に知った顔はめったにないから、理屈には合っているから、おかしい。

五代目**古今亭志ん生**は『**お直し**』という落語で、女について、「見たとこは菩薩のように綺麗だけれども、腹ん中は鬼か蛇だ」と言ったあと、「これはお釈迦様がそう言ったんで、苦情は向こうの方へ持って行ってもらいたい」と、責任を釈迦に押しつけるらしい。

ラッキー・パンチの漫才には、麻雀道楽をうまいこと言って正当化する例が出てくる。麻雀やってるのは道楽でやってるんじゃない、中国語を覚えたい一心でやっているのだと、苦しい《**言い逃れ**》をするのが、見え見えでおかしい。

漱石の『**吾輩は猫である**』で、迷亭が「トチメンボー」などという存在しない料理を注文した際に、洋食屋の主が、うちではできないとか、そんな料理は知らないとか、ほんとうのことを言わずに、時間がかかるとか、材料が払底しているとかと、いいかげんなことを言ってごまかそうとするのも、一種の《**言い逃れ**》である。

サトウハチローの『**おさらい横町**』に、兄と妹のこんなやりとりがある。妹が兄を起こすと、眠そうな顔で、「よく眠らないと、えらい人になれないよ」と言うので、妹は「あら、いつだか兄さんは、あたしが一寸居眠をしたら、眠る奴はえらくなれないと言ったじゃないの。ナポレオンは四時間で睡眠は沢山だと言っているなんて聞かせてくれたわ」とその矛盾を突く。すると、「ナポレオンは子供の時は、よく眠ったんだよ。つまり少年時代において、眠りだめをしておいたんだよ。それだから大きくなって、あのように眠らず仕事が出来たんだよ」と言い抜けようとする。何となく理屈が合いそうな気もするが、おそらく史実には合わないだろうし、第一、眠り溜めということが可能かどうかも怪しい。妹が「少しおかしいわね」と疑うのも無理はない。

ハチローの**『青春風物詩』**に、美術学校にもぐりこんだ話が載っている。小野佐世男が、卒業してしばらく経つまで、「サトウのハッちゃん」が「偽学生」だとは知らなかったと、しゃべったり書いたりしているから事実らしい。小野が入学した時には、「新入生は、ここにならべ」とロダンの像の前に並ばせて訓示まで与えていたというから無理もない。

何しろ貧窮時代で、冬でも炭を買う金もなく、「日の光りのささない家の寒さ」が「日毎に身にしみてきた」という。仲間が「学校はストーブが、ガンガンもえてるから寒くねえや」と言って、オーバーもはおらずに出かけるのを見て、そのせりふが「胸に、ジーンとしみた」という。「モデルがハダカになって立っている」から、教室は裸でも寒くないように暖められている、そう聞いてはじっとしてはいられなかったらしい。

ここで作者は「ことわっておくが」とわざわざ断って、「モデルがハダカになって立っているということは、ボクが学校通いをした目的の中には、いささかも、ふくまれていないのだ」と断言している。事実、そうだったろうし、学生時代に二科会でわずかばかり修業した身にはよくわかる。だが、改めてそんな言い抜けめいたことを書きとめること自体が笑いを誘う。まして、そのあとに、「神かけて、これを断言しておく」などと大仰な表現まで添えて強調してあるのだから、なおさらだ。

20 流動食?――こじつけ

何のいわれもないのに、無理やりいいかげんな故事来歴をでっちあげるのが「故事付け」で、落語の世界ではその種の例に事欠かない。**『浮世根問い』**など、全体がそのこじつけで構成される噺《はなし》もある。**『千《ち》早振《はやぶ》る』**も、あの名歌の珍妙な解釈で成り立っている。横町の隠居によれば、「千早」という名の花魁《おいらん》に言い寄ったが振られ、その妹の「神代」も言うことを聞かない、そんな設定で始まる。「龍田川」も紅葉の名所として知られる大和の川ではなく、芸者をくどいた相撲取りの四股名《しこな》だという。引退後になぜか豆腐屋になったところ、すっかり落ちぶれた千早・神代の姉妹が通りかかり、ひもじさのあまり、せめてオカラでもと物乞いに及ぶも、昔の恨みでにべもなく断られる。それが「カラくれない」の俗解だ。二人は世をはかなんで身投げする。括り染めの意の「くくる」が「水くぐる」に飛躍し、末尾の「とは」が千早の本名として一編は完結する。在原業平《ありわらのなりひら》は面くらうだろうが、新橋演舞場で上演できそうなもっともらしいストーリーに仕上がっているのは上出来。

落語の『**天災**』にも、こんなやりとりが出てくる。何を訊いても、けっして知らないとは言わず、何や彼《か》やと適当にこじつけて、ともかく必ず説明して聞かせる人間が登場する。その種の人物はたいてい閑な隠居で、なぜかきまって横町に住んでいる。そういう本題に入る前に、噺家《はなしか》がマクラに振る形で、このナンセンスな「うわばみ」論争が飛び出す。

「うわばみ」というのは、どういうわけで「うわばみ」と言うのかと、その語源を尋ねると、「うわばみは、うわばみじゃねえか」と一向に埒《らち》が明かない。そのうち苦しまぎれに、「うわ」が「ばむ」から「うわばみ」だという新説を編み出す。「うわ」が何か、「ばむ」がどういう意味か、皆目見当もつかないが、何となく「うわ」が名詞で、「ばむ」が動詞のような形だから、「ばみ」はその「ばむ」の連用形で、名詞の働きをするなどと勝手に考えて語学的に納得する。どこまで行っても、意味的にそれが大蛇とどう結びつくのかはまったくわからない。

だが、話はそういう意味のつながりにはまったくふれないまま、それとは無関係に、「うわ」なんていうものは「ばむ」ものかと問いかけ、相手も、ああ、「ばむ」とも、「ばむ、ばむ」と答えて、互いにわけのわからないまま、ともかく一件は落着する。聴いている側もつられて、うっかり「ばみ」そうになり、一体何の話だったっけ？　と我に返る。

横山エンタツの漫才『**恋の学問**』にも、わかったような、わからないような理屈が出てくる。しかし、君は「意気地のない男やな、方々、カフェーを廻ってる癖に、恋一つよう拾わんとは」と呆れ返り、「僕なんか、至るところのカフェで恋を拾って、処置に困ってるくらいや」と自慢げに言うと、相手は「恋を拾う」という慣用表現が理解できず、「そんなら、君は恋を拾って、警察に届けずですか？」と、頓珍漢な応じ方をする。

そこは頓珍漢だが、この男、そこから妙な方向に話を持って行く。相手が「まあそんなに妬《や》くな。君と僕とは親友の間柄やないか」と慰めるのに乗って、「そら、そうや、嬉しいことがあれば共に分ける」とそのことばを具体化し、相手が「悲しいことも互いに分ける」と合わせると、「君の喜びは僕の喜びや」と引っぱり、相手が「それが親友や」と応じたところで、「君の恋人は僕の恋人や」と具体化し、先方が「えっ？」と驚くと、「君、恋人を僕に一人譲って呉《く》れ」と、友情に付け込む。話の展開があまりに自然で、どこか変だと思いながら、とっさにそれを断る論理を探しあぐねる。奇妙な**《こじつけ》**がおかしい。

⑨対　人――相手を意のままに

漱石の『**吾輩は猫である**』に、東北地方の「ズーズー弁」に関し、語り手の猫が音声学の蘊蓄《うんちく》を傾ける一節がある。「北の方へ行くと人間が無精になって可成《なるべく》口をあくまいと倹約をする結果鼻で言語を使う様なズーズーもある」という新しい学説の発表だ。共通語のジやジュウに相当する音がズーに近い音に聞こえる現象は、東北に限らず出雲などにも広がっているし、口を大きく開けない傾向が寒さに関係することはあっても、それを「人間が無精」と一括されては地元の人間として不本意だろう。大胆で乱暴な新説ながら、何となくもっともらしい**《こじつけ》**が、読者にとっては楽しい。

サトウハチローの小説『**青春列車**』に、こんな場面が出てくる。母親の眼が届かぬよう、昔の同級生が医者をしている早稲田病院に、眠り病ということにしてしばらく入院させてもらうことにした。こういう病気は気が紛れるのが一番いいからと、医者の差し金で、仲のいい友達を看護人につける。名指しされたその友達が、お前の看護人になろうとは思わなかったなと、枕元でこぼすと、「ぼやくなよ、毎日ビールを二本ずつあてがっているじゃないか」と、にわか病人がベッドからなだめる。言われた友達が、「病人の方は三本ものむんだからずるいぞ」と反撃すると、「だって、リュードウブツはいいとドクトルが言ったんだからね」と、医者の指示に従っていると応戦する。が、「ウニを肴にのむ、リュウドウブツなんてあまりないぞ」と突っ込まれ、「ウニはまだいいとして、昨夜なんか、ナマコだったからな」と、止《とど》めを刺される。要するに、毎晩病室で宴会を開いていたわけだが、もともと病人を演じているだけだから、体にいいも悪いも関係がないわけだ。肴に何を食おうが、「流動物」のうちに「ビール」が含まれようが含まれまいが、もともと、そんな《**こじつけ**》自体が、談笑の「肴」にすぎないのである。

21 エジプトの涙壺——ごまかし

落語の『**身投屋**』に、こんな場面が出る。金に困って身を投げようとしているのを思いとどまらせ、金を恵もうとする。相手に怪しまれるといけないと思い、自分の身元を説明しかけるのだが、隠さずに言える身分ではない。「お前達俺を疑るんじゃなかろうね、俺《おいら》ア泥棒じゃねえんだ」と安心させようとするが、つい「今此処《ここ》で稼いで」とほんとのことが口に出かかり、あわてて「……ナニ何だ」とごまかしながら、「立派な稼ぎをして金があるんだ」とうまく言い換えて難を逃れる。

同じく落語の『**万金丹**』には、とんだインチキ坊主が登場する。引導を渡して一儲けしようと、「何か口の中で云って、その後でお経の真似を少しばかりやれば沢山だ」と、素人の相手にバレないと安心させ、「高が死んだものに渡す引導だ、死人に口なしで此方《こっち》が確かに渡したと云えば裁判にもなるめえ」と、ひどく無責任なことを言う。たしかに、引導が変だからと言って当人が掛け合うわけにいかないから、裁判沙汰にはできない。

横山エンタツの漫才『**僕の家庭**』に、こんなやりとりがある。「九州の生れと言うことは君の身体を見ても分る。九州男子を思わせるような頑丈な体格」と言った後、「どうせ九州の炭坑の」といささか見下したような言い方をするので、相方は馬鹿にするのかと反抗する調子で、「オイオイ、変なこと言うな。僕は炭坑の何や?」と突っかかる。すると、ただならぬ気配を察し、「アノネ、炭坑のネ、四つや五つは持って居られるんでしょう」と、雇われている坑夫から、いきなりその炭坑の持ち主である大金持ちにと、想定を急変させる。さすがに、相方もそのへんは察して、「うまいこと誤魔化しよった」と応じる。「頑丈な体格」はどうなったのか知らん?

サトウハチローの小説『**青春列車**』に、こんな場面が出てくる。相手に「どちらへ、つとめていらっしゃいますの」と尋ねられ、どこにも勤めていない男が「つとめと言って別に……」と言いかけ、「あとは口の中」だ。作者はそこに説明を挟む。おやじに小遣いをもらう時に「少し、入用のものを買いたいと思いまして」と言って、あとはムニャムニャとやる、あれと同じだという解説だ。次いで、どこにも就職できないでいることを、「無職透明に気がついたかな」と「無色」を掛けてサービスする。

同じ作者の小説『**青春五人男**』の冒頭にこんな一節がある。「呼びとめられたとは知っていたが知らん顔をして、立ち止らなかッた」と来れば、いったいどうしたのだろうと読者は思う。すぐに、「このあたりは軒並みに、借金のある家ばかり」とあって、そのわけはわかるが、同時に、主人公の境遇が知れ、身なりなども想像がつく。

⑨ 対 人――相手を意のままに

小沼《おぬま》**丹**の小説『**エジプトの涙壺**』に、「エジプトの涙壺」と称する、得体の知れない壺が登場する。主人公の先輩にあたる教授が、講演に行った先で知人からもらって来たという品で、まともにその正体を尋ねても、教授は「エジプトの涙壺はエジプトの涙壺さ。リルケに「涙壺」って云う詩があるのを知らないかね」と煙に巻き、相手の学のなさを軽蔑するような顔をするだけで、それ以上何も説明しようとしない。どうやらそれを贈呈した「知人もリルケの詩を引用して適当に誤魔化した」らしく、教授もそれ以上はわかっていないようだ。

それぞれが、知的階級に属する人間にありがちなように、自分の教養を疑われる危険を回避し、知らないことにはできるだけ深入りしないよう注意深くふるまう。そのため、話題の周囲を探りまわるだけで、その核心には入って行かず、その正体は最後まで明かされない。隔靴《かっか》掻痒《そうよう》、表面をなでるだけで一向に深まらない対話が続き、二人は情報のとぼしいことばのやりとりを楽しんでいる。そういう空気に滑稽感が漂っている。

22 手に負えない女——ひとごとめかす

落語の『黄金《きん》の大黒』に、こんなやりとりが出てくる。大家からこんな呼び出しがあるところを見ると、誰か家賃を「まるっきり持って行かねえ奴があるだろうと思うんだ」と、店子《たなこ》の一人が自信ありげに言い出す。相手は半信半疑で「そうかね、家賃をまるで持って行かない奴があるかね」と、信じられない表情で応じると、言い出した当人が、「あるとも、俺だ」といばる。こんなふうに、自分のことを《ひとごとめかす》と、笑いにつながりやすい。

また、**野村雅昭**『**落語の話術**』によると、五代目**古今亭志ん生**は『**六尺棒**』という落語で、こんなふうに語ったという。商家の道楽息子が夜遅く酔っぱらって帰ってみると、自宅はきちんと戸締りがしてある。仕方がないので戸をたたくと、あいにく一番苦手な親父が起きていて、当然わかりそうなものなのに、素知らぬ風に、「夜分遅く表をどんどんお叩きになるのは、どなたですな?」と訊く。息子が「あたくしですが、ちょいと開けてください」と言うと、「あたしじゃわかりませんねえ。お名前をはっきり言ってもらいたい」としらばっくれる。仕方がないので、「あなたの倅《せがれ》の幸太郎でございます」と下手に出る。

すると、親父はすっとぼけて、「ああ、幸太郎のお友達ですか。幸太郎という一人の倅がおりますが、こいつがやくざ野郎で、あきんどの倅に生まれながら、夜遊び日遊び。あんな者をうちへ置いとくってえと、しまいにゃこの身上をめちゃめちゃにします。ええ、第一あきんどの倅が、そういうことしてるってことは、世間へ済みません。親類協議の上に、あれは勘当をしましたからと、どうか幸太郎に会いましたらなあ、そうお伝えを願います」と、日頃から意見をしたいと思っていることを、相手を勝手に「友達」ときめてしまい、ひとごとめかして言い聞かせる。当人とわかっていながら、「お伝えを願います」などと《他人めかす》のが笑いを増幅する。

中村正常の小説『**愛は地上の建設**』に、夫婦間のこんなやりとりが出てくる。妻が「あなたが、私の前にひざまずいて、あのとき—」と言いかけると、夫は「それをいうな、—生命がちぢまる」とあわてて制止する。それでもかまわず「顔を私のひざの上にのっけて、やっぱし、なんとかかんとか、って」と妻が続けると、やむなく夫は「そうだったかね─図々しい奴だ」と、ひとごとめかして応じる。さらに妻が「図々しいったらありゃしない」とそれを受け、「その次に、いきなり大きな声で、僕とオ結婚して下さアい、って。おどろいたったらありゃしない」と、他人に聞こえるので恥しくて困った、というプロポーズの時の話題を続けると、夫はまたひとごとのように、「ふふん、そうだったかね、天晴《あっぱ》れなやつだ」と、当時の自分を突き放して扱うほかはない。

中野実の小説『**パパの青春**』にも、男女間の他人めかした甘い表現が見られる。男が、時計は惜しくはないけれど、「あの時計の裏には大した物が這入《はい》ってるんだよ」と言うと、女は「何さあ?」と知りたがるが、男は「恥かしくって言えるかい」と照れる。女が「男らしく言っちゃいなさいよ」とせがむと、男も覚悟をきめて、「彼女の写真さ」と意味ありげに答える。女が「彼女のね」と妙な顔をすると、男はすかさず「永島鏡子って手に負えねえ女のさ」と、当人に向かって他人扱いで悪口を言う。こうなると、「彼女の写真」の「彼女」ということばも、やはり目の前にいる鏡子をさすことになり、やはりひとごとめかした言い方だったことになる。いくら悪口を言われても、その「手に負えねえ女」の写真を後生大事にしまっておく男の気持ちがわかるだけに、悪い気分はしない。

サトウハチローの小説『**青春列車**』にも、こんな一節がある。「あなたの結婚を、そんなにいそぐなら弥一さんの結婚の方を先へまとめればいいのにね」と「ツル子さんは言ッた」とあり、作者自身が解説に乗り出す。「弥一さんの結婚と言えば、お嫁さんを貰うことだ、そのお嫁さんになるフィアンセは、ツル子さんなのだ、まとめればいいのにねえなどと、ひとのことみたいに言うところは中々大したものだ」というのが、それである。

同じく『**チンドン長屋の花ムコ**』という小説にも、自分を他人扱いする例が出てくる。花婿候補にいい人がいないかという話題で、「僕の友達に、中央大学の夜学を出たのがいるのでありますが、彼ではどうでしょう」と、まず「友達」という他人として話を切り出し、「見込みありそうな人ですか」と質問されると、「非常なる篤学の士です」とべた褒めする。そして、「何をしていらっしゃるんです」と痛いところを突かれると、「昼間は音楽をやり、夜は英語を教えています」と適当に答える。「音楽」というのはちょっと苦しいが、チンドン屋も音楽に関係するから、まったくの嘘ではない。次に、「年は?」と年齢を訊かれると、「僕と同い年です」と答え、「顔も僕と同じです」などと、よけいなことまで添える。さらに、「お住居《すまい》は」と現住所を問われると、「それも僕と」と言いかけたところに、花嫁候補の娘が出て来て、「お父さん、田代さんは田代さん自身の事を、おッしゃっているのよ」とバラしてしまう。

井伏鱒二の随筆『**太宰治と岩田九一**』に、こんな場面がある。岩田の短編が雑誌に掲載されることがきまった折、太宰が井伏の家にやって来て、いかにも嬉しそうに、その岩田作品の筋を語って聞かせる。その時の太宰の嬉しがりようを、井伏は必要以上に筆を尽くして描く。はでな身ぶりでことさら人懐っこく笑う太宰と、反っ歯を意識してか、ちらりと前歯をのぞかせるだけの岩田、その今は亡き二人の愛弟子をはげしく思い出す時、井伏はみずからの喜びを一切語らず、嬉しそうにはしゃぐ太宰の姿の底にひそめてしまう。

23 日が暮れてくれない――おとぼけ

井山弘幸『**笑いの方程式**』に、**出雲阿国**《おくに》(吉本興業)のコントが紹介されている。「この前鉄生の家に突然行ったら、派手な女の人と鉄生が一緒にいたの」と話を切り出し、思いがけない状況を発見して、「ちょっと、何よこの女!」と叫ぶ。ここまではいかにもありそうな話だ。そう言ったら、「鉄生何て言ったと思う?」として、ちょっと間を置き、聴衆に考えさせてから、信じがたい言動を語る。鉄生は何と、「お前にも見えるんだ? 毎晩出るから困ってるんだよ。お前、除霊してくれよ」とのたまったらしい。目の前に見える女が亡霊だと言い張るわけで、今時そんな言いわけが通ると思われた相手の女も、とうていこの世の者とは思われない。

夢路いとし・喜味こいしの漫才『**君は誰**』に、こんなやりとりが出てくる。勘定を払うように求められたいとしが、何のことやらわからぬ顔で、「何しろ、僕は完全な記憶喪失ですから」と、思い出せない振りをする。それでもこいしは、「とにかく、僕は勘定を立てかえたんやから、返してくれ。八百六十円」と請求する。相手が覚えていないと聞いて、金額を実際より多く言うと、いとしはすかさず「うそつけ、七百六十円やないか」と訂正し、どこが記憶喪失だかわからなくなってしまう。当然こいしは「ちゃんと覚えてるやないか」と突っ込む。すると、いとしは「それだけ覚えてる。あとみな忘れた」と苦しい言いわけで逃げようとする。まだら呆けというのもあるらしいが、このケースは融通無碍《ゆうずうむげ》の便利な記憶喪失である。

戦前の**古今亭今輔**は落語の『**出世豆腐**』で、こんなくすぐりを入れたらしく、昭和四年刊行の『**落語全集**』に載っている。「夜店を閉《しま》うとお湯へ行って来てお茶でも喫《の》み、落語全集でも読んで寝て仕舞うと云う具合ですから縁日に一つ参りません」と、噺の中に落語全集の宣伝を折り込むというサービスぶりだ。

十代目**柳家小三治**は、落語『**あくび指南**』に、こんなせりふを入れている。「退屈の時に、しょうことなしに出て来る欠伸《あくび》でございますか。まあ、あれも、欠伸でないとは申し上げませんが、あれが、欠伸の中でも、まあ、ほんの駄欠伸で」と、「欠伸」の品定めをしてみせる。眠気を小出しにしているような欠伸の必要性がはっきりしていないので、番付を作ってみたところで無意味なのだが、落語の世界には、その欠伸を教えたり習ったり人間が登場する。**立川談志**は『**新釈落語咄《ばなし》**』の中で、「これを爛熟といわずして、他の何処にこの言葉の使い場所《どころ》があるだろうか」と、それを重く受けとめ、「退廃を心情的に救うのが爛熟」だと力説する。だからこそ、底の浅いただの欠伸は、程度の低い「駄欠伸」という格付けになるのかもしれない。

夏目漱石の『**吾輩は猫である**』に、寺田寅彦がモデルという水島寒月が、初めてヴァイオリンを手に入れるまでの話を長々と続ける場面がある。いつまで経っても、話が肝腎のところに近づかないので、周りの連中はいらいらし始め、途中の話ははしょって、早く進めるように催促する。すると、しゃべっている人間が、「進行させたいのは山々だが、どうしても日が暮れてくれないものだから」と、話の進行は自分の自由にならない不可抗力だと言わんばかりにすっとぼける。話などというものは、「翌日」と言えばそれだけで翌日になり、「三年後」と言えばその瞬間に三年後になるのだから、いつ日が暮れるかは当人次第でどうにでもなる。ここは寒月の**《お**

とぼけ》で、聴衆をからかって楽しんでいるのである。

サトウハチローの小説『**青春五人男**』に、負け惜しみの男が持ち味を発揮している場面がある。「あわれな屑屋があってね、めしも食えないと言ってこぼすんだ、それじゃこれを持って行けと、ひとまとめにして持たしてやってしまった」と、困っている人間を助けた美談を自慢げに始める。その男が食うことさえままならぬ貧乏暮らしなのを知っている相手が、「自分がくえないのに、屑屋を助ける奴があるか」と呆れると、「心配すんな、只で持たせてやったんじゃない、ちゃーんと金はもらったんだ」と言う。「それじゃ、売ったんだろう」と図星を指すと、当人は「そうも言えるな」ととぼけている。

同じ作者の小説『**エンコの六**』には、プライドの高いスリの「エンコの六」が、自分の贋者《にせもの》を逮捕した刑事に皮肉を言う場面がある。「エンコの六が捕まったって?」と、本物の六さんは、「あごを撫ぜながら」刑事に呼びかけ、「あんたの捕かまえたその人が、エンコの六さんていう人ですかい」ととぼける。のみならず、そこに一緒にいるその贋者に向かって、「これはこれは初めてお目にかかります。僕は昨日まで名があったんですが、今日から、あんたに名を取られてしまったノーネームの六という者ですよ、どうか以後お見知り置きを願います」と、これまたすっとぼけた挨拶をするシーンだ。

24　余興のプロポーズ——はぐらかす

土屋賢二は『**汝みずからを笑え**』で、自身の体験めかして、こんな赤裸々な告白を記す。「これでのぞけば、服の中も透けて見える。スカートの中も見える」と言われ、「このことばが決定的となり、わたしは一も二もなく買った」と、大学教授は「親指ぐらいの大きさの筒状の器具」を入手した経緯を語る。「純真で清らかな心は傷つき」、「イタイケな子どもをだます」大人という存在を「信用しないことを心に誓った」と展開するところからも、あてがはずれたことは明らかだ。この一件を哲学専攻の著者は「子どものころから探求心は強かったのだ」と概括する。体裁のいいことばで核心をぼかして取りつくろったのだろうが、たしかに「探求心」の一種と言って言えないこともないから、嘘にはならない。

小泉保『**ジョークとレトリックの語用論**』の中に、**秋田実**『**ユーモア交渉術**』からの引用がある。孫引きになるが、恋心を抱いた男が、その相手の女に、「僕は、あなたにこの胸の内を見せたい」と迫る。すると、プロポーズされた女は、相手の「胸」という婉曲表現を利用し、「まあ、素敵なワイシャツですこと」と、着ている物を褒めて、相手をはぐらかす。男はそんな時にワイシャツを褒められても、ちっとも嬉しくないが、その女に本心を聞かされるよりは、いくらかましなのかもしれない。もしもイエスの返事なら、こんなふうに《**はぐらかす**》ような、もったいない真似は絶対しないだろうから。

中村正常の小説『**虹の下の街**』にも、似たような話が出てくる。「六十三歳のオニイサン」は、「恋、恋—おオ、胸がおどる」と芝居がかり、「左の胸の心臓部を押さえて、虹子姫の前に膝まずき、「ところで、虹子ヒメは、ボクのことをどう思ってますか」と、相手の気持ちを問う。本心を知ってか知らずか、虹子姫は「あら、まア、余興がお上手ねエ」と応じる。大仰な状況から演技と思った可能性もないではないが、ここはやはり、はぐらかしたのだろう。

夏目漱石の『**吾輩は猫である**』に、こんな一節がある。苦沙弥《くしゃみ》が、ジャムの減り方が激しいのは俺のせいばかりではないとこぼすのを聞いて、多々良三平が「そりゃ御嬢さんや奥さんが一所に舐めなさるに違ない」と言う。そのことばを耳にして、苦沙弥夫人が「何だってそんな事を云うんです」と苦情を持ち込む。すると、三平は「奥さんだって舐めそうな顔をして居なさるばい」と言うので、細君は「顔でそんな事がどうして分ります」と問い詰める。

このやりとりでの細君の発言は、ジャム顔などというものがあるわけはなし、ジャムを舐めたかどうかなんて、そんなことが顔でわかるはずがないという趣旨だ。つまり、此処《ここ》の論点である、自分が舐めたか否かという事実関係にはまったく言及していない。したがって、細君の発言の趣旨は、自分が舐めたという好ましくない事実に話題を近づけないようにするための一種のおとぼけである。

25　ひょっとして――ことばを濁す

落語の『**初雪**』は、熊さんが仕事が休みだというので横町のご隠居の家にぶらりとやって来るところから始まる。隠居が茶をいれると言うと、お茶菓子を催促したり、相変わらず遠慮というものがない。ことば遣いも知らないから、隠居が粗茶だと言って出すと、「なかなか結構な粗茶だ」と応じる始末だ。隠居が「到来物」だと言って菓子を出すと、熊さんはそれを「弔い物」と聞き違え、仕方がないから隠居が「貰い物」だと説明すると、熊さんは「そうだろう、買う訳がねえ」と大変なご挨拶。

そのうち、熊さんが街で聞き込んだ噂を伝える。「今横町の理髪店《さんばつや》で大勢寄って世間話が出てネ、お前さんの噂が出たんだ」と言い出したから、隠居も自分のことなので身を乗り出し、「うわさとは字に書けば、口で尊ぶだが、なかなか口では尊ばない、碌《ろく》な事を云やアしまい」と身構える。すると熊さん、「マア何の彼のと云ったって、此の諸式の高いのに絹物を着て美味《うま》いものを食べて、毎日毎日遊んで居る横町の隠居さんは、事に依ったら……じゃ無《ね》えかってね」と、日頃の熊さんに似合わず、肝腎の箇所でことばを濁す。隠居も気になるから、「事に依ったら、何だって」と聞き返すと、熊は言いにくそうに「だからさ、事に依ったら盗賊《どろぼう》じゃア無《ね》えかって」としゃべってしまう。

26　今日は何曜日――焦点をぼかす

木山捷平の小説『**防火用水**』はこんな場面で終わる。主人公が満州に稼ぎに行っている間に、妻から東京の住居が空襲でやられたという通知が来る。家は借家だから仕方がないが、大枚を払って買った防火用水は自分の所有物だし、その中に大事に飼っていた金魚のことも気になる。戦後に帰国し、しばらく経ってから、上京してそのあたりを探したが手がかりもない。向かっ腹が立ったが、「腹を立てるために東京見物に来ているのではない」と、気を取り直し、どこかに宿を求めようと「リュックをかつぎ直して、立ち上った」。

そこに女学生が二人通りかかったので、もしや「昔の顔見知りではないか」と待ちかまえたが、「全然見知らぬ少女で」、自分の前を通り過ぎる。「私はその女学生に後から声をかけた。というよりも、「もし、もし……」ということばが出てしまった。「なんで声などかけたのか、自分でもよく分らなかった」が、ともかく相手のその女学生は、「くるりと私の方をふりむいた」。声をかけられたのだから、これは当然だ。何も用事はないのだが、相手が「ふりむいた以上、私は何か訊かなければならない義務を感じた」とあるが、これもきわめて自然な心理だろう。

そこでとっさに出たのが、「あの、今日は何曜日でしょう」。二人は変な顔をして顔を見合わせ、一人が「水曜日です」と答えた。「二人の女学生は、まだ私の質問のつづきを待ちうける風であった」とあるが、唐突な質問だから何のために曜日を確認したかったのか、一言添えるのが常識だろうから、相手がそのまま間を置くのも自然の成行だろう。だが、もともと曜日を知りたかったのではなく、わけも何もない。「私はもう質問はなかった」ので礼を言うと、相手はまた「けげんな眼つきで顔を見合せて」歩き出したという。うっかり呼びかけてしまったなどとは言えず、この場合の発言意図などというものはうまく説明できそうもないので、とっさに《**焦点をぼかして**》曜日などを訊いてみたのだろう。

27 耳垢取り——照れ隠し

井伏鱒二の小説『**岬の風景**』に、抱擁の現場を見られるシーンがある。「私の腕の環の中で、みち子が最も感傷的であった時、不意に賄《まかない》の娘が部屋に入って来」る場面だ。まずいところを見られ、何とかごまかせないかと思うのが人情だ。接吻の現場であれば虫歯を調べていることにでもするのかもしれないが、ここは抱き合っている場面で腕が上にあるから、とっさに「みち子さんの耳には、垢がたまっているんだよ」と耳掃除の最中とすり替えようとする。部屋に入って来た賄の娘にともかく説明を始めるのは、抱き合っている現場を見られた《**照れ隠し**》に、目撃者をごまかす苦しまぎれの嘘をつく当事者のあがきだ。

行きがかり上、「きみの耳にも垢がたまっているだろう。ここへ来てごらん、見てあげるから」と言って、その弁解とつじつまを合わせる。そのあと、さらに「耳の中は衛生上清潔にすべき」だと主張し、一般化してしまう。ここまでは実に芸が細かい。ところが、この男よほどの心配性と見え、何と「他人のことを人に言いふらすのはよくない」などと、よけいなことまで口走る。耳掃除に関係のない一言を付け加えたため、そこまでの弁明が台無しになり、結果として、濡れ場を白状したような恰好になってしまう。

井伏は『**本日休診**』で、娘が暴漢に襲われる現場を報告するのに、「物すごい力で娘をねじ伏せると、彼女に対して全く画期的な行為を敢てした」と書いている。これも、この作家のはにかみに由来する筆のいたずらだろう。それもたしかに、「画期的な行為」でないことはない。表現の角度を変えて核心をぼかし、露骨に描写する難を逃れている。

28 健康そう——問題をずらす

野内良三の『**ユーモア大百科**』に、二人の大社長が、若い頃を思い出して、得意げに語る対話が出てくる。一人があの頃、「わしのポケットにはビタ一文なかった」と、いつも所持金のなかった貧乏暮らしを懐かしむと、もう一人が「それはまだましですぞ。わたしなんかポケットさえもなかった」と応じる。金のない点では同等だが、ポケットのあるだけまだました、こちらは金を入れるポケットさえ付いていなかったと、それ以上の貧乏を自慢している。だが、洋服の値段はポケットの有無できまるわけではないから、この貧乏比べ、論理的には決着がついていない。所持金論争を洋服の仕立てにすり替え、もっともらしく《**問題をずらし**》ているのが笑いを呼ぶ。

こんな話も載っている。「もし先生が君のお父さんから一万ユーロを年利八パーセントで借りたとする。一年後、君のお父さんに利息込みでいくら払ったらいいだろうか」と、先生が算数の問題を出すと、生徒は「二万二千ユーロです」ととんでもない数字をはじき出す。利子だけで八百ユーロのはずが、なんと一万二千ユーロも殖えているので、先生は「利息の計算がまるで分かっていないようだな」と呆れると、生徒は「先生の方こそ僕の父をまるで分かっていませんよ」と逆襲する。とんでもない高利をむさぼるブラック企業の、情け容赦もない親分だということだろうが、明らかに問題がずらされている。

金田一春彦は国語学の講義で、カとガはkとg、サとザはsとz、タとダはtとdの対立となって、英語と同じだが、日本語ではハとバがhとbの対立となる、こういう例は世界に例がないと述べたあと、いや、一つだけある、それは鉛筆だと言って、あっけにとられている学生を残して教室を後にしたという。言語学の話題を、素知らぬ顔で、何と鉛筆の芯の硬度の話にずらしたのだ。HとBはむろん子音の種類とは何の関係もない。

サトウハチローの小説『**変な同級生**』に、こんな場面が出てくる。独身の高校教師が叔母の家に行くと、よその娘が来ていて、紹介される。二人を結びつけようという魂胆らしい。これが甥で「高等学校を教えています」と叔母が紹介するので、「高等学校を教えていませんよ、生徒を教えているだけです」と訂正する。

きよ子さんはテニスがお上手で、ヴァイオリンもおひきになる、と叔母がその娘について説明を始めると、甥は、「ヴァイオリンという奴は、たしかにアゴで物をはさむ力をつよくする」などと茶々を入れる。それに和歌もおやりになると売り込むと、今度はとっさに、「古池や蛙《かわず》とびこむ水音の、声聞くときぞ秋は悲しき」などと名句を詠みこんだ合作名歌を披露する始末。そして、帰りがけに叔母が「どうお？ あのオジョウさん」と本題に入りかけると、「どうって健康そうですね」と、はぐらかしてしまう。《**問題のずらし**》方が笑いを誘う。

29 腹なら俺も——問題をそらす

《**ずらす**》程度ではなく、問題を完全に《**そらして**》しまう場合もある。

田辺貞之助『**世界のジョーク・警句集**』にこんな話が載っている。列車が遅れてなかなか到着しないのにいらいらした乗客が「もう三時間も待ってるんだぞ、どうしてくれる！」と食ってかかると、駅長は「私も待ってるんだが、文句をつける相手がいない」と、自分も息まいてみせた。立場はまるで違うが、「待ってる」ことは共通しており、困っている点でも同様だから、言っている事実に誤りはない。文句をつける相手がいるだけ、お客さんのほうがまだましだと言っているようにも聞こえな

9 対人——相手を意のままに

いではない。その点、一見もっともな応対にも見えるが、立場上そんなことを言えた義理ではない。だが、ひょっとすると、駅長は、いきりたつ客の矛先をかわすために憤ってみせたのかもしれない。いずれにしても、理屈には合わないが、その客は怒りをぶつける先を新たに開拓しなければならなくなり、こんな割に合わないことはない。

野内良三『ユーモア大百科』にこんな笑い話が載っている。買い物客が、新聞では肉の値段が下がっていると報じているのに、この店では前の値段のままなのはおかしいと苦情を申し込むと、店主は平然と、何もおかしいことはない、自分は「新聞なんか読みませんから」と一蹴したという。客の提起した問題点は、世の中で肉が値下がりしているという事実そのものであり、そのことが新聞記事として掲載されたか否かというところにはない。それを肉屋の主は、自分は新聞を読んでいないから関係ないと、**《別の問題にそらして》**応戦している。

同じ本に、こんな詭弁じみた選挙演説も出てくる。候補者がこんなふうに選挙民に反省を促す。当選した者が「公約を守らないと批判する前に」、選挙する側も、一度「自分の胸に手をあてて良心に尋ねて」みるがいいと注文をつけるのだ。「結婚を申し込んだ時に未来の妻に約束したことをすべてきちんと果たしたかどうか」という点を内省してみろというのである。だから何？

その折に何かを約束した男のほとんどは、すべてを完全に果たしていると断言するほどの自信はたしかにない。だから、当選後に選挙公約を果たさないからといって非難されるいわれはないと言いたいのだろう。あるいは、これまで公約に違反したからといって自分に投票しないのは筋が違うと言いたいのかもしれない。いずれにしても、**《問題をそらして》**いるのは確かだが、実に巧みなすり替えで、まともに論破するのはけっこう大変だ。だが、そう言われた有権者が、そんな候補者に投票しようと思わないことだけははっきりしている。

乾《いぬい》信一郎の**『阿呆宮一千一夜譚』**にも、こんな笑い話が出てくる。この公園で百円札を落としたから手配を頼むと、係が入口の掲示を指さして、「公園内に紙屑を散らすべからず」と書いてあるのが見えないのか、と言って取り合わない。依頼は遺失物を捜すことであって、それを散らかすごみと同一視するこの係員の対応は尋常ではない。もちろん問題は完全にそれてしまっている。何円でも「札」であれば「紙」には違いないが、それを「屑」だとは誰も思っていないだろうし、当人に「散らす」つもりなどさらさらない。おそらくこれは、融通の利かない役人根性を皮肉った話なのだろう。

北村小松の小説『**街頭連絡**』にこんな話が出てくる。編集者が女流作家にこんなことを忠告する。女は結婚すると神通力を失うという自分の見解を披露し、女性にとって結婚はオリジナリティーの墓場だと力説して、なんとかその作家の結婚を思いとどまらせようとする。編集者としては、女流作家は結婚の約束などせずに執筆に専念してほしいのだ。

「恋をしていると優秀なるインスピレーションに恵まれるから、あなたにもっと書かせるべきだ」と主張する。そう言われた作家は、「あたしも、あなたとだったら婚約しませんわ」と突っぱねてしまう。結婚相手の問題ではないのだから、これは話題の筋を完全に逸脱した発言だ。が、それはそれで、きちんと筋が通っているのがおかしい。

9 対　人――相手を意のままに

サトウハチローの小説『**エンコの六**』に、刑事と誇り高きベテランのスリとのこんなやりとりが出てくる。そのスリの贋者《にせもの》が女と歩いているところを捕まったという話で、自分はここしばらく女と一緒に歩いたことなどないと言ったのを受けて、刑事がそれなら「お前さんが女と一緒に歩いているところを見たら、有無を言わさずのしちゃうがそれでいいかい」と脅すと、即座に「いいとも」と応じる。刑事が「忘れるなよ」と念を押すと、「物覚えは、ことの他いいから大丈夫だ」と、記憶力の問題にそらし、刑事が「よし、どてっ腹を気をつけて歩けよ」と、「どてっ腹に風穴を開ける」という慣用的な脅し文句をふまえて刑事がすごんでも、「まだ春だ、風穴は夏になったら頼むよ」と減らず口を叩く。

同じハチローの小説『**青春五人男**』に、こんなやりとりが出てくる。「うやむやのうちに引き受けたことになってしまった」子供が懐の中で泣き出し、「なかなか泣きやまない」。それを見て「腹がへっているんじゃないかな」と、脇の人間が、その子の泣きやまない原因を推測して知らせると、「腹なら俺もへっている」という答え。預かった大人も同様に空腹なのは事実だろうが、子供の泣くこととは何の関係もないから、**《問題を完全に**

そらした》応答である。

小沼丹《おぬま》の小説『黒と白の猫』にこんな場面が出てくる。よその猫が自分の家のように入り込むようになったある日、当然その家の飼い猫だと思った女性客が、お世辞半分に「まあ、可愛いこと。名前、なあに？」と言った。そう訊かれても、よその猫だから名前まで知らないのは当然だが、主人公はそんな説明もせず、この作家は「自分が訊かれたのではないから、大寺さんは知らん顔して烟草《たばこ》を喫《の》んでいた」と書く。

30 俺とこの番地――あてつけ

島田洋介・今喜多代コンビの漫才『お笑い育児教室』で、喜多代は「立派なお家に生まれるしあわせな赤ちゃんもあれば、大阪市東住吉区本町三丁目七番地ノ五に生まれてくるかわいそうな赤ちゃんもある」と言う。片方だけがやたらに詳細を極めるのには訳がある。相方の洋介が「そら僕とこの番地やないか」と気づくように、《あてつけて》いるのである。

柳家金語楼の『あまたれ人生』には、こんな話が載っている。店にやって来た、足の太い娘さんが、なんだか恥しそうに、「その大根を下さい」と云うと、八百屋の主人はチラリとその娘さんの脚を見て、とたんに「桜島になさいますか」と問い返す。鹿児島県の桜島の特産である桜島大根は、火山土壌のため大きな球形をしているので、太い脚からついそれを連想して口に出てしまったのだろう。

31 馬鹿がもう一人――婉曲悪口

面と向かって悪口を言うよりも、それとなく言う間接的な悪口のほうが、相手に通じれば、それだけ笑いにつながりやすい。

野内良三の『ジョーク・ユーモア・エスプリ大辞典』に、こんな笑い話が載っている。「あたしのフィアンセはみんなに言ってるわ、世界一の美人とまもなく結婚するぞって」と、女が自慢げに言うと、それを聞いた人間が「ああ、なんてひどい男！　あんなに長い間つきあっておきながら、あなたを捨てるなんて！」と応じる。「世界一の美人」という評価なら、当然あなたとは別人だという判断だから、率直な感想がそのまま悪口となる。同じ野内良三の『**ユーモア大百科**』にも、こんな例がある。似たような女が、「鏡を見るたびに、あたしってなんてきれいなんだろうとついつい見惚《みと》れてしまうの。これってうぬぼれが強すぎるのかしら？」と、今度は「うぬ惚れが強い」という性格面の欠点を認めながらも、自分の美しさだけは譲らないという技巧的な発言だ。が、相手は「単に想像力がたくましいだけじゃなくて？」と、その自慢の鼻を折ってしまう。

金子登の『**ユーモア辞典**』には、こんな皮肉な言い方が出てくる。まず、「実にいい声です」と総合的な高い評価を相手に伝えたあと、「でも、わたしは、このピアノの白鍵、黒鍵を叩いて伴奏しているのですが、あなたは、その間のスキ間の音程でお歌いになりますので」と付け加える。つまり、声の質は悪くないが、まるで音程がずれているという意味だ。単に「音痴」だと言うより、皮肉なおかしみがこもっている。

こんな話も載っている。一人が「全く凄い！　あの男優が主演女優に対する愛の真情の表現は真に迫っている」と、その演技力を絶讃すると、相手は、あの二人は実際の夫婦なんだから当然だと情報を提供する。普通なら、地で行っただけで演技でも何でもないという話になるところだが、ここにはもう一ひねりある。

「と、すれば、いよいよ凄い演技力だ！」と感心するのだ。夫婦になってしまえばアヴァンチュールではないのだから、あんなに燃え上がるはずはない、というがった見方に立ち、あれはまさに演技の力なのだと、あらためて讃嘆するのである。

⑨対人――相手を意のままに

『**僕の家庭**』と題する漫才で、**エンタツ**が「いいとこの息子は弱いですわ」と、自分が幼少の頃から蒲柳の質だったことを自慢したあと、すぐに、「しかし、君は丈夫ですネ」と相方に話を振る。話の流れから、アチャコは「いいとこの息子」ではないことになってしまう。

少しとろいぐらいのお人好しの役柄を演ずるその**アチャコ**が、**今男**と組んだ漫才で、「大阪で暮らすより故郷に帰った方がいいやろう、と親切にすすめて下さる方もありましたので」と言う場面がある。その親切な人というのは米屋らしく、「米屋の言うには、私とこで気兼ねして、米代借りてるより、故郷で自分で米を作った方が気兼ねなしに食える」と、気を遣ってくれると説明すると、相方の今男は、「そら態《てい》よう米の配達断られてるのやがな」と、世間の婉曲表現を解説して聞かせるところで、観客の笑いが起こるのだろう。

『花嫁の父』という、いとこい漫才には、こんな場面が出てくる。**夢路いとし**が娘の花嫁姿を感動をこめて話している最中に、**喜味こいし**が「この花嫁姿ちゅうのは、どんな娘がやっても、きれいに見える。どんな娘でも、きれいに」と水を差す。そういう時は誰でも綺麗に見えるという一般論を持ち出すのだが、「どんな娘でもきれいに」とくり返すので、いとしも「なんでそんなとこに力入れるねん！」と苦情を持ち込む。

今いくよ・くるよの漫才にも似た話題が出てきて、いくよが自分の舞台衣装はともかく、「あんた花嫁衣装やないの」と言ったあと、「舞台しか着られへんやないの」と、よけいな一言を付け加えるので、くるよは「どういう意味やの、あんた」と突っかかる。

同じく漫才で、**西川きよし**が、友達に「いつもテレビ見てるぞ」と話しかけられることを嬉しそうに語る場面で、「よかったなぁお前、出世して。しかし、お前はな、コンビに恵まれてない」と、これまたよけいなことまで相方に伝えてしまう。そのコンビの相手が横山やすしだから、当然「どないな意味や」と問いつめる。

柳家金語楼の**『あまたれ人生』**に、体験談めかした話が出てくる。寒い夜にうどん屋の二階で「芸妓と称する女」が二人やって来て、「私の顔を見るや一人が」当人に向かって「金語楼に似てるわ」と言う。本人なのだから似ていることに不思議はないが、そんなことを知らないもう一人も、「アラ、悪いわよ、金語楼に似てるなんて」とフォローしたらしい。芸妓としてはお世辞のつもりなのだろうが、ここは相手が悪い。

夏目漱石の**『吾輩は猫である』**で、八木独仙が「死ぬのを苦にする様になったのは神経衰弱と云う病気が発明されてから以後の事だよ」と、学のあるところを披露すると、すかさず迷亭は、「君などはどこから見ても神経衰弱以前の民だよ」とからかう。神経の病など縁のない人間だという意味合いだろうが、「民」としたのが隠し味となっている。

戸川秋骨の随筆『**先輩**』に、電車の中で島村抱月と松井須磨子のカップルに偶然出逢った話が出てくる。その折に女優の須磨子について何も語らなかったという。妻帯者である抱月としては紹介しにくかったのかもしれない。秋骨はその折の印象を、「須磨子さんの舞台顔と素顔との著しい相違に感心するの光栄を得た」と書いている。これこそ《**婉曲悪口**》の手本である。「著しい相違」とあるだけで、どちらがよかったかという点にはまったくふれていないが、もしも素顔が、舞台で見る顔以上に美しかったのなら、きっとそう書いたことだろう。舞台とは違った美しさだったとしても。

乾《いぬい》信一郎の『**阿呆宮一千一夜譚**』に、「世の中に一体どの位馬鹿が居りましょうなア？」という奇想天外な質問が出てくる。基準も不明確で線引きのしにくい対象の数を問うのだから、正確な人数などとうてい算出できない。ただ、「とにかく大変な数だってことは誰も知ってる」とし、「その大変な数よりもいつも馬鹿の数はも一人だけ多いってことは大抵の人が知らんようですな」と続く。こういう馬鹿げた問いを思いつく人間もその一人なのだが、当人はまさか自分がその中に入っているとは思っていないから質問するのであり、実際の数は、自分の考えているその大勢の馬鹿に、プラス一人という計算になる。

サトウハチローは随筆『**わが師わが友**』で、「サトウハチローというおかしな奴が来年入学してくるというのを、とくに知っていて親友になろうと、心待ちに待っていたらしく、ボクが入学した時、二年にはならずに、やッぱり一年にいてくれた」と、いかにも嬉しそうに書いている。ほんとうに友情のせいなのかどうかは知らないが、落第したという自慢にならない結果を公表することになる一節だ。

同じくハチローの小説『**新生活行進曲**』には、こんな夫婦間のやりとりが出てくる。釣果なしに帰宅した亭主が、「釣れぬ日もあり釣れる日もあッて面白いんだ」と負け惜しみを言うと、細君は「あんたのは、ずッと、そのぬの字の方だね」と茶化す。

やはりハチローの小説『**愉快な溜息**』に、こんな場面がある。「自動車は古いフォードなので、ガタリピシリと走る」という描写のあと、「おい、運転手さん、もう少し自動車らしく走らせろよ」と客が注文をつける。「自動車らしく」という言い方がおかしい。

⑨ 対 人——相手を意のままに

32 阿呆さが千倍——酷評

落語の『恋愛探し』に、顔を《**酷評**》する場面がある。「頬《ほ》ッぺたが赤くッて、眼の縁が黒くって、鼻筋はツンと上へ通って居るならいいが、ツンと下へ通っていて、おまけに胡坐《あぐら》をかいて、其下《そのした》に大きな口がある、積立貯金会の総会なら、先ず大口とあって上座へ坐るかも知れないが、全体として顔の下半分の方が莫迦《ばか》に賑かだ、つまり地下鉄道ッてんだ」というのがそれである。鼻があぐらをかくといった定番の評に、銀行の大口定期やら地下鉄などまで動員して、人の顔をこっぴどくこきおろす。

ミス・ワカナと**玉松一郎**のコンビの漫才『**婦唱夫随**』で、一郎が「河豚《ふぐ》は僕食べませんよ」と言うと、ワカナは「共食いになるといけませんの?」と失礼千万な言を吐き、相手が「共食い?」とわけのわからない顔をすると、「大丈夫ですわ。河豚は河の豚と書きますが、あなたは陸《おか》の豚でしょう」と追い討ちをかける。

今いくよ・くるよの漫才にもそんな《**酷評**》の例が出てくる。あの肥満体のくるよが、柄にもなく、「夏やせね、身体がきゃしゃでしょ、あきませんわ」と、人並のことを言うと、いくよは「どこらへんが、きゃしゃやねん、ほんまに。えーかげんにしなさい」とたしなめ、「どこがウエストで、どこがバストやヒップやわからへん」と本音を口走ってしまう。

夏目漱石『**吾輩は猫である**』もこの種の例に事欠かない。苦沙弥《くしゃみ》の発言について、これはあながち主人が知ったかぶりをしたわけでないと、猫の「吾輩」は珍しく弁護するかと思うと、「朦朧たる頭脳から好い加減に流れ出す言語と見れば差し支ない」と、ばっさり斬り捨ててしまう。

サトウハチローの『**浅草悲歌**《エレジー》』には、女に「あら先生、ごじょう談ばっかり」と言われて喜ぶ男が登場する。この男は、こんなふうに、先生と言われるのが何より嬉しいのだという。そこで作者が一言、「先生と言われる程の馬鹿でなしと、古川柳にもあるが」と前置きし、ところが「彼は言われる程の馬鹿なのである」と締めくくっている。

同じ作者の『**俺の仲間**』には、その人間の歌いっぷりがいかにひどいかを、こんなふうに極端に酷評する箇所がある。「あんたの歌よりはあめやの笛、チャンソバのチャルメラの方がよっぽど音楽的でさ、食欲をそそるだけでも人のためになりまさア」と、音楽芸術とは何の関係もない「食欲」などという基準まで動員して評するのがそれである。

長谷川如是閑『**踏んだり蹴ったり**』に出てくる毒舌もおかしい。「一体民衆とは何だい」と問題提起をし、即座に、「阿呆が千人寄ったら阿呆さが千倍になるだけじゃないか」と切れ味鋭く一喝する。民衆は誰も自分が阿呆だとは思っていないから、案外、胸の透くような啖呵と聞き捨てるかもしれない。

33 その顔じゃ——失礼な言及

《**酷評**》とまではいかなくとも、相手に対して失礼なふるまいに及ぶだけで、世間の常識に逆らうことになり、失笑を招きやすい。

落語の『**将棋の殿様**』から例を引こう。殿様と家来が将棋を指すことになった。身分が違うから、何でも自分の思うようになると思い込んでいる殿様だから、「此方《こちら》が先手であるぞ」と申し渡す。ある程度の力量になれば、先手の方が有利なので、強い方が後手番にまわるのが慣例となっている。そこで、三太夫も、「勿論《もちろん》下手の方から先手と極《きま》って居ります」と、殿を相手に失礼な言い方をしてしまい、「怪《け》しからん事を申す奴だな」と呆れられる。

夢路いとし・喜味こいしの漫才『**迷い犬探してます**』は、こんなやりとりで始まる。いとしが、「実はね、ぼくもそろそろ老後のことを考えなイカンなと思てね」と、珍しくしみじみと語り起こすと、こいしはそんなことおかまいなしに、「老後のことを考えんでも、今、老後やないか」と、身も蓋もない失礼なことをずばりと言う。

同じく漫才の**内海突破・並木一路**のコンビにも、こんなやりとりが出てくる。「自分がどんなにいい男であっても、いい男と云う事を絶対顔に出さないんだ」と、人としてのたしなみを見せると、相方は「又出そうたって、その顔じゃ出し様がないじゃないか」と茶化してしまう。どんな顔と言わずに「その顔」と言うにとどめ、

9 対 人——相手を意のままに

何を「出す」のかも明示しない婉曲さでバランスをとっているとも言えるかもしれない。

やはり漫才で、**島田洋介・今喜多代**の『手本は二宮金次郎』で、喜多代は「顔を出すのは観光日本の政策上かんばしくないというのなら、顔の方はやめにして、足だけでも銅像にしたら?」と容赦なく《**失礼な言及**》に及ぶ。

木山捷平の小説『**弁当**』に、東京帝国大学の哲学科を三人中三番で出たという校長が登場する。いくら東大出身とはいえ、「三人中三番」というのは、要するにビリのことだから、特に必要もないのに、あえて席順に言及するのは悪口に相当し、失礼に当たる。

34 出講掲示——暴露話

島田洋介・今喜多代の漫才『**手本は二宮金次郎**』で、洋介が小学校のPTAの役員をしている、常任幹事だと言うと、喜多代は「午前三時みたいな顔して」と、音がいくらか似ているものの、まったく無縁の時刻などを持ち出してからかう。洋介が学校に銅像を建てることになって一口二百円の寄附集めで忙しいと言う。すかさず喜多代は「そのうち、あなたの儲けは?」と訊く。「学校の寄附あつめに、こっちが儲けたりするかいな」と否定すると、喜多代は「あら、ほんとに美しい心がけですわね」と褒めたあと、「いつも仏さんにそなえてる赤飯のアズキ、つまみ食いしてるあなたに似合わない」と、旧悪を暴露する。

横山やすし・西川きよしの漫才では、きよしが「なつかしいですね、しかし、先輩」と呼びかけ、やすしも「ほんま、なつかしいがな」と応じる場面。ここまでは普通のやりとりだ。が、きよしが「ほんと先輩、なつかしい。同じクラスでしたよね、先輩」と妙なことを言い出して、やすしが「ちょっと待て。同じクラスで先輩てなんや」と文句を言うと、「学年はいっしょやったけど、年がずいぶん上でしたよね」と、相手の恥となる情報をバラすので、「あほなこといいな。オレはなんやねん、落ちてばっかりか」と、《**暴露話**》にやすしから苦情が来る。

真山恵介の『**わっはっは笑事典**』に、立川談志の真打披露パーティーの裏話が出てくる。談志本人が、「御信心の方はお心付けを」と、会費とは別の寄附を集めに回るのだという。差し出されたお盆を見ると、「一万円札、五千円札のたぐいが百円、十円にまじってザクザク」入っている。みんな随分気前がいいのでびっくりすると、談志は小声で「デカイのはサクラです」と楽屋裏をもらしたらしい。

禿げの話題も笑いを誘いやすい。**北村小松**の小説**『街頭連絡』**には、文学部長が禿頭《はげあたま》をなで上げるのは、文学部の名物だとある。この教授が「禿げたのは、頭をなでるくせが原因か、それとも禿げたのを気にしてさすっている中に、それが習慣性となったのか」は不明ながら、いずれにしても「原因が結果で結果が原因である様な」現象であり、まさに「哲学のシンボル」であるところから、「シンボル」という渾名《あだな》を冠せられているという。

筒井康隆の長編小説**『文学部唯野教授』**は、全編が昔の大学の実態を暴露した戯画であると見ることもできる。一説に黄金期の早稲田の文科をモデルにしたともいうが、まさに懐かしい風景が展開する。「第一週は常識的に休講」とあるが、後期も、避暑に出かけた教員や夏休みに帰郷した学生が戻って来る三週目あたりから再開される例も少なくなかっただろう。「新しい講座の前期第一週に休講が多いのは、たいていの場合教員のノートができていないから」とあるのも、真に迫って感じられる。「最初休講にしたために」「ノートが充実している」というあたりも、実にみごとに計算された論理的な記述で、思わずゾッとするほどもっともらしい書き方である。

講義の第一回は、ことさらゆっくりと出欠をとり、それだけで教場から姿を消す豪胆な教授というのも、雰囲気はよくわかる。さらに古くは、「休講掲示」ならぬ「出講掲示」が出るくらい、めったに授業のない大物教授も実在したほどである。授業を十五分遅く始め、十五分早く切り上げる「アカデミック・クォーター」と称するものが几帳面に実行されたおかげで、昼休みも休憩時間もまったく存在しない時間割が実現したのだろう。研究室の愛用のカウチで心地よい午睡を満喫し、午後の演習の時間に三十分ほど遅刻した先生は、開口一番、今日は遅れて悪かったから三十分早くやめようと宣言し、つじつまを合わせたという。作家でもあった教授の逸話で、その一番弟子の教授から聞いたから、おそらく実話なのだろう。授業時間の計算は合わないが、案外これで心理的なバランスはとれているのかもしれない。

コラム⑨
表現の奥の人影
——手紙に匂いを入れて

【問】結婚式のスピーチや弔辞など、改まった場面では、一般に型どおりの挨拶のほうが無難だと言われますが、個人的な気持ちがこもると失礼になるのでしょうか？

【答】 世間には約束事があって、特に見舞や慶弔関係の挨拶ともなると気を遣いますが、肝腎なのは態度です。丁重な敬語を並べ立てても、早口でぺらぺらしゃべっては台無しなように、立派な文面でもなぐり書きでは、相手を大事に扱っていない感じで印象をそこねます。

また、日頃は歯切れのいい話し方が好感を持たれますが、お悔やみのことばを滔々《とうとう》と弁じては失格で、①むしろ低い声でぼそぼそ言うと気持ちが伝わります。弔慰状で長々と馬鹿丁寧な前文を書くのも神経が疑われます。②そんな悠長な挨拶をしている場合ではないから、わざわざ「前略」などと断るのもいささか暢気すぎます。

要は先方の気持ちを大事にすることです。日本人が忌み詞《ことば》に神経を遣ったのも、相手が不吉な連想をするのを予防するためで、結婚の際は「別れる」「切れる」「破れる」、災害や病気の見舞や弔問の際は「再び」「重ねて」「くり返す」といった語を避けてきたのも、相手が破婚や凶事という厭《いや》な想像をしないようにとの労りの気持ちからです。割れやすい「卵」も慶事の際の忌み詞ですが、ある国語学者は「鶏卵」は「けえらん」つまり「帰らない」、だから問題ないと笑い話を一席ぶった③そうです。強引なこじつけですが、忌み詞自体が音の似た別語を連想して気にする迷信にすぎず、世の常識は時代とともに変化するから、相手が気にしなければいいのです。

口頭の挨拶でも手紙でも人と人とのやりとりだから、場面や相手との関係によって違ってくるし、その人の態度から生き方までも反映するから、万能の鉄則などありません。世間の慣用を頭の片隅に置いて、それにとらわれず、ごく自然に自分らしく気持ちを伝えるのが理想でしょう。正岡子規は長塚節から栗を贈られた折に、「君がくれた栗だと思うとうまいよ」④とだけ書いた礼状を出したそうです。たった一行でも心がこもっています。

欧州の旅先から横光利一は「こんなに女房が恋しいも

のかと驚く」と率直な思いを書き送り、手紙の中へ匂いを入れて送るようせがんでいます。⑤高田保が恋人は捨てられても恋文は捨て切れない⑥と書くように、こんな子供じみた無茶な注文の恋文は永久保存ものでしょう。自分もと憧れながら機会に恵まれず半世紀が経ちます。

映画監督の小津安二郎の一周忌のスピーチで、今日出海は故人の旧悪を暴露します。酔っぱらった小津を介抱して宿屋に一泊した翌朝、小津の懐中時計が紛失し、自分が疑われていると思って落ち着かない気持ちでいたところ、数ヶ月後、あれは諦めたよと小津が言うのでほっとしたら、大事な時計だから君も大事に使ってくれと、すっかり既成事実にされてしまった⑦という逸話の後、こんなしぶとい男だから「死んだというけれども、まだ怪しんでるんです」と痛恨の悪態で締めくくります。⑧口は悪いが、深い悲しみが胸を打ちます。

手紙やスピーチだけではなく、エッセイなどにも当然その人らしさが出ます。昔、波多野完治邸で研究指導を受けた帰路、お出かけの先生と並んで細い道を歩いていた時、塀の中で犬がやたらに吠えたら、すかさず先生は弟子の顔を覗きながら「躾《しつけ》が悪いとああなるんだ」とつぶやきます。師匠の前で得意げに弁じていた自分には、人間もと言われたように響いて、⑨「はっと気がつくと茶色のベレーは四、五米先にあった」と、先生の思い出の文集『ないた赤鬼』掲載の一文を結びました。

国立国語研究所時代の徳川宗賢先輩は、東京駅からタクシーに乗り「江戸城」と行先を告げると、運転手が興に乗って、どちらの御門へと応じた時に、すかさず田安門を指示した⑩という逸話の持ち主です。この田安徳川の末裔が譜代の酒井藩に疎開した話が出て、その頃親父が工場長をしていたはずだともらすと、「あの時はこき使われた」と大げさに語気を強めます。⑪国語学会での研究発表を奨められて断ると、のちに代表理事となった将軍から、今度は講演をせよと厳命が下りました。⑫病後、禁煙のはずなのに、うまそうに紫煙をたなびかせるので、「人生、楽しく生きなくちゃってことですか」と怪訝《けげん》な顔をしたら、殿は片目をつぶって「まあ、そう、いう、こと」とスタッカートで言いながら、照れくさそうな顔をします。⑬早稲田の大学院で講義をと持ちかけ、酒の勢いで落城させたところが、妙な協定で実現できず、定年後にぜひと二年間の延期を申し入れると、「もう死んでるよ」と甲高い声が返って来て、それが現実となりました。あの悪戯《いたずら》っぽい笑顔がむやみに⑭目に浮かびます。

【表現の仕掛け】

①お悔やみの言葉を「滔々と弁じる」という、場にふさわしからぬ行為を取り立てる。

②弔慰状を悠長な前文で始める例も、うっかりすると笑いものになる。

③「鶏卵」を「帰らん」とこじつける小咄じみた例。

④「君がくれたと思うとうまい」というのは、同じ物でも贈り主次第で味が違うという、理屈では考えられない不思議な心理的作用に、呆れながら納得。

⑤匂いを手紙で送れなどという無理難題に、大作家にも子供じみた一面があるのを発見。

⑥恋人より恋文のほうが捨て切れないという微妙な心理に笑いながら納得。

⑦いつのまにか友人の仕業と既成事実にしてしまう小津監督の人間味。

⑧死後一年経っても、まだ怪しんでいるのは、喪《うしな》いたくない本音をちゃかした言い方。

⑨「人間も」と言われた気がしたのは、日頃の言動が自分でも気になっていた証拠。

⑩おどけて「江戸城」「田安門」と行先を告げる時代錯誤のいたずら。田安徳川の昔をいまだに忘れかねている人間っぽさ。

⑪不必要に「語気を強める」と書くことで、悪戯っぽい人物を描写。

⑫「将軍」「殿」に合わせて「厳命が下る」と威厳を演出。のちに出る「落城」もその縁語。

⑬「スタッカート」「照れくさそうな顔」「悪戯っぽい笑顔」などで人物を描写。

⑭「むやみに」とすることで、こみあげる淋しさをそれとなく感じさせる。

10 失 態

――失敗談に花が咲く

他人の失敗を目撃すると、つい笑ってしまう。誰かがバナナの皮に滑って転ぶ現場を目撃したら、その人がよほどの怪我でもしない限り、たいていの人は笑うだろう。

人違いをされて丁寧にお礼を言われたり、小学生でも知っている漢字が読めなかったり、「個人」を「古人」や「故人」と勘違いする人を見かけても同様だ。うっかり「親コーコー」や「六波羅タンダイ」や「堀口大学」を受験しようとする人がいたりすると、それこそ笑い話になってしまう。

古くからある笑い話や落語などにも、その種の笑いが絶えない。ベートーベンの夕べに遅刻した客が、今ちょうど第九をやっていると知って、もう八番まで終わったかとがっかりしたり、引っ越した家で壁に長い釘を打ち込んでしまい、あわてて隣でなく向かいの家に詫びに行ったりする人物が登場して、笑いを盛り上げる。

自分の【**失態**】であっても、思いがけない場合は、やはりおかしくなってくる。妻に「できたらしい」と言われ、「どこに」と心配する物わかりの悪さ。孫の手の売り場を尋ねられてびっくりする、店員のとんでもない誤解。仮にそういうものを売っていたとしても、そんなものを何に使うのかと考えてみないのか知らん？

「太い奴だ」と言われて「痩せぎすだ」と反論する意図的な曲解または頓珍漢《とんちんかん》な応答。「早慶戦の相手はどこだっけ」などと、とんだ愚問を発する間抜けぶり。「この長屋に泥棒なんか入ったことはない」と言ったあと、「出たことはあるが」とよけいな一言を添えてしまうようなへま。「左が胃で右が肺だ」などと無知や非常識をさらけ出す醜態。妻が「熟慮が足りない」と非難したばかりに、夫に「だからお前と結婚したんだ」と反撃されてやぶへびになってしまう深刻な事態もある。ことがこじれてディレンマに陥ったり、とんだ当て外れだったりしても笑いになる。また、交番に「今晩は」と駆け込んだり、裁判所に「お待たせしました」と飛び込んだりするような場違いなことをしでかす人もあれば、自業自得の結果になってしまって落ち込む人もある。

こんなふうに形はさまざまあるが、人の生死にかかわらない程度の**【失態】**は、えてして笑いを招くケースが多いようである。

1 僕も好き——理屈の通る誤解

織田正吉の『**笑いのこころ ユーモアのセンス**』に、こんなうっかりした話が載っている。街を歩いていて、「スカート六〇〇円、ワンピース一〇〇〇円」という看板を見かける。これは安い、買い得だと思って、店に入って買おうとしたら、そこはクリーニング屋だった。つまり、迂闊《うかつ》にも洗濯代を品物の値段と思い込んだ失敗だ。失敗は失敗でも、まったく筋の通らない誤解ではない。物の値段とその洗濯代との間には大きな差があるという常識にいくらか欠けているとはいえ、ありえない失敗ではないからだ。事実バーゲンセールの目玉商品と、高級クリーニングの代金ともなれば、どちらが高いか一概には言えないだろう。少しは《**理屈の通る誤解**》だとも言える。

秋田実の『**オチの表情**』には、こんな話が出てくる。囲碁の対局を脇で見物していた人が、「端の黒が危ない」と言うので、側面に位置する一群の黒石を点検したが、対局中の当人にはどう考えても死にそうには見えない。囲碁で「危ない」と言えば常識的に、大石の生死に関する危険な情勢を連想するのだが、この見物人はずぶの素人で、一番端の第一線に打った黒石が、端っこに寄り過ぎて、今にも碁盤から落ちそうになっているのを見て思わずそう言った、という笑い話である。

三宅正太郎編『**爆笑列車**』には、こんな高度な笑い話も載っている。宿泊客が勘定を支払うのを忘れて、ホテルを出発してしまった。そのことに気づいた支配人が早速その客に知らせようと、「謹啓、まことに失礼でございますが、貴殿の御勘定書は如何ほどになっていましたで御座いましょうか、お知らせ下さいますれば幸甚に存じます」と、その自宅の住所に宛てて、丁重な文面で手紙を書き送った。

すると、ほどなく返事が来て、「拝復　小生の勘定書は百十ドルとなっております。甚だ簡単ながら、右御返事申し上げます」と記してあったという。

ホテル側が宿泊代を請求して、忘れていた客がそれを支払う。常識的に、この手紙のやりとりはそういう機能を果たすはずであった。ところが、たしなみのある支配人だけに、相手に思い出すきっかけを与える内容にとどめ、支払えという露骨な要求を記すのを控えた。この客の返事は、勘定の金額を知らせよという先方の形式的な要求には、きちんと対応している。だが、それを支払うとは一言もふれていない。文面の意味だけに正確に反応し、その意図にはまったく応えていない返信である。世間的には客側のほうが非常識だが、あるいは、通じないふりをして、堂々と言い抜けたのかもしれない。

野内良三の『**ユーモア大百科**』にも、コミュニケーション上の思わぬ行き違いが笑いと直結する笑い話が出てくる。女が「あなたが好きよ。世界中の誰よりも。あなたは？」と明瞭きわまるラブレターを書き送ったところ、相手の男から「ぼくもだよ。ああ、僕のことが好きで好きでたまらないよ」という思わぬ返事が届いたらしい。「僕も」と来れば、同じように相手が好きだという意味のことばが続くものと誰もが予測する。それが世間の常識というものだ。ところが、この場合の「も」は、そういう相互関係ではなく、相手と同じくその男を愛するという点を承けたものである。つまり、この男は、相手の手紙の文意ではなく、「好き」の対象となっている人間すなわち自分自身という部分まで含めて反応し、これまた、先方の意図にはまったく応じていない。大変なナルシストとあらかじめ判明しただけ、女にとってはまだしも好運だったと言えるかもしれない。

2 うちの人！――早とちり

せっかちで、よく《**早とちり**》する人は、どこの社会にもいるものだ。**サトウハチロー**の『**あべこべ物語**』にこんな場面が出てくる。日本人どうしなのに、握手をして「ハウ　ドウ　ユー　ドウ」と言ったが、相手は英語がチンプンカンプンなので、返事ができずにいると、元気がないと思い込んで、次から次へと想像をめぐらし、「どうかしたのかい」「ムクが病気なのかい。かわいそうだね。死んだのかい。おとむらいはいつだい」と、勝手にのみこんで早手まわしにまくしたてる。程度はともかく、よく見かける光景だろう。

野内良三の『**ユーモア大百科**』には、気をまわしすぎる女が勝手に暴走する話が出る。男が「ぼくと二時間つきあってくれませんか」と言っただけで、女は過剰反応を起こし、「失礼ね、お金のためなんかで体は与えません」とおかんむりのてい。男は驚いて「誰がお金のことを言いました？」と反論するのだが、こういう場合はふつう「体のことなんか」という反応になるような気がするので、全面否定にならない場合もありえそうだ。

金子登の『**ユーモア辞典**』には、こんなすれ違いの小咄《こばなし》が載っている。商用で出張していた男が久しぶりのわが家で妻とお床に入り。ひと寝入りした真夜中、戸を叩く音が聞こえると、妻が「あら、大変、うちの人が帰ったらしいわ」とあわてる。夫も「えっ？　そりゃまずい」とベッドから跳ね起きたという。寝とぼけたとしても、一体どういうつもりだったのか知らん？　どうやら、たがいに修羅場をくぐってきた夫婦だったらしい。

中村正常の小説『**虹の下の街**』に感動の一場面が出てくる。家出をした娘と一日おいて再会した母親は、十年も会わなかったほどの感激で、娘の手をしっかりとつかまえて、ハンカチでその目を拭いてやろうとした。すると、しっかりした娘から、泣いているのはわたしじゃなくてお母さまの方よ、と注意される。母親の側に、こういう場面は当然涙の再会となるという刷り込みができていたのだろう。感動の《**早とちり**》だ。

3　男ができる——勘違い

秋田実の『**笑いの創造**』に、こんな勘違いの発言が出てくる。「ピッチャーが投げる時に片脚を上げるのはなぜか？」という問いであれば、脚を上げないで投げるのに比べ、上げて投げることで、ボールの勢いとか、どういう効果が得られるかを問題にしている。ところが、答えは「両足を上げたら、ひっくり返ってしまうから」という想定外のもの。両脚を上げて投げるなどということは本来問題になるはずのないことだから、いささかわざとらしい。

こんな話もある。知り合いの男が「やあ、奥さん、いつ来ても綺麗ですな」と、愛想よく挨拶すると、相手は「そんなことおっしゃって、いやですわ」とさかんに照れる。自分の容貌を褒められたと《**勘違い**》したのだろう。そんなふうに理解して喜んでいるとは知らないその男は、いつやって来ても、お宅は「掃除が行き届いていますよ」とわかりやすく説明して、女の夢を破ってしまう。

田辺貞之助編『世界のジョーク・警句集』に、こんな話がある。「パパ、隣のおじさんは毎朝出勤の時におばさんにキッスするのよ。パパはどうしてしないの?」と言われた父親が、「だって、お前、パパはそのおばさんの子知りもしないんだ」と応じたという。子供は、なぜか女の子のような気がするが、仲のよい夫婦間の西洋風の別れの儀式を、わが家ではなぜ励行しないのかという疑問を呈示し、暗にそうすることを奨励しているのだろう。ところが、この父親は、隣家の主人と違い、隣の奥さんとなぜ口づけをしないのかという質問かと取り違え、自分はその奥さんとそこまで親しい関係にないと答えている。だが、もしもこれが、照れ隠しから曲解してみせたのなら、ちょいと粋な話に変身する。

落語の『廐《うまや》火事』の落ちはこうだ。髪結いの女が、火事に遭って大変だったという話を身ぶり手振りを交えて話して聞かせている途中で、男が「お前手を怪我アしやアしねえか」ということばをはさむ。女は自分の身を案じてくれるものと思って、「お前は不人情だと思ったら実があるよ。わたしの身体のことばかり心配して呉《く》れるから」と、案外やさしいところがあるとまんざらでもない気持ちのきざしたところで、「お前に手を怪我アされると髪が結えなくなる」という男の一言が、女の気分を台無しにしてしまう。髪結いの亭主として、遊んでいて酒が飲めることが何より大事なのだ。いいなあ、いや、ああ情けない。だが、もしも亭主が照れてそういう言い方をしたのだとすれば、これもまた、ちょいといい話に変身する。

同じく『お産目出度《めでた》や』という落語には、日本語特有の省略表現に由来する話の行き違いが出てくる。細君が「小さいのが出来たんだよ」と小声で言うと、亭主は妊娠とは気がつかず、「何処《どこ》へ」と訊く。細君が「お腹へ出来たんだよ」と照れながら、今度は通じるだろうと思うと、亭主はおできと《勘違い》し、「質《たち》が悪いぜ、腹へ出来る奴は。今のうち吸い出しか何か貼んねえ」と言う始末。

益田甫の小説『新婚手紙騒動』でも、日本語らしい慣用表現の通じない行き違いが笑いにつながる。「かね子さんはもう只《ただ》の身体じゃないのよ」と言えば、妊娠を暗示する婉曲表現とわかるはずだが、念のため「もうちゃんと出来ているんですよ」ともう一言ヒントを添える。

⑩ 失 態——失敗談に花が咲く

ところが、それがあだになって話がこんがらかる。男が「何？　出来ている」と顔色を変え、「やっぱり出来ているんだ」と勘ぐって、「いくらかくしたって、僕はちゃんと知っているんだ」といきり立つ。そして、「かね子に男ができてる事をちゃんと知っているんですからね」と、自分以外の男といい仲になっているものと思い込む。ところが、それを今度は相手が赤ん坊の話と**《勘違い》**し、「男が出来てるか女が出来てるか、できてみなきゃわかるもんですか」と応じるから、話はますますややこしくなる。

4　子供の父親——関係の誤解

横山エンタツの漫才に、無知な男が登場し、「須磨きってのキュー家ッて、何のキューです？」と尋ねる。相方が「旧家ちゅうと、つまり、古い家やがな」と簡単に説明すると、古くなったぼろ屋だと思い込み、「ああア、家賃の安い！」と頓珍漢《とんちんかん》な受け答えをする。

「この新子さんが、一家を背負ってる」と言われて、「えらい女大力やネ」と感心するので、言った側が驚く箇所もある。「家を背負う」という慣用的な言いまわしを知らず、家屋を担ぎ上げることだと思い込むから、「女にしては少し力があり過ぎる」という反応になる。相方が「男かて家みたいなもの、背負えるかいな」と呆れると、「じゃ、新子さんは何を背負うているんです？」と、依然として「背負う」にこだわるので、「つまりネ、一家を支えてるのや」と言い方を換えて説明すると、今度は「ハア……両手で？」と、相変わらず力仕事のイメージから抜け出せない。

秋田実の**『オチの表情』**にもこんな話がある。かかあ天下の家の亭主が、「僕ンとこは、近頃、ふくれてばかりいるので閉口です」と、妻の機嫌の悪いのをこぼすと、早呑み込みの仲間が、顔と腹を取り違え、「それは、お盛んなことで」と羨ましそうに言う。

野内良三『ユーモア大百科』に、こんな無邪気な会話が載っている。小さな男の子が「ぼく、お祖母ちゃんと結婚したい」と言い出すので、父親は近親結婚を気にかけたのか、「パパのママとは結婚できない」と言って聞かせる。ところが、子供に「だってパパはぼくのママと結婚しているじゃないか」と反撃される。

バレエというものを初めて見た人が、爪先で立っているバレリーナを見てかわいそうになり、「もっと背の高い人を使えばいいのに」と思いがけない提言をする、という話もある。

手術室のこんな涙ぐましい話もある。麻酔で意識が薄れてゆく患者の耳に、医者が助手にアルコールと指示する声が聞こえ、「手術が済んでからにしてください」と頼む話だ。手術前に酔っぱらったら、執刀する時に手もとがあやしくなると心配したのだろう。もしかしたら、治ってから好きな酒を飲むのを楽しみにしていたいのかもしれない。

いずれも**《関係の誤解》**が甚だしい。

頭の禿げた男が高校の同窓会で久しぶりに会った仲間の一人について、あいつは髪こそふさふさだったが、記憶力がすっかり衰えた、と勝ち誇ったように言う話も、何だかありそうでおかしい。そう判断した論拠が、顔を見て俺だとわかるまで五分もかかったんだから、という点にあるのだが、自分の頭髪の変化を棚上げし、短絡的に相手の記憶力のせいだときめつけるところがおかしいのだろう。

同じ著者の**『ジョーク・ユーモア・エスプリ大辞典』**には、こんな思わぬ行き違いの例が出てくる。久しぶりに会った友達に、お前、ちっとも変わらないじゃないか、と言ったまでは上等だったが、奥さんは見違えてしまったけどと、正直によけいな一言を添えたばかりに、相手を窮地に追い込む。その友達大いに慌て、「妻を変えたんだよ」と耳元でささやいたという。

秋田実の**『笑いの創造』**に、こんな行き違いの例が出る。店員が「ワイシャツは今あなたの着ていらっしゃるようなのを差し上げますか？」と尋ねると、客はそれとまったく同じ品物と誤解し、「冗談言うな、新しいのが欲しいんだ」と、声を荒らげたという。自分のシャツをわざわざ金を払って買い取る人間はいない。

ぐっと新しいところで、**井山弘幸『笑いの方程式』**に出てくる**ラーメンズ**のコントを紹介しよう。「内科医ってさ、薬で治すじゃん」と言ったら、「内科医は薬で治るの？」と応じたというのだ。たしかに内科の医者は手術などせず、たいてい薬を処方するから、最初の発言はちょっとした省略表現にすぎない。ところが、それに対する応じ方はいかにも尋常でない。「ナイカイ」という単語を病気の名称と思い込んだのだろうか。こういう相手と話していた日にはぐったりするだろう。

益田甫の小説『**贋造重役の恋**』には、こんな行き違いの場面が出てくる。重役が出先から会社に電話を掛けて、部下に「君、すぐに来てくれないか。実は今、銀座で若い女をひっかけちゃったんだ」と言った。自分の運転する車で人身事故を起こしてあわてているのだ。ところが、そんな事情を知らない部下は、「女をひっかけた」ということばから、また例の女遊びが始まったかと、冗談じゃない、真っ昼間から女ののろけかと、つっけんどんに断ってしまう。たしかに、そういう意味に解されても仕方のない言い方だ。

伊馬鵜平の小説『**失恋たばこ模様**』には、こんなやりとりが出てくる。男が女に接近するきっかけをつくろうと、「あのぼく、どこかであなたにお目にかかったような気がするんですが」と、以前の偶然を話題にしようと試みるが、女から「そりゃそうですわ。さっきここにいらっしゃったんですもの」とかわされ、途方に暮れる。

乾信一郎《いぬい》の『**阿呆宮一千一夜譚**』には、こんないたずらが出ている。小さな男の子が玄関のベルを押そうとしているところを見つけて親切心を起こす場面が出てくる。背が低くて手が届かないのを見かねて、代わりに押してやると、その子は「おじさん、さあ一緒に逃げるんだよ」と言いながら逃げ出した。いたずらの手伝いをしてしまったのだ。

落語の『**代り目**』に、こんなやりとりがある。うどん屋が屋台を引きながら通りを歩いていると、「オイうどん屋」と呼ぶのが聞こえる。客だと喜んで、「へえ、うどん屋は此方《こちら》でございますか」と声のする方に向かって確かめると、「うどん屋はお前だろう」と言われる場面だ。うどん屋をお呼びになったのはこちらのお宅でしょうかと言うつもりで、簡潔に言ったのだが、たしかに、うどん屋は自分だから、相手の理屈も通る。

三宅正太郎編『**爆笑列車**』に出てくるこの例は、さぞやどきりとしたことだろう。男が見知らぬ若い女に挨拶され、きょとんとしていると、「失礼いたしました。子供たちのお父様かと存じましたものですから」と言われて、あっけにとられる。妻とは違う見知らぬ顔だから、そんなことを言われて思い当たる筋もない。実は、呼びかけた彼女は小学校の先生だったのだ。先生が生徒のことを「子供たち」と呼ぶのはごく自然だから、まったくありえない話ではないが、自分の子の父親を見忘れたなどと思うほうも思うほうだ。

5 孫の手――文字どおりに誤解

野内良三『ユーモア大百科』に、こんな行き違いの話が載っている。去年、「どんなふうに感謝の気持ちを表していいか言葉も見つかりません」と書いて礼状を出したら、その相手から、今年は国語辞典をプレゼントしてきたという。「ことばもない」という最大級の感動表現を、先方はことばどおり、語彙が貧弱だと理解して、その補助にと辞書を贈って来たのだろう。これではその辞書、贈った当人のほうが役に立ちそうな感じになる。

織田正吉**『笑いのこころ　ユーモアのセンス』**に、小さな子供だと実生活にありそうな日常生活の例が取り上

⑩ 失　態――失敗談に花が咲く

げてある。区役所の入口に置いてある投書箱に「あなたの声を聞かせてください」と書いてあるのを見て、その箱に顔を近づけて大声を出したらしい。目的を考えずに、文面の意味だけをたどれば、そうとも解釈できることに気づく。

同じ本にこんな例も出てくる。女の子が大急ぎでシュークリームを食べているので、どうしたのかと思ったら、箱に「なるべく早く食べてください」と書いてあるのを鵜呑みにしたらしい。たしかに、その日のうちにとも、一分以内にとも解釈できる文面だ。

柳家金語楼の落語**『兵隊さん』**に、入隊したみずからの体験めいた話が出てくる。山下二等兵らしき新入兵に、上官が「貴様、東京で何をして居《お》った」と訊く。「落語家であります」と答えてもうまく通じないようなので、「噺家《はなしか》であります」と言い換えて、さらに「噺をする商売なのであります」と説明したところ、今度は「誰と話をするんか」と訊かれて、説明に窮する。上官がいじわるをしているわけではない。落語というものを知らない人物にとっては、「話をする」となれば「誰と話す」という問いがごく自然に出てくるのだから、もっ

ともな面もあって、そこがおかしいのだろう。

落語の『**成田小僧**』には、「顔から火が出ますよ」と恥ずかしがるのを見て、「物騒な顔だね、此《こ》の間の火事は、お前さんが火元だね」と応じる例が出てくる。顔面が発火装置をそなえていることを真に受けたり、火事の火元の疑いをかけたりするところまで大げさに言い立てるこの例は、慣用句に関する無知をさらけだしたというよりも、相手をからかっているととるのが自然だろう。

落語の『**道具屋**』に、与太郎が道具屋の店番をしている場面がある。売買の約束を破棄することを商売人の仲間内で「しょうべん」と言うことを覚えたこの与太郎、客に「オイ道具屋、其所《そこ》にある股引《ももひき》を見せて呉《く》れ、幾らだ、安けりゃ買ってやらア」と言われたときに、ここぞと、「お断り申して置きますが、是《こ》れは小便は出来ませんよ」と、得意げにそのことばを使ってみせる。客はそんな隠語を知らないから、それを文字どおりの意味にとって、「小便が出来ねえ股引なら止そう」と帰ってしまう。

流しの歌い手とか流しのタクシーとか流しの蕎麦屋とか、客を求めて街を移動することを、慣用的に「流し」という用語を使って表現する。落語『**石返し**』に、「汁粉を流して歩くんだよ」と、お汁粉の行商を命じられた無知の男が、その「流し」を字義どおりに解釈し、「勿体《もったい》ねえことをするんだな。そんなら飲んじまった方がいいや」と言う例が出る。

五代目**柳家小さん**の演ずる落語『**二人旅**』に、こんなやりとりが出てくる。一人が「柳の木が二本すーっと見えて、行灯《あんどん》がちらちら見えらあ」と言うと、相手は「えっどこに？」と驚き、「柳の木も行灯も見えるが、ちらちらてえのが見えねえ」と理屈をこねる。

やはり落語の『**居酒屋**』の一場面。居酒屋で職人が小僧をからかいながら一杯やっている。小僧はなんとかこの客に酒の肴を注文させせようと、壁に貼ってある品書きを読ませると、その客は最初に書いてある口上書きの「口上」という文字に目を留め、「なんだ、これア、口の上ってのは？」と訊く。小僧が「コウジョウです」と読み方を教えると、客は「口の上ってえから、鼻かなんかこしらえんのかと思って心配しちゃった」と《**文字どおりに誤解**》したふりをして小僧をからかう。

横山エンタツの漫才『**モグリの大将**』にこんなやりとりと

りが出てくる。競馬の話題で、「君は馬が判りますか」と訊く。こういう場面だから、当然、どの馬が速く走れそうか、見ただけで判断がつくかという意味だ。ところが、相手は「馬がわかる」という表現を一般的な基本的意味に解し、相方は動物の中で馬という種類の区別がつかないものと思い込んで、「えっ、君、馬が判らんのか？」と、呆れ果てたように驚く。

同じく**『貞操問答』**という漫才には、こんな行き違いの例が出てくる。一人が「毎月三十円五十円引き出したら、段々なくなって仕舞う」と、自分の貯金の話を出すと、相方はそれを銀行の運用資金という意味にとり、「三十円五十円ぐらい毎月引き出してなくなる銀行てあるはずがないと、いかにも呆れた顔をする。

こんな話も載っている。世間話で、一人が「全くこの頃は枕高く寝てられんね」と安心していられない時代になったというつもりで相槌を求めると、相方はそれを文字どおりの意味に受け取り、「僕の家内は毎晩ね、枕はずして寝てますわ」と頓珍漢《とんちんかん》な応じ方をする。

花菱アチャコがエンタツとのコンビでなく**千歳家今男**と組んだ漫才**『裸一貫』**にも、こんな非常識な受け答えの例が出てくる。今男が「君は心臓が強いな」と、その図々しさに呆れると、アチャコは文字どおり健康の意味にとって、「有難う」と礼を言って、「胃腸も　お蔭で至って丈夫ですよ」と、丈夫なのは心臓だけではないと自慢する。

夢路いとし・喜味こいしの兄弟漫才の**『五問答』**で、こいしが「お銚子一本飲んだわ」と言うと、それを**《文字どおりの意味に誤解》**して驚いたいとしが、「エライもん飲んだんやね。お銚子をどういうふうにして飲むの？」と不思議がるので、今度はこいしがびっくりして、「銚子は飲まれへんがな」と訂正し、銚子の中の酒を飲んだのだと、あたりまえのことをいちいち説明しなければならない。実に手数のかかる相手だが、おかげで漫才になる。

同じコンビの漫才**『ジンギスカン料理』**にも、これと似たような例が出てくる。料理の話題で、こいしが「鍋はうまい」と言うと、いとしが例によって「あんた、鍋食べてんの？」と非常識な反応を示し、「丈夫な歯アしとるねエ」と勝手に感心したあと、「鉄の鍋と土鍋とどっちがおいしいんですか？」という奇想天外な質問を発する。

⑩ 失　態——失敗談に花が咲く

いとこい漫才からもう一つ、『**もしもし鈴木さん**』という噺《はなし》の中に出てくるやりとりを紹介しよう。いとしが、日本には「鈴木」という苗字がいちばん多いという話を持ち出し、その証拠に、この会場の前で「鈴木!」と呼んでみたら三人振り返った、と実例を挙げる。すると、こいしは、三人ぐらいなら大したことはないと、自分の経験を報告する。「梅田新道でな「おーい!」ちゅうたら、皆こっち向きよったからな」と、三人どころではないことを強調し、「やっぱり、大井が多いで」と駄洒落まじりの反論を展開する。

夏目漱石の小説『**二百十日**』にも、こんな小咄《こばなし》じみた例が出てくる。阿蘇山麓の宿屋で、女中に「半熟にするんだ」と言って卵を四つ渡したところ、それが茹で卵と生卵が二つずつという姿になって戻って来たという。たしかにこれも「半熟」と言えないこともないような気がするが、それならなぜ生卵の分まで調理場に運んだのかという深〜い謎が残る。

サトウハチローの小説『**エンコの六**』に、「たまには顔をたてなければ悪いですからね」と言われた人が、「顔を立てる」という慣用句を活性化し、「たてたり横にしたりする顔じゃないね、わしの顔などは」と応じるくだりがある。相手はそれに便乗して「そうですね、まアでんぐりかえっている顔ですね」とからかう場面だ。

前の例はよくある冗談だが、同じハチローの随筆『**失われてゆくもの消えてゆくもの**』には、日常生活の体験らしい例が登場し、時の流れをしみじみと感じさせる。

最近「ちょっとやそっとじゃ、手にはいらないもの」という話題で、こんな実話めいた例が紹介されている。「手持ちの孫の手の先がこわれたので、新しいの一、二本と思って」デパートに行った折、「孫の手はどこに売ってますか」と、売り場を尋ねると、「孫の手」ということばを耳にした店員が、「えッ」「えッ」と三、四度くりかえしたあげく、「ございません」と言ったらしい。

中国の伝説の仙女「麻姑《まこ》」の爪が長く鳥の爪に似ていたらしく、あれで痒いところを掻いてもらったらさぞ気持ちがよかろうと想像したところから出た名称だという。ふつうは「孫の手」と書くから、知らない人は不審に思う。バラバラ事件でも連想したのかもしれない。

そう言えばこの頃、竹や棒の先を指の形に作った「孫の手」という道具をすっかり見かけなくなった。自分の手の届かない背中を掻く時に便利なのだが、ハチローは「このごろの人は背中なんか、かゆくならないのかな」と首をひねる。最近の日本人は手足が長くなって、道具を使わなくても届くようになったのか。ひょっとすると、スマホで専門業者でも呼ぶのか知らん？

6 金曜日の結婚——曲 解

三宅正太郎編『**爆笑列車**』に、こんな話が載っている。ちょうどいいところに来た、この薪を割って頂戴な、今人を頼みに行こうと思っていたところなの、と言われた男、「私が呼びに行って来ましょう」とその役を買って出た。これでもその人の役には立つが、頼まれた仕事ではなく、発言の最後の部分に応じた行動だ。薪割りより楽だと思ったのだろう。これを笑い話と考えず、発言全体から見れば、誤解というより、意図的な《**曲解**》に近い。

金子登の『**ユーモア辞典**』に、こんな話が載っている。男の方がそばにいてくださると安心なのと、女が流し目を使うと、脇にいた好色そうな男も、その女の顔を一目見て、「その通り、あんたは安全だよ」と応じる。「安心」の意味を曲解し、それとは別の意味で「安全」と言ったものらしい。

秋田実の『**笑いの創造**』にも、そんなふうに巧みにかわす例が出てくる。安月給で生活の苦しい社員が、「昨夜、家内とも色々相談したんですが、今いただいてる月給では、どうしても二人が暮して行けませんので…」と、社長に直談判に及んだ。当然、給料を上げてくれという嘆願だとわかりそうなものなのに、社長はその要求をはずし、「それで、わしに別れ話をしてくれというのかい？」ととぼける。社員の訴える問題点は表面上「二人が暮していけない」という点にあるので、今のままの給料でも一人なら暮らせるという理屈になるから、筋はきちんと通っている。

織田正吉の『**笑いのこころ ユーモアのセンス**』には、こんな話が出ている。大阪の地下鉄難波《なんば》駅の自動改札でまごまごしているお婆さんに、駅員が「切符は？」と訊《き》くと、「梅田で入れましたんやけど、まだここへ着いてまへんか」という、思いもかけない返答。器械に対する無知と考えると漫画的だが、駅員の質問を曲解した弁解ととれないこともない。

田辺貞之助『**世界のジョーク・警句集**』に、皮肉屋で知られるバーナード・ショウらしい逸話が紹介されている。「金曜日に結婚すると不幸になるというのは本当でしょうか」と問われ、即座に「もちろんさ」と答えたというのがそれだ。キリスト教のほうで、十三日の金曜日は縁起が悪いとされることに関し、そういう迷信を一笑に付すことを期待した質問だったかもしれないが、この答えはみごとな《**曲解**》にもとづいている。金曜日は特別か否かといった相手のそんな質問意図には一切おかまいなしに、そもそも結婚なんかするから不幸になるのであり、結婚という存在自体が不幸なのだという持説をふまえて、金曜日だけが例外であるはずがないと一般化するのだから。

落語の『**天災**』には、親不孝の乱暴者が登場する。女房に手を出したという話を聞いて、横町の隠居が叱ると、当人は殴ったわけではないと言い逃れようとし、自分が拳固を出すと、かかあがそそっかしく自分からそれにぶつかって来やがった、といった苦しい弁解をくりひろげる。その現場に、「嫁を殴るならわたしをお殴り」と隣から婆《ばばあ》が出て来たという。そこで、「頼まれてみれば、子として親に逆らってはいけねえと、お誂《あつら》えならというんで、ぽかりとやったという。止めに入った母親のことばを《**曲解**》し、「頼まれてみれば」と勝手に解釈するのがおかしい。「お誂えなら」というのも同様だ。

徳川夢声の『**喃扇楽屋譚**《なんせんがくやばなし》』には、《**曲解**》がことば遊びとなる例が出てくる。どこかへ「豪遊に御出かけと白睨《にら》んだんでね」と切り出された男が、そんな豪勢な旅行ではないという意味で「凡そゴーユーのアベコベだからな」と応じると、相手はその「豪遊」という単語の音だけをとらえ、「ゴーユーのアベコベなら、ユーゴーですかな」と茶化す。学のあるところをひけらかしたのかもしれないが、文豪のビクトル・ユーゴーもとんだとばっちりで、「ああ無情」という気分だろう。

サトウハチローの小説『**弾ずむ歌**』に、こんな場面がある。またまた博打でつかまった爺さんに、刑事が、六十九にもなれば「もうやまねえな」と、足を洗う望みがないと言うと、当人は「やまねえなはないでしょう、もう二三年でやむよ」と否定する。そこで刑事は「死ぬからか」と受ける。死んでしまえばたしかに博打に手を出せないが、それをふつう「やまる」とは言わないから、これも《曲解》の上に立った発言だろう。

同じハチローの小説『**エンコの六**』には、さらに駄洒落に近い軽口が現れる。「太い奴だ」と酷評されて「やせぎすの方ですがね」と応じ、「へらず口をたたくな」と言われると「口がへったら、おまんまは食べられない」と茶化す。別の箇所で、しんみりとしているので「いやにセンチだね」とからかわれると、感傷的であることを否定もせず、「センチもミリもありませんよ」とはぐらかすのもそれだ。人の感情はメジャーでは測定できない。

7 泥棒にお辞儀――見間違い

落語の『**子ほめ**』で、少々足りないおなじみの人物が、赤ん坊の生まれた家を訪ねて、その新生児を褒める予定だったが、実際に見てみると、とても褒められたものでなく、つい「顔にしわがあるね、こりゃ。えらい白髪だなあ、こりゃ。染めなくちゃいけねえ」と思ったままを口に出してしまう。変だと思って家の人が部屋に入ってみると、別の方を眺めているので、「ばか、そりゃ、おばあさんが昼寝してるんだ」と呆れる場面だ。

織田正吉の『**笑いのこころ　ユーモアのセンス**』に、こんな失敗談が載っている。「ちかごろの若者の服装、あれは何ですか。前を行くあの男なんか、男なのか女なのか分かりませんな」と通行人に話しかけると、「あれは私の娘なんですが」と言われてびっくり。早速、「失礼しました。まさかあなたがあの娘さんのお父さんだとは思わなかったものですから」と冷や汗を拭いながら弁解すると、なんと先方は「私はあの子の母親です」とまたもや訂正される始末。重ね重ねの失礼、とたんに「あらいやだ、あたし」と女を演じるか？

佐々木味津三の『**大雅堂夫妻**』に、江戸中期の文人画の巨匠、**池大雅**の信じがたい逸話が出てくる。春に浮かれてそぞろ歩いていると、後ろから呼びとめられ、忘れ物を差し出される。どこかで会ったような気もするが思い出せず、「どこぞの御婦人でござりまするか。よう拾うて下さりました。遠いところを忝《かたじけの》うございます」と、妻の顔も見忘れて、こんなふうに他人行儀の挨拶をする情けない夫に、先方はとがめだてすることもなく、素知らぬ顔で「お気に召しましたらむさ苦しいところでム《ござ》りまするが、またお立ち寄りくださりませ」と丁重に挨拶を返したというから、なかなかよくできた妻女だったようだ。大雅堂それでも気がつかず、「ご縁がござらばまた」と言い捨てて立ち去ったというから、とてもこの世の人とは思えない。近年しばしば話題になる認知症などでは(多分)ない。飄逸きわまる文人墨客の最高到達点を示す心温まる逸話である。

夏目漱石の『**吾輩は猫である**』にも、こんな場面が出てくる。夜中に泥棒が入ってからほどなく、刑事がその泥棒を連れて珍野家に検分にやって来た。その折、主人の苦沙弥《くしゃみ》先生が奥から出て来て二人の訪問者を見比べ、「泥棒の方を向いて鄭寧《ていねい》に御辞儀をした」。貧相な刑事より貫禄があったのか、ともかく《**見間違えた**》のだ。泥棒の方も面食らったはずだが、まさか私の方が泥棒ですと名乗るわけにもいかない。

8　ベランメーという病気 ── 聞き違い

ビートたけしは初めて「ガザ地区」ということばを耳にした時に、「足立区」のことかと思ったという。たしかに音も似ているが、音が似ていると気づくのは、そんな聞き違いの体験話を知ってからだから、役に立たない。人間、耳慣れないことばを耳にすると、自分の知っている範囲から、それに似たことばを探し出して当てはめる傾向があるようだ。

だから、「パラグアイ」という南米中央の共和国の名を初めて耳にした日本人が、一瞬「腹具合」を連想するのも無理はない。おそらく「ケンタッキー」は「洗濯機」と似た音に聞こえるし、「軽ワゴン車」から「平和論者」を思い浮かべるのも無理はない。

その際、両者があまりにイメージの違うものだと、その偶然の音の類似がおかしく感じられる。「ゲリラ」と「ゴリラ」、「シェフ」と「主婦」、「出勤」と「失禁」など、もしもうっかり取り違えたりすると、大きな笑いが起こることだろう。

金田一春彦は、「キンダイチサーン」という声が聞こえたので、自分の名を呼ばれたと思ったら、「カレーライス」という声だったという体験談を記している。何かの順番を待っていたのかもしれない。

松山思水の**『笑の爆弾』**にも、こんな例が出てくる。「お邸《やしき》の若様が変な病気にかかった、ベランメーという病気に」と言ったら、「おいおい、ベランメーなんて病気があるものか、メランコリアと言って、気のふさぐ病気だろう」とたしなめられる小咄《こばなし》だ。いくら巻き舌の江戸っ子でもそんな奇妙な病気にかかるはずはなく、「メランコリア」という聞き慣れない音を自分の知っている語彙のうちでまかなって見当をつけたのだろう。

落語にはこの種の《**聞き違い**》の例が多い。**『粗忽《そこつ》の使者』**では、武士が「貴様の姓名は何という」と問うと、職人は「惜しいことをしたね、去年の暮死んでしまった。清兵衛でござんしょう」と頓珍漢《とんちんかん》な受け答えをする。たしかに「姓名」と「清兵衛」は、アクセントも同じ、「メ」と「ベ」の違いはあるが、それも母音は同じ、子音も唇で調音するという共通点があって、文脈を考えなければけっこう紛らわしいのかもしれない。

夢路いとし・喜味こいしの漫才**『病気の原因』**には、病院でのこんな突拍子もないやりとりが出てくる。手術着に身を固めて医者役のこいしが「看護婦」と呼ぶ。「看護師」の今日でも、姓でなく職業名で呼ぶのはちょっと不自然だが、その役割のいとしが「はい」と返事をしたあと、手術の場面だから、医者のこいしは「メス」と、執刀する道具を要求する。ところが、このことばが看護婦に通じず、いとしが「は?」と言うので、こいしが「メス」とくり返す。すると、これを雌雄の別と勘違いしたいとしは、「メスとは何です、先生。女性といって下さい」と、いきなりたって女性蔑視をたしなめる。

サトウハチローの**『ぼくは野球部一年生』**には、ことばではなく物音の聞き違いの例が出てくる。生徒が「まかしとけ」と、げんこつで自分の胸をたたいて自信のほどを示したところ、「その拍子に、何か、折れたような音がした」。先生が「肋骨でも折れたんじゃないか」と心配すると、うっかり「いいえ、内ポケットの板チョコです」と答えてしまい、せっかく忍ばせておいたお菓子が先生にバレてしまう。

9 手も足も五本ずつ――言い誤り

信じられないほどの大変な粗忽者《そこつもの》が主人公の落語『**堀の内**』は、単純な笑いに満ちている。弁当と間違えて枕を持って行ったり、自分の行く先を忘れて通行人に尋ねたり、子供を連れて銭湯に行き、よその子の着物を脱がせたりと、失敗は絶えない。当然、言い間違うことも多く、あわてると、「早くマア薬を呼んで来て呉れ。医者でも呑まなきゃ癒《なお》らねえ」などと、薬と医者をあべこべに言うありさまだ。

田中比左良の『**初産ユウモア**』には、こんな出産シーンが出てくる。産科の医者が、「御安心、手も足も五本ずつ揃ってる、完全完全」と言うのを聞いて、亭主が「手も足も五本ずつあったら化物だ」とびっくり仰天。手も足も、それぞれ指が五本ずつそろって、五体満足に生まれたから「完全完全」と言ったのだろうが、「指が」と言わなければ、たしかに、表面上は、亭主のように手足が五本ずつという意味にも解せる表現である。日常生活にはこの種の不完全な表現が少なくない。たしかに《**言い誤り**》には違いないが、多くは相手が文脈を考え、また常識を働かせて、正しいコミュニケーションが成り立っている。そういう配慮に欠けると、このような誤解につながることもある。

夏目漱石の『**吾輩は猫である**』でも、珍野家の子供たちの《**言い損ない**》が読者の笑いを誘う。「火事で茸が飛んで来たり」と言うので、なぜ「茸」が飛んで来るのかと思うと、「火の粉」を「きのこ」と発音したのだった、という例もある。また、「御茶の味噌の女学校」というのも登場する。小さい子は口がまわらないので、「水」のズの発音がジュとなりやすいが、ここは生活になじみのある「味噌」を連想したものだろう。もちろん、意味するところは現在のお茶の水女子大学の前身である。

10 長塚ぶし――誤　読

辰野九紫の『**ホッペの習作**』に、パリのムーランルージュの話題が登場する。風車がシンボルなので、フラン

10 失　態――失敗談に花が咲く

ス語を知らない人はそれを「風車」のことだと勘違いすることがあるらしい。この作品にも、「風車を二つに切って、ムウランが風、ルウジュが車だろうなんて仏蘭西《フランス》語を御存じなのだから助からない」という解釈が現れる。この「助からない」という形容もおかしい。「どうしようもない」とか「救いようがない」とか「お手上げ」とかと言うのを、もう一歩進めた表現なのだろう。

同じ作品に、森田草平の「輪廻《りんね》」を買い求めるのに書店で「リンカイを下さいな」と言った女学生が、「あら、輪廻《わまわ》しッてんじゃないの？」と言った同級生を低能児扱いする例も出てくる。芥川龍之介を瀧川茶介と覚えていたり、「藤むら詩集を繙《ひもと》いたり、ひと葉さんの「たけくらべ」に涙を流す自己本位の文学談」も披露され、《誤読》の宝庫となっている。

サトウハチローの『**わが師わが友**』にもこんな体験談が紹介してある。「詩の雑誌を開いたら日夏耿之介《こうのすけ》という名があった」が、「耿」という字は何と読むのかわからず、「フケリノスケ――ボクは勝手に、こう読んで、そうだときめてしまった」らしい。「物思いに耽《ふけ》る」の「耽る」は別の字だが、「耿」の字もたしかによく似ている。「樋口一葉」を「オケグチイッパ」、「井伏鱒二」を「イブクタルゾウ」と読む人もあるそうだから、「明らか」とか「光」とかという意味をもつその「耿」を「耽」と混同するぐらいは、まだ優秀の方かもしれない。

高田義一郎の『**常識難**』には、もっとひどい例が出ている。長塚節《たかし》の全集の広告を見た官吏が「長塚ぶしってどんな歌だろう」と同僚に尋ねたという。「安来節《やすきぶし》」「八木節《やぎぶし》」など、民謡に「～節」と名のつくものが多いから、この作家を知らない人が「たかし」でなく「ぶし」と読むのは無理もないかもしれない。

伊藤円定の『**笑話の泉**』には、こんな愉快な話が出てくる。正月に歌詠みが集まったらしく、ある家から、こういう題ではなかなか詠めないという声が聞こえてきたので、どんな題かと思って儒者がのぞいてみると、そこには「子日《ねのひ》」と書いてある。それを見て、「無学の者ばかりじゃ。「子曰《しのたまわく》」くらい読めぬで何んとしよう」と嘆いたという。儒者ならいかにもありそうでおかしい。発音は全然違うが、漢字の形はほとんど区別がつかないほどよく似ている。

外山滋比古の『**ユーモアのレッスン**』という本に、こんな象徴的な話が笑い話として紹介されている。京都の家を訪ねた人が名刺を差し出すと、婦人は、郊外にお住まいですねと言ったらしい。そう言われた東京の人間は、自分が小馬鹿にされた気分で「都心です」と不満そうに否定すると、先方は少しもあわてず、名刺に「東《ひがし》京都《きょうと》」とありますからと言ったらしい。たしかに、「東大阪」「東広島」といった地名は「大阪」「広島」の郊外にある地名とも解釈できないわけではない。

ここも単なる《**誤読**》とすれば単純な笑い話となるが、いくら年寄りでも、今時、「東京都」と読めない人間はめったにいないから、ここはあえて「ひがし京都」と読んで、ひなびた感じに仕立てたと解するほうが自然だろう。ひょっとすると、その奥には、たかだか百年ちょっと首都になっていると思っていい気になるな、こちらは千年近くも都だったのだ、という京都人の誇りが働いたのかもしれない。

とすれば、東京から田舎にやって来たという横柄な態度が腹に据えかねたのだろう。東京何するものぞという京都人の気概を感じる。その都人《みやこびと》は概して「上京」という用語に抵抗があるようだ。早稲田の大学院の中村ゼミの修了生に、和服のよく似合う生粋の京女あり、二年ほど前に、近く先生のお宅を訪ねたいという趣旨の私信が舞い込んだ。先祖代々京の真ん中に住んでいる都人として、まさか「上京」という語は使うまいと思って読んでゆくと、はたしてそこには、「東京入り」と書いてあった。なにやら、赤穂浪士の「江戸入り」を連想させなくもないが、誇りを感じさせることばとして印象に残る。

11　おだてるない ―― 見当違いの応答

横山エンタツ・花菱アチャコの漫才のうちでも有名な『**早慶戦**』に、こんなやりとりが出てくる。アチャコが「文字通り天下の早慶戦でしたネ。今思出しても血湧き肉躍る感がしますわ」と話題を振ると、エンタツはいかにも同感というそぶりを見せながら、「しかし、あれ、相手はどこでしたいな」と尋ねる。アチャコは「えッ、相手？　早慶戦のことをはなしてるんですがな」と呆れる。するとエンタツは「早慶戦は分ってますけど、その相手です相手ですがな。つまりね、早慶対どこそことか」と、とんでもないことを言い出す。早稲田と慶応を合わせて「早慶」と呼ぶということも知らずに、それを「早慶」という一つのチームと誤解し、その相手チームを尋ねたのだ。これこそ「早計」というもの。

その先にもこんなやりとりがある。わからずに調子を合わせていると察したアチャコが念のため「その時の慶応のバッテリーは誰でした？」と試そうとすると、エンタツはその手に乗らず、「大したもんでしたな。実際に驚いたよ」とごまかす。アチャコが「いえ、そんなこと違うがな。慶応のバッテリーは？」とくり返すと、エンタツは「有難う」とそらとぼける。**《見当違いの応答》**である。

乾信一郎《いぬい》の**『阿呆宮一千一夜譚』**には、こんなシーンが出てくる。バスの中でぐっすり眠っている客の肩を、女車掌がモシモシと叩くと、その男が目を覚まし、「おい今何時だ？」と車掌に訊いたという。どうやら毎朝細君から叩き起こされている勤め人らしく、ついいつもの癖が出たのだろう。

宇野信夫の**『おぼえ帖から』**に、ある噺家《はなしか》から「認識不足」とはどういう意味かと質問された経験が紹介されている。簡単に言えば、ものがわかっていないという意味だと説明すると、相手は「そうでしょう。不足という言葉が入っているから、どうせいいことじゃアないとは思っていました」と言ったらしい。その噺家、どうやら、ある贔屓《ひいき》から「どうも君は認識不足だ」と言われたらしい。その説明を聞いて、「そう言う人の方がよっぽど認識不足だ」と憤慨したという。以後の高座で、それを落語のマクラに利用し、「君はどうも認識不足だね」「ナニ、それほどじゃアありません」とやると、観客は笑ったらしい。別の席で、「君はどうも認識不足だね」「おだてるない」とやると、さらに笑いが多かったという。どちらも「認識不足」といった意味ありげでよくわからない用語に、ささやかな抵抗を示したところが受けたのかもしれない。

10 **失 態——失敗談に花が咲く**

12 ひねもす談義——異分析

夏目漱石の**『坊っちゃん』**にある例のバッタ事件で、こんな応酬がある。生徒が「そりゃ、イナゴぞな、もし」と、バッタではなくイナゴだという意味を方言で口答えすると、やりこめられてたまるものかと先生の坊っちゃんは、そのことばじりをとらえて、「なもした何だ」とイチャモンをつけ、「菜飯《なめし》は田楽の時より外に食うもんじゃない」と、「な、もし」といくらか音は似ていても、意味の上で何の関係もない「菜飯」を持ち出して、無理やり言いこめようとする。この無理を通すところに坊っちゃんの人柄が表れ、それも笑わせる。

また、「マドンナだろうが、小旦那《こだんな》だろうが」と啖呵《たんか》を切る場面でも、「聖母」または「わが淑女」の意の「マドンナ」というイタリア語を、「マ」と「ドンナ」に分けて、後者に類音の「旦那」を通わせたことば遊びである。昔、米国の大学で日本語を教えた際に、「ドンナ・サガミ」という日系女性の秘書をたわむれに「相模の旦那」と呼んで親しんだのは、その応用だ。

このように、ひと続きのことばを勝手に分割して、そこに本来存在しない意味をあてはめることを《**異分析**》と称することがある。意図的なものだけでなく、無知から思いがけない意味をつくりだす結果になることもあり、いずれにしても笑いを招きやすい。

サトウハチローの『**露地裏善根帳**』には、やたらに英語を使う日本人の「おおワンダフル」という発音を聞いて、「ハンダが古くて、どこかがこわれたのかと思った」という人が登場し、火を「ファイヤー」と言われて、「ファイヤーお立合い」と茶化したりする。

ハチローの小説『**恨めしき新春**』にも、「チクワなどの穴のあいたものを食ってはいかん、ははア、察するところ貴公は、アナアキストだな」と、おでん屋で無政府主義者にされる例が現れる。

六代目**三遊亭円生**の落語の『**垂乳根**《たらちね》』には、嫁入りの際の「輿《こし》入れ」という語を「腰入れ」と誤解し、「腰入れなんて言わないでサ、体ごとそっくりおくれ」と、的外れなことを言って呆れられるくだりが出てくる。五代目**柳家小さん**の落語『**浮世根問**』には、もっと複雑で苦しい例が現れる。職人がやって来て、「外務省へ勤めていますがネ、この人は本を焼いて儲けてますよ」と妙なことを言い出したから、隠居には何のことやらわからず、「本を焼いて?」と確かめると、「ええ、どんどん焼くんですね。もう外国の方の本でも何でも、焼いちゃうんですから」と言うので、「それ、おまえ、翻訳と違うのか」と呆れる場面だ。「翻訳」を耳で聞いて「本」「焼く」と誤解した極端な《**異分析**》の例である。

内海突破・並木一路の漫才『**俳句問答**』では、こんな珍妙なやりとりが展開される。「春の海」ではなく「秋の海」という大相撲の四股名《しこな》みたいな初五を持ち出し、それに「ひねもすのたりのたりかな」と蕪村と同じ七、五をくっつけたパロディー俳句を披露し、「秋の海べに僕が立ってたら何処《どこ》からともなく一羽のひねもすが飛んで来て、波の上へおもむろにのたりした」と、みずからその解説を始める。相方が「一体そのひねもすって何だい?」と尋ねると、「もすのひねた奴だよ」と説明し、その珍しい鳥が、「波の上でのたりしたら気分がよかったので、もう一度のたっちゃったんだね」と、珍妙な解説を完了する。朝から晩まで一日中という意味の「ひねもす」を、「もす」の「ひね」たものと分析した例である。「百舌《もず》」という鳥の連想も働いたかもしれない。

ぐっと新しいところで、**井山弘幸**の『**笑いの方程式**』で取り上げている《**異分析**》の傑作を紹介しよう。「ジンジャーエール」を「神社エール」、「鰹節」を「カツオ武士」と解釈したり、「茹で卵」を「茹でた孫」かと心配

⑩失　態――失敗談に花が咲く

したりする例が並んでいる。中には、「パン作ったり」と言われて、「えーっ? パンツ食べてるの」と驚くのもある。こういうのはいかにも笑いネタらしいわざとらしさが鼻につくが、この本の著者の体験談には笑ってしまう。通勤に使うバスの路線に「新大中門」という停留所があるらしい。勤務先の新潟大学を「新大」と略したものと思われるが、車内アナウンスで聞くと、「死んだ田舎もん」と聞こえるらしい。

13 見合い見物――本末転倒

『**笑話宝玉集**』に、妻が、ぐっすり眠っている夫を起こして、「催眠薬を飲む時間です」と知らせる笑い話が載っている。習慣にふりまわされているのだろうが、これでは何のために入眠剤を飲むのかわからなくなってしまう。

野内良三の『**ジョーク・ユーモア・エスプリ大辞典**』にも、何のために雇っているのかわからない従業員が登場する。秘書室で電話中の秘書が、「この電話いったん

切るわね、昼休みになったから。また仕事が始まったらすぐ電話するから」と言っている。たまたまその声を耳に入れた社長、時間厳守の執務態度に感心している場合ではない。貴重な休み時間は好きなことをして過ごし、私用の電話はすべて勤務時間を利用するという徹底した合理主義者でみごとなものだが、本末転倒も甚だしく、これでは会社側は何に対して給料を払っているのかわからなくなってしまう。

金子登の『**ユーモア辞典**』には、いつ事故を起こしてもおかしくないタクシーの話が出てくる。客を乗せて走り出したまではいいが、後部座席の二人が猛烈なラブシーンを演じているのがミラーに映って、運転手はそれが気になってハンドル操作もおろそか。とうとう「お客さん、やめてください」と叫び、「バックミラーから目がはなせないので、車がどこを走っているやら、危なくて」とその理由を説明する。そんなことに気を取られることこそ《**本末転倒**》なのだが、好意的に解釈すれば、前方に注意して運転しながら、時おり後方に注意を払うと、いやでも刺激的な姿が目に入るのだろう。

小泉保の『**ジョークとレトリックの語用論**』には、フロイト関連の話題で、こんな話が載っている。ある酒好きの先生が私塾を開いたが、その酒癖がばれて、生徒が減ってしまう。酒をやめればいい授業ができるのにと注意すると、当人は「酒を飲むために授業をやっているんで、授業をやるために酒をやめられるかい」と問題にしない。信念がそこまで固ければ、案外これは《**本末転倒**》ではないのかもしれない。

こんな江戸小咄《こばなし》はどうだろう。酒に酔ったおやじがいい気分で小唄を歌いながら帰途に就く。そのまま自分の家の前を通り過ぎようとするので、息子が注意すると、ここで家に入ると「小唄が余る」と言う、そんな話である。家の前で唄いきってから扉を開けてもいいし、唄いながら家の中に入ってもいいのだから、この行動は異様だ。だが、帰宅するよりも最後の文句まで唄いきることを優先しているのなら、《**本末転倒**》に相当するかは微妙なところだろう。

落語の『**一等当籤**《とうせん》』に出てくるこの例はどうか知らん？ 洋食は何でもいいから、ともかく女給さんの綺麗なのがいるところへ行く。これでは「食べに行くのか見に行くのか判らない」とあるが、レストランだから料理が第一とは限らず、その人、その時の目的次第で違ってくるものの、常識的には《**本末転倒**》と映るにちがいない。

やはり落語の『**富八**』に、こんなシーンが出てくる。「首でも縊《くく》るか身を投げるか、どっちが楽だろうな」と考える横着者の自殺志願者が、「この寒空に身を投げたら風邪を引くだろうし、首を縊れば息が止まる」と躊躇する場面だ。このうち、少なくとも、「風邪を引く」の部分は、死んでしまえば風邪を引くも何もないから、まさに《**本末転倒**》のせりふだ。自殺する人間が「息が止まる」ことを恐れる矛盾感がなおおかしい。

上方柳次・柳太の漫才『**僕の泥棒対策**』に、こんなやりとりが出てくる。「泥棒に入られた」と言うから、「何盗《と》られた?」と訊くと、「ハンガー」だという返答。それなら大した被害ではないと思うと、相手は、それに「モーニングがかかっとった、君に借りたやつ」と説明する。被害届を「ハンガー」から始めるのはいかにも漫才らしい運びだ。盗まれたのが自分の所有にかかるモーニングと知って、あわてて「返してくれ」と叫ぶが、これはもう遅い。

それに対する相手の言い分がふるっている。「直接盗られた僕があきらめてるねんで。それにはたからやいやい言うことないやろ」と、わかったようなわからないような理屈をこねるのだ。盗まれたのがその相手から借りた衣装であっても、ともかく直接盗まれたのは自分だから、自分こそ被害者であるという主張である。本質的には本末転倒なのだが、形式的にはもっともな部分もあって、その不思議なもっともらしさが笑いを誘う。

北村小松の小説『**街頭連絡**』に、動機不純の見合いの話が出てくる。今度の相手は「ちらっと写真見たんだけど、やに気どってる男だから、本物見てやりたくなったの」と、見物がてら見合いの席に出るのを楽しみにしている娘の話だ。本末転倒のこの見合いは遊戯化している。本来なら男のほうはたまったものではないはずだが、こうなると、男の側もはたしてどんな気持ちで臨んでいるのか、少しは疑ってみる必要がありそうだ。

辰野九紫『**予約千万長者**』に、こんな話がある。「浴衣の一枚も買ってやろうか」と言うと、遠慮がちに「九月にでもなったら」と季節はずれのことを言う。その頃になれば、「季節脱れで、大分お安くなるでしょう」と経済的な配慮を示すのだが、浴衣の立場に立てば《**本末転倒**》もいいとこだ。

サトウハチローの随筆『**わが師わが友**』に、知人の家の立派な犬小屋の話が出てくる。その家の新築祝いでご馳走になって、ちょっとトイレを拝借しようとしたら、うっかり便所をつけるのを忘れたことに気づき、二人であわてて穴を掘って間に合わせたというから、落語じみている。とはいうものの、建築費四百五十円で家を建てたのだからすごい。その人がのちに犬屋を始めることになり、「一千二百円を投じて、犬小屋をつくった」という。いささか《**本末転倒**》という感じがあるが、ハチローは「わが家は四百五十円、犬小屋は一千二百円、なんとなく愉快だ」と書いている。雨が降ると、雨漏りのするわが家を出て、その立派な犬小屋で本を読むというから、当人としても満足なのだろう。

14 離婚ゼロの妙案――そういう問題ではない

昔、噺家《はなしか》たちの大喜利《おおぎり》か何かで、「餅はなぜカビるか？」というお題が出たらしい。水分があるから細菌がどうのこうのといった説明を、頓智《とんち》を聞かせて答えさせようという趣向だったのだろう。先代の林家正蔵のちの彦六は、そのひねった問いにまともに応じ、「早く食わないから」と正面から答えたという。まさに意表をついており、質問の意図にはまったく答えていないから本来は《**そういう問題ではない**》と文句を言ってもいいのだ。が、これはこれで非の打ちどころのない正解である。変に妥協しないところがおかしい。迷答だけに、のちに別の落語家が時折この二番煎じを披露する。

馬場峯月編『**ゆうもあ物語**』にも、こんな外連《けれん》みのない話が出てくる。「日本に二人とないうつけ者だ」と最大級の低い評価を受けた当人が、「日本も広うございますから、よくお尋ねになったら、もう一人ぐらいは、あるかも知れませぬ」と、それを受け入れなかったという。これも、《**そういう問題ではない**》という気がするが、やはりおかしい。

野内良三の『**ユーモア大百科**』には、その殺人的な妙案が出てくる。患者が医者に「いまマンションの十二階から飛び降りたいんです。この激しい誘惑をどうしても抑えることができません。どうしたらいいでしょうか」と、緊急の対処法を尋ねたところ、少しもあわてず、

「いますぐ飛び降りることです」と平然と指示したという。そうすれば問題はたしかに解決するから、質問にはきちんと答えている。だが、その患者の質問意図にはまったく答えていない。まさに、**《そういう問題ではない》**のである。

上野行良の『**ユーモアの心理学**』に出場する医者の応対も的はずれだ。母親が「赤ん坊が万年筆を飲み込んでしまったんです」と大至急往診してくれるように頼むと、医者は「すぐ行きます」と答えたまではよかったが、「それまで鉛筆で間に合わせて下さい」と見当違いの一言を添えるので、赤ん坊の命を救うのか、筆記具の問題を解決しようとしているのかわからなくなってしまう。

金子登の『**ユーモア辞典**』にも、そういう物騒な医者が登場する。幼児が針を飲み込んで母親があわてて近所の医院に飛んで行くと、医者は「御心配は要りません」と言って安心させたあと、「要らない針がありますから」とよけいな一言を付け加える。これでは、何が問題なのかわからない。

⑩ 失　態——失敗談に花が咲く

同じく笑い話とはいっても、同じ本に出てくる次の話には、もう少し深みがある。「いったい貴様は、どうしてこんなところにいるんだ!」と叱られた人物が、「人間って、どこかしらにいなくちゃならないんだぜ!」とことばを返したというのだ。人間でも犬でも蟻でも、それはそのとおりで、この主張はまったく正しい。その点では目から鱗の落ちる思いがするが、これは会社の出張から予定より一日早く帰宅してみたら、妻が知らない若者とねんごろになっている現場を発見した場面なのだ。

関楠生編著『**ドイツ・ジョーク集**』に、こんな笑い話が載っている。レストランで、客が「ワインの中に蠅が泳いでるじゃないか」と注意すると、ボーイは平然と、「そんな小さい蠅じゃ、たいして飲めませんよ」と答えたという。これもボーイの言うことは論理的に間違えているわけではない。が、客はワインの減った量を問題にしているのではなく、衛生上の苦情を寄せているのだ。

三宅正太郎編『**爆笑列車**』にも、似たような笑い話が出てくる。やはりレストランの客が、「慌て者のボーイが、肩からビッショリ紅茶をこぼしたんだ」と、濡れた上着を指さしながら説明すると、ボーイ長は「このお客様に紅茶をなみなみついで、大至急持って来給え」と、見当違いの応対に及んだという。肝腎のお詫びもなければ、洗濯代を弁償する話もなく、紅茶の減った分の埋め合わせを指示しただけだ。

横山エンタツ・花菱アチャコの漫才『僕の家庭』では、こんなやりとりが続く。エンタツの今度引っ越した先が、同じような平屋が五十戸ばかり並んでいる、その「中央」だと説明すると、五十軒もあるのにただ中央部と聞いただけでは、訪ねた折に探し当たらないと思い、アチャコが「中央と云いますと」と、もう少し詳しい説明を求める。するとエンタツは相手が「中央」という語の意味がわからないと勘違いし、「まんなかです」と換言する。こけにされた気分で、ともかく「何か目じるしがないか」と質問を変える。

すると、エンタツは「どんなもんがお気に召しますかナ」と相手の注文を聞く。本来は目じるしに注文も何もないのだが、アチャコはともかく「附近にポストがあるとか」と一つの例を出す。するとエンタツは相手の注文に応じようと、「ポストはネ、終点をおりてネ、海岸の方に四丁…」と、そのありかを説明する。この場合は訪ねる家の目じるしとして郵便ポストという例を出しただけだから、話の筋から完全に外れており、アチャコも「コラ待て、僕は葉書入れにゆくのと違う」と言ってオチになる。

横山エンタツの漫才の台本ではなく、散文作品『**あきれた連中**』に、こんな典型的なボケのやりとりが出てくる。「阿呆な野郎だ！」と言われた男が、「阿呆とは何だ！」といきりたつ。すると相手は「馬鹿のことさ」と、「阿呆」という語の意味を説明するつもりで「馬鹿」という同義語を示す。実際には、説明するというより、相手をばかにしてからかうせりふなのだろう。ここまでは世の中によくある運びかもしれない。ところが、ここでは、いきりたったはずの男が、それを聞いて「成程《なるほど》。それを知らんもんだから」と納得するのだから、読者は《**そういう問題ではない**》と脱力感に襲われる。

秋田実の『**笑いの創造**』にこんな例が出る。細君が「あなた、二度目のお産からは、段々楽になるんですって」と言うと、亭主は「その代り、俺が段々苦しくなる」と応じる。ここも問題がすり替えられているが、事実はそのとおりだろうから、ちょっと気の利いた受け答えだとも言えそうだ。

『食うか食われるか』という漫才で、**東けんじ**が「中年過ぎて肥りだすと、バンドの穴一つふえるごとに、一年寿命がちぢまるっていうぞ」と、肥満と健康との関連を話題に出すと、相方の**宮城けんじ**は「だから僕はベルトをやめてズボン吊りにしてるんだ」と、わけのわからない自らの対策を自慢げに語る。この場合の「ベルトの穴」というのは肥満の程度をわかりやすく自覚させるための例にすぎず、肥満そのものは「ズボン吊り」にしても何ら変わらない。**《そういう問題ではない》**という笑いを誘う。

形式的なもっともらしさがうまく働いている点も効果的だろう。だが、ひょっとすると、ズボン吊りにすれば、ベルトの穴の位置をいちいち気にする必要がなく、肥満が気にならないぶん精神的に楽になってまるまると長生きしそうな雰囲気も感じられないでもない。

サトウハチローの**『結婚の話』**に、「結婚するから離婚があるんじゃねえか、結婚しなけりゃ離婚なんて、妙なものは起こらねえわけだ」という、論理的にまったく正しいせりふが出てくる。離婚が多いという社会現象を憂えて、その問題を何とか少しでも解決しようという論点だろうから、あくまで結婚することを前提とした話題であるはずだ。結婚そのものを否定してしまえば、たしかに離婚はゼロになるが、問題は一向に解決しないから、ほとんど落語じみている。

ほんものの落語の世界では、こんな理屈がまかり通る。皮肉な現象を詠んだ「通り抜け無用で通り抜けが知れ」という有名な川柳がある。家と家との間の狭い路地を、近道しようとする人間がやたらに通るので、住人が落ち着かず、「通り抜け無用」と書いた札を出したら、通り抜けられることが広く知られてしまい、そこを通り抜ける人間の数が逆に増えて、思わぬ結果を招いたという皮肉な現象を伝えた句である。

その問題を根本的に解決する名案を考え出した長屋の連中の乱暴な提案がおかしい。長屋があるから路地がある、ここまでは否定できない事実だ。その正しい前提から、だから、長屋をこわしてしまえば、路地を通られて迷惑することはなくなるという、これまた論理的に非の打ちどころのない議論へと展開する。長屋を失った住人の多大な迷惑という一点を無視すれば、これはまさに理想的な解決策だろう。これが落語の世界である。

⑩ 失　態——失敗談に花が咲く

15 どうして何となく――愚問

野内良三の『**ユーモア大百科**』に、小学校の算数の授業風景が描かれる。先生がこんな引き算の問題を出した。「三羽のツグミが木の枝に留まって」いるところに、「ハンターがやって来て、一羽を打ち殺した」ら、木の枝には何羽残っているかと生徒に尋ねる。一人が「ゼロ」と答えたので、おまえは引き算というものがまるでわかっていないと先生が呆れると、その子は、先生こそ鳥のことがまるでわかっていないと言い返した。よほど耳の遠い鳥でない限り、銃声を聞いたとたん、皆一斉に飛び立つから、木の枝には一羽も残っていない。それが現実だから、これは子供の答えの方が理にかなっている。つまり、算数の問題の状況設定が現実離れをしており、期待している「二羽」という正解は机上の空論だということになる。《**愚問**》と言わざるを得ない。

小泉保の『**ジョークとレトリックの語用論**』には、ラスキンがらみでこんな例が出ている。母親からはぐれてしまった五歳の子が泣きながら「僕ぐらいの男の子を連れていない女の人を見かけなかった？」と尋ねながら親を捜しまわったという。連れていた子供がはぐれてしまえば、たしかにその母親は「男の子を連れていない」状態で歩いているのは事実だが、最初から子連れでない大部分の婦人と見かけは差がない。つまり、「男の子を連れている女の人」と違って、「連れていない」というのでは目じるしにならないのだ。ここは「何かを探しているようにうろうろしている」とでも条件をつけないと、役に立たない質問なのである。

夢路いとし・喜味こいしの漫才では、もっと単純な愚問が飛び出す。ジンギスカン料理の話題で、いとしが羊の戒名は「ジンギスカン」というのは羊の戒名かと尋ね、こいしが「マトン」か「ラム」だと応じる珍妙なやりとりのあと、店屋に行かずに自分の家で料理する手順を、こいしが説明しながら、「油が飛んで畳が汚れたらイカンから」新聞紙を敷くわけや、と言うと、いとしが「何新聞がよろしいねん？」と妙なことを訊く。読むのであれば日経とか毎日とか朝日とかそれぞれの好みがあろうが、ここは汚れ防止のために敷くのだから、読めない外国語の朝鮮日報でもフィガロ紙でもかまわない。まさに《**愚問**》だ。

徳川夢声の『**喃扇楽屋譚**《なんせんがくやばなし》』には、一見もっともらしい愚問が現れる。夜更けに楽器を鳴らして通報され、警察官に訊問される場面だ。「なぜ、あんな夜更けにヴァイオリンを弾く気になったのか？」とか、「どういう量見か？」とかと訊かれても、動機をうまく説明できず、「われながら、その理由がありません」と答えると、相手は「何となく弾きたくなった、というのか」と念を押す。「はア」と認め、これでようやく訊問が終わったと思い、ほっとしたら、先方はそれでも納得せず、「何《ど》うして、何んとなく弾きたくなったのか？」と食い下がる。特別の理由が思い当たらないから「何となく」と表現するのであり、その「何となく」の理由を尋ねるこの問いは、論理的に成り立たない。作者はここで「愚問」という用語を慎重に避けて、「警部補殿、恐ろしく頭脳《あたま》の良い質問をしたので、雨森君、目を白黒」という皮肉な筆致にとどめている。

16　本人が首を縊《くく》っちゃあ――よけいな一言

三宅正太郎編『**爆笑列車**』に、こんな笑い話が載っている。近くに立っている人のことを話題にしようと、連れの女性に「あの、少しおかしな顔をした女の人です」と話しかけると、「わたしの妹よ」という返事が返ってきた。思ってもみない事実にすっかり取り乱し、「御免なさい」と謝ったまではよかったが、うっかり「似ていることに気がつかなかったものですから」と、言いわけのつもりでよけいなことまで付け加えてしまい、互いの関係が修復困難になる。姉妹となれば似ていることに不思議はないが、「おかしな顔」と評したその顔と「似ている」と明言したことになるからだ。こんなふうに、不注意に口走った《**よけいな一言**》が命取りとなることもある。

落語の『**長屋の花見**』では、そのよけいな一言が違法性を帯びる例がある。店子《たなこ》が、この長屋は「どこの家もみんな戸がない、腐ったから燃しちまった」と、大家の前で白状する。相手が「不用心じゃないか」と呆れると、「そりゃア大丈夫で、わっちたちの長屋には泥棒が入ったことがねえんで」と、これまでそういう被害が出たことはないと言って、心配御無用と相手を安心させる。おそらく、どこの家も、泥棒に持って行かれるような財産はないという意味だったのだろう。ところが、そのあと、「こっちから出たことはあるが」とよけいな一言を添えてしまう。泥棒が「入った」ことはないが、「出た」ことならある、という意味だから、長屋に泥棒が住んでいることになり、大家は安心するどころの騒ぎでなく、かえって頭痛の種が増えてしまう。

《よけいな一言》が、それまでの関係をぶちこわしてしまう例も多い。漫才で、**柳家雪江**が芝居がかったせりふで「雛菊《ひなぎく》と申します」と言うと、相方の**林田十郎**が「よい名じゃのう」とそれに合わせ、雪江が「あい」といい気分になったとたん、十郎はもう一言「顔の割には」と添えて、せっかくの雰囲気を台無しにする。

横山やすし・西川きよしの漫才には、もうちょっと手の込んだ例が出てくる。やすしが「飲むだけ飲んで」と言うので、例によって店の勘定も払わずにとぴんと来たきよしが、「逃げたんかい」と先走って言う。すると、やすしは「逃げるか。金を払うねんやないか、失礼な」と珍しく殊勝なことを言う。これはまずかったと、きよしが「性格的に、逃げたんかと思うたんや」と弁明すると、やすしは「友だちの店はそういうことせえへん」と、ぽろりと一言。つまり、その店を飲み倒すようなことはしないと言って話を打ち切ればまるくおさまるのだが、「友だちの店は」と、**《よけいな一言》**を添えたばかりに、他の店は勘定を踏み倒していることを認めたことになってしまう。

夢路いとし・喜味こいしの漫才『**病気の原因**』で、いとしが「うちの嫁はんが君とこの子なんかに、なんでお金をやらんならん理由あるねん」と言った後、「亭主の僕にもろくにくれんのに」と続けるのも、それに近いだろう。

夏目漱石の『**吾輩は猫である**』にもこんな例が出てくる。金田家の婿にはぜひとも博士号がほしいと思っている金田夫人が、その候補にされた寒月について博士になれるかと尋ねる。研究テーマが「首縊りの力学なら成れないとも限らんです」と、苦沙弥《くしゃみ》先生はいかにも有望なように言いながら、「本人が首を縊っちゃあ」むずかしいがなどと、言わずもがなの文句を差し挟むのは、人を売り込むというより相手をからかう言い方であり、まさに《**よけいな一言**》だろう。

サトウハチローの小説『**長屋のバッテリー**』に、「お染ちゃんをいただきたいのです」と友達の代わりに打診すると、酒好きの父親に「その男は酒を呑むかね」と質問され、「その男は呑みませんが、その男の友人は呑みます」と返答する場面がある。ここは話を有利に進めようと、単に「呑みません」ではあまりに愛想がないので、少し色をつけたのだろう。話の流れとしては不要な発言でも、友人のためだから一概に責められない。とはいえ、話題の人間以外の情報まで追加する苦しまぎれの答弁が笑いを誘う。しかも「その男の友人」というのが、ほかならぬ自分のことらしい。

同じく小説『**青春五人男**』にはこんなシーンがある。「鏡の前へ来る度に、ちらりと鏡をみる」男について、「女にきらわれるのは、己《うぬ》が男ぶりのせいだと思っているのかも知れない」と推測し、「そう思っているところに、この男のとんでもないあやまりがあるのだ」と書き、作者はそこに「勿論《もちろん》、男ぶりもよくないが」と註を添えている

やはりハチローの長編随筆『**僕の東京地図**』にも、こんな例が出る。「きよし」という寄席のそばに、「珍友金語楼が、あの顔で住んでいた」とある。どの顔だろうと金語楼としては選択の余地がないから、大きなお世話というものだろう。ほかにも、天野屋利兵衛は「男でござると、フンドシを」と書いた直後に「洗濯はしてあったろう」とよけいな註をほどこしたり、「なくなると言われて、なかなかなくならない吉原」と書いた直後に「ああ、これが、お小遣いだといいな」と関係のない話題に発展したりする例もある。

17 熟慮していたら――やぶへび

野内良三『**ユーモア大百科**』にこんな笑い話が出てくる。社員が自分の給料は仕事ぶりに見合っていないと、社長に強く抗議すると、社長もそのとおりだと同感の意を表明し、だが、見合っていたら君はどうやって食っていくつもりだ、と問い返すから、とんだ《**やぶへび**》になってしまう。

『滑稽諧謔教訓集』にもこんな残酷な話が出る。妻が、果断な点は男らしくて頼もしいが、いささか熟慮が足りないと夫を非難すると、夫は、それで十年前に大失敗したんだと素直に認める形で反撃する。それが「お前との結婚」だというのだからとんだ**《やぶへび》**で、妻も軽率の仲間入り。

18 左が胃で、右が肺——無知

馬場峯月編**『ゆうもあ物語』**にこんな笑い話が出ている。「きのう」のことを「きんにょう」と言うのを聞きとがめて、「あれを丁寧に云うには昨日《さくじつ》」と指導したまではよかったが、さらに「もっと丁寧に云うときは一昨日」と続けてしまい、勇み足。「やのあさって」という語は、地方によって「しあさって」を指したり、その次の日を指したりするようだが、「昨日」と「一昨日」とは日本中どこでも別々の日をさす。

金子登の**『ユーモア辞典』**には、ジェット旅客機の乗客が、あまり速く飛ばないように注文をつける笑い話が載っている。「音速以上で飛ばれると、相手の声が耳に届かなくて、ゆっくりお話しできない」からだという。自分たちも機内にいてともに飛んでいることを忘れているらしい。

野内良三の**『ユーモア大百科』**に、患者が精神科医に二重人格にしてくれと頼む話が載っている。そうなれば、少なくとも一人、自分の話し相手ができるからという。**《無知》**もここまで来れば立派なものだが、どことなく筋が通るのがおかしい。

落語の**『お産目出度《めでた》や』**にも、落語らしい人間が登場する。女房から子供が出来たと聞かされた亭主、「何だって、子供が出来た？ そうか、それは結構だ」と言ったあと、「何処《どこ》へ出来た」と的外れの応答をするので、女房が呆れて「何処へったってお腹へ出来たのさ」と当然のことを言うと、今度は「俺の腹に覚えはねえが」と、自分の腹だと思うから、手数がかかる。

横山エンタツの漫才**『耳の耳』**にも、こんな頓珍漢《とんちんかん》なやりとりが出てくる。一人が「中耳炎でね」と悩みをぶちあけると、相方は「浣腸したらどうですか？」と見当外れのことを言う。「通じへんのなら」と補足説明が続くのだが、同じ「通じない」でも、話し声と大便とではまるで違う。

内海突破・並木一路の漫才『**吾は海の子**』にも、そういう《無知》な人間が登場する。「血液型は何型?」という質問に相方が「僕はO型だよ」と答えると、「ああ、やっぱりね」と見かけどおりだという顔をする。その相手が大柄なので「大型」と勘違いしたらしく、「で君は?」と訊かれると、「僕は小型です」と答える。

三遊亭柳枝・文の家久月の漫才『**姓名学**』には、こんなやりとりが現れる。「うどんというあの長いものを木の蔓やと思うたら、当てが違う」と言うので、「ほな木の根か?」と的外れのことを言うと、相方は「まず擂鉢《すりばち》にうどん粉を入れて」と、うどんの製法を説明しかかる。すると、「私はまた、うどんを摺りつぶしたのが、うどん粉やと思うてた」と呑気な受け答えをするので、先方はこれは駄目だと呆れて、「精々、長生きしいや」と優しくいたわる。

柳家金語楼の随筆集『**あまたれ人生**』には、さまざまなスポーツ音痴の例が並んでいる。一塁とファーストと同じものとは知らず、ゴロを捕ったらすぐにベースを踏

⑩ 失　態——失敗談に花が咲く

めと教えられ、ホームまで走って行った人。かつては「籠球《ろうきゅう》」と称したバスケットボールというものを初めて見た人が、「ああ誰か底を縫ってやればいいのに」と率直なアドバイスを寄せた人。庭球すなわちテニスを観戦していたご婦人は、「なんて意地の悪い打ち方をするんでしょう」と、選手の性格をなじったという。この気持ちはわからないでもない。また、サッカーの試合を見ていた人が、これは何というスポーツですかと問うと、それまで拍手をしていた隣の観客が「さア何か争っているらしいですな」と応じたという正直な人間も登場する。こちらはほとんど感動ものだ。

夏目漱石の『**吾輩は猫である**』でも、かなり極端に知識の乏しい庶民が現れて、話を盛り上げる。一人が胸のあたりをなでながら「こゝが痛んでいけねえ」と心配そうに言うと、脇の人間が「そりゃ胃さ」と見当外れのことを教える。そこで、「だって此《この》左の方だぜ」と念を押すと、「左が胃で、右が肺だ」と人体の講義を始めるのだから、長寿の相がある。

サトウハチローの『**あべこべ物語**』にこんなやりとり

がある。英語でどう言うかを質問する手始めに「太陽は？」と訊くと、即座に「サン」と答える。質問者はそれでは物足りないと見えて、「ただ、サンですか」と念を押す。これは定冠詞の「ザ」か何かが付くのではないか、といった高級な質問ではない。「なんとかサンというのじゃないのですか」と続けるところから、「様」から転じた「お月さん」などの「さん」を念頭に置いていることが判明する。あくまで日本語の発想から出られないのがおかしい。

同じ作者の随筆**『野球さまざま譚』**では、久米正雄のつくった「ゲイ倶楽部」という野球チームの回顧談がくりひろげられる。創業者自身がキャプテン、投手に大仏《おさらぎ》次郎、捕手にこのサトウハチロー、一塁手が邦枝完二、三塁が広津和郎、中堅が里見弴、右翼が宇野浩二、左翼が加能作次郎と、作家の有名どころが名を連ね、ほかに新感覚派の片岡鉄平らを擁する錚々《そうそう》たるメンバーだったという。そのチームで一番バッターを買って出たからには相当に腕に覚えのあるはずの里見弴《とん》が、ハチローに信じられない質問をしたらしい。「ねえ、君、ピッチャーが投げるだろう、バッターは、その球がどの辺に来た時にバットを振ったらいいんだい」というのだ。そのタイミングを伝授したところ、すぐにその試合で四打数二安打という高打率を残したというから、名人芸は文章だけのことではなかったらしい。

19 弔詞の訂正 ── 非常識

三宅正太郎『爆笑列車』に、こんな笑い話がある。「先生、この指が癒《なお》ったら、ピアノが弾けるでしょうか」と訊かれた医者が、「大丈夫、弾けるようになるよ」と請け負うと、「それはすばらしい奇蹟です、今まで弾けなかったのですから」とにっこりする。こうなると、医者は患部だけでなく、患者の錯覚まで治さなくてはならない。

金子登の**『ユーモア辞典』**には、こんな夢のない話が載っている。恋人時代から何もかも割り勘だった二人が、いよいよ結婚することになって、役所の窓口で「結婚届は一人前いくらでしょうか」と尋ねたという。なんだか子供も一人ずつ育てそうで気になる。

『笑話宝玉集』には、女性の本音の垣間見える小咄《こばなし》が載っている。ある男が世を去り、葬儀で友人代表の弔詞が始まる。「ああ悲しい哉《かな》、君いま忽然《こつぜん》として、いまだ三十代の令閨《れいけい》を残し、無情の風に誘われて、夢の如く逝く」というところまで読み進んだところで、涙に濡れた未亡人がそれを遮り、「違いますわ、三十代ではありません。わたくし、まだ二十七ですわ」と訂正を申し出る。年齢だけは譲れないという自負なのだろう。

落語の世界は**《非常識》**な登場人物で盛り上がる。**『長屋の花見』**という噺《はなし》には、「ちょっと伺いますが、家賃というのは何のことで」と尋ねる人間が出てくる。

同じく落語の**『黄金《きん》の大黒』**でも、「お前さん所の家賃は？」と滞っていないかと訊かれた店子《たなこ》、「ああ家賃ですか、そんなものは呉《く》れませんよ」と、自分が大家から貰うものと勘違いし、「家主から持って来るやつがあるもんか、お前さんが出すんだ」と説明され、「それは初耳だ」と言うこの人物、いったい最初からただで住み込んだのだろうか。

やはり落語の**『将棋の殿様』**では、世間のことが何もわからない殿様が、たばこの火を貸してもらう現場を初めて見て驚き、それを「一服の煙草を二人で喫《の》んでいる」ものと誤解する。経験がなければ、たしかにそんな光景に見えなくもないかもしれない。

古今亭志ん生の演ずる落語**『火焔太鼓』**に、大名の家来が、古道具屋から古めかしい太鼓を買い求め、代金を支払う場面がある。「受取を書け」と言うと、道具屋のおやじは「受取なんて要らないんです」と、頓珍漢《とんちんかん》なことを言う。このおやじ、「こっちで要るのだ、判を捺《お》せ」と迫ると、今度は「判、ないんですよ、あなたの判捺しといてください」と訳のわからないことを言い出すほどの徹底して**《非常識》**な人間として描かれる。

織田正吉の**『笑いのこころ　ユーモアのセンス』**には、世にも珍しい車内アナウンスが披露されている。「次は……」と言いかけたものの、次の停車駅の名前が出て来ない。仕方がないので、「どこでしょう。ここまで出ているんだけど」と正直に言って、「お客さんの中にご存知の方いらっしゃいませんか」と広く募集をかける。それは、知っている乗客は大勢いただろうが、さてどうやって知らせたものやら。

上方柳次・柳太の漫才**『僕の結婚式』**には、神前結婚の話題が出てくる。一人が「神主さんがお祓いをする。

ハタキの親方持ってきて」と言うと、相方が「このごろはあれを使わんで」と異議をさしはさみ、最近は「電気掃除機使うてる」と続ける。たしかに埃は立たないが、式場で神主があの「ハタキの親方」で埃を払っていると思っているのか知らん？

同じコンビの『**僕の迷作**』と題する漫才には、「腹ごなしに熱海で心中する」という食後の自殺みたいなせりふが飛び出し、「虫の知らせ」という一席には、「うちのお婆ちゃん、二階がまだないいうこと知らんと、トントントンと段梯子あがっていきよった」という想像を絶する風景を提供する。

島田洋介・今喜多代の漫才『**お笑い育児教室**』では、赤ん坊をいかに大切に扱っているかという一例として、洋介がその赤ん坊のおむつを「こないだ洋服屋で、寸法とって仮縫いした」と、皇室でも考えられないことを言い出し、相方も「おしめの仮縫い？」と、開いた口がふさがらない。

サトウハチローの小説『**青春五人男**』には、こんな常識を欠いた男が登場する。「雑誌をよめば、その位のことは書いてあるよ」と言われ、初めて雑誌というものは読む価値のあるものかと認識を改める。「そうかな、雑誌ちぎって、便所へ持って行くものと思っていたのが、あやまりかな」と、殊勝に反省する場面である。

同じ作者の長編エッセイ『**僕の東京地図**』には、「鯛の絵を書けと図画の先生に言われて、さしみの図を書いた奴」が紹介されている。魚屋で一匹まるごと買う経験のない家庭で育てば、切り身を描くだろうから、まだ高級なほうかもしれない。

20 親父の嬶《かかあ》——状況音痴

『**笑話宝玉集**』に、こんな迂闊《うかつ》な警察官の話が出てくる。犯人を刑務所へ護送中に、土手を歩いていたら突風が吹いて、犯人の帽子が土手下へ飛ばされた。自分の帽子だから、犯人が「ちょっと拾ってまいります」と土手を降りようとする。警官もさすがに気が付いて、「騙して逃げるつもりだろう」と、その手には乗らないと自由行動を阻止したまではよかったが、目の前の遺失物を見て見ぬふりをするのもさすがに気が引けて、「俺が拾って来てやるから、貴様はここで待ってろ」と言い捨てて、その場を離れたという。土手下では見晴らしが利かないから、自分で拾わせるのより、逃げられる危険性は高まってしまう。

　こんな笑い話も載っている。「自動車に轢《ひ》かれたのは番頭じゃないか」という声に驚いた主人が、すぐに番頭に叫んだ。「おい、帳面なんかつけている場合じゃない、お前が自動車に轢かれたらしい」。そして、当人に「よく確かめて来い」とてきぱき指示した。主人が主人なら番頭も番頭、言われたとおりに事故現場におもむき、店に帰って「よく見たら私ではありませんでした」と報告したという。落語の『粗忽《そこつ》長屋』を思わせる一編だ。

　落語の『**二十四孝**』にも、状況の飲み込みが極端に悪い人間が登場して噺《はなし》を盛り上げる。横町の隠居に、親に手を上げるとは何事かと叱られても、親との関係がなかなかたどれずに、「古くから家に居るあの婆《ばばあ》、よくよく考えてみたら、三年前に死んだ親父の嬶《かかあ》だ」とようやく縁者とわかるが、「それじゃお前のおふくろだ」と呆れられ、そういう見当になるかと、まだ腑に落ちない顔をする。

　横山エンタツの漫才『**僕の家庭**』に、こんなやりとりが出てくる。夫婦喧嘩の話をすると、相方から、「女房に撲られて馬鹿野郎と罵られて、そのまま泣き寝入りか」と、腑抜け呼ばわりされる。すると珍しく、「僕も日本男子や」と威勢よく言って、「馬鹿野郎ときやがったからネ、僕はその虚につけ込んだ」と痛烈な反撃を予測させる。相手も思わず力が入って、「どう云った」と身を乗り出すと、ただ一言「ハイ！」。

　花菱アチャコとのコンビで人気を博した『**早慶戦**』にも、世間の常識をくつがえす例が飛び出す。野球の話題で、当時、甲子園の常連だった浪花《なにわ》商業の話になり、エンタツが、その学校と僕とは多少関係があるというような自慢めいた話を持ち出す。いったいどんな関係かと相方も聴衆も耳を澄ますと、エンタツは「浪花商業の校長がね、僕の家のねえ」と期待を持たせ、「こんな話、よそへ行って言うな」と口止めして、「前を通ったんです」。

21　失恋も結婚も不幸——ディレンマ

『**爆笑列車**』に、こんな笑い話が載っている。恋はしたが結婚できなかった酔っぱらいの述懐だ。わしが酒に酔っぱらうのを見ると、恋人が結婚は嫌だと首を振るし、わしの方は酒に酔わなきゃア、とても結婚する気にならなかったという。しらふでそんな恥ずかしいことは言えないし、酔っぱらっていると相手に嫌われるし、まさに《**ディレンマ**》で、あちら立てればこちら立たず、どうすることもできない。

『**味の素**』という昔の雑誌に、こんな笑い話が載っている。突然実家に帰って来た娘が「今朝うちの人と喧嘩して、出て行くと嚇《おど》してやったの」と平気な顔で言うので、母親が心配して、「若いうちはいいけど、私みたいな齢《とし》になったらどうするの?」とたしなめようとすると、娘は「その時は、決して出て行かないって嚇してやるわ」と澄ました顔。

佐々木邦の小説『**愚弟賢兄**』に、こんなうがった感想が出てくる。「裁判官は融通が利かないのか、融通の利かないのが裁判官になっているのか」と、どこの裁判官もきまって頭が固く、融通の利かない事実に呆れ、その仕組みを考えてみる。長い間そういう堅い職業に就いていると、その仕事の性質上、どうしても頭が固くなって機転を利かせることなど考えることもない人間に凝り固まってしまうという習性上の職業病みたいなものなのか、それとも、もともと機転も融通も利かない頭の固い人間だから、それにふさわしい裁判官などを目ざすのかと、あれこれ考えてみても、そういう事実はどこまでも事実であって一向に変わらない。原因が何であれ、考えるだけむなしい気分になってしまうだろう。

乾信《いぬい》一郎の『**阿呆宮一千一夜譚**』には、独立した息子のことを心配した父親が、たまには手紙でも書いて寄こすように書き送ったところ、一通だけ返事が来たという。それによると、「僕にはとても便りなんか書けません」という結論に始まり、その理由として、「何かある時には、便りを書く暇がありませんし、何もない時には何も便りを書く事がないんです」と、論理学の練習問題みたいな文面が添えてあったらしい。

生方敏郎《うぶかた》の『**女人国遊記**』では、皮肉でもっと深刻な事実が、そういう論調で展開する。一つは、「失恋も不幸であろう。けれども、それは結婚せねばならなく成った恋愛程には不幸ではない」という思いがけない事実だ。もう一つ、「独身者は自分が独占する異性を持たぬところに、不満があり、夫婦者は自分を独占する異性の存在するところに悲みがある」という哲学じみた卓見もある。一見、矛盾に満ちているが、どちらもそれが人生であるような気もして、どこか変だと思いながらも、つい笑ってしまう。

22 おみやげの粗品――場違い

『笑話宝玉集』にこんな笑い話が載っている。自分の結婚式に遅刻して着いた新郎が、受付で「まだ間に合うだろうね」と確認したという。これが友人の結婚式だったら、遅くなり過ぎて、もうお開きになったということもある。その場合は笑いにつながらない。だが、ここは自分の式だ。それがもし間に合わないということになったら、新婦はいったい誰と式を挙げたと、この男は考えたのだろう。《場違い》の愚問であり、式には間に合っても、これでは先が思いやられる。

10 失態――失敗談に花が咲く

電話で話しながら、さかんに肯いたり、顔を横に振ったりしている風景をよく見かける。どうせ相手には見えないのだから、コミュニケーションの役に立たないが、当人は対面しているつもりで機嫌よく応じているのだろう。丁寧にお辞儀を繰り返しているのを見かけることもあるが、これも同様だ。中には、入浴後にバスタオルを巻いただけの姿で、「こんな恰好でごめんなさい」などと、よけいなことまで先方に送り届ける人もある。いずれも、電話通信という場を心得ていないために起こる現象なのだろう。

秋田実の『日本語と笑い』には、浴場で知り合いに会って、つい「こんな恰好で失礼します」と挨拶してしまう例が出ている。こちらは電話と違って、直接その姿が相手の眼に映るから、よけいな情報を加えたわけではないが、脱衣場でなく洗い場であれば、通常は相手も裸だから、失礼はお互いさまであり、普通の人はそんな当たり前のことを口にしない。この本に、トイレに入っていて外からノックされ、うっかり「カム・イン」と応じてしまう笑い話も載っている。こちらは《場違い》の程度が大きい。慣れない外国生活で、とぼしい英語をやりくりしている場合など、うっかり口に出ることも絶対ないとは言い切れないが、あんな狭い場所に「どうぞ」と言われた側のとまどいを考えると、笑わずにはいられない。

真山恵介『**わっはっは笑事典**』は噺家たちのエピソード満載の本で、そこからここには、若き日の**三遊亭円生**の《**場違い**》の挨拶を紹介しよう。師匠逝去の噂を耳にしてその自宅に飛んで行き、「このたびはどうも、大師匠にはまことにとんだことで、お愁傷様で」と弔問のことばを述べたら、お内儀《かみ》さんが出て来て、「あら、やだ。お医者はダメだというんだが、まだ、うちのひと、息はしてるんだよ。もうジキだろうけど」と、まだ存命中だとのこと。これはしまったと思って、とたんに口癖の「では、ひとまわりして参ります」ということばが飛び出した。重ね重ねのご無礼という結果になったはずだが、お内儀も「そうしておくれナ」と応じたというから、よけいおかしい。

徳川夢声の『**こんにゃく随想録**』にも、こんな実話が披露されている。あの夢声も舌を巻くほどの話術の持ち主で、早稲田の大隈講堂で催される落語研究会でも常に指導的立場にあった石川栄耀教授が逝去し、その告別式が青山葬儀場で営まれた折、なんと**柳家小さん**はその霊前に、落語『粗忽《そこつ》長屋』のマクラを供えたという。大勢が涙ぐむしめやかな葬儀の場で、自分の死骸を抱いたつもりで、抱いている俺は誰だろうと哲学的な問いを発するあの粗忽者の噺《はなし》を語る小さんの声が響くのは、たしかに大変な《**場違い**》という感じは否定できない。だが、それこそがこの故人にふさわしい弔辞として、参会者の胸にしみこんだことだろう。

ほんものの落語『**身投屋**』には、こんなふざけた《**場違い**》のやりとりが出てくる。身投げの真似をして、それを助けようとする人から巧みに金銭を巻きあげようという商売人、身投げのプロの一席である。今にも飛び込みそうな男を見つけて、ある通行人が引きとめると、「借金で首が廻りませんので、よんどころなく死んじまおうと思います」と金銭の話題に引き込む。そして、「金で人の命は買えるものではない。どのくらいの額だ」と聞かれると、「百円なくっちゃどうにもこうにも追っ着きません」とふっかける。通行人が「ここに五十円しかない、足りなかろうけれども、この五十円で何とか」と持ち金をはたいて助けようとすると、「あなたもひどいね、そうだよ、言い値が百円なんですよ、それを半分に値切るというのは」と、相手に食ってかかるたちの悪さ。

また、別の通行人が助けようと引き止めると、持ち合わせが少なそうだと見当をつけ、「十円あれば死なねえで済むんです」と少ない金額を持ち出す。みすぼらしい身なりのその男が「たった十円でいいのか」と言いながら懐を探るが、あいにくそんな金の持ち合せはない。そこで、正直に「無《ね》えよ」と言い、「手前を助けたくも銭がねえんだ、仕方がねえ死んじまえ」と見放す。すると、今度は「なまじ値をつけたので困るのですがね、それをグッと引きますけれども」と身投げ屋は下手に出るが、「古着を買ってるんじゃねえや」と一蹴されるシーンもある。いずれにしても、ほんとの身投げだと仮定すれば、**《場違い》**の交渉であることに違いはない。

落語の**『ポン引』**にはこんなシーンが出てくる。足元も危ない酔っぱらいが、そのへんの建物によろよろ転げ込むと、怖い顔したお巡りさんがズラリと並んでいる。さすがに気がついて、仕方なく「ヘイ今晩は」とお辞儀をすると、「何が今晩はだ、警察へ転げ込んで来て、拘留でもして貰いたいのか」と言われ、あわてて「ど、ど、どう致しまして」と否定したあと、何も用はないから、「何時《いっ》もお忙しゅう御座いましょう」と愛想を振り撒く。警官のほうは、何も用がなくて転がり込んだとは知らないから、「余計なお世話じゃ、何しに参ったのか」と問いつめる。そう言われても答えようがなく、「自分にも分りませんので」と正直に白状する。転がり込んだ建物が、とんだ**《場違い》**だったわけだ。

織田正吉の**『笑いのこころ ユーモアのセンス』**に引用されている**江國滋『おい癌め酌みかはさうぜ秋の酒』**の一節は、なんともほほえましい。「朝、看護婦来。血圧(正常)と採血、朝一番の採尿コップを持ち去る」とあり、次にその折の患者つまり著者と看護師とのやりとりが記されている。女性の看護師がそのコップを「おみやげ、いただきまーす」とにっこりすると、患者もつい「粗品ですが」とふざけてしまい、それを「いえいえ結構なものを」と、またにこやかに打ち消しながら病室を出て行ったという。患者は「ユーモアを解する看護婦」と嬉しそうに書き残した。

昔、『作家の文体』という編著に関し好意的な書評を寄せてもらった縁で、江國滋にそのお礼をこめて次の『名文』という著書を寄贈したところ、読む前から名著とわかりますという礼状を受け取り、目を白黒させたことを思い出すにつれ、その人が最期を迎える頃になっても、こんなふうにユーモアを愛したことがわかる、こういうエピソードを読むと、内心複雑ながら、《**場違い**》の貴重な対話だったことに胸が熱くなる。

23 妻に会釈――失敗談

失敗する話がすべて滑稽であるわけではない。いつも勉強を怠けていて学校の成績も最下位のあたりをうろついている子供が受験に失敗したとしても、それは当然のなりゆきであって、ちっともおかしくはない。逆に、その子が難関校に合格したほうが、むしろ笑いが起こるだろう。また、バナナの皮に滑ってしりもちをついたりすれば笑いの種になるが、うっかり道を踏み外して転落死してしまえば、もう笑っている場合ではなくなる。にもかかわらず《**失敗談**》が笑いと結びつきやすいのは、命に別状ない程度の失態が、思いがけなく発生するケースが多いからである。

秋田実の『**名作漫才選集2**』の著者解説によると、花菱アチャコはせりふ覚えが不器用だったらしい。スタジオで台本を持たずに生放送という場合は、覚えきらないことばを掌いっぱいに墨でメモしておく習慣だった。熱演型で汗っかきのアチャコのことゆえ、次第に文字が黒くとけ出すにつれ、「無茶苦茶を言い出し、はては(相方の)今男の分までしゃべったり」して、みんなを慌てさせたものだったと往時を振り返っている。

蝶花楼馬楽の演じた落語『**粗忽《そこつ》長屋**』では、こんなマクラを振ったらしい。何代目かの柳家小さんが富士見町に住んでいた頃に飯田橋の塩の湯に行った際の実話だという。着物を脱いで素っ裸でガラス戸を開けて浴場に入ったとたん、どっと笑い声が起こった。気がつくと帽子をかぶっていたという。帽子を脱いで入って行くと、また笑われる。三助がしゃべったらしく、女湯の方からも笑い声が聞こえる。翌々日に下谷の鈴本の高座に上がると、「帽子、帽子」という客の声、神田でも日本橋でも、行く先々の寄席で同じ反応なのを不審に思ったら、銭湯での一件を都新聞が面白おかしく書きたてたので世間中に広まったのだと判明したらしい。

その小さん、寄席から帰ると、娘に、外套が違っていると言われる。見ると、なるほど他人の外套だ。驚いて、早速取替えに行かなくてはと思って脱いだら、その下に自分のをちゃんと着ているので、二度びっくり。その折、「掛けてくれる者もくれる者だが、着る奴も着る奴だ」と、半分は自分に向かって、そんな啖呵を切ったという。どうやら、これも実話のようである。

戸川秋骨の『**古外套**』にもこんな《**失敗談**》が載っている。ある和製の紳士が、ヨーロッパのある街の大きな店の中を歩いていたら、「向うから立派な日本の紳士が」やって来たから、「帽子を取ろうとした」ら、「自分の姿が鏡に映った」のだったという。店内を広く見せるために大きな鏡が張りめぐらされた店などでは、たしかに実物と映像との区別が一瞬つきにくい場合がある。が、外国で日本人に出会うたびにいちいちお辞儀までする人は珍しいから、帽子の部分は話を盛り上げるためのちょっとしたフィクションなのかもしれない。

近藤浩一路の『**異国膝栗毛**』には目の悪い人の失敗話が出てくる。「近眼、遠視、老眼、乱視、凡て眼に関する病の株式会社」を兼ねたような複雑な眼鏡をかけた先生が、学校からの帰り路に、「坂の途中で、素敵な美人が自分に向いて確かにお辞儀をして行き過ぎた」。満更でもない気分で胸をふくらませて帰宅し、出迎えた妻に「見も知らぬ美人」が自分にお辞儀をしたのでこちらも答礼したが、誰だったか思い出せないと自慢げに言うと、それは自分だと即答され、あまりのショックに夢も胸もしぼんでしまう。

佐々木邦の小説『**ぐうたら日記**』には、こんな恥ずかしい場面が出てくる。中学校の運動会に、「若い綺麗な女学校の先生が生徒を引率して見物に来た」ため、肝腎の中学の男の先生が「忽《たちま》ち見惚《みと》れて、茫然自失、運動会は其方《そっち》除けで」ぽうっとなって立っていた。ここまでは、学校に限らずどこにでもありそうな光景で、さほどおかしくもないが、この先生の場合はなんと、運の悪いことに、その現場を写真に撮られてしまった。証拠写真があっては、生徒の手前偉そうな訓辞も説得力に欠ける。なんとも気の毒と言うほかはない。

24　ご遠慮なく――当て外れ

金子登『ユーモア辞典』に、倦怠期の夫婦の対話が出てくる。夫が、「何人も男が結婚の申し込みをしたって、いつか言ったっけな」と言うと、妻は「そのとおりよ」と認める。そこでここぞとばかり、夫が「その最初に申し込んだ大馬鹿野郎と結婚しちまえばよかったんだ」と言ってやると、思いがけない応答が返って来た。なんと、相手は「だから、そうしたの」と言うではないか。今さら「大馬鹿野郎」を引っ込めるわけにも行かない。こんなふうに、思いもかけず**《当てが外れる》**と、つい力が抜けて笑ってしまう。

秋田実の**『笑いの創造』**では、ほとんど引っかけに近いほどに巧妙な話術が笑わせる。「こんな月の美しい夜は、貴方《あなた》、散歩したいとお思いになりません？」と女に言われた男、「ええ、心から、そう思います」と声を弾ませ、いよいよチャンス到来とばかり喜ぶと、女から信じがたいことばが返って来た。「じゃ、私にかまわず、ご遠慮なく行ってらっしゃい」という、まったく思いもかけない一言だったという。男は詐欺に遭ったような気分だったかもしれない。

落語の**『身投屋』**でも、**《当て外れ》**のシーンが笑わせる。身投げのふりをして、助けようとする人から金銭を騙し取る新手の商売を始めた男。洋服かなんか着て、なるべく立派な身なりをした人がいい客種と思い、飛び込むまねをしようとして、途中で気がつく。いいカモだと思ったのが、見ると警官だから、すっかり当てが外れる。何しろ多分に違法性のある仕事だから、下手すると連行されかねない。

「アッ危ねえ危ねえお巡さんだよ、道理で洋服を着ていると思った、あんな者に止められたって仕様がありゃしねえ」と飛び込みのまねをやめるのは当然だが、そのあといろいろ想像を広げるのがおかしい。「家まで送ってやろうなんていわれた日にゃア、又此所迄《ここまで》出て来なくっちゃアならねえ」。つまり、親切にされるとあとが面倒だという勝手な理屈である。

乾信一郎《いぬい》の**『阿呆宮一千一夜譚』**には、親を騙して小遣をせしめようとして**《当ての外れる》**、小気味よい話が出てくる。学生が奥の手を用い、「洋服を注文したが洋服屋に払う金がないから至急百円だけ送ってくれ」と親父に切実な文面で訴える手紙を出すと、さすがに苦労した人間だけあって物分かりがよく、すぐに送って来た。

そんな話をすると、聞いている側はどうしても「いや羨ましい身分ですな」という反応になる。ところが、届いたのは金銭ではなく、開けてみると、親父が着古した洋服だったという。どら息子としてはすっかり当てが外れたわけだが、洋服に不自由しているという表向きの窮状にはきちんと応えているから、今さら苦情の持って行き場がない。もうこうなったら早く親を安心させることだろう。

木山捷平の小説**『人差指』**には、いささか出来過ぎの小咄《こばなし》じみた話が出てくる。「伊豆の大島で天国行きというのが流行《はや》」った頃、自分の考えがなく世の中に流されやすい男が、時の「流行にかぶれて、大島へ死にに行った」まではよかったが、「三原山がこわくて飛び込めない。せっかくの当てが外れて、仕方なく、「帰りの船から海に飛び込もうと思って」乗り込んだ船で、今度は夢中で「碁を打っているうち、気がついた時には、船が芝浦に着いていた」という間抜けな話だ。あまり笑えないが、結果は上々と言うべきだろう。

サトウハチローの**『ぼくは野球部一年生』**には、「歌劇だというから、どんなオペラをやったのかと思ったら、うさぎとかめだとは……あきれたもんだ」という一節が出てくる。これも当てが大きく外れた例だが、「歌劇」や「オペラ」と「うさぎとかめ」とのイメージの大きな落差が、その笑いを増幅するにちがいない。

コラム⑩
差別語と差別意識
――田舎料理と地方料理

【問】 ことば遣いが不適切なせいで、無意識のうちに相手に不快な気持ちを与えてしまうのが心配です。差別語を回避するには、具体的にどんな注意が必要ですか？

【答】 先日、シナチク①を買おうとして店員に通じないのに仰天、「メンマ」と言い換えて中華そば売場にたどり着きました。②「支那そば」を避けることは重々承知していながら、「シナチク」に支那が潜んでいるのをうっかりしていたのです。国にも人にも語にも差別意識を持たないから、それを嫌がると思われる人には使わないように気をつけます。チャイナタウンも南シナ海も気にならないが、日本人にシナと言われたくないのが中国人の本音だとのこと、そんな心理的な問題なのです。

『女のきっぷ』の著者森まゆみは、「婦人」はしっくりせず、「女性」も好きでない、「おんな」でいいと書いて気っ風のよさを見せました。③とかく評判の悪い「女」という語も、「女だてらに」「女のくせに」と考える差別意識さえなければ、たおやかでいい響きです。「裏日本」という語が嫌われて、客観的に「日本海側」と呼ぶようになったのも「裏」のイメージが悪いためです。「裏」は「衣」と内の意の「里」とが合体した漢字で、もともと衣服の内側を意味したそうです。服の裏は体の側で、肉体に宿る精神という意味から「うら悲しい」などの「うら」すなわち「心」の意につながります。「内日本」なら日本の中心ですが、「裏日本」だと裏口、裏金、裏取引といった連想が働いてイメージが悪く、日の当たる表側の逆と蔑視するような差別観が感じられたのです。④

差別意識が露骨に表れるのは肉体的な欠陥を話題にする時です。五体満足でない場合、「片輪」や「不具」にしみついた蔑みのニュアンスを消そうと「身体障害」と呼び換えてみても、「土方」を「肉体労働者」と呼び換えて頭を使わない感じになるように、意味が明確になってむしろ露骨に響きます。今は「シンショウ」と短縮して意味をたどりにくくします。⑤「体の不自由な方の優先席」という言い方も同じ問題があって、人前でその事実を告白するという抵抗が生じ、半面、意味が広く曖昧なため、ぶら下がりの服が合わなくて腕の上げ下ろしが思うようにならない人も座れそうな雰囲気も漂います。⑥

家庭の「夫」はなんとかもっているものの、「坑夫」「工夫」「消防夫」「郵便配達夫」など、肉体労働者のイメージの強い「夫」のつく語はみな不評。「色盲」と「色覚異常」、「近眼」と「近視」、「どもり」と「吃音」、「やぶにらみ」と「斜視」、「ぶす」と「不美人」、「出稼ぎ」と「季節労働者」なども程度の問題のような気がするし、「鼻ぺちゃ」「出べそ」「短足」「鈍足」「馬鹿」「音痴」は差別語にあたるのか、「明きめくら」や「つんぼ桟敷」は連想が悪いにしろ、「片手落ち」「手落ち」「いい手がない」はどうなのか、境界線が明確でありません。⑦

職業差別の有名な例に「女中」があります。国立国語研究所在任中、鶴岡調査に参加し、古い商人宿に宿泊したところ、はるかな昔にわが家でそういう立場にあった老婦人が訪ねて来ました。あの末っ子の甘えん坊が調査団の一員として凱旋するように勘違いし、お帰りなさいという気分で手土産持参で挨拶に現れたのでしょう。中村家から嫁に出したと幼い日に母から聞いた記憶もあるから、雇用関係を超えたつながりだったはずで、そんな義理もあったのかもしれません。この突然の来訪者に面食らい、みんなの前でひどく恥ずかしかったのですが、不思議に悪い気はしませんでした。⑧

その国語研に地方言語という研究室がありました。田舎ことばという感じを避けて「方言」をそう呼んだのでしょうが、同音の「痴呆」の連想も気になります。⑨「田舎」という語も、田舎くさく垢抜けしないとか、田舎者で礼儀を知らないとかといった田舎蔑視の偏見さえなければ角が立ちません。素朴で滋味あふれる田舎料理も、地方料理となると家庭の雰囲気が薄く、値段が心配になります。⑩昔、国語教育の飛田多喜雄先生宅で作家の高井有一氏の口から、信州から東京に下る列車を「上り」と言うのはおかしいという話が出ました。東京都の地図が、五十音順でなく千代田区から始まり、市は二十三区の後に追いやられるのも、郵便番号が東京から始まるのも、それを序列と考える人は、不公平と思うでしょう。⑪

尊敬する人物の好意ある発言中の不注意な用語はとがめる気にならず、意地悪な人間の見下したような発言中に飛び出した同じことばは許せない、差別語はそんな微妙な存在のように思います。外に現れたことばよりも、その奥にひそむ人間の差別意識こそが問題なのです。肝腎なのは相手を労わる気持ちであり、相互の信頼関係が摩擦を解消する鍵になるでしょう。⑫

【表現の仕掛け】

①悪気なしにうっかり「支那」のつくことばを言ってしまった失敗談。

②大げさに「仰天」という語を用い、さらに、「たどり着く」と誇張。

③とかく評判の悪い「おんな」という語を堂々と使う気っ風のよい女性、いや女を紹介。

④「裏」の字義から「内」の意を引き出し、「裏日本」の悪いイメージは連想の問題にすぎないことを極言。

⑤ことばの問題ではないから、差別語を言い換えても差別意識は消えず、根本的な解決にならないことを例証。

⑥吊るしの服が体に合わないといった極端な例を交ぜる。

⑦いわゆる差別語は、差別意識の感じられる表現とほとんど連続的であることを例証。

⑧差別語とされる「女中」にも、上下関係を超える家族的なつながりの感じる体験談。

⑨「方言」の言い換えめいた「地方言語」が「痴呆」を連想させる、考えすぎの指摘。

⑩素朴な「田舎料理」とは違う「地方料理」の取り澄ました語感から値段に飛び火。

⑪列車の「上り」や、地図や郵便番号を例に、ことばに潜んでいる不平等を指摘。

⑫「ことば」より「こころ」の問題と、最後はひどく真面目に結ぶ。

11 妙想

——ものは考えよう

学生運動のはなやかなりし頃、当時たまたま非常勤講師をしていた美術系の大学が封鎖されたことがある。こっちまで便乗して休むわけにはいかないから、ともかく講義をするために学内に入ろうと、検問所めいた場所で掛け合ってみたものの、守衛にこちらが学生と間違われ、ついに構内に入れてもらえなかったことがある。

母校の恩師にそんな笑い話をしたら、若く見られたという自慢話に聞こえたのか、自分は担当科目の期末試験の折に教室に入ったら、それが先生とはつゆ知らず、試験監督が躊躇なく答案用紙を差し出したのには閉口した、そんな体験談を披露する。敬語研究の泰斗は苦笑したものの、恥をかかせては気の毒だと思い、何も言わずに素直に受け取ったらしい。その代わり、次の試験からは、「ああ、どうかね？」などとわざと偉そうな口を利いて教室に入るようにしたと得意げに笑った。

昔の教え子と若さを競い合うはずは本来ないのだが、互いの失敗談がどちらも自慢話めいて伝わり、こんなふうに当初は予想もしなかった妙な方向に話線が捻じ曲がってしまうこともある。一般にものごとは状況や相手の受け取り方次第で、印象が随分と違ってくるから、まことに油断がならない。

あんな顔の男爵はいないとか、妻が美人なら夫はみっともないのが相場だとか、すごい美人は男性化しているとか、田舎だから気候不順にきまっているとか、きわめて主観的で、端《はた》から見れば臆測にすぎない独断や偏見。勝手に解釈してそうときめつけ、乱暴に断定してしまう暴論。恋する人は声を聞いただけで相手のしぐさが見えるとばかり想像をたくましくし、根拠もなく空想してしまう奔放な想像。そのどれであれ、聞かされた相手は呆れて笑ってしまう。

奇妙な偶然や信じがたい現象、昔住んでいた家だけでなく、そこの土地も姿を消したといったような、およそ考えにくい事実に遭遇しても同様だ。言われてみれば、きちんと理屈が通っていたり、女は器量の悪いほうが親切だといった変な理屈でも妙に説得力があったりすることもある。老人になるほど抵抗力がつくという主張など、そんなはずはないのに一見もっともに思えたりするとおかしくなる。

恋をするぐらい体重の減るものはないといった、わかったような、わからないような理屈を並べたり、鼻の遺伝は潜伏期が長いというような常識では説明できない考え方に出遭ったりしても同様だ。ともかく心を開き、ものは考えようだと思える段階に達すれば、おのずとほほえまれてくる。

1　深山幽谷――下ねた

紳士や淑女の世界では、一般に、排泄や生殖、それにかかわる身体器官などに関する話は、人前では避けるのがたしなみということになっている。それだけに、そういう話題を持ち出すこと自体が失笑を買う結果になる。必要があってそれに関する話題そのものが避けられない場合は、可能な限り間接的な表現にとどめたり、省略を多くしたりして、それでも通じる相手にだけそれとなく伝わるように配慮する。この種のコミュニケーションでは、いかに気品を保てるかによって、その人の芸の力を測ることができるだろう。

「しもねた」の「ねた」は「種」をひっくり返して隠語めかした語形。「しも」は「下」で、下半身を指している。上半身でも「乳房」のことを女性の場合に限り「胸」とぼかすように、この「下半身」という語も、この場合は下半身全体を指すわけではない。「下半身のスキャンダル」という言い方で、膝やふくらはぎや足首などの噂を意味する例は聞いたことがないから、上品に「男と女のこと」などと意味をふくらまして焦点をぼやけさせるように、「しも」も「下半身」も、範囲を拡大することで局所へと焦点をしぼりにくくし、品格を保とうとした苦心の用語なのだろう。

木下華声の『**芸人紙風船**』には、こんな信じがたい話が載っている。昔の喜劇俳優が貸し手の目の前で借用書に判を押す際に、「やや色のわるい如意棒の先に朱肉を付けて、署名の下に捺印した」というのだ。事実なら奇行の部類だが、「シモがかった」話でもある。

円地文子の随筆『**押入れの中**』に放屁会という催しで起こった珍事を紹介している。闇の中に蠟燭をともし、各人が一人ずつ後ろ向きで臀部を近づけて、放屁の瞬間の空気の振動でその火を消す、そんな由緒ある雅《みやび》の遊びだという。その芸になかなか成功できずに進行したその日、誰かの番に突如あたりは真っ暗になり、「大変臭いので灯をつけてみたら、脱糞していた」という。祖母から聞いた話とあるだけに、時代の空気を感じさせる。

安岡章太郎は『**わが糞尿譚**』で、「女の人が下がかった話をするのを聞くのも嫌いである」と書き、「もっとも、非常に美しい婦人のする猥談は例外である」と記している。それは「非常な美人というのは大抵の場合、半ば男性化しているからである」と続くが、論拠が示されていないので、すごい美人に女性的な人は稀だという観察が妥当か否かも判断できない。奇想に近いこういう断定に、読者は狐につままれたような気分になるが、さりとて否定もできず、ただ笑うほかはない。

　夏目漱石に「時鳥《ほととぎす》厠《かわや》半ばに出かねたり」という軽みの句がある。明治四十年の六月、時の首相西園寺公望《きんもち》主催の文士招待の会に招かれながら、小説『虞美人草』執筆中を理由に辞退した折の作らしい。「厠」と「時鳥」という意外な結びつきを実現した風流な作品だ。

　安岡のこの短文にも趣のある表現が出てくる。「排泄作用そのものの心持ちよさに加えて、一つの部屋を一人で占領しているという安心感、この二つがかもしだすよろこびは、あたかも都塵《とじん》をとおざけて深山幽谷にあそぶ想いであった」という一節だ。下ねたを扱いながら、けれんみのまるで無い堂々たる表現で、高尚にして雅趣に富む稀有の例と言えよう。

2 親切な顔――臆測

夏目漱石の『**吾輩は猫である**』で、金田という金持ちの夫人は、その偉大な鼻の存在感から、語り手の猫に「鼻子」と呼ばれている。その女が主人の自慢をしたら、迷亭が自分の伯父が男爵で、園遊会でご主人にお目にかかったとかといいかげんなことを言われて煙に巻かれた。あとになって、迷亭のような「あんな顔に男爵の伯父なんざ、有る筈がない」などと言うのだが、馬鈴薯に限らず、人間の男爵も顔で区別がつくのか知らん？

　この小説には、学者は禿げているときめつけ、並の人間よりよく頭を使うのに、貧乏だから「頭の営養不足で毛が生長する程活気がない」という論拠まで添える箇所もある。学者は貧乏だという一般論もおそらく《**臆測**》に過ぎまい、そういう傾向は否定できないが。

　中村正常の小説『**愛は地上の建設**』では、一人物が「理想」ということを言い出したら、相手は「理想、ほオ、なんとなく昔の匂がする言葉だ」と感想を述べる。そう言われてみると、たしかにそんな感じがしないでもない。対する「現実」という語には依然としてそんな感じはまったくないから、「理想」は今や「空想」や「妄想」と化したのだろうか。

サトウハチローの小説『**青春五人男**』には、「女はキリョウのわるい方が親切です」という見解が、何の論拠もなく述べてあって、わけもなく笑いがこみあげる。男爵といった爵位であれば、何となく身分の高そうな顔立ちという存在も否定できないから、爵位と顔かたちとの相関は信用できないまでも反対するのも難しい。この器量のよしあしと親切心との関係となると、さらに首をひねりたくなるが、それでも、美人を鼻にかけてつんつんしている図も目に浮かぶようで、正面から否定するのもためらわれる。

同じくハチローの『**若者行進曲**』には、「人間はあんまり食うのはいかんよ。食うとどうしても頭を悪くするからね」と親切に注意する場面が現れる。日頃ろくに食わないでいると、頭に栄養が行きわたらず、長い間に脳の働きを損ねるというほうはありそうな気もするが、これはその反対だ。あるいは、あまりたくさん食べ過ぎると、それを消化するために血が腹部に集まり、その間、頭の方がおろそかになるという理屈だろうか。

3 娶《めと》らば小柄――偏　見

夏目漱石の小説『**坊っちゃん**』の主人公、坊っちゃんは、人間が単純だから、ものごとも直観で、時には直感で瞬時に判断してしまう。「勘太郎は無論弱虫である」という一文も、なぜ「無論」なのか読者にはさっぱりわからない。坊っちゃんにとっては、とやかく議論するまでもなく、ともかくそうなのだろう。そういう人間だから、何が何でも、自分の生まれ育った東京が一番で、田舎だから「気候だって東京より不順に極《きま》ってる」と思い込んでいる。これも読者にはなぜ「極ってる」のか一向にわからない。「田舎丈《だけ》あって秋がきても、気長に暑いもんだ」というくだりも同様だ。このあたり、地理や季節といった自然描写なのではなく、坊っちゃんという人物の性格描写なのだろう。

同じく『**吾輩は猫である**』でも、そういう論拠の不明確な《**偏見**》がたびたび顔を出す。何の説明もなくいきなり「女学生は無用の長物だ」とする乱暴なくだりもある。時には、「アリストートル曰く女はどうせ碌《ろく》でなしなれば、嫁をとるなら、大きな嫁より小さな嫁をとるべし」というふうに、古代ギリシャの哲人の言を紹介する形で自分の思いを陳述する策に出る。すべて「碌でなし」であれば、たしかに、大柄より小柄の方が被害は少ないという計算にはなるが、肝腎の「女」と「碌でなし」との結びつきは、読者には雲をつかむようだ。

堺利彦の『**野外劇の一幕**』では、「男というものは、無茶でなければグズ」と、単純明快に二分してあり、今度は男の側が災難に遭う。

奥野他見男の小説『**女軍軽騎兵**』にも、「妻君が美人なら、良人は醜《みっとも》ないものと定まっている世の中ですから」というせりふが出現して読者は驚く。が、その点、妻が美人でなくてもどうせ夫は似たものだろうから、これは《**偏見**》ではあるが、まったくの見当違いとも言えない。

サトウハチローの小説『**俺の仲間**』には、「つんとしてとんがった鼻は薄情をあらわしているもので、鼻は肉が厚く丸い方が出世もするし、情も深い」という眉唾の洞察が出てきて、読者を悩ませる。

同じ作者の小説『**変な同級生**』にも、「気が弱いから口がわるい。口の悪い人間というものは九十パーセント気の弱い人間だと思って間違いはない」といった怪しげな説が登場する。これも偏見には違いないが、何となくわかるような気もするからおかしい。

11 妙 想――ものは考えよう

4 痛くない――強引にきめつける

柳家金語楼の『**あまたれ人生**』に、こんな世間観察が出てくる。例えば、ボクシングなどの応援で、「ヒイキの方が、アッパカットやボデーをやられると」、自分のことでもないのに、無責任に「痛くない痛くない!」などと勝手にきめつける風景がしばしば見られる。他人のことだから、そんな感覚が見ている側にわかるはずはないのだが、一心同体のつもりで、あたかも自分のことのように思って必死に声援を送っているのだろう。

サトウハチローの小説『**長屋大福帳**』に、こんな典型的な例が出てくる。「あなた方はサラリーマンで中産階級の末席を汚しているように思っているでしょう」と言われ、そんな意識のまるでない男が「いや、思っていませんよ」ときっぱり否定するのも無視して、「思っている、思っているに違いない、それが大きな間違いだ」と無理やり断定し、一方的に言いつのる。

同じ作者の小説『**居候音頭**』には、「奥さんが、あんでいらっしゃるチョッキですな。あれなんかも、もっと早くあめる法があるんですが」と言い、編んでいる当人が、これは朗報だと、「あるんですか」と確認すると、「ある、あることはたしかにあるが、未だ発見されないんですな」という意外な応答。そういう言い方が許されるなら、世の中、発見されていないことだらけだ。

やはりハチローの『**婿選び水府流**』という作品にも、「恋をうるにも、いまの青年は早く早くと思う。早く出世して早く金持になって早く死ぬ」と勝手にきめつけてしまう場面がある。いつの時代もそんな傾向はありそうだが、「早く死ぬ」の部分はよけいだろう。

玉川一郎の小説『**女を探せ**』には、「女と言うものは、他人が美人である事には絶大の憎悪を感じるものである」とある。自分以外の女性が美人であるのは許せないと思う傾向が、男の場合より女のほうが強いというのはいくらか当たっているような気もするが、考えてみると、憎悪まで抱くほどの嫉妬心ともなれば、男は容貌以外に向かう傾向が強いのかもしれない。

5 女は嘘が好き——勝手な解釈

織田正吉の『**笑いのこころ ユーモアのセンス**』に、こんなふざけた、あるいは、悪意に満ちたやりとりが出てくる。一人が「ぼくは虫歯なんか一本もない」と自慢げに言うと、相手は「全部入れ歯か」と茶化す。入れ歯は虫が食わないから、年齢を考えなければ、そういうこともありえないわけではない。「こう見えても、今年、三六だよ」とたしなめると、今度は「孫が？」と来る。もしもそうなら、四十歳以上もサバをよんだことになる。

生方《うぶかた》敏郎の『**女人国遊記**』には、こんな大胆な見方が出てくる。男は、女を永久に友人たらんことを希望するのに対し、女は、男を主人にするか、そうでなければ奴隷にするか、どちらかにしたがる、というのだ。同じ作者の警句集『**暖い窓**』に、「昔から病は学校よりも人物を多く作った。胃病は文学者を作り肺病は宗教家を作った」とある。たしかに幾人か該当する例はありそうだが、全体としては**《勝手な解釈》**と言えるだろう。「所謂《いわゆる》新しい女となるには、浮気よりも小利巧よりも不貞腐《ふてくさ》れよりも鉄面皮よりも軽はずみよりも乃至分に過ぎた虚栄心よりも」と続き、いったい何だろうと思うと、「先ず醜いと云う事が第一要件である」という大胆な結論に至る。「富める父と愚かなる母とは子の宝なり。賢き妻と美しき娘とは父の宝なり」というのもある。言われてみればそんな気もするが、断定してしまえば**《勝手な解釈》**という感じも漂う。

中村六三郎の**『親、親、親』**には、「家貧しくして孝子ありということを知らんのか」というせりふが出てくる。これも、そのあと「親孝行に貧乏はつきものだ」と続くと、親孝行にとって貧乏が絶対条件のように響き、ちょっと待てという気分に誘われる。

サトウハチローの**『弱だらけ』**では、こんな穿《うが》った見方が披露される。「女位、うそのすきなものはない」と極論し、女は「うそをつくのがすきばかりかと思ったら、うそをつかれるのも、好きなのだ」と大胆な私見を呈示し、「その証拠には、女にほんとうの事を言って、好かれた男なんか一人だっていないではないか」と論拠を示して断定する。が、実際には女にもいろいろありそうだし、昔もそうだったに違いない。

6 閉口就眠――独断暴論

長谷川如是閑の**『奇妙な精神病者の話』**に、こんな箴《しん》言《げん》めいた短章がある。「事実を信じて間違った場合の方が、嘘を信じて間違った場合よりも遥かに危険で遥かに有害だ」という。ちょっと人の気づかない、盲点をついた言及で傾聴に値する。世の中にはさまざまな思惑違いがあるから、論理的にはこのような一般化はいささか乱暴なのだろうが、この対比という範囲では、きわめて説得力が豊かに思われる。しかし、論理的な思考過程を経ないでいきなり結論を突きつけられると、どうしても**《独断による暴論》**といった印象をまぬがれない。

菊池寛の小説**『時の氏神』**に、こんな夫婦間のやりとりが出てくる。妻に痛いところを突かれると、この夫は論理的に弁明せず、「下品な邪推だ」という一言で片づけようとする。それを見抜かれ、「いつも、貴方の欠点をつかまえると、屹度《きっと》下品な邪推だとおっしゃるのねえ」と反論され、たちどころに窮地に立たされる。

土屋賢二『われ大いに笑う、ゆえにわれ笑う』にこんな暴論が飛び出す。著者は当時、お茶の水女子大学の哲学の教授だったが、その頃、「哲学上の基本的誤りを犯した、というだけの些細なことで揚足を取って喜ぶ学生」がいたらしい。哲学の先生が哲学の基本的な誤りを犯すこと自体は、どこの世界でもありうることだろうが、それを当人が「些細なこと」と過小評価するケースは稀だろう。また、学生がその誤りを指摘することを「揚足を取る」と認定するのも常軌を逸している。

さらに、知識と勇気をそなえた恩義あるその学生について、「幸せな結婚生活は送れまい」などと、何の関係もない話題を持ち出して勝手に悪い予測を記すのは、八つ当たりに見える。しかし、そのあと、「結婚生活はすべて不幸なものなのだから」と一般化して《独断暴論》が続くので、特にその学生の悪口というわけではないことが判明する。だが、そうなると、そういう悲観的な結婚論がなぜそんなタイミングでこんな箇所に紛れ込むのか、読者は皆目見当もつかず、この著者の本来の目的だった「笑い」だけが残ることとなる。

サトウハチローの小説『**青春五人男**』には、こんな一節が現れる。「時々話かけないとあぶない、女ッて奴はたべる時、唄う時、喋る時、要するに口を開いていないと眠ッて了《しま》う代物だからな」という女性観だ。昔から、無口な人がいいなどと贅沢な注文をつけた日には、男は永久に結婚できない、という笑い話があるほどで、女のおしゃべりは長い間定説となっていた。ここもその延長で、生きがいを失って起きていられないと戯画化したのだろう。男が多弁になった今日では、なつかしい風景である。

7 自動車を粉々に――勝手な想像

松山思水編『笑の爆弾』に、こんなせりふが出てくる。「お前だって虫歯になれば如何様《どんな》に辛いか解《わか》るんだ。乃公《おれ》の虫歯がお前に乗り遷《うつ》ればいい気味だがな」と、同情してくれない相手に言い返す。虫歯が相手に乗り移るという発想自体が、客観的には《**勝手な想像**》に相当するだろう。

柳家金語楼の『**あまたれ人生**』では、もしも医者のショーウインドーがあったらとして、歯科の場合は「いろいろな入歯」を見本として飾り、眼科では「五色の目玉に、ウィンク用の目玉」、整形外科であれば、「鼻のひくいのと高いの」や「口のしまったのと開きっ放し」とを飾っておけば、患者という名の客が増えるだろうと《**勝手な想像**》をめぐらす。

北村小松の小説『**街頭連絡**』には、「アリスは早口なフランス語で勇一を口説きながら、ポロポロ涙をこぼしている。大方、どんなに遠くはなれても、思う心は一つだわ、と云う様な事を云っているにちがいない」と、皆目わからないフランス語の音を聴いて、勝手にその意味を想像しているのだが、国民性が違っても、こういうところは共通なのか知らん？

サトウハチローの小説『**青春五人男**』には、「爺さんと婆さんとが二人でつくねんと坐っている。察するところ、これから川へセンタクに行って桃をひろうつもりだろう」という冗談めいた想像が現れる。世の中の老人がことごとく柴刈りや洗濯で時を過ごすわけではないし、桃の川流れもめったにないから、ここは想像を楽しんでいる饒舌なのだろう。

同じ作者の『**僕の東京地図**』には、もっと勝手な想像をめぐらす一節が登場する。塩町の漬物屋の「おやじさんは三十年笑ったことがないので有名だ」と記し、神仏に願掛けする「塩だち茶だちのように、笑いだちをしたのでしょうか」と、ほとんどありえないような断ち物を想定している。

同じ作品にこんな想像の楽しみも出現する。古楽面を眺めていろいろと妄想をめぐらすのだ。「柳家金語楼と小勝との間に出来た坊やのようなのがいる」と想像をたくましくした箇所には、(どっちを女にしましょうか)などというどうでもいいような註釈まで添えているし、「その隣にタコが昨日より人間に転向しましたというのがいる」と、人間という枠さえ超えたとんでもない空想も出てくる。

同じく『**わが師わが友**』には、文鳥が「鈴木三重吉の文章みたいにづづましやかな感傷を、その足にただよわす」というふうに、小鳥のようすを、作品「千鳥」で知られる作家の文章に喩《たと》えて人間並みのイメージで描く、美しい想像が出てくる。

⑪ 妙　想——ものは考えよう

やはりハチローの小説**『おさらい横町』**では、子供を轢《ひ》いた自動車に腹を立て、「とっつかまえて、ぶちのめして」「粉々にしてやるぞ」と、乗り物を文字どおり「粉砕」する意気込みを示すシーンがおかしい。

また、**『恋愛参謀長』**には逆にしっとりとしたタッチの想像が描かれている。小さな子が「姉ちゃん、どうして僕の家じゃ鯉のぼりたてないんだって、勝チャンが、とても聞くんだよ」と、淋しい思いをしたことを姉に訴えているらしい声が聞こえた。きっとその「鯉のぼりを自慢した子は帰った」のだろう。すると、「困ったわね」という姉の声が聞こえてくる。続いて「お八重さんは、きッとやさしく徳二君の肩に手をかけてなぐさめているのだろう」という一文を描き、作者はそこに「恋する人は、恋人の声だけを聞いて形を知る」という想像力讃美のことばを添えている。

8　お待ち遠さま――おかしな偶然

金子登の**『ユーモア辞典』**に、「君、時計を盗まれたそうだな?」「うん、だが、泥棒のやつ、質屋にそれを持っていったので、忽《たちま》ち、おナワだよ――何しろ、僕の行きつけの店だったんでね」という笑い話がある。これはまったくの偶然で盗難が帳消しになった幸運な話だが、その偶然で思いがけなく逮捕された泥棒にとっては逆に不運と言うほかはない。それでも、あまりにうまく出来すぎていて、どちらに解してもおかしいことに変わりはない。

徳川夢声の**『こんにゃく随想録』**には、修学旅行の際に、落第して同級生になったU君が「飴チョコ」という上等の菓子を配ったという話が載っている。「何たる気前の好《い》い人間だろうと、私はこの落第生に畏敬の念を抱いた」と書いた著者は、その気前のいい男が、「後年明治製菓の重役となり、日本全国にお菓子をバラまくに到った」と、いかにも嬉しそうに書き添える。偶然であるとしても、こういう符合はきっと読者の笑いを誘うだろう。

佐々木邦の小説**『ガラマサどん』**に、あのコロンブスに関する逸話が出てくる。ある日、歩いていて無性にのどの渇きを覚え、「折から差しかかったお寺へ寄って水を一杯所望した」。まったくの偶然である。ところが、歴史は不思議なもので、その寺の住職がコロンブスから東洋行きの話を聞いて関心を持ったのか、その計画を話して女王にパトロンになってもらったおかげで、アメリカ大陸の発見が実現した。もしコロンブスがあの時のどが渇かなければ、あるいは別の場所でのどが渇いていたら、ああいう歴史的な発見は実現しなかったことになる。いずれ実現したとしても、ずっと遅れていたかもしれない。

スケールはぐっと小さくなるが、**サトウハチロー**の**『恨めしき新春』**では、こんな偶然が起こる。「二人は顔を見合せて、又おそろいの溜息をついた。と裏の家でも、レコードが鳴りはじめた」のだが、偶然とはいえその選曲、「こいつが、馬鹿にいい」。そのレコードはちょうどタイミングよく、「人の気も知らないで」という歌だったという。

そのハチローのエッセイ**『野球さまざま譚』**には、さらに珍しい偶然の出来事が語られる。「柏木から、丸の内までのホームラン」だ。どれほどすごい長距離ヒッターでも、東中野から丸の内まで飛ばすなんて、そんなばかなと誰も信じないだろう。ところが、信じようが信じまいが、現実にそこまで届いたのだ。ただし、直接そこまでアーチを描いたわけでは無論ない。「右翼の柵を越えた球が、折よくそこを通っていた省線電車の窓へ飛びこんでしまった。電車はそのまま東京駅へ」というふうに、いささか出来すぎとも思えるまったく偶然の出来事によって、ともかく白球が結果として新宿から東京駅まで届いたのである。

高田保の**『ブラリひょうたん』**という新聞連載の人気コラムが、あんなふうに休みなく続いたのは、一回でも休むと、土浦に住む母が、保は病気ではないかと心配するから、無理をしても書き継いだからだという。だが、胸を病むその保も、ついには大磯の自宅で大喀血ということになる。その容態を見て、前夜届いた「ハハキトク」の電報を家族が病人に隠したため、当人は母親の病の篤いことを何も知らずに死去した。

今度は、息子の急死を知らせる電報が、入れ違いに土浦に向けて打たれた。だが、危篤の母の耳に、まさかそんなことを伝えるわけにはいかない。その結果、保の初七日の日に、母もまた、息子の死を知ることもなく、他界したという。病の重篤なことを互いに知ることなく、手をたずさえるようにこの親子は世を去った。稀に見る僥《ぎょう》倖《こう》だが、悲しくもまた、どこかおかしい。

阿部昭の『**父と子の夜**』にも、そういう信じられない偶然の珍事が描かれている。危篤状態の父親のようすをちらちらうかがいながら、身内の者は今のうちに腹ごしらえをしておこうと店屋物を頼む。その結果、思いがけないことが出来《しゅったい》した。「父が息をひきとるのと、ソバ屋の出前持ちが病室のカーテンごしに「お待ちどおさま！」と威勢よく声をかけるのとがほぼ同時だった」というのである。読者も笑っている場合ではないが、この偶然はやはりおかしい。

9 木の枝に腰巻——不思議な現象

落語の『**東男**《あずまおとこ》』に、こんな不思議なせりふが出てくる。「俺の腹は食ってる側から空《へ》って来るんだ、一膳食って、二膳目の茶碗が手の掌へ載っかると、其《そ》の重味でもって先の奴がグッと何所《どこ》かへ入ってしまうんだ」というイメージだろう。茶碗の重みで食物が胃から腸へ落ちてゆくというう。茶碗の重みで食物が胃から腸へ落ちてゆくという推測だから、もちろん当てにはできないが、そういう感覚がなぜ起こるのかわからないまま、つい否定できない気分になってしまうのが、何とも奇妙である。

真山恵介の『**わっはっは笑事典**』には、古今亭志ん生の病気と酒との不思議な関連について、信じがたい報告が出ている。「血圧二百七十」という測定値が出た段階で、医者は当然のことながら、「酒は絶対駄目」と固く飲酒を禁じた。ところが、それでは面白くないので、志ん生は逆らって、一日合計一升の酒を毎日飲んでいたのを、むしろ一日あたり四合増やしてみたところ、ひっくり返るどころか、「ケツアツの方がビックリして」「二百十に下がっちゃった」という。残念ながらこれは一時的な現象で、そううまい話は続かなかったらしい。しかし、一時的ではあっても、この信じがたい事実は笑いを誘う。

国立国語研究所に勤めていた大昔、同僚から不思議な実話を聞いたことがある。先輩にあたるその国語教育専門の学者は、自分が前に住んでいた土地が消えたと言う。家が焼失しても土地は残るから　無駄なダムの建設に伴って水の底にでも沈んだのかと思ったら違っていた。東京の環状七号線の道路をつくる際に、電車の中央線の線路と立体交差するために、そのあたりを掘り下げた結果、元のその位置が宙に浮いたのだという。説明を聞けば、たしかに土地が消えたと判断するのも納得できる。それでも、おかしいことに変わりはない。

木山捷平の小説『**青い虫**』には、「左の手がないくせに、時々左の手の甲がかゆくなるんだ。で、今、さすってやっていたんだ。さすってやると、いい気持がするんだ」という一節が出てきて、おやっと思う。これも、脳神経の問題だから、その身体部位が仮に失われたとしてもその感覚が保存されるのだろう。そういうことは理屈のうえでわからないではないが、すでに存在しない箇所の痛みを感じるという《**不思議な現象**》はやはりおかしい。

同じ作者の小説『**冬晴**』には、「女の人は結婚して二、三カ月たつと、その口の形が夫の人と相似形になってくる」という、やはり奇妙な観察が出てくる。互いに触れ合うことの繰り返しから生じる自然の変化と考えているのだろうが、もしそうだとすれば、一方的な変形ではなく、互いの歩み寄りということになり、夫の口にも変化が起こらないと説明にならない。まさにどうでもいいことだが、疑いながらもおかしくなってくる。

やはりこの作家の小説『**貸間さがし**』には、こんな異様な風景が出現する。東京初空襲のあと、被害に遭った「その家の裏の高いポプラの木の枝に、赤い腰巻が一枚ぶらさがっているのが印象的」だったとある。平時なら物見高い連中が好奇の眼を向けそうな対象だが、「時節柄、腰巻の上にはモンペをはいていたであろうに、爆風は、どのような科学作用を起こして、腰巻だけ肉体から分離し、屋根をつきぬけて、木の枝にひっかけたのか」と考えると、煽情的なはずの「赤い腰巻」が、訳のわからないまま、深い悲しみに閉ざされる。ひんやりとした読後感の底に、それでもなお、ひとひらのおかしみが残る。

10 死体の美容整形――考えにくい現実

三宅正太郎編の『**爆笑列車**』に、こんな笑い話が載っている。いくら蚊が飛んでいても平気な大佐を見て、蚊に対して免疫でもあるのかと不思議に思っていると、その部下がユニークな見解を披露した。大佐は飲酒の習慣があるため、眠り始めの頃は、その酒臭い息で蚊が寄りつかないし、そういう空気の中を飛びまわっているため、しばらくすると、今度は「蚊の奴がいい気に酔っぱらってしまって、もう大佐を相手にしなくなる」というのだ。一見、理屈に合っていてもっともな気もするが、現実には考えにくいだろう。

井山弘幸の『**笑いの方程式**』に、ラーメンズのこんなギャグが紹介されている。「昨年虫歯日本一で勝負をかけてきた県ですが、今年はベスト8入りを果たすために県民一同歯を磨かずに今日に備えたそうであります」というのだ。どこで生まれた選手が活躍していても、県の代表ともなれば甲子園その他で、その県民こぞっての声援を受ける現実からも明らかなように、他の都道府県との対抗意識は並々ならぬものがある。しかし、優勝しさえすれば何でも自慢できるわけではなく、「虫歯」日本一などというものを競うこと自体がナンセンスだ。こんな《**考えにくい現実**》ではあっても、ともかく一位を目ざして「県民一同歯を磨かずに」精進するという、涙ぐましい努力は哄笑に値する。

土屋賢二の『**われ大いに笑う、ゆえにわれ笑う**』でも、現実にあっては困るような教室風景が再現される。天下のお茶の水女子大学の哲学の講義らしい。「授業が始まったばかりだというのに時計ばかり見ている学生がいるが、もし授業の終わりが待ち遠しいなら、そういってくれればいいのにと思う」と、この教授は書いている。およそ一流大学の学生とは思えない受講態度だが、もっと驚くのは、その講義を担当している教授自身が「わたしだって待ち遠しいのだ」と自白する一節だ。その大学で実際に教えた経験からも、あの大学にこんな風景は現実には考えにくい。著者自身も悪ぶってみせたコントなのだろう。

織田正吉の『**笑いのこころ　ユーモアのセンス**』に紹介されているこの話も現実には考えにくいが、こちらはどうやら実際にあったことらしい。一九五八年一月福島県会津若松町と、時も処《ところ》も明記してあるからだ。ある質店で、七千円を質草にして、五千円を借りた人がいるというのだ。借り受けた金額より質草とした現金の方が多いから、店主も安心して貸し出したのだろう。その点に矛盾はないが、問題は、七千円の現金がありながら、どうして五千円の融資を受ける必要があったかという点である。漫才ネタじみているが、事情を知ってしまえば、もっともな面もある。その人物、当時の五〇円硬貨を一四〇枚も集めて保有していたが、ある時、友達に五千円貸してほしいと頼まれ、手持ちの現金がこれ以外になかったらしい。せっかく収集したコインを手放す決心がつかず、集めていた硬貨をやむなく質草として持ち込んだというのだ。もちろん、利子の分だけ損をすることになるから、一般には愚行の部類に入りそうだが、趣味として収集したコインは手つかずにそっくり戻ってくるから、価値観によって評価は異なることだろう。

落語の『**夏どろ**』に出てくる次の対話は、いかにも現実離れしており、それだけ滑稽さが増す。物音がするので住人が「誰だ」とどなると、「夜になって人の家へ案内もなく這入《はい》って来りゃア、いわずと知れた泥棒だ」という返事が聞こえた。金はもちろん家財道具もろくにない家なので、「そうか泥棒か、それじゃア安心だ」と平気な顔をしている。「泥棒」と聞いたとたんに「安心だ」と胸をなでおろすこの対応がまず笑いを呼ぶ。

それでも泥棒は「金を出せ」と迫るが、住人は「ない」と即答する。愛想もなくそう言ったあと、こともあろうに泥棒に向かって、「縁あって来たもんだから、済まねえけれども三十銭貸して貰《もれ》えてえ」と借金を申し込む。自分は泥棒とは違うとでも言うつもりか、「呉《く》れろというんじゃねえ、借りるんだ」と念を押す。押し問答の末にとうとう泥棒から金をせしめることに成功し、間違いなく返すと宣言し、「今度来た時に」と言う。意外な成りゆきに、泥棒も「こんな所に二度と来るもんか」と言い捨てて出て行くのだが、「そう云わずにちょいちょいお出で」という文句が追いかけて来る。落語ならではの世界である。

落語の『**黄金《きん》の大黒**』には、いちいち理由をつけていつまでも家賃を払わない連中がそろっている。一度も払わずに来たから、せがれの代になってそれを破るではないぞ、というのが死んだ親父の遺言だというのはまだ平凡なほうだろう。こんな義理堅いのもある。「隣りの家を聞けば持って行かない、又此方の隣りを聞けば持って行かない、向う三軒両隣が持って行かないのに、俺《おいら》の所《とこ》が持って行けば、世間の面当のようになるから、持って行きたいのは山々だが、浮世の義理で持って行かれない」と、大家に対してではなく、店子どうしの義理を隠れ蓑に使う例はさらにおかしい。

三遊亭円生の落語『**引越しの夢**』には、こんな単純なのも出てくる。「ガーッ」という音が聞こえたので「寝たの?」と声をかけると、「グー」。また「おい」と言うと「グー」。「おい、おい」と二度呼ぶと、寝ている側も「グー、グー」。なんだ、いびきで返事してやがらあと笑いになる。

先代の**林家三平**の時事落語『**値上げ値上げでどうもスミマセン**』に、あれば便利だが現実にはありそうもない理想的な暦が登場する。学生やサラリーマン向きのカレンダーだという。通常のカレンダーよりも、日曜と祭日が多く作ってあるからだ。それと気がつく日までは罪意識もなく幸せな生活が送れそうだ。

桂米丸の新作落語『**蛍の光**』では、珍しい式典が催される。「この度、別田様前ご夫妻のお取りもちによりまして、来るX月X日、別居会館にて離婚式をいたすこととなりました」という挨拶状が、人を食っていて笑わせる。「離婚」が著しく増えた昨今でも、それを記念する儀式や披露宴というような催しはまだ聞かない。媒酌人に相当する人の苗字が「別田」とあるのも「わかれた」と読むとまさに適役だ。また、結婚式の仲人は「夫妻」が務めるのが一般的だが、ここは離婚式なので「前ご夫妻」となっているのもぴったりだ。会場もそれにふさわしく「別居会館」となっている。現実離れしているが、絶対ないとも言いきれない。問題は、そこで何をするのか見当がつかないことで、つつがなく済みそうもない雰囲気が漂う。

上方柳次・柳太の漫才『**僕の泥棒対策**』に、こんなナンセンスなやりとりが出てくる。柳太が「大きい鍵かけといたらええ思て、玄関に錠前つけといたら」と言い出すので、柳次が「どないやった」と訊くと、「その錠前盗まれてしもた」という意外な答えが返ってくる。「ええ?」と驚くと、「それからは、もう僕とこでは鍵に鍵かけてる」という奇妙なアイディアが披露される。錠前だけ盗む方も変わっているが、鍵に鍵をかけるなどということを思いつく方も尋常でなく、本末転倒も甚だしい。

中田ダイマル・ラケットの漫才『**僕の設計図**』には、こんな変わった家庭風景が描かれる。「酒を飲みながらテレビを見る」と言うので、「テレビも横に置いてあるのか」と尋ねる。テレビというものがまださほど普及していなかった頃であれば、これは不自然な質問ではない。だが、「見るときは椅子の上に立って、背伸び」すると言うので、「なんでそんなことせんならんねん」と問うと、「そしたら向いの家のテレビが見える」という奥の手を披露する。こんなくだりもある。ダイマルが自分の家では「風呂はその隣にもう一つ」と言うので、ラケットが「二つもあるのか」と驚くと、「風紀衛生上、男湯と女湯に分けてる」という信じられない答えが返ってくる。他人同士の入る銭湯ではそれが常識だが、小さい子供ででもなければ、一人ずつ入る家庭の風呂で「風紀」を問題にする家庭は考えられない。

芦《あし》の家雁《やがん》玉《ぎょく》・林田十郎の漫才**『笑売往来』**にも、およそありそうもない風景が出てくる。「今般、葬儀社を開業しました。何卒《なにとぞ》、初日よりご愛顧願います」と挨拶が始まるが、そう都合よく開店に合わせて新仏《あらぼとけ》が用意できるわけではない。そのあと、「就きましては、この月中に申込みのお方には特別サービスとして、大人の棺桶を差上げます」と続くが、そんなものを常備しておく家は考えられない。さらには、「今日は、葬儀屋でございい、何かご注文ございませんか？　これは、ショウムナイもんですが、どうぞお使い下さい」とサービスするという話なので、「何、持って行きなはった？」と尋ねると、「白木の位牌とお骨の壺と」という答えが跳ね返ってくる。よほど先の備えを怠らない家庭でも、そこまで用意しておくことはないから、すべて常識を外した笑いのための設定なのだろう。

伊東守男の**『ブラックユーモア』**に、実社会では考えられないアイディアが詰まっている。例えば、「死体の美容整形」というのがそれだ。美しく見せたいという人間心理が一定の限界を超えると、せっかくの耳や鼻に好き好んでわざわざ穴をあける人類も出現した。遺伝もしないのにせめて一代限りでも鼻を高くして暮らしたいと顔面手術を志願する例はそれよりずっと前から話に聞く。意識がなくなっても他人から美しく見られたいという故人の遺志を尊重して、死体に美容整形をほどこす試みを想定したのだとすれば、その延長上の贅沢な無駄として、実現しないまでも考えてみる人は出てくるかもしれない。同じ本に、「寝ごこちのいい棺」というアイディアも登場する。これとて、感覚の消滅した死者自身のためというより、死者を思う遺族や、置いて逝かれた親友などの側が、少しでも気持ちを伝えようとする無駄な贅沢として、思い浮かべてみることはありそうな気もする。

サトウハチローの小説**『花嫁凱旋』**には、もっと現実

11 妙　想——ものは考えよう

的で、ありえたかもしれない例が出ている。夫の落ち込んでいるらしいようすを気にした細君が、「会社で何かあったのでしょう。あたしに言えないことも含んでいる事件なのでしょう」と、思いやりを見せて促すと、その瞬間を待っていた夫はこの時とばかり、「実をいうと、鞄を失くしたのだ」と困った顔を見せる。気になるので「どんな鞄なの」と訊くと、すかさず「社長のだ」と答え、「お前には言いにくいのだけれど、社長のお供で赤坂へ行ったのだ」と説明にとりかかる。細君はその地名からぴんと来て、「花柳界」と言う。そのタイミングをとらえて、「そうだ、鞄を誰かが、かくしたと思うんだけれど向うはいたずらでも、こっちはなア」と、弱りきったようすを見せる。

腹のすわった細君はおもむろにタンスの引き出しから百円札を出して、「あなた、これを持って、その赤坂へ行ってよくしらべていらっしゃいませ」と言う。おそらく、いざという時のために日頃から大事にしまい込んであった金子だったのだろう。あるいは山内一豊の妻になった気分だったかもしれない。そんな妻の思わくなどおかまいなしに、亭主はまんまとその金を手に入れて、悪友たちと会いに行く。「女房に、おおっぴらで芸者買いに行ける」そんなチャンスはめったにないと話は盛り上がる。「女房公許の芸者買は、ミラクルだ」というから、誤解も甚だしい。もっとも、小説だから実現した瞬間であり、現実の夫婦間はそんな甘いものではなさそうだ。

11 時間が違うだけ——半理屈

野内良三の『**ユーモア大百科**』で、猿と人との微妙な関係にふれている。人間は猿から進化したことになっているから、賢い猿の中には人間になりたがるのも当然出てくるが、そう思わずに猿のままでいいと考える連中もあるとし、「ほんとうに賢い猿なら」と添えるのがポイントだ。つまり、人間なんかになりたくないと考えるのが賢明な判断だということになるからである。ほんとうに賢い人間はそこから何を読みとるか、意外にむずかしい。人間なんかに進化するんじゃなかったと今さら後悔しても始まらない。

落語の『**小言幸兵衛**』に、家を借りに来た男が家主と言い争う場面がある。その男、顔を出していきなり「穢《きた》ねえ家だが、我慢して借りといてやろうと思うが、店賃《たなちん》はいくらだ」と横柄な口を利く。他人の家作に汚いとけちをつけ、貸すとも言わないうちから、「借りてやる」と恩着せがましく言うその態度に腹を立てた家主が、「何だ、家は此方《こっち》のものだ。気に入らねえものは貸すことは出来ねえ」と突っぱねる。すると、その男は「何をいいやがる、そっちの家だから借りに来たんだ。俺の家なら黙って入る」と言い返す。言い方はいかにも乱暴だが、たしかに、自分の家なら他人に断らずに入るから、その部分はきちんと筋が通っておかしい。ただ、コミュニケーションの流れから見れば、その一理ある情報は交渉に無関係な捨て台詞にすぎず、いくら言い負かしても家を借りる結果にはならない。

織田正吉の『**笑話の時代**』に、節約の気分を味わう小《こ》咄《ばなし》が載っている。一人が「電車に乗る代わりに電車のあとついて走ったら二十五円もうかる」と奇妙なことを言い出す。別に電車の後ろから追いかけなくても、ともかく電車に乗らなければ乗車賃はかからない。すると、相手は、それなら電車賃より高い「タクシーのあとついて走らんかい。九十円とくや」と応じる。どちらにしてもその区間を自分の足で移動すれば、交通費が要らないという点は同じだが、料金の高い乗り物に乗ったと仮定した方が、それだけ得をした気分になるというのだろう。金銭は動かないから実際に儲かることはないが、気分の上で差が出るという主張にはなり、なるほど一理あるとも思う。

佐々木邦の小説『**奇物変物**』に想像力の発達した男が登場する。離れに下宿している教師が入浴の折には母屋の浴室を使わせてもらっている。その男、母屋の娘に心ひかれ、あれこれと想像力を働かせる。蔦江《つたえ》さんもお風呂に入るときは「私と同じ空間を占めるに相違ない。唯時間が違う丈《だけ》だ」などと、間接的ながら一緒に入っているような錯覚を楽しむのだ。時間と空間に分けて一方の条件は満たしていると考える《**半理屈**》の無理がおかしい。時間か空間かどちらかの条件が一致しなければ何にもならないのだが、「時間が違う」に「だけ」を添えて自分を慰めるあたり、その悲壮感が滑稽に映る。

獅子文六の『**牡丹亭雑記**』にも、物資の乏しかった戦後にふさわしい、酒飲みの悲壮な小理屈が展開する。酒好きというものは「アルコールが飲みたいのではなく、酒が飲みたいのだ」から、「酒の色をして、酒の味がして、そうして酒と同じような酩酊効果」があれば、「必ずしも酒でなくてもよろしい」と譲歩し、世の科学者にそのような特殊飲料の開発に取り組むことを要望する。現在のノンアルコール飲料では酔えないので、さすがの現代科学もこの期待にはまだ応えていないことになる。

アルコールついでにもう一例。**徳川夢声**の『**アル中二人組**』に、こんな合理的な酒飲みが登場する。酒をがぶ飲みして吐き気を催してきた男が、「今、吐いては不経済」だからと吐きたいのを我慢する。この段階で吐いてしまうと、食べたものだけでなく飲んだ酒も出てしまうので、酔い心地を味わうためにまた酒を飲む必要がある。だから、どうせ「吐くなら胃袋がアルコール分だけ吸収してからでないと」というのだ。それまで不快な気分が続くのだから、合理的ではあっても、何ともいじましい話だ。

サトウハチローの随筆『**わが師わが友**』には、頭では半信半疑ながら、心理的に納得できる理屈が披露される。友達のできやすい人の条件を二つあげている。「面が変だということは、友達をつくるには、ひとつの武器だ」として、顔の悪さを第一に掲げる。美男美女の場合はどうしても相手が引け目を感じるが、醜ければ相手が逆に優越感を感じるため、「わるいキモチはしないで、あそんでくれる」というのだ。もう一つ、「勉強が出来ないのも、この口だ」として、「友達のおふくろたちは、ボクをみると安心したらしい」と、自分の場合を実例として示している。

同じく『**ぼくは野球部一年生**』にも、どこかもっともらしい理屈が現れる。よそに出かけて行き、「おみやげは、何にも持って行きません。ふたりで相談した結果です」と正直に述べたあと、その理由を説明する。「そういうことは他人行儀で、せっかくの親密の度をうすくするものだということになったからです」というのだ。他人行儀といえばたしかにそう言えないわけではないが、親子間でも夫婦間でもおみやげは喜ばれるから、義理で必ず持参する場合に限ってあてはまる理屈なのだろう。

やはりハチローの『**占いの名人モコちゃん**』には、機嫌が悪くがみがみ言う「おばアさん」について、「年をとると、子どもにかえるとだれかに聞いた。子どもにかえるなら、もっとかわいらしくかえればいい。あんなひねくれた、こんじょうまがりの子どもなんてあるものか」と率直な感想をつぶやく場面がある。「還暦」祝いに赤いものを贈る習慣があるように、年を取るとどこか子供じみてくるらしい。その際に、どんな子供などということを誰も考えないが、そこが盲点だ。たしかに「ひねくれた」「こんじょうまがり」となると、周囲が迷惑する。

同じく**『お揃い結婚式』**には、非常識なまでに合理的な人物が登場する。宴会の席上で芸者に大きな声で「折詰にならんものはどれとどれだ、教えてくれんか、家へ持って行けんものだけ、俺ア食うぞ」と宣言する男だ。がさつだが、隠れてそうするよりは感じがいい。

12 抵抗力?――屁理屈

秋田実の**『笑いの創造』**に、こんな笑い話が出てくる。地球は丸いから、西へ西へと行けば、またここに戻って来る、という理屈になる。そこから、だから一番遠い家は隣だと判断するのは、**《屁理屈》**だろう。東隣の家に行くのに西へ向かう人間はいないからだ。

野内良三の**『ユーモア大百科』**にも、およそありそうもない理屈をこねる人間が登場する。見知らぬ人から借金を申し込まれ、当惑して「あなたを存じ上げないのに、どうして私が用立てなければならない」のかと、その訳をただすと、一面識もない相手「だからこそお願いするのです」と信じられない答え。だが、その理由が「知っている人はビタ一文だって貸して」くれないからだと知って、理屈はわかる。が、もちろん貸すわけはない。

こんな話も載っている。息子が父親に「この成績はよいとは言えないが、血筋と環境を考えれば、まあよく頑張ったほうじゃないか」と勝手な理屈を並べる。「血筋と環境」という部分は父親にも責任があるから、うっかり叱るわけにもいかない。

織田正吉の**『笑いのこころ ユーモアのセンス』**には、離婚した夫婦が子供をどちらで引き取るかでもめる例が出てくる。母親が「おなかを痛めた私のもの」だと主張すると、父親は「自動販売機に硬貨を入れて出てきた缶ジュースは誰のもの?」と、奇妙な例を出して反論する。**《屁理屈》**には違いないが、なんとなくもっともな点もあって、おかしい。

『滑稽諧謔教訓集』にこんな古い小咄が載っている。

金持ちが自分の家には千両もあるのに、貧乏人のお前はなぜ尊敬しないかと尋ねると、「いくら持っていようと、私には関係ないから尊敬する必要がない」と言う。たしかに、他人の金は自分には関係がないから、「それでは半分やったら尊敬するか」と訊くと、半分では二人が「同等だから尊敬なんかできない」と言う。「では残らず遣るから尊敬しろ」と迫ると、相手は「そうなるとあなたは一文無し、私は金持ち、なおさら尊敬できない」と平然と言い放つ。どうして金を払ってまでそんなに尊敬されたがるのか理解ができないが、相手の言い分も筋が通る。

土屋賢二の『**われ大いに笑う、ゆえにわれ笑う**』に、こんな勝手な解釈が出てくる。チンピラ風の男に「ちょっとニイチャン、働いてみる気ある?」と声をかけられた話もそれだ。そのときの自分について、「勤労意欲が外見ににじみ出ていた」と、その理由を説明する。「働いてみないか」という問いかけに「勤労意欲」と反応した点だけはつながっているが、全体として一方的なこじつけにすぎない。

同じ本にもっと極端な解釈も出てくる。「中年になると、若いときよりも暑さ寒さに弱くなる」という一般的な傾向の話から、しかしそれは「一時的な現象で、そこを通り過ぎると次第に強くなり」と進み、「ついには夏か冬かもわからなくなるまでに抵抗力がつく」と展開して読者を煙に巻く。老人の抵抗力の話だから、狐につままれた気分の読者に、「最後には焼かれても何も感じなくなる」と種明かしをする、人を食った文章だ。

「夏か冬かもわからなくなる」のは、認知障害が進んだのか、あるいは意識を失ったのか、生きていないのか、ともかくそういう状態を「抵抗力がつく」とはとらえないから、明らかに引っかけだ。「焼かれても」云々はすでに死体になってからの話で、「暑さ寒さ」に強いか弱いかという話題からはすっかりそれている。読者をそこまで引っぱってくるのは論理ではなく、亀裂を目立たなくする表現力のせいなのだ。

サトウハチローは『**ボクの浅草**』と題するエッセイで、こんな理屈を述べている。「六区の池のうちにある交番は何の役にもたたないものなのだ」ときめつけ、

「よろしくどこかへ移転すべきものだと思う」と意見を述べ、「東京でも指折りの立派な美しい映画館であった大勝館が、あの交番のために、いかに這入《はい》りにくい、出にくい館であったかを、考える必要がある」と、その理由を記している。要するに、できれば警察官と顔を合わせたくないような作品を上映していたのだろうか。こういう遠まわしのぼかしが笑いを誘う。

13 看板にキズ——妙な理屈

『爆笑列車』に、こんな逸話が載っている。文壇随一の大頭の持ち主は土師《はじ》清二《せいじ》だったとし、何しろ前後に張っている頭だから宿屋に行っても枕が要らないという謎めいた説明をする。どうして枕不要となるのかと思うと、「頭全体が枕になる」からだという。顔の位置が通常の人間なら枕に載せたほどの高さになる、ということなのだろうか。そもそも枕というものは、頭を載せるためのものだから、頭部全体が枕の形になっても、実用にはたえないはずだ。

金子登の**『ユーモア辞典』**には、もっとわかりやすい笑い話が出てくる。交際中の女が「わたしたちのこといつまでみんなに内緒にしておくの？」と相手の男に尋ねる。すると、「ほんのもう少しだ」と言われ、ほっとしたとたん、「別れる時まで」という思いがけないことばが続く。**《妙な理屈》**で、女にとっては残酷だが、いずれ別れるつもりだから他人に知られないようにしていたのだと考えれば、その説明はきちんと通る。

　こんな単純な笑いもある。「なぜ逆立ちすると頭に血が上るのだろう」と疑問を投げると、即座に「血は空っぽのところへ流れ込むから」とからかわれる。気圧と風向きの関係などを考えても、何となくもっともらしく響くのがおかしい。

　古い**『ゆうもあ物語』**には、鼠を退治する妙案が書いてある。「米糠をよく炒って飯粒で練り、山葵卸《わさびおろ》しの裏表によく塗りつけて置くと」効果があるという。どういう理屈か皆目見当もつかないが、ものが卸し金だから、それを「鼠が舐めて」いる間に磨り減って、「しまいには尻尾ばかりに」なっているというのだから、誇大妄想に近いとしても、ものがものだけに、少しは効果のありそうに思えるのがおかしい。

織田正吉の『**笑いのこころ ユーモアのセンス**』には、横着千万の酒徒が登場して呆れさせる。酒場でビールを注文してはそのまま席を立ち、しばらくすると、空になったジョッキを持って戻って来る客だ。何をしているのかと訊いてみると、「ビールを腹に通すのが面倒になったから、直接トイレに流している」のだという。ビールを飲むと、たしかにトイレが近くなり、そのある部分は排出される。その意味で、極端に言えば、体内を素通りしているように感じられるのも事実だろう。だが、ビールがうまいのは口から咽喉を通る時であり、この方法ではそういう味覚の働きようがない。それに、体内に入らなければ心地よい酩酊気分も訪れない。これでは、ビールを買わずにそのまま金を捨てるのと大差がない。そんなふうに矛盾だらけなのだが、体を通す手間を省くという一点に限っては、きちんと理屈が通るから、つい笑ってしまう。

夢路いとし・喜味こいしの漫才『**物売り・季節感**』にも、《**奇妙な理屈**》が出てくる。「布団に入って」、自分が「寝ている姿を想像して、その中で、また、自分が布団の中で寝ている姿を想像して、また、その中で、自分が布団の中で寝ている姿を想像するねん」と、深く眠るこつを伝授され、そんなことをしていたら「よけい寝られへんのとちゃうか」と反論すると、「その代わり、いっぺん寝ついたら、なかなか目さめへんで」と意外なことを言う。わけがわからないので、「なんで？」と、その訳を訊くと、「順番に目さまさなイカンから」という説明が返ってくる。たしかに、眠る際に自分の寝ている姿を想像し、それを何重にも積み重ねるから、目を覚ます際にも、それを外側から順に解きほぐしていく必要があって、完全に目を覚ますまで、その分それだけ時間がかかるという理屈なのだろう。そんなばかなと思いながらも、その仕組みが何となく理屈に適っているような気もして、考えているとおかしくなってくる。

乾《いぬい》信一郎の小説『**阿呆宮一千一夜譚**』には、ことば遊びじみた、訳のわからぬぼやきが出てくる。「夏だから暑いのか、暑いから夏なのかどうも訳が判らん」と始まり、「そんな判らん事を云っても判らんことは判らん」と突き放し、「いや、そんなこと考える奴がもっと判らん」と続く、まさに何の役にも立たぬ一節である。

サトウハチローの小説『**新生活行進曲**』には、人間の無駄の多い生活をぼやくくだりが出てくる。まず、朝起きると、庭のテーブルにミルク・コーヒー・果物が置いてあり、それから「一時間と経たないうちに、ほんとうの朝食」が始まる。そして、「それが終るとお十時。昼めしに二時間しかないのに、菓子をくッたり、茶をのんだり」するため、「昼になっても箸をとる気にならない」。食欲が出なくても、「それを無理して、妙に習慣的に食べるから胃にもたれる。昼が終ると、すぐにお三時だ」と展開し、「これじゃ胃の休まるヒマもないし、身体だッて、食物に追われて、何一つ、まとまッたことは出来やしない」という結果になるのだという。食事には支度も後片づけもあるから、なおさらだ。でも、「身体」は「胃」だけではないし、「食物に追われて」まとまった仕事が何一つできないという結論には明らかに飛躍があるのだが、こんなふうに食う話ばかりが矢継ぎ早に出てくると、人間、多かれ少なかれ、食うことに多くの時間を取られていることに実感がわくし、ろくな仕事ができないのもなにやら無理がないような気もしてくる。

11 妙　想——ものは考えよう

同じ作者の随筆『**青春風物詩**』には、自身のこんな逸話まで飛び出す。「帰るに家なきこのボクを、この家の食客にスイセン」してくれたことを、理由はともあれ、ありがたく思ったことを記し、次にその理由として、実は、「人相がよくないし、がらがわるいから、泥坊の方できッとさけるわよ」と言われたことを打ち明ける。早い話が、盗難除けにもってこいの顔だから役に立つというのである。

やはりハチローの『**喧嘩手帖**』では、奇妙なプライドの話がおかしい。喧嘩好きの男が、「隣りの六の字と一遍喧嘩をしねえと腹の虫が納まらない」ので、「何かキッカケをつけてやろうと決心した」らしい。なにしろ、「この町内では、俺の癪《しゃく》にさわらなかッた奴は一人もない」と豪語し、「俺と二言三言言いあいをしない奴は、一人だッてないのだ」と強調する。「それなのに六の字はしない」と、まだ喧嘩をしたことのない唯一の存在だと、いやいや認め、そのことで「なんだか俺の看板にキズがつくような気がする」と、まるで沽券にかかわるような言い方をするのだ。まさに**《妙な理屈》**で、世間の常識ではおよそ無意味な自慢だが、プライドというものは、そんな世間の思わくとは関係なく、人それぞれに過敏な動きをするものらしい。

14　往復飲食――変わった思いつき

落語の『**あかにしや**』に、こんな変わったアイディア葬儀の計画案が出てくる。病気は治すが寿命は請け合えないと言う医者もあるように、店の主人に万一のことがあったらと息子たちに葬式のアイディアを考えさせる。すると、長男は、酒もふんだんに振舞う、それも灘《なだ》の生一本だ。「ビール党にはビールを沢山」用意し、さらに「ブランデーからウイスキー、シャンペン、ベルモット」も取りそろえる。そして、「婦人子供も沢山来ましょうから、広場に天幕《テント》張りをして模擬店を開きます」と大盤振る舞いの計画をしゃべり、さらに、「蜜豆にお汁粉」も食べ放題とし、「園遊会ですな」と自分で総括する始末で、しめやかに送られるはずの親父もこれには呆れるばかりだ。まさに珍葬で、いかにも落語の世界という雰囲気である。

やはり落語の『**長屋の客**』には、気のいい若夫婦の悩みが出てくる。新築の借家に入ったその夫婦のところに、夫の伯父がやって来て、なかなか出て行かない。妻は「伯父さんが何と言いました。新しい家で心持がいいから、当分厄介になるんだと」と夫に伝え、新築の借家の住み心地がよく、このままいつまでも居すわりそうなけはいに困っている。そして、「生活に余裕さえあれば、一年が二年いらしたからとて構いませんが」と、生活費もかさんでやりくりが大変だと訴える。夫もいい考えが浮かばず困り果てて、「伯父さんの留守に転宅をするわけにも、夜逃げをするわけにも行かないじゃないか」と、できるはずもない対策を頭に浮かべては悩んでいる場面だ。「わけにも行かない」として思いつくアイディアが突飛でおかしい。

浪花家市松・芳子の漫才『**蛙の子は蛙**』でも、随分と変わった思いつきが話題になる。市松が「どの動物もけっして笑いません」とわかりきったことを指摘し、「笑わないというのは、確かに退屈してる証拠です」と飛躍した推論を展開する。相方の芳子が「そんなら、いっそのこと、あなたが檻の中に入れてもらったらどう?」と《**変わった思いつき**》でからかうと、「それも考えているんです」と冗談を真に受け、「動物園に万物の霊長たる人間の見本が一人ぐらいいないのは不届《ふとどき》であると」と乗り気になる。芳子も呆れて、「本当に、あなた、長生きしますわよ」と言うと、市松は褒められたと思い、それにも「どうも有難う」と礼を言う始末だ。

柳家金語楼の『**あまたれ人生**』には、こんな話が出てくる。近頃は、「約束結婚といって何年間ときめて夫婦になる人もある、中には月ぎめで、六ヶ月間とか」と、パートナーといった概念が普及する以前の、新しいタイプの結婚を話題にし、「もっとひどいのになると、一週間とか、甚だしきは時間ぎめ」などと極端な話に発展する。このまま進むと、「一分……二秒、一秒、カーン」と、ほんものの落語に移りそうな雰囲気である。

ほんものの落語の『**負惜《まけおし》み**』では、奇想天外の飲酒風景を思いつく。「小楊枝を二百買って来るんだ、それを一本ずつ口に咬《くわ》えて酒を飲むんだ」という変わった注文で、それをどうするのかと思うと、「酒を飲んじゃア楊枝を使い、楊枝を使っちゃア酒を飲めば、外から見りゃア、旨《うめ》え物でも食ってる様に見える」というのだ。たしかに、味はないが、安くて人並の酒盛りを演出できる。

そうすれば、「第一腹へ溜らねえで、淡泊《あっさり》した肴だろう」と、健康にもよさそうな利点も追加される。「腹へ溜まらない」のも「あっさりした」という点はそのとおりだが、これを「肴」と呼べるかどうかは疑問である。

落語好きだった**夏目漱石**の『**吾輩は猫である**』に出てくる迷亭の手紙でも、健康によいはずの飲食の秘法が紹介されている。ぐっと古い話になるが、ローマ人は、日に何度も宴会を開き、それでも消化機能に異状を来さないための「秘法を案出致し候」とあるのがそれだ。まず、食後に必ず入浴して、「浴前に嚥下せるものを悉《ことごと》く嘔吐し、胃内を掃除」し、「又食卓に就き、飽く迄《まで》珍味を風好し、風好し了《おわ》れば又湯に入りて之《これ》を吐出」する。この秘法に従えば、「好物は貪ぼり次第貪り候も毫《ごう》も内臓の諸機関に障害を生ぜず」ということになって、まさに一挙両得だ。これなら、好きな物を好きなだけ食えて、消化器に負担もかからないことになりそうだが、そう思うとおりに運ばないから、人類が今日まで生き長らえてきたのかもしれない。

同じ作品の盗難事件の箇所でも、一風変わった質疑が交わされる。姉のとん子が「夕べ泥棒が這込《はい》ったの?」

と質問するのはごく自然だが、「どんな顔をして這入ったの？」という問いは、どういう回路から出るのだろう。訊かれた母親のほうも泥棒というものの一般的なイメージから、「恐い顔をして」という当たり前の答えでお茶をにごすことになる。同様に、「盗難に罹ったのは何時頃ですか」という警官の質問も、いささか間が抜けている。財布を落とした場所を訊かれても、それがわかっていれば拾うから、何とも答えようがない。それに類するやりとりで、この場面にも、「巡査は無理な事を聞く」と解説している。

15 人間の値段――奇妙な計算

馬場峯月編『**ゆうもあ物語**』に、弁慶が旅先で計算に苦しむ話が出ている。泊まった家の主婦にお子さんは何人かと質問すると、「父の子が六人、私の子が六人、合せて九人」という答え。どういう場合にそういう妙な計算になるか気になって、長時間考え、ようやくたどりついたのがこれだという。女房が三人の連れ子をしてこの家に嫁いだ、亭主にも先妻の子が三人あった、そして今の亭主との間に子供が三人できた、そう仮定すれば、それぞれの子供が六人ずつで、合計九人となるので、主婦の答えどおりの計算になる。

『**笑話宝玉集**』にはこんな話が載っている。ある男が、「どうも今年は女の結婚の方が、男のより多いですな」と、つい率直な感想を口走ってしまい、周囲の失笑を買う。結婚は通常、男女一組で成立するから、つねに男女同数となるのだが、その人はきっと、知り合いの女性の結婚式にたびたび招かれたために、そんな気がしたのだろう。

こんな話もある。学校で算数の時間に、先生が、「大工五人で十日間に一軒の家をたてることが出来るとしたら、今二十五人の大工さんが居れば二日間で出来上るわけです」と説明したところ、ある生徒が「それでは大工さんが一万人も居れば一秒間に家が建って居るわけですね」と確認の質問をしたという。計算上はそのとおりだが、現実の工事ではそれぞれの手順があって、そんなに大勢の大工が同時に無駄なく働くことは不可能だから、実際には一週間でも無理だろう。

立花砂山編『**ユーモア処方箋**』には変な損得勘定が現

れる。妻が「これ安いでしょう、ね、このショール正札五円ってついてたの三円にまけさせたのよ」と自慢げに言うと、夫が「このショールなら竹屋デパートなら二円で売ってるじゃないか」と、もっと安く買えたのにと、もったいないという顔をする。ところが妻は一歩も引かず、「でも、あそこじゃ決して負けっこないんですもの」と抗弁する。なるほどデパートではなかなか値引きをしない。購入する金額に関係なく、値引きさせたという達成感に重きを置けば、支払った金銭は多くても、それなりに満足な気分になるのかもしれない。

金子登『ユーモア辞典』には、こんな思わせぶりなコントが出てくる。アパートの管理人が「はい、鍵はこれです。皆さんに二つずつお渡ししております」と言って手渡すと、新しく越して来た借り手のグラマー美人、鍵を一つ返しながら「これ、今月分のお部屋代よ」とにやりとしたという。なにやらフランス小咄《こばなし》じみたタッチを感じる。

上方柳次・柳太の漫才『**僕の結婚式**』では、「僕は恋愛結婚で、神前結婚をした」と言うと、相方は「すると君は早や二回も結婚したんか」と驚く。「恋愛結婚」と「見合い結婚」、「神前結婚」と「仏前結婚」となれば二回結婚したことになりそうだが、「恋愛結婚」と「神前結婚」とを「二回」と数えるのはいかにも**《奇妙な計算》**だ。

若井はんじ・けんじの漫才『**おお、サラリーマン諸君**』でも、変な辻褄合わせが笑いとつながる。「朝三十分早く来るべきところ、三十分遅く来たのは私のあやまりでした」と会社に遅刻したことを詫びた後、「そのかわり、夕方は三十分早く帰ります」と続けて相手を呆れさせる。会社にとって肝腎な勤務時間という点では、さらに減ってよけい迷惑がかかるが、「三十分遅く」と「三十分早く」という対応が、形式的に一瞬もっともらしく見えるのがおかしい。ただし、昔の大学の授業などでは、待たせて悪かったから、早くやめて学生の負担を減らす、そんな埋め合わせの考え方も事実あったようである。

同じく漫才で、**セント**がもっともらしく、「人間の身体というのは、ほとんど水分。体重の七十パーセントは水の重さ。あとは炭素と脂肪と鉄分と燐《りん》でできています」と、肉体の成分分析を披露する。ここまでは何もおかしくないが、そこから、「その分の炭素で鉛筆の芯が九千本できる。脂肪分で石鹸が七個、鉄分で二寸釘が一本。最後に燐でマッチ棒の頭が二千二百本できる」と、各成分の利用法を並べ、「これをお金に換算すると七千円であります」と、人体をスクラップにした場合の計算を金額で示す。相方の**ルイス**が「たった七千円！」と驚くと、セントは「お前は小さいから五千円」と、さらに金額を減らす。そして、「この七千円の身体に生命保険一千万もかける」と、人間の強欲さをむき出しにする。

もちろん、水分と炭素が源氏物語を書き、脂肪や鉄分がモナリザを描いたわけではないから、この計算が仮に合っていたとしても、こういう人体の評価額は、そもそも人間の価値とはほとんど無関係なのだが、いかにも論理的に見えるこういう運びに聴衆は爆笑する。

佐々木邦の小説『**ぐうたら道中記**』にも《**奇妙な計算**》が出現する。「研究して見ると泥棒ぐらい愚かな商売はありません」という記述がある。こういう泥棒経済学の研究そのものが突飛だ。しかも、「一ヶ月の稼ぎ高が平均十八円五十銭です」と、知り合いの泥棒の自己申告に基づくのか、ともかく月平均の収入を算出できたのはすごい。そして、その金額をもとに「僅《わず》か是《これ》だけの収入を得るために多大の危険を冒す」のだからろくに計算もできない連中だと、いかに割の悪い商売であるかを立証する。

サトウハチローの小説『**露地裏の告知板**』には、奇妙な売買が描かれている。夜光時計を見せて、「六さんが買わねえか」と話をもちかけ、「いくらだい」と訊かれると、「五円くれよ、あとで、二円は返すよ」という奇妙な売り値の交渉に入る。「じゃア三円だね」と買おうとすると、「三円だけど、五円くれよ、五円必要なんだから、くれておけよ、工面がよくなったら、二円は返すよ」という妙なことを言う。「おかしな売り方もあるもんだ」と奇妙な計算に対する寸感が記されている。実質的には、三円で時計を売って、二円を借りることなのだが、それをそっくり売買に結びつける苦しい弁明もおかしい。

同じ作者の小説『**秋晴れ二人軍曹**』には、弱者が強者を手玉に取る小気味よい計算が登場する。「七百円にビクビクするなッていうんだ。二百円こしらえなよ。二百円なら出来るだろう」と弱気の人間を励まし、「そん位なら、わけを話せば、一軒で五十円ずつ借りたッて出来るけど、あとの五百円は」と相手が不安に思うと、「敵は何と言った。その星枝さんに借金を払うなんてお客があったらお目にかかる。店を畳んで、景品として五百円くれると言ってるんだろう」と、先方の啖呵を切った文句をそのまま額面どおりにあてにし、「二百円プラスその五百円、合計七百円」と、もらう前から早手まわしに、店を「畳んでいただこうじゃねえか」と、意気込むのである。

16 いざと言うときの嘘——穿《うが》った解釈

最近は「女史」という語をあまり見かけなくなったが、**金子登**の『**ユーモア辞典**』では、そのことばの感触を、こんなふうに説明している。「女史」というのは、「売れ残り」と言っては失礼に当たる時の、婦人に対する敬称なのだという。**《穿《うが》った解釈》**で、さほど正確な定義ではないが、何となくその語感を言い当てた感じがして、妙におかしい。

戸川秋骨の『**凡人生活**』という随筆には、「恩」というものの本質を説き、人間の恩着せがましい言動に対する警告を発している。「犬はよく恩を覚えているというのは犬から見れば理不尽」だとし、「自分の慰みに動物を飼って置きながら、一杯の飯を与えてそれを恩だと称している」のは人間の勝手だという。そもそも「恩とは受けたる方から見ての或《ある》好意に対する念慮」であり、「施した方からの恩というものはない」というのである。

野内良三の『**ユーモア大百科**』にも、時として読者をはっとさせる箴言《しんげん》めいた名言を紹介してある。「嘘というものはみだりについてはいけない。これぞという時のためにとっておくべきである」というマーク・トウェインのことばもその一つだ。嘘は絶対にいけないという凡庸な文句ではなく、いざと言う時のために温存せよという、現実的な示唆に富む教訓と言っても過言ではない。

こんな変わった見方も披露される。「怠け者とは、働いているふりをしない勇気をもった人間である」というトリスタン・ベルナールの言というのがそれだ。この勇気ある発言の底にあるのは、一般の人間はほとんどが働いているように見せているだけだという深い皮肉である。

17 昼間明るいのはなぜ?——一理あり

『**滑稽諧謔教訓集**』に、こんな有名な小咄《こばなし》が出てくる。世の中には、一匹もかからないのに三時間も釣りをしている閑な男もいれば、それを退屈もせずに眺めているもっと閑な男もいる。どうしてそんなことがわかるかといえば、その閑な男の一部始終を最初からこの目で見届けたという、もっと閑な男の証言があるからだという。

松山思水の『**笑の爆弾**』には、「宅の様な貧乏な所へ這入《はい》るものか。早く泥棒に狙われる様な金持になりたい」という、ささやかな望みを抱くあわれな人間が登場する。たしかに、泥棒も相手にしない家よりは、泥棒にでも狙われる家の方が生活的に恵まれているはずだから、実際に被害に遭わなければ、そのほうが暮らしやすいだろうから、馬鹿げてはいるが、《**一理ある**》ことになるだろう。

三宅正太郎編『**爆笑列車**』に出てくる、「できるだけ大股に歩くと靴が減りにくい」と、靴を長持ちさせるコツを伝授する話も、本末転倒のきらいはあるが、一理あるように見える。ただし、一歩にかかる衝撃の差を計算に入れると、靴の減り具合がどうなるかは微妙なものかもしれない。

野内良三『**ジョーク・ユーモア・エスプリ大辞典**』に、こんな笑い話が出てくる。医者が「あなたの病気は遺伝的なものです」と診断すると、患者はすかさず「それなら診察代は両親の方に請求して」と言う。たしかにそれも《**一理ある**》が、順に遡って、結局、遠い祖先が払うことになるのかしらん? あるいは、その前の猿が?

鈴木進ほかの『**アメリカン・ユーモア**』にも、一見もっともな理屈が出てくる。太陽は照明など必要のない明るい時間に無駄に照っているが、月は暗い夜に光ってくれるので太陽より役立つ、という判断も、昼間はなぜ明るいかを問題にしなければ、まともに見える。

落語の『**代り目**』には、こんな酒飲みの言いわけが、一見尤《もっと》もらしく感じられておかしい。「友達と飲んでいるうちに肴が残ってしまった。残して置くのも勿体《もったい》ねえから、モウ一本ずつ飲もうというんで、一本ずつ飲んだら今度は肴が又足りなくなってしまった、肴を取って居ると又酒が足りなくなってしまった、又肴を」と際限もなくくり返すのだ。

森乃福郎の漫談『**ヨイコの処世術**』にこうある。世間一般の考えでは、1が一番、2が二番、3が三番と決まっている。ところが先生は成績を逆に54321の順にした。この一事をもってしても、世の中の先生というものはいかにヘソ曲がりであるかがよくわかる。点数の多い順と考えれば矛盾はないが、話の流れで一瞬もっともなように聞こえるからおかしい。

学校の話題といえば、**三遊亭小円・木村栄子**の漫才『**あべこべ学校**』に、そのタイトルどおりの妙ちきりんな学校教育の話が出てくる。一般の学校と反対に、「うちの学校は月曜から土曜まで休んで、日曜日だけ生徒は来る」という。学校でどういう教育をするのかと思うと、ただ「給食食べて、昼寝する」だけで、勉強は固く禁じているようだ。「これだけきびしいにしつけてると、子供は反対に、勉強がしとうなってくるもんや」という。意外に荒療治なのかもしれない。結果はそううまく行かないだろうが、考え方には《**一理ある**》。

柳家金語楼の『**あまたれ人生**』にも、普通の人間が考えつかない教育法の提案がある。「子供と云うものは、何の気なしに覚えこむもので、いざこれを、と云うと覚えないが、うっちゃっとくとよく覚える」という傾向のあることを指摘する。言われてみれば、たしかにそういう傾向があるような気がする。が、そこからいきなり、「学校でうっちゃっといたらどうだろう」と、新時代の学校教育の斬新な方法に展開するから、読者もびっくりする。学校で「うっちゃっとく」だけでなく、学校に行かせないで「うっちゃっておく」手もあるが、いずれにしても、こういう極端な飛躍が笑いにつながる。

サトウハチローの随筆『**わが師わが友**』に、「キリンの首に、赤い毛糸のエリマキをさせたのは誰だ。ノドが長いから、カゼをひく率が多いと思ったのは誰だ」という一節がある。きっと純真な心やさしい子供なのだろう。大人がそんなよけいな心配をするようではいささか心配だが、言われてみれば《**一理ある**》。

同じ作者の小説『**青春五人男**』には、こんなくだりが出てくる。「君は着物が何枚必要だね」と問われ、即座に「何枚ッて身体は一つだから、一枚あればいいじゃないか」と、当然のごとく答える貧乏な男。作者も「ああ、このドガさんの言葉を、世の女性に聞かせたいな」と思わず感動のつぶやきがもれる。洗濯の必要がなければ、破れるまではそのとおりだから、一理ある発言だ。

華美に走る人間の盲点をついているのかもしれない。

やはりハチローの小説『**お揃い結婚式**』には、「海岸でなれそめたとか、山で初めて逢ったなんていうのはいいけれど、階段がとりもつ縁じゃあ、二階家に住んだら思い出してしようがないね」というくだりも現れる。二人が知り合った場所に行けば最初の出会いを懐かしく思い出すという話だが、山や海岸と違って階段となると毎日何度も通るから、たしかに、いちいち感傷にひたってばかりはいられない。それはそうだろうが、階段でさえあれば、どこの階段でもそんな気分になるとは考えにくい。

18 細いのは片目だけ――一見もっともな

江戸小咄《こばなし》にこんな話がある。若い男のところに縁談を持ち込んだ人が、花嫁候補について「あの娘は顔もよく裁縫もできるし、利発で姿も柳のようと褒めた」。ここまではよかったが、直後に、その柳からの連想か、勢いあまって「目は薄《すすき》のよう」と口を滑らせる。相手の男が、そんな細い目の女は嫌だと言い出したので、これは失敗したと気づく。あわてて「いや、細いのは片目だけだ」と言いつくろう。概して欠点は少ないに越したことはないから、とっさにそういう一般論に従って、目の細いのをマイナス要素と考え、両目が細いよりは片目の方がまだましだと考えたのだろう。《**一見もっとも**》だが、この場合は欠点をとりつくろうどころか、左右の目がちぐはぐになり、よけいひどい顔になる。

『**笑話宝玉集**』に、こんな間抜けな話が載っている。夫が「今日は何曜日？」と訊くと、妻が「そこに新聞があるでしょう」と答える。たいていの新聞では各ページの上の欄外に発行年月日が記載してあるから、そこを見れば曜日もわかるという意味だ。ところが、この男はなんと「これは昨日のだ」と答える。手もとにあるのがいつの新聞かわからなければ、たしかに曜日を知るには役立たない。だから、これは今日の新聞ではないという意味では、それなりに筋が通っている。しかし、それが昨日の新聞だとわかるのなら、今日の曜日も簡単にわかるのだから、いかにも間の抜けた発言である。

野内良三の『**ジョーク・ユーモア・エスプリ大辞典**』にも、一見もっともだが実際にはずれているこんなやりとりが出てくる。「この頭蓋骨は正確には五十万三年前のもの」だと、したり顔で説明する案内人、なぜそんなに詳しくわかるのかと問われ、「三年前に赴任した時、五十万年前のものと言ってましたから」と答える。正確なのは「三年前」の部分だけで、「五十万年」の部分は何万年も誤差があるかもしれない数字だ。こんなふうに詳しさの違う数字を単純に合計しても数学的には意味がないのだが、融通の利かないこの案内人は、少しでも正確に考えようとしたのだろう。

同じ本にこんな笑い話も載っている。タクシーに乗って目的地に着き、料金五千二百円を請求されたが、あいにく所持金が少し足りない。そこで、「少し戻ってくれ、五千円しか持ち合わせがないから」と運転手と交渉する。もしも少し前で降りていれば、タクシー代が五千円で済んだかもしれないから、一見もっともに思えるが、タクシーの側では、五千二百円の距離よりもさらに長く走ることになるから、それだけ料金もさらに増やさないと割が合わない。

もっと単純な笑いもある。ある人が「子供のズボンを洗ったら縮んでしまった」とこぼしたら、それを聞いた人が「それなら今度は子供を洗えば？」と迷案を授けたという小咄だ。最近は常識というものが通じにくくなり、「この洗濯機で子供は洗えません」と書いておかないとメーカーの責任問題が起こりかねない時代らしい。が、そう書いておくと今度は大人なら洗えると誤解されかねない。この例もそれに近い非常識きわまる提案だが、ものは洗えば縮むという前提に立っており、その点では理論的に問題が解消されそうな一瞬の錯覚を楽しむことができる。

同じ編者の『**ユーモア大辞典**』にも、こんな眉唾な話が載っている。スコットランドで犯罪が激減したのは、法律改正により、服役中の食事代と宿泊費が自己負担になったからだというのだ。前出の泥棒経済学でも明らかなように、この因果関係は実際には的外れなのだが、それでも何となくもっともに感じられるところが笑いにつながる。

秋田実の『**笑いの創造**』にこんなやりとりがある。若い夫が乳母の志願者に「赤ん坊のことは詳しいとおっしゃいましたね」と言うと、「ハア、私自身も一度だけ赤ん坊の時の経験がございますから」と答える。そういえば、昔、教科書の編集会議で、小中高で教えた経験はないが、生徒だったことはあるから勘は働くなどと**《一見もっとも》**な発言をして先生方の失笑を買った苦い体験を思い出す。中学生であった経験があれば中学の教師が勤まるという理屈で、論全体は筋が通らないのだが、経験があるから知っているという部分だけを取り出せば、何となくもっともらしい理屈に見える。

発言の趣旨ではなく、部分的な形式だけが呼応する場合も、一瞬もっともな受け答えと錯覚しやすい。酒飲みが「寒いから何か引っかけるものがないか」と言って、相手が「柱の釘がある」とからかったり、「何かつまむものはないか」と言われて「鼻でもつまんだら」とあしらったりするのは、その常套手段だ。

同じ本に出てくる、「どっかで見たような顔だな」「俺もどっかで見られたような」というやりとりも、そんな一例だろう。「見る」と「見られる」で形はきちんと対応しているのだが、悪事か濡れ場か何かそんな特別の瞬間でもなければ、見られる側は意識しないから記憶にも残らないはずだから、通常はこんな応じ方はない。また、自分で払わず相手に払わせてばかりいるけちな男の噂で、「奴は女にばかり注意を払っている」と言われて、「そうだろう、あいつが払うのはそんなものだけだ」と、あさっての方向にずらして応じるような例も出てくる。文全体の意味とは関係なく、単に「払う」という動詞に反応しているだけだが、何となくつながっているような感じがするからおかしい。

落語の『**非常線**』に、相手に「巾着切り待て、泥棒待て」と呼びかける場面がある。呼びかけられた方が、忍び込んだものの何も盗るようなものがなく、むなしく帰るところで、「何も盗らねえのに何だって泥棒と云いやがるんだ」とどなり返すと、「お前の名を知らねえから泥棒と呼んだのに不思議はねえ」と正当化する。

横山エンタツの漫才『**花婿の寝言**』に、こんなやりとりが飛び出す。相方が「結婚はいいね」と言うのに話を合わせて、「僕の妹なんか、あまり結婚がいいものですからネ、三遍も結婚しました」と応じて呆れられる。これも「結婚」という話題に合わないだけで、あんまりいいから何遍でもするという一般的なルールにはきちんと対応するから、一瞬もっともらしい響きに感じられて笑いにつながるのだろう。

東けんじ・宮城けんじの漫才『**飼うか飼われるか**』に犬の話題が出てくる。「うちの犬は君を噛んだりしない」

と言って安心させ、「上品にしつけてあるから、きたないものは一切口にしないよ」とからかう場面がある。また、「犬でさえ君の言葉がわかるのに、人間の君がどうして犬のいうことがわからないの？」という質問は実にもっともだ。そういえば、わが家でもと、つい考えさせられる深みがおかしみをかきたてる。

19 おしゃべりと寿命
——わかったようなわからないような理屈

舟崎克彦の『**コモンセンスとしてのナンセンス**』にこんな話が出ている。大学の部室に置いてあった部費が盗まれたので、部屋のドアに鍵を取り付けることを提案すると、「泥棒に中から鍵をかけられたらどうする気だ」と異議を唱える者があったという。たしかに、中から鍵をかけられたら、外から入れず、中の物を取り出せなくなる。だが、外から鍵のかかっている部屋に泥棒がどうやって忍び込むのか、といった疑問がわきあがり、何が何だかわからなくなってしまう。

北村小松の『**三文文士**』に、「世間の人は、文士達がやっと、息をついて、気晴らしに遊んでいる所しか見ていない」から、執筆している時の苦労がわからないとし、それはちょうど「大工が昼寝をしているところを見て、昼寝をして家が建つと思うようなものだ」という理屈をこねる。《**わかったようでもあり、わからないようでもある理屈**》だ。

辰野九紫の小説『**予約千万長者**』に、運勢を占ってもらう見料の話が出る。人によって相場がまちまちで、「十円は愚か、百円札をポンと投げ出す豪勢なのもいる」と聞き、「そんなにお金があったら、見て貰う必要はないでしょうがね」と不思議がり、「世の中の苦労は金ばかりじゃないよ」とたしなめられる。ここでの持ち金と運勢を見てもらうこととのつながりも《**わかったようなわからないような理屈**》だ。

同じ作品に、「首を左右に振って休まず、満遍なく愛嬌を撒き散らすので、酒の酔い方も他の連中より高速度」という箇所も出てくる。科学的な根拠は明確ではないが、感覚的には納得できる。同じ作家の『**痩せたい肥りたい**』という小説には、「およそ、恋をするくらい体重《めかた》の減るものはない」という発言が出てくる。失恋なら食欲が落ちて体重が減るというのもよくわかるが、

「恋」と一般化しても同じルールがあてはまるのかどうかはよくわからない。といって、反対する論拠も見あたらない。

森茉莉のエッセイ『**贅沢貧乏**』には、世界的統計を出した学者の言として、「女が長生きするのはお喋りだから」というユニークな見解が紹介されている。印象的にはもっともな気もするが、よく考えるとわからなくなる。いくらおしゃべりでも早世しないとは限らないし、長寿番付に寡黙な女性が含まれていないという調査結果も知らない。おしゃべりすることがストレス発散に効果的だということ以外、関係がたどりにくいのだが、かといって、それを否定する論拠もない。一瞬、何となくもっともに感じられるのが、なぜかおかしい。

20 軽蔑の極眠くなる――うやむや

サトウハチローの『**胡瓜と涙**』にこんなシーンが出てくる。「男女間の関係は、うたがいとやきもちによって深められて行く」という箴言《しんげん》めいた文句が先導し、男女の対話が描かれる。女が障子の外から「あけてよオ、あんた、あけてよオ」と叫ぶが、男は開けるものかと目をつぶる。すると女は「あけてよオ、早くさ、手がふさがっているんだから」とせつく。男が「おこっているんだぞ」と言うと、女は「おこっていても何でもいいからあけてよ、おこられるのは後で、いくらでもおこられるからあけてよオ」と条件付きで説得にかかる。男は「よし、きっと後でおこらせるなア」と念を押す。なんだか二人で喧嘩ごっこをしているようで、ほんとに怒っているのか、**《うやむや》**になってしまう。

夏目漱石の『**吾輩は猫である**』にこんなくだりがある。大和魂というものはどんなものかと問われ、「大和魂さ」という答えにならない答えを返した後、「名前の示す如く魂である。魂であるから常にふら〳〵して居る」と述べ、「誰も口にせぬ者はないが、誰も見たものはない。誰も聞いた事はあるが、誰も遇《あ》った者がない」と展開した末に、「天狗の類か」で尻切れトンボに終わる。これでは聞いている連中もそのイメージがさっぱりつかめない。

同じ作品にこんな箇所も出てくる。猫の「吾輩」が世間の猫並みに鼠を追いかけてみたものの、相手は騒ぎたてては逃げまわり、奔走努力が一度も実を結ばない。ついには、「小癪《こしゃく》と云おうか、卑怯と云おうか到底彼等は君子の敵ではない」という結論に至る。そんなけちな相手だと思うと、次第に「敵愾心《てきがいしん》」が消え、「張り合が抜けてぼーとする。ぼーとしたあとは勝手にしろ、どうせ気の利いた事は出来ないのだからと軽蔑の極眠たくなる」と展開する。軽蔑の気持ちと眠くなる現象とがどう結びつくのか、この長々しい、わかったようなわからないような、要領を得ないくどい弁明に付き合っているうちに、読者の方もだんだんうつらうつらしてきて、いつかうとうとしてしまう。

長谷川如是閑の『**奇妙な精神病者の話**』の次の例は、いささか病的ではあっても、程度の差はあれ誰にでも起こりうるような気がして、思わずぞうっとする。「記憶はあるが疑うから外の考えが起る、それをまた疑って元に返る。そう遣っているうちに紺倉《こんぐら》かって仕舞って、何方《どっち》だか解らなくなってしまう」。そうして、「第一に、私の云うことが、私の記憶の間違いじゃないかと疑うし、第二に、私がそんなことをいっているのは自分の感覚の間違いじゃないかと疑う」。そんなふうに堂々めぐりをしているうちに、全体が《うやむや》になり、ついには何を考えていたのかもぼんやりし、ついには何が何だかわからなくなる。

21 今際《いまわ》のジャンケン――奇 想

サトウハチローの随筆『**親父の手帳**』によれば、父親の紅緑《こうろく》は息子ハチローの手を握りながら息を引き取ったらしい。そこには、「わしの後をついでくれ」と「おやじは重ねて言って手を握った」とある。言われた息子は「人間という奴は、どうして死ぬ時まで、このように芝居心を忘れないものなのだろう」と不思議に思い、「手なんか握らずにジャンケンでもしながら死ねばいいのに」と文字どおりの《**奇想**》を記している。そういう場にあるまじきふざけた感想に見えるが、泣くまいとする必死の冗談だったかもしれない。

中村正常の『**夫婦新戦法**』にも、こんな奔放なイメージが記されている。「自分の得意さを、他人に向って、自慢をして話してきかしてやるときの幸福感といったら」と、その折の人間の表情を、こんなふうに戯画化している。「目は一段と輝き、鼻はさも一段と高さが増したかの如く、いわんや、鼻の寸法は延び放題」と勝手に想像し、「全体としてあまり賢者らしくはみえない面貌を呈しがちのものである」と言ってのけた。

夏目漱石の『**吾輩は猫である**』にも、読者を驚かせる勝手気ままなまさに《**奇想**》が頻出する。体裁よく「インスピレーション」という用語にすり替えた、実質「逆上」がないと、詩人などは「手を拱《こまぬ》いて飯を食うより外に何等の能もない凡人になって仕舞う」と極論するのはその一例だ。

また、鼻の遺伝は潜伏期が長いとか、鼻が気候の変化で発達するとか、あるいは、鼻が咄嗟の間に膨張とかと、それこそ専門学者も震撼とするほどの大胆な仮説が作中を横行する。しかも、その語り手が猫と来ているから恐れ入る。

22 借金の王道——見解の相違

辰野九紫の『**スポーツ大学**』に、「スポーツとは何ぞや？」と自問し、「元来は学にいそしむ青年が、頭脳を休めるための余興みたいなもんだろう」と自答する一節がある。現代では、レジェンドなどということばとともに、ほとんど英雄扱いされている人気選手もあるほどに、スポーツというものが神聖視されている。しかし、考えてみると、この「余興」説にも、どこかもっともらしいところがあり、今日の常識から大きくずれているとはいえ、無視できない《**見解の相違**》として、心の片隅にとどめておきたい。

中村六三郎の『**親、親、親**』に出てくるこういう見解の相違にも、考えさせられるものがある。「あれが虐待でなくて何です。年を老《と》ったお父さんをああしてコキ使って、之《これ》で子として済みますか」と反省を迫る親孝行な息子に対して、「人間が働くことを、お前たち社会では虐待と云うのか」と反問する場面だ。老人にも働くよろこびというものがある。他人の世話になりっぱなしという生活より、他人のために働き、世間に役立っているという自覚を持てるのは、その年寄りの生きがいにもつながる。この「虐待」呼ばわりは、案外、心理的な盲点なのかもしれない。

佐々木邦『**珍太郎日記**』に、洋の東西の考え方の相違にふれる場面が出てくる。「妻と母が同時に溺れると仮定したら先《ま》ず何方《どっち》を救うか」という点に、西洋人と日本人との違いがくっきりと現れるという。すなわち、「アメリカ人は何の躊躇もなく妻と答えるそうだ」が、われわれ「日本人は等しく聊《いささ》かも逡巡するところなく母と答える」とし、「俺だってそうだ」と力説する。明らかな価値観の相違、まったくの**《見解の相違》**だと言っていいが、そこに「尤《もっと》も、まだ細君がないから気前がいいのかもしれない」という一言を添えて、表情を緩める。それこそが日本人的なのかもしれない。

八代目**林家正蔵**の落語**『二十四孝』**にこんな場面がある。男が「ポカッと、威勢よく、一つ、撫でました」と言うので、聞いていた横町の隠居が「おまえ、世の中にね、ポカリという撫でようはないよ。ぶったんじゃねえか？」と、ことばの使い方を教えようとする。ところが八五郎、「あたしの方じゃあ、こうやることは撫でたってんだが」と動詞の用法の違いだと言い張る。それでも一歩譲って、「お前さんが見てたら、ぶったってえかもしれねえなあ」と、ちょっとは相手の顔も立て、「つまり、見解の相違だ」と幕を下ろす。

11 妙　想――ものは考えよう

同じく落語の**『天災』**にも、似たようなやりとりが出てくる。隠居が「お内儀《かみ》さんを拳骨で撲り倒したな」と呆れると、男は「冗談云うな、殴ったんじゃねえや。チョイと拳固を出すと、粗忽《そそ》っかしい嬶《かか》アで、拳固へぶつかって来やアがって」と、自分の乱暴を相手のそそっかしい失敗のように言いつくろう。その場を見かねて母親が、「嫁を殴るなら妾《わたし》をお殴りと云やアがるんだ」と、今度は親の発言の「お殴り」ということばじりをとらえて、それを依頼と受け取り、「頼まれてみれば、兎《と》に角《かく》親ですからな、子として親に逆らってはいけねえ」と妙な理屈で正当化し、「お誂《あつら》えならと云うのでポカ」とやったとごまかす。

前に**《曲解》**の例としてあげた箇所だが、相手の発言意図を無視し、表現の外面だけを形式的に解釈すれば、まったく通らないこともない理屈だから、これも**《見解の相違》**として頑張れないこともないような気もする。

漫才の台本作者である**秋田実**の**『笑いの創造』**に、こんな一風変わった金銭感覚が出ている。「お金がなくてもクヨクヨするな、物は思いようや」と、金がなくても気持ちが楽になるような思考法を提案するのだ。すなわち、「世界中のお金は全部自分のもんや」という気になり、あまり多過ぎてとても「一人では使いきれんから、皆に貸したアる」と考えて自分をだますのだという。これも見解の相違だと考えれば、たしかに気が大きくなり、精神的には楽になる。が、そこは漫才ネタ。そのあとに、「貸し過ぎて、今は小遣いが一文もない」と、気持ちもしぼむ落ちがつく。

これと似た考え方が実際にあったというから驚く。**徳川夢声**の『**こんにゃく随想録**』に、**夢声**と**内田百閒**との対話の模様が紹介されている。夢声が、自分がアメリカまで孫の顔を見に行くために今金を溜めているところだという話をすると、百閒は、それは話の順序が逆だと言い、「お金を借りて行って、あとで返せばいい」と主張する。そこで夢声が、「溜めてから行こうなんてのはあわれなリョウケンですかね」と、けちな考えなのかと相手の判断を問うと、百閒は「憐れな料簡」を否定するどころか、「卑劣です」と一喝し、「さきに使っちまって」あとで返していく、「それが正道です」とたしなめたらしい。夢声が、それでも、「ボツボツ仕事で」返す「なんていうんじゃ」、相手が「貸してくれませんからね」と、仕方のないような弱音を吐いたら、百閒は「くれますとも。そりゃ、やっぱり、こっちの士気の問題だ」と諭し、「世間にお金はいくらでもある、それを使えばいいんです」と人生訓を授けたという。何だか漫才じみていておかしい。

そういえば百閒の師匠にあたる**夏目漱石**も、小説『**吾輩は猫である**』の中で、苦沙弥《くしゃみ》先生が「どうして借りた金を返さずに済ますかゞ問題である」と口走り、弟子の寒月や東風に、「そんな問題はありませんよ。借りたものは返さなくっちゃなりませんよ」とたしなめられる場面を描いている。

23 スリも芸術 —— 物は考えよう

落語の『**大山詣で**』にこんな場面がある。酒に酔って正体をなくした男を大勢で布団をぐるぐる巻いて縛りつけ、頭を剃刀でつるつるにした。男がようやく酔いも醒めて起きて見ると、仲間は残らず宿を出てしまい、誰も残っていない。頭に手をやってみて、髪を剃り落とされたことに気づいたその男、「おいらの頭をこんなにすばらしく涼しくしてしまいやがって」とくやしがる。こんな場合、一人だけ坊主頭にされてみっともない、あるいは恥ずかしい、というのが常識的な反応だろう。だが、この「涼しい」というのも結果として事実である。まさに**《物は考えよう》**で、事実のこういう変わったとらえようが笑いを誘う。

夢路いとし・喜味こいしの兄弟漫才に、こんなやりとりが出てくる。ハンバーガーなる食品を知らないいとしに、こいしが、「パンがあって、そこへそのハンバーグが置いてある。置いたその上にレタスか何かを置いて、その上にパンが置いてあると。そういうのをハンバーガーいうねん」と説明すると、聞いていたいとしが、とっさに「なんか倉庫みたいなものやね」と感想をもらす。食べ物を倉庫にたとえた比喩表現だが、聴衆は、その思いがけないイメージの類似に驚き、そういう見方もあるのかと笑ってしまう。

獅子てんや・瀬戸わんやの漫才『**十年目物語**』にこんなやりとりが出てくる。背の低い相方の頭を見下ろしながら、「しかしキミも大分ヌリがはげたねえ」とずばりと言うと、相手は「それをいうなよ……気にしてンだよ」と、自分でも気にしていることを指摘されて機嫌が悪い。すると、「まア気にするなよ」と**《物は考えよう》**でどうにでもなるとばかり、「もともとなかったと思えばいいじゃないか」と突拍子もない提案をする。たしかに、もともと毛が生えていなかったと思ってしまえば、しょぼしょぼ抜け残っている現状がまだましのように思えるかもしれない。だが、そんなふうに思うことは至難の技だろう。

今いくよ・くるよの漫才にも、変わった見方が出てくる。いくよが「そのかわり、あなたには親指のはなれたブーツを貸したでしょう」と言うと、くるよは「親指のはなれたブーツって、それは地下足袋じゃございませんか」と応じる場面だ。「ブーツ」などというしゃれた外国語を使えば、たしかに、地下足袋は「親指のはなれたブーツ」と言えないこともない。が、両者のイメージに格段の開きがあって、こういう換言自体がおかしい。

徳川夢声は『**喃《なん》扇《せん》楽《がく》屋《や》譚《ばなし》**』に、「いきなり表へ出ると、溝に向ってゲロゲロッと、胃袋を清潔にした」と記している。当人にとってはやむをえない行為であっても、はたの人にとっては汚らしい迷惑な現象である「嘔吐」というものが、胃を清潔にする行為であるとも言えない事はなく、《**物は考えよう**》で、こんなにも違った印象に転じてしまうことが笑いにつながる。

中村正常の小説『**虹の下の街**』に、こんな一節がある。「思案ですって―思案っていうのは、人間の年寄がする暇つぶしのことじゃないの」という見方だ。どちらかというとプラスのイメージのある「思案」というものを、「年寄の暇つぶし」というほとんど役に立たない行為と見るのも、どこかそういう面もなきにしもあらずで、一概に否定できないところがおかしい。

塩のおいしい食べ方として、焼きたてのステーキに振りかけるという方法を主張する笑い話がある。このとき塩がおいしいのかステーキがおいしいのかを区別できないが、そもそも「塩の食べ方」という問題の起こし方に微妙な問題があった。塩むすびを口にふくむときに、その塩を「おかず」と考える習慣はないからである。これを離れ業と見るか、反則技と見るかは人によって違う。《**物は考えよう**》で、そういう見方もありうるというところが笑いのポイントなのだろう。

サトウハチローの小説『**若者行進曲**』にこんな見方が出てくる。「きしむ階段も、ほオ音楽入りだね」と鑑賞の対象とし、「赤茶けた畳も、陽当りのいいせいだよ」とプラス要素に数えたりするのも、その人の考え方次第なのだ。

同じ作者の『**青春五人男**』にもユニークな見解が出てくる。戸締りというものを「ブルジョワの専有物だ」と考えるのもその一つだろう。庶民が戸締りをしない理由として、「取られるものなんかないわな。あけておいた方が何か置いてくだろう」と、泥棒の施しを期待する発言もユニークな考えにもとづく。つまり、家の戸締りをしないほうが泥棒が入りやすく、あまり何もないので泥棒の方が気の毒に思って、逆に何か恵んでくれるというのである。現実に泥棒に入られてからも、宗教上の理由から常に入口に鍵の類を取り付けない教会関係の会館を実際によく知っているが、この小説の例は欲が絡んでいるからよけい滑稽に感じられるのだろう。「生む係りはお母さんだよ、わしは仕込係りの方だ」と親の役割分担を口にする場面もある。

随筆の『**落第坊主**』に、体験を描いたらしい話が載っている。手のつけられない時期に感化院に送られそうになり、佐藤家に出入りしていた詩人の福士幸次郎が自分が預かると言い出して、しばらく二人だけの自然生活を送る話だ。その当時のことを、「福士個人感化院の生徒、サトウハチローは、約四ヵ月でめでたく一番で卒業」と当人が記している。「院長が一人で生徒がひとり」だから、「一番」なのは当然だが、要は気分の問題なのだろう。

　やはりハチローの小説『**エンコの六**』には、「スリだってゲイジュツだぜ。顔が売れていて腕がよくなくちゃ、いけねえんだ」とうそぶき、「あっしはスリじゃありませんからね」と、自分の跡をつけまわしているせいですっかり親しくなった刑事に言う場面がある。感動を呼ぶほどのあざやかな手口というものは鑑賞に値し、「芸術」という段階に達したように見なせないものでもないような雰囲気が漂う。スリではないと断言された刑事も、「それじゃ人のものを自分のふところへ移しとる三品師か」と呆れるばかりである。同じ作品に「バクチバクチって言いなさんな、金もうけと言ってもらいたいね」という箇所もある。なるほど、そう言っておけば悪い感じはしない。まさに物は言いようだ。

　横溝正史の小説『**山名耕筰の不思議な生活**』でも、意外なところに「芸術」という語が出現する。「綿密に、着実に倹約してゆくという事は、既に一種の芸術の境地に這入《はい》っていると思うのだ」とある。節約とか家計のやりくりとかといった、そういう方面に「芸術」という用語の現れる意外さがおかしい。美を感じさせるまでに洗練された倹約行為であれば、あるいは「芸術」効果も期待されるのかもしれない。実用を旨としたはずの民芸品にもどこか似ていて、《**物は考えよう**》だと思わせる、意外な卓見であるような気もする。

　芸術ついでにもう一つ、**乾《いぬい》信一郎**の小説『**豚児廃業**』から例を引こう。「油絵具の筆なんども専ら豚の毛だ。ミレエもゴーガンも豚の背中のお蔭で傑作を書いとる勘定になるね」とある。豚も背中の毛でずいぶん絵画芸術に貢献している現実を知っておかしくなる。これもそういう見方をし、そう書いたからにほかならない。

　同じ作者の『**阿呆宮一千一夜譚**』には、山の神お買物の被害が語られている。妻がデパートで買いまくれば、夫は必然的に「御買上品運搬人みたいな姿になる」ので、「余り見っともいいものじゃありません」とこぼす。「運搬人」などと考えるから生じる不満であり、おかしみのありかも、人間のそういう考え方にある。やはりこの作品に出てくる「大酒は健康の大敵だよ、と忠告しても、なあに敵を愛せよと云う事もありけりさ」という名言も、健康にはともかく、精神衛生上にはきわめて有効なような気がする。

24 いちめんのなのはな──共感覚的把握

サトウハチローの小説『**ジロリンタンと忍術使い**』に、「ゴムふうせんが、われると、お祭のにおいがするね」という一文が出てくる。これなども、立証するのは困難だろうが、読者には何となくわかる。詩人の感性が鋭く嗅ぎとった《**感覚的な把握**》だろう。

同じハチローの随筆『**落第中学生**』には、こんな体験が率直な筆で記されている。例の福士感化院時代のひとこまだ。詩人であるこの院長先生は、その貧乏暮らしのさなか、「梨の花が真白に咲いたのに／今日も又ふる雪まじりの雨」というようなことばをつぶやいていたという。のちの詩人サトウハチロー、首席の生徒は当時「この寝言みたいなのが詩だと聞いて、僕は、びっくりしてしまった」と書いている。「寝言」と見るか、「詩」と感じるかは、その人の感性次第であり、ひいては価値観の問題でもあるのだろう。これはハチローが詩という文学を理解したというよりも、世の中で「詩」と呼んでいることばの美しさを感じとった記念すべき一瞬であったかもしれない。いずれにせよ、詩人ハチローの誕生前夜だったのだろう。

人間の感覚は視覚の部分が早く発達した関係か、もともと聴覚を表現することばは意外に少ない。よく使う「大きな音」「高い声」「明るい声」といった形容はどれも視覚からの転用らしい。また、「冷たい声」や「くすぐったい声」、あるいは「ねちねちした声」などは触覚からの転用のようだ。「渋い声」は味覚から聴覚に転用したように感じる。味覚の形容でも、「まるい味」は視覚から、「香ばしい味」は嗅覚から、「なめらかな味」は触覚からの転用なのだろう。このように、人間の感覚表現は互いに転用できるほど五感相互の通い合う余地があり、文学上もそういう感覚系統の乗り入れが行われることもある。

山村暮鳥の詩『**風景**』は、副題に「純銀もざいく」とあるように、詩全体の構図が音感だけでなく絵画的につくられている。あまりにも有名な作品だが、その視覚的な構造をスケッチしよう。

「いちめんのなのはな」という平仮名九字のまったく同じ行が、七つも横に並んでいる。その次にそれとは違う一行をはさみ、もう一度「いちめんのなのはな」という同じ一行を加えて、それぞれの一聯《れん》を構成している。各聯のそれぞれ八行目だけが、順に「かすかなるむぎぶえ」、「ひばりのおしゃべり」、「やめるはひるのつき」と入れ替わるが、その他はまったく同じ模様の繰り返しとなっている。

あたかも時の流れを一瞬停止させて、眼前に一面に広がる菜の花畑の映像をことばで視覚的に描き取ったような、いわば絵画風の空間芸術である。本来は概念を運ぶはずの言語という時間的な存在を、空間的存在の文字を単位とするイメージとして活用し、一幅の風景画に見せた印象的な作品だ。

有島武郎『或る女』に出現する下の例は、散文の中に図形を持ち込んだ実験的な試みだ。

こんな場面の声の映像化である。「男は死んでも物凄くにやりにやりと笑い続けていた。その笑い声が木村木村と聞こえた。始めのうちは声が小さかったがだんだん大きくなって数も殖えて来た。その「木村木村」という数限りもない声がうざうざと葉子を取り捲き始めた。葉子は一心に手を振ってそこから遁れようとしたが手も足も動かなかった」という場面でのヒロイン葉子の聴覚映像を図式化したもの。

木村
木村
木村　木村
木村　木村
木村　木村　木村
木村　木村
木村　木村
木村
木村

このように図形化することで、単に「木村」を十五回、線状にくりかえす通常の反復表記の文面以上に、読者にはその声の広がりが感覚的に響くだろう。だが、同時に、これがはたして言語芸術たる文学の姿なのかと、思わずおかしみがこみあげる。

コラム⑪ 人物を語る
——気分の問題

【問】人を紹介したり推薦したりする場合は、どんな点を取り上げると効果的でしょうか？　また、どんな人間か、その人柄を浮き彫りにするのに有効な表現法は？

【答】「あまり御期待なさらない方がいいかと思います。僕は御逢いになる事をあまりおすすめはしません。石かきさんは自分の事で頭が一杯の人です。他の人のことを考える余裕のない人です」とけちをつけ、「今の時代には珍らしい人間」で、「誠実な点では無比」ながら「賢さの点で疑問」があるなどと書いた妙ちきりんな紹介状を読んだことがあります。もっとも、これは武者小路実篤の小説『真理先生』に出てくる架空の手紙です。①

小説家でも現実の手紙はまともに書くはずです。藤村は島崎春樹という本名で、加藤きぬ子という人物の紹介状を書き、「忍耐強く熱心で人を助けてよく働くような性質の若い婦人です」と褒め、「不器用で素朴な飾り気のない人」で、「身体いたって強壮、お世辞もないかわりに寡黙で着実です」と健康状態や人柄を述べた後、「読書力もあり、事務を整理する生まれつきもあり」と素養や能力に関する評価を続けます。出版社に紹介する場合には校正の経験があるとか、何に言及するかは、紹介する目的によっておのずと違いますが、あまり大げさに賞め讃えたり嘘が交じったりすると、紹介する側の信用が揺らぎ逆効果になります。陶芸家に宛てたこの手紙には、「絵画の素養はありません」と、不利な部分も正直に記してあり、先方も好感を持ったことでしょう。

推薦状でも、公的な緊張感に差はあるものの、基本的に変わりません。大学等の教員公募に際して大学院修了生の推薦書を書く際には、研究テーマだけでなく、「〈鬼〉のような実在しない対象が言語表現によってどのようにイメージ化されるか」などと解説すること、②人柄についても「誠実」の一言で片づけず、「ゼミ合宿でも研究活動の潤滑油したたる歯車として」というふうに具体的なイメージが湧くように記すことを心がけました。

くだくだ説明するより逸話を持ち出すことでその人物の姿がくっきり浮かび上がる場合もあります。大学の同級生にあたる二人の名編集者の著作から、現場の空気を伝えてもらいましょう。豊田健次『文士のたたずまい』によると、ハチローや愛子の父、佐藤紅緑は「狂をハラみ、狂を発する激情家」で、『少年倶楽部』に小説を依頼された折、「君はハナタレ小僧の読むものを、この俺に書けというのか」とどなりつけたものの、「恋愛小説を書く作家は掃いて捨てるほどいます。しかし日本の将来を担うハナタレ小僧③」に「正義と勇気を与える作者は、紅緑先生をおいてほかにありません」という編集長のとっさの一言で、それ以後十三本もの少年小説を連載することになる、そんな人間だったそうです。④

同じ本に文士劇の楽屋裏のこぼれ話が載っています。川口松太郎が目が痛いと言うので永井龍男が目薬を渡すと、点眼して悲鳴をあげる。見るとヘアートニックの瓶⑤で、川口夫人の三益《みます》愛子が金切声をあげ、救急車を呼べという騒ぎになる⑥、そのさなか悦子夫人が「まつ毛が長くなりますわ」と落ち着いた声を発して夫の失敗を笑いに変えたといいます。⑦

大村彦次郎『荷風百閒夏彦がいた』にもこの奥さんが登場します。紅茶をコップで飲むと味が違うと言って、よけいな感情をさしはさまない新聞界の長老阿部真之助に笑われた永井龍男はどうも納得できず、グラスに注いだ日本酒、紅茶茶碗に入れた味噌汁、スープ皿に盛ったお汁粉、西洋皿に並べた刺身など、違和感のありそうな取り合わせをあれこれ想像して⑧、阿部に食わせたくなります。嗜好品にとって命とも言うべき香気が抜けないよう、洋酒の瓶と煙草の缶の蓋をいつも閉めておく繊細な永井が、客のある時はピース缶の蓋を開けておくようにと悦子夫人に意表をつく勧告を受けて、缶ごとすすめるから問題ないと反論しますが、差し出された時に蓋が開いているか閉まっているかで感じがまるで違う、「気分の問題」ですよと言われて、一本取られます。考えてみれば、紅茶も日本酒も味噌汁もお汁粉も刺身も、器が違うと落ち着かず、その心理的な影響が味という感覚に及ぶ、まさに気分の問題なのだと、妙に納得したそうです。

帯に「つむじ曲りの頑固ものが気ままに生きた時代があった」とあるこの本に、こんな話も出てきます。藤原審爾《しんじ》が亡くなる数日前に師匠筋にあたる井伏鱒二が見舞にやって来ると、病にやつれた藤原が「ベッドの上にきちんと坐り直した」そうです。その部屋に井伏は十数分いたが、その間、「痩せおとろえた藤原を眺めたきり、一語も発しなかった」というのです⑨。時代を感じると同時に、コミュニケーションの神髄を見る思いがします。

【表現の仕掛け】

①先方が会いたがっている相手の欠点を並べ立てて水を差す、小説中の奇妙な紹介状を披露した後で、作家の実際の紹介状を示し、落差に驚かせる。

②「鬼」の研究という珍しいテーマで関心を引き、「潤滑油したたる」などというとぼけた比喩表現で、堅苦しい雰囲気をもみほぐす。

③「ハナタレ小僧」というマイナスイメージの語をあえて繰り返し、プラスに転換。

④佐藤紅緑の単純な頑固さを、編集長の一言で態度が一変する逸話で活写。

⑤永井龍男の失敗談を披露。

⑥女優でもある川口夫人の取り乱し方を大仰に紹介。

⑦目薬と取り違えたのが「ヘアートニック」だったのを利用して、「まつ毛が長くなる」とプラスに転じた永井夫人のとっさの機転が雰囲気をほぐす。

⑧およそそぐわない器との組み合わせを列挙し、味が気分と関係することを示唆。「気分の問題」という悦子夫人の一言で疑問が氷解。

⑨律儀な藤原と、世辞を嫌う井伏の人柄を、一つのエピソードで象徴的に浮き彫りに。

12 機微
――人の世の味わい

遠藤周作は小説『ヘチマくん』で、主人公の心境を反映するものとして、「なるようにしかならないわ　悲しくしずむ夕日でも　あしたになれば昇るのよ」という、昭和初期の何とも暗い感傷的な流行歌を引用している。「なるようにしかならない」という悲観的な諦めには、たしかに頽廃的な雰囲気が漂う。だが、それは裏返せば、「なるようになる」ということだから、ある意味、楽観的な見方ともどこかつながる。つまり、そこに流れているのは、「どうせあたしは」と「そのうちなんとか」とを兼ね備えた、いわば融通無碍《ゆうずうむげ》のどんよりとした空気だと、言って言えないこともない。

投手や捕手は柄に合わず、もっぱら名二塁手にあこがれたという英文学者福原麟太郎の随筆に『好色の戒め』がある。今度の戦争から与えられた「自由」という贈り物のおかげで、公共の場にまで好色が進出し、目の遣り場に困るこの世相。売れっ子の進歩人は、好色本などどうせ下手な小説だからすぐ飽きられると楽観的に言うけれど、そんな本は文学的な価値のわかる人のところには行かないのだから始末が悪いと嘆く。どちらも一理ある見方だが、この世の中、そんな理屈どおりには動かない。

この二つの小さな話題は、それなりに世間、世の中、人間という奇妙な生きもの、ひいてはそれぞれの人生のかもしだす不思議な味わいについて考えるヒントとなるかもしれない。展開・間接・転換・多重・拡大・逸脱・摩擦・人物・対人・失態・妙想と、日本語のユーモアのありかを追ってきたこの本の最後に、そういう不思議な味わいを嚙みしめておこう。

理屈に合おうが合うまいが、人はこんなふうに生きて、さまざまな人生を歩んできた。友人に何度も頭を下げてまで男子禁制の女子大の構内を通行させてもらう心理、ロンドンの古物商で買いかけて結局は買わなかった大きな古時計に合わせ、それを置く部屋を頭の中で設計している自分に気づく人物、自分が独り言を言ったことに気づいて、とたんに不機嫌になる人間、おでんの湯気とともに溜息まじりの夢が立ち昇る気がする酔い心地……そういう得も言われぬ、あるいは曰く言いがたき多様なヒューマーを味わいながら、おかしみのフィナーレとしたい。

1　征服感――ことばの奥の気持ち

野内良三の『**ジョーク・ユーモア・エスプリ大辞典**』に、こんなひどい笑い話が載っている。夜中の三時に帰宅した夫が、妻に「すぐ起きて、荷物をまとめろ。ポーカーでおまえを賭けて負けたんだ」と言う。妻は、ポーカーの名人のあなたに限ってそんなことはありえないとことばを返す。ところが夫は「いかさまをやったんだ」と言ってのける。この冷酷な男、正直に白状しただけまだましか。

同じ本にこんな話もある。医者が「もう手の施しようがない、誰か枕元に呼びたい人は？」と最期の近いことをほのめかすと、まだまだ元気な患者、家族や身内の者でなく、何と「別の医者を」と本音をもらしたという。

金子登の『**ユーモア辞典**』には、こんな古めかしい小咄《こばなし》が載っている。「腰帯が金襴《きんらん》、ゆもじが緋《ひ》ぢりめん」という派手ななりの女。そこに「折よく嬉しい風が吹いて雪のような股《もも》が見えた」と、男が偶然見かけた椿事を興奮気味に話すと、聞いていた男が「さだめて器量もよかったろう」と尋ねる。するとその目撃者、「野暮め、仰《あお》のく間があるものか」と、とても顔なんか見ている余裕のなかったことを、当然のように語る。たしかに、思いがけないことの起こったその瞬間には、たいていの人は平常心を失い、顔まで気がまわらない。

武野藤介『**人生談義**』では、終戦直後の世相を映すこんな逸話にふれている。敗戦の色が濃厚となり、次々に戦死の情報が伝わっても、確たる証拠をつきつけられないうちは、身内の者はきっと無事だと思いたい。その家に遺骨の引き取り方の知らせが届いたのは戦争終結から一週間ばかり経った頃だった。その瞬間、夫人は日頃の慎みを忘れ、「誰の骨だかわかりゃしない」と口走ったという。むろん、そんな白骨になったものを受け取ってみたところで、夫の遺骨だとわかるはずはない。事実、混乱のなか、他人の骨と取り違えるケースも実際にあっただろう。だが、この夫人のことばの奥には、それでも夫はまだ生きているかもしれないという淡い望みが隠されているような気もする。

辰野九紫の小説『**青バスの女**』に、こんなうがった話が載っている。バスに乗り込んだ男、車掌が美人なので名札を見てその氏名を記憶した。その後、その女車掌と釣り銭に関するやりとりがあり、その折の態度が悪いと、車掌を会社宛てに糾弾した。その男、家で妻にその話をすると、すっかり同情し、「かわいそうに、もしクビにでもなれば、あなたの会社にでも引き取ってあげないと申しわけありませんよ」と夫に忠告したらしい。作者は、妻に話をする間、「彼女が美人だということはおくびにも出さなかった」と書き、次に「沈黙こそは家庭円満の安全弁である」という箴言《しんげん》めいたことばを記している。つまり、その車掌が美人だったという情報を漏らしていれば、展開は違っていたというのである。

中野実の小説『**新女性大学**』には、こんなやりとりが出てくる。「西山さんはあなたを愛していらっしゃるんじゃあないでしょうか」と女性に言ったら、「私が西山さんに一向興味のないような顔をしているものだから、自分の征服感をそそられているだけのこと」という意外な返事が返って来た。相手を征服したいという気持ちの強い人間は、結婚相手として自分が望むかどうかということには関係なく、なびかない相手を征服するというそのこと自体に夢中になる傾向があるということだろう。そういう心理もわからないではない。ひょっとすると、女性の方も、わざと関心のないようにふるまうことで、本星を射止めようとしているのかもしれないから、疑えばきりがない。《**ことばの奥の気持ち**》を探るのは、何だか話に聞く博打とやらに似ているような気もする。

サトウハチローの小説『**新生活行進曲**』には、もっと単純な例が出てくる。乗り物は電車一点張りという男、「円タクなんていう何マイルかでカチリカチリと十銭づつとられる、そんな心臓にわるい乗物はきらいなのだ」とその理由を説明する。たしかに、メーターを見ていると、目的地になかなか着かない時などいらいらするから、カチッと上がる音が心臓に突き刺さる思いのした経験は誰しもあるだろう。だが、タクシーが嫌いなのは、心臓に悪いからというより、要するに交通費がかさむからだ。心臓の問題にすりかえるずらし方がおかしい。

2 あの世の席――ありがた迷惑

落語の『**寝床**』では、下手な義太夫を唸《うな》って人に聞かせたい旦那と、何とかそれを聞かずにすませたい近所の連中とのせめぎ合いが笑いのポイントとなっている。みんな言いわけを見つくろって逃れ、誰も来ないので、旦那はすっかりつむじを曲げてしまう。あまり怒らせてはあとに響くので、みんながいやいややって来た。旦那はすぐにでも唸りたいのだが、喜んでいるように見られては沽券《こけん》にかかわる。そこで、「折角《せっかく》長屋の人が来たのに、わしが義太夫を語らないというと、後になって旦那は芸惜しみをするなんと悪口を言われるのが辛いから、仕方がない語りましょう」ともったいをつける場面である。そう言われる側は《**ありがた迷惑**》だが、あとの酒食を楽しみに我慢する。

新作落語の『**月賦幽霊**』に、女の幽霊がこの世に帰って来て、しばしの逢瀬を楽しみ、やがてあの世に戻る時が来る。女は「あなたとお別れすると思うと、なんだか名残惜しいわ」と未練を見せたあと、「待ってるわよ、いい席取って、待ってるわよ」と、あちらに招待しようとする。女の心からの親切なお招きだから、男もつられて「ありがとう！」と礼を言ったあと、あの世に行くには生きたままではだめだと気づき、「オーイ冗談じゃねえや」とあわてる。

矛盾を含むこういう《**ありがた迷惑**》の感情も、笑いの恰好の材料となりやすい。

3　貧乏時代が恋しい――**複雑な心理**

落語の『**唐茄子屋**』に、大家をひっぱたく相談に、「おれも三つ四つポカポカと殴ってやりてえが、店賃が三つ借りがある」というぎくしゃくしたためらいが出てくる。現実的ではあるが、奇妙な理由が笑いを誘うだろう。

秋田実の『**笑いの創造**』に、こんな笑い話が載っている。「火災保険に入りたいのやが」と電話すると、保険会社の担当員が喜んで「明日、お宅へ伺います」と声を弾ませる。ところが、相手は「いや、すぐ手続きしてくれ　今、家が燃えてるんや」とせっつく。息を引き取る直前に生命保険に入ろうとするようなものだから、とうてい無理な相談だろう。だが、なんとなくもっともらしい交渉が笑いとつながりやすいようだ。

このような非現実的な例に比べ、**横山エンタツ**の『**自叙伝**』に出てくる例は、いかにもありそうな、よくわかる心理状態にふれている。その中に「石田正見君」という人名が登場する。この「石田正見」というのが「僕の本名」だとあり、「永年、区役所以外では通用しない」

と説明する。たしかに、寄席の漫才でも、放送局でも、映画でも、仕事はすべて芸名で通すから、本名を使用する機会はめったにないことだろう。「自分でも他人のことを書いてるような錯覚を起して困ります」とあるのがおかしい。おそらくこの気持ちは事実なのだろう。「石田正見君」と「君」をつけたくなるのも無理はない。

柳家金語楼の『**あまたれ人生**』に、こんな現代嫉妬考が載っている。女房が自分の前では汚れたものを着て、化粧一つしないのに、外出するとなると、「必要以上に化粧をして」、着るものにも気を配るのを見て、嫉妬を隠さない亭主が増えているらしい。「女房の妬《や》くほど亭主もてもせず」という川柳があるが、どうやら立場が逆転したもようだ。昔は、女房がやきもちを妬かないと、満足しない亭主が多かったのに、今の御婦人は、「亭主が妬かないと満足しない」人が増えたというのである。そのあとに、「やきっこをしている内が花で、やかなくなれば、火葬場ユキ」とある。「焼かれる」という落ちなのだろうか。

木山捷平の小説『**御水取り**』に、こんなシーンがある。複雑骨折をして自分で歩けない入院患者が転室することになった。移動の際に女性の看護師たちに抱っこされた時の感触を、患者は「精神が肉体に優先しているような、きよらかな抱き心地」と述べている。たしかに褒めてはいるのだが、「きよらか」という讃辞の底に、精神が優先してしまっていささか物足りなかったような、期待はずれの気持ちも見え隠れしているような、そんな**《複雑な心理》**も読みとれておかしい。

サトウハチローの小説『**青春五人男**』にも、そんな複雑微妙な心理が描かれている。「食いたまえとすすめてはくれるが、目の前にいる大佐のウンチで育ったきうりだと思うと、あまりありがたくはない」とあるのがそれだ。採り立ての胡瓜、それも今そこで捥《も》いだばかりの新鮮なのが置いてある。何も考えなければ、いかにもうまそうで、すぐにでも味噌でもちょっとつけてかじりたくなる。ところが、その有機栽培の施肥主が目の前に坐っているので、どうしても栽培過程を連想してしまい、ブレーキがかかってしまう。

同じ作者の小説『**エンコの六**』の次の例も、一口では説明しきれない複雑な気持ちだろう。「スリ係りの刑事が、スラれたなんて顔向けが出来ないよ」とあるように、スリを捕まえる係が、反対に腕のいいスリにしてやられたのだから、プライドも何もふっとび、ことばにできない恥ずかしさ、悔しさなのだろう。この矛盾感もおかしい。

『**浅草悲歌**《エレジー》』にも複雑な心境が描かれている。洗濯物のズロースを失礼しようとした男が、玄関に名刺を残したことを思い出し、あわててもとの位置に戻した場面だ。「僕は、もとの竿に帰ったズロースの風にゆられるのを、仰ぎ眺めた。るり子のズロースの上高く、兵庫県の空は僕の目に痛く青かった」とある。空の青さがひとしお目にしみるのは心理的な作用も手伝っているだろう。それにしても、「兵庫県の空」と大きく出た背後にも、それに対する人間のみじめさが意識され、読者も複雑な笑いを強いられる。

『**僕の東京地図**』にも、こんな若き日の不思議な、おそらくは複雑でもあった心理が、謎のまま紹介されている。「今日女子大学の中《うち》を通してやるからついて来い」と「僕に二十遍位、頭を下げさせて、男子禁制の校内を通行させてくれた」という逸話を、「ものである」と回顧し、「何故女子大学の中《うち》を通行させてもらうのがそんなに嬉しかったか、いまでもわからない」と投げ出してしまう。ただ通行するだけだから、女子学生とことばひとつ交せるわけではない。でも、そういう雰囲気の中に身を置くという贅沢は誰にでも味わえるものではない。そんな、あるいは、ひそかにいけないことをしているような、ぞくぞくっとした不思議な快感がよぎったかもしれない。

同じ作品に、こんな一節もある。「近頃は宝塚の寄宿舎も出来たから踊り子達も、もんでもらッていることだろう」とあり、自分ももんでもらいたいと続くかと思うと、違う。想像する身の置きどころが反対で、「ああ、おれもあんまになりたい」と来るから驚く。やっぱりと思う読み巧者もあるかもしれない。

詩集『**美しきためいき**』に、「わが家の庭の　鯉のぼり／むかしとおなじに　およぎます／——ボクが大きくなったのが／ちょっぴりさびしい　母でした」という作品が出ている。子供の成長を心から喜びながら、その心のどこかに、次第に自分から離れてゆくように感じる淋しさがひそんでいることに気づく。それを子供心に察しているのだろう。

小沼《おぬま》丹の随筆『**お祖父さんの時計**』はこんな話だ。倫敦《ロンドン》の骨董屋で大きな時計を見て気に入り、ひとつ買って帰ろうと思った。が、いざ買って日本の自宅に届いたとすると、何しろ「大時計だから、せせこましい所には置けない」。物が物だけに座敷には合わないから、「洋間に置くとすると、先ず狭い客間を拡げなければならない」。それに、椅子やテーブルもちぐはぐではみっともないし、壁や天井はどんなのがいいか、「絨毯は外国製の方が似合うかしらん」と想像をめぐらす分には愉快だが、実際にそんなことをしたら莫大な費用がかかりそうなので、大時計は店先で眺めるだけにしたという。

あの時に考えて、結局「買わなかったことを別に後悔はしていない」と書きながら、それでも、「頭の中で大時計のある部屋を設計していることがある」と、一言添えている。実に人間的で、その気持ちは読者にもよく伝わってくる。

同じ作家の小説『**黒と白の猫**』のラストシーンも、主人公の微妙な気持ちがおかしい幕切れだ。よその猫が時々別荘代わりに大寺さんの家にやって来て、上がり込む。主人が部屋に入って来ても、逃げ出すどころか、「素知らぬ顔でお化粧に余念がない」。その図々しい猫が、しばらくすると、まったく寄り付かなくなった。ひょっとしたら死んだのかもしれない、「案外婆さん猫だったので、それで図々しかったのだろう」などと娘たちは勝手にきめてしまった。

その後、細君が急死し、大寺さんは二人の娘を連れて墓石を注文しに出かけた帰り路、「例の猫が飼主の家の戸口に、澄《すま》して坐っているのを発見」。大寺さんが「この尻軽猫め、いまはどこに別荘を拵《こしら》えたのか」と一言たしなめようと睨みつけた。猫は知らん顔して横を向く。突然その家の窓が開き、「あら、先生、今晩は」と声をかけられる。まずいところを見られたが、大寺さんは事情をくだくだ説明するわけにもゆかず、複雑な気持ちのまま、憮然として挨拶を返し、「ひどく仏頂面をして歩き出した」として、作品は結ばれる。この時の大寺さんの心境はまさに複雑だったことだろう。

チャールズ・ラムの『**エリア随筆**』中に『**古磁器**』と題する一編がある。少しは生活にも余裕が出てきた姉弟《きょうだい》は、ある日紅茶を飲みながら昔を振り返る。こんなに金のなかった昔がもう一度帰って来ればと、貧しかった頃を懐かしむのである。今ならふつうに買える品でも、昔は長い間金を溜めないと欲しい品が買えなかったので、それをやっと手に入れた時の喜びが大きく、今では考えられないほどの感激を味わったからだという。

〝幸福〟って、いったい何だろう。あるいは、それは幸福感でしかないのかもしれない。

4 独り言を言ったことに気づく——微妙な心理

立花砂山編の『**ユーモア処方箋**』に、「わが好かぬ男の文は母に見せ」という川柳が引用されている。好きな人から来た手紙は親に内緒にしておくのに、そうでない人から来たのは自慢げにわざわざ見せるという娘の**《微妙な心理》**を巧みに描いたものだ。

金子登の『**ユーモア辞典**』に、「うんと高い石を見ましょうよ、どうせ買わないんだから」というせりふが出てくる。ここの「石」は宝石のことだから、何万円も何十万円もする。買う場合はそれだけの金が必要だが、眺めるだけなら金がかからない。どうせ只《ただ》だからとびきり高価な石を見ようという理屈だ。もしもそれがもらえるのなら、誰でもできるだけ高価な石を選ぶにちがいないが、ここはいくら眺めても自分のものになるわけではない。それでも高価な石を選ぶのは、その間だけでも買った気分を味わいたいのだろうか。理屈で説明しにくい**《微妙な心理》**である。

同じ本にこんな笑い話も出てくる。友人に「ゆうべ凄い美人といっしょに歩いていたな！　彼女はいったい誰だ？」と言われた男、あわてて、「やあ、見られちまったか！　頼むから、絶対にそれを家内に言わない約束してくれ」と口止めする。きっと浮気の相手にちがいないと読者が思い込むと、「実は、家内だ」と続ける。自分の妻を「凄い美人」と高く評価されたのだから、ふつうなら喜びそうなところだが、ここは、そういう噂が当人の耳に入ると、有頂天になってすっかり自信を持ち、夫をないがしろにしかねないと、警戒しているのだろう。穿《うが》った見方をすれば、口止めすることによって他人にもらしたくなる人間心理をくすぐっているのだと考えられなくもない。

ミス・ワカサと**島ひろし**のコンビの漫才『**サービスあの手この手**』で、量り売りの手つきを疑わしそうに見ている話が出てくる。ワカサが「店の人がハカリに肉のせて、あれだけくれるのかいなと思とったら、ハカリの目見てちょいちょいと肉取ってみなさい、何や自分のん取られて損したような気がするでしょ」と言う。たしかに、減らされると、見ている客はあまりいい気持ちがしない。「それより、少ない目にのせといて、あとから足してみなさい、何やぎょうさんお負けしてもろたような気がするでしょ」とワカサの言うとおり、同じ量でもあとから足した方が感じはいい。

ひろしが「そやろか」と半信半疑でいると、ワカサはさらに、「慣れた人なんか見てみなさい、あとで足す肉ソロッとおかへんよ。ぶつけるみたいにして、ハカリの皿の上へピチャッ！　針がピッピッピッ、反動でまわってる間にサッと肉包んで」と、ごまかしに近いあざやかな手口を紹介する。実際にそうなら目方が足りないわけだから詐欺ということになるが、それを見ている買い物客にはそんなふうに感じられることがありそうで、そういう《**微妙な心理**》が笑いにつながる。

井山弘幸の『**笑いの方程式**』に、テツ&トモの紹介があって、「ハンコ売場に行くと、買うつもりないのに自分の名前を探しちゃうの何でだろう？」というせりふが載っている。これも人間一般の不思議な行動をよく観察していて、思いあたる読者も多かろう。

「鈴木」や「佐藤」のようにきわめて多い苗字の人は、当然あると思って、わざわざ探さないかもしれないし、「揖斐《いび》」「戒能《かいのう》」「神野藤《かんのとう》」「寿岳《じゅがく》」「野依《のより》」「別役《べつやく》」「御厨《みくりや》」「無着《むちゃく》」「山折《やまおり》」のように珍しい苗字の場合は逆に、当然ないと思って、はじめから探す気にならないだろうから、誰でもそうするわけではないが、一般にそういう不思議な傾向はたしかに広く見られるような気がする。

生方《うぶかた》敏郎の『**生活から**』には、「時計の音の中では一時を報ずる音が一等嫌やだ。怕《おそ》ろしくなる」とある。これも盲点をついた指摘だろう。いくつか鳴ればそれが時計の音だとわかるから特に気にならない。しかし、一つだけ突然鳴ると、何の音かと一瞬落ち着かない気分になるのだろう。ことに、それが夜中の一時の場合はいっそう不気味で、「怕ろしくなる」というのもあながち誇張とは言えない。

佐々木邦の小説『**いたずら小僧日記**』に出てくる「此方《こっち》のよりか摺《す》れちがい電車に必ず美人が余計に乗っ

ている」という指摘も、**《微妙な心理》**の発見かもしれない。自分の乗っている電車ではその車輌の中しか見渡せないのに対し、すれ違う電車はひととおり全車両が目に入るから、論理的にも客観的にもそれは当然だとも言えそうだが、同じ理屈でも、不美人の場合はそんな気にならないところを見ると、これはやはり男の**《微妙な心理》**なのだろう。

サトウハチローの**『ぼくは野球部一年生』**に、「夏休み中の日曜日はほかの日と同じことで、とりたてて、うれしい日ではないということがわかったのだ」とある。ずうっと休みなのだから、当然そうだろう。が、ハチローは「かえって、ほかの日よりもありがたくない日だということをも、あわせて発見したのだ」と書いている。もし休暇中でなければと、何だかもったいない気がしたのかもしれない。

同じ作者の**『婿選び水府流』**にこんな一節がある。「フンドシ一つ」の男が、「ハダカを見て変な気を起こす方がわるいのじゃ。又見せる方が、人がみて、変に感じやしないかと思うからいかんのだ」というのは、あるいは正論かもしれない。

やはりハチローの**『睫毛から落ちる万歳』**に、留置場の話が出てくる。衝立の陰に「ごはんのお鉢そっくりな丸いオマル」があったらしい。そこで用を足す場合、「慣れた者だって他の事でも考えていなければ、いささかてれ臭い」とあるのは、知っている人にしかわからないが、一般読者にも想像はつく。そのあとに、「お尻に秋の夜気を感ずる」とあるのが特におかしい。

同じく**『引受け二人男』**には、「「僕は、君を好きなんだよ」とニコニコ笑って、くどいて、一緒になれたなんて話しは聞いたことがない」とある。日本の社会では、たしかに、そのとおりだろう。笑っていたのでは、本気にしてもらえない。

やはりハチローの**『青春列車』**には、「薬瓶の目盛に、しらじらと陽があたッて、粉薬の袋のコバルト色の細い線に、その光りが、はねかえッていると、何だか病人らしい気持になる」とある。そんな経験はないが、言われてみれば、そんな気がする。

同じく**『エンコの六』**には、「朝風呂に毎日行く人がなじみの顔が一つでも湯槽《ゆぶね》の中に足りないと、その日いち日楽しくないそうだ」とあるが、そういう生活に慣れてしまうと、何だかそのとおりのような気がしてしまう。

『居候音頭』に「いた時は困らせられた人でも、手紙というものはなつかしいものである」とあるのも、考えてみると、容易に想像がつく。

もう一つ、**『ASAKUSAよ、汝《そなた》こそ』**から例をあげよう。「浅草の人ごみの中に、一瞬間ポツンと、残されたように放心したように、立ってる人を、僕は何人もみる。それは、その人のせいではない。浅草がなせる業なのである」とあるのも、そんな経験はないが、何となくわかるような気がするから不思議だ。

木山捷平の作品にも、**《微妙な心理》**を描き出す箇所がいくつも出てくる。**『浜松の茶瓶』**では、「浜松で自分が買った茶瓶を、自分のカバンの中に入れて」持ち帰ろうとする人の心理が描かれている。自分で金を出して買った茶瓶だから、理屈から言って誰に恥じる必要もない。だが、多くの人は置いて行くので、「別に悪いことをしたつもりはないのだが、泥棒でもする時のようなへんな後暗さをおぼえた」という。そういう気持ちは実によくわかる。

12 機　微——人の世の味わい

また、**『六日目』**という小説には、こんな場面が出てくる。自分が以前住んでいた家が今どうなっているかと、久しぶりにそのあたりを眺めてみると、「四畳半の前には青桐の木が一本植わっているのも、昔と同じだった」と、懐かしい気分になる。が、今はよその人間だから、そんな場所に立って見ていると、誰かにとがめられそうな気がしてならない。そうかといって、はっきり「二六〇番地はどちらになりましょうか」と尋ねて、「何という名前ですか」と聞かれたりしたら、「名前は行って見ないと分らないですが」と答えざるを得ず、よけい怪しい人物と思われかねない。

いっそ「誰かにとがめられた方がいいような気がしてきた」とある。たしかに、そうすればちゃんと事情を説明できる。聞かれもしないのに自分から説明をするのはいかにも変だから、その気持ちはよくわかる。作者はさらに、「うちに何か御用ですか」ときつい顔でとがめてくれるのが一番いいと書いている。そうすればきちんと説明できて気が楽になるからだ。

同じ木山の別の小説**『遅刻結婚』**には、若い二人の愛の心理がユーモラスに描かれている。「頬と頬をすり合わせている間に、どちらの口が先ということもなく口と口がふれあった」とあるあたりまでは、何だかありそうな気がする。だが、そのあと、「ふれたら吸わねば損なような気がして」というところは、はたしてどんなものだろう。そういう状況で損得勘定が働くものか、いささか疑問だが、それに続く「吸ったり吸われたりしているうち、やっと一人前のアベックになれたような気がしてきた」という部分は、あるいはそんなものかもしれないと思わないでもない。

もう一例あげておこう。『**寝台王国**』という小説に、作者自身を思わせる主人公の「私」が、横断時の不注意からオートバイにはねられ、「右下腿骨折」で入院することになった。付き添いには派出婦のほうが患者の扱いに慣れているのでと病院側に言われ、とっさに、なるべく美人をお願いしますと口走ってしまう。そうしたら、ほんとに「大変な美人」がやって来た。「純日本式の美人で、年は三十三か四ぐらい」に見える。とたんに、気が変わって、「咄嗟《とっさ》に、私はどうせ大小便の世話までしてもらうのなら、もっときたない婦人の方が気楽のようにさえ思えた」らしい。下《しも》の世話をしてもらうのに、綺麗な相手と「きたない婦人」と、どちらが気が楽かと考えると、たしかに《微妙な心理》が働くのだろう。

小沼《おぬま》丹の小説『**黒と白の猫**』に、主人公の大寺さんの細君が急死する場面があり、その続編にあたる『銀色の鈴』には、細君の死後しばらく、主人公は心が留守になって、来客との対話がぎくしゃくする場面が描かれる。ある時は、「木蓮《もくれん》が咲きましたね」と言われて、「ええ、弱りました」などと、頓珍漢《とんちんかん》な受け答えをする始末である。家事を細君が取りしきっていた頃は、電気製品にまったく無頓着だった大寺さんが、「ボタン一つ押すと御飯が炊けたり、スイッチ一つひねると洗濯が出来たりするのを見ると、何となく安心」し、以前とは打って変わって、「世の中が便利になったんで助かるよ」などと言うものだから、周りの連中は「一体、何の話だね」ととまどう始末だ。

細君の場合とは微妙に違って、「娘が洗濯板でごしごしやっていたら、大寺さんもちょっと困る」のだという。細君の場合は、大寺さんは外で働き、細君は家庭で働く、二人の間にはそんな役割分担があり、いわば戦友という関係の意識だったのだろう。その細君が生きていれば、娘たちにとって家事は自分たちの責任ではなかった。それが突然こんなことになって、娘にとってはいわば降って湧いたような災難だったとも言えるから、父親としても気持ちの負い目を感じていたせいもあるのかもしれない。

当分は気持ちの整理がつかず、とても再婚など考える余裕はないが、周囲の飲み友達が黙っていない。大寺さんに黙って酒場に委員会をつくり、そこの審査を通過した女性であれば再婚を認めるなどという勝手な規約を定めた。どうせ酒の肴だろうから、委員会なるものの権威なんか一向に認めないが、そう聞いてから世の女性を見る大寺さんの目が微妙に違ってきたという。自分の再婚とは無関係に、この人は委員会の審査を無事に通過できるだろうか、それまでは考えたこともないのに、いつの間にかそんなふうに女性を見るようになったらしい。

が、大寺さんが面白半分に委員会の話を出しても、二人の娘はどちらも関心を示さず、あっさり、「いいと思う女性がいたら、結婚したらいいと云う」。実にさっぱりしていて、いつまでもくよくよしていられるよりは、親としても助かる。それはそれで悪くないとは思うが、親としてまた、「同時に何となく物足りないような気がしないでもない」。この矛盾する気持ちは、どちらも親としての微妙な心の動きなのだろう。

細君のいない家では、「娘二人揃って家にいるときと違って、どちらか一方が家にいないときに、いる方が「妙に父親に気を使う」ことに気づき、大寺さんはこれはいったいどういうことなのだろうと不思議に思う。そして、前には妻がしてくれたことを、今は娘がやってくれていることに、ふと気づいた父親のとまどい、てれくささ、くすぐったさが伝わってきて、読者も微妙な笑みを嚙みしめる。いつもは勤務先の学校を出ると酒場に寄るのが日課となっているが、たまに酒を飲まないで自宅に直行することがある。そんな折、娘たちのどちらかが帰っていればいいが、どちらも帰宅していないと、特に冬などは「家のなかは暗くて寒くてしいんと静まり返っている」。そんなとき、誰もいないとわかっていながら、「何だ、まだ帰っていないのか」と「声に出して娘に文句を云う」。すぐに「矢鱈《やたら》にあちこち電気を点《つ》けてまわ」り、「暗くていけない」とつぶやく。そして、自分が「独言《ひとりごと》を云ったのに気がついて余計面白くない気分になる」のだ。少々身勝手ながら、大の淋しがり屋の男が、妻の消えた家庭でとまどい、理屈に合わないふるまいを演ずる姿が、ほのぼのと描かれる。読者もいつか微妙な笑いにまみれてしまう。

そんな人間という存在の弱さや愚かさを象徴する逸話を添えておこう。**福原麟太郎**が『**イギリスのヒウマー**』というエッセイで紹介する話だ。風来坊で非常識で世間のことは何も知らない詩人のジョージ・ダイアーが、友人のチャールズ・ラムの家を訪ねた帰りに、途中で曲がるのを忘れてまっすぐ歩いて行き、そのまま川に落ちる。当人が「気を失っているのをやっと助け上げ、医者を呼ぶ騒ぎ」となった。その天然の詩人が意識を取り戻して最初に発したことばは、濡れた古靴を「陰干しにしてくれ、陽なたに出すとひび割れるから」という信じられない一言であったという。愚かさを含め、人間性横溢のエピソードである。

5　額の皺に夕焼け——観察

中村正常の小説『**虹の下の街**』に甘い声の持ち主が登場する。「人間は味覚に甘さを感じたときには、概して口もとの始末を忘れて、口をあける傾向があるもので」、そのとろけるような声の女の前に並んだ男たちの顔と言ったらなかったらしい。ひとり残らず宣伝嬢の方を見ながら、「口がだらしなく開いちゃって」いるのだという。血糖値は不明だが、甘い声の糖度がそれだけ高かったのだろう。たしかに、《**観察**》してみると、甘いささやきに口もとを引き締める人はいない。自然に緩んでくるようだ。いや、何でもない。

サトウハチローの『**浅草悲歌**《エレジー》』に、浅草らしい匂いが象徴的に描かれている。「安い食物の匂いと、女の汗の匂いと、一日のつとめを終えて眠るほこりの匂いである」と概括した後、「夜の映画館は肌着の匂いがする。あまずっぱくて、アンズに似ている」という一例を感覚的に細叙し、「浅草で長く生活していると、この匂いの漂いで夜となった事を知る」と書き添えてある。

同じ作品に、こんな観察・発見も現れる。「恋をしている男でも女でも、たましいが宙に浮いているというが、全くそうである。フワリフワリと風に押されて急いでいる南の姿はまるで、紙袋のようであった」という。心ここにあらずだから、足も地面に接しても体重が乗らない感じなのだろう。

『**俺の仲間**』でも、独特の雰囲気の源を探っている。

「煙草のけむりとたべものの湯気で天井の電燈が、はっきりと見えない」と観察し、「これがやわらかき灯となってくるのだ」と視覚の心理的解釈を示し、次いで、「やきざかな、ゴマ油、みそ汁、醬油汁、それがまざりまざった匂いがかぐわしき香りとなるのだ」と嗅覚的な効果を添えて一体化する。

やはりハチローの小説**『若者行進曲』**では、並の人間には気づかない視覚的な現象を描いている。「お茶は冷えて、天井の木目を、チンとうつしている」とか、「額《ひたい》の上部にきざまれたシワに、夕焼がくい入るように照っていた」とか、「つるりと綺麗に禿げた頭に、電燈が、笠から球まで、ピントをあわせたように映っている」とかといった描写がそれだ。そうして、「幾度か表彰されたその額《がく》が壁にならんでかけられてある。この方は、残念ながら、ピントがはずれているらしく、ふきこんだ頭には映っていない」と、映っていない映像まで言語化し、読者の印象に刻み込む。

同じく**『青春音頭』**では、「時子さんのふかす煙草のけむりが窓の上にかかっているウイスキーの広告の白い馬に羽を生やした」と、ホワイトホースの映像のたわむれを見て取り、「ギターの音が、タンサンの泡を一つづつ消して行った」と聴覚と視覚の響き合う詩的なイメージを読者に届ける。詩人の勝手な解釈とは思っても、日頃経験しないイメージがはじけ、思わず微笑が浮かんでくる。

随筆**『なつかしい音の話』**に、足駄や日和下駄《ひよりげた》の歯のすり切れたのをはずして新しい歯を入れてもらう間、その仕事を眺めている場面が出てくる。「むしろの上にあぐらをかく。ノミで歯をけずる。あぐらの中にとぶ小さいカンナくずを、ボクたちはあきもせずにながめていた。春などはそのカンナくずの上に、かげろうがはずんでいたりした」とあるから、観察・発見は人によって違うことがよくわかる。

『長屋大福帳』からも例を二つ。「鼻毛をぬいて障子に植えつけた。障子は黄色くすすけてはいるが、朝の陽をいっぱいに受けている。鼻毛で出来た梅の花が、味噌汁の匂いをかぎながら、たった一輪咲いている」とか、あるいは、「梅見と聞いて行きたくなったのか、長屋の軒下にちぢこまっていた風が、口笛を吹きながら金さんの肩にとまって露地を出て行った」とか、**《観察》**を土台にして想像をふくらます擬人的なタッチが読者の口もとをほころばせる。

もう一例加えておこう。ハチローの小説『**露地裏善根帳**』に、「朝という奴は」と起こし、「音から明ける」と概括し、以下具体例として、「コケコッコウの次が牛乳屋の車。新聞配達が新聞をしごきながら、小走りに走り去る音、洗面器を置く音、水の音、それにあくびにうがい、ラジオ体操の音楽とくれば」と、かつてのこの国で朝を告げた象徴的な音響を列挙し、「日はすっかりのぼってくる」と結んでいる。このあたり、のちの沢村貞子のエッセイ同様、読者は居ながらにして日本の昔の生活が偲ばれる。


木山捷平の小説『**寝台王国**』に、下の世話をしてもらう男が、相手の女性をそれとなく観察する一節が出てくる。「過去六年間に六十人の骨折患者につきそったという彼女のカンはするどく」、「シ」と「私が溲瓶《しびん》の頭文字を一字言っただけで、彼女はガラス製溲瓶を私の股の間においてくれた」と、間髪を挟まぬ妙技にふれる。

そのあと、世話になりながらも気になってしまうのないその美人のそぶりを観察する。それは、「彼女は私が用をたす間、左の目は壁に注ぎ、右の目は私の胸のあたりを見ているかのようであった」と描写し、「つかずはなれず、といったようなテクニックであった」と概括している。

同じ作者の小説『**落葉**』には、さらに《**観察**》の名人芸が心理的な印象を添えて描かれている。学生が自分で一粒取った後、礼儀としてそのキャラメルを白髪の紳士にも差し出すと、相手はあいにく左党だったらしく、「甘いものは苦手だが」と応じながら、「でも折角だから一つ貰おうか」と相手の親切に応える。そのようすを、「本当に穢《きたな》いものでもいじるような手つきで、キャラメルの粒を、一つだけぬきとった」と描いている。辛党が義理でいやいや甘い物にふれるようすを「穢いもの」扱いする描写に、読者は唸《うな》るかもしれない。

6　靴下を脱ぐ——発見

大それた発見に限らず、意外な事実を指摘されたり、それまで気づかなかったことがわかったりすると、思わず頬が緩む。例えば、**野内良三**の『**ジョーク・ユーモア・エスプリ大辞典**』にこんな記述が出てくる。女性が老いを感じるのは「手帳の中の電話番号がぜんぶ医者の名前になった時」という指摘は、その一つだろう。年齢を重ねるにつれて次第にどこかしら体の不調を覚えることが増える傾向があるため、あちこちの病院やいろいろな科の医院など、医者の電話番号を手帳に控えておくようになり、ついには医者だらけのページが目について、そこから逆に自分も歳をとったものだと実感するようになるというのだ。

また、「男は恋愛で挫折を経験すると独身主義者になる」という、ありそうな傾向を指摘した後、「女は挫折すると結婚する」という逆の傾向を指摘して、対照的な現象に目を開かせる。もちろん、そういう一般化は極端すぎるだろうが、ロマンチストと現実主義者という色彩の違いに性別が影響するとすれば、その逆ではないという程度の若干の傾向として見られるかもしれない。

宮尾しげを『**風流旅日記**』に、こんな話が載っている。川治温泉の野天風呂には芸妓や小料理屋の女が多いらしく、その野天風呂がよく見える宿の二階から、監視用に使う大レンズの眼鏡を据えて見ていた男が、あまりはっきり見えすぎるのでうんざりし、「裸体美人の湯あみ姿は、遠くから見るのがやはり情緒のあるものだ」と、はじめて知ったというのである。美とか情緒とかを主とすれば、あるいはそういうものかもしれない。

乾《いぬい》信一郎の『**阿呆宮一千一夜譚**』には、結婚観の今昔を比較する記述が出てくる。「近頃の若い者」は「結婚して一家をなす」ということを考えてもおらんと嘆き、むしろ結婚を恐れているような始末だと、その傾向を憂える。そのあと、「わし等は結婚するまでは恐怖なんてものは知らなかった」と、今の若者とは違うと力説するのだが、言い換えれば、結婚したあとに恐怖感を抱くということだからけっして自慢にはならない。今も昔も、男性の傾向を述べているのだろう。女性はまた、おのずと違うような気がするのもなんだか不思議である。

伊馬鵜平の小説『**募金女学校**』に、こういうシーンがある。「聖リリース女学院の全生徒四百余人」、あの「日ごろ複雑な感情のもとに動く処女らも、頬を染めながら、この瞬間だけは広大なる法悦に浸っている」と不思議な光景に目を見張り、「宗教に音楽を持ちこんだ奴はよほど頭のいい奴だったに違いない」と感想を述べている。生徒たちのこのような変化は、そこに流れてくる音楽の崇高さによって起こった現象だと考えているのだ。少し短絡的すぎる判断かもしれないが、一つの《発見》には違いない。

正木不如丘《ふじょきゅう》の『**ゆがめた顔**』にこうある。「白紙の上にコンパスで正円を画《か》いて満足して居る人がある。それを横に坐る人から見れば楕円を画いたとしか見えない」とあるのは、そのとおりだろう。作者はそこから、「美人も横から見れば、ゆがんだ顔にしか見えない」と発展させる。とすれば、横から見て美人に見える人は、正面から見ると美人でないことになりそうだ。そして、「人間万事、世相万端、すべてゆがんで見えるのが当然」と一般化して展開するのがおかしい。全体の流れに誇張や飛躍はあるものの、日頃気がつかない盲点を指摘された感じで、一瞬はっとする。

サトウハチローは『**占いの名人モコちゃん**』で、「人というものは、うれしいことが、あまりにつみかさなると」と書き、「はしゃぐ、うきうきする。うっかりする。その結果として、さかんにものわすれをする。とんちんかんな返事をしたりする」と、その折のふわふわした心理状態を表す言動を列挙してみせた。

同じく『**ホームラン市場**』でも、「人間というものは嬉しいとそわそわする」と書き、「悲しみのあまり、そわそわした奴なんて聞いたことがない」と続ける。なるほど言われてみればそのとおりだ。そうして、「嬉しさがこみあげると何も手につかなくなる。そのくせ、あっちをいじり、こっちをひねくり、用もないのに立ったり坐ったり、ソロバンをテーブルの上にころがしたり、上に投げあげて受けとったりする」と、さらに具体的な行為を例示してみせた。

『**ジロリンタンと忍術使い**』にはこうある。「屋上運動場では、しずかに話をするなんてことはできない」と書き、「くちびるから出たことばが相手の耳にとどくまでに、風が横から手を出して、引ったくってしまうからだ」と、その理由を述べている。そして、詩人らしく、「引ったくったら、風は返さない」と、風という自然現象を人間並みに扱う。

やはりハチローの小説『**子守唄クラブ**』では、「わしの唄が終わるまで、はいっていろ」と言って、「おじいさんは、うなりだした」と書いた後、「六ちゃんはしかたなくのびちぢみするおじいさんの顔をながめていた」

と続ける。人間が歌うのを眺めながら、口の開閉に目が行くのは自然だが、そう言われてみると、顔が伸び縮みするようにも見えるかもしれないと、一つ発見したような気分になる。また、「おやつだと返事がよくて、勉強やお使いだと返事があまりよくないのは、われら少年少女連の通有性である」ともあり、あたりまえのことを再認識する読者もありそうだ。

　同じ作者の**『お揃い結婚式』**には、「年をとると小さなものがほしくなる」とあり、孫や曾孫を欲しがるだけでなく、「盆栽を好んだり、万年青《おもと》の鉢へ卵のカラをならべたりするのも、同じ気持なのかも知れない」と続く。まったく無関係に見えていたものが意外な共通点で結びつけられ、何だか新しいことを発見したような気分を味わう。

　同じく**『青春風物詩』**に出てくる「活字という奴は、不便なもので、かすれた声やないしょばなしの声の低くさなどを、あらわすわけにはゆかない」というのも、それまでそんな不便を感じたことのない読者に、そういえばそのとおりだと思わせる。Eメールなどでさまざまな絵文字に似た記号を挟んで、安直に感情を注ぎ込む表記法を試みるのは、ひょっとすると、そのあたりを補っているのかもしれない。

　『新東京七十七夜』には、日本では時間を守ると軽く見られる傾向があって、どんなお偉方でも例えば宴会にきちんと時刻どおりに姿を現すと、「五割方安くみられる」とある。言われてみれば、以前はたしかにそのとおりだったから、おかしくなる。遅刻することで偉く見せようとするむなしい試みもあったかもしれない。

　『タルカムパウダーと氷』には、女が「あれ、あたしに似合うかしら？」と口走るときの心理をこう書いている。「あたしなるものに似合わないものは、女にとっては、うまくもよくも美しくもないのである」というのだ。女性は、客観的な善悪や美醜を認めず、その判断に必ず自分との関係を優先させる傾向が強いということらしい。むろん、極端な一般化だが、自分に似合うかどうかが問題であり、そうでないものは価値などどうでもよいと考える傾向が見られる点で、男性といくらか差があるような気もする。

　『露地裏善根帳』には、「お前、よく考えてごらん、光枝、お前ももう二十三ですよ、来年は四ですよ」という言い方をする母親を例に出し、「世の中のお袋というものは、どうしてこうきまりきったことをいうものだろう」と論評する。日本の世間で結婚適齢期という考え方の固定していた時代には、娘がその時期を逸するのを心配して、それが母親の焦りを伝える常套手段だったのだろう。いくら母親でも、息子に「お前ももう五十六ですよ、来年は七ですよ」などとは言わないだろうから、「きまりきったことをいう」というのが女親の通弊だという結論にはならないが、そういう言い方が「きまりきったことをいう」行為に該当することに、読者はこの指摘で思い当たることはたしかだろう。

『**浅草悲歌**《エレジー》』には、「恋している者同志にとって、沈黙の時ほど擽《くすぐ》ったくも楽しいものはない」という名文句が出てくる。甘いささやきではなく、ことばのない時間である「沈黙」に着眼して、そこに「擽ったさ」「楽しさ」を探りとったのは、この詩人の感覚的・心理的な《**発見**》だったたような気がする。

また、小説『**青春五人男**』には、「おふくろの匂いとアセチリンガスの匂いとは同じだぞ、子供の顔の匂いと、陽にあたッた畳の匂いは同じだな、水虫の匂いと古いくつ下の匂いは双生児《ふたご》みたいに似ているぞ」という一節が出てくる。水虫と靴下という結びつきは凡人にもある程度発見可能かもしれないが、「おふくろとアセチレンガス」、「子供の顔と陽にあたッた畳」という匂いの組み合わせには、独特の感性が必要だろう。だが、そう言われてみれば、あるいはそうかもしれないと納得できるような気がする。

《**連想**》の箇所で言及したように、『**僕の東京地図**』にも、「アセチリンガスの匂いを嗅ぐとおふくろを思い出す」とあるから、母親に手を引かれて縁日の夜店かどこかをさまよった幼時の記憶がふとよみがえったのかもしれない。そこには、町の「磯臭い匂い」についても「おばさん位は思い出す匂いだ」とある。

ハチロー作品からもう一つ、『**青春相撲日記**』に出てくる「お隣りから濡れ縁を伝っておせんこ花火の匂いがしてくるときだ。風鈴の音がその日いちにちの終りをセンチメンタルにむすぶときだ」というしっとりとした例をあげておこう。いささか感傷的ではあるが、昔の日本家屋のたたずまいを偲ばせる濡れ縁、線香花火、風鈴といった点景を象徴として郷愁を漂わせる一節だ。読者は心理的な説得を心地よく受け入れ、ひとしきり降り注ぐ詩情にひたる。

芥川龍之介の長男にあたる俳優**芥川比呂志**は、『**笑いたい**』と題するエッセイに、こんな逸話を紹介している。夜の座敷の客数名が主人を囲んで話がはずみ、笑い声は間断なく響く。そんな酒宴に「私」一人が無言のまま侍っていた。日頃飲まないのに無理して飲んだビールが「かえって憂鬱をつのらせ」たと書き、「頑なに黙っていた」と記している。緊張しているのを見かねた主人が、「きみ、靴下をぬいでごらん。楽になる」と言ったらしい。なるほど日常の生活でも、帰宅して靴と帽子を脱ぎ、ネクタイを外すと、たしかにくつろいだ気分になる。和服に着替える習慣のあった頃はなおさらだったろう。ここは自宅というわけではないが、たしかに靴下をとれば緊張がほぐれ、くろいだ気分に近づくことだろう。この短い随筆は、「青森県金木町のその家の主人の名は、太宰治」として終わる。思いがけない「靴下」の一言に、読者も意外な発見をした気分でおのずと唇が緩むに違いない。

7 物質一定の原理――道理

芦《あし》の家《や》雁玉《がんぎょく》・林田十郎の漫才『**笑売往来**』に、こんなやりとりが出てくる。一人が「宜しいですなあ、葬儀屋というご商売は、人間の最後の花を飾ってくれる請負いですから」と、意義のある仕事だと褒めると、当人は「ところが、悲しいことには、この商売は得意先きが分らん」とぼやく。たしかに、次はどこの家に不幸が訪れるか、いくら手慣れた葬儀屋にもわからないし、見当をつけて契約を取りつけておくわけにもいかず、年間の予定表など作成しようものなら、とんでもないことになるから、もっともな話である。

夢路いとし・喜味こいしの漫才『**五問答**』で、こいしが「君とこも親父にやったってみイな。「白髪染めたろか」言うてみイ。喜ぶぞ」と親孝行のコツを教えようとすると、いとしは「それはアカンわ。うちとこの親父の白髪を染めよう思うたら、まず、白髪植えなイカンもん」と応ずる。たしかに、白髪であっても、ともかく頭に毛が生えていないとなると、白髪染めの効果は発揮できないから、せっかくの提案も振り出しに戻る。それにしても、その白髪を植えるという発想がおかしい。

秋田実の『**笑いの創造**』に、先生に「お父さんは動物に対して親切ですか」と質問され、「たいへん親切です。馬を傷つける奴は殺してやりたいと言ってますから」と答える話が載っている。「動物」の中に「人間」が入らなければ理屈に合うが、一瞬もっともらしく感じられるのがおかしい。同じ本に、こんな話も載っている。先生が「もぐらは、毎日、自分の目方と同じだけ喰べます」と言うと、生徒は「どうして自分の目方が分るのですか」と質問した。もぐらに、自分の体重と食事の量に関する調整の意図などはないから、わからなくても一向にさしつかえないのだが、生徒の疑問ももっともなところがあって笑える。

金子登の『**ユーモア辞典**』に、酒飲みのあざやかな弁明が出てくる。毎日酔っぱらっている亭主を見て、酒というのはそんなに旨いものかと一口なめてみると、とても飲めたものではないので、細君が、「こんな苦くてまずいものを喜んで飲むなんて」と呆れると、亭主の言いぐさがいい。「人生は苦いもんだ。それをしみじみ味わうために飲んでいるのに、お前ときたら、俺がうまいものでも飲んでいるかのように文句ばかり言う」。読者も唖然とするほどの《**道理**》である。

落語の『**子は鎹**《かすがい》』に親子のこんなやりとりが出てくる。家を出たためにしばらく倅《せがれ》の顔を見ていない父親が、久しぶりに逢った折に、何か旨いものでも食わせてやろうと、「手前何か、鰻は好きか」と聞く。子供は「好きにも嫌いにも食べたことがねえや」と答える。ふつうなら「話には聞いてたけど、旨そうだな」とか、「旨いそうだが、まだ食ったことがない」とかと答えそうなものだが、経験がないから好き嫌いの判断がつかないというこの子の真っ正直な答えは、たしかに《**道理**》にはかなっている。

同じく落語の『**三方一両損**』の発端に、落とし物を拾った人間が、落とし主を突き止めて届ける場面がある。「手前柳原で財布を落っことしたろう」と声をかけられた男が、礼を言うどころか、「柳原で落っことしたと知って居りゃア、拾って来らア」と反論する。人の仁義にはもとるが、理屈はそのとおりである。

もう一つ落語から例をあげておこう。『**花見酒**』という噺である。花見をしながら銭儲けをする名案を思いついた男、早速、灘《なだ》の生一本を二升借りて来て樽に詰め、小さな柄杓で一杯二十五銭に売るんだと、釣り銭の二十五銭を用意し、仲間と連れ立って、花見の場所へと繰り込んだ。ここまでは上出来だったが、二人とも大の酒好き。途中で一杯やりたくなると、用意した酒を只《ただ》で飲むのは商売物に手をつけることになるからいけないが、銭を出して買うならいいだろうと、互いに売り買いしているうちに樽がばかに軽くなっているのにようやく気がつく。変だと思いながら道中を振り返る場面だ。

「奴鰻《やっこうなぎ》の前で俺が買ったろう。雷門の前でお前が買った。吾妻橋《あずまばし》で俺が買った。橋を渡ってお前が買ったろう。枕橋で又俺が買った。水戸様の前でお前が買った」と数えてみて、いつの間にか売り切れていたわけが納得できた。ところが、買う時の支払いに用意した釣り銭を互いに使ったため、いくら売れても売り上げが一向に増えない。一人が「二十五銭の銭が往ったり来たりして居た。其の中に二升皆んな飲んじまったんだア」と結論を出し、相手が「アア左様《さよう》か、シテ見れば冗《むだ》は無《ね》え」と評価して落ちになる。金儲けのもくろみは外れたものの、いい気分で花見ができたから、当人はそれなりに**《道理》**が通り、申し分のない気分らしい。

サトウハチローの『**貧乏行進曲**』にこんな場面が出てくる。母親が、写真を見せながら、この娘はしとやかに見えると言うと、息子が反論した。「写真をとるのに、ダンゴを食べたり、バンザイをしたりして、撮《うつ》す女もありませんからね、写真でみれば、女はみんなしとやかですよ」。これも道理で、「しとやか」などというものを写真で見分けようとするのが、どだい無理なのだろう。

乾《いぬい》信一郎の『**阿呆宮一千一夜譚**』に道を聞く話が出てくる。野良で働いている百姓に、町へ出るには何分ぐらいかかるかと尋ねると、道順は教えてくれたものの、所要時間はわからないと言う。仕方がないから、教えられた道を歩き出したら、その百姓が後ろから「四十分かかる」と叫ぶ。どうしてさっき教えてくれなかったのかと確認すると、「あんたの歩きっぷりを見た上でなきゃ何分かかるかわからねえでねえか」と涼しい顔をされた。たしかに、所要時間は歩くスピードによって違ってくるから、これも**《道理》**だ。

こんな話も載っている。飛行機が長く飛び続けるとき、排泄物を「撒布《さっぷ》」するか「貯蔵」しておくかで意見が分かれた。一方が、貯蔵しておいたら長い間に飛行機の重量が増すから困ると主張すると、他方は、搭載した食料品を食うのだから重量に変わりはないと抗弁する。体内を通過するだけだから、「物質不滅の原理」だというのだ。

大学院で論文指導をしていた頃、修士論文を正規の二年で提出する学生、三年かかる学生、上限の四年を費やす学生と、論文が仕上がるまでに要する年数はさまざまだった。それぞれアルバイトの合間に研究調査をするので、何年かけたとしてもその論文のために費やす時間は知れている。それをたわむれに「修士論文一定の法則」と説いた、そんな昔をついでに思い出した。

8　愛する女に金はやれん──卓　見

秋田実の『**日本語と笑い**』に、「恋愛を美酒に譬《たと》えるなら、結婚は宿酔《ふつかよい》」だという勇気ある比喩表現が出てくる。二日酔いも、頭がぼうっとしているだけならまだいいが、吐き気を伴うようだと重症だ。「恋愛は人生の楽しい夢、結婚は目覚まし時計」という喩《たと》えもよく似ている。結婚するとなると、生活がかかってくるから、夢を見ている場合ではなくなるのだろう。なぜか、どちらの箴言《しんげん》も、ロマンチックで生活感覚に欠けた男性側の論理のように思えるのが不思議だ。

サトウハチローの『**貧乏行進曲**』には、「天真ランマンということと、無作法ということとは違う」という名言が出てくる。「自由」と「放任」との関係に似ているのかもしれないが、このようにずばりと言い放つところに笑いの雰囲気が生まれる。

同じ作者の『**露地裏善根帳**』には、「畳の上にねころがって見てこそ月なんかも味があるんだ」という見方も出る。洋館からの名月観賞よりは、たとい破れ障子でも、日本家屋から眺めるほうが味わいがあるというのである。月見という伝統行事だから、その雰囲気をこわさない配慮が必要なのだろう。

同じく『**新生活行進曲**』に出てくる「動物園に来ている奴に悪人はいない」というなにげない言及も、無邪気な動物のしぐさに目を細めながら、悪事を企む人間はいそうもないし、そんな陰謀の途中に、気晴らしに動物園に出かける気にもなりそうもないから、意外な《**卓見**》なのかもしれない。

ハチローの著作からもう一例。**『胡瓜と涙』**で、「男女間の関係は、うたがいとやきもちによって深められて行く」という、ちょっと穿《うが》った見方が披露される。幾度もの危機を乗り越えて互いの愛情がいよいよ深まってゆくと素直に解してもうなずける。一歩引いて、相手を疑い、あるいは嫉妬する気持ちが、その相手に対する深い関心から生ずるため、その情の向けられる対象をそのつど改めて意識に刻むのだと考えても、それなりに味わい深いものがあるのかもしれない。

中野実の小説**『新女性大学』**に、「絵はフランスへ行かなくとも描ける」という画家が登場する。その男は、「フランスへ行かなければ、一人前の画家になれないと思うそう言う考えが僕は嫌いなんです」と言い放つ。たしかに立派な覚悟だ。こうも言う。「たった一枚の画《え》が入選したからと言って、自分は一ぱしの画家だという自《うぬ》惚《ぼ》れをもつことが、一番危険だと思うんです」。ひとたび売れっ子になると、自分に魅力があると思い込むのも、それに似ている。また、何かの賞をもらうと、その作品がとたんに売れ出す世の中も変なのだ。賞など受ける以前から、その作品の絶対価値は変わらないのだから。同じ作品に、「金というものは自分が持っているからって、自分の為ばかりに使わなくてもいいんだからな」という、はっとする名言も出てくる。そう言われて、はっとするのは、それまで考えたこともなかったからだろう。わかってはいても、やはりどきっとする。

生方《うぶかた》敏郎の**『暖い窓』**に出てくる「与えてから後悔する程の品でなければ、人に物を与えたとは云えない」という一文も、同じような衝撃を与えるだろう。それなら、他人に物を与えることなど今後いっさいやめよう、となっては逆効果だが、たかが贈り物をしたぐらいで恩着せがましい態度をとるなという教訓としては、**《卓見》**の部類に入るだろう。論理的には勝手な解釈でも、心理的にははっとする名言である。

長谷川如是閑の**『門』**では、玄関に関する蘊蓄《うんちく》が語られる。洒落を言おうとして、通じやすくするために前置きをつけるのを「玄関付きの洒落」と称し、最も下手な洒落の部類に入る。そんな話から、「玄関は嘘か、下手かに相場が定まっている」と展開し、要するに玄関は本体の一部ではないと説く。しかも、「堂々たる威容を誇る玄関ほどその傾向が強く」と強調した直後に、いきなり「人間でも同じだ」と来るから読者は身構える余裕もなく、その《卓見》の前にひれ伏すほかはない。

高田保の新聞連載の人気コラム『**ブラリひょうたん**』に、母から聞いた話として、生け花の心に関する話がいくつか出ている。「活花《いけばな》には本来形というものがない、「形はそれが置かれた場所によって生れる」というのもその一つだ。自分が目立つのではなく、環境を生かすのだという。床の間におく場合は、「掛軸が生きて花が消えるようにする」、それが花の働きだというのである。

また、活けた状態で完成させるのではなく、「出来上りの余地を残して、あとは花自身に任せ」ることで、客を迎える時間にいい姿に整うのだというのも、とかく自分が目立ちたがるこの世の中で、貴重な教訓を含んでいる。そうして、絶頂を過ぎたら躊躇なく捨てるのが花に対する思いやりであり、「衰えを人の目にさらさせるのは情《じょう》なし」だとまで言うのである。まだ見られるから捨てるのはもったいないと、ふつうの人間なら考えやすいが、そのけち根性が、たしかに花のプライドを傷つけるのかもしれない。こういう《卓見》に出合うと、すがすがしい気分になるだけでなく、どこかくすぐったい気分で笑いに誘われる。

森茉莉の随筆『**贅沢貧乏**』にも、「金を使ってやる贅沢には、空想と創造の歓びがない」という一行が出てきて、はっとする。贅沢というものは金をかけることだという暗黙の了解が崩れるからである。たしかに、卓見だ。金をかけないで粋な美しさを創造できたら、贅沢以上の歓びが訪れるだろう。

この項の最後に、**徳川夢声**の『**こんにゃく随想録**』から二題。まずは夢声と内田百閒との対談から一つ。伝説によれば、と煙幕を張って、夢声が、女ができても金をやらないという噂を持ち出すと、百閒は今でもそうだと言う。夢声が、猛烈に惚れてるから金を下さいなんて言わないと助け舟を出すと、百閒は言ってもしょうがないからとはぐらかす。夢声が、女が自分のものを売って入れ揚げていたと言うと、百閒はそりゃよかった。夢声が一文無しになった女が意を決して無心を申し出ると、と水を向けると、百閒は「彼どうしましたかね」ととぼける。伝説における内田さんの答えとして、「君がただの色女に過ぎんければお金はやるよ。然《しか》し、僕は真底から君を愛しとる。ねえ君、いやしくも真実に愛しとる女に、お金なんてものがやれるかね」と当人の前で披露し、「彼女、涙ボウダ(滂沱)とくだりましてね「すみません、センセエッ」といって泣き伏した」と夢声節《ぶし》をひとくさり。すると百閒、「六十年来、そういう好《い》い目を見たことはありません」と言って幕になる。

同じ本にはこんな話もあって、バランスを取っている。四日市高校が甲子園で優勝し、凱旋将軍の高橋投手を一目見ようと、駅前広場は熱狂の人波。その時、校長は「どうか少年高橋君を、あんまり英雄扱いにして下さるな。決して、当人の幸福にはならないことですから」と頼み、「選手の一行が凱旋してくる時も、旗などは風呂敷に包んで、選手も学校の制服をつけて、静かに帰ってくるよう指示」したという。「麗々しく優勝旗をかざして、激闘の名残りを思わせる野球のユニフォームをつけて、意気揚々と帰ってくれれば、お祭り演出としては申分ないが、校長はそれを避けたかった」らしい。選手たちもその指示に従った。ところが、それでは地元で納得せず、議員や役員たちが勝手に大騒ぎをしたから、校長は憂鬱になる。一時の活躍で十代の若者が英雄視され、「当人の人生を破調なものにしてしまう」例をしばしば目にする。夢声はこの随筆を「チャンピオンというものは、御当人にとっては悲劇である場合が多い」と結んでいる。

9 日光の匂い——風情

書き手のものの見方、風景や現象の独特のとらえ方、あるいは詩的な文学的表現などが、ひとつの**《風情》**を湛え、その波長に同調する読者に、時として、ほのぼのとしたおかしみをかもしだすこともある。この本の最後にふれる**《ヒューマー》**への入口として、そういう珠玉の表現例を、ここでは詩人の**サトウハチロー**の作品から、拾いあげてみよう。

まず、**『ボクの浅草』**に、こんな店の紹介が出てくる。「天松は、浅草広小路の屋台の元祖」だとし、「味もよかッたが、それよりも勘定を借りてもいつでも「ようがすとも」唯ひと言の返事だった」と、何よりも店主の気風《きっぷ》のよさを讃える。人の印象に残るのは、味といった商品価値だけではなく、人柄などを含めての雰囲気なのだろう。その直後にハチローが「昔の空は青かッた。昔の天婦羅には人情の味があった」と続けるのもそのためだ。

同じ作品に、「浅草公園にたそがれかかると、一番先に暮れて行くのは、仁王門の大提灯《おおぢょうちん》のふくらみだった」という例も出てくる。たそがれ時の浅草で、どこから暗さを感じさせ始めるかという主観的な観察だが、「提灯のふくらみ」の見え方の微妙な変化に目が行くのは、この詩人の感性なのだろう。

随筆『**失われてゆくもの消えてゆくもの**』に、「母が残していったもの」という詩が引用されている。「母の日には／古いランプに灯をともす／この夜だけは／盃に唇をふれず／母が好きだった番茶をすする」と展開し、あの酒好きのハチローがこの日だけは盃を手にしないことに読者は驚く。「親不孝の見本みたいな子どもだった」と当人が認めるとおり、さんざん心配をかけた昔を、今になって母親に詫びるのか、そのあと一行空けて、「この日だけは／そういうボクでいたいのです」と詩を結ぶのだ。そうして、「ことしも五月が来ます。折り紙で母に教わったカブトでも折って、机の上にならべましょうか」とこの随筆を結ぶ。

『**ジロリンタンと忍術使い**』には、「ゴムふうせんが、われると、お祭のにおいがする」という、はっとする一行が出てくる。「ゴム風船」と「お祭」は結びついても、「におい」の連想は俗人の域を超える。幼時の感覚が思いがけない瞬間に呼び出されたのだろうか。いくぶん焦げくさいような匂いが、追憶の祭りを呼び出したのかもしれない。

『**俺の仲間**』には、「子供の頭というものは、日向に干した藁の匂いがするものだ」という、これも思いがけない連想が出てきて、読者をはっとさせる。そのことを、「いつだったか、友達に話したら、それは日光の匂いだよと、わかるような、わからないような事を言った」と続き、「陽の匂い、そうかも知れない」と納得する。読者もしばし、わかったような、わからないような感覚の世界をさまよう。

『**子守唄クラブ**』には、「おじいさんのはさみの音が、たそがれをだんだんと夜にして行った」とあり、『**おさ**

らい横町』には、「風船屋が、季節の風をふくらませてやって来るようになった」とある。どちらの例も、もはや論理ではない。そう考える情緒を楽しもう。

風船ついでに『**エンコの六**』からも一例。三月を「人の心をやさしくたのしませる春の初めの月」として導入し、「昭和座の前へ、店を出してニコニコ風船の、エビス様や大黒様の顔に、どうかすると、小さい陽炎《かげろう》がゆれている」と、春の情緒をイメージ化する。「安ガラスを通してくるおてんとさんに、夢をあたためられて、いい気持ちに、うつらうつらとしていた」とか、「微風《そよかぜ》が、窓から這入《はい》って部屋をふくらましている」とかと、陽光が夢をふくらましたり、軟風が部屋の空気を膨張させたりする感覚を表現する例もある。

同じ作品に、「夏を名残りの風鈴がわびしそうにゆれている」とか、「酒の匂いに秋の風がしみこんでいる」とか、「電気ブランの酔に、電車路の月の影がさびしい」とかというあたりも、風景を心情的にとらえた豊かな表現だろう。また、「しるこ屋のおかめの塔の時計が十一時、てっぺんの避雷針の上に、よろけかかって、おぼろなお月様しっとりと秋の霧が深い」といった表現も、景情一如のとらえ方だし、「爺さんは一服深く、秋といっしょに煙草を呑んだ」とか、「小石を池に投げた。やさしい波紋が秋の空をみだす」とか、「イルミネーションなんて、いたずらに冬の街を行く人々を寂しくさせるだけだ」とかというあたりも、独特の詩情が光景を際立たせて、それぞれの《風情》を読者の心に刻む。

『**青春音頭**』にも、「雄二君の寝息が、道子さんの言い知れない寂しさと一緒に部屋いっぱいにひろがった」とあり、『**やきもち読本**』にも、「遠く初夏を運んでくる金魚屋の声」とあり、具象も抽象も一体化。『**貧乏行進曲**』では、「二人のためいきは、おでんから立ちのぼる湯気にまじって、さびしく天井の木目にしみる」と、しっとりと描きとる。

『**露地裏善根帳**』でも、「すいとんの、ヒダヒダにこおろぎの声がしみたりしてわるくはない」とか、「冬の陽は、凧揚げの子供達を平等に、やさしくあたためている」とか、「バリカンの音も小刻みに、春の朝をなごやかに、つんで行く」とか、「春昼《しゅんちゅう》のどかなり、呼べど答えなく、鏡だけ春をただよわせて光る」とかと、感覚が詩情を汲み上げる。

⑫ 機微——人の世の味わい

『長屋大福帳』でも、「笑い声が、蛇口のかげろうを、誘って青い空へのぼッた」とか、「ルム公の打ちふる尻尾の先に五月を送る陽が、ピチピチと弾ずんでいる」とかと、主体的な季節感を言語化し、「スーイ、スーイと、かんなが、板の上に、とまッていた春風を、二けずり、三けずり、まるめて、落とした」と、イメージが風情を奏でる。

『青春列車』には「内田君は、あわてて、どもッた。内田君の唇に春の夕焼が、こいつもあわてて弾んだ」とあり、**『若者行進曲』**では、「にぎりこぶしで顔の汗をふいた。赤土がひと筋、くッきりと顔について、冬の陽が、その上に、はずんでいる」とか、「二人のたてた笑い声が、並木の幹をつたわッて、枝の先でひろがッて行った」とかと、やはり比喩的なタッチが際立つ。

『青春五人男』に出てくる「煮しめた柔道着と壁に、たそがれが、いつのまにか這いまわッていた」という、「たそがれ」という時間を「這う」と生き物扱いした例も同様だ。「おでん屋の鍋の上には、誰が書いたのか――秋はおでんのけむりと共に――と書いてある」と、季節を象徴的に探りとった例、「頭をかいた手に、夕方近い冬の陽が寂しそうにゆれていた」と、観察に心情を重ねる例なども、感覚と心情との融合がかもしだす《風情》だろう。

『爪色の雨』という詩の一節「虹がうすれて行く時は／何か悲しい気がします」という流れは、さながらそういう景情一如の象徴的な一例と言えるのかもしれない。

10 秋の夕陽の中で静かに熟れて――ヒューマー

中村正常の小説**『虹の下の街』**に、婿と姑とが気を遣い合う一例が出てくる。「婿が肩をもむと、老母は静かに目をつぶって眠ったまねをする――つまり、肩をもむのはもういいよ、という意味を言外に托してですな、婿をいたわってやるんです。すると、婿は、よオ、お母さんは、もうおやすみになったようだ、さ、そオっとお目がさめないようにしてあちらに行こう――と、いう順序になる」というのだが、そううまくいくものか知らん？

サトウハチローの**『浅草悲歌《エレジー》』**に、「人間はね、ほんとうの事を言えない位寂しいことはないんだぜ、なぜ君はいつも嘘ばかりいうんだ」というせりふが出てきて、読者をしばし黙らせる。同じ作者の小説『**長屋大福帳**』には、「お加代さんは、泪《なみだ》をのんだ。お腹の子供の頭に、呑んだ泪は、さんさんとふりそそいだことであろう」と、胎児を思いやる一文がある。やはりハチローの『**センチメンタルキッス**』に、「夕方犬が寂しさのあまり、ひっかけた小便のしみがまだ建物についているなんて、得も言われぬよき場面」という一節がある。こういう光景に心を吸いとられるのは詩人の感覚だろう。独特の美意識にはっとする。ほんとに寂しさのあまりなのかどうかは、犬に聞いてみないと定かではないが、こういう尾籠な話題がしみじみとした感懐を誘い出すこともある。

ちなみに、**芥川龍之介**も知人に宛てた手紙に、秋のけはいの漂う朝、浜でひとり小便をすると、砂を払う風がそれを吹き散らすことを記し、「ちらされた小便にぬれて慌しく蟹がはい出すのを見た」と続けている。このように、いかなる素材も、とらえ方によって、おかしくもなり、物思う人にはしみじみとした感じを与えることもある。

12 機　微――人の世の味わい

木山捷平の小説『**大陸の細道**』に、こんなシーンが出てくる。夫が満州に旅立つ前夜、もし向こうでくたばるようなことがあっても遺骨を受け取りに来る必要はない、「おれの死体はおれが始末する。骨はちゃんと小包にして送ってやる」などと冗談を言っているうちに、ほんとに自分が「死んで一片の白骨となって、小包でしばられ、未知の郵便配達夫の手で汽車に積まれたり、降ろされたり、空高くクレーンで船に投げ込まれたり海風に吹かれたり」する風景を想像し、「清涼で微笑《ほほえ》ましい詩的な感じが湧いてくる」とある。自分自身をも対象化することのできる散文精神が、悲劇を喜劇に変えてしまう。

小沼《おぬま》丹の小説『**汽船**』は、副題に「ミス・ダニエルズの追想」とあるように、明治学院高等部時代の英会話の教師に関する思い出を綴った初期作品である。とても三十代には見えないその白髪の米人女性が帰国すると聞き、「些《いささ》か殊勝気を出して」横浜の港まで見送りに行くと、「一年の休暇で帰るのだと判って、拍子抜けがした」。ところが、「妙なことにミス・ダニエルズはそのまま二度と海を渡って来なかった」とある。その間に日米開戦があったにせよ、ほんとの理由は作者にもわからない。今では「記憶の片隅にほそぼそと名残をとどめているにすぎない」として、悲哀のみなぎるラストシーンとなりかけながら、作者はそのあと、「生きているとしても、もともと婆さんに見えたからいまでもたいして変ってはいないだろう」という一文を添えて、涙を笑いにすり替えてしまう。

庄野潤三の小説『**舞踏**』に、「家庭の危機というものは、台所の天窓にへばりついている守宮《やもり》のようなものだ」という箴言《しんげん》じみた一文が出る。誰も気づかないうちに忍び寄り、ある日突然に人に襲いかかる不幸。その小さな兆候を見落とし、あるいは見ないでいるうちに、重い病の発見、夫婦間の亀裂、子供の家出などといった取り返しのつかない不幸な出来事が起こったりする。「それは何時《いつ》からと云うことなしに、そこにいる。その姿は不吉で油断がならない。しかし、それはあたかも家屋の調度品の一つであるかの如くそこにいるので、つい人々はその存在に馴れてしまう。それに、誰だってイヤなものは見ないでいようとするものだ」として、いつか不幸を招いてしまう人間心理を言い当てた。

小津安二郎監督の映画『**秋刀魚の味**』で、笠智衆の演ずる平山が、岩下志麻の演ずる娘の路子の結婚披露宴を終え、中村伸郎演ずるちょい悪の仲間たちと酒を酌《く》み交わした後、足もとをふらつかせて馴染みのバーに立ち寄る。ネクタイを外していたのだろう、岸田今日子演ずるマダムがモーニング姿を見てたわむれに「今日はどちらのお帰り？　お葬式ですか」と声をかけると、一瞬、間を置いて「ま、そんなものだよ」と応じる。

娘の旅立ちは親との離別という形で始まり、娘の幸福感は親の喪失感とともに実現する。人との出会いと別れが背中合わせになっている現実に気づくと、《**ヒューマー**》という深いおかしみとなってしみじみと薫り立つ。

英文学者**福原麟太郎**の随筆『**この空しき日々**』に、自身の体験したこんなエピソードを記している。英文の本を読んでいて、「知らない単語に出くわすと、ぎくっと」して、すぐ「丹念に字引で引いて」みる。「こんなのが読めないとは申し訳のない無智であったという、良心の咎《とが》めの如きものを感じ」るのだという。だが、冷静に考えてみれば、「今さら覚えても仕方のない」「墓の中へ運んでゆくよりほかもう用がないかも知れない言葉」であることが多い。それでも字引で調べないと気が済まないのは、もう「語学教師の業」だとしか思えない。そうわかっていながら、やはり字引を引かないではいられない。同じく『**四十歳の歌**』というエッセイには、「人生は四十から」などということばを聞くと、「馬鹿なアメリカ人が浅はかな人生観を赤いネクタイに結びつけて、そこいらのカフェで、そっとズボンのかくしへ手を入れて小銭を勘定しているような気」がするという。当時の四十歳は今の六十歳以上の感覚だろう。「蕭条《しょうじょう》として心が澄んでくる、あきらめのすがすがしさを身にしみて覚える」年頃であり、「四十歳の歌は秋の歌」なのだという。「自分にどれだけの事が出来るかという見通しがすっかりつ」き、「どんなことは出来ないということも解《わか》る」。これが人生だったのか、ひとつ「落ち着いて青空を眺めようという気になる」穏やかな心境らしい。何も焦って無理をすることはない。「これからさきは力一杯に出来ることをして、秋の夕陽《ゆうひ》の中で、静かに熟れてゆこう」と鱗太郎は思うのだ。

『**泣き笑いの哲学**』で《**ヒューマー**》の本質にふれている。「表面誰が見ても悲しいものが、他面おかしいと感じられることはたしかにある」。それは「おかしくものを見る哲学」に支えられており、「おかしくて悲しく、悲しくておかしい、背中合せの笑い」こそ、しみじみとした極上の笑いなのだ。十九世紀の前半、ゴーゴリがプーシキンに宛てた手紙で「何か題材を下さい。滑稽なものであろうとなかろうと何でもいい」、どんな題材でも「とんでもなく滑稽なもの」を書いてみせると約束した。事実や世界をどうとらえるかというその人間のものの見方次第で、同じ素材が悲劇にも喜劇にもなりうるからである。

徳川夢声は『**こんにゃく随想録**』で、牛を暗い所で飼い、ブラシでマッサージして脂を散らし、お粥を食わせ、食いたがらなくなったらビールを飲ませる、そんなことをしている松坂牛の熟成の秘伝を紹介。蝿がとまっても尻尾で追わなくなると、「御馳走状態」と判断するらしい。獣を生きながら食物に変える名人芸には違いないが、この話、おかしくて悲しい。生きものの哀しみを深く味わいながら、それでも読者はどこかしらおかしい気分がぬぐえない。

12 機微——人の世の味わい

コラム⑫
自己紹介
——自叙伝の切れっぱし

【問】自分を理解させる自己紹介には、他人を語るのとは別の難しさがありそうですね？

【答】基本は似ています。同好会か、訪問先での挨拶か、伝えるべき情報はみな違いますが、要は相手の知りたい情報を尽くすことです。面接試験で滔々《とうとう》と弁じては取り仕切る感じで反感を買うが、志望動機は紋切り型でなく個別の内容を熱意をもって話すこと。小声でぼそぼそ呟いては、企業に向かないと思われます。①

見知らぬ人にこちらから接触する場合は、いきなり一方的に弁じないで、最初に目的・用件・関係などを説明して相手の警戒心を解いてから本題に入る配慮が必要です。同窓会などでは、生家の町名や卒業年度を告げ、当時の名物教師や故郷の食べ物などに言及すれば話題が広がるはずです。大学の新入生であれば、出身地や母校の紹介が期待されるし、釣馬鹿、へぼ将棋、ざる碁のような下手の横好きの趣味を伝えても盛り上がるでしょう。②

どんな場合も、まずは最低限、自分の名を伝えることが必要で、昔は老舗の出版社ほど「竹輪書房ですが」③とだけ言う傾向が強く、個人がしゃしゃり出ないほうが奥ゆかしいのですが、書房なんてものに電話を掛ける能力はないし、④受ける側も担当者が不明では以後の連絡に差し支えるため、礼儀よりも効率優先の今は違います。

相手側はどういう関係の人間かを知りたいはずだから、大きな会社の場合はまず社名と部署を明らかにするのが常識です。自分でも現役の頃は枕詞⑤のように「早稲田大学の中村」と名乗ったものですが、定年退職後は厳密には所属していないので躊躇します。うっかり名誉教授と言って偉い人と早とちりされてはかなわないし、⑥名誉だけの無給の教授と真相をばらすのも変で、肩書きの代わりにフルネームを伝えるようにしています。

以前は「車と申します」と控えめに姓だけを名乗るのが礼儀でしたが、知人に佐藤・鈴木はもちろん木村姓でさえ八人もいる現状では、「日月」と書いてタチモリと読むようなよほど珍しい苗字でない限り、「車寅次郎《くるまとらじろう》」⑦と氏名を伝える方が機能的です。その際、「姓名の義は」⑧などと仁義を切るのはふざけすぎですが、気軽な場なのに堅苦しい挨拶に終始して、面白みのない人間と思われるのが不本意なら、「ちなみに三太郎のタローは、西田幾多郎の多郎でなく与太郎の太郎と書きます」⑨などとよけいな一言を加えて、厭味《いやみ》にならない程度のたしなみをチラつかせて笑いをとるのも余興です。

他人を紹介する場合は、多少無理しても褒めるのが普通ですが、自己紹介では自慢になって逆効果になります。といって、謙遜のつもりで「いまだにハートの綴りを知らない」などと武者小路ばりのせりふを吐くのはいいが、「いかがわしい本を読むのが唯一の道楽」などとわざわざ悪趣味を披露するのは品がなく、雰囲気をこわします。⑩ごく親しい仲間の集まりであれば、得意げに弓道三段の免状があると反っくり返ってみせ、ところが小指の故障が完治せず、長い間引いていないから、今ではマイナス二段の腕前だとか、弓と矢の区別もつかないとかと誇張して相手をずっこけさせるの⑪も一興。

逸話で綴る自己紹介が人物をくっきりと浮かび上がらせることもあります。小学校から中学にかけて病気で十ヶ月ほど学校を休みました。医者の卵は別にして本物の医者には一度診察を受けたきり、薬も買えずひたすら自然治癒を祈るほどに窮していた母は、時折なぜか枕元に古本を置くのです。薬代わりに開いてみると、尾崎一雄の『父祖の地』に、医者も薬も断って「死ぬ時は死ぬ」と笑って死んだ祖母の話が出てきたり、子供心におやおやと思った⑫記憶があります。数学好きの青年は文学部に進み、文学を数学で読み解く波多野完治の文章心理学に夢中になります。著者から直々に頂戴した『ことばと文章の心理学』には「中村明君　はたのかんじ」とペン書きのサインがあり、まだ湯気が立っていました。期末レポートが講座論文に化けたのも波多野マジックの芸です。⑬

高校一年の夏に、朝四時から上智大学の学生に英文法の個人教授を受けました。その学生が渡部昇一で、母から外交官にしたいと言われたことを、先日逝去された当人が去年の暮れに出版社の社長に宛てた手書きの手紙に記しています。今は京都に住む中学以来の親友からそのコピーが送られて来て、初耳なので驚きました。大事な人の忌日である九月九日に生まれたので、きよあきら(清徹)の「徹」にしようとしたが、読めないと選挙で不利だから、わかりやすい「明」にしたと母の口から聞いたので、てっきり政治家と思い込み、外交官とは夢にも思いませんでした。どっちみち期待はずれ。八十の手習いに英会話の勉強でも始めようか知らん？⑭

【表現の仕掛け】

①「滔々と弁じる」と「小声でぼそぼそ」という正反対の行為がどちらも不向きという矛盾感。

②「釣馬鹿」「へぼ将棋」「ざる碁」と下手な道楽を並べて、威張った感じを消す。

③「竹輪」の奥に透かしとして類音の「筑摩」を潜ませたが、「竹林の七賢」を連想する教養ゆたかな読者もあるかもしれない。

④人間でない「書房」に通話能力なしと、よけいな口をたたく。

⑤所属を名乗る決まり文句を「枕詞」とふざける。

⑥「名誉教授」と言うと、知らない人にはそれだけで偉そうに聞こえるがそれは誤解ときめつける。名誉教授の中にはほんとに偉い人も交じっているので、いささか勇み足。

⑦姓名の一例として「車寅次郎」を出して、〝男のつらさ〟をほのめかす。

⑧映画の寅さんシリーズにちなんで、「仁義を切る」などと無駄な注意に脱線する。

⑨役に立たない意の「よた」を人名化した「与太郎」は、落語で愚か者の象徴的人物。自分の名の説明でことさらそういう人間との共通性を持ち出す自虐的な笑い。

⑩「いかがわしい本を読むのが唯一の道楽」という話題は、聞いている側の表情や反応が難しいので意地悪な感じがあるが、漫画を読むとか落語を聴くとかなら問題はない。

⑪「マイナス二段」は実際にはありえない単なる冗談。弓と矢の区別もつかないという極端な誇張のほうが滑稽か？　いずれにしろ、自慢の雰囲気は残さない。

⑫「死ぬ時は死ぬ」といった文句を病人が読むことになるのは皮肉な事実。

⑬「湯気」は「ほやほや」のイメージ化。「波多野マジック」は、過分の取り立てに対する照れ隠しの表現。

⑭高齢の筆者が八十の手習いを口走るのは、遅過ぎる決意をちらりと見せることで、政治家にも外交官にもならず結果として母の期待を裏切ったことへの心のひっかかりを墓前に供える気持ちかもしれない。

中村 明

1935年9月9日山形県鶴岡市生まれ．国立国語研究所室長，成蹊大学教授を経て母校早稲田大学の教授となり，現在は名誉教授．日本文体論学会代表理事を務める．主著に『比喩表現の理論と分類』(秀英出版)，『日本語レトリックの体系』『日本語文体論』『笑いのセンス』『文の彩り』『日本語 語感の辞典』『語感トレーニング』『吾輩はユーモアである』『日本語のニュアンス練習帳』『日本の作家 名表現辞典』『日本の一文 30選』(岩波書店)，『作家の文体』『名文』『悪文』『文章作法入門』『たのしい日本語学入門』『比喩表現の世界』『小津映画 粋な日本語』『人物表現辞典』(筑摩書房)，『新明解 類語辞典』(三省堂)，『文体論の展開』『日本語の美』『日本語の芸』(明治書院)，『比喩表現辞典』(角川書店)，『感情表現辞典』『感覚表現辞典』『センスをみがく文章上達事典』『日本語の文体・レトリック辞典』『分類 たとえことば表現辞典』『日本語 描写の辞典』『音の表現辞典』(東京堂出版)，『日本語のおかしみ』『美しい日本語』(青土社)など．『集英社国語辞典』の編者，『日本語 文章・文体・表現事典』(朝倉書店)の編集主幹，高校国語教科書(明治書院)の統括委員．鶴岡総合研究所研究顧問．

日本語 笑いの技法辞典

2017年11月28日 第1刷発行
2018年5月15日 第2刷発行

著 者 中《なか》村《むら》 明《あきら》

発行者 岡本 厚

発行所 株式会社 岩波書店
〒101-8002 東京都千代田区一ツ橋 2-5-5
電話案内 03-5210-4000
http://www.iwanami.co.jp/

印刷・精興社 製本・牧製本 函・加藤製函所

ISBN 978-4-00-080320-5 Printed in Japan

索　引

・本書に登場する人名・作品名・キーワードを五十音順に排列する.
・作品名は『　』で，笑いの技法の分類は《　》で示す.
・ページ数を示す数字のうちボールド体(太字)は，その項目が集中的に採り上げられる箇所の始まりを示す.

あ

か

き

す

せ

そ

た

ち

つ

て

と

な

に

ひ

ふ

へ

ほ

よ

ら